CW00336836

Neither the presence nor the absence of a designation indicating that any entered word constitutes a trademark should be regarded as affecting the legal status thereof.

© 2008 Langenscheidt KG, Berlin and Munich
Printed in Germany

08011 (98175)

Contents
Innhold

Introduction

This dictionary has been designed to cater for your practical needs. Unnecessary linguistic information has been avoided. The entries are listed in alphabetical order regardless of whether the entry word is a single word, hyphened or two or more separate words.

When an entry is followed by sub-entries such as expressions and locutions, these, too, have been listed in alphabetical order.

Each main-entry word is followed by a phonetic transcription (see guide to pronunciation). Following the transcription is the part of speech of the entry word whenever applicable. When an entry word may be used in more than one part of speech, the translations are grouped together after the respective part of speech.

Considering the complexity of the rules for constructing the plural of Dutch nouns, we have supplied the plural form whenever in current use.

Each time an entry word is repeated in plurals or in sub-entries, a tilde (~) is used to represent the full entry word.

In plurals of long words, only the part that changes is written out fully, whereas the unchanged part is represented by a hyphen.

Entry word:		Plural:
beker (pl ~s)		bekers
kind (pl ~eren)		kinderen
leslokaal (pl -kalen)		leslokalen

An asterisk (*) in front of a verb indicates that the verb is irregular. For details, refer to the list of irregular verbs.

Inleiding

Dit woordenboek is zodanig opgezet, dat het zoveel mogelijk beantwoordt aan de eisen van de praktijk. Onnodige taalkundige aanduidingen zijn achterwege gelaten. De volgorde van de woorden is strikt alfabetisch, ook als het samengestelde woorden of woorden met een koppelteken betreft. Wanneer bij een grondwoord nog daarvan afgeleide samenstellingen of uitdrukkingen zijn gegeven, staan ook deze weer in alfabetische volgorde.

Achter elk grondwoord vindt u een fonetische transcriptie (zie de gids voor de uitspraak) en vervolgens, wanneer van toepassing, de woordsoort. Wanneer bij hetzelfde grondwoord meerdere woordsoorten behoren, zijn de vertalingen telkens naar woordsoort gegroepeerd.

Onregelmatige meervouden van zelfstandige naamwoorden zijn altijd opgenomen; tevens is het meervoud gegeven van bepaalde woorden waarover twijfel zou kunnen bestaan.

Wanneer in onregelmatige meervoudsvormen of in afgeleide samenstellingen en uitdrukkingen het teken ~ wordt gebruikt, duidt dit op een herhaling aan van het grondwoord als geheel.

In onregelmatige meervoudsvormen van samengestelde woorden wordt alleen het gedeelte dat verandert voluit geschreven. Het onveranderde deel wordt aangegeven door een liggend streepje (-).

Een sterretje (*) voor een werkwoord geeft aan dat dit werkwoord onregelmatig is. Voor nadere bijzonderheden kunt u de lijst van onregelmatige werkwoorden raadplegen.

Dit woordenboek is gebaseerd op de Britse spelling. Alle woorden en woordbetekenissen die overwegend Amerikaans zijn, zijn als zodanig aangegeven (zie lijst van gebezigde afkortingen).

Guide to Pronunciation

Each main entry in this part of the dictionary is followed by a phonetic transcription which shows you how to pronounce the words. This transcription should be read as if it were English. It is based on Standard British pronunciation, though we have tried to take account of General American pronunciation also. Below, only those letters and symbols are explained which we consider likely to be ambiguous or not immediately understood.

The syllables are separated by hyphens, and stressed syllables are printed in *italics*.

Of course, the sounds of any two languages are never exactly the same, but if you follow our indications carefully, you should be able to pronounce the foreign words in such a way that you'll be understood. To make your task easier, our transcriptions occasionally slightly simplify the sound system of the language while still reflecting the essential sound differences.

Consonants

g	a **g**-sound where the tongue doesn't quite close the air passage between itself and the roof of the mouth, so that the escaping air produces audible friction; often fairly hard, so that it resembles **kh**
kh	like **g**, but based on a **k**-sound; therefore hard and voiceless, like **ch** in Scottish lo**ch**
ñ	as in Spanish señor, or like **ni** in o**ni**on
s	always hard, as in **so**
zh	a soft, voiced **sh**, like **s** in plea**s**ure

1) In everyday speech, the **n** in the ending of verbs and plurals of nouns is usually dropped.
2) We use the transcription **v** for two different sounds (written **v** and **w** in Dutch) because the difference between them is often inaudible to foreigners.

Vowels and diphthongs

aa	long **a**, as in c**a**r, without any **r**-sound
ah	a short version of **aa**; between **a** in c**a**t and **u** in c**u**t
ai	like **ai**r, without any **r**-sound
eh	like **e** in g**e**t
er	as in oth**er**, without any **r**-sound
ew	a "rounded **ee**-sound"; say the vowel sound **ee** (as in s**ee**), and while saying it, round your lips as for **oo** (as in s**oo**n), without moving your tongue; when your lips are in the **oo** position, but your tongue is in the **ee** position, you should be pronouncing the correct sound
i	like **i** in b**i**t
igh	as in s**igh**
o	always as in h**o**t (British pronunciation)
ou	as in l**ou**d
ur	as in f**ur**, but with rounded lips and no **r**-sound

1) A bar over a vowel symbol (e.g. $\overline{\textbf{oo}}$) shows that this sound is long.
2) Raised letters (e. g. **aa**$^{\textbf{ee}}$, **t**$^{\textbf{y}}$, $^{\textbf{y}}$**eh**) should be pronounced only fleetingly.
3) Dutch vowels (i.e. not diphthongs) are pure. Therefore, you should try to read a transcription like $\overline{\textbf{oa}}$ without moving tongue or lips while pronouncing the sound.
4) Some Dutch words borrowed from French contain nasal vowels, which we transcribe with a vowel symbol plus ~~**ng**~~ (e. g. **ah**~~**ng**~~). This ~~**ng**~~ should *not* be pronounced, and serves solely to indicate nasal quality of the preceding vowel. A nasal vowel is pronounced simultaneously through the mouth and the nose.

Uitspraak

Elk trefwoord in dit deel van het woordenboek wordt gevolgd door een transcriptie in het internationale fonetische alfabet (IPA). In dit alfabet vertegenwoordigt elk teken altijd dezelfde klank. Letters die hieronder niet beschreven zijn worden min of meer op dezelfde wijze uitgesproken als in het Nederlands.

Medeklinkers

b	nooit scherp zoals in he**b**
d	nooit scherp zoals in raa**d**
ð	als de **z** in **z**ee, maar lispend uitgesproken
g	als een zachte **k**, zoals in het Franse **g**arçon
ŋ	als de **ng** in ba**ng**
r	plaats de tong eerst als voor de ʒ (zie beneden), open dan de mond enigszins en beweeg de tong daarbij naar beneden
ʃ	als de **sj** in **sj**ofel
θ	als de **s** in **s**amen, maar lispend uitgesproken
v	als de **w** in **w**aar
w	een korte, zwakke **oe**-klank
ʒ	als de **g** in eta**g**e
N.B.	De lettergroep **sj** moet worden uitgesproken als een **s** gevolgd door een **j**-klank, maar *niet* als in **sj**ofel.

Klinkers

ɑ:	als de **aa** in m**aa**t
æ	een klank tussen de **a** in **a**ls en de **e** in b**e**st
ʌ	min of meer als de **a** in **a**ls
e	als in b**e**st
ɛ	als de **e** in b**e**st, maar met de tong wat lager
ə	als de **e** in acht**e**r
ɔ	min of meer als de **o** in p**o**t
u	als de **oe** in g**oe**d, maar korter

1) Een dubbele punt (:) geeft aan dat de voorafgaande klinker lang is.
2) Enkele aan het Frans ontleende Engelse woorden bevatten neusklanken, die aangegeven worden d.m.v. een tilde

boven de klinker (b. v. ɑ̃). Deze worden door de neus en de mond tegelijkertijd uitgesproken.

Tweeklanken

Een tweeklank bestaat uit twee klinkers, waarvan er één sterk is (beklemtoond) en de andere zwak (niet beklemtoond) en die samen als één klinker worden uitgesproken, zoals **ei** in het Nederlands. In het Engels is de tweede klinker altijd zwak. Een tweeklank kan soms gevolgd worden door een [ə]. In dergelijke gevallen heeft de tweede klinker van de tweeklank de neiging zeer zwak te worden.

Klemtoon

Het teken (ˈ) geeft aan dat de klemtoon op de volgende lettergreep valt. Als in een woord meer dan één lettergreep wordt beklemtoond, wordt het teken (ˌ) geplaatst vóór de lettergreep, waarop de bijklemtoon valt.

Amerikaanse uitspraak

Onze transcriptie geeft de gebruikelijke Engelse uitspraak aan. De Amerikaanse uitspraak verschilt in enkele opzichten van het Britse Engels en kent daarbij nog belangrijke regionale verschillen. Hier volgen enkele van de meest opvallende afwijkingen:

1) In tegenstelling tot in het Britse Engels wordt de **r** ook uitgesproken voor een medeklinker en aan het einde van een woord.
2) In vele woorden (b. v. *ask*, *castle*, *laugh* enz.) wordt [ɑː] uitgesproken als [æː].
3) De [ɔ]-klank wordt in het Amerikaans uitgesproken als [ɑ], vaak ook als [ɔː].
4) In woorden als *duty*, *tune*, *new* enz. valt in het Amerikaans de [j]-klank voor de [uː] vaak weg.
5) Bovendien wordt bij een aantal woorden in het Amerikaans de klemtoon anders gelegd.

Abbreviations
Afkortingen

adjective	*adj*	bijvoeglijk naamwoord
adverb	*adv*	bijwoord
American	*Am*	Amerikaans
article	*art*	lidwoord
common gender	*c*	gemeenslachtig
conjunction	*conj*	voegwoord
feminine	*f*	vrouwelijk
masculine	*m*	mannelijk
noun	*n*	zelfstandig naamwoord
noun (American)	*nAm*	zelfstandig naamwoord (Amerikaans)
neuter	*nt*	onzijdig
numeral	*num*	telwoord
past tense	*p*	verleden tijd
plural	*pl*	meervoud
plural (American)	*plAm*	meervoud (Amerikaans)
past participle	*pp*	voltooid deelwoord
present tense	*pr*	tegenwoordige tijd
prefix	*pref*	voorvoegsel
preposition	*prep*	voorzetsel
pronoun	*pron*	voornaamwoord
verb	*v*	werkwoord
verb (American)	*vAm*	werkwoord (Amerikaans)

Dutch – English
Nederlands – Engels

A

aal (aal) *c* (pl alen) eel
aambeien (*aam*-bay-ern) *pl* haemorrhoids *pl*, piles *pl*
aan (aan) *prep* to; on
aanbetaling (*aam*-ber-taa-lɪng) *c* (pl ~en) down payment
***aanbevelen** (*aam*-ber-va̅y̅-lern) *v* recommend
aanbeveling (*aam*-ber-va̅y̅-lɪng) *c* (pl ~en) recommendation
aanbevelingsbrief (*aam*-ber-va̅y̅-lɪngs-breef) *c* (pl -brieven) letter of recommendation
***aanbidden** (aam-*bɪ*-dern) *v* worship
***aanbieden** (*aam*-bee-dern) *v* offer; present
aanbieding (*aam*-bee-dɪng) *c* (pl ~en) offer
aanblik (*aam*-blɪk) *c* sight; appearance
aanbod (*aam*-bot) *nt* offer; supply; *Am* bid
aanbranden (*aam*-brahn-dern) *v* *burn
aandacht (*aan*-dahkht) *c* attention; notice, consideration; ~ **besteden aan** attend to
aandeel (*aan*-da̅y̅l) *nt* (pl -delen) share
aandenken (*aan*-dehng-kern) *nt* (pl ~s) remembrance; keepsake
aandoening (*aan*-do̅o̅-nɪng) *c* (pl ~en) affection
aandoenlijk (aan-*do̅o̅n*-lerk) *adj* touching
***aandrijven** (*aan*-dray-vern) *v* propel
***aandringen** (*aan*-drɪ-ngern) *v* insist
aanduiden (*aan*-dur^{ew}-dern) *v* indicate
***aangaan** (*aang*-gaan) *v* concern
aangaande (aang-*gaan*-der) *prep* as regards
aangeboren (*aang*-ger-bo̅a̅-rern) *adj* natural
aangelegenheid (aang-ger-*la̅y̅*-gern-hayt) *c* (pl -heden) matter, concern; affair, business
aangenaam (*aang*-ger-naam) *adj* agreeable, pleasing, pleasant
aangesloten (*aang*-ger-slo̅a̅-tern) *adj* affiliated
***aangeven** (*aang*-ga̅y̅-vern) *v*

indicate; declare; *give, hand, pass
aangezien (aang-ger-*zeen*) *conj* as, since; because
aangifte (*aang*-gıf-ter) *c* (pl ~n) declaration
aangrenzend (aang-*grehn*-zernt) *adj* neighbo(u)ring
aanhalen (*aan*-haa-lern) *v* tighten; quote
aanhalingstekens (*aan*-haa-lıngs-tay̅-kerns) *pl* quotation marks
aanhangen (*aan*-hahng-ern) *v* cling to
aanhangwagen (*aan*-hahng-vaa-gern) *c* (pl ~s) trailer
aanhankelijk (aan-*hahng*-ker-lerk) *adj* affectionate
***aanhebben** (*aan*-heh-bern) *v* *wear
aanhechten (*aan*-hehkh-tern) *v* attach
aanhoren (*aan*-hōa-rern) *v* listen
***aanhouden** (*aan*-hou-dern) *v* insist; **aanhoudend** constant
aanhouding (*aan*-hou-dıng) *c* (pl ~en) arrest
***aankijken** (*aang*-kay-kern) *v* look at
aanklacht (*aang*-klahkht) *c* (pl ~en) charge
aanklagen (*aang*-klaa-gern) *v* accuse, charge
aankleden (*aang*-klay̅-dern) *v* dress; *get dressed
***aankomen** (*aang*-kōa-mern) *v* arrive
aankomst (*aang*-komst) *c* arrival
aankomsttijd (*aang*-koms-tayt) *c* (pl ~en) time of arrival
aankondigen (*aang*-kon-der-gern) *v* announce
aankondiging (*aang*-kon-der-gıng) *c* (pl ~en) notice, announcement
aankoop (*aang*-kōap) *c* (pl -kopen) purchase
aankruisen (*aang*-krur^ew-sern) *v* mark
aanleg (*aan*-lehkh) *c* talent
aanleggen (*aan*-leh-gern) *v* dock
aanleiding (*aan*-lay-dıng) *c* (pl ~en) cause, occasion
aanlengen (*aan*-leh-ngern) *v* dilute
zich aanmelden (*aan*-mehl-dern) report
aanmerkelijk (aa-*mehr*-ker-lerk) *adj* considerable
aanmerken (*aa*-mehr-kern) *v* comment
aanmoedigen (*aa*-mōo-der-gern) *v* encourage
***aannemen** (*aa*-nay̅-mern) *v* accept; assume, suppose; adopt; **aangenomen dat** supposing that
aannemer (*aa*-nay̅-merr) *c* (pl ~s) contractor
aanpak (*aam*-pahk) *c* method, approach
aanpassen (*aam*-pah-sern) *v* adapt; suit; adjust
aanplakbiljet (*aam*-plahk-bıl-^yeht) *nt* (pl ~ten) placard
***aanprijzen** (*aam*-pray-zern) *v*

recommend
***aanraden** (*aan*-raa-dern) *v* advise, recommend
aanraken (*aan*-raa-kern) *v* touch
aanraking (*aan*-raa-kıng) *c* (pl ~en) touch; contact
aanranden (*aan*-rahn-dern) *v* assault
aanrichten (*aan*-rıkh-tern) *v* cause
aanrijding (*aan*-ray-dıng) *c* (pl ~en) collision
aanschaffen (*aan*-skhah-fern) *v* *buy
***aansluiten** (*aan*-slur^ew^-tern) *v* connect
aansluiting (*aan*-slur^ew^-tıng) *c* (pl ~en) connection
aansporen (*aan*-spoa-rern) *v* incite; urge
aanspraak (*aan*-spraak) *c* (pl -spraken) claim
aansprakelijk (aan-*spraa*-ker-lerk) *adj* liable; responsible
aansprakelijkheid (aan-*spraa*-ker-lerk-hayt) *c* liability; responsibility
***aanspreken** (*aan*-spray-kern) *v* address; appeal
aanstekelijk (aan-*stay*-ker-lerk) *adj* contagious
***aansteken** (*aan*-stay-kern) *v* *light; infect
aansteker (*aan*-stay-kerr) *c* (pl ~s) lighter, cigarette lighter
aanstellen (*aan*-steh-lern) *v* appoint
aanstoot (*aan*-stoat) *c* offense *Am*, offence
aanstootgevend (aan-stoat-*khay*-vernt) *adj* offensive
aanstrepen (*aan*-stray-pern) *v* tick off
aantal (*aan*-tahl) *nt* (pl ~len) number; quantity
aantekenen (*aan*-tay-ker-nern) *v* record; register
aantekening (*aan*-tay-ker-nıng) *c* (pl ~en) note
aantonen (*aan*-toa-nern) *v* prove; demonstrate, *show
aantrekkelijk (aan-*treh*-ker-lerk) *adj* attractive
***aantrekken** (*aan*-treh-kern) *v* attract; tempt; *put on; tighten
aantrekking (*aan*-treh-kıng) *c* attraction
aantrekkingskracht (*aan*-treh-kıngs-krahkht) *c* (pl ~en) appeal
aanvaarden (aan-*vaar*-dern) *v* accept
aanval (*aan*-vahl) *c* (pl ~len) attack; fit
***aanvallen** (*aan*-vah-lern) *v* attack; assault
aanvang (*aan*-vahng) *c* beginning
***aanvangen** (*aan*-vah-ngern) *v* *begin
aanvankelijk (aan-*vahng*-ker-lerk) *adv* originally, at first
aanvaring (*aan*-vaa-rıng) *c* (pl ~en) collision
aanvoer (*aan*-voor) *c* supply
aanvoerder (*aan*-voor-derr) *c* (pl ~s) leader
aanvraag (*aan*-vraakh) *c* (pl

-vragen) application
aanwezig (aan-*vāy*-zerkh) *adj* present
aanwezigheid (aan-*vāy*-zerkh-hayt) *c* presence
***aanwijzen** (*aan*-vay-zern) *v* point out; designate
aanwijzing (*aan*-vay-zɪng) *c* (pl ~en) indication; hint; **~en geven** *v* hint
aanzetten (*aan*-zeh-tern) *v* turn on
aanzien (*aan*-zeen) *nt* aspect; esteem; **ten ~ van** regarding
aanzienlijk (aan-*zeen*-lerk) *adj* considerable, substantial
aap (aap) *c* (pl apen) monkey
aard (aart) *c* nature
aardappel (*aar*-dah-perl) *c* (pl ~s, ~en) potato
aardappelpuree (*aar*-dah-perl pēw-rāy) *c* mashed potatoes
aardbei (*aart*-bay) *c* (pl ~en) strawberry
aardbeving (*aart*-bāy-vɪng) *c* (pl ~en) earthquake
aardbol (*aart*-bol) *c* globe
aarde (*aar*-der) *c* earth; soil
aardewerk (*aar*-der-vehrk) *nt* crockery, pottery, ceramics *pl*
aardig (*aar*-derkh) *adj* pleasant; nice, kind
aardrijkskunde (*aar*-drayks-kern-der) *c* geography
aarzelen (*aar*-zer-lern) *v* hesitate
aas (aass) *nt* bait
abces (ahp-*sehss*) *nt* (pl ~sen) abscess
abdij (ahb-*day*) *c* (pl ~en) abbey
abonnee (ah-bo-*nāy*) *c* (pl ~s) subscriber
abonnement (ah-bo-ner-*mehnt*) *nt* (pl ~en) subscription
abonnementskaart (ah-bo-ner-*mehnts*-kaart) *c* (pl ~en) season ticket
abortus (ah-*bor*-terss) *c* (pl ~sen) abortion
abrikoos (ah-bree-*kōass*) *c* (pl -kozen) apricot
absoluut (ahp-sōa-*lēwt*) *adj* sheer; *adv* absolutely
abstract (ahp-*strahkt*) *adj* abstract
absurd (ahp-*serrt*) *adj* absurd
abuis (aa-*bur*ᵉʷ*ss*) *nt* (pl abuizen) mistake
academie (aa-kaa-*dāy*-mee) *c* (pl ~s) academy
accent (ahk-*sehnt*) *nt* (pl ~en) accent
accepteren (ahk-sehp-*tāy*-rern) *v* accept
accessoires (ahk-seh-*svaa*-rerss) *pl* accessories *pl*
accijns (ahk-*sayns*) *c* (pl -cijnzen) Customs duty
accommodatie (ah-ko-mōa-*daa*-tsee) *c* accommodation
accu (*ah*-kēw) *c* (pl ~'s) battery
acht (ahkht) *num* eight
achteloos (*ahkh*-ter-lōass) *adj* careless
achten (*ahkh*-tern) *v* esteem; count
achter (*ahkh*-terr) *prep* behind; after
achteraan (ahkh-ter-*raan*) *adv*

behind
achterbuurt (*ahkh*-terr-bewrt) *c* (pl ~en) slum
achterdochtig (ahkh-terr-*dokh*-terkh) *adj* suspicious
achtergrond (*ahkh*-terr-gront) *c* (pl ~en) background
achterkant (*ahkh*-terr-kahnt) *c* (pl ~en) rear
***achterlaten** (*ahkh*-terr-laa-tern) *v* *leave behind
achterlicht (*ahkh*-terr-likht) *nt* (pl ~en) taillight, rear light
achternaam (*ahkh*-terr-naam) *c* (pl -namen) family name, surname
achterstallig (ahkh-terr-*stah*-lerkh) *adj* overdue
achteruit (ahkh-ter-*rur*ew*t*) *adv* backwards
***achteruitrijden** (ahkh-ter-*rur*ew*t*-ray-dern) *v* reverse
achterwerk (*ahkh*-terr-vehrk) *nt* (pl ~en) bottom, behind
achting (*ahkh*-ting) *c* respect, esteem
achtste (*ahkht*-ster) *num* eighth
achttien (*ahkh*-teen) *num* eighteen
achttiende (*ahkh*-teen-der) num eighteenth
acne (*ahk*-nay) *c* acne
acquisitie (ah-kvee-*zee*-tsee) *c* (pl ~s) acquisition
acteur (ahk-*turr*) *c* (pl ~s) actor
actie (*ahk*-see) *c* (pl ~s) action
actief (ahk-*teef*) *adj* active
activiteit (ahk-tee-vee-*tayt*) *c* (pl ~en) activity
actrice (ahk-*tree*-ser) *c* (pl ~s) actress
actueel (ahk-tew-*vayl*) *adj* topical, current
acuut (ah-*kewt*) *adj* acute
adel (*aa*-derl) *c* nobility
adellijk (*aa*-der-lerk) *adj* noble
adem (*aa*-derm) *c* breath
ademen (*aa*-der-mern) *v* breathe
ademhaling (*aa*-derm-haa-ling) *c* breathing, respiration
adequaat (ah-day-*kvaat*) *adj* adequate
ader (*aa*-derr) *c* (pl ~s, ~en) vein
administratie (aht-mee-nee-*straa*-tsee) *c* (pl ~s) administration
administratief (aht-mee-nee-straa-*teef*) *adj* administrative
adopteren (ah-dop-*tay*-rern) *v* adopt
adres (aa-*drehss*) *nt* (pl ~sen) address
adresseren (aa-dreh-*say*-rern) *v* address
advertentie (aht-ferr-*tehn*-see) *c* (pl ~s) advertisement
advies (aht-*feess*) *nt* (pl adviezen) advice
adviseren (aht-fee-*zay*-rern) *v* advise
advocaat (aht-foa-*kaat*) *m* (f -cate, pl -caten) lawyer; barrister; solicitor; attorney
af (ahf) *adv* off; finished; ~ **en toe** occasionally
afbeelding (*ahf*-bayl-ding) *c* (pl ~en) picture
afbetalen (*ahf*-ber-taa-lern) *v*

*pay on account; pay off
afbetaling (*ahf*-ber-taa-lıng) *c* (pl ~en) instalment
***afblijven** (*ahf*-blay-vern) *v* *keep off
afbraak (*ahf*-braak) *c* demolition
***afbreken** (*ahf*-bra̅y̅-kern) *v* chip
afdaling (*ahf*-daa-lıng) *c* (pl ~en) descent
afdanken (*ahf*-dahng-kern) *v* discard
afdeling (*ahf*-da̅y̅-lıng) *c* (pl ~en) division, department; section
***afdingen** (*ahf*-dı-ngern) *v* bargain
afdrogen (*ahf*-dro̅a̅-gern) *v* dry
afdruk (*ahf*-drerk) *c* (pl ~ken) print
***afdwingen** (*ahf*-dvı-ngern) *v* extort
affaire (ah-*fai*-rer) *c* (pl ~s) deal; affair
affiche (ah-*fee*-sher) *nt* (pl ~s) poster
afgeladen (*ahf*-kher-laa-dern) *adj* packed, replete
afgelegen (*ahf*-kher-la̅y̅-gern) *adj* remote, far-off, out of the way
afgelopen (*ahf*-kher-lo̅a̅-pern) *adj* past
afgerond (*ahf*-kher-ront) *adj* rounded
afgevaardigde (*ahf*-kher-vaar-derg-der) *c* (pl ~n) deputy
afgezien van (*ahf*-kher-zeen-vahn) apart from
afgod (*ahf*-khot) *c* (pl ~en) idol
afgrijzen (*ahf*-khray-zern) *nt* horror
afgunst (*ahf*-khernst) *c* envy
afgunstig (ahf-*khern*-sterkh) *adj* envious
afhalen (*ahf*-haa-lern) *v* collect, fetch
afhandelen (*ahf*-hahn-der-lern) *v* settle
***afhangen van** (*ahf*-hah-ngern) depend on
afhankelijk (ahf-*hahng*-ker-lerk) *adj* dependant, depending
afhellend (*ahf*-heh-lernt) *adj* sloping
afkeer (*ahf*-ka̅y̅r) *c* dislike; antipathy
afkerig (ahf-*ka̅y̅*-rerkh) *adj* averse
afkeuren (*ahf*-ku̅r̅-rern) *v* disapprove; reject
afknippen (*ahf*-knı-pern) *v* *cut off
afkondigen (*ahf*-kon-der-gern) *v* proclaim
afkorting (*ahf*-kor-tıng) *c* (pl ~en) abbreviation
afleiden (*ahf*-lay-dern) *v* deduce, infer
afleiding (*ahf*-lay-dıng) *c* diversion
afleren (*ahf*-la̅y̅-rern) *v* unlearn
afleveren (*ahf*-la̅y̅-ver-rern) *v* deliver
***aflopen** (*ahf*-lo̅a̅-pern) *v* end; expire
aflossen (*ahf*-lo-sern) *v*

relieve; *pay off
afluisteren (*ahf*-lur^ew-ster-rern) *v* eavesdrop
afmaken (*ahf*-maa-kern) *v* finish
afmeting (*ahf*-māy-tıng) *c* (pl ~en) size
***afnemen** (*ahf*-nāy-mern) *v* decrease; *take away
afpersing (*ahf*-pehr-sıng) *c* (pl ~en) extortion
***afraden** (*ahf*-raa-dern) *v* dissuade from
afremmen (*ahf*-reh-mern) *v* slow down
Afrika (*aa*-free-kaa) Africa
Afrikaan (aa-free-*kaan*) *m* (f ~se, pl -kanen) African
Afrikaans (aa-free-*kaans*) *adj* African
afschaffen (*ahf*-skhah-fern) *v* abolish
afscheid (*ahf*-skhayt) *nt* parting
afschrift (*ahf*-skhrıft) *nt* (pl ~en) copy
afschuw (*ahf*-skhēw^oo) *c* horror, disgust
afschuwelijk (ahf-*skhēw*-ver-lerk) *adj* horrible, awful, disgusting; hideous
***afsluiten** (*ahf*-slur^ew-tern) *v* *cut off
***afsnijden** (*ahf*-snay-dern) *v* *cut off; chip
afspraak (*ahf*-spraak) *c* (pl -spraken) appointment; engagement; ~**je** date
afstammeling (*ahf*-stah-mer-lıng) *c* (pl ~en) descendant
afstamming (*ahf*-stah-mıng) *c* origin
afstand (*ahf*-stahnt) *c* (pl ~en) distance; space, way
afstandsbediening (*ahf*-stahnts-ber-dee-ning) *f* (pl ~en) remote control
afstandsmeter (*ahf*-stahnts-māy-terr) *c* (pl ~s) range finder
afstellen (*ahf*-steh-lern) *v* adjust
afstemmen (*ahf*-steh-mern) *v* tune in
afstotelijk (ahf-*stōā*-ter-lerk) *adj* repellent
aftekenen (*ahf*-tāy-ker-nern) *v* endorse
***aftrekken** (*ahf*-treh-kern) *v* deduct; subtract
aftrap (*ahf*-trahp) *c* kickoff
afvaardiging (*ah*-faar-der-gıng) *c* (pl ~en) delegation
afval (*ah*-fahl) *nt* garbage, litter, rubbish, refuse
afvegen (*ah*-fāy-gern) *v* wipe
afvoer (*ah*-fōōr) *c* drain
zich *afvragen (*ah*-fraa-gern) wonder
afwachten (*ahf*-vahkh-tern) *v* await
afwasmachine (*ahf*-vahs-mah-shee-ner) *c* (pl ~s) dishwasher
afwassen (*ahf*-vah-sern) *v* wash up
afwateren (*ahf*-vaa-ter-rern) *v* drain
afwezig (ahf-*vāy*-zerkh) *adj* absent

afwezigheid (ahf-*vāy*-zerkh-hayt) *c* absence
***afwijken** (*ahf*-vay-kern) *v* deviate
afwijking (*ahf*-vay-kıng) *c* (pl ~en) deviation
***afwijzen** (*ahf*-vay-zern) *v* reject
afwisselen (*ahf*-vı-ser-lern) *v* vary; **afwisselend** alternate
afwisseling (*ahf*-vı-ser-lıng) *c* variation; **voor de ~** for a change
***afzeggen** (*ahf*-seh-gern) *v* cancel
afzender (*ahf*-sehn-derr) *m* (f -zendster, pl ~s) sender
afzetting (*ahf*-seh-tıng) *c* (pl ~en) deposit
afzonderlijk (ahf-*son*-derr-lerk) *adj* individual; separate; *adv* apart
afzwakken (*ahf*-zvah-kern) *v* understate
agenda (aa-*gehn*-daa) *c* (pl ~'s) diary; agenda
agent (aa-*gehnt*) *m* (f ~e, pl ~en) policeman; distributor, agent
agentschap (aa-*gehnt*-skhahp) *nt* (pl ~pen) agency
agressief (ah-greh-*seef*) *adj* aggressive
AIDS (eets) *nt* AIDS
airbag (*ehr*-behk) *c* (pl ~s) air bag *c*
airco (*ehr*-ko) *c*, **airconditioning** *c* air conditioning *c*
akelig (*aa*-ker-lerkh) *adj* nasty
akker (*ah*-kerr) *c* (pl ~s) field
akkoord (ah-*kōart*) *nt* (pl ~en) agreement
akte (*ahk*-ter) *c* (pl ~n, ~s) act, certificate
aktentas (*ahk*-tern-tahss) *c* (pl ~sen) briefcase, attaché case
al (ahl) *adj* all; *adv* already
alarm (aa-*lahrm*) *nt* alarm
alarmeren (aa-lahr-*māy*-rern) *v* alarm
album (*ahl*-berm) *nt* (pl ~s) album
alcohol (*ahl*-kōa-hol) *c* alcohol, *colloquial* booze
alcoholisch (ahl-kōa-*hōa*-leess) *adj* alcoholic
alcoholist (ahl-kōa-ho-*lıst*) *c* (pl ~en) alcoholic
aldoor (*ahl*-dōar) *adv* all the time
alfabet (*ahl*-faa-beht) *nt* alphabet
algebra (*ahl*-ger-braa) *c* algebra
algemeen (ahl-ger-*māyn*) *adj* general; universal, public; **in het ~** in general
Algerije (ahl-ger-*ray*-er) Algeria
Algerijn (ahl-ger-*rayn*) *m* (f ~se, pl ~en) Algerian
Algerijns (ahl-ger-*rayns*) *adj* Algerian
alhoewel (ahl-hōō-*vehl*) *conj* though
alikruik (*aa*-lee-krur[ew]k) *c* (pl ~en) winkle
alinea (aa-*lee*-nāy-aa) *c* (pl ~'s) paragraph

alledaags (ah-ler-*daakhs*) *adj* ordinary; everyday
alleen (ah-*layn*) *adv* only, just; alone; by itself
allemaal (ah-ler-*maal*) *num* all
allergie (ah-lehr-*gee*) *c* (pl ~ën) allergy
allergisch (ah-*lehr*-geess) *adj* allergic
allerlei (*ah*-lerr-lay) *adj* various; all sorts of
alles (*ah*-lerss) *pron* everything
almachtig (ahl-*mahkh*-terkh) *adj* omnipotent
almanak (*ahl*-maa-nahk) *c* (pl ~ken) almanac
als (ahls) *conj* if; when; as, like
alsof (ahl-*zof*) *conj* as if; ***doen** ~ pretend
alstublieft (ahl-stew-*bleeft*) here you are; please
alt (ahlt) *c* (pl ~en) alto
altaar (*ahl*-taar) *nt* (pl altaren) altar
alternatief (ahl-terr-naa-*teef*) *nt* (pl -tieven) alternative
altijd (*ahl*-tayt) *adv* always, ever
amandel (aa-*mahn*-derl) *c* (pl ~en, ~s) almond; **amandelen** tonsils *pl*
amandelontsteking (aa-*mahn*-derl-ont-stay-kıng) *c* (pl ~en) tonsilitis
ambacht (*ahm*-bahkht) *nt* (pl ~en) trade
ambassade (ahm-bah-*saa*-der) *c* (pl ~s) embassy
ambassadeur (ahm-bah-saa-*durr*) *m* (f -drice, pl ~s) ambassador
ambitie (ahm-*bee*-tsee) *c* ambition
ambitieus (ahm-bee-*tsʸurss*) *adj* ambitious
ambt (ahmt) *nt* (pl ~en) office
ambtenaar (*ahm*-ter-naar) *c* (pl -naren) civil servant
ambulance (ahm-bew-*lahn*-ser) *c* (pl ~s) ambulance
Amerika (aa-*may*-ree-kaa) America
Amerikaan (aa-may-ree-*kaan*) *m* (f ~se, pl -kanen) American
Amerikaans (aa-may-ree-*kaans*) *adj* American
amethist (ah-mer-*tist*) *c* (pl ~en) amethyst
amicaal (aa-mee-*kaal*) *adj* friendly
ammonia (ah-*moa*-nee-ʸaa) *c* ammonia
amnestie (ahm-nehss-*tee*) *c* amnesty
amper (*ahm*-perr) *adj* hardly
amulet (aa-mew-*leht*) *c* (pl ~ten) lucky charm, charm
amusant (aa-mew-*zahnt*) *adj* amusing; entertaining
amusement (aa-mew-zer-*mehnt*) *nt* amusement; entertainment
amuseren (aa-mew-*zay*-rern) *v* amuse
analfabeet (ahn-ahl-faa-*bayt*) *m* (f -bete, pl -beten) illiterate
analist (ah-naa-*lıst*) *c* (pl ~en) analyst
analyse (ah-naa-*lee*-zer) *c* (pl ~n, ~s) analysis
analyseren (ah-naa-lee-*zay*-

rern) *v* analyse
analyticus (ah-naa-*lee*-tee-kerss) *c* (pl -ci) analyst, psychoanalyst
ananas (*ah*-nah-nahss) *c* (pl ~sen) pineapple
anarchie (ah-nahr-*khee*) *c* anarchy
anatomie (ah-naa-tōā-*mee*) *c* anatomy
ander (*ahn*-derr) *adj* other; different; **een ~** another; **onder andere** among other things
anders (*ahn*-derrs) *adv* else; otherwise
andersom (ahn-derr-*som*) *adv* the other way round
angst (ahngst) *c* (pl ~en) fright, fear; terror
angstig (*ahng*-sterkh) *adj* afraid
angstwekkend (ahngst-*veh*-kernt) *adj* terrifying
animo (*aa*-nee-mōā) *c* zest
anker (*ahng*-kerr) *nt* (pl ~s) anchor
annexeren (ah-nehk-*sāy*-rern) *v* annex
annuleren (ah-nēw-*lāy*-rern) *v* cancel
annulering (ah-nēw-*lāy*-rıng) *c* (pl ~en) cancellation
anoniem (ah-nōā-*neem*) *adj* anonymous
ansichtkaart (*ahn*-zıkht-kaart) *c* (pl ~en) postcard, picture postcard
ansjovis (ahn-*shōā*-vıss) *c* (pl ~sen) anchovy
antenne (ahn-*teh*-ner) *c* (pl ~s) aerial
antibioticum (ahn-tee-bee-*yōā*-tee-kerm) *nt* (pl -ca) antibiotic
antiek (ahn-*teek*) *adj* antique
antipathie (ahn-tee-paa-*tee*) *c* dislike, antipathy
antiquair (ahn-tee-*kair*) *c* (pl ~s) antique dealer
antiquiteit (ahn-tee-kvee-*tayt*) *c* (pl ~en) antique
antivries (ahn-tee-*vreess*) *c* antifreeze
antwoord (*ahnt*-vōārt) *nt* (pl ~en) reply, answer; **als ~** in reply
antwoorden (*ahnt*-vōār-dern) *v* reply, answer
apart (aa-*pahrt*) *adv* apart, separately
aperitief (aa-pāy-ree-*teef*) *nt*/*c* (pl -tieven) aperitif
apotheek (aa-pōā-*tāyk*) *c* (pl -theken) pharmacy, chemist's; drugstore *nAm*
apotheker (aa-pōā-*tāy*-kerr) *m* (f ~es, pl ~s) chemist, pharmacist
apparaat (ah-paa-*raat*) *nt* (pl -raten) appliance; machine; apparatus
appartement (ah-pahr-ter-*mehnt*) *nt* (pl ~en) apartment *nAm*
appel (*ah*-perl) *c* (pl ~s) apple
applaudisseren (ah-plou-dee-*sāy*-rern) *v* clap, applaud
applaus (ah-*plouss*) *nt* applause

april (ah-*prıl*) April
aquarel (aa-kvaa-*rehl*) *c* (pl ~len) watercolo(u)r
ar (ahr) *c* (pl ~ren) sleigh
Arabier (aa-raa-*beer*) *m* (f Arabische, pl ~en) Arab
Arabisch (aa-*raa*-beess) *adj* Arab
arbeid (*ahr*-bayt) *c* labo(u)r, work
arbeidbesparend (*ahr*-bayt-ber-spaa-rernt) *adj* labo(u)r-saving
arbeider (*ahr*-bay-derr) *m* (f -ster, pl ~s) labo(u)rer, workman, worker
arbeidsbureau (*ahr*-bayts-bew-roa) *nt* (pl ~s) job center *Am*, job centre
archeologie (ahr-khay-oa-loa-*gee*) *c* archaeology
archeoloog (ahr-khay-oa-*loakh*) *c* (pl -logen) archaeologist
archief (ahr-*kheef*) *nt* (pl -chieven) archives *pl*
architect (ahr-shee-*tehkt*) *c* (pl ~en) architect
architectuur (ahr-shee-tehk-*tewr*) *c* architecture
arena (aa-*ray*-naa) *c* (pl ~'s) bullring, arena
arend (*aa*-rernt) *c* (pl ~en) eagle
Argentijn (ahr-gern-*tayn*) *m* (f ~se, pl ~en) Argentinian
Argentijns (ahr-gern-*tayns*) *adj* Argentinian
Argentinië (ahr-gern-*tee*-nee-yer) Argentina
argument (ahr-gew-*mehnt*) *nt* (pl ~en) argument
argumenteren (ahr-gew-mehn-*tay*-rern) *v* argue
argwaan (*ahrkh*-vaan) *c* suspicion
argwanend (ahrkh-*vaa*-nernt) *adj* suspicious
arm[1] (ahrm) *adj* poor
arm[2] (ahrm) *c* (pl ~en) arm
armband (*ahrm*-bahnt) *c* (pl ~en) bracelet; bangle
armoede (*ahr*-moo-der) *c* poverty
armoedig (ahr-*moo*-derkh) *adj* poor
aroma (aa-*roa*-maa) *nt* aroma
arrestatie (ah-rehss-*taa*-tsee) *c* (pl ~s) arrest
arresteren (ah-rehss-*tay*-rern) *v* arrest
arrogant (ah-roa-*gahnt*) *adj* presumptuous
artikel (ahr-*tee*-kerl) *nt* (pl ~en, ~s) article; item
artisjok (ahr-tee-*shok*) *c* (pl ~ken) artichoke
artistiek (ahr-tıss-*teek*) *adj* artistic
arts (ahrts) *c* (pl ~en) doctor
as[1] (ahss) *c* (pl ~sen) axle
as[2] (ahss) *c* ash
asbak (*ahss*-bahk) *c* (pl ~ken) ashtray
asbest (*ahss*-behst) *nt* asbestos
asfalt (*ahss*-fahlt) *nt* asphalt
asiel (aa-*zeel*) *nt* asylum
aspect (ahss-*pehkt*) *nt* (pl ~en) aspect
asperge (ahss-*pehr*-zher) *c* (pl ~s) asparagus

aspirine (ahss-pee-*ree*-ner) *c* aspirin
assistent (ah-see-*stehnt*) *c* (pl ~en) assistant
associëren (ah-sōā-*shāy*-rern) *v* associate
assortiment (ah-sor-tee-*mehnt*) *nt* (pl ~en) assortment
assurantie (ah-sew-*rahn*-see) *c* (pl -ties, -tiën) insurance
astma (*ahss*-maa) *nt* asthma
astronaut (ahss-trōā-*nout*) *m* (f ~e, pl ~en) astronaut
atheïst (aa-tāy-*ıst*) *m* (f ~e, pl ~en) atheist
Atlantische Oceaan (aht-*lahn*-tee-ser ōā-say-*aan*) Atlantic
atleet (aht-*lāyt*) *c* (pl -leten) athlete
atletiek (aht-lāy-*teek*) *c* athletics *pl*
atmosfeer (aht-moss-*fāyr*) *c* atmosphere
atomisch (aa-*tōā*-meess) *adj* atomic
atoom (aa-*tōām*) *nt* (pl atomen) atom; **atoom-** atomic
attent (ah-*tehnt*) *adj* considerate
attest (ah-*tehst*) *nt* (pl ~en) certificate
attractie (ah-*trahk*-see) *c* (pl ~s) attraction
aubergine (ōā-behr-*zhee*-ner) *c* (pl ~s) eggplant
augustus (ou-*gerss*-terss) August
aula (*ou*-laa) *c* (pl ~'s) auditorium
Australië (ou-*straa*-lee-ʸer) Australia
Australiër (ou-*straa*-lee-ʸerr) *m* (f Australische, pl ~s) Australian
Australisch (ou-*straa*-leess) *adj* Australian
auteur (ōā-*tūrr*) *c* (pl ~s) author
authentiek (ōā-tehn-*teek*) *adj* authentic
auto (*ōā*-tōā) *c* (pl ~'s) car; motorcar, automobile
automaat (ōā-tōā-*maat*) *c* (pl -maten) slot machine
automatisch (ōā-tōā-*maa*-teess) *adj* automatic
automatisering (ōā-tōā-maa-tee-*zāy*-rıng) *c* automation
automobielclub (ōā-tōā-mōā-*beel*-klerp) *c* (pl ~s) automobile club
automobilisme (ōā-tōā-mōā-bee-*lıss*-mer) *nt* motoring
automobilist (ōā-tōā-mōā-bee-*lıst*) *m* (f ~e, pl ~en) motorist
autonoom (ōā-tōā-*nōām*) *adj* autonomous
autoped (*ōā*-tōā-peht) *c* (pl ~s) scooter
autopsie (ōā-top-see) *c* autopsy
***autorijden** (*ōā*-tōā-ray-dern) *v* motor
autorit (*ōā*-tōā-rıt) *c* (pl ~ten) drive
autoritair (ōā-tōā-ree-*tair*) *adj* authoritarian
autoriteiten (ōā-tōā-ree-*tay*-tern) *pl* authorities *pl*

autoverhuur (o̅a̅-to̅a̅-verr-he̅w̅r) *c* car hire; car rental *Am*
autoweg (o̅a̅-to̅a̅-vehkh) *c* (pl ~en) motoway, highway *nAm*
avond *c* (pl ~en) night, evening
avondeten (*aa*-vernt-a̅y̅-tern) *nt* dinner; supper
avondkleding (*aa*-vernt-kla̅y̅-dıng) *c* evening dress
avondschemering (*aa*-vernt-skha̅y̅-mer-rıng) *c* dusk
avontuur (aa-von-*te̅w̅r*) *nt* (pl -turen) adventure
Aziaat (aa-zee-ʸ*aat*) *c* (f Aziatische, pl Aziaten) Asian
Aziatisch (aa-zee-ʸ*aa*-teess) *adj* Asian
Azië (*aa*-zee-ʸer) Asia
azijn (aa-*zayn*) *c* vinegar

B

baai (baa^ee) *c* (pl ~en) bay
baan (baan) *c* (pl banen) job; orbit
baard (baart) *c* (pl ~en) beard
baarmoeder (*baar*-mo̅o̅-derr) *c* womb
baars (baars) *c* (pl baarzen) bass, perch
baas (baass) *m* (f bazin, pl bazen) boss; master
baat (baat) *c* benefit; profit
babbelen (*bah*-ber-lern) *v* chat
babbelkous (*bah*-berl-kouss) *c* (pl ~en) chatterbox
babbeltje (*bah*-berl-tʸer) *nt* (pl ~s) chat
baby (*ba̅y̅*-bee) *c* (pl ~'s) baby
bacil (bah-*sıl*) *c* (pl ~len) germ
bacterie (bahk-*ta̅y̅*-ree) *c* (pl -riën) bacterium
bad (baht) *nt* (pl ~en) bath; **een ~ *nemen** bathe
baden (*baa*-dern) *v* bathe
badhanddoek (*baht*-hahn-do̅o̅k) *c* (pl ~en) bath towel
badjas (*baht*-ʸahss) *c* (pl ~sen) bathrobe
badkamer (*baht*-kaa-merr) *c* (pl ~s) bathroom
badmeester (*baht*-ma̅y̅ss-terr) *m* (pl ~s) pool attemdant
badmuts (*baht*-merts) *c* (pl ~en) bathing cap
badpak (*baht*-pahk) *nt* (pl ~ken) bathing suit
badplaats (*baht*-plaats) *c* (pl ~en) seaside resort
badstof (*baht*-stof) *c* towel(l)ing
badzout (*baht*-sout) *nt* bath salts
bagage (bah-*gaa*-zher) *c* baggage; luggage
bagagedepot (bah-*gaa*-zher-da̅y̅-po̅a̅) *nt* (pl ~s) left luggage office; baggage deposit office *Am*
bagagenet (bah-*gaa*-zher-neht) *nt* (pl ~ten) luggage rack
bagageoverschot (bah-*gaa*-zher-o̅a̅-verr-skhot) *nt* overweight

bagagerek (bah-*gaa*-zher-rehk) *nt* (pl ~ken) luggage rack
bagageruimte (bah-*gaa*-zher-rur^ew^m-ter) *c* (pl ~n, ~s) boot, *nAm* trunk
bagagewagen (bah-*gaa*-zher-vaa-gern) *c* (pl ~s) luggage van
bakboord (*bahk*-bōart) *nt* port
baken (*baa*-kern) *nt* (pl ~s) landmark
bakermat (*baa*-kerr-maht) *c* cradle
bakkebaarden (*bah*-ker-baar-dern) *pl* whiskers *pl*, sideburns *pl*
***bakken** (*bah*-kern) *v* bake; fry
bakker (*bah*-kerr) *m* (f -ster, pl ~s) baker
bakkerij (bah-ker-*ray*) *c* (pl ~en) bakery
baksteen (*bahk*-stāyn) *c* (pl -stenen) brick
bal[1] (bahl) *c* (pl ~len) ball
bal[2] (bahl) *nt* (pl ~s) ball
balans (bah-*lahns*) *c* (pl ~en) balance
baldadig (bahl-*daa*-derkh) *adj* rowdy
balie (*baa*-lee) *c* (pl ~s) counter
balk (bahlk) *c* (pl ~en) beam
balkon (bahl-*kon*) *nt* (pl ~s) balcony; circle
ballet (bah-*leht*) *nt* (pl ~ten) ballet
balling (*bah*-lıng) *c* (pl ~en) exile
ballingschap (*bah*-lıng-skhahp) *c* exile
ballon (bah-*lon*) *c* (pl ~s) balloon
ballpoint (*bol*-po^y^nt) *c* (pl ~s) ballpoint pen; Biro®
bamboe (*bahm*-bōō) *nt* bamboo
banaan (baa-*naan*) *c* (pl bananen) banana
band (bahnt) *c* (pl ~en) tape; band; tyre, tire; **lekke** ~ flat tyre, puncture
bandenpech (*bahn*-der-pehkh) *c* blowout, puncture
bandenspanning (*bahn*-der-spah-nıng) *c* tyre pressure
bandiet (bahn-*deet*) *m* (pl ~en) bandit
bandrecorder (*bahnt*-rer-kor-derr) *c* (pl ~s) tape recorder, recorder
bang (bahng) *adj* frightened, afraid; ~ ***zijn** *v* be afraid
bank (bahngk) *c* (pl ~en) bank; bench
bankbiljet (*bahngk*-bıl-^y^eht) *nt* (pl ~ten) banknote
banket (bahng-*keht*) *nt* (pl ~ten) banquet
banketbakker (bahng-*keht*-bah-kerr) *m* (f -ster, pl ~s) confectioner
banketbakkerij (bahng-keht-bah-ker-*ray*) *c* (pl ~en) pastry shop
bankrekening (*bahngk*-rāy-ker-nıng) *c* (pl ~en) bank account
bankroet (bahngk-*rōōt*) *adj* bankrupt
bar (bahr) *c* (pl ~s) bar; saloon
barbecue (*bahr*-ber-k^y^ēw^oo^) *c* (pl ~s) barbecue

barbecuen (*bahr*-ber-kʸew̄ºº-ern) *v* barbecue
baret (baa-*reht*) *c* (pl ~ten) beret
bariton (*baa*-ree-ton) *m* (pl ~s) baritone
barjuffrouw (*bahr*-ʸer-frou) *f* (pl ~en) barmaid
barman (*bahr*-mahn) *m* (pl ~nen) bartender, barman
barmhartig (bahr-*mahr*-terkh) *adj* merciful
barnsteen (*bahrn*-stāyn) *nt* amber
barok (baa-*rok*) *adj* baroque
barometer (*bah*-rōa-māy-terr) *c* (pl ~s) barometer
barrière (bah-ree-ʸ*ai*-rer) *c* (pl ~s) barrier
barst (bahrst) *c* (pl ~en) crack
***barsten** (*bahrs*-tern) *v* crack, *burst, *split; *get cracked
bas (bahss) *c* (pl ~sen) bass
baseren (baa-*zāy*-rern) *v* base
basiliek (baa-zee-*leek*) *c* (pl ~en) basilica
basis (*baa*-zerss) *c* (pl bases) basis; base
basiscrème (*baa*-zerss-kraim) *c* (pl ~s) foundation cream
basiskennis (*baa*-zerss-keh-nerss) *c* basics
bast (bahst) *c* (pl ~en) bark
bastaard (*bahss*-taart) *c* (pl ~en, ~s) bastard
baten (*baa*-tern) *v* *be of use
batterij (bah-ter-*ray*) *c* (pl ~en) battery
beambte (ber-*ahm*-ter) *c* (pl ~n) clerk
beamen (be-*aa*-mern) *v* affirm
beantwoorden (ber-*ahnt*-vōar-dern) *v* answer
bebloed (be-*bloot*) *adj* bloody
bebost (ber-*bost*) *adj* wooded; ~ **gebied** woodland
bebouwen (ber-*bou*-ern) *v* cultivate
bed (beht) *nt* (pl ~den) bed
bedaard (ber-*daart*) *adj* quiet
bedachtzaam (ber-*dahkht*-saam) *adj* cautious
bedanken (ber-*dahng*-kern) *v* thank
bedaren (ber-*daa*-rern) *v* calm down
beddegoed (*beh*-der-goot) *nt* bedding
bedeesd (ber-*dāyst*) *adj* timid
bedekken (ber-*deh*-kern) *v* cover
bedelaar (*bāy*-der-laar) *m* (f ~ster, -ares, pl ~s) beggar
bedelen (*bāy*-der-lern) *v* beg
***bedelven** (ber-*dehl*-vern) *v* bury
***bedenken** (ber-*dehng*-kern) *v* *think of
***bederven** (ber-*dehr*-vern) *v* *spoil; mess up
bedevaart (*bāy*-der-vaart) *c* (pl ~en) pilgrimage
bediende (ber-*deen*-der) *c* (pl ~n, ~s) domestic, servant; valet; (servant) boy
bedienen (ber-*dee*-nern) *v* serve; wait on; attend on
bediening (ber-*dee*-ning) *c* service
bedieningsgeld (ber-*dee*-

nings-khehlt) *nt* service charge
bedoelen (ber-*doo*-lern) *v* *mean; intend
bedoeling (ber-*doo*-ling) *c* (pl ~en) purpose, intention
bedrag (ber-*drahkh*) *nt* (pl ~en) amount
***bedragen** (ber-*draa*-gern) *v* amount to
bedreigen (ber-*dray*-gern) *v* threaten
bedreiging (ber-*dray*-ging) *c* (pl ~en) threat
***bedriegen** (ber-*dree*-gern) *v* deceive; cheat
bedrijf (ber-*drayf*) *nt* (pl bedrijven) business, concern; plant; act
bedrijvig (ber-*dray*-verkh) *adj* active; industrious
bedroefd (ber-*drooft*) *adj* sad, sorry
bedroefdheid (ber-*drooft*-hayt) *c* sadness; grief
bedrog (ber-*drokh*) *nt* deceit; fraud
beëindigen (ber-*ayn*-der-gern) *v* end, finish
beek (bayk) *c* (pl beken) brook, stream
beeld (baylt) *nt* (pl ~en) picture, image
beeldhouwer (*baylt*-hou-err) *m* (pl ~s) sculptor
beeldhouwwerk (*baylt*-hou-vehrk) *nt* (pl ~en) sculpture
beeldscherm (*baylt*-skhehrm) *nt* (pl ~en) screen
been[1] (bayn) *nt* (pl benen) leg
been[2] (bayn) *nt* (pl beenderen, benen) bone
beer (bayr) *c* (pl beren) bear
beest (bayst) *nt* (pl ~en) beast
beestachtig (*bayst*-ahkh-terkh) *adj* brutal
beet (bayt) *c* (pl beten) bite
beetje (*bay*-tʸer) *nt* (pl ~s) bit, ounce
***beetnemen** (*bayt*-nay-mern) *v* kid
befaamd (ber-*faamt*) *adj* noted
begaafd (ber-*gaaft*) *adj* gifted, talented
***begaan** (ber-*gaan*) *v* commit
begeerlijk (ber-*gayr*-lerk) *adj* desirable
begeerte (ber-*gayr*-ter) *c* (pl ~n) desire
begeleiden (ber-ger-*lay*-dern) *v* accompany; conduct
begeren (ber-*gay*-rern) *v* desire
***begeven** (ber-*gay*-vern): **zich ~ onder** *v* mingle
begin (ber-*gin*) *nt* start, beginning; **begin-** initial
beginneling (ber-*gi*-ner-ling) *m* (f ~e, pl ~en) learner, beginner
***beginnen** (ber-*gi*-nern) *v* start, commence, *begin, initiate
beginner (ber-*gi*-nerr) *c* (pl ~s) learner
beginsel (ber-*gin*-serl) *nt* (pl ~en, ~s) principle
begraafplaats (ber-*graaf*-plaats) *c* (pl ~en) cemetery
begrafenis (ber-*graa*-fer-niss)

c (pl ~sen) burial; funeral
***begraven** (ber-*graa*-vern) *v* bury
***begrijpen** (ber-*gray*-pern) *v* *understand; *see, *take; **begrijpend** sympathetic
begrip (ber-*grıp*) *nt* (pl ~pen) notion, concept; idea, conception; understanding
begroeid (ber-*grōō*ᵉᵉ*t*) *adj* overgrown
begroeten (ber-*grōō*-tern) *v* say hello to
begroting (ber-*grōā*-tıng) *c* (pl ~en) budget
begunstigde (ber-*gern*-sterkh-der) *c* (pl ~n) payee
begunstigen (ber-*gern*-ster-gern) *v* favo(u)r
beha (bāy-*haa*) *c* (pl ~'s) bra
behalen (ber-*haa*-lern) *v* obtain
behalve (ber-*hahl*-ver) *prep* but, except; beyond, besides
behandelen (ber-*hahn*-der-lern) *v* treat, handle
behandeling (ber-*hahn*-der-lıng) *c* (pl ~en) treatment
behang (ber-*hahng*) *nt* wallpaper
beheer (ber-*hāyr*) *nt* management; administration
beheersen (ber-*hāyr*-sern) *v* master
beheksen (ber-*hehk*-sern) *v* bewitch
***behelpen** (ber-*hehl*-pern): **zich ~ met** *make do with
behendig (ber-*hehn*-derkh) *adj* skil(l)ful
beheren (ber-*hāy*-rern) *v* manage
behoedzaam (ber-*hōōt*-saam) *adj* wary
behoefte (ber-*hōōf*-ter) *c* (pl ~n) need, want
behoeven (ber-*hōō*-vern) *v* need; **ten behoeve van** on behalf of
behoorlijk (ber-*hōār*-lerk) *adj* proper
behoren (ber-*hōā*-rern) *v* belong to; *ought
behoudend (ber-*hou*-dernt) *adj* conservative
beide (*bay*-der) *adj* both; **een van ~** either; **geen van ~** neither
beige (*bai*-zher) *adj* beige
beïnvloeden (ber-*ın*-vlōō-dern) *v* influence; affect
beitel (*bay*-terl) *c* (pl ~s) chisel
bejaard (ber-ʸ*aart*) *adj* aged; elderly
bek (behk) *c* (pl ~ken) mouth; beak
bekend (ber-*kehnt*) *adj* well-known
bekende (ber-*kehn*-der) *c* (pl ~n) acquaintance
bekendmaken (ber-*kehnt*-maa-kern) *v* announce
bekendmaking (ber-*kehnt*-maa-kıng) *c* (pl ~en) announcement
bekennen (ber-*keh*-nern) *v* admit, confess
bekentenis (ber-*kehn*-ter-nıss) *c* (pl ~sen) confession
beker (*bāy*-kerr) *c* (pl ~s) mug; cup

bekeren (ber-*kāy*-rern) *v* convert
***bekijken** (ber-*kay*-kern) *v* regard, view
bekken (*beh*-kern) *nt* (pl ~s) basin; pelvis
beklagen (ber-*klaa*-gern) *v* pity
bekleden (ber-*klāy*-dern) *v* upholster
beklemmen (ber-*kleh*-mern) *v* oppress
***beklimmen** (ber-*klı*-mern) *v* ascend
beklimming (ber-*klı*-mıng) *c* (pl ~en) ascent
beknopt (ber-*knopt*) *adj* concise; brief
bekommeren (ber-*ko*-mer-rern): **zich ~ om** care about
bekoring (ber-*kōa*-rıng) *c* (pl ~en) attraction, charm
bekritiseren (ber-kree-tee-*zāy*-rern) *v* criticize
bekrompen (ber-*krom*-pern) *adj* narrow-minded
bekronen (ber-*krōa*-nern) *v* crown
bekwaam (ber-*kvaam*) *adj* able, capable; skil(l)ful
bekwaamheid (ber-*kvaam*-hayt) *c* (pl -heden) ability, faculty, capacity
bel (behl) *c* (pl ~len) bell; bubble
belachelijk (ber-*lah*-kher-lerk) *adj* ridiculous, ludicrous
belang (ber-*lahng*) *nt* (pl ~en) interest; importance; **van ~ *zijn** matter
belangrijk (ber-*lahng*-rayk) *adj* important; capital
belangstellend (ber-lahng-*steh*-lernt) *adj* interested
belangstelling (ber-*lahng*-steh-lıng) *c* interest
belasten (ber-*lahss*-tern) *v* charge; tax; **belast met** in charge of
belasting (ber-*lahss*-tıng) *c* (pl ~en) charge; tax; taxation
belastingvrij (ber-lahss-tıng-*vray*) *adj* duty-free; tax-free
beledigen (ber-*lāy*-der-gern) *v* insult; offend; **beledigend** offensive
belediging (ber-*lāy*-der-gıng) *c* (pl ~en) insult; offense *Am*, offence
beleefd (ber-*lāyft*) *adj* polite; civil
belegering (ber-*lāy*-ger-rıng) *c* (pl ~en) siege
beleggen (ber-*leh*-gern) *v* invest
belegging (ber-*leh*-gıng) *c* (pl ~en) investment
beleid (ber-*layt*) *nt* policy
belemmeren (ber-*leh*-mer-rern) *v* impede
belemmering (ber-*leh*-mer-rıng) *c* (pl ~en) impediment
beletsel (ber-*leht*-serl) *nt* (pl ~s, ~en) impediment
beletten (ber-*leh*-tern) *v* prevent
beleven (ber-*lāy*-vern) *v* experience
Belg (behlkh) *m* (f Belgische, pl ~en) Belgian

België (*behl*-gee-ʸer) Belgium
Belgisch (*behl*-geess) *adj* Belgian
belichting (ber-*lıkh*-tıng) *c* exposure
belichtingsmeter (ber-*lıkh*-tıngs-māy-terr) *c* (pl ~s) exposure meter
***belijden** (ber-*lay*-dern) *v* confess
bellen (*beh*-lern) *v* *ring
belofte (ber-*lof*-ter) *c* (pl ~n) promise
belonen (ber-*lōa*-nern) *v* reward
beloning (ber-*lōa*-nıng) *c* (pl ~en) reward; prize
beloven (ber-*lōa*-vern) *v* promise
bemachtigen (ber-*mahkh*-ter-gern) *v* secure
bemanning (ber-*mah*-nıng) *c* (pl ~en) crew
bemerken (ber-*mehr*-kern) *v* notice; perceive
bemiddelaar (ber-*mı*-der-laar) *m* (f~ster, pl~s) mediator
bemiddeld (ber-*mı*-derlt) *adj* well-to-do
bemiddelen (ber-*mı*-der-lern) *v* mediate
bemind (ber-*mınt*) *adj* beloved
bemoeien (ber-*mōō*ᵉᵉ-ern): **zich ~ met** interfere with
benadrukken (ber-*naa*-drer-kern) *v* emphasize, stress
benaming (ber-*naa*-mıng) *c* (pl ~en) denomination
benauwd (ber-*nout*) *adj* stuffy
bende (*behn*-der) *c* (pl ~n, ~s) gang
beneden (ber-*nāy*-dern) *prep* under, below; *adv* underneath, beneath; below; downstairs; **naar ~** downwards, down; downstairs
benieuwd (ber-*nee*ᵒᵒ*t*) *adj* curious
benijden (ber-*nay*-dern) *v* envy
benoemen (ber-*nōō*-mern) *v* nominate, appoint
benoeming (ber-*nōō*-mıng) *c* (pl ~en) nomination, appointment
benutten (ber-*ner*-tern) *v* utilize
benzine (behn-*zee*-ner) *c* petrol; fuel; gasoline *nAm*, gas *nAm*; **loodvrije ~** unleaded petrol
benzinepomp (behn-*zee*-ner-pomp) *c* (pl ~en) petrol pump; fuel pump *Am*; gas pump *Am*
benzinestation (behn-*zee*-ner-staa-shon) *nt* (pl ~s) service station, petrol station; gas station *Am*
benzinetank (behn-*zee*-ner-tehngk) *c* (pl ~s) petrol tank
beoefenen (ber-*ōō*-fer-nern) *v* practise
beogen (ber-*ōa*-gern) *v* aim at
beoordelen (ber-*ōar*-dāy-lern) *v* judge
beoordeling (ber-*ōar*-dāy-lıng) *c* (pl ~en) judgment
bepaald (ber-*paalt*) *adj* definite; certain
bepalen (ber-*paa*-lern) *v* define, determine; stipulate

bepaling (ber-*paa*-lıng) *c* (pl ~en) stipulation; definition
beperken (ber-*pehr*-kern) *v* limit
beperking (ber-*pehr*-kıng) *c* (pl ~en) restriction
beproeven (ber-*proo*-vern) *v* attempt
beraad (ber-*raat*) *nt* deliberation
beraadslagen (ber-*raat*-slaa-gern) *v* deliberate
beramen (ber-*raa*-mern) *v* devise
bereid (ber-*rayt*) *adj* prepared, willing
bereiden (ber-*ray*-dern) *v* cook
bereidwillig (ber-rayt-*vı*-lerkh) *adj* co-operative
bereik (ber-*rayk*) *nt* reach; range
bereikbaar (ber-*rayk*-baar) *adj* attainable
bereiken (ber-*ray*-kern) *v* reach; achieve, accomplish, attain
berekenen (ber-*ray*-ker-nern) *v* calculate; charge
berekening (ber-*ray*-ker-nıng) *c* (pl ~en) calculation
berg (behrkh) *c* (pl ~en) mountain; mount
bergachtig (*behrkh*-ahkh-terkh) *adj* mountainous
bergketen (*behrkh*-kay-tern) *c* (pl ~s) mountain range
bergpas (*behrkh*-pahss) *c* (pl ~sen) mountain pass
bergrug (*behrkh*-rerg) *c* (pl ~gen) ridge
bergsport (*behrkh*-sport) *c* mountaineering
bericht (ber-*rıkht*) *nt* (pl ~en) message; notice
berichtenbord (ber-*rig*-tern-bort) *nt* (pl ~en) message board
berispen (ber-*rıss*-pern) *v* reprimand, scold
berk (behrk) *c* (pl ~en) birch
berm (behrm) *c* (pl ~en) wayside
beroemd (ber-*roomt*) *adj* famous
beroemdheid (ber-*roomt*-hayt) *c* (pl -heden) VIP
beroep (ber-*roop*) *nt* (pl ~en) profession; appeal; **in ~ gaan** *v* appeal; **beroeps-** professional
beroerd (ber-*roort*) *adj* miserable
beroerte (ber-*roor*-ter) *c* (pl ~n, ~s) stroke
berouw (ber-*rou*) *nt* repentance
beroven (ber-*roa*-vern) *v* rob
beroving (ber-*roa*-vıng) *c* (pl ~en) robbery
berucht (ber-*rerkht*) *adj* notorious
bes (behss) *c* (pl ~sen) berry; currant; **zwarte ~** blackcurrant
beschaafd (ber-*skhaaft*) *adj* civilized; cultured
beschaamd (ber-*skhaamt*) *adj* ashamed
beschadigen (ber-*skhaa*-der-gern) *v* damage

beschaving (ber-*skhaa*-vɪng) *c* (pl ~en) civilization; culture
bescheiden (ber-*skhay*-dern) *adj* modest
bescheidenheid (ber-*skhay*-dern-hayt) *c* modesty
beschermen (ber-*skhehr*-mern) *v* protect
bescherming (ber-*skhehr*-mɪng) *c* protection
beschikbaar (ber-*skhɪk*-baar) *adj* available
beschikken over (ber-*skhɪ*-kern) dispose of
beschikking (ber-*skhɪ*-king) *c* disposal
beschimmeld (ber-*skhɪ*-merlt) *adj* mouldy
beschouwen (ber-*skhou*-ern) *v* consider; regard; reckon
***beschrijven** (ber-*skhray*-vern) *v* describe
beschrijving (ber-*skhray*-vɪng) *c* (pl ~en) description
beschuldigen (ber-*skherl*-der-gern) *v* accuse; blame
beschutten (ber-*skher*-tern) *v* shelter
beschutting (ber-*skher*-tɪng) *c* cover, shelter
beseffen (ber-*seh*-fern) *v* realize
beslag (ber-*slahkh*) *nt* batter; ~ **leggen op** confiscate
beslissen (ber-*slɪ*-sern) *v* decide
beslissing (ber-*slɪ*-sɪng) *c* (pl ~en) decision
beslist (ber-*slɪst*) *adv* without fail; certainly
besluit (ber-*slur*^ew^*t*) *nt* (pl ~en) decision
***besluiten** (ber-*slur*^ew^-tern) *v* decide
besmettelijk (ber-*smeh*-ter-lerk) *adj* contagious, infectious
besmetten (ber-*smeh*-tern) *v* infect
besneeuwd (ber-*snāy*^oo^*t*) *adj* snowy
bespelen (ber-*spāy*-lern) *v* play
bespottelijk (ber-*spo*-ter-lerk) *adj* ridiculous, ludicrous
bespotten (ber-*spo*-tern) *v* ridicule; mock
***bespreken** (ber-*sprāy*-kern) *v* discuss; reserve
bespreking (ber-*sprāy*-kɪng) *c* (pl ~en) booking; review; discussion
best (behst) *adj* best
bestaan (ber-*staan*) *nt* existence
***bestaan** (ber-*staan*) *v* exist; ~ **uit** consist of
bestanddeel (ber-*stahn*-dāyl) *nt* (pl -delen) ingredient; element
besteden (ber-*stāy*-dern) *v* *spend
bestek (ber-*stehk*) *nt* (pl ~ken) cutlery
bestelauto (ber-*stehl*-ōa-tōa) *c* (pl ~'s) van; delivery van, pick-up van
bestelformulier (ber-*stehl*-for-mēw-leer) *nt* (pl ~en) order form

bestellen (ber-*steh*-lern) *v* order
bestelling (ber-*steh*-lıng) *c* (pl ~en) order
bestemmen (ber-*steh*-mern) *v* destine
bestemming (ber-*steh*-mıng) *c* (pl ~en) destination
bestendig (ber-*stehn*-derkh) *adj* permanent
***bestijgen** (ber-*stay*-gern) *v* mount
bestraten (ber-*straa*-tern) *v* pave
***bestrijden** (ber-*stray*-dern) *v* combat
besturen (ber-*stew*-rern) *v* *drive
bestuur (ber-*stewr*) *nt* (pl besturen) direction; board; rule
bestuurlijk (ber-*stewr*-lerk) *adj* administrative
bestuursrecht (ber-*stewrs*-rehkht) *nt* administrative law
betalen (ber-*taa*-lern) *v* *pay
betaling (ber-*taa*-lıng) *c* (pl ~en) payment
betasten (ber-*tahss*-tern) *v* *feel
betekenen (ber-*tay*-ker-nern) *v* *mean
betekenis (ber-*tay*-ker-nıss) *c* (pl ~sen) meaning; sense
beter (*bay*-terr) *adj* better; superior
beteugelen (ber-*tur*-ger-lern) *v* curb
betogen (ber-*toa*-gern) *v* demonstrate
betoging (ber-*toa*-gıng) *c* (pl ~en) demonstration
beton (ber-*ton*) *nt* concrete
betoveren (ber-*toa*-ver-rern) *v* bewitch; **betoverend** enchanting, glamorous
betovering (ber-*toa*-ver-rıng) *c* (pl ~en) spell
betrappen (ber-*trah*-pern) *v* *catch
***betreden** (ber-*tray*-dern) *v* enter
***betreffen** (ber-*treh*-fern) *v* concern; affect, touch; **wat betreft** as regards
betreffende (ber-*treh*-fern-der) *prep* as regards, regarding, about, concerning
betrekkelijk (ber-*treh*-ker-lerk) *adj* relative
***betrekken** (ber-*treh*-kern) *v* implicate, *get involved; obtain
betrekking (ber-*treh*-kıng) *c* (pl ~en) post, position, job; reference; **met~tot** regarding, with reference to
betreuren (ber-*trur*-rern) *v* regret
betrokken (ber-*tro*-kern) *adj* cloudy, overcast; concerned, involved; interested
betrouwbaar (ber-*trou*-baar) *adj* trustworthy, reliable
betuigen (ber-*tur*[ew]-gern) *v* express
betwijfelen (ber-*tvay*-fer-lern) *v* doubt, query
betwisten (ber-*tvıss*-tern) *v* dispute

beu (bu͞r) *adj* tired of, fed up with
beuk (bu͞rk) *c* (pl ~en) beech
beul (bu͞rl) *m* (pl ~en) executioner
beurs (bu͞rrs) *c* (pl beurzen) purse; stock exchange; fair; grant
beurt (bu͞rrt) *c* (pl ~en) turn
bevaarbaar (ber-*vaar*-baar) *adj* navigable
***bevallen** (ber-*vah*-lern) *v* please
bevallig (ber-*vah*-lerkh) *adj* graceful
bevalling (ber-*vah*-lıng) *c* (pl ~en) delivery, childbirth
***bevaren** (ber-*vaa*-rern) *v* sail
bevatten (ber-*vah*-tern) *v* contain; include
bevel (ber-*vehl*) *nt* (pl ~en) command, order
***bevelen** (ber-*va͞y*-lern) *v* command, order, bid
bevelhebber (ber-*vehl*-heh-berr) *m* (pl ~s) commander
beven (*ba͞y*-vern) *v* tremble
bever (*ba͞y*-verr) *c* (pl ~s) beaver
bevestigen (ber-*vehss*-ter-gern) *v* acknowledge, confirm, affirm; fasten; **officieel ~** attest; **bevestigend** affirmative
bevestiging (ber-*vehss*-ter-gıng) *c* (pl ~en) confirmation
***bevinden** (ber-*vın*-dern): **zich ~** *be
bevlieging (ber-*vlee*-gıng) *c* (pl ~en) whim
bevochtigen (ber-*vokh*-ter-gern) *v* damp, moisten
bevoegd (ber-*vo͞okht*) *adj* qualified
bevoegdheid (ber-*vo͞okht*-hayt) *c* (pl -heden) qualification
bevolking (ber-*vol*-kıng) *c* population
bevoorrechten (ber-*vo͞a*-raykh-tern) *v* favo(u)r
bevorderen (ber-*vor*-der-rern) *v* promote
bevredigen (ber-*vra͞y*-der-gern) *v* satisfy
bevredigend (ber-*vra͞y*-der-gernt) *adj* satisfactory
bevrediging (ber-*vra͞y*-der-gıng) *c* (pl ~en) satisfaction
***bevriezen** (ber-*vree*-zern) *v* *freeze
bevrijden (ber-*vray*-dern) *c* liberate; **~ van** rid of
bevrijding (ber-*vray*-dıng) *c* liberation
bevuild (ber-*vur*ᵉʷ*lt*) *adj* soiled
bewaken (ber-*vaa*-kern) *v* guard
bewaker (ber-*vaa*-kerr) *m* (f bewaakster, pl ~s) guard; warden
bewapenen (ber-*vaa*-per-nern) *v* arm
bewaren (ber-*vaa*-rern) *v* *hold; preserve; *keep
bewaring (ber-*vaa*-rıng) *c* preservation
beweeglijk (ber-*va͞ykh*-lerk) *adj* mobile
beweegreden (ber-*va͞ykh*-

rāy-dern) *c* (pl ~en) cause
***bewegen** (ber-*vāy*-gern) *v* move; stir
beweging (ber-*vāy*-gɪng) *c* (pl ~en) movement; motion
beweren (ber-*vāy*-rern) *v* claim
bewerken (ber-*vehr*-kern) *v* edit
bewijs (ber-*vayss*) *nt* (pl bewijzen) proof, evidence; token; voucher
***bewijzen** (ber-*vay*-zern) *v* prove
bewind (ber-*vɪnt*) *nt* rule, government
bewolking (ber-*vol*-kɪng) *c* clouds
bewolkt (ber-*volkt*) *adj* cloudy
bewonderen (ber-*von*-der-rern) *v* admire
bewondering (ber-*von*-der-rɪng) *c* admiration
bewonen (ber-*vōā*-nern) *v* inhabit
bewoner (ber-*vōā*-nerr) *m* (f bewoonster, pl ~s) inhabitant; occupant
bewoonbaar (ber-*vōān*-baar) *adj* habitable, inhabitable
bewust (ber-*verst*) *adj* conscious, aware
bewusteloos (ber-*verss*-ter-lōāss) *adj* unconscious
bewustzijn (ber-*verst*-sayn) *nt* consciousness
bezem (*bāy*-zerm) *c* (pl ~s) broom
bezeren (ber-*zāy*-rern) *v* *hurt
bezet (ber-*zeht*) *adj* engaged, occupied
bezeten (ber-*zāy*-tern) *adj* possessed
bezetten (ber-*zeh*-tern) *v* occupy
bezetting (ber-*zeh*-tɪng) *c* (pl ~en) occupation
bezielen (ber-*zee*-lern) *v* inspire
bezienswaardigheid (ber-zeen-*svaar*-derkh-hayt) *c* (pl -heden) sight
bezig (*bāy*-zerkh) *adj* engaged, busy
***bezighouden** (*bāy*-zerkh-hou-dern): **zich ~ met** attend to
bezinksel (ber-*zɪngk*-serl) *nt* (pl ~s) deposit
bezit (ber-*zɪt*) *nt* property; possession
***bezitten** (ber-*zɪ*-tern) *v* possess, own
bezitter (ber-*zɪ*-terr) *m* (f -ster, pl ~s) owner
bezittingen (ber-*zɪ*-tɪng-ern) *pl* belongings *pl*
bezoek (ber-*zōōk*) *nt* (pl ~en) call, visit
***bezoeken** (ber-*zōō*-kern) *v* visit; call on
bezoeker (ber-*zōō*-kerr) *m* (f -ster, pl ~s) visitor
bezoekuren (ber-*zōōk*-ēw-rern) *pl* visiting hours
bezonnen (ber-*zo*-nern) *adj* sober
bezorgd (ber-*zorkht*) *adj* anxious, concerned
bezorgdheid (ber-*zorkht*-

hayt) *c* worry, anxiety
bezorgen (ber-*zor*-gern) *v* deliver; supply
bezorging (ber-*zor*-gıng) *c* delivery
bezwaar (ber-*zvaar*) *nt* (pl bezwaren) objection; ~ ***hebben tegen** object to; mind
***bezwijken** (ber-*zvay*-kern) *v* collapse; succumb
bibberen (*bı*-ber-rern) *v* shiver
bibliotheek (bee-blee-ʸōa-*tāyk*) *c* (pl -theken) library
***bidden** (*bı*-dern) *v* pray
biecht (beekht) *c* (pl ~en) confession
biechten (*beekh*-tern) *v* confess
***bieden** (*bee*-dern) *v* offer; bid
biefstuk (*beef*-sterk) *c* (pl ~ken) steak
bier (beer) *nt* (pl ~en) beer; ale
bies (beess) *c* (pl biezen) rush
bieslook (*beess*-lōak) *nt* chives *pl*
biet (beet) *c* (pl ~en) beet
big (bıkh) *c* (pl ~gen) piglet
bij[1] (bay) *prep* near, at, with, by; to
bij[2] (bay) *c* (pl ~en) bee
bijbel (*bay*-berl) *c* (pl ~s) bible
bijbetekenis (*bay*-ber-tāy-ker-nıss) *c* (pl ~sen) connotation
bijdrage (*bay*-draa-ger) *c* (pl ~n) contribution
bijeen (bay-*āyn*) *adv* together
***bijeenbrengen** (bay-*āyn*-breh-ngern) *v* assemble
***bijeenkomen** (bay-*āyng*-kōa-mern) *v* gather
bijeenkomst (bay-*āyng*-komst) *c* (pl ~en) meeting; rally; assembly, congress
bijenkorf (*bay*-er-korf) *c* (pl -korven) beehive
bijgebouw (*bay*-ger-bou) *nt* (pl ~en) annex
bijgeloof (*bay*-ger-lōaf) *nt* superstition
bijgevolg (bay-ger-*volkh*) *adv* consequently
***bijhouden** (*bay*-hou-dern) *v* *keep up with
bijknippen (*bay*-knı-pern) *v* trim
bijkomend (*bay*-kōa-mernt) *adj* additional
bijkomstig (bay-*kom*-sterkh) *adj* additional; subordinate
bijl (bayl) *c* (pl ~en) axe
bijlage (*bay*-laa-ger) *c* (pl ~n) appendix, annex; enclosure
bijna (*bay*-naa) *adv* nearly, almost
bijnaam (*bay*-naam) *c* (pl -namen) nickname
bijouterie (bee-zhōō-ter-*ree*) *c* jewelry *Am*, jewellery
***bijsluiten** (*bay*-slurᵉʷ-tern) *v* enclose
***bijstaan** (*bay*-staan) *v* assist, aid
bijstand (*bay*-stahnt) *c* assistance; social security, *nAm* welfare
***bijten** (*bay*-tern) *v* *bite
bijvoegen (*bay*-vōō-gern) *v* attach

bijvoeglijk naamwoord (bay-*vōōkh*-lerk *naam*-vōārt) adjective
bijvoorbeeld (ber-*vōār*-bāylt) *adv* for instance, for example
bijwonen (*bay*-vōā-nern) *v* assist at, attend
bijwoord (*bay*-vōārt) *nt* (pl ~en) adverb
bijziend (bay-*zeent*) *adj* short-sighted
bijzonder (bee-*zon*-derr) *adj* special, particular; peculiar; **in het ~** in particular, specially
bijzonderheid (bee-*zon*-derr-hayt) *c* (pl -heden) detail
bil (bɪl) *c* (pl ~len) buttock
biljart (bɪl-*ʸahrt*) *nt* billiards *pl*
billijk (*bɪ*-lerk) *adj* right, fair, reasonable
***binden** (*bɪn*-dern) *v* *bind; tie
binnen (*bɪ*-nern) *prep* within, inside; *adv* inside, indoors; in; indoor; **naar ~** inwards; **van ~** within, inside
binnenband (*bɪ*-ner-bahnt) *c* (pl ~en) inner tube
***binnengaan** (*bɪ*-ner-gaan) *v* enter, *go in
binnenkant (*bɪ*-ner-kahnt) *c* interior, inside
***binnenkomen** (*bɪ*-nern-kōā-mern) *v* enter
binnenkomst (*bɪ*-ner-komst) *c* entrance
binnenkort (bɪ-ner-*kort*) *adv* shortly
binnenlands (*bɪ*-ner-lahnts) *adj* domestic
binnenst (*bɪ*-nerst) *adj* inside;
binnenste buiten *adv* inside out
***binnenvallen** (*bɪ*-ner-vah-lern) *v* invade; barge in
biologie (bee-*ʸ*ōā-lōā-*gee*) *c* biology
biologisch-afbreekbaar (bee-*ʸ*ōā-*lōā*-gees ahf-*brāyk*-bahr) *adj* biodegradable
bioscoop (bee-*ʸ*oss-*kōāp*) *c* (pl -scopen) cinema; pictures; movie theater *Am*, movies *Am*
bipolair (bee-pōā-*layr*) *adj* bipolar
biscuit (bɪss-*kvee*) *nt* (pl ~s) cookie *nAm*
bisschop (*bɪss*-khop) *m* (pl ~pen) bishop
bitter (*bɪ*-terr) *adj* bitter
blaar (blaar) *c* (pl blaren) blister
blaas (blaass) *c* (pl blazen) bladder; blister
Blackberry® (*blehk*-beh-rie) *m* (pl -y's) Blackberry®
blad[1] (blaht) *nt* (pl ~eren, blaren) leaf
blad[2] (blaht) *nt* (pl ~en) sheet; magazine
bladgoud (*blaht*-khout) *nt* gold leaf
bladzijde (*blaht*-say-der) *c* (pl ~n) page
blaffen (*blah*-fern) *v* bark; bay
blanco (*blahng*-kōā) *adj* blank
blank (blahngk) *adj* white
blankvoorn (*blahngk*-fōā-rern) *c* (pl ~s) roach
blauw (blou) *adj* blue
***blazen** (*blaa*-zern) *v* *blow

blazer (*blay*-zerr) *c* (pl ~s) blazer
bleek (blayk) *adj* pale
bleken (*blay*-kern) *v* bleach
blessure (bleh-*sew*-rer) *c* (pl ~s) injury
blij (blay) *adj* glad; happy, joyful
blijkbaar (*blayk*-baar) *adv* apparently
***blijken** (*blay*-kern) *v* prove; appear
blijspel (*blay*-spehl) *nt* (pl ~en) comedy
***blijven** (*blay*-vern) *v* stay, remain; *keep; **blijvend** lasting; permanent
blik (blık) *nt* (pl ~ken) tin, can; *c* look; glimpse, glance; **een ~ *werpen** glance
blikopener (*blık*-oa-per-nerr) *c* (pl ~s) tin opener, can opener
bliksem (*blık*-serm) *c* lightning
blind[1] (blınt) *nt* (pl ~en) shutter
blind[2] (blınt) *adj* blind
blindedarm (blın-der-*dahrm*) *c* (pl ~en) appendix
blindedarmontsteking (blın-der-*dahrm*-ont-stay-king) *c* (pl ~en) appendicitis
***blinken** (*blıng*-kern) *v* *shine; **blinkend** bright
blocnote (*blok*-noat) *c* (pl ~s) writing pad
bloed (bloot) *nt* blood
bloedarmoede (*bloot*-ahr-moo-der) *c* anaemia
bloeddruk (*bloo*-drerk) *c* blood pressure
bloeden (*bloo*-dern) *v* *bleed
bloederig (*bloo*-de-rerkh) *adj* bloody
bloeding (*bloo*-dıng) *c* (pl ~en) h(a)emorrhage
bloedsomloop (*bloot*-som-loap) *c* circulation
bloedvat (*bloot*-faht) *nt* (pl ~en) blood vessel
bloedvergiftiging (*bloot*-ferr-gıf-ter-gıng) *c* blood poisoning
bloem[1] (bloom) *c* flour
bloem[2] (bloom) *c* (pl ~en) flower
bloemblad (*bloom*-blaht) *nt* (pl ~en) petal
bloembol (bloom-bol) *c* (pl ~len) bulb
bloemenwinkel (*bloo*-mer-vıng-kerl) *c* (pl ~s) flower shop
bloemist (bloo-*mıst*) *m* (f ~e, pl ~en) florist
bloemkool (*bloom*-koal) *c* (pl -kolen) cauliflower
bloemperk (*bloom*-pehrk) *nt* (pl ~en) flowerbed
bloesem (*bloo*-serm) *c* (pl ~s) blossom *nt*
blog (blog) *nt* (pl ~s) blog
blok (blok) *nt* (pl ~ken) block; **blokje** *nt* cube
blokkeren (blo-*kay*-rern) *v* block
blond (blont) *adj* fair, blond, blonde
blondine (blon-*dee*-ner) *c* (pl ~s) blond, blonde
bloot (bloat) *adj* bare; naked
blootleggen (*bloat*-leh-gern) *v* uncover

blootstellen (*bloat*-steh-lern) *v* expose
blootstelling (*bloat*-steh-ling) *c* (pl ~en) exposure
blouse (*bloo*-zer) *c* (pl ~s) blouse
blozen (*bloa*-zern) *v* blush
blussen (*bler*-sern) *v* extinguish
bocht (bokht) *c* (pl ~en) turning, bend; curve, turn
bod (bot) *nt* bid
bode (*boa*-der) *m* (pl ~n, ~s) messenger
bodem (*boa*-derm) *c* (pl ~s) bottom; ground; soil
boef (boof) *m* (pl boeven) villain
boei (boo[ee]) *c* (pl ~en) buoy
boeien (*boo*[ee]-ern) *v* fascinate
boek (book) *nt* (pl ~en) book
boeken (*boo*-kern) *v* book
boekenstalletje (*boo*-ker-stah-ler-t[y]er) *nt* (pl ~s) bookstand
boeket (boo-*keht*) *nt* (pl ~ten) bouquet
boekhandel (*book*-hahn-derl) *c* (pl ~s) bookstore
boekhandelaar (*book*-hahn-der-laar) *m* (pl -laren) bookseller
boekwinkel (*book*-ving-kerl) *c* (pl ~s) bookstore
boel (bool) *c* lot
boer (boor) *m* (pl ~en) farmer; peasant; knave
boerderij (boor-der-*ray*) *c* (pl ~en) farm; farmhouse
boerin (boo-*rin*) *f* (pl ~nen) farmer's wife
boete (*boo*-ter) *c* (pl ~n, ~s) penalty, fine
boetiek (boo-*teek*) *c* boutique *c*
boetseren (boot-*say*-rern) *v* model
bof (bof) *c* mumps
bok (bok) *c* (pl ~ken) goat, buck
boksen (*bok*-sern) *v* box
bokswedstrijd (*boks*-veht-strayt) *c* (pl ~en) boxing match
bol (bol) *c* (pl ~len) bulb; sphere
Boliviaan (boa-lee-vee-[y]*aan*) *m* (f ~se, pl -vianen) Bolivian
Boliviaans (boa-lee-vee-[y]*aans*) *adj* Bolivian
Bolivië (boa-*lee*-vee-[y]er) Bolivia
bom (bom) *c* (pl ~men) bomb
bombarderen (bom-bahr-*day*-rern) *v* bomb
bon (bon) *c* (pl ~nen) coupon; ticket; voucher
bonbon (bom-*bon*) *c* (pl ~s) chocolate
bond (bont) *c* (pl ~en) league, federation
bondgenoot (*bont*-kher-noat) *m* (pl -noten) associate
bondgenootschap (*bont*-kher-noat-skhahp) *nt* (pl ~pen) alliance
bons (bons) *c* (pl bonzen) bump
bont (bont) *adj* colo(u)rful, loud
bontjas (*bon*-t[y]ahss) *c* (pl ~sen) fur coat
bontwerker (*bon*-tvehr-kerr) *m* (pl ~s) furrier

bonzen (*bon*-zern) *v* bump
boodschap (*bōat*-skhahp) *c* (pl ~pen) errand; message
boodschappentas (*bōat*-skhah-per-tahss) *c* (pl ~sen) shopping bag
boog (bōakh) *c* (pl bogen) arch; bow
boogvormig (*bōakh*-for-merkh) *adj* arched
boom (bōam) *c* (pl bomen) tree
boomgaard (*bōam*-gaart) *c* (pl ~en) orchard
boomkwekerij (bōam-kvāy-ker-*ray*) *c* (pl ~en) nursery
boon (bōan) *c* (pl bonen) bean
boor (bōar) *c* (pl boren) drill
boord (bōart) *nt*/*c* (pl ~en) collar; **aan boord** aboard; **van boord *gaan** disembark
boordenknoopje (*bōar*-der-knōa-p^y^er) *nt* (pl ~s) collar-stud
boos (bōass) *adj* cross
boosaardig (bōa-*zaar*-derkh) *adj* malicious, vicious
boosheid (*bōass*-hayt) *c* anger, temper
boot (bōat) *c* (pl boten) boat, ship
bootje (*bōa*-t^y^er) *nt* (pl ~s) dinghy
boottocht (*bōa*-tokht) *c* (pl ~en) cruise
bord (bort) *nt* (pl ~en) dish, plate; board
bordeel (bor-*dāyl*) *nt* (pl -delen) brothel
borduren (bor-*dēw*-rern) *v* embroider
borduurwerk (bor-*dēwr*-vehrk) *nt* (pl ~en) embroidery
boren (*bōa*-rern) *v* drill, bore
borgsom (*borkh*-som) *c* (pl ~men) bail
borrel (*boa*-rerl) *c* (pl ~s) drink
borrelhapje (*bo*-rerl-hahp-^y^er) *nt* (pl ~s) appetizer
borst (borst) *c* (pl ~en) chest; breast, bosom
borstel (*bor*-sterl) *c* (pl ~s) brush
borstelen (*bor*-ster-lern) *v* brush
borstkas (*borst*-kahss) *c* (pl ~sen) chest
bos (boss) *nt* (pl ~sen) forest, wood; *c* bunch
bosje (*bo*-sher) *nt* (pl ~s) grove
boswachter (*boss*-vahkh-terr) *m* (pl ~s) forester
bot[1] (bot) *adj* dull, blunt
bot[2] (bot) *nt* (pl ~ten) bone
boter (*bōa*-terr) *c* butter
boterham (*bōa*-terr-hahm) *c* (pl ~men) sandwich
botsen (*bot*-sern) *v* bump; collide, crash
botsing (*bot*-sıng) *c* (pl ~en) collision, crash
bougie (bōō-*zhee*) *c* (pl ~s) sparking plug
bout (bout) *c* (pl ~en) bolt
boutique (bōō-*teek*) *c* (pl ~s) boutique
bouw (bou) *c* construction
bouwen (*bou*-ern) *v* *build; construct
bouwkunde (*bou*-kern-der) *c* architecture

bouwvallig (bou-*vah*-lerkh) *adj* dilapidated
boven (*bo̅a̅*-vern) *prep* above, over; *adv* above; upstairs; **naar ~** upwards, up; upstairs
bovendek (*bo̅a̅*-vern-dehk) *nt* main deck
bovendien (bo̅a̅-vern-*deen*) *adv* furthermore, moreover, besides
bovenkant (*bo̅a̅*-verng-kahnt) *c* (pl ~en) top side, top
bovenop (bo̅a̅-vern-*op*) *prep* on top of
bovenst (*bo̅a̅*-verst) *adj* upper, top
braaf (braaf) *adj* good
braak (braak) *adj* waste
braam (braam) *c* (pl bramen) blackberry
***braden** (*braa*-dern) *v* fry; roast
braken (*braa*-kern) *v* vomit
brand (brahnt) *c* (pl ~en) fire
brandalarm (*brahnt*-aa-lahrm) *nt* fire alarm
brandblusapparaat (*brahnt*-blerss-ahpaa-raat) *nt* (pl -raten) fire extinguisher
branden (*brahn*-dern) *v* *burn
brandkast (*brahnt*-kahst) *c* (pl ~en) safe
brandmerk (*brahnt*-mehrk) *nt* (pl ~en) brand
brandpunt (*brahnt*-pernt) *nt* (pl ~en) focus
brandstof (*brahnt*-stof) *c* (pl ~fen) fuel
brandtrap (*brahn*-trahp) *c* (pl ~pen) fire escape
brandvrij (*brahnt*-fray) *adj* fireproof
brandweer (*brahn*-tva̅y̅r) *c* fire brigade
brandweerman (*brahn*-tva̅y̅r-mahn) *c* firefighter
brandwond (*brahn*-tvont) *c* (pl ~en) burn
Braziliaan (braa-zee-lee-^{y}*aan*) *m* (f ~se, pl -lianen) Brazilian
Braziliaans (braa-zee-lee-^{y}*aans*) *adj* Brazilian
Brazilië (braa-*zee*-lee-^{y}er) Brazil
breed (bra̅y̅t) *adj* broad, wide
breedband (*bra̅y̅t*-bahnt) *m.* broadband
breedte (*bra̅y̅*-ter) *c* (pl ~n, ~s) breadth, width
breedtegraad (*bra̅y̅*-ter-graat) *c* (pl -graden) latitude
breekbaar (*bra̅y̅k*-baar) *adj* fragile
breekijzer (*bra̅y̅*-kay-zerr) *nt* (pl ~s) crowbar
breien (*bray*-ern) *v* *knit
***breken** (*bra̅y̅*-kern) *v* *break; *burst, crack; fracture
***brengen** (*breh*-ngern) *v* *bring; *take
bres (brehss) *c* (pl ~sen) gap, breach
bretels (brer-*tehls*) *pl* braces *pl*; suspenders *plAm*
breuk (brurk) *c* (pl ~en) break; fracture; hernia
brief (breef) *c* (pl brieven) letter; **aangetekende ~** registered letter
briefkaart (*breef*-kaart) *c* (pl ~en) card, postcard

briefopener (*breef-ōā*-per-nerr) *c* (pl ~s) paper knife
briefpapier (*breef*-paa-peer) *nt* notepaper
briefwisseling (*breef*-vı-ser-lıng) *c* correspondence
bries (breess) *c* breeze
brievenbus (*bree*-ver-berss) *c* (pl ~sen) letterbox, pillarbox; mailbox *nAm*
bril (brıl) *c* (pl ~len) spectacles, glasses
briljant (brıl-^{y}*ahnt*) *adj* brilliant
Brit (brıt) *m* (f ~se, pl ~ten) Briton
Brits (brıts) *adj* British
broche (*bro*-sher) *c* (pl ~s) brooch
brochure (bro-*shēw*-rer) *c* (pl ~s) brochure
broeder (*brōō*-derr) *m* (pl ~s) brother
broederschap (*brōō*-derr-skhahp) *c* fraternity
broeikas (*brōō*^{ee}-kahss) *c* (pl ~sen) greenhouse
broek (brōōk) *c* (pl ~en) trousers *pl*, slacks *pl*; pants *plAm*; **korte** ~ shorts *pl*
broekpak (*brōōk*-pahk) *nt* (pl ~ken) pant suit
broer (brōōr) *m* (pl ~s) brother
brok (brok) *nt* (pl ~ken) morsel; lump
bromfiets (*brom*-feets) *c* (pl ~en) moped
brommen (*bro*-mern) *v* buzz
brommer (*bro*-merr) *c* (pl ~s) motorbike *nAm*
bron (bron) *c* (pl ~nen) well; fountain, source, spring; **geneeskrachtige** ~ spa
bronchitis (brong-*khee*-terss) *c* bronchitis
brons (brons) *nt* bronze
bronzen (*bron*-zern) *adj* bronze
brood (brōāt) *nt* (pl broden) bread; loaf
broodje (*brōā*-t^{y}er) *nt* (pl ~s) roll, bun
broos (brōāss) *adj* fragile
brouwen (*brou*-ern) *v* brew
brouwerij (brou-er-*ray*) *c* (pl ~en) brewery
brug (brerkh) *c* (pl ~gen) bridge
bruid (brur^{ew}t) *f* (pl ~en) bride
bruidegom (*brur*^{ew}-der-gom) *m* (pl ~s) bridegroom, groom
bruikbaar (*brur*^{ew}*k*-baar) *adj* usable; useful
bruiloft (*brur*^{ew}-loft) *c* (pl ~en) wedding
bruin (brur^{ew}n) *adj* brown
brullen (*brer*-lern) *v* roar
brunette (brēw-*neh*-ter) *f* (pl ~s) brunette
brutaal (brēw-*taal*) *adj* bold, impertinent, insolent, *colloquial* cheeky
bruto (*brōō*-tōā) *adj* gross
budget (ber-*jeht*) *nt* (pl ~ten, ~s) budget
buffet (bēw-*feht*) *nt* (pl ~ten) buffet
bui (bur^{ew}) *c* (pl ~en) shower
buidel (*bur*^{ew}-derl) *c* (pl ~s) pouch
buigbaar (*bur*^{ew}*kh*-baar) *adj*

flexible
***buigen** (*bur*^{ew}*-gern*) *v* *bend; bow
buigzaam (*bur*^{ew}*kh*-saam) *adj* supple
buik (bur^{ew}k) *c* (pl ~en) belly
buikpijn (*bur*^{ew}*k*-payn) *c* stomach ache
buis (bur^{ew}ss) *c* (pl buizen) tube; telly
buiten (*bur*^{ew}-tern) *prep* outside, out of; *adv* out; outside, outdoors; **naar ~** outwards
buitengewoon (*bur*^{ew}-ter-ger-*voan*) *adj* extraordinary, exceptional
buitenhuis (*bur*^{ew}-ter-hur^{ew}ss) *nt* (pl -huizen) cottage
buitenkant (*bur*^{ew}-ter-kahnt) *c* (pl ~en) outside, exterior
buitenland (*bur*^{ew}-tern-lahnt) foreign country; **in het ~** abroad; **naar het ~** abroad
buitenlander (*bur*^{ew}-ter-lahn-derr) *m* (f -se, pl ~s) alien, foreigner
buitenlands (*bur*^{ew}-ter-lahnts) *adj* alien, foreign
buitensporig (bur^{ew}-ter-*spoa*-rerkh) *adj* excessive
buitenwijk (*bur*^{ew}-ter-vayk) *c* (pl ~en) suburb; outskirts *pl*
zich bukken (*ber*-kern) *bend down
Bulgaar (berl-*gaar*) *m* (f ~se, pl -garen) Bulgarian
Bulgaars (berl-*gaars*) *adj* Bulgarian
Bulgarije (berl-gaa-*ray*-er) Bulgaria
bulletin (ber-ler-*tang*) *c* (pl ~s) bulletin
bult (berlt) *c* (pl ~en) lump
bumper (*berm*-perr) *c* (pl ~s) bumper
bundel (*bern*-derl) *c* (pl ~s) bundle
bundelen (*bern*-der-lern) *v* bundle
burcht (berrkht) *c* (pl ~en) stronghold
bureau (bew-*roa*) *nt* (pl ~s) agency, office; bureau, desk; **~ voor gevonden voorwerpen** lost property office
bureaucratie (bew-roa-kraa-*tsee*) *c* bureaucracy
burgemeester (berr-ger-*mayss*-terr) *m* (pl ~s) mayor
burger (*berr*-gerr) *m* (f ~es, pl ~s) citizen; civilian; **burger-** civilian, civic
burgerlijk (*berr*-gerr-lerk) *adj* bourgeois, middle-class; square; **~ recht** civil law
bus (berss) *c* (pl ~sen) coach, bus; tin, canister
buste (*bew*-ster) *c* (pl ~s, ~n) bust
bustehouder (*bew*-ster-hou-derr) *c* (pl ~s) bra
buur (bewr) *m* (pl buren) neighbo(u)r
buurman (*bewr*-mahn) *m* (f buurvrouw, pl buurlui) neighbo(u)r
buurt (bewrt) *c* (pl ~en) neighbo(u)rhood, vicinity

C

cabaret (kaa-baa-*reht*) *nt* (pl ~s) cabaret
cabine (kaa-*bee*-ner) *c* (pl ~s) cabin
cadeau (kaa-*doa*) *nt* (pl ~s) gift, present
cadeaubon (kaa-*doa*-bon) *f* (pl ~nen) gift card
café (kaa-*fay*) *nt* (pl ~s) café; public house, pub
cafeïnevrij (*kah*-fay-y-ıne-vray) *adj* decaf(feinated)
cafetaria (kah-fer-*taa*-ree-yaa) *c* (pl ~'s) cafeteria
caissière (kah-*shai*-rer) *f* (pl ~s) cashier
cake (kayk) *c* (pl ~s) cake
calcium (*kahl*-see-yerm) *nt* calcium
calorie (kah-loa-*ree*) *c* (pl ~ën) calorie
calvinisme (kahl-vee-*nıss*-mer) *nt* Calvinism
camee (kaa-*may*) *c* (pl ~ën) cameo
campagne (kahm-*pah*-çer) *c* (pl ~s) campaign
camping (*kehm*-pıng) *c* (pl ~s) camping site, camping
Canada (*kaa*-naa-daa) Canada
Canadees (kaa-naa-*dayss*) *adj* Canadian
capabel (kaa-*paa*-berl) *adj* able
capaciteit (kaa-paa-see-*tayt*) *c* (pl ~en) capacity
cape (kayp) *c* (pl ~s) cape
capitulatie (kah-pee-tew-*laa*-tsee) *c* (pl ~s) capitulation
capsule (kahp-*sew*-ler) *c* (pl ~s) capsule
caravan (*keh*-rer-vern) *c* (pl ~s) caravan
carbonpapier (kahr-*bon*-paa-peer) *nt* carbon paper
carburateur (kahr-bew-raa-*turr*) *c* (pl ~s) carburettor
carillon (kaa-rıl-y*on*) *nt* (pl ~s) chimes *pl*
carjacking (*koar*-zheh-king) *m* (pl ~s) carjacking
carnaval (*kahr*-naa-vahl) *nt* carnival
carpoolen (*koar*-poo-lern) *v* carpool
carpooling (*koar*-pool-ing) *m* (pl ~s) carpool
carrière (kah-ree-y*ai*-rer) *c* (pl ~s) career
carrosserie (kah-ro-ser-*ree*) *c* (pl ~ën) motor body *Am*
casino (kaa-*zee*-noa) *nt* (pl ~'s) casino
catacombe (kah-tah-*kom*-ber) *c* (pl ~n) catacomb
catalogus (kah-*taa*-loa-gerss) *c* (pl -gussen, -gi) catalogue
catarre (kaa-*tahr*) *c* catarrh
catastrofe (kaa-taa-*straw*-fer) *c* (pl ~s) catastrophe, disaster
categorie (kaa-ter-goa-*ree*) *c* (pl ~ën) category

cavia (*kaa*-vee-^{y}aa) *c* (pl ~'s) guinea pig
CD (ser-*day*) *c* (pl ~'s) CD
CD-ROM (say-day-*rom*) *c* (pl ~s) CD-ROM
CD-speler (say-*day*-spay-lerr) *m* (pl ~s) CD player
cel (sehl) *c* (pl ~len) cell
celibaat (say-lee-*baat*) *nt* celibacy
cellofaan (seh-loa-*faan*) *nt* cellophane
celsius (*sehl*-see-^{y}erss) centigrade
cement (ser-*mehnt*) *nt* cement
censuur (sehn-*zewr*) *c* censorship
centimeter (*sehn*-tee-may-terr) *c* (pl ~s) centimeter *Am*, centimetre; tape measure
centraal (sehn-*traal*) *adj* central; ~ **station** central station; **centrale verwarming** central heating
centraliseren (sehn-traa-lee-*zay*-rern) *v* centralize
centrifuge (sehn-tree-*few*-zher) *c* (pl ~s) dryer
centrum (*sehn*-trerm) *nt* (pl centra) center *Am*, centre
ceramiek (say-raa-*meek*) *c* ceramics *pl*
ceremonie (say-rer-*moa*-nee) *c* (pl -niën, -nies) ceremony
certificaat (sehr-tee-fee-*kaat*) *nt* (pl -caten) certificate
chalet (shaa-*leht*) *nt* (pl ~s) chalet
champagne (shahm-*pah*-ɠer) *c* (pl ~s) champagne
champignon (shahm-pee-*ɠon*) *c* (pl ~s) mushroom
chantage (shahn-*taa*-zher) *c* blackmail
chanteren (shahn-*tay*-rern) *v* blackmail
chaos (*khaa*-oss) *c* chaos
chaotisch (khaa-*oa*-teess) *adj* chaotic
charlatan (*shahr*-laa-tahn) *m* (pl ~s) quack
charmant (shahr-*mahnt*) *adj* charming
charme (*shahr*-mer) *c* (pl ~s) charm
chartervlucht (*chahr*-terr-vlerkht) *c* (pl ~en) charter flight
chassis (shah-*see*) *nt* (pl ~) chassis
chauffeur (shoa-*furr*) *m* (f chauffeuse, pl ~s) driver, chauffeur
chef (shehf) *m* (f cheffin, pl ~s) boss, manager, chief
chef-kok (shehf-*kok*) *m* (f -kokkin, pl ~s) chef
chemie (khay-*mee*) *c* chemistry
chemisch (*khay*-meess) *adj* chemical
cheque (shehk) *c* (pl ~s) cheque; check *nAm*
chequeboekje (*shehk*-boo-k^{y}er) *nt* (pl ~s) chequebook; checkbook *nAm*
chic (sheek) *adj* smart; posh
Chileen (shee-*layn*) *m* (f ~se, pl -lenen) Chilean
Chileens (shee-*layns*) *adj*

Chilean
Chili (*shee*-lee) Chile
China (*shee*-naa) China
Chinees (shee-*nayss*) *adj* Chinese
chirurg (shee-*rerrkh*) *m* (pl ~en) surgeon
chloor (khloar) *nt* chlorine
chocola (shoa-koa-*laa*) *c* chocolate
chocolademelk (shoa-koa-*laa*-der-mehlk) *c* chocolate; **warme** ~ cocoa
christelijk (*kriss*-ter-lerk) *adj* Christian
christen (*kriss*-tern) *m* (f christin, pl ~en) Christian
Christus (*kriss*-terss) Christ
chronisch (*khroa*-neess) *adj* chronic
chronologisch (khroa-noa-*loa*-geess) *adj* chronological
cijfer (*say*-ferr) *nt* (pl ~s) number, figure; digit; mark
cilinder (see-*lin*-derr) *c* (pl ~s) cylinder
cilinderkop (see-*lin*-derr-kop) *c* (pl ~pen) cylinder head
circa (*sir*-kaa) *adv* approximately
circulatie (sir-kew-*laa*-tsee) *c* circulation
circus (*sir*-kerss) *nt* (pl ~sen) circus
cirkel (*sir*-kerl) *c* (pl ~s) circle
citaat (see-*taat*) *nt* (pl citaten) quotation
citeren (see-*tay*-rern) *v* quote
citroen (see-*troon*) *c* (pl ~en) lemon
civiel (see-*veel*) *adj* civil
clausule (klou-*sew*-ler) *c* (pl ~s) clause
clavecimbel (klaa-ver-*sim*-berl) *c* (pl ~s) harpsichord
claxon (*klahk*-son) *c* (pl ~s) horn, hooter
claxonneren (klahk-so-*nay*-rern) *v* hoot; toot *vAm*, honk *vAm*
clementie (klay-*mehn*-tsee) *c* mercy
cliënt (klee-^{y}*ehnt*) *m* (f ~e, pl ~en) customer, client
closetpapier (kloa-*zeht*-pah-peer) *nt* toilet paper
club (klerp) *c* (pl ~s) club, society
cocaïne (koa-kaa-*ee*-ner) *c* cocaine
cocktail (kok-tayl) *c* (pl ~s) cocktail *c*
code (*koa*-der) *c* (pl ~s) code
coffeïne (ko-fay-*ee*-ner) *c* caffeine
coffeïnevrij (ko-fay-*ee*-ner-vray) *adj* decaffeinated
cognac (ko-*ɲahk*) *c* cognac
coiffure (kvah-*few*-rer) *c* (pl ~s) hairdo
colbert (kol-*bair*) *c* (pl ~s) jacket
collaboreren (ko-laa-boa-*ray*-rern) *v* collaborate, cooperate
collectant (ko-lehk-*tahnt*) *m* (f ~e, pl ~en) collector
collecteren (ko-lehk-*tay*-rern) *v* collect
collectie (ko-*lehk*-see) *c* (pl ~s) collection

collectief (ko-lehk-*teef*) *adj* collective
collega (ko-*lay*-gaa) *c* (pl ~'s) colleague
college (ko-*lay*-zher) *nt* (pl ~s) lecture
Colombia (*koa*-*lom*-bee-ʸaa) Colombia
Colombiaan (*koa*-lom-bee-ʸ*aan*) *m* (f ~se, pl -bianen) Colombian
Colombiaans (*koa*-lom-bee-ʸ*aans*) *adj* Colombian
coma (*koa*-maa) *nt* coma
combinatie (kom-bee-*naa*-tsee) *c* (pl ~s) combination
combineren (kom-bee-*nay*-rern) *v* combine
comfortabel (kom-for-*taa*-berl) *adj* comfortable
comité (ko-mee-*tay*) *nt* (pl ~s) committee
commentaar (ko-mehn-*taar*) *nt* (pl -taren) comment
commercieel (ko-mehr-*shayl*) *adj* commercial
commissie (ko-*mi*-see) *c* (pl ~s) committee; commission
commode (ko-*moa*-der) *c* (pl ~s) chest of drawers; bureau *nAm*
commune (ko-*mew*-ner) *c* (pl ~s) commune
communicatie (ko-mew-nee-*kaa*-tsee) *c* communication
communiqué (ko-mew-nee-*kay*) *nt* (pl ~s) communiqué
communisme (ko-mew-*niss*-mer) *nt* communism
compact (kom-*pahkt*) *adj* compact
compact disc (*kom*-pahkt disk) *m* (pl ~s) compact disc; **~speler** CD-player
compagnon (kom-pah-*ƞon*) *c* (pl ~s) partner
compensatie (kom-pehn-*zaa*-tsee) *c* (pl ~s) compensation
compenseren (kom-pehn-*zay*-rern) *v* compensate
compleet (kom-*playt*) *adj* complete
compliment (kom-plee-*mehnt*) *nt* (pl ~en) compliment
componist (kom-poa-*nist*) *m* (f ~e, pl ~en) composer
compositie (kom-poa-*zee*-tsee) *c* (pl ~s) composition
compromis (kom-proa-*mee*) *nt* (pl ~sen) compromise
computer (kom-*pʸoo*-terr) *nt* computer
computerspel (kom-*pʸ**o*-terr-spehl) *nt* video game
concentratie (kon-sehn-*traa*-tsee) *c* (pl ~s) concentration
concentreren (kon-sehn-*tray*-rern) *v* concentrate
conceptie (kon-*sehp*-see) *c* conception
concert (kon-*sehrt*) *nt* (pl ~en) concert
concertzaal (kon-*sehrt*-saal) *c* (pl -zalen) concert hall
concessie (kon-*seh*-see) *c* (pl ~s) concession
conciërge (kon-*shehr*-zheh) *c* (pl ~s) janitor; caretaker, concierge

conclusie (kong-*klew*-zee) *c* (pl ~s) conclusion
concreet (kong-*krayt*) *adj* concrete
concurrent (kong-kew-*rehnt*) *m* (f ~e, pl ~en) competitor; rival
concurrentie (kong-kew-*rehn*-tsee) *c* competition; rivalry
conditie (kon-*dee*-tsee) *c* (pl ~s) condition
conditioner (kon-*dish*-er-nerr) *nt* conditioner
condoom (kon-*doom*) *nt* condom
conducteur (kon-derk-*turr*) *m* (f -trice, pl ~s) ticket collector
confectie- (kon-*fehk*-see) *adj* ready-made
conferencier (kon-fer-rahng-*shay*) *c* (pl ~s) entertainer
conferentie (kon-fer-*rehn*-see) *c* (pl ~s) conference
conflict (kon-*flıkt*) *nt* (pl ~en) conflict
congregatie (kong-gray-*gaa*-tsee) *c* (pl ~s) congregation
congres (kong-*grehss*) *nt* (pl ~sen) congress
consequentie (kon-ser-*kvehn*-see) *c* (pl ~s) consequence
conservatief (kon-zerr-vaa-*teef*) *adj* conservative
conservatorium (kon-zerr-vaa-*toa*-ree-ʸerm) *nt* (pl ~s) music academy
conserven (kon-*sehr*-vern) *pl* tinned food
consideratie (kon-see-der-*raa*-tsee) *c* consideration
constant (kon-*stahnt*) *adj* even
constateren (koan-staa-*tay*-rern) *v* note, ascertain; diagnose
constipatie (kon-stee-*paa*-tsee) *c* constipation
constructie (kon-*strerk*-see) *c* (pl ~s) construction
construeren (kon-strewºº-*ay*-rern) *v* construct
consulaat (kon-zew-*laat*) *nt* (pl -laten) consulate
consult (kon-*zerlt*) *nt* (pl ~en) consultation
consultatiebureau (kon-zerl-*taa*-tsee-bew-roa) *nt* (pl ~s) health center *Am*, health centre
consument (kon-zew-*mehnt*) *m* (f ~e, pl ~en) consumer
consumeren (kon-zew-*mehren*) *v* consume
contact (kon-*tahkt*) *nt* (pl ~en) contact; touch
contactlenzen (kon-*tahkt*-lehn-zern) *pl* contact lenses
container (kon-*tay*-nerr) *c* (pl ~s) dustbin, container
contanten (kon-*tahn*-tern) *pl* cash
continent (kon-tee-*nehnt*) *nt* (pl ~en) continent
continentaal (kon-tee-nehn-*taal*) *adj* continental
contra (*kon*-traa) *prep* versus
contract (kon-*trahkt*) *nt* (pl ~en) agreement, contract
contrast (kon-*trahst*) *nt* (pl

~en) contrast

controle (kon-*traw*-ler) *c* (pl ~s) control; supervision, inspection

controleren (kon-troa-*lay*-rern) *v* control, check

controlestrook (kon-*traw*-ler-stroak) *c* (-stroken) counterfoil, stub

controversieel (kon-troa-vehr-*zhayl*) *adj* controversial

conversatie (kon-verr-*zaa*-tsee) *c* (pl ~s) conversation

coöperatie (koa-oa-per-*raa*-tsee) *c* (pl ~s) co-operative

coöperatief (koa-oa-per-raa-*teef*) *adj* co-operative

coördinatie (koa-or-dee-*naa*-tsee) *c* coordination

coördineren (koa-or-dee-*nay*-rern) *v* coordinate

corpulent (kor-pew-*lehnt*) *adj* corpulent, stout, fat

correct (ko-*rehkt*) *adj* correct

correctie (ko-*rehk*-see) *c* (pl ~s) correction

correspondent (ko-rehss-pon-*dehnt*) *m* (f ~e, pl ~en) correspondent

correspondentie (ko-rehss-pon-*dehn*-see) *c* correspondence

corresponderen (ko-rehss-pon-*day*-rern) *v* correspond

corrigeren (ko-ree-*zhay*-rern) *v* correct

corrupt (ko-*rerpt*) *adj* corrupt

coupé (koo-*pay*) *c* (pl ~s) compartment; **~ voor rokers** smoking compartment

couplet (koo-*pleht*) *nt* (pl ~ten) stanza, verse

coupon (koo-*pon*) *c* (pl ~s) coupon

creatief (kray-aa-*teef*) *adj* creative

crèche (krehsh) *c* (pl ~s) nursery

crediteren (kray-dee-*tay*-rern) *v* credit

creëren (kray-*ay*-rern) *v* create

crème (kraim) *c* (pl ~s) cream; **vochtinbrengende ~** moisturizing cream

cremeren (kray-*may*-rern) *v* cremate

criminaliteit (kree-mee-naa-lee-*tayt*) *c* criminality

crimineel (kree-mee-*nayl*) *adj* criminal

crisis (*kree*-serss) *c* (pl -ses) crisis

criticus (*kree*-tee-kerss) *m* (pl -ci) critic

Cuba (*kew*-baa) Cuba

Cubaan (kew-*baan*) *m* (f ~se, pl -banen) Cuban

Cubaans (kew-*baans*) *adj* Cuban

cultuur (kerl-*tewr*) *c* (pl -turen) culture

cursus (*kerr*-zerss) *c* (pl ~sen) course

cyclus (*see*-klerss) *c* (pl ~sen) cycle

cynisch (*see*-neess) *adj* cynical

D

daad (daat) *c* (pl daden) deed, act
daar (daar) *adv* there
daarheen (*daar*-hāyn) *adv* there
daarom (*daa*-rom) *conj* therefore
dadel (*daa*-derl) *c* (pl ~s) date
dadelijk (*daa*-der-lerk) *adv* at once, immediately; presently
dag (dahkh) *c* (pl ~en) day; **per ~** per day; **dag!** hello!; goodbye!
dagblad (*dahkh*-blaht) *nt* (pl ~en) daily
dagboek (*dahkh*-book) *nt* (pl ~en) diary
dagelijks (*daa*-ger-lerks) *adj* daily
dageraad (*daa*-ger-raat) *c* daybreak, dawn
daglicht (*dahkh*-likht) *nt* daylight
dak (dahk) *nt* (pl ~en) roof
dakpan (*dahk*-pahn) *c* (pl ~nen) tile
dal (dahl) *nt* (pl ~en) valley
dalen (*daa*-lern) *v* descend
dam (dahm) *c* (pl ~men) dam; dike
dame (*daa*-mer) *f* (pl ~s) lady
damestoilet (*daa*-merss-tvah-leht) *nt* (pl ~ten) powder room, ladies' room
damp (dahmp) *c* (pl ~en) vapo(u)r
damspel (*dahm*-spehl) *nt* draughts; checkers *plAm*
dan (dahn) *adv* then; *conj* than; **nu en ~** occasionally
dankbaar (*dahngk*-baar) *adj* grateful, thankful
dankbaarheid (*dahngk*-baar-hayt) *c* gratitude
danken (*dahng*-kern) *v* thank; **dank u** thank you; **te ~ *hebben aan** owe
dans (dahns) *c* (pl ~en) dance
dansen (*dahn*-sern) *v* dance
danszaal (*dahn*-saal) *c* (pl -zalen) ballroom
dapper (*dah*-perr) *adj* brave, courageous
dapperheid (*dah*-perr-hayt) *c* courage
darm (dahrm) *c* (pl ~en) gut, intestine; **darmen** bowels *pl*
das (dahss) *c* (pl ~sen) necktie, tie; scarf
dashboard (*dehsh*-bort) *c* (pl ~s) dashboard
dat (daht) *pron* which; *conj* that
dateren (daa-*tāy*-rern) *v* date
datum (*daa*-term) *c* (pl data) date
dauw (dou) *c* dew
de (der) *art* the *art*
debat (der-*baht*) *nt* (pl ~ten) discussion, debate
debatteren (dāy-bah-*tāy*-rern) *v* argue
debet (*dāy*-beht) *nt* debit
debetkaart (*dāy*-beht-kaart) *f*

(pl ~en) debit card
december (dāy-*sehm*-berr) December
deeg (dāykh) *nt* dough
deel (dāyl) *nt* (pl delen) part; share; volume
***deelnemen** (*dāyl*-nāy-mern) *v* participate
deelnemer (*dāyl*-nāy-merr) *m* (f -ster, pl ~s) participant
deels (dāyls) *adv* partly
Deen (dāyn) *m* (f ~se, pl Denen) Dane
Deens (dāyns) *adj* Danish
defect[1] (der-*fehkt*) *adj* defective, faulty
defect[2] (der-*fehkt*) *nt* (pl ~en) fault
defensie (dāy-*fehn*-zee) *c* defense *Am*, defence
definiëren (dāy-fi-ni-*āy*-rern) *v* define
definitie (dāy-fee-*nee*-tsee) *c* (pl ~s) definition
degelijk (*dāy*-ger-lerk) *adj* thorough; sound
dek (dehk) *nt* deck
deken (*dāy*-kern) *c* (pl ~s) blanket
dekhut (*dehk*-hert) *c* (pl ~ten) deck cabin
deksel (*dehk*-serl) *nt* (pl ~s) lid; cover, top
delegatie (dāy-ler-*gaa*-tsee) *c* (pl ~s) delegation
delen (*dāy*-lern) *v* divide; share
delfstof (*dehlf*-stof) *c* (pl ~fen) mineral
delicatessen (dāy-lee-kaa-*teh*-sern) *pl* delicatessen
delicatessenwinkel (dāy-lee-kaa-*teh*-ser-vıng-kerl) *c* (pl ~s) delicatessen
delikaat (dāy-lee-*kaat*) *adj* delicate
deling (*dāy*-lıng) *c* (pl ~en) division
delinquent (dāy-lıng-*kvehnt*) *m* (pl ~en) criminal
***delven** (*dehl*-vern) *v* *dig
democratie (dāy-mōa-kraa-*tsee*) *c* (pl ~ën) democracy
democratisch (dāy-mōa-*kraa*-teess) *adj* democratic
demonstratie (dāy-mon-*straa*-tsee) *c* (pl ~s) demonstration
demonstreren (dāy-mon-*strāy*-rern) *v* demonstrate
den (dehn) *c* (pl ~nen) fir tree
Denemarken (*dāy*-ner-mahr-kern) Denmark
denkbeeld (*dehngk*-bāyld) *nt* (pl ~en) idea
denkbeeldig (dehngk-*bāyl*-derkh) *adj* imaginary
***denken** (*dehng*-kern) *v* *think; guess, reckon; ~ **aan** *think of
denker (*dehng*-kerr) *m* (pl ~s) thinker
dennenboom (*deh*-ner-bōam) *c* (pl -bomen) fir tree
deodorant (dāy-ʸōa-dōa-*rahnt*) *c* deodorant
departement (dāy-pahr-ter-*mehnt*) *nt* (pl ~en) department
deponeren (dāy-pōa-*nāy*-rern) *v* bank; deposit
depressie (dāy-*preh*-see) *c* (pl

~s) depression
deprimeren (dāy-pree-*māy*-rern) *v* depress
derde (*dehr*-der) *num* third
dergelijk (*dehr*-ger-lerk) *adj* such; similar
dermate (*dehr*-maa-ter) *adv* so
dertien (*dehr*-teen) *num* thirteen
dertiende (*dehr*-teen-der) *num* thirteenth
dertig (*dehr*-terkh) *num* thirty
dertigste (*dehr*-terkh-ster) *num* thirtieth
deserteren (dāy-zehr-*tāy*-rern) *v* desert
deskundig (dehss-*kern*-derkh) *adj* expert
deskundige (dehss-*kern*-der-ger) *c* (pl ~n) expert
dessert (deh-*sair*) *nt* (pl ~s) dessert
detail (dāy-*tigh*) *nt* (pl ~s) detail
detailhandel (dāy-*tigh*-hahn-derl) *c* retail trade
detaillist (dāy-tah-ʸ*ɪst*) *c* (pl ~en) retailer
detective (dāy-*tehk*-tɪf) *m* (pl ~s) detective
detectiveroman (dāy-*tehk*-tɪf-rōa-mahn) *c* (pl ~s) detective story
deugd (dūrkht) *c* (pl ~en) virtue
deugniet (*dūrkh*-neet) *m* (pl ~en) rascal
deuk (dūrk) *c* (pl ~en) dent
deur (dūrr) *c* (pl ~en) door
deurbel (*dūrr*-behl) *c* (pl ~len) doorbell
deurwaarder (*dūrr*-vaar-derr) *c* (pl ~s) bailiff
devaluatie (dāy-vaa-lēw-*vaa*-tsee) *c* (pl ~s) devaluation
devalueren (dāy-vaa-lēw-*vāy*-rern) *v* devalue
devies (der-*veess*) *nt* (pl deviezen) motto
deze (*dāy*-zer) *pron* this; these
dia (*dee*-ʸaa) *c* (pl ~'s) slide
diabetes (dee-ʸaa-*bāy*-terss) *c* diabetes
diabeticus (dee-ʸaa-*bāy*-tee-kerss) *m* (f -ca, pl -ci) diabetic
diagnose (dee-ʸahkh-*nōa*-zer) *c* (pl ~n, ~s) diagnosis; **een ~ stellen** diagnose
diagonaal[1] (dee-ʸaa-gōa-*naal*) *adj* diagonal
diagonaal[2] (dee-ʸaa-gōa-*naal*) *c* (pl -nalen) diagonal
diagram (dee-ʸaa-*grahm*) *nt* (pl ~men) diagram
dialect (dee-ʸaa-*lehkt*) *nt* (pl ~en) dialect
diamant (dee-ʸaa-*mahnt*) *c* (pl ~en) diamond
diarree (dee-ʸah-*rāy*) *c* diarrh(o)ea
dicht (dɪkht) *adj* dense; thick; closed, shut
dichtbevolkt (dɪkht-ber-*volkt*) *adj* populous
dichtbij (dɪkht-*bay*) *adj* near
dichtdraaien (*dɪkh*-draaᵉᵉ-ern) *v* turn off
dichter (*dɪkh*-terr) *m* (f ~es, pl ~s) poet
dichtkunst (*dɪkht*-kernst) *c* poetry
***dichtslaan** (*dɪkht*-slaan) *v*

slam
dictafoon (dɪk-taa-*foan*) *c* (pl ~s) dictaphone
dictator (dɪk-*taa*-tor) *c* (pl ~s) dictator
dictee (dɪk-*tay*) *nt* (pl ~s) dictation
dicteren (dɪk-*tay*-rern) *v* dictate
die (dee) *pron* that; those; who
dieet (dee-ʸ*ayt*) *nt* diet
dief (deef) *m* (f dievegge, pl dieven) robber, thief
diefstal (*deef*-stahl) *c* (pl ~len) robbery, theft
dienblad (*deen*-blaht) *nt* (pl ~en) tray
dienen (*dee*-nern) *v* serve
dienst (deenst) *c* (pl ~en) service; **in ~ *nemen** engage
dienstmeid (*deenst*-mayt) *f* (pl ~en) housemaid
dienstplichtige (deenst-*plɪkh*-ter-ger) *c* (pl ~n) conscript
dienstregeling (*deenst*-ray-ger-lɪng) *c* (pl ~en) schedule, timetable
diep (deep) *adj* deep; low
diepte (*deep*-ter) *c* (pl ~n, ~s) depth
diepvrieskast (*deep*-freess-kahst) *c* (pl ~en) deep-freeze, freezer
diepzinnig (deep-*sɪ*-nerkh) *adj* profound
dier (deer) *nt* (pl ~en) animal
dierbaar (*deer*-baar) *adj* dear; precious
dierenarts (*dee*-rern-ahrts) *c* (pl ~en) veterinary surgeon
dierenriem (*dee*-rer-reem) *c* zodiac
dierentuin (*dee*-rer-turᵉʷn) *c* (pl ~en) zoological gardens; zoo
diesel (*dee*-serl) *c* diesel
difterie (dɪf-ter-*ree*) *c* diphtheria
digitaal (dee-gee-*taal*) *adj* digital
digitaal fototoestel (dee-gee-*taal foa*-toa-too-stehl) *nt* (pl ~len) digital camera
digitale foto (dee-gee-*taa*-ler *foa*-toa) *f* (pl ~'s) digital photo
digitale projector (dee-gee-*taa*-ler proa-ʸehk-tor) *m* (pl ~en) digital projector
dij (day) *c* (pl ~en) thigh
dijk (dayk) *c* (pl ~en) dike; dam
dik (dɪk) *adj* corpulent; thick; fat, stout, big
dikte (*dɪk*-ter) *c* (pl ~n, ~s) thickness
dikwijls (*dɪk*-verls) *adv* frequently, often
dineren (dee-*nay*-rern) *v* dine
ding (dɪng) *nt* (pl ~en) thing
dinsdag (*dɪns*-dahkh) *c* Tuesday
diploma (dee-*ploa*-maa) *nt* (pl ~'s) certificate, diploma; **een ~ behalen** graduate
diplomaat (dee-ploa-*maat*) *c* (pl -maten) diplomat
direct (dee-*rehkt*) *adj* direct; *adv* straight away
directeur (dee-rerk-*turr*) *m* (f -trice, pl ~en, ~s) executive,

manager, director; headmaster, principal
directie (dee-*rehk*-see) *c* (pl ~s) management
dirigent (dee-ree-*gehnt*) *c* (pl ~en) conductor
dirigeren (dee-ree-*gāy*-rern) *v* conduct
discipline (dee-see-*plee*-ner) *c* (pl ~s) discipline
disconto (dıss-*kon*-tōā) *nt* (pl ~'s) bank rate
discreet (dıss-*krāyt*) *adj* modest
discussie (dıss-*ker*-see) *c* (pl ~s) discussion, argument
discussiëren (dıss-ker-*shāy*-rern) *v* discuss; argue
disk drive (disk drive) *f* disk drive
distel (*dıss*-terl) *c* (pl ~s) thistle
district (dıss-*trıkt*) *nt* (pl ~en) district
dit (dıt) *pron* this
divan (*dee*-vahn) *c* (pl ~s) couch
docent (dōā-*sehnt*) *m* (f ~e, pl ~en) teacher
doch (dokh) *conj* but
dochter (*dokh*-terr) *f* (pl ~s) daughter
doctor (*dok*-tor) *c* (pl ~en, ~s) doctor
document (dōā-kēw-*mehnt*) *nt* (pl ~en) document
dodelijk (*dōā*-der-lerk) *adj* mortal, fatal
doden (*dōā*-dern) *v* kill
doei (dōōy) *colloquial* bye-bye
doek (dōōk) *c* (pl ~en) cloth; *nt* curtain
doel (dōōl) *nt* (pl ~en) objective, aim, purpose; object, goal, design, target
doelman (*dōōl*-mahn) *m* (pl ~nen) goalkeeper
doelmatig (dōōl-*maa*-terkh) *adj* efficient
doelpunt (*dōōl*-pernt) *nt* (pl ~en) goal
doeltreffend (dōōl-*treh*-fernt) *adj* effective
***doen** (dōōn) *v* *do; cause to
dof (dof) *adj* mat, dim
dok (dok) *nt* (pl ~ken) dock
dokter (*dok*-terr) *c* (pl ~s) doctor, physician
dollar (*do*-lahr) *c* (pl ~s) dollar, *colloquial* buck
dom[1] (dom) *adj* dumb, stupid
dom[2] (dom) *c* cathedral
dominee (*dōā*-mee-nāy) *m* (pl ~s) clergyman, parson, rector
dompelaar (*dom*-per-laar) *c* (pl ~s) immersion heater
donateur (dōā-naa-*tūrr*) *m* (pl ~s) donor
donder (*don*-derr) *c* thunder
donderdag (*don*-derr-dahkh) *c* Thursday
donderen (*don*-der-rern) *v* thunder
donker (*dong*-kerr) *adj* dark, dim
donor (*dōā*-nor) *m* (pl ~s) donor
dons (dons) *nt* down; **donzen dekbed** eiderdown
dood (dōāt) *adj* dead; *c* death
doodstraf (*dōāt*-strahf) *c* death penalty

doof (dōaf) *adj* deaf
dooi (dōa^ee) *c* thaw
dooien (*dōa*^ee-ern) *v* thaw
dooier (*dōa*^ee-err) *c* (pl ~s) yolk
doolhof (*dōal*-hof) *nt* (pl -hoven) maze; labyrinth
doop (dōap) *c* baptism, christening
doopsel (*dōap*-serl) *nt* baptism
door (dōar) *prep* through; by
doorboren (dōar-*bōa*-rern) *v* pierce
***doorbrengen** (*dōar*-breh-ngern) *v* *spend
doordat (dōar-*daht*) *conj* because
***doordringen** (*dōar*-drı-ngern) *v* penetrate
***doorgaan** (*dōar*-gaan) *v* continue, *go on; carry on; *go ahead; ~ **met** *keep on
doorgang (*dōar*-gahng) *c* (pl ~en) passage
doorlichten (*dōar*-lıkh-tern) *v* X-ray
doorlopend (dōar-*lōa*-pernt) *adj* continuous
doormaken (*dōar*-maa-kern) *v* *go through
doorn (dōarn) *c* (pl ~en, ~s) thorn
doorreis (*dōa*-rayss) *c* passage
doorslag (*dōar*-slahkh) *c* (pl ~en) carbon copy
doorsturen (*dōar*-stew-rern) *v* forward
doorweken (dōar-*vāy*-kern) *v* soak
doorzichtig (dōar-*zıkh*-terkh) *adj* transparent, sheer
***doorzoeken** (dōar-*zōō*-kern) *v* search
doos (dōass) *c* (pl dozen) box
dop (dop) *c* (pl ~pen) shell
dopen (*dōa*-pern) *v* baptize, christen
dorp (dorp) *nt* (pl ~en) village
dorst (dorst) *c* thirst
dorstig (*dors*-terkh) *adj* thirsty
dosis (*dōa*-zerss) *c* (pl doses) dose
dossier (do-*shāy*) *nt* (pl ~s) file
douane (dōō-*vaa*-ner) *c* Customs *pl*
douanebeambte (dōō-*vaa*-ner-ber-ahm-ter) *c* (pl ~n) Customs officer
douche (dōōsh) *c* (pl ~s) shower
doven (*dōa*-vern) *v* extinguish
download (*down*-lōōt) *m* (pl ~s) download
dozijn (dōa-*zayn*) *nt* (pl ~en) dozen
draad (draat) *c* (pl draden) thread; wire; **draadloos** wireless
draagbaar (*draakh*-baar) *adj* portable
draaglijk (*draakh*-lerk) *adj* tolerable
draai (draa^ee) *c* (pl ~en) turn; twist
draaideur (*draa*^ee-dūrr) *c* (pl ~en) revolving door
draaien (*draa*^ee-ern) *v* turn; twist; *spin
draaimolen (*draa*^ee-mōa-lern) *c* (pl ~s) merry-go-round
draak (draak) *c* (pl draken) dragon

***dragen** (*draa*-gern) *v* carry, *bear; *wear
drager (*draa*-gerr) *m* (f draagster, pl ~s) bearer
drama (*draa*-maa) *nt* (pl ~'s) drama
dramatisch (draa-*maa*-teess) *adj* dramatic
drang (drahng) *c* urge
drank (drahngk) *c* (pl ~en) drink, beverage; **sterke ~** spirits, liquor
dreigement (dray-ger-*mernt*) *nt* (pl ~en) threat
dreigen (*dray*-gern) *v* threaten
drempel (*drehm*-perl) *c* (pl ~s) threshold
dresseren (dreh-*sāy*-rern) *v* train
dreun (drūrn) *c* smash
dreunen (*drūr*-nern) *v* smash
drie (dree) *num* three
driehoek (*dree*-hōōk) *c* (pl ~en) triangle
driehoekig (dree-*hōō*-kerkh) *adj* triangular
driekwart (*dree*-kvahrt) *adj* threequarter
driemaandelijks (*dree*-maan-der-lerks) *adj* quarterly
drift (drɪft) *c* passion
driftig (*drɪf*-terkh) *adj* quick-tempered; hot-tempered
drijfkracht (*drayf*-krahkht) *c* driving force
***drijven** (*dray*-vern) *v* float
***dringen** (*drɪ*-ngern) *v* push; **dringend** pressing, urgent
drinkbaar (*drɪngk*-baar) *adj* for drinking
***drinken** (*drɪng*-kern) *v* *drink
drinkwater (*drɪngk*-vaa-terr) *nt* drinking water
droefheid (*drōōf*-hayt) *c* sorrow
droevig (*drōō*-verkh) *adj* sad
drogen (*drōā*-gern) *v* dry
drogisterij (drōā-gɪss-ter-*ray*) *c* (pl ~en) pharmacy, chemist's; drugstore *nAm*
dromen (*drōā*-mern) *v* *dream
dronken (*drong*-kern) *adj* drunk; intoxicated
droog (drōākh) *adj* dry
droogleggen (*drōākh*-leh-gern) *v* drain
droogte (*drōākh*-ter) *c* drought
droom (drōām) *c* (pl dromen) dream
droombeeld (*drōām*-bāylt) *nt* (pl ~en) illusion
drop (drop) *c* liquorice
druif (drur^ew^f) *c* (pl -ven) grape
druk (drerk) *adj* busy; crowded; *c* pressure
drukken (*drer*-kern) *v* press; print
drukknop (*drer*-knop) *c* (pl ~pen) push button
drukte (*drerk*-ter) *c* bustle; fuss, excitement
drukwerk (*drerk*-vehrk) *nt* printed matter
druppel (*drer*-perl) *c* (pl ~s) drop
dubbel (*der*-berl) *adj* double
dubbelzinnig (der-berl-*zɪ*-nerkh) *adj* ambiguous
duidelijk (*dur^ew^*-der-lerk) *adj* distinct, plain, clear;

apparent, evident; obvious
duif (dur^{ew}f) *c* (pl duiven) pigeon
duikboot (*dur^{ew}k*-bōāt) *c* (pl -boten) submarine
duikbril (*dur^{ew}k*-brɪl) *c* (pl ~len) goggles *pl*
***duiken** (*dur^{ew}*-kern) *v* dive
duim (dur^{ew}m) *c* (pl ~en) thumb; inch (2.54 cm)
duin (dur^{ew}n) *nt* (pl ~en) dune
duister (*dur^{ew}*-sterr) *adj* obscure, dark; *nt* gloom
duisternis (*dur^{ew}*-sterr-nɪss) *c* dark
Duits (dur^{ew}ts) *adj* German
Duitser (*dur^{ew}t*-serr) *m* (f Duitse, pl ~s) German
Duitsland (*dur^{ew}ts*-lahnt) Germany
duivel (*dur^{ew}*-verl) *m* (pl ~s) devil
duizelig (*dur^{ew}*-zer-lerkh) *adj* giddy, dizzy
duizeligheid (*dur^{ew}*-zer-lerkh-hayt) *c* giddiness, dizziness
duizend (*dur^{ew}*-zernt) *num* thousand
dulden (*derl*-dern) *v* *bear
dun (dern) *adj* thin; sheer
dupe (*dēw*-per) *c* (pl ~s) victim
duren (*dēw*-rern) *v* last
durf (derrf) *c* nerve
durven (*derr*-vern) *v* dare
dus (derss) *conj* so
dutje (*der*-t^{y}er) *nt* (pl ~s) nap
duur (dēwr) *adj* dear, expensive; *c* duration
duurzaam (*dēwr*-zaam) *adj* lasting, permanent
duw (dēw^{oo}) *c* (pl ~en) push
duwen (*dēw^{oo}*-ern) *v* push
dvd (dāy-vāy-*dāy*) *m* (pl ~'s) DVD
dvd-rom (dāy-vāy-dāy-*rom*) *m* (pl ~s) DVD-ROM
dwaas[1] (dvaass) *adj* foolish, crazy, silly
dwaas[2] (dvaass) *c* (pl dwazen) fool
dwalen (*dvaa*-lern) *v* err
dwarsbomen (*dvahrs*-bōā-mern) *v* spite
dwerg (dvehrkh) *m* (pl ~en) dwarf, midget; leprechaun
***dwingen** (*dvɪ*-ngern) *v* force; compel
dynamo (dee-*naa*-mōā) *c* (pl ~'s) dynamo

E

eb (ehp) *c* low tide
ebbehout (*eh*-ber-hout) *nt* ebony
echo (*eh*-khōā) *c* (pl ~'s) echo
echt (ehkht) *adj* genuine, true, authentic, real; *adv* really; *c* matrimony
echter (*ehkh*-terr) *conj* however, yet
echtgenoot (*ehkht*-kher-nōāt) *m* (pl -noten) husband
echtgenote (*ehkht*-kher-nōā-

ter) *f* (pl ~n) wife
echtpaar (*ehkht*-paar) *nt* (pl -paren) married couple
echtscheiding (*ehkht*-skhay-dıng) *c* (pl ~en) divorce
economie (āy-kōa-nōa-*mee*) *c* economy
economisch (āy-kōa-*nōa*-meess) *adj* economic
econoom (āy-kōa-*nōam*) *m* (pl -nomen) economist
ecotoerist (āy-kōa-tōō-rist) *m* (pl ~en) eco-tourist
eczeem (ehk-*sāym*) *nt* eczema
edel (*āy*-derl) *adj* noble
edelmoedigheid (āy-derl-*mōō*-derkh-hayt) *c* generosity
edelsteen (*āy*-derl-stāyn) *c* (pl -stenen) gem, stone
editie (āy-*dee*-tsee) *c* (pl ~s) edition
eed (āyt) *c* (pl eden) oath, vow
eekhoorn (*āyk*-hōarn) *c* (pl ~s) squirrel
een[1] (ern) *art* a *art*
een[2] (āyn) *num* one
eenakter (*āyn*-ahk-terr) *c* (pl ~s) oneact play
eend (āynt) *c* (pl ~en) duck
eender (*āyn*-derr) *adj* alike
eenheid (*āyn*-hayt) *c* (pl -heden) unit; unity
eenmaal (*āyn*-maal) *adv* once
eenmalig (*āyn*-maa-lerkh) *adv* for once
eenrichtingsverkeer (āyn-*rıkh*-tıngs-ferr-kāyr) *nt* one--way traffic
eens (āyns) *adv* once; some time, some day; **het ~ *zijn** agree
eentonig (āyn-*tōa*-nerkh) *adj* monotonous
eenvoudig (āyn-*vou*-derkh) *adj* plain, simple; *adv* simply
eenzaam (*āyn*-zaam) *adj* lonely
eenzijdig (āyn-*zay*-derkh) *adj* one-sided
eer (āyr) *c* honour; glory
eerbied (*āyr*-beet) *c* respect
eerbiedig (āyr-*bee*-derkh) *adj* respectful
eerbiedwaardig (āyr-beet-*vaar*-derkh) *adj* venerable
eerder (*āyr*-derr) *adv* before; rather
eergevoel (*āyr*-ger-vōōl) *nt* sense of honour
eergisteren (*āyr*-gıss-ter-rern) *adv* the day before yesterday
eerlijk (*āyr*-lerk) *adj* honest; fair, straight; sincere
eerlijkheid (*āyr*-lerk-hayt) *c* honesty
eerst (āyrst) *adj* first; primary, initial; *adv* at first
eersteklas (*āyr*-ster-klahss) *adj* first-class
eersterangs (*āyr*-ster-rahngs) *adj* first-rate
eerstvolgend (āyrst-*fol*-gernt) *adj* following
eervol (*āyr*-vol) *adj* honourable
eerzaam (*āyr*-zaam) *adj* respectable; honourable
eetbaar (*āyt*-baar) *adj* edible
eetkamer (*āyt*-kaa-merr) *c* (pl

~s) dining room
eetlepel (*a̅y̅t*-la̅y̅-perl) *c* (pl ~s) tablespoon
eetlust (*a̅y̅t*-lerst) *c* appetite
eetservies (*a̅y̅t*-sehr-veess) *nt* (pl -viezen) dinner service
eetzaal (*a̅y̅t*-saal) *c* (pl -zalen) dining room
eeuw (a̅y̅^{oo}) *c* (pl ~en) century
eeuwig (a̅y̅^{oo}-erkh) *adj* eternal; *adv* eeuwig, voor goed; altijd
eeuwigheid (a̅y̅^{oo}-erkh-hayt) *c* eternity
effect (eh-*fehkt*) *nt* (pl ~en) effect; **effecten** stocks and shares
effectenbeurs (eh-*fehk*-term-bu̅r̅rs) *c* (pl -beurzen) stock market, stock exchange
effectief (eh-fehk-*teef*) *adj* effective
effen (*eh*-fern) *adj* level; smooth, even
efficiënt (eh-fee-*shehnt*) *adj* efficient
egaal (a̅y̅-*gaal*) *adj* level
egaliseren (a̅y̅-gaa-lee-*za̅y̅*-rern) *v* level
egel (*a̅y̅*-gerl) *c* (pl ~s) hedgehog
egocentrisch (a̅y̅-go̅a̅-*sehn*-treess) *adj* self-centered *Am*, self-centred
egoïsme (a̅y̅-go̅a̅-*viss*-mer) *nt* selfishness
egoïstisch (a̅y̅-go̅a̅-*viss*-teess) *adj* selfish, ego(t)istic
Egypte (a̅y̅-*gip*-ter) Egypt
Egyptenaar (a̅y̅-*gip*-ter-naar) *m* (f -nares, pl -naren) Egyptian
Egyptisch (a̅y̅-*gip*-teess) *adj* Egyptian
ei (ay) *nt* (pl ~eren) egg
eierdooier (*ay*-err-do̅a̅^{ee}-err) *c* (pl ~s) egg yolk
eigen (*ay*-gern) *adj* own
eigenaar (*ay*-ger-naar) *m* (f -nares, -pl ~s, -naren) owner, proprietor
eigenaardig (ay-ger-*naar*-derkh) *adj* singular, peculiar
eigenaardigheid (ay-ger-*naar*-derkh-hayt) *c* (pl -heden) peculiarity
eigendom (*ay*-gern-dom) *nt* (pl ~men) property; possessions
eigengemaakt (*ay*-gern-ger-maakt) *adj* home-made
eigenlijk (*ay*-gern-lerk) *adj* actual; *adv* as a matter of fact, really
eigenschap (*ay*-gern-skhahp) *c* (pl ~pen) property, quality
eigentijds (ay-gern-*tayts*) *adj* contemporary
eigenwijs (ay-gern-*vayss*) *adj* pig-headed, stubborn
eik (ayk) *c* (pl ~en) oak
eikel (*ay*-kerl) *c* (pl ~s) acorn
eiland (*ay*-lahnt) *nt* (pl ~en) island
einde (*ayn*-der) *nt* end, finish; ending, issue
eindelijk (*ayn*-der-lerk) *adv* at last
eindigen (*ayn*-der-gern) *v* finish
eindpunt (*aynt*-pernt) *nt* (pl

~en) terminal
eindstreep (*aynt*-strayp) *c* (pl -strepen) finish
eis (ayss) *c* (pl ~en) demand, claim
eisen (*ay*-sern) *v* demand
eiwit (*ay*-vit) *nt* (pl ~ten) protein
eksteroog (*ehk*-sterr-oakh) *nt* (pl -ogen) corn
eland (ay-lahnt) *c* (pl ~en) moose
elastiek (ay-lahss-*teek*) *nt* (pl ~en) rubber band, elastic
elastisch (ay-*lahss*-teess) *adj* elastic
elders (*ehl*-derrs) *adv* elsewhere
elegant (ay-ler-*gahnt*) *adj* elegant
elegantie (ay-ler-*gahnt*-see) *c* elegance
elektricien (ay-lehk-tree-*shang*) *m* (pl ~s) electrician
elektriciteit (ay-lehk-tree-see-*tayt*) *c* electricity
elektriciteitscentrale (ay-lehk-tree-see-*tayt*-sehn-traa-ler) *c* power station
elektrisch (ay-*lehk*-treess) *adj* electric
elektronisch (ay-lehk-*troa*-ness) *adj* electronic; ~ **spel** electronic game
element (ay-ler-*mehnt*) *nt* (pl ~en) element
elementair (ay-ler-mehn-*tair*) *adj* primary
elf[1] (ehlf) *num* eleven
elf[2] (ehlf) *c* (pl ~en) elf
elfde (*ehlf*-der) *num* eleventh
elftal (*ehlf*-tahl) *nt* (pl ~len) soccer team
elimineren (ay-lee-mee-*nay*-rern) *v* eliminate
elk (ehlk) *adj* each, every
elkaar (ehl-*kaar*) *pron* each other
elleboog (*eh*-ler-boakh) *c* (pl -bogen) elbow
ellende (eh-*lehn*-der) *c* misery
ellendig (eh-*lehn*-derkh) *adj* miserable
email (ay-*migh*) *nt* enamel
e-mail (*ee*-mayl) *c* (pl ~s) e-mail
e-mailen (*ee*-may-lern) *v* e--mail
emailleren (ay-migh-*ay*-rern) *v* glaze
emancipatie (ay-mahn-see-*paa*-tsee) *c* emancipation
embargo (ehm-*bahr*-goa) *nt* embargo
embleem (ehm-*blaym*) *nt* (pl -blemen) emblem
emigrant (ay-mee-*grahnt*) *m* (f ~e, pl ~en) emigrant
emigratie (ay-mee-*graa*-tsee) *c* emigration
emigreren (ay-mee-*gray*-rern) *v* emigrate
eminent (ay-mee-*nehnt*) *adj* outstanding
emmer (*eh*-merr) *c* (pl ~s) bucket, pail
emotie (ay-*moa*-tsee) *c* (pl ~s) emotion
employé (ahm-plvah-*yay*) *m* (f -yee, pl ~s) employee
en (ehn) *conj* and

encyclopedie (ehn-see-klōa-pāy-*dee*) *c* (pl ~ën) encyclop(a)edia
endeldarm (*ehn*-derl-dahrm) *c* (pl ~en) rectum
energie (āy-nehr-*zhee*) *c* energy; power
energiek (āy-nehr-*zheek*) *adj* energetic
eng (ehng) *adj* narrow; creepy
engel (*eh*-ngerl) *c* (pl ~en) angel
Engeland (*eh*-nger-lahnt) England; Britain
Engels (*eh*-ngerls) *adj* English; British
Engelse (*eh*-ngerl-ser) *f* (pl Engelsen) Englishwoman
Engelsman (*eh*-ngerls-mahn) *m* (pl Engelsen) Englishman; Briton
enig (*āy*-nerkh) *adj* sole, only; *pron* any; **enige** *pron* some
enigszins (*āy*-nerkh-sıns) *adv* somewhat
enkel[1] (*ehng*-kerl) *adj* single; **enkele** *pron* some
enkel[2] (*ehng*-kerl) *c* (pl ~s) ankle
enkeling (*ehng*-ker-lıng) *c* (pl ~en) individual
enkelvoud (*ehng*-kerl-vout) *nt* singular
enorm (āy-*norm*) *adj* tremendous, enormous, huge
enquête (ahng-*kai*-ter) *c* (pl ~s) enquiry
enthousiasme (ahn-tōō-*zhahss*-mer) *nt* enthusiasm
enthousiast (ahn-tōō-*zhahst*) *adj* enthusiastic; keen
entree (ahn-*trāy*) *c* entry; entrance fee
envelop (ahng-ver-*lop*) *c* (pl ~pen) envelope
enzovoort (*ehn*-zōa-vōart) and so on, etcetera
epidemie (āy-pee-der-*mee*) *c* (pl ~ën) epidemic
epilepsie (āy-pee-lehp-*see*) *c* epilepsy
epiloog (āy-pee-*lōakh*) *c* (pl -logen) epilogue
episch (*āy*-peess) *adj* epic
episode (āy-pee-*zōa*-der) *c* (pl ~n, ~s) episode
epos (*āy*-poss) *nt* (pl epen, ~sen) epic
equipe (āy-*keep*) *c* (pl ~s) team
equivalent (āy-kvee-vaa-*lehnt*) *adj* equivalent
er (ehr) *adv* there; *pron* of them
erbarmelijk (ehr-*bahr*-mer-lerk) *adj* lamentable
eredienst (*āy*-rer-deenst) *c* (pl ~en) worship
eren (*āy*-rern) *v* honour
erf (ehrf) *nt* (pl erven) yard
erfelijk (*ehr*-fer-lerk) *adj* hereditary
erfenis (*ehr*-fer-nıss) *c* (pl ~sen) inheritance; legacy
erfgenaam (*ehrf*-ger-naam) *m* (pl -namen) heir
erfgename (*ehrf*ger-naamer) *f* (pl -namen) heiress
erg (ehrkh) *adj* bad; *adv* very; **erger** worse; **ergst** worst
ergens (*ehr*-gerns) *adv* somewhere

ergeren (*ehr*-ger-rern) *v* annoy
ergernis (*ehr*-gerr-nıss) *c* annoyance
erkennen (ehr-*keh*-nern) *v* recognize; acknowledge
erkenning (ehr-*keh*-nıng) *c* (pl ~en) recognition
erkentelijk (ehr-*kehn*-ter-lerk) *adj* grateful
ernst (ehrnst) *c* seriousness; gravity
ernstig (*ehrn*-sterkh) *adj* serious; grave, bad, severe
erts (ehrts) *nt* (pl ~en) ore
***ervaren** (ehr-*vaa*-rern) *v* experience
ervaring (ehr-*vaa*-rıng) *c* (pl ~en) experience
erven (*ehr*-vern) *v* inherit
erwt (ehrt) *c* (pl ~en) pea
escorte (ehss-*kor*-ter) *nt* (pl ~s) escort
escorteren (ehss-kor-*tay*-rern) *v* escort
esdoorn (*ehss*-doarn) *c* (pl ~s) maple
essay (eh-*say*) *nt* (pl ~s) essay
essentie (eh-*sehn*-see) *c* essence
essentieel (eh-sehn-*shayl*) *adj* vital, essential
etage (ay-*taa*-zher) *c* (pl ~s) floor, stor(e)y; apartment *nAm*
etalage (ay-taa-*laa*-zher) *c* (pl ~s) shopwindow
etappe (ay-*tah*-per) *c* (pl ~n, ~s) stage; lap
eten (*ay*-tern) *nt* food
***eten** (*ay*-tern) *v* *eat
ether (*ay*-terr) *c* ether
Ethiopië (ay-tee-*ʸoa*-pee-ʸer) Ethiopia
Ethiopiër (ay-tee-*ʸoa*-pee-ʸerr) *m* (f -ische, pl ~s) Ethiopian
Ethiopisch (ay-tee-*ʸoa*-peess) *adj* Ethiopian
e-ticket (*ee*-ti-keht) *nt* (pl ~s) e--ticket
etiket (ay-tee-*keht*) *nt* (pl ~ten) label, tag
etiketteren (ay-tee-keh-*tay*-rern) *v* label
etmaal (*eht*-maal) *nt* (pl -malen) twenty-four hours
ets (ehts) *c* (pl ~en) etching
ettelijk (*eh*-ter-lerk) *adj* several
etter (*eh*-terr) *c* pus
etui (ay-*tvee*) *nt* (pl ~s) case
Europa (ur-*roa*-paa) Europe
Europeaan (ur-roa-pay-*aan*) *f* (f -ese, pl -anen) European
Europees (ur-roa-*payss*) *adj* European
Europese Unie (eur-oo-*peeser y*-nie) European Union
evacueren (ay-vaa-kew-*vay*-rern) *v* evacuate
evangelie (ay-vahng-*gay*-lee) *nt* (pl -liën, ~s) gospel
even (*ay*-vern) *adj* even; *adv* equally, as
evenaar (*ay*-ver-naar) *c* equator
evenals (*ay*-ver-nahls) *conj* as well as
evenaren (ay-ver-*naa*-rern) *v* equal

eveneens (ay-ver-*nayns*) *adv* as well, likewise, also
evenredig (ay-ver-*ray*-derkh) *adj* proportional
eventueel (ay-vern-tew-*vayl*) *adj* possible, eventual
evenveel (*ay*-ver-vayl) *adv* as much
evenwel (ay-ver-*vehl*) *adv* however
evenwicht (*ay*-ver-vıkht) *nt* balance
evenwijdig (ay-ver-*vay*-derkh) *adj* parallel
evenzeer (*ay*-ver-zayr) *adv* as much
evenzo (ay-ver-*zoa*) *adv* likewise
evolutie (ay-voa-*lew*-tsee) *c* (pl ~s) evolution
exact (ehk-*sahkt*) *adj* precise
examen (ehk-*saa*-mern) *nt* (pl ~s) examination
excentriek (ehk-sehn-*treek*) *adj* eccentric
exces (ehk-*sehss*) *nt* (pl ~sen) excess
exclusief (ehks-klew-*zeef*) *adj* exclusive
excursie (ehks-*kerr*-zee) *c* (pl ~s) day trip, excursion
excuseren (ehks-kew-*zay*-rern) *v* excuse
excuus (ehks-*kewss*) *nt* (pl excuses) apology, excuse
executive assistant (ehk-*seh*-k^y^oo-tif eh-*sis*-tehnt) *m* (pl ~en) executive assistant
exemplaar (ehk-serm-*plaar*) *nt* (pl -plaren) specimen; copy
exotisch (ehk-*soa*-teess) *adj* exotic
expeditie (ehks-per-*dee*-tsee) *c* (pl ~s) expedition
experiment (ehks-pay-ree-*mehnt*) *nt* (pl ~en) experiment
experimenteren (ehks-pay-ree-mehn-*tay*-rern) *v* experiment
expert (ehks-*pair*) *c* (pl ~s) expert
expliciet (ehks-plee-*seet*) *adj* explicit
exploderen (ehks-ploa-*day*-rern) *v* explode, *blow up
exploiteren (ehks-plvah-*tay*-rern) *v* exploit
explosie (ehks-*ploa*-zee) *c* (pl ~s) blast, explosion
explosief (ehks-ploa-*zeef*) *adj* explosive
export (*ehk*-sport) *c* exports *pl*, export
exporteren (ehk-spor-*tay*-rern) *v* export
expositie (ehk-spoa-*zee*-tsee) *c* (pl ~s) exhibition
expresse- (ehk-*spreh*-ser) express; special delivery
extase (ehk-*staa*-zer) *c* ecstasy
extra (*ehk*-straa) *adj* additional, extra; spare
extravagant (ehk-straa-vaa-*gahnt*) *adj* extravagant
extreem (ehk-*straym*) *adj* extreme
ezel (*ay*-zerl) *c* (pl ~s) donkey

F

faam (faam) *c* fame
fabel (*faa*-berl) *c* (pl ~s, ~en) fable
fabriceren (faa-bree-*sāy*-rern) *v* manufacture
fabriek (faa-*breek*) *c* (pl ~en) factory; mill, works *pl*
fabrikant (faa-bree-*kahnt*) *m* (f ~e, pl ~en) manufacturer
factor (*fahk*-tor) *c* (pl ~en) factor
factureren (fahk-tēw-*rāy*-rern) *v* bill
factuur (fahk-*tēwr*) *c* (pl -turen) invoice
facultatief (faa-kerl-taa-*teef*) *adj* optional
faculteit (faa-kerl-*tayt*) *c* (pl ~en) faculty
failliet (fah-ʸ*eet*) *adj* bankrupt
fakkel (*fah*-kerl) *c* (pl ~s) torch
falen (*faa*-lern) *v* fail
familiaar (fah-mee-lee-ʸ*aar*) *adj* familiar
familie (faa-*mee*-lee) *c* (pl ~s) family
familielid (faa-*mee*-lee-lɪt) *nt* (pl -leden) relative
fanatiek (faa-naa-*teek*) *adj* fanatical
fanfarekorps (fahm-*faa*-rer-korps) *nt* (pl ~en) brass band
fantasie (fahn-taa-*zee*) *c* (pl ~ën) fantasy, fancy
fantastisch (fahn-*tahss*-teess) *adj* fantastic
farmacologie (fahr-maa-kōa-lōa-*gee*) *c* pharmacology
fascinerend (fah-see-*nāy*-rernt) *adj* glamorous
fascisme (fah-*sɪss*-mer) *nt* fascism
fascist (fah-*sɪst*) *m* (pl ~en) fascist
fascistisch (fah-*sɪss*-teess) *adj* fascist
fase (*faa*-zer) *c* (pl ~s, ~n) stage, phase
fataal (faa-*taal*) *adj* fatal
fatsoen (faht-*sōon*) *nt* decency
fatsoenlijk (faht-*sōon*-lerk) *adj* decent
fauteuil (fōa-*tur*ᵉʷ) *c* (pl ~s) armchair
favoriet (faa-vōa-*reet*) *c* (pl ~en) favo(u)rite
fax (faks) *c* fax; **een ~ versturen** send a fax
fazant (faa-*zahnt*) *c* pheasant
februari (fāy-brēw-*vaa*-ree) February
federaal (fāy-der-*raal*) *adj* federal
federatie (fāy-der-*raa*-tsee) *c* (pl ~s) federation
fee (fāy) *f* (pl ~ën) fairy
feest (fāyst) *nt* (pl ~en) feast; party
feestdag (*fāyss*-dahkh) *c* (pl ~en) holiday
feestelijk (*fāy*-ster-lerk) *adj* festive

feestje (*fay*-sher) *nt* (pl ~s) party
feilloos (*fay*-loass) *adj* faultless, infallible
feit (fayt) *nt* (pl ~en) fact; **in feite** in fact
feitelijk (*fay*-ter-lerk) *adj* factual; *adv* as a matter of fact, actually, in effect
fel (fehl) *adj* fierce
felicitatie (fay-lee-see-*taa*-tsee) *c* (pl ~s) congratulation
feliciteren (fay-lee-see-*tay*-rern) *v* congratulate; compliment
feodaal (fay-ʸoa-*daal*) *adj* feudal
festival (*fehss*-tee-vahl) *nt* (pl ~s) festival
feuilleton (furᵉʷ-er-*ton*) *nt* (pl ~s) serial
fiasco (fee-ʸ*ahss*-koa) *nt* (pl ~'s) failure; disaster
fiche (*fee*-sher) *c* (pl ~s) chip
fictie (*fık*-see) *c* (pl ~s) fiction
fiets (feets) *c* (pl ~en) cycle, bicycle
fietser (*fee*-tserr) *m* (f -ster, pl ~s) cyclist
figuur (fee-*gewr*) *c* (pl -guren) figure; diagram
fijn (fayn) *adj* enjoyable; fine; delicate
fijnhakken (*fayn*-hah-kern) *v* mince
***fijnmalen** (*fayn*-maa-lern) *v* *grind
fijnproever (*faym*-proo-verr) *m* (pl ~s) gourmet
fijnstampen (*fayn*-stahm-pern) *v* mash
filiaal (fee-lee-ʸ*aal*) *nt* (-ialen) branch
Filippijnen (fee-lı-*pay*-nern) *pl* Philippines *pl*
Filippijns (fee-lı-*payns*) *adj* Philippine
film (fılm) *c* (pl ~s) film; movie
filmcamera (*fılm*-kaa-mer-raa) *c* (pl ~'s) camera
filmen (*fıl*-mern) *v* film
filmjournaal (*fılm*-zhoor-naal) *nt* newsreel
filosofie (fee-loa-zoa-*fee*) *c* (pl ~ën) philosophy
filosoof (fee-loa-*zoaf*) *m* (f -sofe, pl -sofen) philosopher
filter (*fıl*-terr) *nt* (pl ~s) filter
Fin (fın) *m* (f ~se, pl ~nen) Finn
financieel (fee-nahn-*shayl*) *adj* financial
financiën (fee-*nahn*-see-ʸern) *pl* finances *pl*
financieren (fee-nahn-*see*-rern) *v* finance
Finland (*fın*-lahnt) Finland
Fins (fıns) *adj* Finnish
firewall (*faaerr*-woal) *m* (pl ~s) firewall
firma (*fır*-maa) *c* (pl ~'s) company, firm
fitting (*fı*-tıng) *c* (pl ~en) socket
flacon (flaa-*kon*) *c* (pl ~s) flask
flamingo (flaa-*mıng*-goa) *c* (pl ~'s) flamingo
flanel (flaa-*nehl*) *nt* flannel
flat (fleht) *c* (pl ~s) flat; apartment *nAm*
flatgebouw (*fleht*-kher-bou) *nt* (pl ~en) block of flats;

apartment house *Am*
flauw (flou) *adj* faint
***flauwvallen** (*flou*-vah-lern) *v* faint
fles (flehss) *c* (pl ~sen) bottle
flesopener (*fleh*-zo̅a̅-per-nerr) *c* (pl ~s) bottle opener
flessehals (*fleh*-ser-hahls) *c* bottleneck
flets (flehts) *adj* dull
flink (flıngk) *adj* considerable; brave, plucky
flits (flıts) *c* (pl ~en) flash
flitslampje (*flıts*-lahm-p^{y}er) *nt* (pl ~s) flash bulb
fluisteren (*flur*^{ew}*ss*-ter-rern) *v* whisper
fluit (flur^{ew}t) *c* (pl ~en) flute
***fluiten** (*flur*^{ew}-tern) *v* whistle
fluitje (*flur*^{ew}-t^{y}er) *nt* (pl ~s) whistle
fluitketel (*flur*^{ew}*t*-ka̅y̅-terl) *c* (pl ~s) ketel
fluweel (fle̅w̅-*va̅y̅l*) *nt* velvet
foefje (*fo̅o̅*-f^{y}er) *nt* (pl ~s) trick
foei! (fo̅o̅^{ee}) shame!
fokken (*fo*-kern) *v* *breed; raise
folklore (fol-*klo̅a̅*-rer) *c* folklore
fonds (fons) *nt* (pl ~en) fund
fonetisch (fo̅a̅-*na̅y̅*-teess) *adj* phonetic
fonkelend (*fong*-ker-lernt) *adj* sparkling
fontein (fon-*tayn*) *c* (pl ~en) fountain
fooi (fo̅a̅^{ee}) *c* (pl ~en) tip; gratuity
foppen (*fo*-pern) *v* fool
forceren (for-*sa̅y̅*-rern) *v* strain; force
forel (fo̅a̅-*rehl*) *c* (pl ~len) trout
forens (fo̅a̅-*rehns*) *c* (pl ~en, forenzen) commuter
formaat (for-*maat*) *nt* (pl -maten) size
formaliteit (for-maa-lee-*tayt*) *c* (pl ~en) formality
formeel (for-*ma̅y̅l*) *adj* formal
formule (for-*me̅w̅*-ler) *c* (pl ~s) formula
formulier (for-me̅w̅-*leer*) *nt* (pl ~en) form
fornuis (for-*nur*^{ew}*ss*) *nt* (pl -nuizen) cooker, stove
fors (fors) *adj* robust
fortuin (for-*tur*^{ew}*n*) *nt* (pl ~en) fortune
foto (*fo̅a̅*-to̅a̅) *c* (pl ~'s) photograph, photo
fotobericht (*fo̅a̅*-to̅a̅-ber-rigt) *nt* (pl ~en) photo message
fotocopie (fo̅a̅-to̅a̅-ko̅a̅-*pee*) *c* (pl ~ën) photocopy
fotograaf (fo̅a̅-to̅a̅-*graaf*) *m* (f -grafe, pl -grafen) photographer
fotograferen (fo̅a̅-to̅a̅-graa-*fa̅y̅*-rern) *v* photograph
fotografie (fo̅a̅-to̅a̅-graa-*fee*) *c* photography
fototoestel (*fo̅a̅*-to̅a̅-to̅o̅-stehl) *nt* (pl ~len) camera
fotowinkel (*fo̅a̅*-to̅a̅-vıng-kerl) *c* (pl ~s) camera shop
fouilleren (fo̅o̅-^{y}*a̅y̅*-rern) *v* search
fout^{1} (fout) *adj* mistaken, wrong
fout^{2} (fout) *c* (pl ~en) error, mistake, fault

foutloos (*fout*-loass) *adj* faultless
foyer (fvah-^{y}*ay*) *c* (pl ~s) foyer; lobby
fractie (*frahk*-see) *c* (pl ~s) fraction
fragment (frahkh-*mehnt*) *nt* (pl ~en) fragment; extract
framboos (frahm-*boass*) *c* (pl -bozen) raspberry
franje (*frah*-ɕer) *c* (pl ~s) fringe
frankeren (frahng-*kay*-rern) *v* stamp
frankering (frahng-*kay*-rɪng) *c* (pl ~en) postage
franko (*frahng*-koa) *adj* postage paid, post-paid
Frankrijk (*frahng*-krayk) France
Frans (frahns) *adj* French
Fransman (*frahns*-mahn) *m* (f Franse, pl Fransen) Frenchman
frappant (frah-*pahnt*) *adj* striking
fraude (*frou*-der) *c* (pl ~s) fraud
frequent (frer-*kvehnt*) *adj* frequent
frequentie (frer-*kvehn*-tsee) *c* (pl ~s) frequency
friet (freet) *pl* chips; French fries
fris (frɪss) *adj* fresh
frisdrank (*frɪss*-drahngk) *c* soft drink, soda *nAm*
frites (freet) *pl* chips; French fries
fruit (frur^{ew}t) *nt* fruit
fuif (fur^{ew}f) *c* (pl fuiven) party
functie (*ferngk*-see) *c* (pl ~s) function; position
functioneren (ferngk-shoa-*nay*-rern) *v* work
fundamenteel (fern-daa-mehn-*tayl*) *adj* fundamental, basic
fuseren (*few*-zay-rern) *v* merge
fusie (*few*-zee) *c* (pl ~s) merger
fysica (*fee*-zee-kaa) *c* physics
fysiek (fee-*zeek*) *adj* physical
fysiologie (fee-zee-^{y}oa-loa-*gee*) *c* physiology
***gaan** (gaan) *v* *go; ***~door** pass through

G

gaarne (*gaar*-ner) *adv* gladly
***gadeslaan** (*gaa*-der-slaan) *v* watch
gal (gahl) *c* gall, bile
galblaas (*gahl*-blaass) *c* (pl -blazen) gall bladder
galerij (gah-ler-*ray*) *c* (pl ~en) arcade; gallery
galg (gahlkh) *c* (pl ~en) gallows *pl*
galop (gaa-*lop*) *c* gallop
galsteen (*gahl*-stayn) *c* (pl -stenen) gallstone
gammel (*gah*-merl) *adj* ramshackle, shaky
gang (gahng) *c* (pl ~en)

corridor; pace; course
gangbaar (*gahng*-baar) *adj* current
gangpad (*gahng*-paht) *nt* (pl ~en) aisle
gans (gahns) *c* (pl ganzen) goose
gapen (*gaa*-pern) *v* yawn
garage (gaa-*raa*-zher) *c* (pl ~s) garage
garanderen (gaa-rahn-*dāy*-rern) *v* guarantee
garantie (gaa-*rahn*-tsee) *c* (pl ~s) guarantee
garderobe (gahr-der-*raw*-ber) *c* (pl ~s) wardrobe, cloakroom; checkroom *nAm*
garen (*gaa*-rern) *nt* (pl ~s) thread, yarn
garnaal (gahr-*naal*) *c* (pl -nalen) prawn, shrimp
gas (gahss) *nt* (pl ~sen) gas
gasfabriek (*gahss*-faa-breek) *c* (pl ~en) gasworks
gasfornuis (*gahss*-for-nur^ew^ss) *nt* (pl -nuizen) gas cooker
gaskachel (*gahss*-kah-kherl) *c* (pl ~s) gas stove
gaspedaal (*gahss*-per-daal) *nt* (pl -dalen) accelerator
gasstel (*gah*-stehl) *nt* (pl ~len) gas cooker
gast (gahst) *c* (pl ~en) guest
gastheer (*gahst*-hāyr) *m* (pl -heren) host
gastvrij (gahst-*fray*) *adj* hospitable
gastvrijheid (gahst-*fray*-hayt) *c* hospitality
gastvrouw (*gahst*-frou) *f* (pl ~en) hostess
gat (gaht) *nt* (pl ~en) hole, gap
gauw (gou) *adv* soon
gave (*gaa*-ver) *c* (pl ~n) gift, faculty
gazon (gaa-*zon*) *nt* (pl ~s) lawn
geacht (ger-*ahkht*) *adj* esteemed; **geachte heer** Dear Sir
geadresseerde (ger-ah-dreh-*sāyr*-der) *c* (pl ~n) addressee
geaffecteerd (ger-ah-fehk-*tāyrt*) *adj* affected
gearmd (ger-*ahrmt*) *adv* arm-in-arm
gebaar (ger-*baar*) *nt* (pl gebaren) sign
gebak (ger-*bahk*) *nt* cake, pastry
gebaren (ger-*baa*-rern) *v* gesticulate
gebed (ger-*beht*) *nt* (pl ~en) prayer
gebergte *nt* mountain range
gebeuren (ger-*būr*-rern) *v* occur; happen
gebeurtenis (ger-*būrr*-ter-nıss) *c* (pl ~sen) event; happening, occurrence
gebied (ger-*beet*) *nt* (pl ~en) region; zone, area, field, territory
gebogen (ger-*bōa*-gern) *adj* curved
geboorte (ger-*bōar*-ter) *c* (pl ~n) birth
geboorteland (ger-*bōar*-ter-lahnt) *nt* native country
geboorteplaats (ger-*bōar*-ter-

plaats) *c* place of birth
geboren (ger-*bo̅a̅*-rern) *adj* born
gebouw (ger-*bou*) *nt* (pl ~en) construction, building
gebrek (ger-*brehk*) *nt* (pl ~en) deficiency, fault; want, lack, shortage
gebrekkig (ger-*breh*-kerkh) *adj* defective, faulty
gebruik (ger-*brur*^{ew}*k*) *nt* (pl ~en) use, usage; custom
gebruikelijk (ger-*brur*^{ew}-ker-lerk) *adj* customary; common, usual
gebruiken (ger-*brur*^{ew}-kern) *v* use; employ; apply
gebruiker (ger-*brur*^{ew}-kerr) *m* (f -ster, pl ~s) user
gebruiksaanwijzing (ger-*brur*^{ew}*k*-saan-vay-zıng) *c* (pl ~en) directions for use
gebruiksvoorwerp (ger-*brur*^{ew}*ks*-fo̅a̅r-vehrp) *nt* (pl ~en) utensil
gebruind (ger-*brur*^{ew}*nt*) *adj* tanned
gebrul (ger-*brerl*) *nt* roar
gecompliceerd (ger-kom-plee-*sa̅y̅rt*) *adj* complicated
gedachte (ger-*dahkh*-ter) *c* (pl ~n) thought; idea
gedachtenstreepje (ger-*dahkh*-ter-stra̅y̅p-^{y}er) *nt* (pl ~s) dash
gedeelte (ger-*da̅y̅l*-ter) *nt* (pl ~n, ~s) part
gedeeltelijk (ger-*da̅y̅l*-ter-lerk) *adj* partial; *adv* partly
gedelegeerde (ger-da̅y̅-ler-*ga̅y̅r*-der) *c* (pl ~n) delegate
gedenkteken (ger-*dehngk*-ta̅y̅-kern) *nt* (pl ~s) memorial; monument
gedenkwaardig (ger-dehngk-*vaar*-derkh) *adj* memorable
gedetailleerd (ger-da̅y̅-tah-^{y}*a̅y̅rt*) *adj* detailed
gedetineerde (ger-da̅y̅-tee-*na̅y̅r*-der) *c* (pl ~n) prisoner
gedicht (ger-*dıkht*) *nt* (pl ~en) poem
geding (ger-*dıng*) *nt* (pl ~en) lawsuit
gediplomeerd (ger-dee-plo̅a̅-*ma̅y̅rt*) *adj* qualified
gedrag (ger-*drahkh*) *nt* conduct, behavio(u)r
***gedragen** (ger-*draa*-gern): **zich ~** act, behave
geduld (ger-*derlt*) *nt* patience
geduldig (ger-*derl*-derkh) *adj* patient
gedurende (ger-*de̅w̅*-rern-der) *prep* during; for
gedurfd (ger-*derrft*) *adj* daring
geel (ga̅y̅l) *adj* yellow
geelkoper (*ga̅y̅l*-ko̅a̅-perr) *nt* brass
geelzucht (*ga̅y̅l*-zerkht) *c* jaundice
geëmailleerd (ger-a̅y̅-mah-^{y}*a̅y̅rt*) *adj* enamelled
geen (ga̅y̅n) *adj* no; none
geenszins (*ga̅y̅n*-sıns) *adv* by no means
geest (ga̅y̅st) *c* (pl ~en) spirit, mind; soul; ghost
geestelijk (*ga̅y̅*-ster-lerk) *adj* spiritual, mental

geestelijke (*gāy*-ster-ler-ker) *c* (pl ~n) clergyman
geestig (*gāy*-sterkh) *adj* witty, humorous
geeuwen (*gāy*ºº-ern) *v* yawn
gefluister (ger-*flur*ᵉʷ-sterr) *nt* whisper
gegadigde (ger-*gaa*-derkh-der) *c* (pl ~n) candidate
gegeneerd (ger-zher-*nāyrt*) *adj* embarrassed
gegeven (ger-*gāy*-vern) *nt* (pl ~s) data *pl*
gegrond (ger-*gront*) *adj* well--founded
gehandicapt (ger-*hehn*-dee-kehpt) *adj* disabled
gehecht aan (ger-*hekht* aan) *adj* attached to
geheel (ger-*hāyl*) *adj* entire, whole, total; *adv* completely; *nt* whole
geheim[1] (ger-*haym*) *adj* secret
geheim[2] (ger-*haym*) *nt* (pl ~en) secret
geheimzinnig (ger-haym-*zɪ*-nerkh) *adj* mysterious
geheugen (ger-*hūr*-gern) *nt* memory
gehoor (ger-*hōar*) *nt* hearing
gehoorzaam (ger-*hōar*-zaam) *adj* obedient
gehoorzaamheid (ger-*hōar*-zaam-hayt) *c* obedience
gehoorzamen (ger-*hōar*-zaa-mern) *v* obey
gehorig (ger-*hōa*-rerkh) *adj* noisy
gehucht (ger-*herrkht*) *nt* (pl ~en) hamlet
geïnteresseerd (ger-ɪn-trer-*sāyrt*) *adj* interested
geïsoleerd (ger-ee-zōa-*lāyrt*) *adj* isolated; insulated
geit (gayt) *c* (pl ~en) goat
geiteleer (*gay*-ter-lāyr) *nt* kid
gek[1] (gehk) *adj* crazy, mad
gek[2] (gehk) *c* (pl ~ken) fool
geklets (ger-*klehts*) *nt* chat; rubbish
gekleurd (ger-*klūrrt*) *adj* colo(u)red
gekraak (ger-*kraak*) *nt* crack
gekruid (ger-*krur*ᵉʷ*t*) *adj* spiced
gelaatstrek (ger-*laats*-trehk) *c* (pl ~ken) feature
gelach (ger-*lahkh*) *nt* laughter
geld (gehlt) *nt* money; **buitenlands ~** foreign currency; **contant ~** cash
geldautomaat (*gehlt*-ōa-tōa-maat) *m* (pl –maten) automatic teller machine, ATM
geldbelegging (*gehlt*-ber-leh-gɪng) *c* (pl ~en) investment
***gelden** (*gehl*-dern) *v* apply
geldig (*gehl*-derkh) *adj* valid
geldstuk (*gehlt*-sterk) *nt* (pl ~ken) coin
geleden (ger-*lāy*-dern) ago; **kort ~** recently
geleerde (ger-*lāyr*-der) *c* (pl ~n) scholar, scientist
gelegen (ger-*lay*-gern) *adj* situated
gelegenheid (ger-*lāy*-gern-hayt) *c* (pl -heden) occasion, chance, opportunity; facilities

gelei (zher-*lay*) *c* (pl ~en) jelly
geleidehond (ger-*lay*-der-hont) *c* (pl ~en) guide dog
geleidelijk (ger-*lay*-der-lerk) *adj* gradual
gelijk (ger-*layk*) *adj* equal, like, alike; level, even; ~ ***hebben** *be right; ~ **maken** equalize
gelijkenis (ger-*lay*-ker-nɪss) *c* (pl ~sen) resemblance, similarity
gelijkgezind (ger-layk-kher-*zɪnt*) *adj* like-minded
gelijkheid (ger-*layk*-hayt) *c* equality
gelijkstroom (ger-*layk*-stro͞am) *c* direct current
gelijktijdig (ger-layk-*tay*-derkh) *adj* simultaneous
gelijkwaardig (ger-layk-*vaar*-derkh) *adj* equivalent
gelofte (ger-*lof*-ter) *c* (pl ~n) vow
geloof (ger-*lo͞af*) *nt* belief; faith
geloofwaardig (ger-lo͞af-*vaar*-derkh) *adj* credible
geloven (ger-*lo͞a*-vern) *v* believe
geluid (ger-*lur*[ew]*t*) *nt* (pl ~en) sound; noise
geluiddicht (ger-lur[ew]-*dɪkht*) *adj* soundproof
geluk (ger-*lerk*) *nt* happiness; luck, fortune
gelukkig (ger-*ler*-kerkh) *adj* happy; fortunate
gelukwens (ger-*lerk*-vehns) *c* (pl ~en) congratulation
gelukwensen (ger-*lerk*-vehn-sern) *v* congratulate, compliment
gemak (ger-*mahk*) *nt* leisure; ease; comfort; convenience
gemakkelijk (ger-*mah*-ker-lerk) *adj* easy; convenient
gematigd (ger-*maa*-terkht) *adj* moderate
gember (*gehm*-berr) *c* ginger
gemeen (ger-*ma͞yn*) *adj* foul, mean
gemeenschap (ger-*ma͞yn*-skhahp) *c* (pl ~pen) community; intercourse
gemeenschappelijk (ger-ma͞yn-*skhah*-per-lerk) *adj* common
gemeente (ger-*ma͞yn*-ter) *c* (pl ~n, ~s) congregation
gemeentebestuur (ger-*ma͞yn*-ter-ber-ste͞wr) *nt* municipality
gemeentelijk (ger-*ma͞yn*-ter-lerk) *adj* municipal
gemêleerd (ger-meh-*la͞yrt*) *adj* mixed
gemengd (ger-*mehngt*) *adj* mixed; miscellaneous
gemiddeld (ger-*mɪ*-derlt) *adj* average, medium; *adv* on the average
gemiddelde (ger-*mɪ*-derl-der) *nt* (pl ~n) average, mean
gemis (ger-*mɪss*) *nt* want, lack
genade (ger-*naa*-der) *c* mercy; grace
geneeskunde (ger-*na͞yss*-kern-der) *c* medicine
geneeskundig (ger-na͞yss-*kern*-derkh) *adj* medical
geneesmiddel (ger-*na͞yss*-mɪ-

derl) *nt* (pl ~en) medicine; remedy, drug
genegen (ger-*nāy*-gern) *adj* inclined
genegenheid (ger-*nāy*-gern-hayt) *c* affection
geneigd (ger-*naykht*) *adj* inclined
generaal (gāy-ner-*raal*) *m* (pl ~s) general
generatie (gāy-ner-*raa*-tsee) *c* (pl ~s) generation
generator (gāy-ner-*raa*-tor) *c* (pl ~en, ~s) generator
***genezen** (ger-*nāy*-zern) *v* heal; cure; recover
genezing (ger-*nāy*-zing) *c* (pl ~en) cure; recovery
genie (zher-*nee*) *nt* (pl ~ën) genius
***genieten van** (ger-*nee*-tern) enjoy
genoeg (ger-*nōōkh*) *adv* enough; sufficient
genoegen (ger-*nōō*-gern) *nt* (pl ~s) pleasure
genootschap (ger-*nōāt*-skhahp) *nt* (pl ~pen) society; association
genot (ger-*not*) *nt* joy; delight; enjoyment
geologie (gāy-yoa-lōa-*gee*) *c* geology
gepast (ger-*pahst*) *adj* suitable, proper
gepensioneerd (ger-pehn-shōa-*nāyrt*) *adj* retired
geprikkeld (ger-*pri*-kerlt) *adj* excited
geraamte (ger-*raam*-ter) *nt* (pl ~n, ~s) skeleton
geraas (ger-*raass*) *nt* roar
gerecht (ger-*rehkht*) *nt* (pl ~en) dish; law court
gerechtigheid (ger-*rehkh*-terkh-hayt) *c* justice
gereed (ger-*rāyt*) *adj* ready
gereedschap (ger-*rāyt*-skhahp) *nt* (pl ~pen) tool; utensil, implement
gereedschapskist (ger-*rāyt*-skhahps-kist) *c* (pl ~en) tool kit
geregeld (ger-*rāy*-gerlt) *adj* regular
gereserveerd (ger-rāy-zehr-*vāyrt*) *adj* reserved
gerief (ger-*reef*) *nt* comfort
geriefelijk (ger-*ree*-fer-lerk) *adj* comfortable, easy; convenient
gering (ger-*ring*) *adj* minor; slight, small; **geringst** least
geroddel (ger-*ro*-derl) *nt* gossip
gerst (gehrst) *c* barley
gerucht (ger-*rerkht*) *nt* (pl ~en) rumour
geruit (ger-*rurewt*) *adj* chequered
gerust (ger-*rerst*) *adj* confident
geruststellen (ger-*rerst*-steh-lern) *v* reassure
gescheiden (ger-*skhay*-dern) *adj* separate
geschenk (ger-*skhehngk*) *nt* (pl ~en) gift, present
geschiedenis (ger-*skhee*-der-niss) *c* history

geschiedkundig (ger-skheet-*kern*-derkh) *adj* historical
geschiedkundige (ger-skheet-*kern*-der-ger) *c* (pl ~n) historian
geschikt (ger-*skhıkt*) *adj* convenient, suitable, proper, appropriate, fit; ~ ***zijn** qualify
geschil (ger-*skhıl*) *nt* (pl ~len) dispute
geslacht (ger-*slahkht*) *nt* (pl ~en) sex; gender
geslachtelijk (ger-*slahkh*-ter-lerk) *adj* genital
geslachtsziekte (ger-*slahkht*-seek-ter) *c* (pl ~n, ~s) venereal disease
gesloten (ger-*sloa*-tern) *adj* closed, shut
gesp (gehsp) *c* (pl ~en) buckle
gespannen (ger-*spah*-nern) *adj* tense
gespierd (ger-*speert*) *adj* muscular
gespikkeld (ger-*spı*-kerlt) *adj* spotted
gesprek (ger-*sprehk*) *nt* (pl ~ken) discussion, conversation, talk; **interlokaal** ~ long-distance call; **lokaal** ~ local call
gestalte (ger-*stahl*-ter) *c* (pl ~n, ~s) figure
gesticht (ger-*stıkht*) *nt* (pl ~en) asylum
gestorven (ger-*stor*-vern) *adj* dead
gestreept (ger-*straypt*) *adj* striped
getal (ger-*tahl*) *nt* (pl ~len) number
getij (ger-*tay*) *nt* (pl ~en) tide
getrouw (ger-*trou*) *adj* true
getuige (ger-*tur*ew-ger) *c* (pl ~n) witness
getuigen (ger-*tur*ew-gern) *v* testify; attest
getuigschrift (ger-*tur*ew*kh*-skhrıft) *nt* (pl ~en) certificate
geur (gurr) *c* (pl ~en) smell, odo(u)r; scent
gevaar (ger-*vaar*) *nt* (pl -varen) danger; risk, peril
gevaarlijk (ger-*vaar*-lerk) *adj* dangerous; perilous
geval (ger-*vahl*) *nt* (pl ~len) case; instance; event; **in elk** ~ at any rate, anyway; **in** ~ **van** in case of
gevangene (ger-*vah*-nger-ner) *c* (pl ~n) prisoner
gevangenis (ger-*vah*-nger-nıss) *c* (pl ~sen) prison; jail
gevangenschap (ger-*vah*-ngern-skhahp) *c* imprisonment
gevarieerd (ger-vaa-ree-y*ayrt*) *adj* varied
gevatheid (ger-*vaht*-hayt) *c* wit
gevecht (ger-*vehkht*) *nt* (pl ~en) combat, battle, fight
gevel (*gay*-verl) *c* (pl ~s) façade
geveltop (*gay*-verl-top) *c* (pl ~pen) gable
***geven** (*gay*-vern) *v* *give; ~ **om** mind
gevoel (ger-*vool*) *nt* feeling; sensation
gevoelig (ger-*voo*-lerkh) *adj*

sensitive
gevoelloos (ger-*voo*-loass) *adj* numb
gevogelte (ger-*voa*-gerl-ter) *nt* fowl; poultry
gevolg (ger-*volkh*) *nt* (pl ~en) result, consequence; issue, effect; **ten gevolge van** owing to
gevolgtrekking (ger-*volkh*-treh-kıng) *c* (pl ~en) conclusion
gevorderd (ger-*vor*-derrt) *adj* advanced
gevuld (ger-*verlt*) *adj* stuffed
gewaad (ger-*vaat*) *nt* (pl gewaden) robe
gewaagd (ger-*vaakht*) *adj* risky
gewaarwording (ger-*vaar*-vor-dıng) *c* (pl ~en) perception; sensation
gewapend (ger-*vaa*-pernt) *adj* armed
geweer (ger-*vayr*) *nt* (pl geweren) rifle, gun
geweld (ger-*vehlt*) *nt* violence; force
gewelddaad (ger-*vehl*-daat) *c* (pl -daden) outrage
gewelddadig (ger-vehl-*daa*-derkh) *adj* violent
geweldig (ger-*vehl*-derkh) *adj* terrific; huge
gewelf (ger-*vehlf*) *nt* (pl gewelven) arch, vault
gewend (ger-*vehnt*) *adj* accustomed
gewest (ger-*vehst*) *nt* (pl ~en) province
geweten (ger-*vay*-tern) *nt* conscience
gewicht (ger-*vıkht*) *nt* (pl ~en) weight
gewichtig (ger-*vıkh*-terkh) *adj* important; big
gewillig (ger-*vı*-lerkh) *adj* co-operative
gewond (ger-*vont*) *adj* injured
gewoon (ger-*voan*) *adj* normal, ordinary; common, regular, plain, simple; customary, habitual; accustomed; ~ ***zijn** *be used to; would
gewoonlijk (ger-*voan*-lerk) *adj* customary; *adv* as a rule, usually
gewoonte (ger-*voan*-ter) *c* (pl ~n, ~s) habit; custom
gewoonweg (ger-*voan*-vehkh) *adv* simply
gewricht (ger-*vrıkht*) *nt* (pl ~en) joint
gezag (ger-*zahkh*) *nt* authority
gezagvoerder (ger-*zahkh*-foor-derr) *m* (pl ~s) captain
gezamenlijk (ger-*zaa*-mer-lerk) *adj* joint; *adv* jointly
gezang (ger-*zahng*) *nt* (pl ~en) hymn
gezant (ger-*zahnt*) *m* (f ~e, pl ~en) envoy
gezellig (ger-*zeh*-lerkh) *adj* cosy
gezelschap (ger-*zehl*-skhahp) *nt* (pl ~pen) company; society
gezet (ger-*zeht*) *adj* corpulent; stout
gezicht (ger-*zıkht*) *nt* (pl ~en)

face; sight
gezichtscrème (ger-*zɪkhts*-kraim) *c* (pl ~s) face cream
gezichtsmassage (ger-*zɪkhts*-mah-saa-zher) *c* (pl ~s) face massage
gezichtspoeder (ger-*zɪkhts*-poo-derr) *nt*/*c* (pl ~s) face-powder
gezien (ger-*zeen*) *prep* considering
gezin (ger-*zɪn*) *nt* (pl ~nen) family
gezond (ger-*zont*) *adj* healthy; well; wholesome
gezondheid (ger-*zont*-hayt) *c* health
gezondheidsattest (ger-*zont*-hayts-ah-tehst) *nt* (pl ~en) health certificate
gezwel (ger-*zvehl*) *nt* (pl ~len) tumo(u)r, growth
gids (gɪts) *c* (pl ~en) guide; guidebook
giechelen (*gee*-kher-lern) *v* giggle
gier (geer) *c* (pl ~en) vulture
gierig (*gee*-rerkh) *adj* stingy
***gieten** (*gee*-tern) *v* pour
gietijzer (*gee*-tay-zerr) *nt* cast iron
gift (gɪft) *c* (pl ~en) donation
giftig (*gɪf*-terkh) *adj* poisonous
gijzelaar (*gay*-zer-laar) *m* (f ~ster, pl ~s) hostage
gil (gɪl) *c* (pl ~len) scream, yell, shriek
gillen (*gɪ*-lern) *v* scream, yell, shriek
ginds (gɪns) *adv* over there
gips (gɪps) *nt* plaster
gissen (*gɪ*-sern) *v* guess
gissing (*gɪ*-sɪng) *c* (pl ~en) guess
gist (gɪst) *c* yeast
gisten (*gɪss*-tern) *v* ferment
gisteren (*gɪss*-ter-rern) *adv* yesterday
gitaar (gee-*taar*) *c* (pl -taren) guitar
glad (glaht) *adj* slippery; smooth
glans (glahns) *c* gloss
glanzen (*glahn*-zern) *v* *shine;
glanzend glossy
glas (glahss) *nt* (pl glazen) glass; **gebrandschilderd ~** stained glass
glazen (*glaa*-zern) *adj* glass
gletsjer (*gleht*-sherr) *c* (pl ~s) glacier
gleuf (glurf) *c* (pl gleuven) slot
glibberig (*glɪ*-ber-rerkh) *adj* slippery
glijbaan (*glay*-baan) *c* (pl -banen) slide
***glijden** (*glay*-dern) *v* glide, *slide
glimlach (*glɪm*-lahkh) *c* smile
glimlachen (*glɪm*-lah-khern) *v* smile
glimp (glɪmp) *c* glimpse
globaal (gloa-*baal*) *adj* broad
globaliseren (gloa-baa-lee-*say*-rern) *v* globalize
globalisering (gloa-baa-lee-*say*-ring) *f* globalization
gloed (gloot) *c* glow
gloeien (*glooee*-ern) *v* glow
gloeilamp (*glooee*-lahmp) *c* (pl

~en) light bulb
glooien (*glōa*ee-ern) *v* slope
glooiing (*glōa*ee-ıng) *c* (pl ~en) ramp
glorie (*glōa*-ree) *c* glory
gluren (*glew*-rern) *v* peep
god (got) *m* (pl ~en) god
goddelijk (*go*-der-lerk) *adj* divine
godin (gōa-*dın*) *f* (pl ~nen) goddess
godsdienst (*gots*-deenst) *c* (pl ~en) religion
godsdienstig (gots-*deen*-sterkh) *adj* religious
goed (gōōt) *adj* good; right, correct; kind; *adv* well; **goed!** all right!
goederen (*gōō*-der-rern) *pl* goods *pl*
goederentrein (*gōō*-der-rern-trayn) *c* (pl ~en) goods train; freight train *nAm*
goedgelovig (gōōt-kher-*lōa*-verkh) *adj* credulous
goedgeluimd (gōōt-kher-*lur*ew *mt*) *adj* good-tempered
goedgestemd (gōōt-kher-*stehmt*) *adj* good-tempered; in a good mood
goedhartig (gōōt-*hahr*-terkh) *adj* good-natured
goedkeuren (*gōōt*-kūr-rern) *v* approve
goedkeuring (*gōōt*-kur-rıng) *c* (pl ~en) approval
goedkoop (gōōt-*kōap*) *adj* cheap; inexpensive
gok (gok) *c* chance
golf[1] (golf) *c* (pl golven) wave; gulf
golf[2] (golf) *nt* golf
golfbaan (*golf*-baan) *c* (pl -banen) golf links, golf course
golfclub (*golf*-klerp) *c* (pl ~s) golfclub
golflengte (*golf*-lehng-ter) *c* (pl ~n, ~s) wavelength
golvend (*gol*-vernt) *adj* wavy
gom (gom) *c* / *nt* (pl ~men) eraser; gum
gondel (*gon*-derl) *c* (pl ~s) gondola
goochelaar (*gōa*-kher-laar) *m* (f ~ster, pl ~s) magician
goochelen (*gōa*-kher-lern) *v* *do magic; juggle
gooi (gōaee) *c* (pl ~en) throw
gooien (*gōa*ee-ern) *v* *throw; *cast; toss
goot (gōat) *c* (pl goten) gutter
gootsteen (*gōat*-stayn) *c* (pl -stenen) sink
gordijn (gor-*dayn*) *nt* (pl ~en) curtain, *nAm* drape
gorgelen (*gor*-ger-lern) *v* gargle
goud (gout) *nt* gold
gouden (*gou*-dern) *adj* golden
goudsmid (*gout*-smıt) *m* (pl -smeden) goldsmith
gouvernante (gōō-verr-*nahn*-ter) *f* (pl ~s) governess
gouverneur (gōō-verr-*nūrr*) *m* (pl ~s) governor
gps (gāy-pāy-*ehs*) *nt* GPS
graad (graat) *c* (pl graden) degree; grade
graaf (graaf) *m* (pl graven) count; earl

graafschap (*graaf*-skhahp) *nt* (pl ~pen) county
graag (graakh) *adv* gladly, willingly
graan (graan) *nt* (pl granen) corn, grain
graat (graat) *c* (pl graten) bone, fishbone
gracht (grahkht) *c* (pl ~en) canal; moat
graf (grahf) *nt* (pl graven) grave; tomb
grafiek (graa-*feek*) *c* (pl ~en) graph, diagram; chart
grafisch (*graa*-feess) *adj* graphic
grafsteen (*grahf*-stāyn) *c* (pl -stenen) tombstone, gravestone
gram (grahm) *nt* (pl ~men) gram
grammatica (grah-*maa*-tee-kaa) *c* grammar
grammaticaal (grah-maa-tee-*kaal*) *adj* grammatical
grammofoonplaat (grah-mōa-*fōan*-plaat) *c* (pl -platen) disc, record
graniet (graa-*neet*) *nt* granite
grap (grahp) *c* (pl ~pen) joke
grappig (*grah*-perkh) *adj* funny, humorous
gras (grahss) *nt* grass
grasspriet (*grahss*-spreet) *c* (pl ~en) blade of grass
grasveld (*grahss*-fehlt) *nt* (pl ~en) lawn
gratie (*graa*-tsee) *c* grace; pardon
gratis (*graa*-terss) *adv* free of charge, free, gratis
grauw (grou) *adj* grey
***graven** (*graa*-vern) *v* *dig
graveren (graa-*vāy*-rern) *v* engrave
graveur (graa-*vūrr*) *c* (pl ~s) engraver
gravin (graa-*vɪn*) *f* (pl ~nen) countess
gravure (graa-*vēw*-rer) *c* (pl ~s, ~n) engraving
grazen (*graa*-zern) *v* graze
greep (grāyp) *c* (pl grepen) grip; grasp, clutch, grab
grendel (*grehn*-derl) *c* (pl ~s) bolt
grens (grehns) *c* (pl grenzen) frontier, border; boundary, bound
grenzeloos (*grehn*-zer-lōass) *adj* unlimited
grenzen (*grehn*-zern) *v* border (on), adjoin; verge
greppel (*greh*-perl) *c* (pl ~s) ditch
Griek (greek) *m* (f ~se, pl ~en) Greek
Griekenland (*gree*-kern-lahnt) Greece
Grieks (greeks) *adj* Greek
griep (greep) *c* flu, influenza
griet (greet) *c* (pl ~en) brill; *vulgar* chick, bird
griezelig (*gree*-zer-lerkh) *adj* scary, creepy
grijns (grayns) *c* grin
grijnzen (*grayn*-zern) *v* grin
***grijpen** (*gray*-pern) *v* *catch, grip, grasp, seize
grijs (grayss) *adj* grey

gril (grɪl) *c* (pl ~len) whim, fancy
grimmig (*grɪ*-merkh) *adj* grim
grind (grɪnt) *nt* gravel
grinniken (*grɪ*-ner-kern) *v* chuckle
groef (groof) *c* (pl groeven) groove
groei (grooee) *c* growth
groeien (*groo*ee-ern) *v* *grow
groen (groon) *adj* green
groente *c* (pl ~n, ~s) vegetable, vegetables
groenteboer (*groon*-ter-boor) *m* (pl ~en) greengrocer; vegetable merchant
groep (groop) *c* (pl ~en) group; bunch, set, party
groet (groot) *c* (pl ~en) greeting; **met vriendelijke ~** kind regards
groeten (*groo*-tern) *v* greet; salute; say hello to
groeve (*groo*-ver) *c* (pl ~n) pit
grof (grof) *adj* gross, coarse; rude
grommen (*gro*-mern) *v* growl
grond (gront) *c* ground; earth, soil; **begane ~** ground floor
grondbeginselen (*grond*-ber-gɪn-ser-lern) *c* basics
grondig (*gron*-derkh) *adj* thorough
grondslag (*gront*-slahkh) *c* (pl ~en) basis, base
grondstof (*gront*-stof) *c* (pl ~fen) raw material
grondwet (*gront*-veht) *c* (pl ~ten) constitution
groot (groat) *adj* big; great, large, tall; major; **grootst** major, main; **groter** major; superior
***grootbrengen** (*groat*-breh-ngern) *v* *bring up, raise; rear
Groot-Brittannië (groat-brɪ-*tah*-nee-yer) Great Britain
groothandel (*groat*-hahn-derl) *c* wholesale
grootmoeder (*groat*-moo-derr) *f* (pl ~s) grandmother
grootouders (*groat*-ou-derrs) *pl* grandparents *pl*
groots (groats) *adj* grand, superb, magnificent
grootte (*groa*-ter) *c* (pl ~n, ~s) size
grootvader (*groat*-faa-derr) *m* (pl ~s) grandfather
gros (gross) *nt* (pl ~sen) gross
grossier (gro-*seer*) *m* (pl ~s) wholesale dealer
grot (grot) *c* (pl ~ten) cave; grotto
gruis (grurewss) *nt* grit
gruwelijk (*grew*-ver-lerk) *adj* horrible
GSM (gay-ehs-*ehm*) *c* mobile phone
gul (gerl) *adj* generous
gulheid (*gerl*-hayt) *c* generosity
gulp (gerlp) *c* (pl ~en) fly
gulzig (*gerl*-zerkh) *adj* greedy
gunnen (*ger*-nern) *v* grant
gunst (gernst) *c* (pl ~en) favo(u)r
gunstig (*gern*-sterkh) *adj* favo(u)rable
guur (gewr) *adj* bleak
gymnast (gɪm-*nahst*) *c* (pl ~en)

gymnast
gymnastiek (gɪm-nahss-*teek*) *c* gymnastics *pl*
gymnastiekbroek (gɪm-nahss-*teek*-broōk) *c* (pl ~en) trunks *pl*
gymnastiekzaal (gɪm-nahss-*teek*-saal) *c* (pl -zalen) gymnasium
gymschoenen (*gɪm*-skhoō-nern) *pl* gym shoes, plimsolls *pl*; sneakers *plAm*
gynaecoloog (gee-nāy-koa-*lōakh*) *m* (f -loge, pl -logen) gynaecologist

H

haai (haa^ee) *c* (pl ~en) shark
haak (haak) *c* (pl haken) hook; **tussen twee haakjes** by the way
haalbaar (*haal*-baar) *adj* attainable, realizable, feasible
haan (haan) *m* (pl hanen) cock
haar[1] (haar) *nt* (pl haren) hair
haar[2] (haar) *pron* her, its
haarborstel (*haar*-bor-sterl) *c* (pl ~s) hairbrush
haarcrème (*haar*-kraim) *c* (pl ~s) hair cream
haard (haart) *c* (pl ~en) hearth, fireplace
haardroger (*haar*-drōa-gerr) *c* (pl ~s) hairdryer
haargel (*haar*-zhel) *c* hair gel
haarlak (*haar*-lahk) *c* (pl ~ken) hair spray
haarnetje (*haar*-neh-t^yer) *nt* (pl ~s) hair net
haarspeld (*haar*-spehlt) *c* (pl ~en) hairpin, hairgrip; bobby pin *Am*
haarstukje (*haar*-ster-k^yer) *nt* (pl ~s) hair piece
haarversteviger (*haar*-verr-stāy-ver-gerr) *c* setting lotion
haas (haass) *c* (pl hazen) hare
haast[1] (haast) *adv* nearly, almost
haast[2] (haast) *c* haste, hurry
haasten (*haass*-tern): **zich ~** hasten, rush, hurry
haastig (*haass*-terkh) *adj* hasty; *adv* in a hurry
haat (haat) *c* hatred, hate
hachelijk (*hah*-kher-lerk) *adj* precarious, critical
hagedis (haa-ger-*dɪs*) *c* lizard
hagel (*haa*-gerl) *c* hail
hak (hahk) *c* (pl ~ken) heel
haken (*haa*-kern) *v* crochet
hakken (*hah*-kern) *v* chop
hal (hahl) *c* (pl ~len) lobby, hall
halen (*haa*-lern) *v* *get, fetch; *make; *catch; ***laten ~** *send for
half (hahlf) *adj* half; semi-; *adv* half
hallo! (hah-*lōa*) hello!
hals (hahls) *c* (pl halzen) throat; neck
halsband (*hahls*-bahnt) *c* (pl

~en) collar
halsketting (*hahls*-keh-tıng) *c* (pl ~en) necklace
halt! (hahlt) stop!
halte (*hahl*-ter) *c* (pl ~n, ~s) stop
halveren (hahl-*vāy*-rern) *v* halve
halverwege (*hahl*-verr-vāy-ger) *adv* halfway
ham (hahm) *c* (pl ~men) ham
hamburger (*hahm*-berr-gerr) *c* (pl ~s) hamburger, beefburger
hamer (*haa*-merr) *c* (pl ~s) hammer; **houten** ~ mallet
hand (hahnt) *c* (pl ~en) hand; **hand-** manual; **met de ~ gemaakt** hand-made
handbagage (*hahnt*-bah-gaa-zher) *c* hand luggage; hand baggage *Am*
handboeien (*hahnt*-bōō^ee-ern) *pl* handcuffs *pl*
handboek (*hahnt*-bōōk) *nt* (pl ~en) handbook, manual
handcrème (*hahnt*-kraim) *c* (pl ~s) hand cream
handdoek (*hahn*-dōōk) *c* (pl ~en) towel
handdruk (*hahn*-drerk) *c* handshake
handel (*hahn*-derl) *c* commerce, trade; business; ~ ***drijven** trade; **handels-** commercial
handelaar (*hahn*-der-laar) *m* (f ~ster, pl ~s, -laren) tradesman, merchant; dealer, trader
handelen (*hahn*-der-lern) *v* act
handeling (*hahn*-der-lıng) *c* (pl ~en) action; deed, plot
handelsmerk (*hahn*-derls-mehrk) *nt* (pl ~en) trademark
handelsrecht (*hahn*-derls-rehkht) *nt* commercial law
handelswaar (*hahn*-derls-vaar) *c* merchandise
handenarbeid (*hahn*-der-nahr-bayt) *c* handicraft
handhaven (*hahnt*-haa-vern) *v* maintain
handig (*hahn*-derkh) *adj* handy
handicap (*hehn*-dı-kehp) *c* handicap
handpalm (*hahnt*-pahlm) *c* (pl ~en) palm
handrem (*hahnt*-rehm) *c* (pl ~men) handbrake
handschoen (*hahnt*-skhōōn) *c* (pl ~en) glove
handschrift (*hahnt*-skhrıft) *nt* (pl ~en) handwriting
handtas (*hahn*-tahss) *c* (pl ~sen) handbag, bag
handtekening (*hahn*-tāy-ker-nıng) *v* (pl ~en) signature
handvat (*hahnt*-faht) *nt* (pl ~ten) handle
handvol (*hahnt*-fol) *c* handful
handwerk (*hahnt*-vehrk) *nt* handwork, handicraft; needlework
hangbrug (*hahng*-brerkh) *c* (pl ~gen) suspension bridge
***hangen** (*hah*-ngern) *v* *hang
hangmat (*hahng*-maht) *c* (pl ~ten) hammock
hangslot (*hahng*-slot) *nt* (pl ~en) padlock
hanteerbaar (hahn-*tāyr*-baar)

adj manageable
hanteren (hahn-*tāy*-rern) *v* handle
hap (hahp) *c* (pl ~pen) bite
hard (hahrt) *adj* hard; loud
harddraverij (hahr-draa-ver-*ray*) *c* (pl ~en) horserace
hardnekkig (hahrt-*neh*-kerkh) *adj* stubborn
hardop (hahrt-*op*) *adv* aloud
harig (*haa*-rerkh) *adj* hairy
haring (*haa*-rıng) *c* (pl ~en) herring
hark (hahrk) *c* (pl ~en) rake
harmonie (hahr-*mōā*-*nee*) *c* harmony
harnas (*hahr*-nahss) *nt* (pl ~sen) armour
harp (hahrp) *c* (pl ~en) harp
hart (hahrt) *nt* (pl ~en) heart
hartaanval (*hahr*-taan-vahl) *c* (pl ~len) heart attack
hartelijk (*hahr*-ter-lerk) *adj* hearty, cordial; sympathetic
harteloos (*hahr*-ter-lōass) *adj* heartless
hartklopping (*hahrt*-klo-pıng) *c* (pl ~en) palpitation
hartstocht (*hahrts*-tokht) *c* passion
hartstochtelijk (hahrts-*tokh*-ter-lerk) *adj* passionate
hatelijk (*haa*-ter-lerk) *adj* spiteful
haten (*haa*-tern) *v* hate
haven (*haa*-vern) *c* (pl ~s) port, harbour
havenarbeider (*haa*-vern-ahr-bay-derr) *m* (pl ~s) docker
haver (*haa*-verr) *c* oats *pl*
havik (*haa*-vık) *c* (pl ~en) hawk
hazelnoot (*haa*-zerl-nōat) *c* (pl -noten) hazelnut
hazewind (haa-zer-*vınt*) *c* (pl ~en) greyhound
***hebben** (*heh*-bern) *v* *have
Hebreeuws (hāy-*brāy*ººss) *nt* Hebrew
hebzucht (*hehp*-serkht) *c* greed
hebzuchtig (hehp-*serkh*-terkh) *adj* greedy
hechten (*hehkh*-tern) *v* attach; sew up; ~ **aan** attach to
hechtenis (*hehkh*-ter-nıss) *c* custody
hechting (*hehkh*-tıng) *c* (pl ~en) stitch
hechtpleister (*hehkht*-play-sterr) *c* (pl ~s) adhesive tape
heden (*hāy*-dern) *nt* present
hedendaags (*hāy*-dern-daakhs) *adj* contemporary
heel (hāyl) *adj* entire, whole; unbroken; *adv* quite
heelal (hāy-*lahl*) *nt* universe, space
heelhuids (*hāyl*-hurᵉʷts) *adj* unhurt
***heengaan** (*hāyng*-gaan) *v* depart
heer (hāyr) *m* (pl heren) gentleman; lord
heerlijk (*hāyr*-lerk) *adj* lovely, wonderful; delightful, delicious
heerschappij (hāyr-skhah-*pay*) *c* (pl ~en) rule; dominion
heersen (*hāyr*-sern) *v* rule
heerser (*hāyr*-serr) *m* (f ~es, pl

~s) ruler
hees (hāyss) *adj* hoarse
heet (hāyt) *adj* hot; warm
hefboom (*hehf*-bōam) *c* (pl -bomen) lever
***heffen** (*heh*-fern) *v* raise
heftig (*hehf*-terkh) *adj* violent
heg (hehkh) *c* (pl ~gen) hedge
heide (*hay*-der) *c* (pl ~n) heath; moor; heather
heiden (*hay*-dern) *c* (pl ~en) heathen, pagan
heidens (*hay*-derns) *adj* heathen, pagan
heiig (*hay*-erkh) *adj* hazy
heilbot (*hayl*-bot) *c* (pl ~ten) halibut
heilig (*hay*-lerkh) *adj* holy, sacred
heiligdom (*hay*-lerkh-dom) *nt* (pl ~men) shrine
heilige (*hay*-ler-ger) *c* (pl ~n) saint
heiligschennis (*hay*-lerkh-skheh-nerss) *c* sacrilege
heimwee (*haym*-vāy) *nt* homesickness
hek (hehk) *nt* (pl ~ken) fence; gate; railing
hekel (*hāy*-kerl) *c* dislike; **een ~ *hebben aan** hate, dislike
heks (hehks) *f* (pl ~en) witch
hel (hehl) *c* hell
helaas (hāy-*laass*) *adv* unfortunately
held (hehlt) *m* (pl ~en) hero
helder (*hehl*-derr) *adj* clear; serene; bright
helderziend (hehl-derr-*zeent*) *adj* psychic
heleboel (hāy-ler-*bōol*) *c* plenty
helemaal (*hāy*-ler-maal) *adv* entirely, altogether, completely, wholly; quite; at all
helft (hehlft) *c* (pl ~en) half
helicopter (hāy-lı-kop-terr) *c* (pl ~s) helicopter
hellen (*heh*-lern) *v* slant; **hellend** slanting
helling (*heh*-lıng) *c* (pl ~en) slope; hillside; gradient, incline
helm (hehlm) *c* (pl ~en) helmet
***helpen** (*hehl*-pern) *v* help; assist, aid
helper (*hehl*-perr) *c* (pl ~s) helper
hem (hehm) *pron* him
hemd (hehmt) *nt* (pl ~en) shirt; vest; undershirt
hemel (*hāy*-merl) *c* (pl ~s, ~en) sky; heaven
hen[1] (hehn) *pron* them
hen[2] (hehn) *c* (pl ~nen) hen
hendel (*hehn*-derl) *c* (pl ~s) lever
hengel (*heh*-ngerl) *c* (pl ~s) fishing rod
hengelen (*heh*-nger-lern) *v* angle, fish
hennep (*heh*-nerp) *c* hemp
herberg (*hehr*-behrkh) *c* (pl ~en) hostel, tavern, inn
herbergen (*hehr*-behr-gern) *v* lodge
herdenking (hehr-*dehng*-kıng) *c* (pl ~en) commemoration

herder (*hehr*-derr) *m* (f ~in, pl ~s) shepherd
herenhuis (*hāy*-rern-hur^ew^ss) *nt* (pl -huizen) mansion, manor house
hernieuwbaar (hehr-*neew*-baar) *adj* renewable
herenigen (heh-*rāy*-ner-gern) *v* reunite
herentoilet (*hāy*-rern-tvah-leht) *nt* (pl ~ten) men's room
herfst (hehrfst) *c* autumn; fall *nAm*
herhalen (hehr-*haa*-lern) *v* repeat
herhaling (hehr-*haa*-lıng) *c* (pl ~en) repetition
herinneren (heh-*rı*-ner-rern) *v* remind; **zich** ~ remember, recollect, recall
herinnering (heh-*rı*-ner-rıng) *c* (pl ~en) memory; remembrance
herkennen (hehr-*keh*-nern) *v* recognize
herkomst (*hehr*-komst) *c* origin
hernia (*hehr*-nee-^y^aa) *c* slipped disc
herrie (*heh*-ree) *c* noise; fuss
***herroepen** (heh-*rōō*-pern) *v* recall
hersenen (*hehr*-ser-nern) *pl* brain
hersenschudding (*hehr*-sern-skher-dıng) *c* (pl ~en) concussion
herstel (hehr-*stehl*) *nt* repair; recovery; revival
herstellen (hehr-*steh*-lern) *v* repair, mend; **zich** ~ recover
hert (hehrt) *nt* (pl ~en) deer
hertog (*hehr*-tokh) *m* (pl ~en) duke
hertogin (hehr-tōā-*gın*) *f* (pl ~nen) duchess
hervatten (hehr-*vah*-tern) *v* resume, recommence
***herzien** (hehr-*zeen*) *v* revise
herziening (hehr-*zee*-nıng) *c* (pl ~en) revision
het (heht, ert) *art* the; *pron* it
***heten** (*hāy*-tern) *v* *be called
heteroseksueel (hāy-ter-rōā-sehk-sēw-*vāyl*) *adj* heterosexual
hetzij ... hetzij (heht-*say*) either ... or
heup (hūrp) *c* (pl ~en) hip
heuvel (*hūr*-verl) *c* (pl ~s) hill; mound
heuvelachtig (*hūr*-ver-lahkh-terkh) *adj* hilly
heuveltop (*hūr*-verl-top) *c* (pl ~pen) hilltop
hevig (*hāy*-verkh) *adj* severe, violent; intense
hiel (heel) *c* (pl ~en) heel
hier (heer) *adv* here
hiërarchie (hee-^y^er-rahr-*khee*) *c* (pl ~ën) hierarchy
hij (hay) *pron* he
hijgen (*hay*-gern) *v* pant
***hijsen** (*hay*-sern) *v* hoist
hijskraan (*hayss*-kraan) *c* (pl -kranen) crane
hik (hık) *c* hiccup
hinderen (*hın*-der-rern) *v* hinder, inhibit; bother
hinderlaag (*hın*-derr-laakh) *c*

(pl -lagen) ambush
hinderlijk (*hın*-derr-lerk) *adj* annoying
hindernis (*hın*-derr-nıss) *c* (pl ~sen) obstacle
hinken (*hıng*-kern) *v* limp
hint (hınt) *c* (pl ~s) hint
hiphop (*hip*-hop) *m* hip-hop
historisch (hee-*stōa*-reess) *adj* historic
hit (hıt) *c* hit
hitte (*hı*-ter) *c* heat
hobbelig (*ho*-ber-lerkh) *adj* bumpy
hobbelpaard (*ho*-berl-paart) *nt* (pl ~en) hobbyhorse
hobby (*ho*-bee) *c* (pl ~'s) hobby
hoe (hōo) *adv* how; ~ ... **hoe** the ... the; ~ **dan ook** anyhow, any way; at any rate
hoed (hōot) *c* (pl ~en) hat
hoede (*hōo*-der) *c* custody
hoeden (*hōo*-dern): **zich ~** beware
hoef (hōof) *c* (pl hoeven) hoof
hoefijzer (*hōof*-ay-zerr) *nt* (pl ~s) horseshoe
hoek (hōok) *c* (pl ~en) corner; angle
hoer (hōor) *c* (pl ~en) whore
hoes (hōoss) *c* (pl hoezen) sleeve
hoest (hōost) *c* cough
hoesten (*hōoss*-tern) *v* cough
hoeveel (*hōo*-vāyl) *pron* how much; how many
hoeveelheid (hōo-*vāyl*-hayt) *c* (pl -heden) quantity; amount
hoeven (*hōo*-vern) *v* need
hoewel (hōo-*vehl*) *conj* although, though
hof (hof) *nt* (pl hoven) court
hoffelijk (*ho*-fer-lerk) *adj* courteous
hokje (*ho*-k^y^er) *nt* (pl ~s) booth
hol[1] (hol) *nt* (pl ~en) den; cavern
hol[2] (hol) *adj* hollow
Holland (*ho*-lahnt) Holland
Hollander (*ho*-lahn-derr) *m* (pl ~s) Dutchman
Hollands (*ho*-lahnts) *adj* Dutch
Hollandse (*ho*-lahnt-ser) *f* (pl ~n) Dutch woman
holte (*hol*-ter) *c* (pl ~s, ~n) cavity
homoseksueel (hōa-mōa-sehk-sēw-*vāyl*) *adj* homosexual, *colloquial* gay
hond (hont) *c* (pl ~en) dog
hondehok (*hon*-der-hok) *nt* (pl ~ken) kennel
honderd (*hon*-derrt) *num* hundred
hondsdolheid (honts-*dol*-hayt) *c* rabies
Hongaar (hong-*gaar*) *m* (f ~se, pl -garen) Hungarian
Hongaars (hong-*gaars*) *adj* Hungarian
Hongarije (hong-gaa-*ray*-er) Hungary
honger (*ho*-ngerr) *c* hunger
hongerig (*ho*-nger-rerkh) *adj* hungry
honing (*hōa*-nıng) *c* honey
honkbal (*hongk*-bahl) *nt* baseball
honorarium (hōa-nōa-*raa*-ree-^y^erm) *nt* (pl -ria) fee

hoofd (hōaft) *nt* (pl ~en) head; **het ~ *bieden aan** face; **hoofd-** primary, main, chief; cardinal, capital; **over het ~ *zien** overlook; **uit het ~** by heart; **uit het ~ leren** memorize

hoofdkantoor (*hōaft*-kahn-tōar) *nt* (pl -oren) headquarters *pl*

hoofdkussen (*hōaft*-ker-sern) *nt* (pl ~s) pillow

hoofdkwartier (*hōaft*-kvahr-teer) *nt* (pl ~en) headquarters *pl*

hoofdleiding (*hōaft*-lay-dıng) *c* (pl ~en) mains *pl*

hoofdletter (*hōaft*-leh-terr) *c* (pl ~s) capital letter

hoofdlijn (*hōaft*-layn) *c* (pl ~en) main line

hoofdpijn (*hōaft*-payn) *c* headache

hoofdstad (*hōaft*-staht) *c* (pl -steden) capital

hoofdstraat (*hōaft*-straat) *c* (pl -straten) main street, thoroughfare

hoofdweg (*hōaft*-vehkh) *c* (pl ~en) main road, thoroughfare; highway

hoofdzakelijk (hōaft-*saa*-ker-lerk) *adv* mainly

hoog (hōakh) *adj* high; tall; **hoger** upper; superior; **hoogst** foremost, extreme

hoogachtend (hōakh-*ahr*-ternt) *adj* yours sincerely

hooghartig (hōakh-*hahr*-terkh) *adj* haughty

hoogleraar (hōakh-*lāy*-raar) *m* (pl -leraren, ~s) professor

hoogmoedig (hōakh-*mōō*-derkh) *adj* proud

hoogseizoen (*hōakh*-say-zōōn) *nt* high season, peak season

hoogstens (*hōakh*-sterns) *adv* at most

hoogte (*hōakh*-ter) *c* (pl ~n, ~s) height; altitude

hoogtepunt (*hōakh*-ter-pernt) *nt* (pl ~en) height

hooguit (*hōakh*-ur^ew^t) *adv* at most

hoogvlakte (*hōakh*-flahk-ter) *c* (pl ~n, ~s) uplands *pl*; plateau

hooi (hōa^ee^) *nt* hay

hooikoorts (*hōa^ee^*-kōarts) *c* hay fever

hoon (hōan) *c* scorn

hoop[1] (hōap) *c* (pl hopen) heap, lot

hoop[2] (hōap) *c* hope

hoopvol (*hōap*-fol) *adj* hopeful

hoorbaar (*hōar*-baar) *adj* audible

hoorn (*hōa*-rern) *c* (pl ~en, ~s) horn

hoorzitting (*hōa*-r-zı-tıng) *c* (pl ~en) hearing

hop (hop) *c* hop

hopeloos (*hōa*-per-lōass) *adj* hopeless

hopen (*hōa*-pern) *v* hope

horen (*hōa*-rern) *v* *hear

horizon (*hōa*-ree-zon) *c* horizon

horizontaal (hōa-ree-zon-*taal*) *adj* horizontal

horloge (hor-*l$\overline{oa}$*-zher) *nt* (pl ~s) watch
horlogebandje (hor-*l$\overline{oa}$*-zher-bahn-t^{y}er) *nt* (pl ~s) watchstrap
horlogemaker (hor-*l$\overline{oa}$*-zher-maa-kerr) *m* (pl ~s) watchmaker
hors d'œuvre (awr-*d$\overline{ur}$*-vrer) *c* (pl ~s) hors d'œuvre
hospes (*hoss*-perss) *m* (pl ~sen) landlord
hospita (*hoss*-pee-taa) *f* (pl ~'s) landlady
hospitaal (*hoss*-pee-taal) *nt* (pl -talen) hospital
hotel (h$\overline{oa}$-*tehl*) *nt* (pl ~s) hotel
hotspot (*hot*-spot) *m* (pl ~s) hotspot
***houden** (*hou*-dern) *v* *hold; *keep; ~ **van** love; like, care for, *be fond of; **niet ~ van** dislike
houding (*hou*-ding) *c* (pl ~en) position; attitude
hout (hout) *nt* wood
houtblok (*hout*-blok) *nt* (pl ~ken) log
houten (*hou*-tern) *adj* wooden
houtskool (*houts*-k$\overline{oa}$l) *c* charcoal
***houtsnijden** (*hout*-snay-dern) *v* carve
houtsnijwerk (*hout*-snay-vehrk) *nt* wood carving
houtzagerij (hout-saa-ger-*ray*) *c* (pl ~en) sawmill
houvast (hou-*vahst*) *nt* grip
huichelaar (*hur*^{ew}-kher-laar) *m* (f ~ster, pl ~s) hypocrite
huichelachtig (*hur*^{ew}-kherl-ahkh-terkh) *adj* hypocritical
huichelarij (hur^{ew}-kher-laa-*ray*) *c* hypocrisy
huichelen (*hur*^{ew}-kher-lern) *v* simulate
huid (hur^{ew}t) *c* (pl ~en) skin; hide
huidcrème (*hur*^{ew}*t*-kraim) *c* (pl ~s) skin cream
huidig (*hur*^{ew}-derkh) *adj* current
huiduitslag (*hur*^{ew}*t*-ur^{ew}t-slahkh) *c* rash
huilen (*hur*^{ew}-lern) *v* cry, *weep
huis (hur^{ew}ss) *nt* (pl huizen) house; home; **naar ~** home
huisarts (*hur*^{ew}*ss*-ahrts) *c* (pl ~en) general practitioner
huisbaas (*hur*^{ew}*ss*-baass) *m* (pl -bazen) landlord
huisdier (*hur*^{ew}*ss*-deer) *nt* (pl ~en) pet; domestic animal
huiselijk (*hur*^{ew}-ser-lerk) *adj* domestic
huishouden (*hur*^{ew}*ss*-hou-dern) *nt* (pl ~s) household; housework, housekeeping
huishoudster (*hur*^{ew}*ss*-hout-sterr) *f* (pl ~s) housekeeper
huiskamer (*hur*^{ew}*ss*-kaa-merr) *c* (pl ~s) living room
huissleutel (*hur*^{ew}-sl$\overline{ur}$-terl) *c* (pl ~s) latchkey
huisvrouw (*hur*^{ew}*ss*-frou) *f* (pl ~en) housewife
huiswerk (*hur*^{ew}*ss*-vehrk) *nt* homework
huizenblok (*hur*^{ew}-zern-blok) *nt* (pl ~ken) house block *nAm*

hulde (*herl*-der) *c* tribute, homage
huldigen (*herl*-der-gern) *v* honour
hulp (herlp) *c* help; assistance, aid; **eerste** ~ first aid; **eerste hulppost** first aid post
hulpvaardig (herlp-*faar*-derkh) *adj* helpful
humeur (hew-*murr*) *nt* (pl ~en) mood
humor (*hew*-mor) *c* humo(u)r
humoristisch (hew-moa-*riss*-teess) *adj* humorous
hun (hern) *pron* their
huppelen (*her*-per-lern) *v* hop, skip
huren (*hew*-rern) *v* hire, rent; lease
hut (hert) *c* (pl ~ten) hut; cabin
huur (hewr) *c* (pl huren) rent; **te** ~ for hire
huurcontract (*hewr*-kon-trahkt) *nt* (pl ~en) lease
huurder (*hewr*-derr) *m* (f -ster, pl ~s) tenant
huurkoop (*hewr*-koap) *c* hire purchase, *nAm* instal(l)ment plan
huwelijk (*hew*-ver-lerk) *nt* (pl ~en) wedding, marriage
huwelijksreis (*hew*-ver-lerks-rayss) *c* (pl -reizen) honeymoon
huwen (*hew*oo-ern) *v* marry
hygiëne (hee-gee-*yay*-ner) *c* hygiene
hygiënisch (hee-gee-*yay*-neess) *adj* hygienic
hypocriet (hee-poa-*kreet*) *adj* hypocritical
hypotheek (hee-poa-*tayk*) *c* (pl -theken) mortgage
hysterisch (hee-*stay*-reess) *adj* hysterical

I

ideaal[1] (ee-day-*yaal*) *adj* ideal
ideaal[2] (ee-day-*yaal*) *nt* (pl idealen) ideal
idee (ee-*day*) *nt*/*c* (pl ~ën, ~s) idea
identiek (ee-dehn-*teek*) *adj* identical
identificatie (ee-dehn-tee-fi-*kaa*-tsee) *c* identification
identificeren (ee-dehn-tee-fee-*say*-rern) *v* identify
identiteit (ee-dehn-ti-*tayt*) *c* identity
identiteitskaart (ee-dehn-tee-*tayts*-kaart) *c* (pl ~en) identity card, ID card
idiomatisch (ee-dee-*yoa*-*maa*-teess) *adj* idiomatic
idioom (ee-dee-*yoam*) *nt* (pl idiomen) idiom
idioot[1] (ee-dee-*yoat*) *adj* idiotic
idioot[2] (ee-dee-*yoat*) *c* (pl idioten) idiot
idool (ee-*doal*) *nt* (pl idolen) idol
ieder (*ee*-derr) *pron* each,

every; everyone
iedereen (ee-der-*rayn*) *pron* everyone, everybody; anyone
iemand (*ee*-mahnt) *pron* someone, somebody
iep (eep) *c* (pl ~en) elm
Ierland (*eer*-lahnt) Ireland
Iers (eers) *adj* Irish
Ierse (*eer*-ser) *f* (pl ~n) Irishwoman
iets (eets) *pron* something; some
ijdel (*ay*-derl) *adj* vain; idle
ijs (ayss) *nt* ice; ice cream
ijsbaan (*ayss*-baan) *c* (pl -banen) skating rink
ijsje (*ay*-sher) *nt* (pl ~s) ice cream
ijskast (*ayss*-kahst) *c* (pl ~en) fridge, refrigerator
ijskoud (*ayss*-kout) *adj* freezing
IJsland (*ayss*-lahnt) Iceland
IJslander (*ayss*-lahn-derr) *c* (pl ~s) Icelander
IJslands (*ayss*-lahnts) *adj* Icelandic
ijswater (*ayss*-vaa-terr) *nt* iced water
ijver (*ay*-verr) *c* zeal; diligence
ijverig (*ay*-ver-rerkh) *adj* zealous; diligent
ijzer (*ay*-zerr) *nt* iron
ijzerdraad (*ay*-zerr-draat) *nt* wire
ijzeren (*ay*-zer-rern) *adj* iron
ijzerwaren (*ay*-zerr-vaa-rern) *pl* hardware
ik (ɪk) *pron* I; self
ikoon (ee-*koan*) *c* (pl ikonen) icon
illegaal (ee-ler-*gaal*) *adj* illegal
illusie (ɪ-*lew*-zee) *c* (pl ~s) illusion
illustratie (ɪ-lew-*straa*-tsee) *c* (pl ~s) illustration
illustreren (ɪ-lew-*stray*-rern) *v* illustrate
imitatie (ee-mee-*taa*-tsee) *c* (pl ~s) imitation
imiteren (ee-mee-*tay*-rern) *v* imitate
immigrant (ɪ-mee-*grahnt*) *m* (f ~e, pl ~en) immigrant
immigratie (ɪ-mee-*graa*-tsee) *c* immigration
immigreren (ɪ-mee-*gray*-rern) *v* immigrate
immuniteit (ɪ-mew-nee-*tayt*) *c* immunity
impliceren (ɪm-plee-*say*-rern) *v* imply, involve
imponeren (ɪm-poa-*nay*-rern) *v* impress
impopulair (ɪm-poa-pew-*lair*) *adj* unpopular
import (*ɪm*-port) *c* import
importeren (ɪm-por-*tay*-rern) *v* import
importeur (ɪm-por-*turr*) *c* (pl ~s) importer
impotent (ɪm-poa-*tehnt*) *adj* impotent
impotentie (ɪm-poa-*tehn*-see) *c* impotence
improviseren (ɪm-proa-vee-*say*-rern) *v* improvise
impuls (ɪm-*perls*) *c* (pl ~en) impulse
impulsief (ɪm-perl-*zeef*) *adj*

impulsive
in (ɪn) *prep* in; into, inside; at; *adv* trendy
inademen (*ɪn*-aa-der-mern) *v* inhale
inbegrepen (*ɪn*-ber-grāy-pern) *adj* included; **alles ~** all in
inboorling (*ɪm*-bōar-lɪng) *m* (f ~e, pl ~en) native
***inbreken** (*ɪm*-brāy-kern) *v* burgle
inbreker (*ɪm*-brāy-kerr) *c* (pl ~s) burglar
incasseren (ɪng-kah-*sāy*-rern) *v* cash
incident (ɪn-see-*dehnt*) *nt* (pl ~en) incident
inclusief (ɪng-klēw-*zeef*) *adv* inclusive
incompleet (ɪng-kom-*plāyt*) *adj* incomplete
indelen (*ɪn*-dāy-lern) *v* classify
***indenken** (*ɪn*-dehng-kern): **zich ~** imagine
inderdaad (ɪn-derr-*daat*) *adv* indeed
index (*ɪn*-dehks) *c* (pl ~en) index
India (*ɪn*-dee-ʸah) India
Indiaan (ɪn-dee-ʸ*aan*) *m* (f ~se, pl Indianen) Indian
Indiaans (ɪn-dee-ʸ*aans*) *adj* Indian
indien (ɪn-*deen*) *conj* in case, if
Indiër (*ɪn*-dee-ʸerr) *m* (f Indische, pl ~s) Indian
indigestie (ɪn-dee-*gehss*-tee) *c* indigestion
indirect (*ɪn*-dee-rehkt) *adj* indirect
Indisch (*ɪn*-deess) *adj* Indian
individu (ɪn-dee-vee-*dēw*) *nt* (pl ~en, ~'s) individual
individueel (ɪn-dee-vee-dēw-*vāyl*) *adj* individual
Indonesië (ɪn-dōa-*nāy*-zee-ʸer) Indonesia
Indonesiër (ɪn-dōa-*nāy*-zee-ʸerr) *m* (f Indonesische, pl ~s) Indonesian
Indonesisch (ɪn-dōa-*nāy*-zeess) *adj* Indonesian
indringer (*ɪn*-drɪ-ngerr) *m* (f -ster, pl ~s) trespasser
indruk (*ɪn*-drerk) *c* (pl ~ken) impression; **~ maken op** impress
indrukken (*ɪn*-drer-kern) *v* press
indrukwekkend (ɪn-drerk-*veh*-kernt) *adj* impressive, imposing
industrie (ɪn-derss-*tree*) *c* (pl ~ën) industry
industrieel (ɪn-derss-tree-ʸ*āyl*) *adj* industrial
industriegebied (ɪn-derss-*tree*-ger-beet) *nt* (pl ~en) industrial area
ineens (ɪ-*nāyns*) *adv* suddenly; at once
inenten (*ɪn*-ehn-tern) *v* vaccinate, inoculate
inenting (*ɪn*-ehn-tɪng) *c* (pl ~en) vaccination, inoculation
infanterie (*ɪn*-fahn-ter-ree) *c* infantry
infectie (ɪn-*fehk*-see) *c* (pl ~s) infection

inferieur (ɪn-fa͞y-ree-ʸu͞rr) *adj* inferior
inflatie (ɪn-*flaa*-tsee) *c* inflation
informatie (ɪn-for-*maa*-tsee) *c* (pl ~s) information; enquiry; ~ ***inwinnen** *v* inquire
informatiebureau (ɪn-for-*maa*-tsee-be͞w-ro͞a) *nt* (pl ~s) inquiry office
informeel (ɪn-for-*ma͞yl*) *adj* informal
informeren (ɪn-for-*ma͞y*-rern) *v* enquire; inform
infrarood (*ɪn*-fraa-ro͞at) *adj* infra-red
***ingaan** (*ɪng*-gaan) *v* enter; *take effect
ingang (*ɪng*-gahng) *c* (pl ~en) entrance, way in; entry; **met ~ van** as from
ingenieur (ɪn-zhern-ʸu͞rr) *c* (pl ~s) engineer
ingenomen (*ɪng*-ger-no͞a-mern) *adj* pleased
ingevolge (ɪng-ger-*vol*-ger) *prep* in accordance with
ingewanden (*ɪng*-ger-vahn-dern) *pl* bowels *pl*, intestines, insides
ingewikkeld (ɪng-ger-*vɪ*-kerlt) *adj* complicated; complex
ingrediënt (ɪng-gra͞y-dee-ʸ*ehnt*) *nt* (pl ~en) ingredient
***ingrijpen** (*ɪng*-gray-pern) *v* intervene
inhalen (*ɪn*-haa-lern) *v* *overtake; pass *vAm*; ~ **verboden** no overtaking; no passing *Am*
inham (*ɪn*-hahm) *c* (pl ~men) creek, inlet
inheems (ɪn-*ha͞yms*) *adj* native
inhoud (*ɪn*-hout) *c* contents *pl*
***inhouden** (*ɪn*-hou-dern) *v* contain; imply; restrain
inhoudsopgave (*ɪn*-houts-op-khaa-ver) *c* (pl ~n) table of contents
initiatief (ee-nee-shaa-*teef*) *nt* (pl -tieven) initiative
injectie (ɪn-ʸ*ehk*-see) *c* (pl ~s) shot, injection
inkomen (*ɪng*-ko͞a-mern) *nt* (pl ~s) revenue, income, living
inkomsten (*ɪng*-kom-stern) *pl* earnings *pl*
inkomstenbelasting (*ɪng*-kom-ster-ber-lahss-tɪng) *c* income tax
inkt (ɪngkt) *c* ink
inleiden (*ɪn*-lay-dern) *v* introduce; **inleidend** preliminary
inleiding (*ɪn*-lay-dɪng) *c* (pl ~en) introduction
inlichten (*ɪn*-lɪkh-tern) *v* inform
inlichting (*ɪn*-lɪkh-tɪng) *c* (pl ~en) information
inlichtingenkantoor (*ɪn*-lɪkh-tɪ-nger-kahn-to͞ar) *nt* (pl -toren) information bureau
inloggen (*ɪn*-lo-gern) *v* log in
inmaken (*ɪn*-maa-kern) *v* preserve
inmenging (*ɪn*-mehng-ɪng) *c* (pl ~en) interference
inmiddels (ɪn-*mɪ*-derls) *adv* in the meantime
***innemen** (*ɪ*-na͞y-mern) *v* *take

up; occupy; capture
inneming (*ɪ*-nāy-mɪng) *c* capture
innen (*ɪ*-nern) *v* cash
inpakken (*ɪm*-pah-kern) *v* wrap; pack up, pack
inrichten (*ɪn*-rɪkh-tern) *v* furnish; decorate
inrichting (*ɪn*-rɪkh-tɪng) *c* (pl ~en) institution
inschakelen (*ɪn*-skhaa-ker-lern) *v* switch on; plug in
***inschenken** (*ɪn*-skhehng-kern) *v* pour
inschepen (*ɪn*-skhāy-pern) *v* embark
inscheping (*ɪn*-skhāy-pɪng) *c* embarkation
***inschrijven** (*ɪn*-skhray-vern) *v* enter, book; **zich ~** register, check in
inschrijvingsformulier (*ɪn*-skhray-vɪngs-for-mēw-leer) *nt* (pl ~en) registration form
inscriptie (ɪn-*skrɪp*-see) *c* (pl ~s) inscription
insekt (ɪn-*sehkt*) *nt* (pl ~en) insect; bug *nAm*
insekticide (ɪn-sehk-tee-*see*-der) *c* (pl ~n) insecticide
inslikken (*ɪn*-slɪ-kern) *v* swallow
***insluiten** (*ɪn*-slur^{ew}-tern) *v* *shut in; encircle; include; enclose
inspanning (*ɪn*-spah-nɪng) *c* (pl ~en) strain, effort
inspecteren (ɪn-spehk-*tāy*-rern) *v* inspect
inspecteur (ɪn-spehk-*tūrr*) *m* (f -trice, pl ~s) inspector
inspectie (ɪn-*spehk*-see) *c* (pl ~s) inspection
***inspuiten** (*ɪn*-spur^{ew}-tern) *v* inject
installatie (ɪn-stah-*laa*-tsee) *c* (pl ~s) installation, facilities
installeren (ɪn-stah-*lāy*-rern) *v* install
instappen (*ɪn*-stah-pern) *v* *get on; embark
instellen (*ɪn*-steh-lern) *v* institute
instelling (*ɪn*-steh-lɪng) *c* (pl ~en) institution, institute
instemmen (*ɪn*-steh-mern) *v* consent; **~ met** approve of
instemming (*ɪn*-steh-mɪng) *c* approval, consent
instinct (ɪn-*stɪngkt*) *nt* (pl ~en) instinct
instituut (ɪn-stee-*tēwt*) *nt* (pl -tuten) institute
instorten (*ɪn*-stor-tern) *v* collapse
instructie (ɪn-*strerk*-see) *c* (pl ~s) direction
instrument (ɪn-strēw-*mehnt*) *nt* (pl ~en) instrument
intact (ɪn-*tahkt*) *adj* intact
integendeel (ɪn-*tāy*-gern-dāyl) on the contrary
integreren (ɪn-ter-*grāy*-rern) *v* integrate
intellect (ɪn-ter-*lehkt*) *nt* intellect
intellectueel (ɪn-ter-lehk-tēw-*vāyl*) *adj* intellectual
intelligent (ɪn-ter-lee-*gehnt*) *adj* clever, intelligent

intelligentie (ɪn-ter-lee-*gehn*-see) *c* intelligence
intens (ɪn-*tehns*) *adj* intense
interessant (ɪn-ter-rer-*sahnt*) *adj* interesting
interesse (ɪn-ter-*reh*-ser) *c* interest
interesseren (ɪn-ter-reh-*sāy*-rern) *v* interest
intermezzo (ɪn-terr-*mehd*-zōa) *nt* (pl ~'s) interlude
intern (ɪn-*tehrn*) *adj* internal; resident
internaat (ɪn-terr-*naat*) *nt* (pl -naten) boarding school
internationaal (ɪn-terr-naht-shōa-*naal*) *adj* international
Internet (*ɪn*-terr-net) *nt* Internet
interview (*ɪn*-terr-vʸewºº) *nt* interview
intiem (ɪn-*teem*) *adj* intimate
introduceren (ɪn-trōa-dew-*sāy*-rern) *v* introduce
intussen (ɪn-*ter*-sern) *adv* meanwhile
inval (*ɪn*-vahl) *c* (pl ~len) brain wave, idea; raid, invasion
***invallen** (*ɪn*-vah-lern) *v* invade
invalide[1] (ɪn-vaa-*lee*-der) *adj* disabled, invalid
invalide[2] (ɪn-vaa-*lee*-der) *c* (pl ~n) invalid
invasie (ɪn-*vaa*-zee) *c* (pl ~s) invasion
inventaris (ɪn-vehn-*taa*-rerss) *c* (pl ~sen) inventory
investeerder (ɪn-vehss-*tāyr*-derr) *m* (pl ~s) investor
investeren (ɪn-vehss-*tāy*-rern) *v* invest
investering (ɪn-vehss-*tāy*-rɪng) *c* (pl ~en) investment
inviteren (ɪn-vee-*tāy*-rern) *v* invite
invloed (*ɪn*-vlōōt) *c* (pl ~en) influence
invloedrijk (*ɪn*-vlōōt-rayk) *adj* influential
invoegen (*ɪn*-vōō-gern) *v* insert
invoer (*ɪn*-vōōr) *c* import
invoeren (*ɪn*-vōō-rern) *v* introduce; import
invoerrecht (*ɪn*-vōō-rehkht) *nt* (pl ~en) duty, import duty
invullen (*ɪn*-ver-lern) *v* fill in; fill out *Am*
inwendig (ɪn-*vehn*-derkh) *adj* inner; internal
inwilligen (*ɪn*-vɪ-ler-gern) *v* grant
inwijden (*ɪn*-vay-dern) *v* initiate
inwoner (*ɪn*-vōa-nerr) *m* (f inwoonster, pl ~s) inhabitant; resident
inzet (*ɪn*-zeht) *c* (pl ~ten) bet
inzetten (*ɪn*-zeh-tern) *v* launch
inzicht (*ɪn*-zɪkht) *nt* (pl ~en) insight
***inzien** (*ɪn*-zeen) *v* *see
Iraaks (ee-*raaks*) *adj* Iraqi
Iraans (ee-*raans*) *adj* Iranian
Irak (ee-*raak*) Iraq
Irakees (ee-raa-*kāyss*) *m* (pl -kezen) Iraqi
Iran (ee-*raan*) Iran
Iraniër (ee-*raa*-nee-ʸerr) *m* (pl ~s) Iranian

ironie (ee-r*o̅a̅*-*nee*) *c* irony
ironisch (ee-*r*o̅a̅-neess) *adj* ironical
irriteren (ɪ-ree-*ta̅y̅*-rern) *v* annoy, irritate
isolatie (ee-zo̅a̅-*laa*-tsee) *c* insulation; isolation
isolator (ee-zo̅a̅-*laa*-tor) *c* (pl ~en, ~s) insulator
isolement (ee-zo̅a̅-ler-*mehnt*) *nt* isolation
isoleren (ee-zo̅a̅-*la̅y̅*-rern) *v* insulate; isolate
Israël (*ɪss*-raa-ehl) Israel
Israëliër (ɪss-raa-*a̅y̅*-lee-^{y}err) *m* (pl ~s) Israeli
Israëlisch (ɪss-raa-*a̅y̅*-leess) *adj* Israeli
Italiaan (ee-taa-lee-^{y}*aan*) *c* (f ~se, pl -lianen) Italian
Italiaans (ee-taa-lee-^{y}*aans*) *adj* Italian
Italië (ee-*taa*-lee-^{y}er) Italy
ivoor (ee-*vo̅a̅r*) *nt* ivory

J

ja (^{y}aa) yes
jaar (^{y}aar) *nt* (pl jaren) year
jaarboek (^{y}*aar*-bo̅o̅k) *nt* (pl ~en) annual
jaargetijde (^{y}*aar*-ger-tay-der) *nt* (pl ~n) season
jaarlijks (^{y}*aar*-lerks) *adj* annual, yearly; *adv* per annum
jacht[1] (^{y}ahkht) *c* hunt; chase
jacht[2] (^{y}ahkht) *nt* (pl ~en) yacht
jachthuis (^{y}*ahkht*-hur^{ew}ss) *nt* (pl -huizen) lodge
jade (^{y}*aa*-der) *nt/c* jade
jagen (^{y}*aa*-gern) *v* hunt
jager (^{y}*aa*-gerr) *c* (pl ~s) hunter
jaloers (^{y}aa-*lo̅o̅rs*) *adj* envious, jealous
jaloezie (^{y}aa-lo̅o̅-*zee*) *c* (pl ~ën) jealousy, envy; blind
jam (zhehm) *c* jam, jelly
jammer! (^{y}*ah*-merr) what a pity!
janboel (^{y}*ahn*-bo̅o̅l) *c* mess, shambles
janken (^{y}*ahn*-kern) *v* yelp; whine, whimper
januari (^{y}ah-ne̅w̅-*vaa*-ree) January
Japan (^{y}aa-*pahn*) Japan
Japanner (^{y}aa-*pah*-nerr) *c* (pl ~s) Japanese
Japans (^{y}aa-*pahns*) *adj* Japanese
japon (^{y}aa-*pon*) *c* (pl ~nen) dress; gown
jargon (^{y}ahr-*gon*) *nt* slang
jarretelgordel (zhah-rer-*tehl*-gor-derl) *c* (pl ~s) garter belt *Am*
jas (^{y}ahss) *c* (pl ~sen) coat
jasje (^{y}*ah*-sher) *nt* (pl ~s) jacket
je (^{y}er) *pron* you; yourself; yourselves
jegens (^{y}*a̅y̅*-gerns) *prep* towards
jetlag (*zheht*-lehg) *m* (pl ~s) jet lag
jeugd (^{y}u̅r̅kht) *c* youth;

childhood
jeugdherberg (ʸurkht-hehr-behrkh) *c* (pl ~en) youth hostel
jeugdig (ʸurkh-derkh) *adj* juvenile
jeuk (ʸurk) *c* itch
jeuken (ʸur-kern) *v* itch
jicht (ʸɪkht) *c* gout
jij (ʸay) *pron* you
joch (ʸokh) *nt* boy, lad
jodium (ʸoa-dee-ʸerm) *nt* iodine
jong (ʸong) *adj* young; **jonger** junior; younger
jongen (ʸo-ngern) *m* (pl ~s) boy; lad
jongleren (ʸong-lay-rern) *v* juggle
jood (ʸoat) *m* (f jodin, pl joden) Jew
joods (ʸoats) *adj* Jewish
Jordaans (ʸor-daans) *adj* Jordanian
Jordanië (ʸor-daa-nee-ʸer) Jordan
Jordaniër (ʸor-daa-nee-ʸerr) *m* (pl ~s) Jordanian
jou (ʸou) *pron* you; **van** ~ yours
journaal (zhoor-naal) *nt* news
journalist (zhoor-naa-lɪst) *m* (f ~e, pl ~en) journalist
journalistiek (zhoor-naa-lɪss-teek) *c* journalism
jouw (ʸou) *pron* your
jubileum (ʸew-bee-lay-ʸerm) *nt* (pl ~s, -lea) jubilee
juffrouw (ʸer-frou) *f* (pl ~en) miss
juichen (ʸurᵉʷ-khern) *v* cheer
juist (ʸurᵉʷst) *adj* right, correct, just; proper, appropriate
juistheid (ʸurᵉʷst-hayt) *c* correctness
juk (ʸerk) *nt* (pl ~ken) yoke
jukbeen (ʸerk-bayn) *nt* (pl ~deren, -benen) cheekbone
juli (ʸew-lee) July
jullie (ʸer-lee) *pron* you; your; **van** ~ yours
juni (ʸew-nee) June
juridisch (ʸew-ree-deess) *adj* legal
jurist (ʸew-rɪst) *m* (f ~e, pl ~en) lawyer
jurk (ʸerrk) *c* (pl ~en) frock, robe, dress
jury (zhew-ree) *c* (pl ~'s) jury
jus (zhew) *c* gravy
juweel (ʸew-vayl) *nt* (pl -welen) jewel; gem; **juwelen** jewelry *Am*, jewellery
juwelier (ʸew-ver-leer) *c* (pl ~s) jeweller

K

kaak (kaak) *c* (pl kaken) jaw
kaal (kaal) *adj* bald; naked, bare
kaap (kaap) *c* (pl kapen) cape
kaars (kaars) *c* (pl ~en) candle
kaart (kaart) *c* (pl ~en) map; card; **groene** ~ green card
kaartenautomaat (kaar-tern-oa-toa-maat) *c* (pl -maten)

ticket machine
kaartje (*kaar*-t^{y}er) *nt* (pl ~s) ticket
kaartjesautomaat (*kaar*-t^{y}ers-ōā-tōā-maat) *c* (pl -maten) ticket machine
kaas (kaass) *c* (pl kazen) cheese
kabaal (kaa-*baal*) *nt* racket
kabel (*kaa*-berl) *c* (pl ~s) cable
kabeljauw (kah-berl-^{y}*ou*) *c* (pl ~en) cod
kabinet (kaa-bee-*neht*) *nt* (pl ~ten) cabinet
kachel (*kah*-kherl) *c* (pl ~s) heater; stove
kade (*kaa*-der) *c* (pl ~n) quay; embankment; dock, wharf
kader (*kaa*-derr) *nt* (pl ~s) cadre
kajuit (kaa-^{y}*ur*^{ew}*t*) *c* (pl ~en) cabin
kak (*kahk*) *adj* posh
kaki (*kaa*-kee) *nt* khaki
kalender (kaa-*lehn*-derr) *c* (pl ~s) calendar
kalf (kahlf) *nt* (pl kalveren) calf
kalfsleer (*kahlfs*-lāyr) *nt* calf skin
kalfsvlees (*kahlfs*-flāyss) *nt* veal
kalk (kahlk) *c* lime
kalkoen (kahl-*kōōn*) *m* (pl ~en) turkey
kalm (kahlm) *adj* calm; quiet, serene
kalmeren (kahl-*māy*-rern) *v* calm down
kam (kahm) *c* (pl ~men) comb
kameel (kaa-*māyl*) *m* (pl kamelen) camel
kamer (*kaa*-merr) *c* (pl ~s) room; chamber
kamerbewoner (*kaa*-merr-ber-vōā-nerr) *m* (pl ~s) lodger
kamerjas (*kaa*-merr-^{y}ahss) *c* (pl ~sen) dressing gown
kamerlid (*kaa*-merr-lɪt) *nt* (pl -leden) Member of Parliament
kamertemperatuur (*kaa*-merr-tehm-per-raa-tēwr) *c* room temperature
kammen (*kah*-mern) *v* comb
kamp (kahmp) *nt* (pl ~en) camp
kampeerder (kahm-*pāyr*-derr) *m* (f -ster, pl ~s) camper
kampeerterrein (kahm-*pāyr*-teh-rayn) *nt* (pl ~en) camping site
kampeerwagen (kahm-*pāyr*-vaa-gern) *c* (pl ~s) trailer *nAm*
kamperen (kahm-*pāy*-rern) *v* camp
kampioen (kahm-pee-^{y}*ōōn*) *m* (f ~e, pl ~en) champion
kan (kahn) *c* (pl ~nen) jug
kanaal (kaa-*naal*) *nt* (pl kanalen) canal; channel; **het Kanaal** English Channel
kanarie (kaa-*naa*-ree) *c* (pl ~s) canary
kandidaat (kahn-dee-*daat*) *c* (f -date, pl -daten) candidate
kaneel (kaa-*nāyl*) *c* cinnamon
kangoeroe (*kahng*-ger-rōō) *c* (pl ~s) kangaroo
kanker (*kahng*-kerr) *c* cancer
kano (*kaa*-nōā) *c* (pl ~'s) canoe
kanon (kaa-*non*) *nt* (pl ~nen) gun
kans (kahns) *c* (pl ~en) chance;

opportunity
kansel (*kahn*-serl) *c* (pl ~s) pulpit
kant[1] (kahnt) *c* (pl ~en) side; way; edge; **aan de andere ~ van** across
kant[2] (kahnt) *nt* lace
kantine (kahn-*tee*-ner) *c* (pl ~s) canteen
kantlijn (*kahnt*-layn) *c* (pl ~en) margin
kantoor (kahn-*tōar*) *nt* (pl -toren) office
kantoorbediende (kahn-*tōar*-ber-deen-der) *c* (pl ~n, ~s) clerk
kantoorboekhandel (kahn-*tōar*-bōōk-hahn-derl) *c* (pl ~s) stationer's
kantooruren (kahn-*tōar*-ēw-rern) *pl* business hours, office hours
kap (kahp) *c* (pl ~pen) hood
kapel (kaa-*pehl*) *c* (pl ~len) chapel
kapelaan (kah-per-*laan*) *m* (pl ~s) chaplain
kapen (*kaa*-pern) *v* hijack
kaper (*kaa*-perr) *c* (pl ~s) hijacker
kapitaal (kah-pee-*taal*) *nt* capital
kapitalisme (kah-pee-taa-*lıss*-mer) *nt* capitalism
kapitein (kah-pee-*tayn*) *m* (pl ~s) captain
kapot (kaa-*pot*) *adj* broken
kapper (*kah*-perr) *m* (pl ~s) barber; hairdresser
kapsel (*kahp*-serl) *nt* (pl ~s) hairdo
kapstok (*kahp*-stok) *c* (pl ~ken) hat rack
kar (kahr) *c* (pl ~ren) cart
karaat (kaa-*raat*) *nt* carat
karakter (kaa-*rahk*-terr) *nt* (pl ~s) character
karakteristiek (kaa-rahk-ter-rıss-*teek*) *adj* characteristic
karaktertrek (kaa-*rahk*-terr-trehk) *c* (pl ~ken) characteristic
karamel (kaa-raa-*mehl*) *c* (pl ~s, ~len) caramel
karbonade (kahr-bōa-*naa*-der) *c* (pl ~s) cutlet, chop
kardinaal (kahr-dee-*naal*) *m* (pl -nalen) cardinal; *adj* cardinal
karper (*kahr*-perr) *c* (pl ~s) carp
karton (kahr-*ton*) *nt* cardboard
kartonnen (kahr-*to*-nern) *adj* cardboard; **~ doos** carton
karwei (kahr-*vay*) *nt* (pl ~en) job
kas (kahss) *c* (pl ~sen) greenhouse
kasjmier (*kahsh*-meer) *nt* cashmere
kassa (*kah*-saa) *c* (pl ~'s) pay desk; box office
kassier (kah-*seer*) *m* (pl ~s) cashier
kast (kahst) *c* (pl ~en) cupboard, closet
kastanje (kahss-*tah*-ɗer) *c* (pl ~s) chestnut
kasteel (kahss-*tāyl*) *nt* (pl -telen) castle
kat (kaht) *c* (pl ~ten) cat

kater (*kaa*-terr) *m* (pl ~s) tomcat; hangover
kathedraal (kaa-tay-*draal*) *c* (pl -dralen) cathedral
katholiek (kaa-toa-*leek*) *adj* catholic
katoen (kaa-*toon*) *nt*/*c* cotton
katoenen (kaa-*too*-nern) *adj* cotton
katoenfluweel (kaa-*toon*-flew-vayl) *nt* velveteen
katrol (kaa-*trol*) *c* (pl ~len) pulley
kattekwaad (*kah*-ter-kvaat) *nt* mischief
kauwen (*kou*-ern) *v* chew
kauwgom (*kou*-gom) *c*/*nt* chewing gum
kaviaar (*kaa*-vee-ʸ*aar*) *c* caviar
kazerne (kaa-*zehr*-ner) *c* (pl ~s, ~n) barracks *pl*
keel (kayl) *c* (pl kelen) throat
keelontsteking (*kayl*-ont-stay-king) *c* (pl ~en) laryngitis
keelpijn (*kayl*-payn) *c* sore throat
keer (kayr) *c* (pl keren) time
keerpunt (*kayr*-pernt) *nt* (pl ~en) turning point
keerzijde (*kayr*-zay-der) *c* (pl ~n) reverse
kegelbaan (*kay*-gerl-baan) *c* (pl -banen) bowling alley
kegelspel (*kay*-gerl-spehl) *nt* bowling
keizer (*kay*-zerr) *m* (pl ~s) emperor
keizerin (kay-zer-*rin*) *f* (pl ~nen) empress
keizerlijk (*kay*-zer-lerk) *adj* imperial
keizerrijk (*kay*-zer-rayk) *nt* (pl ~en) empire
kelder (*kehl*-derr) *c* (pl ~s) cellar; basement
kelner (*kehl*-nerr) *m* (pl ~s) waiter
kenmerk (*kehn*-mehrk) *nt* (pl ~en) characteristic, feature
kenmerken (*kehn*-mehr-kern) *v* characterize, mark; **kenmerkend** characteristic, typical
kennel (*keh*-nerl) *c* (pl ~s) kennel
kennen (*keh*-nern) *v* *know
kenner (*keh*-nerr) *m* (pl ~s) connoisseur
kennis[1] (*keh*-nerss) *c* knowledge
kennis[2] (*keh*-nerss) *c* (pl ~sen) acquaintance
kenteken (*kehn*-tay-kern) *nt* (pl ~s) registration number; licence number *Am*
Kenya (*kay*-nee-ʸaa) Kenya
kerel (*kay*-rerl) *m* (pl ~s) fellow
keren (*kay*-rern) *v* turn
kerk (kehrk) *c* (pl ~en) church; chapel
kerkhof (*kehrk*-hof) *nt* (pl -hoven) cemetery, graveyard, churchyard
kerktoren (*kehrk*-toa-rern) *c* (pl ~s) steeple
kermis (*kehr*-merss) *c* (pl ~sen) fair
kern (kehrn) *c* (pl ~en) nucleus; heart, core; essence; **kern-** nuclear

kernenergie (*kehrn*-āy-nehr-zhee) *c* nuclear energy
kerrie (*keh*-ree) *c* curry
kers (kehrs) *c* (pl ~en) cherry
Kerstmis (*kehrs*-merss) Xmas, Christmas
kerven (*kehr*-vern) *v* carve
ketel (*kāy*-terl) *c* (pl ~s) kettle
keten (*kāy*-tern) *c* (pl ~s, ~en) chain
ketting (*keh*-tıng) *c* (pl ~en) chain
keuken (*kūr*-kern) *c* (pl ~s) kitchen
keurig (*kūr*-rerkh) *adj* neat
keus (kūrss) *c* (keuzen) pick, choice
keuze (*kūr*-zer) *c* (pl ~n) selection, choice
kever (*kāy*-verr) *c* (pl ~s) beetle; bug
kiekje (*keek*-ʸer) *nt* (pl ~s) snapshot
kiel (keel) *c* (pl ~en) keel
kiem (keem) *c* (pl ~en) germ
kies (keess) *c* (pl kiezen) molar
kiesdistrict (*keess*-dıss-trıkt) *nt* (pl ~en) constituency
kieskeurig (keess-*kūr*-rerkh) *adj* particular
kiesrecht (*keess*-rehkht) *nt* franchise, suffrage
kietelen (*kee*-ter-lern) *v* tickle
kieuw (keeᵒᵒ) *c* (pl ~en) gill
kievit (*kee*-veet) *c* (pl ~en) pewit
kiezel (*kee*-zerl) *c* (pl ~s) pebble; gravel
***kiezen** (*kee*-zern) *v* *choose; pick; elect; dial
kiezer (*kee*-zer) *m* (f ~es, pl ~s) voter
***kijken** (*kay*-kern) *v* look; **~ naar** look at; watch
kijker (*kay*-kerr) *c* (pl ~s) spectator
kijkje (*kayk*-ʸer) *nt* (pl ~s) look
kikker (*kı*-kerr) *c* (pl ~s) frog
kil (kıl) *adj* chilly
kilo (*kee*-lōa) *nt* (pl ~'s) kilogram
kilometer (*kee*-lōa-māy-terr) *c* (pl ~s) kilometer *Am*, kilometre
kilometertal (*kee*-lōa-māy-terr-tahl) *nt* distance in kilometres (kilometers *Am*)
kim (kım) *c* horizon
kin (kın) *c* (pl ~nen) chin
kind (kınt) *nt* (pl ~eren) child; kid
kinderjuffrouw (*kın*-derr-ʸer-frou) *f* (pl ~en) nurse
kinderkamer (*kın*-derr-kaa-merr) *c* (pl ~s) nursery
kinderverlamming (*kın*-derr-verr-lah-mıng) *c* polio
kinderwagen (*kın*-derr-vaa-gern) *c* (pl ~s) pram; baby carriage *Am*
kiosk (kee-ʸ*osk*) *c* (pl ~en) kiosk
kip (kıp) *f* (pl ~pen) hen; chicken
kippevel (*kı*-per-vehl) *nt* goose flesh
kist (kıst) *c* (pl ~en) chest
klaar (klaar) *adj* ready
klaarblijkelijk (klaar-*blay*-ker-lerk) *adv* apparently

klaarmaken (*klaar*-maa-kern) *v* prepare; cook
klacht (klahkht) *c* (pl ~en) complaint
klachtenboek (*klahkh*-tern-bo͞ok) *nt* (pl ~en) complaints book
klagen (*klaa*-gern) *v* complain
klank (klahngk) *c* (pl ~en) sound; tone
klant (klahnt) *c* (pl ~en) customer; client
klap (klahp) *c* (pl ~pen) blow; smack, slap
klappen (*klah*-pern) *v* clap, applaud
klaproos (*klahp*-rōass) *c* (pl -rozen) poppy
klas (klahss) *c* (pl ~sen) class; form
klasgenoot (*klahss*-kher-nōat) *m* (pl -noten) classmate
klasse (*klah*-ser) *c* (pl ~n) class
klassiek (klah-*seek*) *adj* classical
klauw (klou) *c* (pl ~en) claw
kleden (*klāy*-dern): **zich**~ dress
kleding (*klāy*-dıng) *c* clothes *pl*; clothing
kleedhokje (*klāyt*-hok-ʸer) *nt* (pl ~s) cabin
kleedje (*klāy*-tʸer) *nt* (pl ~s) rug
kleedkamer (*klāyt*-kaa-merr) *c* (pl ~s) dressing room
kleerhanger (*klāyr*-hah-ngerr) *c* (pl ~s) hanger, coat hanger
kleerkast (*klāyr*-kahst) *c* (pl ~en) closet *nAm*
kleermaker (*klāyr*-maa-kerr) *m* (pl ~s) tailor
klei (klay) *c* clay
klein (klayn) *adj* little, small; minor, petty, short; **kleiner** minor; **kleinst** least
kleindochter (*klayn*-dokh-terr) *f* (pl ~s) granddaughter
kleingeld (*klayn*-gehlt) *nt* change, petty cash
kleinhandel (*klayn*-hahn-derl) *c* retail trade
kleinhandelaar (*klayn*-hahn-der-laar) *c* (pl -laren, ~s) retailer
kleinkind (*klayn*-kınt) *nt* (pl ~eren) grandchild
kleinood (*klay*-nōat) *nt* (pl -noden) gem
kleinzoon (*klayn*-zōan) *m* (pl -zonen) grandson
klem (klehm) *c* (pl ~men) clamp
klemschroef (*klehm*-skhro͞of) *c* (pl -schroeven) clamp
kleren (*klāy*-rern) *pl* clothes *pl*
klerenhaak (*klāy*-rern-haak) *c* (pl -haken) peg
klerenkast (*klāy*-rer-kahst) *c* (pl ~en) wardrobe
klerk (klehrk) *m* (pl ~en) clerk
kletsen (*kleht*-sern) *v* chat; talk rubbish
kleur (klūr) *c* (pl ~en) colo(u)r; suit (cards)
kleuren (*klūr*-re) *v* colo(u)r
kleurenblind (*klūr*-rerm-blınt) *adj* colo(u)r-blind
kleurenfilm (*klūr*-rer-fılm) *c* (pl ~s) colo(u)r film
kleurrijk (*klūr*-rayk) *adj* colo(u)rful

kleuter (*klūr*-terr) *m* (pl ~s) tot
kleuterschool (*klūr*-terr-skhōal) *c* (pl -scholen) kindergarten
kleven (*klāy*-vern) *v* *stick
kleverig (*klāy*-ver-rerkh) *adj* sticky
klier (kleer) *c* (pl ~en) gland; bully
klikken (*klı*-kern) *v* click
klimaat (klee-*maat*) *nt* (pl -maten) climate
***klimmen** (*klı*-mern) *v* climb
klimop (klı-*mop*) *c* ivy
kliniek (klee-*neek*) *c* (pl ~en) clinic
***klinken** (*klıng*-kern) *v* sound
klinker (*klıng*-kerr) *c* (pl ~s) vowel
klip (klıp) *c* (pl ~pen) cliff
klok (klok) *c* (pl ~ken) clock; bell
klokhuis (*klok*-hur^ew^ss) *nt* (pl -huizen) core
klomp (klomp) *c* (pl ~en) wooden shoe, clog
klonen (*klōa*-nern) *v* clone
klont (klont) *c* (pl ~en) lump
klonterig (*klon*-ter-rerkh) *adj* lumpy
kloof (klōaf) *c* (pl kloven) cleft; chasm
kloon (klōan) *m* (pl klonen) clone
klooster (*klōa*-sterr) *nt* (pl ~s) monastery; convent, cloister
klop (klop) *c* (pl ~pen) knock, tap
kloppen (*klo*-pern) *v* knock, tap; whip
kluis (klur^ew^ss) *c* (pl kluizen) safe, vault; **~je** *nt* locker
knaap (knaap) *m* (pl knapen) boy
knalpot (*knahl*-pot) *c* (pl ~ten) silencer; muffler *nAm*
knap (knahp) *adj* smart, clever; pretty, handsome, good-looking
knapperig (*knah*-per-rerkh) *adj* crisp
knapzak (*knahp*-sahk) *c* (pl ~ken) knapsack
kneuzen (*knūr*-zern) *v* bruise
kneuzing (*knūr*-zıng) *c* (pl ~en) bruise
knie (knee) *c* (pl ~ën) knee
knielen (*knee*-lern) *v* *kneel
knieschijf (*knee*-skhayf) *c* (pl -schijven) kneecap
***knijpen** (*knay*-pern) *v* pinch, squeeze
knik (knık) *c* nod
knikken (*knı*-kern) *v* nod
knikker (*knı*-kerr) *c* (pl ~s) marble
knippen (*knı*-pern) *v* *cut
knoflook (*knof*-lōak) *nt*/*c* garlic
knokkel (*kno*-kerl) *c* (pl ~s) knuckle
knoop (knōap) *c* (pl knopen) button; knot
knooppunt (*knōa*-pernt) *nt* (pl ~en) junction
knoopsgat (*knōaps*-khaht) *nt* (pl ~en) buttonhole
knop (knop) *c* (pl ~pen) bud; knob
knopen (*knōa*-pern) *v* button;

tie, knot
knots (knots) *c* (pl ~en) club
knuffelen (*kner*-fer-lern) *v* cuddle
knuppel (*kner*-perl) *c* (pl ~s) club
knus (knerss) *adj* cosy
koe (koo) *f* (pl koeien) cow
koek (kook) *c* (pl ~en) cake
koekepan (*koo*-ker-pahn) *c* (pl ~nen) frying pan
koekje (kook-ʸer) *nt* (pl ~s) biscuit; cookie
koekoek (*koo*-kook) *c* (pl ~en) cuckoo
koel (kool) *adj* cool
koelkast (*kool*-kahst) *c* (pl ~en) fridge, refrigerator
koeltas (*kool*-tahss) *c* (pl ~sen) ice bag
koepel (*koo*-perl) *c* (pl ~s) dome
koers (koors) *c* (pl ~en) exchange rate; course
koets (koots) *c* (pl ~en) carriage, coach
koffer (*ko*-ferr) *c* (pl ~s) case, suitcase, bag; trunk
kofferruimte (*ko*-fer-rurᵉʷm-ter) *c* trunk *nAm*
koffie (*ko*-fee) *c* coffee
kogel (*koa*-gerl) *c* (pl ~s) bullet
kok (kok) *m* (f kokkin, pl ~s) cook
koken (*koa*-kern) *v* cook; boil
kokosnoot (*koa*-koss-noat) *c* (pl -noten) coconut
kolen (*koa*-lern) *pl* coal
kolom (koa-*lom*) *c* (pl ~men) column
kolonel (koa-loa-*nehl*) *m* (pl ~s) colonel
kolonie (koa-*loa*-nee) *c* (pl ~s, -niën) colony
kolonne (koa-*lo*-ner) *c* (pl ~s) column
kom (kom) *c* (pl ~men) basin
komedie (koa-*may*-dee) *c* (pl ~s) comedy
***komen** (*koa*-mern) *v* *come
komfort (koam-*foar*) *nt* comfort
komiek (koa-*meek*) *m* (pl ~en) comedian
komisch (*koa*-mess) *adj* comic
komkommer (kom-*ko*-merr) *c* (pl ~s) cucumber
komma (*ko*-maa) *c* (pl ~'s) comma
kompas (kom-*pahss*) *nt* (pl ~sen) compass
komplot (kom-*plot*) *nt* (pl ~ten) plot, intrigue
komst (komst) *c* coming; arrival
konijn (koa-*nayn*) *nt* (pl ~en) rabbit
koning (*koa*-nɪng) *m* (pl ~en) king
koningin (koa-nɪ-*ngɪn*) *f* (pl ~nen) queen
koninklijk (*koa*-nɪng-klerk) *adj* royal
koninkrijk (*koa*-nɪng-krayk) *nt* (pl ~en) kingdom
kooi (koaᵉᵉ) *c* (pl ~en) cage; bunk
kookboek (*koak*-book) *nt* (pl ~en) cookery book; cookbook

nAm
kookgelegenheid (*kōak*-ger-lay-gern-hayt) *c* cooking facilities
kool (kōal) *c* (pl kolen) cabbage
koop (kōap) *c* purchase; **te** ~ for sale
koophandel (*kōap*-hahn-derl) *c* trade
koopje (*kōap*-ʸer) *nt* (pl ~s) bargain
koopman (*kōap*-mahn) *c* (pl kooplieden) dealer, merchant
koopprijs (*kōa*-prayss) *c* (pl -prijzen) purchase price
koopwaar (*kōap*-vaar) *c* merchandise
koor (kōar) *nt* (pl koren) choir
koord (kōart) *nt* (pl ~en) cord
koorts (kōarts) *c* fever
koortsig (*kōart*-serkh) *adj* feverish
kop (kop) *c* (pl ~pen) head; headline
***kopen** (*kōa*-pern) *v* *buy; purchase
koper[1] (*kōa*-perr) *nt* brass; copper
koper[2] (*kōa*-perr) *m* (f koopster, pl ~s) buyer, purchaser
kopie (kōa-*pee*) *c* (pl ~ën) copy
kopiëren (kōa-pee-ʸay-rern) *v* copy
kopje (*kop*-ʸer) *nt* (pl ~s) cup
koplamp (*kop*-lahmp) *c* (pl ~en) headlight, headlamp
koppeling (*ko*-per-lıng) *f* clutch; (*computer*) link
koppelteken (*ko*-perl-tay-kern) *nt* (pl ~s) hyphen
koppig (*ko*-perkh) *adj* obstinate, head-strong
koraal (kōa-*raal*) *c* (pl -ralen) coral
koren (*kōa*-rern) *nt* corn, grain
korenveld (*kōa*-rer-vehlt) *nt* (pl ~en) cornfield
korhoen (*kor*-hōōn) *nt* (pl ~ders) grouse
korrel (*ko*-rerl) *c* (pl ~s) corn, grain
korset (kor-*seht*) *nt* (pl ~ten) corset
korst (korst) *c* (pl ~en) crust
kort (kort) *adj* brief, short
korting (*kor*-tıng) *c* (pl ~en) discount, reduction, rebate
kortsluiting (*kort*-slurᵉʷ-tıng) *c* short circuit
kortstondig (kort-*ston*-derkh) *adj* momentary
kosmetica (koss-*may*-tee-kaa) *pl* cosmetics *pl*
kost (kost) *c* food, fare; livelihood; ~ **en inwoning** room and board, board and lodging, bed and board
kostbaar (*kost*-baar) *adj* precious, valuable, expensive
kostbaarheden (*kost*-baar-hay-dern) *pl* valuables *pl*
kosteloos (*koss*-ter-lōass) *adj* free of charge
kosten (*koss*-tern) *v* *cost; *pl* cost, expenditure
kostganger (*kost*-khah-ngerr) *m* (f -gangster, pl ~s) boarder
kostuum (koss-tewm) *nt* (pl ~s)

suit
kotelet (kōā-ter-*leht*) *c* (pl ~ten) chop
kou (kou) *c* cold; ~ **vatten** catch a cold
koud (kout) *adj* cold
kous (kouss) *c* (pl ~en) stocking
kraag (kraakh) *c* (pl kragen) collar
kraai (kraa^ee) *c* (pl ~en) crow
kraakbeen (*kraak*-bāyn) *nt* cartilage
kraal (kraal) *c* (pl kralen) bead
kraam (kraam) *c* (pl kramen) stand, stall; booth
kraan (kraan) *c* (pl kranen) tap; faucet *nAm*
krab (krahp) *c* (pl ~ben) crab
krabben (*krah*-bern) *v* scratch
kracht (krahkht) *c* (pl ~en) force, strength; energy, power
krachtig (*krahkh*-terkh) *adj* strong
kraken (*kraa*-kern) *v* creak, crack
kralensnoer (*kraa*-ler-snōōr) *nt* (pl ~en) beads *pl*
kramp (krahmp) *c* (pl ~en) cramp; convulsion
krankzinnig (krahngk-*sɪ*-nerkh) *adj* insane; lunatic, crazy, mad
krankzinnige (krahngk-*sɪ*-ner-ger) *c* (pl ~n) lunatic
krankzinnigheid (krahngk-*sɪ*-nerkh-hayt) *c* lunacy
krant (krahnt) *c* (pl ~en) newspaper, paper
krantenkiosk (*krahn*-ter-kee-ʸosk) *c* (pl ~en) newsstand
krantenverkoper (*krahn*-ter-verr-kōā-perr) *m* (pl ~s) newsagent
krap (krahp) *adj* tight
kras (krahss) *c* (pl ~sen) scratch
krassen (*krah*-sern) *v* scratch
krat (kraht) *nt* (pl ~ten) crate
krater (*kraa*-terr) *c* (pl ~s) crater
krediet (krer-*deet*) *nt* (pl ~en) credit
kredietbrief (krer-*deet*-breef) *c* (pl -brieven) letter of credit
kreeft (krāyft) *c* (pl ~en) lobster
kreek (krāyk) *c* (pl kreken) creek
kreet (krāyt) *c* (pl kreten) cry
krekel (*krāy*-kerl) *c* (pl ~s) cricket
krenken (*krehng*-kern) *v* offend, injure
krent (krehnt) *c* (pl ~en) currant
kreuken (*krūr*-kern) *v* crease
kreunen (*krūr*-nern) *v* moan, groan
kreupel (*krūr*-perl) *adj* lame, crippled
kribbe (*krɪ*-ber) *c* (pl ~n) manger
kriebel (*kree*-berl) *c* (pl ~s) itch
***krijgen** (*kray*-gern) *v* *get; receive
krijgsgevangene (*kraykhs*-kher-vah-nger-ner) *c* (pl ~n) prisoner of war
krijgsmacht (*kraykhs*-mahkht) *c* (pl ~en) military force
krijt (krayt) *nt* chalk
krik (krɪk) *c* (pl ~ken) jack

***krimpen** (*krɪm*-pern) *v* *shrink
krimpvrij (*krɪmp*-vray) *adj* shrinkproof
kring (krɪng) *c* (pl ~en) ring, circle
kringloop (*krɪng*-lo̅a̅p) *c* (pl -lopen) cycle
kristal (krɪss-*tahl*) *nt* (pl ~len) crystal
kristallen (krɪss-*tah*-lern) *adj* crystal
kritiek (kree-*teek*) *adj* critical; *c* criticism
kritisch (*kree*-teess) *adj* critical
kroeg (kro̅o̅kh) *c* (pl ~en) public house; pub
kroes (kro̅o̅ss) *c* (pl kroezen) mug
krokant (kro̅a̅-*kahnt*) *adj* crisp
krokodil (kro̅a̅-ko̅a̅-*dɪl*) *c* (pl ~len) crocodile
krom (krom) *adj* crooked; curved, bent
kromming (*kro*-mɪng) *c* (pl ~en) curve, bend
kronen (*kro̅a̅*-nern) *v* crown
kronkelen (*krong*-ker-lern) *v* *wind
kronkelig (*krong*-ker-lerkh) *adj* winding
kroon (kro̅a̅n) *c* (pl kronen) crown
kruid (krur^{ew}t) *nt* (pl ~en) herb; **kruiden** spices; *v* flavo(u)r
kruidenier (krur^{ew}-der-*neer*) *m* (pl ~s) grocer
kruidenierswaren (krur^{ew}-der-*neers*-vaa-rern) *pl* groceries *pl*
kruidenierswinkel (krur^{ew}-der-*neers*-vɪng-kerl) *c* (pl ~s) grocer's, grocery
kruier (*krur*^{ew}-err) *m* (pl ~s) porter
kruik (krur^{ew}k) *c* (pl ~en) pitcher
kruimel (*krur*^{ew}-merl) *c* (pl ~s) crumb
***kruipen** (*krur*^{ew}-pern) *v* *creep, crawl
kruis (krur^{ew}ss) *nt* (pl ~en) cross
kruisbeeld (*krur*^{ew}*ss*-ba̅y̅lt) *nt* (pl ~en) crucifix
kruisbes (*krur*^{ew}*ss*-behss) *c* (pl ~sen) gooseberry
kruisigen (*krur*^{ew}-ser-gern) *v* crucify
kruisiging (*krur*^{ew}-ser-gɪng) *c* (pl ~en) crucifixion
kruising (*krur*^{ew}-sɪng) *c* (pl ~en) crossing, junction
kruispunt (*krur*^{ew}*ss*-pernt) *nt* (pl ~en) crossroads, intersection
kruissnelheid (*krur*^{ew}-snehl-hayt) *c* cruising speed
kruistocht (*krur*^{ew}*ss*-tokht) *c* (pl ~en) crusade
kruit (krur^{ew}t) *nt* gunpowder
kruiwagen (*krur*^{ew}-vaa-gern) *c* (pl ~s) wheelbarrow
kruk (krerk) *c* (pl ~ken) crutch
krul (krerl) *c* (pl ~len) curl
krullen (*krer*-lern) *v* curl; **krullend** curly
krulspeld (*krerl*-spehlt) *c* (pl ~en) curler
kubus (*ke̅w̅*-berss) *c* (pl ~sen)

cube
kudde (*ker*-der) *c* (pl ~n, ~s) herd, flock
kuiken (*kur*[ew]-kern) *nt* (pl ~s) chicken
kuil (kur[ew]l) *c* (pl ~en) hole; pit
kuis (kur[ew]ss) *adj* chaste
kuit[1] (kur[ew]t) *c* roe
kuit[2] (kur[ew]t) *c* (pl ~en) calf
kundig (*kern*-derkh) *adj* capable
***kunnen** (*ker*-nern) *v* *can, *be able to; *might, *may; **het aan~** cope
kunst (kernst) *c* (pl ~en) art; **schone kunsten** fine arts
kunstacademie (*kernst*-ah-kaa-da͞y-mee) *c* (pl ~s) art school
kunstenaar (*kern*-ster-naar) *c* (f -ares, pl ~s) artist
kunstgalerij (*kernst*-khah-ler-ray) *c* (pl ~en) art gallery
kunstgebit (*kernst*-kher-bɪt) *nt* (pl ~ten) denture, false teeth
kunstgeschiedenis (*kernst*-kher-skhee-der-nɪss) *c* art history
kunstijsbaan (*kernst*-ayss-baan) *c* (pl -banen) skating rink
kunstje (*kern*-sher) *nt* (pl ~s) trick
kunstmatig (kernst-*maa*-terkh) *adj* artificial
kunstnijverheid (kernst-*nay*-verr-hayt) *c* arts and crafts
kunsttentoonstelling (*kerns*-tern-to͞an-steh-lɪng) *c* (pl ~en) art exhibition
kunstverzameling (*kernst*-ferr-zaa-mer-lɪng) *c* (pl ~en) art collection
kunstwerk (*kernst*-vehrk) *nt* (pl ~en) work of art
kunstzijde (*kernst*-say-der) *c* rayon
kunstzinnig (kernst-*sɪ*-nerkh) *adj* artistic
kurk (kerrk) *c* (pl ~en) cork
kurketrekker (*kerr*-ker-treh-kerr) *c* (pl ~s) corkscrew
kus (kerss) *c* (pl ~sen) kiss
kussen[1] (*ker*-sern) *v* kiss
kussen[2] (*ker*-sern) *nt* (pl ~s) cushion; pillow; **kussentje** *nt* pad
kussensloop (*ker*-ser-slo͞ap) *c* / *nt* (pl -slopen) pillowcase
kust (kerst) *c* (pl ~en) coast, shore; seaside, seashore
kuur (ke͞wr) *c* (pl kuren) cure
kwaad[1] (kvaat) *adj* angry, cross; mad; ill
kwaad[2] (kvaat) *nt* (pl kwaden) evil; mischief, harm
kwaadaardig (kvaa-*daar*-derkh) *adj* malignant
kwadraat (kvaa-*draat*) *nt* (pl -draten) square
kwakzalver (*kvahk*-sahl-verr) *m* (pl ~s) quack
kwal (kvahl) *c* (pl ~len) jellyfish
kwalijk *nemen (*kvaa*-lerk *na͞y*-mern) resent; **neem me niet kwalijk!** sorry!
kwaliteit (kvaa-lee-*tayt*) *c* (pl ~en) quality
kwart (kvahrt) *nt* (pl ~en)

quarter
kwartaal (kvahr-*taal*) *nt* (pl -talen) quarter
kwartel (*kvahr*-terl) *c* (pl ~s) quail
kwartier (kvahr-*teer*) *nt* quarter of an hour
kwast (kvahst) *c* (pl ~en) brush
kweken (*kvay*-kern) *v* cultivate, *grow
kwellen (*kveh*-lern) *v* torment
kwelling (*kveh*-lıng) *c* (pl ~en) torment
kwestie (*kvehss*-tee) *c* (pl ~s) matter, question, issue
kwetsbaar (*kvehts*-baar) *adj* vulnerable
kwetsen (*kveht*-sern) *v* injure; *hurt, wound; **kwetsend** *adj* hurtful
kwijtraken (*kvayt*-raa-kern) *v* *lose; *mislay
kwik (kvık) *nt* mercury
kwis (*kvıss*) *c* quiz
kwistig (*kvıss*-terkh) *adj* lavish
kwitantie (kvee-*tahn*-see) *c* (pl ~s) receipt

L

la (laa) *c* (pl ~den) drawer
laag[1] (laakh) *adj* low; **lager** *adj* inferior
laag[2] (laakh) *c* (pl lagen) layer
laagland (*laakh*-lahnt) *nt* lowlands *pl*
laan (laan) *c* (pl lanen) avenue
laars (laars) *c* (pl laarzen) boot
laat (laat) *adj* late; **laatst** *adj* last; ultimate, final; *adv* lately; **later** *adv* afterwards; later; **te ~** late; overdue
labiel (laa-*beel*) *adj* unstable
laboratorium (laa-bōa-raa-*tōa*-ree-ʸerm) *nt* (pl -ria) laboratory
lach (lahkh) *c* laugh
***lachen** (*lah*-khern) *v* laugh
lactose (lahk-*tōa*-ser) *f* lactose
lactose-intolerant (lahk-*tōa*-ser-in-tōa-ler-rahnt) *adj* lactose intolerant
ladder (*lah*-derr) *c* (pl ~s) ladder
lade (*laa*-der) *c* (pl ~n) drawer
***laden** (*laa*-dern) *v* load; charge
ladenkast (*laa*-der-kahst) *c* (pl ~en) chest of drawers
lading (*laa*-dıng) *c* (pl ~en) charge, load; freight, cargo
laf (lahf) *adj* cowardly
lafaard (*lah*-faart) *m* (pl ~s) coward
lagune (laa-*gew*-ner) *c* (pl ~s) lagoon
lak (lahk) *c* (pl ~ken) lacquer, varnish
laken (*laa*-kern) *nt* (pl ~s) sheet
lakken (*lah*-kern) *v* varnish
lam[1] (lahm) *adj* lame
lam[2] (lahm) *nt* (pl ~meren) lamb
lambrizering (lahm-bree-*zay*-rıng) *c* panelling
lamp (lahmp) *c* (pl ~en) lamp

lampekap (*lahm*-per-kahp) *c* (pl ~pen) lampshade
lampenpeer (*lahm*-per-pa͞yr) *c* (pl -eren) light bulb
lamsvlees (*lahms*-fla͞yss) *nt* lamb
lanceren (lahn-*sa͞y*-rern) *v* launch
land (lahnt) *nt* (pl ~en) country, land; **aan ~** ashore; **aan ~ *gaan** land
landbouw (*lahnt*-bou) *c* agriculture; **landbouw-** agrarian
landen (*lahn*-dern) *v* land
landgenoot (*lahnt*-kher-no͞at) *m* (pl -noten) fellow-countryman
landgoed (*lahnt*-kho͞ot) *nt* (pl ~eren) estate
landhuis (*lahnt*-hurewss) *nt* (pl -huizen) country house
landkaart (*lahnt*-kaart) *c* (pl ~en) map
landloper (*lahnt*-lo͞a-perr) *m* (pl ~s) tramp
landschap (*lahnt*-skhahp) *nt* (pl ~pen) scenery, landscape
landsgrens (*lahnts*-khrehns) *c* (pl -grenzen) border
lang (lahng) *adj* long; tall
langdurig (lahng-*de͞w*-rerkh) *adj* long
langs (lahngs) *prep* along; past; down
langspeelplaat (*lahng*-spa͞yl-plaat) *c* (pl -platen) long-playing record
langwerpig (lahng-*vehr*-perkh) *adj* oblong
langzaam (*lahng*-zaam) *adj* slow
langzamerhand (lahng-zaa-merr-*hahnt*) *adv* gradually
lantaarn (lahn-*taa*-rern) *c* (pl ~s) lantern
laptop (*lehp*-top) *m* (pl ~s) laptop
las (lahss) *c* (pl ~sen) joint
lassen (*lah*-sern) *v* weld
last (lahst) *c* (pl ~en) charge; load, burden; trouble, nuisance, bother
laster (*lahss*-terr) *c* slander
lastig (*lahss*-terkh) *adj* troublesome, inconvenient; difficult
***laten** (*laa*-tern) *v* *let; allow to; *leave; *have
later (*laa*-ter) *adv* afterwards; later
Latijns-Amerika (lah-tayn-zaa-*ma͞y*-ree-kaa) Latin America
Latijns-Amerikaans (lah-tayn-zaa-ma͞y-ree-*kaans*) *adj* Latin-American
lauw (lou) *adj* lukewarm, tepid
lawaai (laa-*vaa*ee) *nt* noise
lawaaierig (laa-*vaa*ee-er-rerkh) *adj* noisy
lawine (laa-*vee*-ner) *c* (pl ~s, ~n) avalanche
laxeermiddel (lahk-*sa͞yr*-mi-derl) *nt* (pl ~en) laxative
ledemaat (*la͞y*-der-maat) *c* (pl maten) limb
lederen (*la͞y*-der-rern) *adj* leather
ledigen (*la͞y*-der-gern) *v* empty

leed (la̅y̅t) *nt* sorrow
leeftijd (*la̅y̅f*-tayt) *c* (pl ~en) age
leeg (la̅y̅kh) *adj* empty
leek (la̅y̅k) *m* (pl leken) layman
leer[1] (la̅y̅r) *c* teachings *pl*
leer[2] (la̅y̅r) *nt* leather
leerboek (*la̅y̅r*-bo̅o̅k) *nt* (pl ~en) textbook
leerling (*la̅y̅r*-lıng) *m* (f ~e, pl ~en) pupil; apprentice; scholar
leerzaam (*la̅y̅r*-zaam) *adj* instructive
leesbaar (*la̅y̅ss*-baar) *adj* legible
leeslamp (*la̅y̅ss*-lahmp) *c* (pl ~en) reading lamp
leeszaal (*la̅y̅*-saal) *c* (pl -zalen) reading room
leeuw (la̅y̅^{oo}) *c* (pl ~en) lion
leeuwerik (*la̅y̅*^{oo}-er-rık) *c* (pl ~en) lark
lef (lehf) *nt* guts
legalisatie (la̅y̅-gaa-lee-*zaa*-tsee) *c* legalization
legatie (ler-*gaa*-tsee) *c* (pl ~s) legation
leger (*la̅y̅*-gerr) *nt* (pl ~s) army
leggen (*leh*-gern) *v* *lay, *put
legpuzzel (*lehkh*-per-zerl) *c* (pl ~s) jigsaw puzzle
lei (lay) *nt* slate
leiden (*lay*-dern) *v* head, direct; guide, *lead, conduct
leider (*lay*-derr) *m* (f -ster, pl ~s) leader
leiderschap (*lay*-derr-skhahp) *nt* leadership
leiding[1] (*lay*-dıng) *c* lead
leiding[2] (*lay*-dıng) *c* (pl ~en) pipe
leidinggevend (lay-dıng-*kher*-vernt) *adj* executive
lek[1] (lehk) *adj* leaky; punctured
lek[2] (lehk) *nt* (pl ~ken) leak
lekken (*leh*-kern) *v* leak
lekker (*leh*-kerr) *adj* good; nice, enjoyable, delicious, tasty
lekkernij (leh-kerr-*nay*) *c* (pl ~en) delicacy
lelie (*la̅y̅*-lee) *c* (pl ~s) lily
lelijk (*la̅y̅*-lerk) *adj* ugly
lemmet (*leh*-mert) *nt* (pl ~en) blade
lenen (*la̅y̅*-nern) *v* *lend; borrow
lengte (*lehng*-ter) *c* (pl ~n, ~s) length; **in de ~** lengthways
lengtegraad (*lehng*-ter-graat) *c* (pl -graden) longitude
lenig (*la̅y̅*-nerkh) *adj* supple
lening (*la̅y̅*-nıng) *c* (pl ~en) loan
lens (lehns) *c* (pl lenzen) lens
lente (*lehn*-ter) *c* (pl ~s) spring
lepel (*la̅y̅*-perl) *c* (pl ~s) spoon; spoonful
lepra (*la̅y̅*-praa) *c* leprosy
leraar (*la̅y̅*-raar) *c* (f lerares, pl leraren, ~s) teacher; instructor
leren[1] (*la̅y̅*-rern) *v* *teach; *learn
leren[2] (*la̅y̅*-rern) *adj* leather
les (lehss) *c* (pl ~sen) lesson
leslokaal (*lehss*-lo̅a̅-kaal) *nt* (pl -kalen) classroom
lessenaar (*leh*-ser-naar) *c* (pl ~s) desk

letsel (*leht*-serl) *nt* (pl ~s) injury
letten op (*leh*-tern) attend to, *pay attention to; watch, mind
letter (*leh*-terr) *c* (pl ~s) letter
lettergreep (*leh*-terr-grayp) *c* (pl -grepen) syllable
letterkundig (leh-terr-*kern*-derkh) *adj* literary
leugen (*lur*-gern) *c* (pl ~s) lie
leugenaar (*lur*-ger-naar) *m* (f ~ster, pl ~s) liar
leuk(lurk) *adj* enjoyable; funny, jolly
leunen (*lur*-nern) *v* *lean
leuning (*lur*-ning) *c* (pl ~en) arm; rail
leunstoel (*lurn*-stool) *c* (pl ~en) easy chair, armchair
leus (lurss) *c* (pl leuzen) slogan
leven[1] (*lay*-vern) *v* live; **levend** alive; live
leven[2] (*lay*-vern) *nt* (pl ~s) life; lifetime; **in ~** alive
levendig (*lay*-vern-derkh) *adj* lively; brisk, vivid
levensmiddelen (*lay*-verns-mi-der-lern) *pl* foodstuffs *pl*
levensstandaard (*lay*-vern-stahn-daart) *c* standard of living
levensverzekering (*lay*-verns-ferr-zay-ker-ring) *c* (pl ~en) life insurance
lever (*lay*-verr) *c* (pl ~s) liver
leveren (*lay*-ver-rern) *v* furnish, provide, supply
levering (*lay*-ver-ring) *c* (pl ~en) delivery, supply
***lezen** (*lay*-zern) *v* *read
lezing (*lay*-zing) *c* (pl ~en) lecture
Libanees[1] (lee-baa-*nayss*) *adj* Lebanese
Libanees[2] (lee-bah-*nayss*) *m* (f Libanese, pl -nezen) Lebanese
Libanon (*lee*-baa-non) Lebanon
liberaal (lee-ber-*raal*) *adj* liberal
Liberia (lee-*bay*-ree-ʸaa) Liberia
Liberiaans (lee-bay-ree-ʸ*aans*) *adj* Liberian
licentie (lee-*sehn*-see) *c* (pl ~s) license *Am*, licence
lichaam (*li*-khaam) *nt* (pl lichamen) body
licht[1] (likht) *adj* light; pale; gentle, slight
licht[2] (likht) *nt* (pl ~en) light
lichtbruin (*likht*-brurᵉʷn) *adj* light brown, fawn
lichtgevend (*likht*-kher-vernt) *adj* luminous
lichting (*likh*-ting) *c* (pl ~en) collection; batch
lichtpaars (*likht*-paars) *adj* mauve
lid (lit) *nt* (pl leden) member; associate
lidmaatschap (*lit*-maat-skhahp) *nt* membership
lidwoord (*lit*-voart) *nt* (pl ~en) article
lied (leet) *nt* (pl ~eren) song
lief (leef) *adj* dear; sweet; affectionate, adorable
liefdadigheid (leef-*daa*-

derkh-hayt) *c* charity
liefde (*leef*-der) *c* (pl ~s) love
liefdesgeschiedenis (*leef*-derss-kher-skhee-der-nɪss) *c* (pl ~sen) love story
***liefhebben** (*leef*-heh-bern) *v* love
liefhebberij (leef-heh-ber-*ray*) *c* (pl ~en) hobby
liefje (*leef*-ʸer) *nt* (pl ~s) sweetheart
***liegen** (*lee*-gern) *v* lie
lies (leess) *c* (pl liezen) groin
lieveling (*lee*-ver-lɪng) *c* (pl ~en) darling, sweetheart; favo(u)rite, pet; **lievelings-** favo(u)rite, pet
liever (*lee*-verr) *adv* sooner, rather; ~ ***hebben** prefer
lift (lɪft) *c* (pl ~en) lift; elevator *nAm*
liften (*lɪf*-tern) *v* hitchhike
lifter (*lɪf*-terr) *m* (f -ster, pl ~s) hitchhiker
***liggen** (*lɪ*-gern) *v* *lie; ***gaan** ~ *lie down
ligging (*lɪ*-gɪng) *c* location; situation, site
ligstoel (*lɪkh*-stōōl) *c* (pl ~en) deck chair
lijden (*lay*-dern) *nt* suffering
***lijden** (*lay*-dern) *v* suffer
lijf (layf) *nt* (pl lijven) body
lijfwacht (*layf*-vahkht) *c* (pl ~en) bodyguard
lijk (layk) *nt* (pl ~en) corpse; **levend** ~ zombie
***lijken** (lay-kern) *v* seem, appear; look; ~ **op** resemble
lijm (laym) *c* glue, gum
lijn (layn) *c* (pl ~en) line; leash
lijnboot (*layn*-bōat) *c* (pl -boten) liner
lijst (layst) *c* (pl ~en) list; frame
lijster (*lay*-sterr) *c* (pl ~s) thrush
lijvig (*lay*-verkh) *adj* bulky
likdoorn (*lɪk*-dōa-rern) *c* (pl ~s) corn
likeur (lee-*kūrr*) *c* (pl ~en) liqueur
likken (*lɪ*-kern) *v* lick, lap
limiet (lee-*meet*) *c* (pl ~en) limit
limoen (lee-*mōōn*) *c* (pl ~en) lime
limonade (lee-mōa-*naa*-der) *c* (pl ~s) lemonade
limonadesiroop (lee-mōa-*naa*-der-see-rōap) *c* (pl -open) cordial
linde (*lɪn*-der) *c* (pl ~n) limetree, lime
lingerie (lang-zher-*ree*) *c* lingerie
liniaal (lee-nee-ʸ*aal*) *c* (pl -alen) ruler
links (lɪngks) *adj* left; left-hand
linkshandig (lɪngks-*hahn*-derkh) *adj* left-handed
linnen (*lɪ*-nern) *nt* linen
linnengoed (*lɪ*-ner-gōōt) *nt* linen
lint (lɪnt) *nt* (pl ~en) ribbon; tape
lip (lɪp) *c* (pl ~pen) lip
liposuctie (lee-pōa-*serk*-tsee) *f* (pl ~s) liposuction
lippenstift (*lɪ*-per-stɪft) *c* lipstick
listig (*lɪss*-terkh) *adj* sly

liter (*lee*-terr) *c* (pl ~s) liter *Am*, litre
literair (lee-ter-*rair*) *adj* literary
literatuur (lee-ter-raa-*tewr*) *c* literature
lits-jumeaux (lee-zhew-*moa*) *nt* twin beds
litteken (*lı*-tāy-kern) *nt* (pl ~s) scar
locomotief (loa-koa-moa-*teef*) *c* (pl -tieven) engine, locomotive
loeien (*loo*ee-ern) *v* roar
lof (lof) *c* glory, praise
logé (loa-*zhay*) *c* (pl ~'s) guest
logeerkamer (loa-*zhayr*-kaa-merr) *c* (pl ~s) spare room, guest room
logeren (loa-*zhay*-rern) *v* stay
logica (*loa*-gee-kaa) *c* logic
logies (loa-*zheess*) *nt* lodgings *pl*, accommodation; ~ **en ontbijt** bed and breakfast
logisch (*loa*-geess) *adj* logical
lokaal (loa-*kaal*) *adj* local
lol (lol) *c* fun
lonen (*loa*-nern) *v* *pay
long (long) *c* (pl ~en) lung
longontsteking (*long*-ont-stāy-kıng) *c* (pl ~en) pneumonia
lont (lont) *c* (pl ~en) fuse
lood (loat) *nt* lead
loodgieter (*loat*-khee-terr) *m* (pl ~s) plumber
loodrecht (*loat*-rehkht) *adj* perpendicular
loods (loats) *c* (pl ~en) pilot
loon (loan) *nt* (pl lonen) wages *pl*; salary, pay
loonsverhoging (*loans*-ferr-hoa-gıng) *c* (pl ~en) raise *nAm*
loop (loap) *c* course; walk
loopbaan (*loa*-baan) *c* (pl -banen) career
loopplank (*loa*-plahngk) *c* (pl ~en) gangway
***lopen** (*loa*-pern) *v* walk; *go
loper (*loa*-per) *m* (f loopster, pl ~s) runner
los (loss) *adj* loose
losgeld (*loass*-khehlt) *nt* (pl ~en) ransom
losknopen (*loss*-knoa-pern) *v* unbutton; untie
losmaken (*loss*-maa-kern) *v* unfasten, *undo, detach; loosen
losschroeven (*lo*-skhroo-vern) *v* unscrew
lossen (*lo*-sern) *v* unload, discharge
lot[1] (lot) *nt* lot, fortune, destiny, fate
lot[2] (lot) *nt* (pl ~en) lot
loterij (loa-ter-*ray*) *c* (pl ~en) lottery
lotion (loa-*shon*) *c* (pl ~s) lotion
louter (*lou*-terr) *adj* mere
loven (*loa*-vern) *v* applaud
loyaal (loa-*yaal*) *adj* loyal
lucht (lerkht) *c* air; breath; sky
luchtdicht (*lerkh*-dıkht) *adj* airtight
luchtdruk (*lerkh*-drerk) *c* atmospheric pressure
luchten (*lerkh*-tern) *v* air, ventilate
luchtfilter (*lerkht*-fıl-terr) *nt* (pl ~s) air-filter

luchthaven (*lerkht*-haa-vern) *c* (pl ~s) airport
luchtig (*lerkh*-terkh) *adj* airy
luchtpost (*lerkht*-post) *c* airmail
luchtvaartmaatschappij (*lerkht*-faart-maat-skhah-pay) *c* (pl ~en) airline
luchtverversing (*lerkht*-ferr-vehr-sıng) *c* air conditioning, ventilation
luchtziekte (*lerkht*-seek-ter) *c* airsickness
lucifer (*lew*-see-fehr) *c* (pl ~s) match
lucifersdoosje (*lew*-see-fehrs-dōa-sher) *nt* (pl ~s) matchbox
lui (lur^{ew}) *adj* lazy; idle
luid (lur^{ew}t) *adj* loud
luidspreker (*lur*^{ew}*t*-spraȳ-kerr) *c* (pl ~s) loudspeaker
luier (*lur*^{ew}-err) *c* (pl ~s) nappy; diaper *nAm*
luik (lur^{ew}k) *nt* (pl ~en) hatch; shutter
luis (lur^{ew}ss) *c* (pl luizen) louse
luisteraar (*lur*^{ew}*ss*-ter-raar) *m* (f ~ster, pl ~s) listener
luisteren (*lur*^{ew}*ss*-ter-rern) *v* listen
luisterrijk (*lur*^{ew}*ss*-ter-rayk) *adj* magnificent
lukken (*ler*-kern) *v* succeed
lunch (lernsh) *c* (pl ~es) lunch
lus (lerss) *c* (pl ~sen) loop
lusten (*lerss*-tern) *v* like; fancy
luxe (*lewk*-ser) *c* luxury
luxueus (lewk-sew-*ūrss*) *adj* luxurious

M

maag (maakh) *c* (pl magen) stomach; **maag-** gastric
maagd (maakht) *f* (pl ~en) virgin
maagpijn (*maakh*-payn) *c* stomach ache
maagzuur (*maakh*-sewr) *nt* heartburn
maagzweer (*maakh*-svaȳr) *c* (pl -zweren) gastric ulcer
maal[1] (maal) *nt* (pl malen) meal
maal[2] (maal) *c* (pl malen) time
maal[3] (maal) *prep* times
maaltijd (*maal*-tayt) *c* (pl ~en) meal; **warme** ~ dinner
maan (maan) *c* (pl manen) moon
maand (maant) *c* (pl ~en) month
maandag (*maan*-dahkh) *c* Monday
maandblad (*maant*-blaht) *nt* (pl ~en) monthly magazine
maandelijks (*maan*-der-lerks) *adj* monthly
maandverband (*maant*-ferr-bahnt) *nt* sanitary towel
maanlicht (*maan*-lıkht) *nt* moonlight
maar (maar) *conj* but; yet; *adv* only
maart (maart) March

maas (maass) *c* (pl mazen) mesh
maat (maat) *c* (pl maten) size, measure; **extra grote ~** outsize; **op ~ gemaakt** tailor-made; made to order
maatregel (*maat*-ray-gerl) *c* (pl ~en, ~s) measure
maatschappelijk (maat-*skhah*-per-lerk) *adj* social
maatschappij (maat-skhah-*pay*) *c* (pl ~en) company; society
maatstaf (*maat*-stahf) *c* (pl -staven) standard
machine (mah-*shee*-ne) *c* (pl ~s) engine, machine
machinerie (mah-shee-ner-*ree*) *c* machinery
macht (mahkht) *c* (pl ~en) power; force, might; authority
machteloos (*mahkh*-ter-loass) *adj* powerless
machtig (*mahkh*-terkh) *adj* powerful, mighty
machtiging (*mahkh*-ter-ging) *c* (pl ~en) authorization
magazijn (maa-gaa-*zayn*) *nt* (pl ~en) store house, warehouse
mager (*maa*-gerr) *adj* lean, thin
magie (maa-*gee*) *c* magic
magistraat (maa-giss-*traat*) *c* (pl -straten) magistrate
magneet (mahkh-*nayt*) *c* (pl -neten) magnet
magnetisch (mahkh-*nay*-teess) *adj* magnetic
magnetron (*mahkh*-ner-tron) *c* (pl ~s) microwave oven
maillot (maa-yoa) *c* (pl ~s) tights *pl*
maïs (mighss) *c* maize
maïskolf (*mighss*-kolf) *c* (pl -kolven) corn on the cob
maître d'hôtel (mai-trer-doa-*tehl*) head waiter
maîtresse (meh-*tray*-ser) *f* (pl ~s, ~n) mistress
majoor (maa-*yoar*) *m* (pl ~s) major
mak (mahk) *adj* tame
makelaar (*maa*-ker-laar) *m* (pl ~s) broker, house agent
maken (*maa*-kern) *v* *make; **te ~ *hebben met** *deal with
makreel (maa-*krayl*) *c* (pl -relen) mackerel
mal (mahl) *adj* foolish, silly
malaria (maa-*laa*-ree-yaa) *c* malaria
Maleis (maa-*layss*) *nt* Malay
Maleisië (maa-*lay*-zee-yer) Malaysia
Maleisisch (maa-*lay*-zeess) *adj* Malaysian
***malen** (*maa*-lern) *v* *grind
mals (mahls) *adj* tender
man (mahn) *m* (pl ~nen) man; husband
manchet (mahn-*sheht*) *c* (pl ~ten) cuff
manchetknopen (mahn-*sheht*-knoa-pern) *pl* cuff links *pl*
mand (mahnt) *c* (pl ~en) hamper, basket
mandaat (mahn-*daat*) *nt* (pl -daten) mandate
mandarijn (mahn-daa-*rayn*) *c*

(pl ~en) mandarin, tangerine
manege (maa-*nāy*-zher) *c* (pl ~s) riding school
manicure (maa-nee-*kēw*-rer) *c* (pl ~s) manicure
manicuren (maa-nee-*kēw*-rern) *v* manicure
manier (maa-*neer*) *c* (pl ~en) manner; way, fashion; **op de één of andere ~** somehow
mank (mahngk) *adj* lame
mannelijk (*mah*-ner-lerk) *adj* male; masculine
mannequin (mah-ner-*kang*) *c* (pl ~s) model, mannequin
mantel (*mahn*-terl) *c* (pl ~s) coat, cloak
manuscript (maa-nerss-*krıpt*) *nt* (pl ~en) manuscript
marcheren (mahr-*shāy*-rern) *v* march
margarine (mahr-gaa-*ree*-ner) *c* margarine
marge (*mahr*-zher) *c* (pl ~s) margin
marine (maa-*ree*-ner) *c* navy; **marine-** naval
maritiem (mah-ree-*teem*) *adj* maritime
markt (mahrkt) *c* (pl ~en) market; **zwarte ~** black market
marktplein (*mahrkt*-playn) *nt* (pl ~en) marketplace
marmelade (mahr-mer-*laa*-der) *c* (pl ~s, ~n) marmalade
marmer (*mahr*-merr) *nt* marble
Marokkaan (mah-ro-*kaan*) *m* (f ~se, pl -kanen) Moroccan
Marokkaans (mah-ro-*kaans*) *adj* Moroccan
Marokko (maa-*ro*-kōa) Morocco
mars (mahrs) *c* (pl ~en) march
martelaar (*mahr*-ter-laar) *m* (f -ares, pl ~s, -laren) martyr
martelen (*mahr*-ter-lern) *v* torture
marteling (*mahr*-ter-lıng) *c* (pl ~en) torture
mascara (mahss-*kaa*-raa) *c* mascara
masker (*mahss*-kerr) *nt* (pl ~s) mask
massa (*mah*-saa) *c* (pl ~'s) bulk, mass; crowd
massage (mah-*saa*-zher) *c* (pl ~s) massage
massaproductie (*mah*-saa-prōa-derk-see) *c* mass production
massavernietigingswapens (*mah*-sah-verr-nee-ter-gings-waa-perns) *n pl* weapons of mass destruction, WMD
masseren (mah-*sāy*-rern) *v* massage
masseur (mah-*sūrr*) *m* (f masseuse, pl ~s) masseur
massief (mah-*seef*) *adj* solid, massive
mast (mahst) *c* (pl ~en) mast
mat[1] (maht) *adj* dull, mat, dim
mat[2] (maht) *c* (pl ~ten) mat
materiaal (maa-tree-^{y}*aal*) *nt* (pl -rialen) material
materie (mah-*tāy*-ree) *c* (pl -riën, ~s) matter
materieel (maa-tree-^{y}*āyl*) *adj*

material
matig (*maa*-terkh) *adj* moderate
matras (maa-*trahss*) *c* (pl ~sen) mattress
matroos (maa-*trōass*) *m* (pl matrozen) sailor
mausoleum (mou-sōa-*lāy*-ʸerm) *nt* (pl ~s, -lea) mausoleum
mazelen (*maa*-zer-lern) *pl* measles
me (mer) *pron* me; myself
mechanisch (māy-*khaa*-neess) *adj* mechanical
mechanisme (māy-khaa-*niss*-mer) *nt* (pl ~n) mechanism; machinery
medaille (māy-*dah*-ʸer) *c* (pl ~s) medal
mededelen (*māy*-der-dāy-lern) *v* notify, communicate, inform
mededeling (*māy*-der-dāy-ling) *c* (pl ~en) communication, information
mededelingenbord (*māy*-der-dāy-ling-ern-bort) *nt* (pl ~en) bulletin board
medegevoel (*māy*-der-ger-vōol) *nt* sympathy
medelijden (*māy*-der-lay-dern) *nt* pity; ~ ***hebben met** pity
medemens (*māy*-der-mehns) *m* (pl ~en) fellow man
medewerking (*māy*-der-vehr-king) *c* cooperation
media (*māy*-dee-ʸaa) *pl* media
medisch (*māy*-deess) *adj* medical
mediteren (māy-dee-*tāy*-rern) *v* meditate
***meebrengen** (*māy*-breh-ngern) *v* *bring
meedelen (*māy*-dāy-lern) *v* communicate
meel (māyl) *nt* flour
meemaken (*māy*-maa-kern) *v* *go through
***meenemen** (*māy*-nāy-mern) *v* *take away
meer[1] (māyr) *adj* more; ~ **dan** over; **niet** ~ no longer
meer[2] (māyr) *nt* (pl meren) lake
meerderheid (*māyr*-derr-hayt) *c* majority; bulk
meerderjarig (māyr-derr-*ʸaa*-rerkh) *adj* of age
meervoud (*māyr*-vout) *nt* (pl ~en) plural
meest (māyst) *adj* most
meestal (māy-*stahl*) *adv* mostly
meester (*māy*-sterr) *m* (pl ~s) master; schoolmaster, teacher
meesteres (māy-ster-*rehss*) *f* (pl ~sen) mistress
meesterwerk (*māy*-sterr-vehrk) *nt* (pl ~en) masterpiece
meetellen (*māy*-teh-lern) *v* count
meetkunde (*māyt*-kern-der) *c* geometry
meeuw (māyᵒᵒ) *c* (pl ~en) gull; seagull
mei (may) May
meid (mayt) *f* (pl ~en) girl; housemaid, maid
meineed (*may*-nāyt) *c* (pl

-eden) perjury
meisje (*may*-sher) *nt* (pl ~s) girl; girlfriend
meisjesnaam (*may*-sherss-naam) *c* (pl -namen) maiden name
mejuffrouw (mer-*yer*-frou) miss
melden (*mehl*-dern) *v* report
melding (*mehl*-ding) *c* (pl ~en) mention
melk (mehlk) *c* milk
melkboer (*mehlk*-boor) *m* (pl ~en) milkman
melodie (may-loa-*dee*) *c* (pl ~ën) melody; tune
melodieus (may-loa-dee-*yurss*) *adj* tuneful
melodrama (may-loa-*draa*-maa) *nt* (pl ~'s) melodrama
meloen (mer-*loon*) *c* (pl ~en) melon
memorandum (may-moa-*rahn*-derm) *nt* (pl -randa) memo
men (mehn) *pron* one
meneer (mer-*nayr*) mister; sir
menen (*may*-nern) *v* consider; *mean
mengen (*meh*-ngern) *v* mix
mengsel (*mehng*-serl) *nt* (pl ~s) mixture
menigte (*may*-nerkh-ter) *c* (pl ~n, ~s) crowd
mening (*may*-ning) *c* (pl ~en) opinion; view; **van ~ verschillen** disagree
mens (mehns) *m* (pl ~en) man; **mensen** people *pl*
menselijk (*mehn*-ser-lerk) *adj* human; **~ wezen** human being
mensheid (*mehns*-hayt) *c* humanity, mankind
menstruatie (mehn-strew-*vaa*-tsee) *c* menstruation
menukaart (mer-*new*-kaart) *c* (pl ~en) menu
merel (*may*-rerl) *c* (pl ~s) blackbird
merg (mehrkh) *nt* marrow
merk (mehrk) *nt* (pl ~en) brand
merkbaar (*mehrk*-baar) *adj* noticeable, perceptible
merken (*mehr*-kern) *v* notice; mark
merkteken (*mehrk*-tay-kern) *nt* (pl ~s) mark
merrie (*meh*-ree) *f* (pl ~s) mare
mes (mehss) *nt* (pl ~sen) knife
messing (*meh*-sing) *nt* brass
mest (mehst) *c* dung, manure
met (meht) *prep* with; by
metaal (may-*taal*) *nt* (pl metalen) metal
metalen (may-*taa*-lern) *adj* metal
meteen (mer-*tayn*) *adv* at once, straight away, immediately, instantly; presently
***meten** (*may*-tern) *v* measure
meter (*may*-terr) *c* (pl ~s) metre; meter; gauge; godmother
metgezel (*meht*-kher-zehl) *m* (f ~lin, pl ~len) companion
methode (may-*toa*-der) *c* (pl ~n, ~s) method
methodisch (may-*toa*-deess) *adj* methodical
metrisch (*may*-treess) *adj*

metric
metro (*māy*-trōa) *c* (pl ~'s) underground
metselaar (*meht*-ser-laar) *m* (pl ~s) bricklayer
metselen (*meht*-ser-lern) *v* *lay bricks
meubilair (mūr-bee-*lair*) *nt* furniture
meubileren (mūr-bee-*lāy*-rern) *v* furnish
mevrouw (mer-*vrou*) madam
Mexicaan (mehk-see-*kaan*) *m* (f ~se, pl -canen) Mexican
Mexicaans (mehk-see-*kaans*) *adj* Mexican
Mexico (*mehk*-see-kōa) Mexico
microfoon (mee-krōa-*fōan*) *c* (pl ~s) microphone
middag (*mɪ*-dahkh) *c* (pl ~en) afternoon; midday; noon
middageten (*mɪ*-dahkh-āy-tern) *nt* lunch; dinner
middel[1] (*mɪ*-derl) *nt* (pl ~en) means; remedy; **insektenwerend** ~ insect repellent; **kalmerend** ~ tranquillizer, sedative; **pijnstillend** ~ anaesthetic; **stimulerend** ~ stimulant; **verdovend** ~ drug
middel[2] (*mɪ*-derl) *nt* (pl ~s) waist
middeleeuwen (*mɪ*-derl-āy^oo^-ern) *pl* Middle Ages
middeleeuws (*mɪ*-derl-āy^oo^*ss*) *adj* mediaeval
Middellandse Zee (*mɪ*-der-lahnt-ser-zāy) Mediterranean
middelmatig (mɪ-derl-*maa*-terkh) *adj* moderate; medium
middelpunt (*mɪ*-derl-pernt) *nt* (pl ~en) center *Am*, centre
middelst (*mɪ*-derlst) *adj* middle
midden (*mɪ*-dern) *nt* midst, middle; **midden-** medium; ~ **in** amid; **te** ~ **van** amid; among
middenrif (*mɪ*-dern-rɪf) *nt* diaphragm
middernacht (mɪ-derr-*nahkht*) *c* midnight
midzomer (mɪt-*sōa*-merr) *c* midsummer
mier (meer) *c* (pl ~en) ant
mierikswortel (*mee*-rɪks-vor-terl) *c* (pl ~s) horseradish
migraine (mee-*grai*-ner) *c* migraine
mijl (mayl) *c* (pl ~en) mile
mijlpaal (*mayl*-paal) *c* (pl -palen) milestone; landmark
mijn[1] (mayn) *pron* my
mijn[2] (mayn) *c* (pl ~en) mine
mijnbouw (*mayn*-bou) *c* mining
mijnheer (mer-*nāyr*) mister
mijnwerker (*mayn*-vehr-kerr) *m* (pl ~s) miner
mikken op (*mɪ*-kern) aim at
mikpunt (*mɪk*-pernt) *nt* (pl ~en) target
mild (mɪlt) *adj* liberal
milieu (meel-^y^*ūr*) *nt* (pl ~s) milieu; environment
militair[1] (mee-lee-*tair*) *adj* military
militair[2] (mee-lee-*tair*) *m* (pl

~en) soldier
miljard (mɪl-*yahrt*) *nt* billion
miljoen (mɪl-*ʸoon*) *nt* million
miljonair (mɪl-*ʸoa-nair*) *m* (f ~e, pl ~s) millionaire
min (mɪn) *prep* minus
minachting (*mɪn*-ahkh-tɪng) *c* contempt
minder (*mɪn*-derr) *adv* less
minderen (*mɪn*-der-rern) *v* cut down
minderheid (*mɪn*-derr-hayt) *c* (pl -heden) minority
minderjarig (mɪn-derr-*ʸaa*-rerkh) *adj* under age
minderjarige (mɪn-derr-*ʸaa*-rer-ger) *c* (pl ~n) minor
minderwaardig (mɪn-derr-*vaar*-derkh) *adj* inferior
mineraal (mee-ner-*raal*) *nt* (pl -ralen) mineral
mineraalwater (mee-ner-*raal*-vaa-terr) *nt* mineral water
miniatuur (mee-nee-ʸaa-*tewr*) *c* (pl -turen) miniature
minimum (*mee*-nee-merm) *nt* (pl -ma) minimum
minister (mee-*nɪss*-terr) *c* (pl ~s) minister
ministerie (mee-nɪss-*tay*-ree) *nt* (pl ~s) ministry
minnaar (*mɪ*-naar) *m* (f minnares, pl ~s) lover
minst (mɪnst) *adj* least
minstens (*mɪn*-sterns) *adv* at least
minuscuul (mee-nerss-*kewl*) *adj* tiny, minute
minuut (mee-*newt*) *c* (pl minuten) minute
mis (mɪss) *c* (pl ~sen) Mass
misbruik (*mɪss*-brurᵉʷk) *nt* misuse, abuse
misdaad (*mɪss*-daat) *c* (pl -daden) crime
misdadig (mɪss-*daa*-derkh) *adj* criminal
misdadiger (*mɪss*-daa-der-gerr) *m* (f -ster, pl ~s) criminal
***misdragen** (mɪss-*draa*-gern): **zich ~** misbehave
misgunnen (mɪss-*kher*-nern) *v* grudge
mishagen (mɪss-*haa*-gern) *v* displease
miskraam (*mɪss*-kraam) *c* (pl -kramen) miscarriage
mislukking (mɪss-*ler*-kɪng) *c* (pl ~en) failure
mislukt (mɪss-*lerkt*) *adj* unsuccessful
mismaakt (mɪss-*maakt*) *adj* deformed
misplaatst (mɪss-*plaatst*) *adj* misplaced
misschien (mɪ-*skheen*) *adv* perhaps; maybe
misselijk (*mɪ*-ser-lerk) *adj* sick
misselijkheid (*mɪ*-ser-lerk-hayt) *c* nausea, sickness
missen (*mɪ*-sern) *v* lack; miss; spare
misstap (*mɪ*-stahp) *c* (pl ~pen) slip
mist (mɪst) *c* fog, mist
mistig (*mɪss*-terkh) *adj* foggy, misty
mistlamp (*mɪst*-lahmp) *c* (pl ~en) foglamp
***misverstaan** (*mɪss*-ferr-

staan) *v* *misunderstand
misverstand (*mıss*-ferr-stahnt) *nt* (pl ~en) misunderstanding
misvormd (mıss-*formt*) *adj* deformed
mits (mıts) *conj* provided that
mixer (*mık*-serr) *c* (pl ~s) mixer
mobiel (mōa-*beel*) *adj* mobile
modder (*mo*-derr) *c* mud
modderig (*mo*-der-rerkh) *adj* muddy
mode (*mōa*-der) *c* (pl ~s) fashion
model (mōa-*dehl*) *nt* (pl ~len) model
modelleren (mōa-deh-*lāy*-rern) *v* model
modem (mōa-derm) *c* (pl ~s) modem
modern (mōa-*dehrn*) *adj* modern
modieus (mōa-dee-*ʸūrss*) *adj* fashionable, trendy
moe (mōō) *adj* tired; weary
moed (mōōt) *c* courage
moeder (*mōō*-derr) *f* (pl ~s) mother
moedertaal (*mōō*-derr-taal) *c* native language, mother tongue
moedig (*mōō*-derkh) *adj* brave, courageous
moeilijk (*mōō*ᵉᵉ-lerk) *adj* difficult; hard
moeilijkheid (*mōō*ᵉᵉ-lerk-hayt) *c* (pl -heden) difficulty
moeite (mōōᵉᵉ-ter) *c* (pl ~n) trouble; pains, difficulty; **de ~ waard *zijn** *be worth-while; **~ *doen** bother
moer (mōōr) *c* (pl ~en) nut
moeras (mōō-*rahss*) *nt* (pl ~sen) swamp; bog, marsh
moestuin (*mōōss*-turᵉʷn) *c* (pl ~en) kitchen garden
***moeten** (*mōō*-tern) *v* *must; *have to; need to, *ought to, *be obliged to, *be bound to, *should
mogelijk (*mōa*-ger-lerk) *adj* possible
mogelijkheid (*mōa*-ger-lerk-hayt) *c* (pl -heden) possibility
***mogen** (*mōa*-gern) *v* *be allowed; *be allowed to; *may; like
mogendheid (*mōa*-gernt-hayt) *c* (pl -heden) power
mohair (mōa-*hair*) *nt* mohair
molen (*mōa*-lern) *c* (pl ~s) mill; windmill
molenaar (*mōa*-ler-naar) *m* (pl ~s) miller
mollig (*mo*-lerkh) *adj* plump
moment (mōa-*mehnt*) *nt* (pl ~en) moment
momentopname (mōa-*mehnt*-op-naa-mer) *c* (pl ~n) snapshot
monarchie (mōa-nahr-*khee*) *c* (pl ~ën) monarchy
mond (mont) *c* (pl ~en) mouth
mondeling (*mon*-der-lıng) *adj* oral, verbal
monding (*mon*-dıng) *c* (pl ~en) mouth
mondspoeling (*mont*-spōō-lıng) *c* mouthwash
monetair (mōa-nāy-*tair*) *adj*

monetary
monnik (*mo*-nerk) *m* (pl ~en) monk
monoloog (moa-noa-*loakh*) *c* (pl -logen) monologue
monopolie (moa-noa-*poa*-lee) *nt* (pl ~s) monopoly
monster (*mon*-sterr) *nt* (pl ~s) sample
monteren (mon-*tay*-rern) *v* assemble
monteur (mon-*turr*) *m* (pl ~s) mechanic
montuur (mon-*tewr*) *nt* (pl -turen) frame
monument (moa-new-*mehnt*) *nt* (pl ~en) monument
mooi (moa^ee) *adj* beautiful; pretty, fine; nice, lovely, fair
moordenaar (*moar*-der-naar) *m* (f -ares, pl ~s) murderer
mop (mop) *c* (pl ~pen) joke
mopperen (*mo*-per-rern) *v* grumble
moraal (moa-*raal*) *c* moral
moraliteit (moa-raa-lee-*tayt*) *c* morality
moreel (moa-*rayl*) *adj* moral
morfine (mor-*fee*-ner) *c* morphine
morgen[1] (*mor*-gern) *adv* tomorrow
morgen[2] (*mor*-gern) *c* (pl ~s) morning
morsen (*mor*-sern) *v* *spill
mos (moss) *nt* (pl ~sen) moss
moskee (moss-*kay*) *c* (pl ~ën) mosque
mossel (*mo*-serl) *c* (pl ~s, ~en) mussel
mosterd (*moss*-terrt) *c* mustard
mot (mot) *c* (pl ~ten) moth
motel (moa-*tehl*) *nt* (pl ~s) motel
motie (*moa*-tsee) *c* (pl ~s) motion
motief (moa-*teef*) *nt* (pl motieven) motive; pattern
motor (*moa*-terr) *c* (pl ~en, ~s) engine, motor; motorbike
motorboot (*moa*-terr-boat) *c* (pl -boten) motorboat
motorfiets (*moa*-terr-feets) *c* (pl ~en) motorcycle
motorkap (*moa*-terr-kahp) *c* (pl ~pen) bonnet; hood *nAm*
motorpech (*moa*-terr-pehkh) *c* breakdown
motregen (*mot*-ray-gern) *c* drizzle
mousseline (moo-ser-*lee*-ner) *c* muslin
mousserend (moo-*say*-rernt) *adj* sparkling
mouw (mou) *c* (pl ~en) sleeve
mozaïek (moa-zaa-*eek*) *nt* (pl ~en) mosaic
mug (merkh) *c* (pl ~gen) mosquito
muil (mur^ew^l) *c* (pl ~en) mouth
muildier (*mur^ew^l*-deer) *nt* (pl ~en) mule
muilezel (*mur^ew^l*-ay-zerl) *c* (pl ~s) mule
muis (mur^ew^ss) *c* (pl muizen) mouse
muiterij (mur^ew^-ter-*ray*) *c* (pl ~en) mutiny
multicultureel (*merl*-tee-cerl-

tēw-rāyl) *adj* multicultural
multiplex (*merl*-tee-plehks) *f* multiplex
munt (mernt) *c* (pl ~en) coin; token; mint
munteenheid (*mernt*-āyn-hayt) *c* (pl -heden) monetary unit, currency
muntstuk (*mernt*-sterk) *nt* (pl ~ken) coin
mus (merss) *c* (pl ~sen) sparrow
museum (mēw-*zāy*-ʸerm) *nt* (pl ~s, -sea) museum
musical (*m*ʸ*ōō*-zɪ-kerl) *c* (pl ~s) musical comedy, musical
musicus (*mēw*-zee-kerss) *m* (f musicienne, pl -ci) musician
muskiet (merss-*keet*) *c* (pl ~en) mosquito
muskietennet (merss-*kee*-ter-neht) *nt* (pl ~ten) mosquito net
muts (merts) *c* (pl ~en) cap
muur (mēwr) *c* (pl muren) wall
muziek (mēw-*zeek*) *c* music
muziekinstrument (mēw-*zeek*-ɪn-strēw-mehnt) *nt* (pl ~en) musical instrument
muzikaal (mēw-zee-*kaal*) *adj* musical
mysterie (mee-*stāy*-ree) *nt* (pl ~s) mystery
mysterieus (mee-stāy-ree-ʸ*ūrss*) *adj* mysterious
mythe (*mee*-ter) *c* (pl ~n) myth

N

na (naa) *prep* after
naad (naat) *c* (pl naden) seam
naadloos (*naat*-lōass) *adj* seamless
naaien (*naa*ᵉᵉ-ern) *v* sew; *vulgar* fuck
naaimachine (*naa*ᵉᵉ-mah-shee-ner) *c* (pl ~s) sewing machine
naaister (*naa*ᵉᵉ-sterr) *f* (pl ~s) dressmaker
naakt (naakt) *adj* nude, naked, bare
naaktstrand (*naakt*-strahnt) *nt* (pl ~en) nudist beach
naald (naalt) *c* (pl ~en) needle
naam (naam) *c* (pl namen) name; reputation; denomination; **in ~ van** on behalf of
naar[1] (naar) *prep* to, towards; at, for
naar[2] (naar) *adj* nasty, unpleasant
naast (naast) *prep* next to, beside
nabij (naa-*bay*) *adj* near, close
nabijheid (naa-*bay*-hayt) *c* vicinity
nabijzijnd (naa-*bay*-zaynt) *adj* nearby
nabootsen (*naa*-bōat-sern) *v* imitate
naburig (naa-*bōō*-rerkh) *adj* neighbo(u)ring
nacht (nahkht) *c* (pl ~en) night; **'s nachts** by night; overnight
nachtclub (*nahkht*-klerp) *c* (pl

~s) nightclub
nachtcrème (*nahkht*-kraim) *c* (pl ~s) night cream
nachtegaal (*nahkh*-ter-gaal) *c* (pl -galen) nightingale
nachtelijk (*nahkh*-ter-lerk) *adj* nightly
nachttarief (*nahkh*-taa-reef) *nt* (pl -rieven) night rate
nachttrein (*nahkh*-trayn) *c* (pl ~en) night train
nachtvlucht (*nahkht*-flerkht) *c* (pl ~en) night flight
nadat (naa-*daht*) *conj* after
nadeel (*naa*-dayl) *nt* (pl -delen) disadvantage; handicap
nadelig (naa-*day*-lerkh) *adj* harmful
***nadenken** (*naa*-dehng-kern) *v* *think; **nadenkend** thoughtful
nader (*naa*-derr) *adj* further
naderen (*naa*-der-rern) *v* approach; **naderend** oncoming
naderhand (naa-derr-*hahnt*) *adv* afterwards
nadien (naa-*deen*) *adv* afterwards
nadruk (*naa*-drerk) *c* stress; accent
nagedachtenis (*naa*-ger-dahkh-ter-nɪss) *c* memory
nagel (*naa*-gerl) *c* (pl ~s) nail
nagellak (*naa*-ger-lahk) *c* nail polish
nagelschaar (*naa*-gerl-skhaar) *c* (pl -scharen) nail scissors *pl*
nagelvijl (*naa*-gerl-vayl) *c* (pl ~en) nail file
naïef (naa-*eef*) *adj* naïve
najaar (*naa*-ʸaar) *nt* autumn
***najagen** (*naa*-ʸaa-gern) *v* chase
***nakijken** (*naa*-kay-kern) *v* check
***nalaten** (*naa*-laa-tern) *v* fail
nalatig (naa-*laa*-terkh) *adj* neglectful
namaak (*naa*-maak) *c* imitation
namaken (*naa*-maa-kern) *v* copy
namelijk (*naa*-mer-lerk) *adv* namely
namens (*naa*-merns) *adv* on behalf of, in the name of
namiddag (naa-*mɪ*-dahkh) *c* (pl ~en) afternoon
narcis (nahr-*sɪss*) *c* (pl ~sen) daffodil
narcose (nahr-*koa*-zer) *c* narcosis
narcoticum (nahr-*koa*-tee-kerm) *nt* (pl -ca) narcotic
narigheid (*naa*-rerkh-hayt) *c* (pl -heden) misery
naseizoen (*naa*-say-zoon) *nt* low season
nastreven (*naa*-stray-vern) *v* aim at, pursue
nat (naht) *adj* wet; damp, moist
natie (*naa*-tsee) *c* (pl ~s) nation
nationaal (naa-tshoa-*naal*) *adj* national; **nationale klederdracht** national dress
nationaliseren (naa-tshoa-naa-lee-*zay*-rern) *v* nationalize

nationaliteit (naa-tshōā-naa-lee-*tayt*) *c* (pl ~en) nationality
natuur (naa-*tēwr*) *c* nature
natuurkunde (naa-*tēwr*-kern-der) *c* physics
natuurkundige (naa-tēwr-*kern*-der-ger) *c* (pl ~n) physicist
natuurlijk (naa-*tēwr*-lerk) *adj* natural; *adv* of course, naturally
natuurreservaat (naa-*tēw*-rāy-zerr-vaat) *nt* (pl -vaten) national park
nauw (nou) *adj* narrow; tight
nauwelijks (*nou*-er-lerks) *adv* hardly; scarcely, barely
nauwkeurig (nou-*kūr*-rerkh) *adj* accurate; precise, careful, exact
navel (*naa*-verl) *c* (pl ~s) navel
navigatie (naa-vee-*gaa*-tsee) *c* navigation
navraag (*naa*-vraakh) *c* inquiry; demand
***navragen** (*naa*-vraa-gern) *v* query, inquire
***nazenden** (*naa*-zehn-dern) *v* forward
nederig (*nāy*-der-rerkh) *adj* humble
nederlaag (*nāy*-derr-laakh) *c* (pl -lagen) defeat
Nederland (*nāy*-derr-lahnt) the Netherlands
Nederlander (*nāy*-derr-lahn-derr) *m* (f -landse, pl ~s) Dutchman
Nederlands (*nāy*-derr-lahnts) *adj* Dutch
nee (nāy) no
neef (nāyf) *c* (pl neven) cousin; nephew
neen (nāyn) no
neer (nāyr) *adv* down; downwards
***neerlaten** (*nāyr*-laa-tern) *v* lower
***neerslaan** (*nāyr*-slaan) *v* knock down
neerslachtig (nāyr-*slahkh*-terkh) *adj* down, low, blue, depressed
neerslachtigheid (nāyr-*slahkh*-terkh-hayt) *c* depression
neerslag (*nāyr*-slahkh) *c* precipitation
neerstorten (*nāyr*-stor-tern) *v* crash
negatief (*nāy*-gaa-*teef*) *adj* negative
negen (*nāy*-gern) *num* nine
negende (*nāy*-gern-der) *num* ninth
negentien (*nāy*-gern-teen) *num* nineteen
negentiende (*nāy*-gern-teen-der) *num* nineteenth
negentig (*nāy*-gern-terkh) *num* ninety
negeren (ner-*gāy*-rern) *v* ignore
negligé (nāy-glee-*zhāy*) *nt* (pl ~s) negligee
neigen (*nay*-gern) *v* *be inclined to; ~ **tot** *v* tend to
neiging (*nay*-ging) *c* (pl ~en) inclination, tendency; **de ~ *hebben** tend

nek (nehk) *c* (pl ~ken) nape of the neck
***nemen** (*nāȳ*-mern) *v* *take; **gevangen ~ capture; op zich ~** *take charge of
nergens (*nehr*-gerns) *adv* nowhere
nerts (nehrts) *nt* (pl ~en) mink
nerveus (nehr-*vūrss*) *adj* nervous
nest (nehst) *nt* (pl ~en) nest; litter
net[1] (neht) *adj* tidy, neat
net[2] (neht) *nt* (pl ~ten) net
netnummer (*neht*-ner-merr) *nt* (pl ~s) area code
netto (*neh*-tōā) *adj* net
netvlies (*neht*-fleess) *nt* (pl -vliezen) retina
netwerk (*neht*-vehrk) *nt* (pl ~en) network
netwerken (*neht*-vehr-kern) *nt* networking
neuken (*nummm*-kern) *v vulgar* fuck
neuriën (*nūr*-ree-^{y}ern) *v* hum
neurose (nūr-*rōā*-zer) *c* (pl ~n, ~s) neurosis
neus (nūrss) *c* (pl neuzen) nose
neusbloeding (*nūrss*-blōō-dıng) *c* (pl ~en) nosebleed
neusgat (*nūrss*-khaht) *nt* (pl ~en) nostril
neushoorn (*nūrss*-hōārn) *c* (pl ~s) rhinoceros
neutraal (nūr-*traal*) *adj* neutral
nevel (*nāȳ*-verl) *c* (pl ~s, ~en) haze, mist
nicht (nıkht) *f* (pl ~en) cousin; niece
nicotine (nee-kōā-*tee*-ner) *c* nicotine
niemand (*nee*-mahnt) *pron* nobody, no one
nier (neer) *c* (pl ~en) kidney
niet (neet) *adv* not
nietig (*nee*-terkh) *adj* petty, insignificant; void
nietje (*nee*-t^{y}er) *nt* (pl ~s) staple
niet-roker (*neet*-*rōā*-kerr) *m* (f -rookster, pl ~s) non-smoker
niets (neets) *pron* nothing; nil
nietsbetekenend (neets-ber-*tāȳ*-ker-nernt) *adj* insignificant
nietszeggend (neet-*seh*-gernt) *adj* meaningless
niettemin (nee-ter-*mın*) *adv* nevertheless
nieuw (nee^{oo}) *adj* new
nieuwjaar (nee$^{oo\text{-}y}$*aar*) New Year
nieuws (nee^{oo}ss) *nt* news
nieuwsberichten (*nee*^{oo}*ss*-ber-rıkh-tern) *pl* news
nieuwsgierig (nee^{oo}-*skhee*-rerkh) *adj* curious, inquisitive, *colloquial* nosy
nieuwsgierigheid (nee^{oo}-*skhee*-rerkh-hayt) *c* curiosity
Nieuw-Zeeland (nee^{oo}-*zāȳ*-lahnt) New Zealand
niezen (*nee*-zern) *v* sneeze
Nigeria (nee-*gāȳ*-ree-^{y}aa) Nigeria
Nigeriaan (nee-gāȳ-ree-^{y}*aan*) *m* (f ~se, pl -rianen) Nigerian
Nigeriaans (nee-gāȳ-ree-^{y}*aans*) *adj* Nigerian
nijptang (*nayp*-tahng) *c* (pl

~en) pincers *pl*
nikkel (*nɪ*-kerl) *nt* nickel
niks (nɪks) *pron* nothing
nimmer (*nɪ*-merr) *adv* never
niveau (nee-*vōa*) *nt* (pl ~s) level
nivelleren (nee-ver-*lāy*-rern) *v* level
noch ... noch (nokh) neither ... nor
nodig (*nōa*-derkh) *adj* necessary; ~ ***hebben** need
noemen (*nōō*-mern) *v* call; name, mention
nog (nokh) *adv* still, yet; ~ **een** another; ~ **eens** once more; ~ **wat** some more
nogal (*no*-gahl) *adv* pretty, fairly, rather, quite
nogmaals (*nokh*-maals) *adv* once more
nominaal (nōa-mee-*naal*) *adj* nominal
nominatie (nōa-mee-*naa*-tsee) *c* (pl ~s) nomination
non (non) *f* (pl ~nen) nun
nonsens (*non*-sehns) *c* nonsense, rubbish
nood (nōat) *c* (pl noden) distress; misery; need
noodgedwongen (nōat-kher-*dvo*-ngern) *adv* by force
noodgeval (*nōat*-kher-vahl) *nt* (pl ~len) emergency
noodlot (*nōat*-lot) *nt* destiny, fate
noodlottig (nōat-*lo*-terkh) *adj* fatal
noodsein (*nōat*-sayn) *nt* (pl ~en) distress signal
noodtoestand (*nōa*-tōō-stahnt) *c* emergency
nooduitgang (*nōat*-ur^ew^t-khahng) *c* (pl ~en) emergency exit
noodzaak (*nōat*-saak) *c* need, necessity
noodzakelijk (nōat-*saa*-ker-lerk) *adj* necessary
noodzaken (*nōat*-saa-kern) *v* force
nooit (nōa^ee^t) *adv* never
Noor (nōar) *m* (f ~se, pl Noren) Norwegian
noord (nōart) *c* north
noordelijk (*nōar*-der-lerk) *adj* northern, north
noorden (*nōar*-dern) *nt* north
noordoosten (nōart-*ōass*-tern) *nt* north-east
noordpool (*nōart*-pōal) *c* North Pole
noordwesten (nōart-*vehss*-tern) *nt* north-west
Noors (nōars) *adj* Norwegian
Noorwegen (*nōar*-vāy-gern) Norway
noot (nōat) *c* (pl noten) nut; note
nootmuskaat (nōat-merss-*kaat*) *c* nutmeg
norm (norm) *c* (pl ~en) standard
normaal (nor-*maal*) *adj* normal, regular
nota (*nōa*-taa) *c* (pl ~'s) bill
notaris (nōa-*taa*-rerss) *m* (pl ~sen) notary
notendop (*nōa*-ter-dop) *c* (pl ~pen) nutshell
notenkraker (*nōa*-ter-kraa-kerr) *c* (pl ~s) nutcrackers *pl*

noteren (nōa-*tāy*-rern) *v* note; list
notie (*nōa*-tsee) *c* notion
notitie (nōa-*tee*-tsee) *c* (pl ~s) note
notitieboek (nōa-*tee*-tsee-bōōk) *nt* (pl ~en) notebook
notulen (*nōa*-tēw-lern) *pl* minutes
nou (nou) *adv* now
november (nōa-*vehm*-berr) November
nu (nēw) *adv* now; ~ **en dan** now and then; **tot ~ toe** so far
nuance (nēw-*ahng*-ser) *c* (pl ~s, ~n) nuance
nuchter (*nerkh*-terr) *adj* sober; down-to-earth, matter-of-fact
nucleair (nēw-klāy-*ʸair*) *adj* nuclear
nul (nerl) *c* (pl ~len) nought, zero
nummer (*ner*-merr) *nt* (pl ~s) number; act
nummerbord (*ner*-merr-bort) *nt* (pl ~en) registration plate; licence plate *Am*
nummerherkenning (*ner*-merr-hehr-keh-nern-ing) *f* caller ID
nut (nert) *nt* utility, use
nutteloos (*ner*-ter-lōass) *adj* useless
nuttig (*ner*-terkh) *adj* useful
nuttigen (*ner*-ter-khern) *v* consume
nylon (*nay*-lon) *nt* nylon

O

oase (ōa-*vaa*-zer) *c* (pl ~n, ~s) oasis
ober (*ōa*-berr) *m* (pl ~s) waiter
object (op-*ʸehkt*) *nt* (pl ~en) object
objectief (op-ʸehk-*teef*) *adj* objective
obligatie (ōa-blee-*gaa*-tsee) *c* (pl ~s) bond
obsceen (op-*sāyn*) *adj* obscene
obscuur (op-*skēwr*) *adj* obscure
observatie (op-sehr-*vaa*-tsee) *c* (pl ~s) observation
observatorium (op-sehr-vaa-*tōa*-ree-ʸerm) *nt* (pl -ria) observatory
observeren (op-sehr-*vāy*-rern) *v* observe
obsessie (op-*seh*-see) *c* (pl ~s) obsession
obstipatie (op-stee-*paa*-tsee) *c* constipation
oceaan (ōa-sāy-*ʸaan*) *c* (pl oceanen) ocean
ochtend (*okh*-ternt) *c* (pl ~en) morning
ochtendblad (*okh*-ternt-blaht) *nt* (pl ~en) morning paper
ochtendeditie (*okh*-ternt-āy-dee-tsee) *c* (pl ~s) morning edition
ochtendschemering (*okh*-

ternt-skhāy-mer-rıng) *c* dawn
octopus (*ok*-tōā-perss) *c* (pl ~sen) octopus
octrooi (ok-*trōā*[ee]) *nt* (pl ~en) patent
oefenen (ōō-fer-nern) *v* practise, exercise
oefening (ōō-fer-nıng) *c* (pl ~en) exercise
oeroud (*ōōr*-out) *adj* ancient
oerwoud (*ōōr*-vout) *nt* (pl ~en) jungle
oester (*ōōss*-terr) *c* (pl ~s) oyster
oever (ōō-verr) *c* (pl ~s) river bank; bank, shore
of (of) *conj* or; whether; ~ … **of** either … or; whether … or
offensief[1] (o-fehn-*seef*) *adj* offensive
offensief[2] (o-fehn-*seef*) *nt* (pl -sieven) offensive
offer (*o*-ferr) *nt* (pl ~s) sacrifice
officieel (o-fee-*shāyl*) *adj* official
officier (o-fee-*seer*) *m* (pl ~en, ~s) officer
officieus (o-fee-*shūrss*) *adj* unofficial
ofschoon (of-*skhōān*) *conj* although, though
ogenblik (ōā-germ-blık) *nt* (pl ~ken) moment, instant
ogenblikkelijk (ōā-germ-*blı*-ker-lerk) *adv* instantly
oktober (ok-*tōā*-berr) October
olie (ōā-lee) *c* oil
olieachtig (ōā-lee-ahkh-terkh) *adj* oily
oliebron (ōā-lee-bron) *c* (pl ~nen) oil well
oliedruk (ōā-lee-drerk) *c* oil pressure
oliefilter (ōā-lee-fıl-terr) *nt* (pl ~s) oil filter
oliën (ōā-lee-[y]ern) *v* lubricate
olieraffinaderij (ōā-lee-rah-fee-naa-der-ray) *c* (pl ~en) oil refinery
olieverfschilderij (ōā-lee-vehrf-skhıl-der-ray) *nt* (pl ~en) oil painting
olifant (ōā-lee-fahnt) *c* (pl ~en) elephant
olijf (ōā-*layf*) *c* (pl olijven) olive
olijfolie (ōā-*layf*-ōā-lee) *c* olive oil
om (om) *prep* round, about, around; ~ **te** to, in order to
oma (ōā-maa) *f* (pl ~'s) grandmother
***ombrengen** (*om*-breh-ngern) *v* kill
omcirkelen (om-*sır*-ker-lern) *v* encircle
omdat (om-*daht*) *conj* because; as
omdraaien (*om*-draa[ee]-ern) *v* turn; invert; **zich** ~ turn round
omelet (ōā-mer-*leht*) *nt* (pl ~ten) omelette
***omgaan met** (*om*-gaan) associate with, mix with
omgang (*om*-gahng) *c* intercourse; contact
omgekeerd (*om*-ger-kāyrt) *adj* reverse
***omgeven** (om-*gāy*-vern) *v* surround, circle

omgeving (om-*gāy*-vıng) *c* environment, surroundings *pl*; setting
omheen (om-*hāyn*) *adv* about
omheining (om-*hay*-nıng) *c* (pl ~en) fence
omhelzen (om-*hehl*-zern) *v* hug, embrace
omhelzing (om-*hehl*-zıng) *c* (pl ~en) hug, embrace
omhoog (om-*hōakh*) *adv* up; ~ ***gaan** ascend
omhullen (om-*her*-lern) *v* envelop
omkeer (*om*-kāyr) *c* reverse
omkeren (*om*-kāy-rern) *v* turn over, turn, turn round; reverse
***omkomen** (*om*-kōa-mern) *v* perish
***omkopen** (*om*-kōa-pern) *v* bribe, corrupt
omkoping (*om*-kōa-pıng) *c* (pl ~en) bribery, corruption
omlaag (om-*laakh*) *adv* down
omleiding (*om*-lay-dıng) *c* (pl ~en) detour
omliggend (*om*-lı-gernt) *adj* surrounding
omloop (*om*-lōap) *c* circulation; orbit
omrekenen (*om*-rāy-ker-nern) *v* convert
omrekentabel (*om*-rāy-ker-taa-behl) *c* (pl ~len) conversion chart
omringen (om-*rıng*-ern) *v* encircle, surround, circle
***omschrijven** (oam-*skhray*-vern) *v* define
omslag (*om*-slahkh) *c*/*nt* (pl ~en) cover, jacket
omslagdoek (*om*-slahkh-dōōk) *c* (pl ~en) shawl
omstandigheid (om-*stahn*-derkh-hayt) *c* (pl -heden) circumstance; condition
omstreden (om-*strāy*-dern) *adj* controversial
omstreeks (om-*strāyks*) *adv* about
omtrek (*om*-trehk) *c* (pl ~ken) contour, outline
omtrent (om-*trehnt*) *prep* about, concerning
omvang (*om*-vahng) *c* bulk, size; extent
omvangrijk (om-*vahng*-rayk) *adj* bulky, big; extensive
omvatten (om-*vah*-tern) *v* comprise
omver (om-*vehr*) *adv* down, over
omweg (*om*-vehkh) *c* (pl ~en) detour
omwenteling (*om*-vehn-ter-lıng) *c* (pl ~en) revolution
omwisselen (*om*-vı-ser-lern) *v* switch
omzet (*om*-zeht) *c* (pl ~ten) turnover
omzetbelasting (*om*-zeht-ber-lahss-tıng) *c* turnover tax; sales tax
onaangenaam (on-*aan*-ger-naam) *adj* unpleasant, disagreeable
onaanvaardbaar (on-aan-*vaart*-baar) *adj* unacceptable
onaardig (on-*aar*-derkh) *adj* unkind

onafgebroken (on-*ahf*-kher-broa-kern) *adj* continuous
onafhankelijk (on-ahf-*hahng*-ker-lerk) *adj* independent
onafhankelijkheid (on-ahf-*hahng*-ker-lerk-hayt) *c* independence
onbeantwoord (om-ber-*ahnt*-voart) *adj* unanswered
onbebouwd (om-ber-*bout*) *adj* uncultivated
onbeduidend (om-ber-*dur*^{ew}-dernt) *adj* petty, insignificant
onbegaanbaar (om-ber-*gaam*-baar) *adj* impassable
onbegrijpelijk (om-ber-*gray*-per-lerk) *adj* puzzling; incomprehensible
onbehaaglijk (om-ber-*haakh*-lerk) *adj* uneasy
onbekend (om-ber-*kehnt*) *adj* unfamiliar, unknown
onbekwaam (om-ber-*kvaam*) *adj* unable, incompetent, incapable
onbelangrijk (om-ber-*lahng*-rayk) *adj* unimportant; insignificant
onbeleefd (om-ber-*layft*) *adj* impolite, *colloquial* cheeky
onbemind (om-ber-*mɪnt*) *adj* unpopular
onbepaald (om-ber-*paalt*) *adj* indefinite; **onbepaalde wijs** infinitive
onbeperkt (om-ber-*pehrkt*) *adj* unlimited
onbeschaamd (om-ber-*skhaamt*) *adj* impudent, impertinent, insolent
onbeschaamdheid (om-ber-*skhaamt*-hayt) *c* impertinence, insolence
onbescheiden (om-ber-*skhay*-dern) *adj* immodest
onbeschermd (om-ber-*skhehrmt*) *adj* unprotected
onbeschoft (oam-ber-*skhoft*) *adj* impertinent
onbetrouwbaar (om-ber-*trou*-baar) *adj* untrustworthy, unreliable
onbevoegd (om-ber-*vookht*) *adj* unqualified; unauthorized
onbevredigend (om-ber-*vraay*-der-gernt) *adj* unsatisfactory
onbewoonbaar (om-ber-*voam*-baar) *adj* uninhabitable
onbewoond (om-ber-*voant*) *adj* uninhabited
onbewust (om-ber-*verst*) *adj* unaware
onbezet (om-ber-*zeht*) *adj* unoccupied
onbezonnen (om-ber-*zo*-nern) *adj* rash
onbezorgd (om-ber-*zorkht*) *adj* carefree
onbillijk (om-*bɪ*-lerk) *adj* unfair
onbreekbaar (om-*braayk*-baar) *adj* unbreakable
ondankbaar (on-*dahngk*-baar) *adj* ungrateful
ondanks (*on*-dahngks) *prep* despite, in spite of
ondenkbaar (on-*dehngk*-baar) *adj* inconceivable
onder (*on*-derr) *prep* under; beneath, below; among, amid

onderaan (on-der-*raan*) *adv* below
***onderbreken** (on-derr-*bray*-kern) *v* interrupt
onderbreking (on-derr-*bray*-kıng) *c* (pl ~en) interruption
***onderbrengen** (*on*-derr-breh-ngern) *v* accommodate
onderbroek (*on*-derr-broo̅k) *c* (pl ~en) briefs *pl*, (*women's*) knickers *pl*, panties *pl*, drawers *pl*; (*men's*) pants *pl*, shorts *plAm*, underpants *plAm*
onderdaan (*on*-derr-daan) *c* (pl -danen) subject
onderdak (*on*-derr-dahk) *nt* accommodation
onderdeel (*on*-derr-dayl) *nt* (pl -delen) part
onderdrukken (on-derr-*drer*-kern) *v* suppress
***ondergaan** (on-derr-*gaan*) *v* suffer
ondergang (*on*-derr-gahng) *c* destruction; ruin
ondergeschikt (on-derr-ger-*skhıkt*) *adj* subordinate; secondary, minor
ondergoed (*on*-derr-goo̅t) *nt* underwear
ondergronds (on-derr-*gronts*) *adj* underground
ondergrondse (on-derr-*gron*-tser) *c* underground, subway *nAm*
onderhandelen (on-derr-*hahn*-der-lern) *v* negotiate
onderhandeling (on-derr-*hahn*-der-lıng) *c* (pl ~en) negotiation
onderhevig aan (on-derr-*hay*-verkh-aan) subject to; liable to; **aan bederf onderhevig** perishable
onderhoud (*on*-derr-hout) *nt* upkeep; maintenance
***onderhouden** (on-derr-*hou*-dern) *v* entertain
onderling (*on*-derr-lıng) *adj* mutual
***ondernemen** (on-derr-*nay*-mern) *v* *undertake
onderneming (on-derr-*nay*-mıng) *c* (pl ~en) enterprise, undertaking; concern, company
onderrichten (on-der-*rıkh*-tern) *v* instruct
onderrok (*on*-derr-rok) *c* (pl ~ken) slip
onderschatten (on-derr-*skhah*-tern) *v* underestimate
onderscheid (*on*-derr-skhayt) *nt* distinction; difference; ~ **maken** distinguish
***onderscheiden** (on-derr-*skhay*-dern) *v* distinguish
onderst (*on*-derrst) *adj* bottom
ondersteboven (on-derr-ster-*boa*-vern) *adv* upside down
ondersteunen (on-derr-*stur*-nern) *v* *hold up, support
onderstrepen (on-derr-*stray*-pern) *v* underline
onderstroom (*on*-derr-stroam) *c* (pl -stromen) undercurrent
ondertekenen (on-derr-*tay*-ker-nern) *v* sign

ondertitel (*on*-derr-tee-terl) *c* (pl ~s) subtitle
ondertussen (on-derr-*ter*-sern) *adv* in the meantime, meanwhile
***ondervinden** (on-derr-*vɪn*-dern) *v* experience
ondervoeding (on-derr-*voo*-dɪng) *c* malnutrition
***ondervragen** (on-derr-*vraa*-gern) *v* interrogate, question
onderwerp (*on*-derr-vehrp) *nt* (pl ~en) subject; topic, theme
***onderwerpen** (on-derr-*vehr*-pern) *v* subject; **zich** ~ submit
onderwijs (*on*-derr-vayss) *nt* tuition; education, instruction
***onderwijzen** (on-derr-*vay*-zern) *v* *teach
onderwijzer (on-derr-*vay*-zerr) *m* (f ~es, pl ~s) schoolteacher, schoolmaster, master, teacher
onderzoek (*on*-derr-zook) *nt* (pl ~en) enquiry, investigation, inquiry; checkup, examination; research
***onderzoeken** (on-derr-*zoo*-kern) *v* enquire, investigate, examine; explore
ondeugend (on-*dur*-gernt) *adj* naughty, mischievous
ondiep (on-*deep*) *adj* shallow
ondoeltreffend (on-dool-*treh*-fehnt) *adj* inefficient
ondraaglijk (on-*draakh*-lerk) *adj* unbearable
onduidelijk (on-*dur*ᵉʷ-der-lerk) *adj* ambiguous
onecht (on-*ehkht*) *adj* false
oneens: het ~ ***zijn** (ert on-*ayns* zayn) disagree
oneerlijk (on-*ayr*-lerk) *adj* crooked, dishonest; unfair
oneetbaar (on-*ayt*-baar) *adj* inedible
oneffen (on-*eh*-fern) *adj* uneven
oneindig (on-*ayn*-derkh) *adj* infinite, endless; immense
onenigheid (on-*ay*-nerkh-hayt) *c* (pl -heden) dispute
onervaren (on-ehr-*vaa*-rern) *adj* inexperienced
oneven (on-*ay*-vern) *adj* odd
onevenwichtig (on-ay-ver-*vɪkh*-terkh) *adj* unsteady
onfatsoenlijk (om-faht-*soon*-lerk) *adj* indecent
ongeacht (ong-*ger*-ahkht) *prep* in spite of
ongebruikelijk (ong-ger-*brur*ᵉʷ-ker-lerk) *adj* unusual
ongeduldig (ong-ger-*derl*-derkh) *adj* impatient; eager
ongedurig (ong-ger-*dew*-rerkh) *adj* restless
ongedwongen (ong-ger-*dvo*-ngern) *adj* casual
ongedwongenheid (ong-ger-*dvo*-nger-hayt) *c* ease
ongeldig (ong-*gehl*-derkh) *adj* invalid
ongelegen (ong-ger-*lay*-gern) *adj* inconvenient
ongelijk (ong-ger-*layk*) *adj* unequal; uneven; ~ ***hebben** *be wrong
ongelofelijk (ong-ger-*loa*-fer-

lerk) *adj* incredible
ongeluk (*ong*-ger-lerk) *nt* (pl ~ken) accident; misfortune; **~je** mishap
ongelukkig (ong-ger-*ler*-kerkh) *adj* unhappy; unlucky, unfortunate
ongelukkigerwijs (ong-ger-ler-ker-gerr-*vayss*) *adv* unfortunately
ongemak (*ong*-ger-mahk) *nt* (pl ~ken) inconvenience
ongemakkelijk (ong-ger-*mah*-ker-lerk) *adj* uncomfortable
ongeneeslijk (ong-ger-*nayss*-lerk) *adj* incurable
ongepast (ong-ger-*pahst*) *adj* unsuitable; improper
ongerief (*ong*-ger-reef) *nt* inconvenience
ongerijmd (ong-ger-*raymt*) *adj* absurd
ongerust (ong-ger-*rerst*) *adj* worried; **zich ~ maken** worry
ongeschikt (ong-ger-*skhikt*) *adj* unfit
ongeschoold (ong-ger-*skhoalt*) *adj* uneducated; unskilled
ongetrouwd (ong-ger-*trout*) *adj* single
ongetwijfeld (ong-ger-*tvay*-ferlt) *adv* undoubtedly
ongeval (*ong*-ger-vahl) *nt* (pl ~len) accident
ongeveer (ong-ger-*vayr*) *adv* about, approximately
ongevoelig (ong-ger-*voo*-lerkh) *adj* insensitive
ongewenst (ong-ger-*vehnst*) *adj* undesirable
ongewoon (ong-ger-*voan*) *adj* uncommon, unusual
ongezond (ong-ger-*zont*) *adj* unhealthy, unsound
ongunstig (ong-*gerns*-terkh) *adj* unfavo(u)rable
onhandig (on-*hahn*-derkh) *adj* clumsy, awkward
onheil (*on*-hayl) *nt* calamity, disaster; mischief
onheilspellend (on-hayl-*speh*-lernt) *adj* sinister; ominous
onherroepelijk (on-heh-*roo*-per-lerk) *adj* irrevocable
onherstelbaar (on-hehr-*stehl*-baar) *adj* irreparable
onjuist (on-*ur^ew^st*) *adj* incorrect
onkosten (*ong*-koss-tern) *pl* expenses *pl*
onkruid (*ong*-krur^ew^t) *nt* weed
onlangs (*on*-lahngs) *adv* recently; lately
onleesbaar (on-*layss*-baar) *adj* illegible
onmetelijk (o-*may*-ter-lerk) *adj* vast, immense
onmiddellijk (o-*mi*-der-lerk) *adj* immediate, prompt; *adv* immediately, instantly
onmogelijk (o-*moa*-ger-lerk) *adj* impossible
onnauwkeurig (o-nou-*kur*-rerkh) *adj* inaccurate; incorrect
onnodig (o-*noa*-derkh) *adj* unnecessary
onontbeerlijk (on-ont-*bayr*-

lerk) *adj* essential
onopvallend (on-op-*fah*-lernt) *adj* inconspicuous
onopzettelijk (on-op-*seh*-ter-lerk) *adj* unintentional
onoverkomelijk (on-ōā-verr-*kōā*-mer-lerk) *adj* prohibitive
onovertroffen (on-ōā-verr-*tro*-fern) *adj* unsurpassed
onpartijdig (om-pahr-*tay*-derkh) *adj* impartial
onpersoonlijk (om-pehr-*sōān*-lerk) *adj* impersonal
onplezierig (om-pler-*zee*-rerkh) *adj* unpleasant
onrecht (*on*-rehkht) *nt* injustice; wrong; ~ ***aandoen** wrong
onrechtvaardig (on-rehkht-*faar*-derkh) *adj* unjust
onredelijk (on-*rāy*-der-lerk) *adj* unreasonable
onregelmatig (on-rāy-gerl-*maa*-terkh) *adj* irregular
onrein (on-*rayn*) *adj* unclean
onrust (*on*-rerst) *c* unrest
onrustig (on-*rerss*-terkh) *adj* restless
ons (ons) *pron* our; us; ourselves
onschadelijk (on-*skhaa*-der-lerk) *adj* harmless
onschatbaar (on-*skhaht*-baar) *adj* priceless
onschuld (*on*-skherlt) *c* innocence
onschuldig (on-*skherl*-derkh) *adj* innocent
ontbijt (ont-*bayt*) *nt* breakfast
***ontbinden** (ont-*bın*-dern) *v* dissolve
***ontbreken** (ont-*brāy*-kern) *v* fail; **ontbrekend** missing
ontdekken (on-*deh*-kern) *v* detect, discover
ontdekking (on-*deh*-kıng) *c* (pl ~en) discovery
ontdooien (on-*dōā*ᵉᵉ-ern) *v* thaw
ontevreden (on-ter-*vrāy*-dern) *adj* dissatisfied; discontented
***ontgaan** (ont-*khaan*) *v* escape
ontglippen (ont-*khlı*-pern) *v* slip
onthaal (ont-*haal*) *nt* reception
***ontheffen** (ont-*heh*-fern) *v* exempt; ~ **van** discharge of
***onthouden** (ont-*hou*-dern) *v* remember; deny; **zich ~ van** abstain from
onthullen (ont-*her*-lern) *v* reveal
onthulling (ont-*her*-lıng) *c* (pl ~en) revelation
onthutsen (ont-*hert*-sern) *v* overwhelm
ontkennen (ont-*keh*-nern) *v* deny; **ontkennend** negative
ontkoppelen (ont-*ko*-per-lern) *v* disconnect
ontkurken (ont-*kerr*-kern) *v* uncork
ontleden (ont-*lāy*-dern) *v* analyse; *break down
ontlenen (ont-*lāy*-nern) *v* borrow
ontmoedigen (ont-*mōō*-der-gern) *v* discourage
ontmoeten (ont-*mōō*-tern) *v*

encounter; *meet
ontmoeting (ont-*mōō*-tɪng) *c* (pl ~en) encounter, meeting
***ontnemen** (ont-*nāy*-mern) *v* deprive of
ontoegankelijk (on-tōō-*gahng*-ker-lerk) *adj* inaccessible
ontploffen (ont-*plo*-fern) *v* explode
ontplooien (ont-*plōā*ee-ern) *v* expand
ontroeren (oant-*rōō*-rern) *v* move
ontroering (oant-*rōō*-rɪng) *c* emotion
ontrouw (*on*-trou) *adj* unfaithful
ontruimen (ont-*rur*ew-mern) *v* vacate
ontschepen (ont-*skhāy*-pern) *v* disembark
***ontslaan** (ont-*slaan*) *v* dismiss, fire
ontslag *nemen (ont-*slahkh nāy*-mern) resign
ontslagneming (ont-*slahkh-nāy*-mɪng) *c* resignation
ontsmetten (ont-*smeh*-tern) *v* disinfect
ontsmettingsmiddel (ont-*smeh*-tɪngs-mɪ-derl) *nt* (pl ~en) disinfectant
ontsnappen (ont-*snah*-pern) *v* escape
ontsnapping (ont-*snah*-pɪng) *c* (pl ~en) escape
ontspannen (ont-*spah*-nern) *adj* easy-going
ontspannen (ont-*spah*-nern): **zich** ~ relax
ontspanning (ont-*spah*-ning) *c* relaxation; recreation
***ontstaan** (ont-*staan*) *v* *arise
***ontsteken** (ont-*stāy*-kern) *v* *become septic
ontsteking (ont-*stāy*-kɪng) *c* (pl ~en) ignition; ignition coil; inflammation
ontstemmen (ont-*steh*-mern) *v* displease
***ontvangen** (ont-*fah*-ngern) *v* receive; entertain
ontvangst (ont-*fahngst*) *c* (pl ~en) receipt; reception
ontvlambaar (ont-*flahm*-baar) *adj* inflammable
ontvluchten (ont-*flerkh*-tern) *v* escape
ontvouwen (ont-*fou*-ern) *v* unfold
ontwaken (ont-*vaa*-kern) *v* wake up
ontwerp (ont-*vehrp*) *nt* (pl ~en) design
***ontwerpen** (ont-*vehr*-pern) *v* design
***ontwijken** (ont-*vay*-kern) *v* avoid
ontwikkelen (ont-*vɪ*-ker-lern) *v* develop
ontwikkeling (ont-*vɪ*-ker-lɪng) *c* (pl ~en) development
ontwricht (ont-*frɪkht*) *adj* dislocated
ontzag (ont-*sahkh*) *nt* respect
***ontzeggen** (ont-*seh*-gern) *v* deny
ontzettend (ont-*seh*-ternt) *adj* dreadful, terrible

onuitstaanbaar (on-ur^ew^t-*staam*-baar) *adj* intolerable
onvast (*on*-vahst) *adj* unsteady
onveilig (on-*vay*-lerkh) *adj* unsafe
onverdiend (*on*-verr-deent) *adj* unearned
onverklaarbaar (on-verr-*klaar*-baar) *adj* unaccountable
onvermijdelijk (on-verr-*may*-der-lerk) *adj* unavoidable, inevitable
onverschillig (on-verr-*skhı*-lerkh) *adj* indifferent
onverstandig (on-verr-*stahn*-derkh) *adj* unwise
onverwacht (*on*-verr-vahkht) *adj* unexpected
onvoldoende (on-vol-*dōōn*-der) *adj* insufficient; inadequate
onvolledig (on-vo-*lāy*-derkh) *adj* incomplete
onvolmaakt (on-vol-*maakt*) *adj* imperfect
onvoorstelbaar (on-vōār-*stehl*-baar) *adj* inconceivable
onvoorwaardelijk (on-vōār-*vaar*-der-lerk) *adj* unconditional
onvoorzien (on-vōār-*zeen*) *adj* unexpected
onvriendelijk (on-*vreen*-der-lerk) *adj* unkind, unfriendly
onwaar (*on*-vaar) *adj* untrue, false
onwaarschijnlijk (on-vaar-*skhayn*-lerk) *adj* unlikely, improbable
onweer (*on*-vāyr) *nt* thunderstorm
onweerachtig (*on*-vāyr-ahkh-terkh) *adj* thundery
onwel (on-*vehl*) *adj* unwell
onwerkelijk (on-*vehr*-ker-lerk) *adj* unreal
onwetend (on-*vāy*-ternt) *adj* ignorant
onwettig (on-*veh*-terkh) *adj* unlawful, illegal
onwillig (on-*vı*-lerkh) *adj* unwilling
onyx (*ōa*-nıks) *nt* onyx
onzeker (on-*zāy*-kerr) *adj* doubtful, uncertain
onzelfzuchtig (on-zehlf-*serkh*-terkh) *adj* unselfish
onzichtbaar (on-*zıkht*-baar) *adj* invisible
onzijdig (on-*zay*-derkh) *adj* neuter
onzin (*on*-zın) *c* nonsense, rubbish
oog (ōakh) *nt* (pl ogen) eye
oogarts (*ōakh*-ahrts) *c* (pl ~en) oculist
ooggetuige (*ōa*-kher-tur^ew^-ger) *c* (pl ~n) eyewitness
ooglid (*ōakh*-lıt) *nt* (pl -leden) eyelid
oogschaduw (*ōa*-g-skhaa-dew^oo^) *c* eye shadow
oogst (ōakhst) *c* (pl ~en) harvest; crop
oogsten (*ōakh*-stern) *v* harvest, crop, reap, gather
ooievaar (*ōa*^ee^-er-vaar) *c* (pl ~s) stork
ooit (ōa^ee^t) *adv* ever

ook (oak) *adv* also, too; as well
oom (oam) *m* (pl ~s) uncle
oor (oar) *nt* (pl oren) ear
oorbel (oar-behl) *c* (pl ~len) earring
oordeel (oar-dayl) *nt* (pl -delen) judgment
oordelen (oar-day-lern) *v* judge
oorlog (oar-lokh) *c* (pl ~en) war
oorlogsschip (oar-lokh-skhɪp) *nt* (pl -schepen) man-of-war
oorpijn (oar-payn) *c* earache
oorsprong (oar-sprong) *c* (pl ~en) origin
oorspronkelijk (oar-*sprong*-ker-lerk) *adj* original
oorzaak (oar-zaak) *c* (pl -zaken) cause; reason
oost (oast) *c* east; **oost-** eastern
oosten (oa-stern) *nt* east
Oostenrijk (oa-stern-rayk) Austria
Oostenrijker (oa-stern-ray-kerr) *m* (f -rijkse, pl ~s) Austrian
Oostenrijks (oa-stern-rayks) *adj* Austrian
oosters (oa-sterrs) *adj* oriental
op (op) *prep* on, upon; at, in; *adv* up; finished
opa (oa-paa) *c* (pl ~'s) grandfather, granddad
opaal (oa-*paal*) *c* (pl opalen) opal
opbellen (o-beh-lern) *v* call, ring up, phone; call up *Am*
***opbergen** (o-behr-gern) *v* *put away
opblaasbaar (o-*blaass*-baar) *adj* inflatable
***opblazen** (o-blaa-zern) *v* inflate; blow up
opbouw (o-bou) *c* construction
opbouwen (o-bou-ern) *v* erect; construct
opbrengst (o-brehngst) *c* (pl ~en) produce
opdat (ob-*daht*) *conj* so that
opdracht (*op*-drahkht) *c* (pl ~en) order; assignment
***opdragen aan** (*oap*-draa-gern) assign to
opeens (op-*ayns*) *adv* suddenly
opeisen (*op*-ay-sern) *v* claim
open (oa-pern) *adj* open
openbaar (oa-perm-*baar*) *adj* public
openbaren (oa-perm-*baa*-rern) *v* reveal
opendraaien (oa-per-draa^ee^ern) *v* turn on
openen (oa-per-nern) *v* unlock; open
opener (oa-per-ner) *c* (pl ~s) opener
openhartig (oa-per-*hahr*-terkh) *adj* open
opening (oa-per-nɪng) *c* (pl ~en) opening, gap
openingstijden (oa-per-nɪngs-tay-dern) *pl* business hours
opera (oa-per-raa) *c* (pl ~'s) opera; opera house
operatie (oa-per-*raa*-tsee) *c* (pl ~s) operation, surgery
opereren (oa-per-*ray*-rern) *v* operate

***opgaan** (*op*-khaan) *v* *rise
opgeruimd (*op*-kher-rur[ew]mt) *adj* good-humo(u)red
opgetogen (*oap*-kher-tōa-gern) *adj* delighted
***opgeven** (*oap*-khāy-vern) *v* declare; *give up
opgewekt (*op*-kher-vehkt) *adj* cheerful
opgewonden (*op*-kher-von-dern) *adj* ecxited
opgraving (*op*-khraa-vıng) *c* (pl ~en) excavation
ophaalbrug (*op*-haal-brerkh) *c* (pl ~gen) drawbridge
ophalen (*op*-haa-lern) *v* collect, pick up
***ophangen** (*op*-hah-ngern) *v* *hang
ophanging (*op*-hah-ngıng) *c* suspension
ophef (*op*-hehf) *c* fuss
***opheffen** (*op*-heh-fern) *v* discontinue
ophelderen (*op*-hehl-der-rern) *v* clarify
***ophouden** (*op*-hou-dern) *v* cease; ~ **met** stop; quit
opinie (ōa-*pee*-nee) *c* (pl ~s) opinion
opklaren (*op*-klaa-rern) *v* brighten; **doen** ~ brighten
opkomst (*op*-komst) *c* rise; attendance
oplage (*op*-laa-ger) *c* (pl ~n) issue
opleiden (*op*-lay-dern) *v* educate
opletten (*op*-leh-tern) *v* *pay attention; **oplettend** attentive
oplichten (*op*-lıkh-tern) *v* cheat, swindle
oplichter (*op*-lıkh-terr) *m* (f -ster, pl ~s) swindler
***oplopen** (*op*-lōa-pern) *v* increase; contract
oplosbaar (op-*loss*-baar) *adj* soluble
oplossen (*op*-lo-sern) *v* dissolve; solve
oplossing (*op*-lo-sıng) *c* (pl ~en) solution
opmerkelijk (op-*mehr*-ker-lerk) *adj* remarkable; noticeable, striking
opmerken (*op*-mehr-kern) *v* notice, note; remark
opmerking (*op*-mehr-kıng) *c* (pl ~en) remark
opname (*op*-naa-mer) *c* (pl ~n) recording; shot
***opnemen** (*op*-nāy-mern) *v* *draw
opnieuw (op-*nee*[oo]) *adv* again
opofferen (*op*-o-fer-rern) *v* sacrifice
oponthoud (*op*-ont-hout) *nt* delay
oppassen (*o*-pah-sern) *v* look out, beware
oppasser (*o*-pah-serr) *c* (pl ~s) attendant
opperhoofd (*o*-perr-hōaft) *nt* (pl ~en) chieftain
oppervlakkig (o-perr-*vlah*-kerkh) *adj* superficial
oppervlakte (*o*-perr-vlahk-ter) *c* (pl ~n, ~s) surface; area
oppositie (o-pōa-*see*-tsee) *c* (pl ~s) opposition

oprapen (*op*-raa-pern) *v* pick up
oprecht (op-*rehkht*) *adj* honest, sincere, earnest
oprichten (*op*-rıkh-tern) *v* found; erect
***oprijzen** (*op*-ray-zern) *v* *arise
oproer (*op*-r~~oo~~r) *nt* revolt, rebellion
opruimen (*op*-rur^ew-mern) *v* tidy up, clear
opruiming (*op*-rur^ew-mıng) *c* clearance sale
opscheppen (*op*-skheh-pern) *v* boast
***opschieten** (*op*-skhee-tern) *v* hurry
opschorten (*op*-skhor-tern) *v* *put off
***opschrijven** (*op*-skhray-vern) *v* *write down
***opslaan** (*op*-slaan) *v* store
opslag[1] (*op*-slahkh) *c* storage
opslag[2] (*op*-slahkh) *c* rise; raise *nAm*
opslagplaats (*op*-slahkh-plaats) *c* (pl ~en) depot
***opsluiten** (*op*-slur^ew-tern) *v* lock up
opsporen (*op*-spōa-rern) *v* trace
***opstaan** (*op*-staan) *v* *get up, *rise
opstand (*op*-stahnt) *c* (pl ~en) rising, revolt, rebellion; **in ~ *komen** revolt
opstapelen (*op*-staa-per-lern) *v* pile
opstel (*op*-stehl) *nt* (pl ~len) essay
opstellen (*op*-steh-lern) *v* *draw up, *make up
***opstijgen** (*op*-stay-gern) *v* ascend
optellen (*op*-teh-lern) *v* add; count
optelling (*op*-teh-lıng) *c* (pl ~en) addition
opticien (op-tee-*shang*) *m* (pl ~s) optician
optillen (*op*-tı-lern) *v* lift; raise
optimisme (op-tee-*mıss*-mer) *nt* optimism
optimist (op-tee-*mıst*) *m* (f ~e, pl ~en) optimist
optimistisch (op-tee-*mıss*-teess) *adj* optimistic
optocht (*op*-tokht) *c* (pl ~en) parade
optreden (*op*-trāy-dern) *nt* (pl ~s) appearance
***optreden** (*op*-trāy-dern) *v* act; appear
***opvallen** (*op*-fah-lern) *v* attract attention; **opvallend** striking
opvatten (*op*-fah-tern) *v* conceive
opvatting (*op*-fah-tıng) *c* (pl ~en) view
opvoeden (*op*-f~~oo~~-dern) *v* *bring up, educate
opvoeding (*op*-f~~oo~~-dıng) *c* education
opvolgen (*op*-fol-gern) *v* succeed
***opvouwen** (*op*-fou-ern) *v* fold
opvrolijken (*op*-frōa-ler-kern) *v* cheer up
opvullen (*op*-fer-lern) *v* fill up

opwarming (*op*-wahr-ming): **~ van de aarde** *f* global warming
***opwinden** (*op*-vɪn-dern) *v* *wind; excite
opwinding (*op*-vɪn-dɪng) *c* excitement
opzettelijk (op-*seh*-ter-lerk) *adj* deliberate, intentional; on purpose
opzicht (*op*-sɪkht) *nt* (pl ~en) respect
opzichter (*op*-sɪkh-terr) *m* (pl ~s) supervisor; warden
opzienbarend (op-seen-*baa*-rernt) *adj* sensational
opzij (op-*say*) *adv* aside; sideways
***opzoeken** (*op*-so͞o-kern) *v* look up
oranje (o͞a-*rah*-ʤer) *adj* orange
orde[1] (*or*-der) *c* order; method; **in ~** in order; **in orde!** okay!, all right!
orde[2] (*or*-der) *c* (pl ~n, ~s) congregation
ordenen (*or*-der-nern) *v* arrange
ordinair (or-dee-*nair*) *adj* common, vulgar
orgaan (or-*gaan*) *nt* (pl organen) organ
organisatie (or-gaa-nee-*zaa*-tsee) *c* (pl ~s) organization
organisch (or-*gaa*-neess) *adj* organic
organiseren (or-gaa-nee-*za͞y*-rern) *v* organize
orgel (*or*-gerl) *nt* (pl ~s) organ
oriënteren (o͞a-ree-ʸehn-*ta͞y*-rern): **zich ~** orientate
origine (o͞a-ree-*zhee*-ner) *c* origin
origineel (o͞a-ree-zhee-*na͞yl*) *adj* original
orkaan (or-*kaan*) *c* (pl orkanen) hurricane
orkest (or-*kehst*) *nt* (pl ~en) orchestra; band
orlon (*or*-lon) *nt* orlon
ornamenteel (or-naa-mehn-*ta͞yl*) *adj* ornamental
orthodox (or-to͞a-*doks*) *adj* orthodox
os (oss) *c* (pl ~sen) ox
oud (out) *adj* old; ancient; aged
oudbakken (out-*bah*-kern) *adj* stale
ouder (*ou*-derr) *adj* elder; *c* parent *n*; **ouders** *pl* parents *pl*
ouderdom (*ou*-derr-dom) *c* age; old age
ouderwets (ou-derr-*vehts*) *adj* old-fashioned, ancient; out of date; quaint
oudheden (*out*-ha͞y-dern) *pl* antiquities *pl*
oudheidkunde (*out*-hayt-kern-der) *c* archaeology
oudst (outst) *adj*, **oudste** eldest, elder
outsourcen (*out*-so͞ar-sern) *v* outsource
ouverture (o͞o-verr-*te͞w*-rer) *c* (pl ~s, ~n) overture
ouvreuse (o͞o-*vru͞r*-zer) *f* (pl ~s) usherette
ovaal (o͞a-*vaal*) *adj* oval
oven (*o͞a*-vern) *c* (pl ~s) oven; furnace;
over (*o͞a*-verr) *prep* about; over;

across; in; *adv* over
overal (ōa-verr-ahl) *adv* everywhere; anywhere, throughout
overall (ōa-ver-*rahl*) *c* (pl ~s) overalls *pl*
overblijfsel (ōa-verr-blayf-serl) *nt* (pl ~s, ~en) remnant
***overblijven** (ōa-verr-blay-vern) *v* remain
overbodig (ōa-verr-*bōa*-derkh) *adj* superfluous; redundant
***overbrengen** (ōa-verr-breh-ngern) *v* transfer
overdag (ōa-verr-*dahkh*) *adv* by day
***overdenken** (ōa-verr-*dehng*-kern) *v* *think over
***overdrijven** (ōa-verr-*dray*-vern) *v* exaggerate, magnify, overdo; **overdreven** extravagant, overdone
***overeenkomen** (ōa-ver-*rāyng*-kōa-mern) *v* agree; correspond
overeenkomst (ōa-ver-*rāyng*-komst) *c* (pl ~en) agreement, settlement
overeenkomstig (ōa-ver-rāyng-*kom*-sterkh) *adj* similar; *prep* according to
overeenstemming (ōa-ver-*rāyn*-steh-ming) *c* agreement
overeind (ōa-ver-*raynt*) *adv* upright; erect
overgang (ōa-verr-gahng) *c* (pl ~en) transition
overgave (ōa-verr-gaa-ver) *c* surrender
***overgeven** (ōa-verr-gāy-vern) *v* vomit; **zich *overgeven** surrender
***overgewicht** (ōa-verr-ger-vikht) *nt* overweight
overhaast (ōa-verr-*haast*) *adj* rash
overhalen (ōa-verr-haa-lern) *v* persuade
***overhebben** (ōa-verr-heh-bern) *v* spare
overheersing (ōa-verr-*hāyr*-sing) *c* domination
overheid (ōa-verr-hayt) *c* (pl -heden) authorities *pl*
overhemd (ōa-verr-hehmt) *nt* (pl ~en) shirt
overig (ōa-ver-rerkh) *adj* remaining
overigens (ōa-ver-rer-gerns) *adv* though
overjas (ōa-verr-ʸahss) *c* (pl ~sen) overcoat
overkant (aan der ōa-verr-kahnt): **aan de** ~ across
overleg (ōa-verr-*lehkh*) *nt* deliberation
overleggen (ōa-verr-*leh*-gern) *v* deliberate
overleven (ōa-verr-*lāy*-vern) *v* survive
overleving (ōa-verr-*lāy*ving) *c* survival
***overlijden** (ōa-verr-*lay*-dern) *v* depart, die
overmaken (ōa-verr-maa-kern) *v* remit
overmoedig (ōa-verr-*mōō*-derkh) *adj* presumptuous
***overnemen** (ōa-verr-nāy-

mern) *v* *take over
overreden (ōa-ver-*rāy*-dern) *v* persuade
overschot (*ōa*-verr-skhot) *nt* (pl ~ten) surplus
***overschrijden** (ōa-verr-*skhray*-dern) *v* exceed
overschrijving (*ōa*-verr-skhray-vıng) *c* (pl ~en) money order
***overslaan** (*ōa*-verr-slaan) *v* skip
overspannen (ōa-verr-*spah*-nern) *adj* overstrung; overworked
overstappen (*ōa*-verr-stah-pern) *v* change
oversteekplaats (*ōa*-verr-stāyk-plaats) *c* (pl ~en) crossing
***oversteken** (*ōa*-verr-stāy-kern) *v* cross
overstroming (ōa-verr-*strōa*-mıng) *c* (pl ~en) flood
overstuur (ōa-verr-*stēwr*) *adj* upset
overtocht (*ōa*-verr-tokht) *c* (pl ~en) crossing, passage
***overtreden** (ōa-verr-*trāy*-dern) *v* offend
overtreding (ōa-verr-*trāy*-dıng) *c* (pl ~en) offense *Am*, offence
***overtreffen** (ōa-verr-*treh*-fern) *v* *outdo, exceed
overtuigen (*ōa*-verr-*tur*ᵉʷ-gern) *v* convince; persuade
overtuiging (ōa-verr-*tur*ᵉʷ-gıng) *c* (pl ~en) conviction; persuasion
overval (*ōa*-verr-vahl) *c* (pl ~len) hold-up
oververmoeid (*ōa*-verr-verr-mōōᵉᵉt) *adj* over-tired
overvloed (*ōa*-verr-vlōōt) *c* abundance; plenty
overvloedig (ōa-verr-*vlōō*-derkh) *adj* abundant, plentiful
overvol (*ōa*-verr-vol) *adj* crowded
overweg (*ōa*-verr-vehkh) *c* (pl ~en) level crossing, crossing
***overwegen** (ōa-verr-*vāy*-gern) *v* consider
overweging (ōa-verr-*vāy*-gıng) *c* (pl ~en) consideration
overweldigen (ōa-verr-*vehl*-der-gern) *v* overwhelm
overwerken (*ōa*-verr-*vehr*-kern): **zich ~** overwork
overwerkt (ōa-verr-*vehr*-kt) overworked
***overwinnen** (ōa-verr-*vı*-nern) *v* conquer; *overcome
overwinning (ōa-verr-*vı*-nıng) *c* (pl ~en) victory
overzees (ōa-verr-*zāyss*) *adj* overseas
overzicht (*ōa*-verr-zıkht) *nt* (pl ~en) survey
ozon (*ōa*-zon) *c* ozone

P

paal (paal) *c* (pl palen) post, pole
paar (paar) *nt* (pl paren) pair; couple
paard (paart) *nt* (pl ~en) horse
paardebloem (*paar*-der-bl͞oom) *c* (pl ~en) dandelion
paardekracht (*paar*-der-krahkht) *c* horsepower
paardesport (*paar*-der-sport) *c* riding
***paardrijden** (*paart*-ray-dern) *v* *ride
paars (paars) *adj* purple
pacht (pahkht) *c* (pl ~en) lease
pacifisme (pah-see-*fɪss*-mer) *nt* pacifism
pacifist (pah-see-*fɪst*) *m* (f ~e, pl ~en) pacifist
pacifistisch (pah-see-*fɪss*-teess) *adj* pacifist
pact (pahkt) *nt* (pl ~en) pact
pad[1] (paht) *nt* (pl ~en) path; lane, trail
pad[2] (paht) *c* (pl ~den) toad
paddestoel (*pah*-der-st͞ool) *c* (pl ~en) toadstool; mushroom
padvinder (*paht*-fɪn-derr) *m* (pl ~s) scout, boy scout
padvindster (*paht*-fɪnt-sterr) *f* (pl ~s) girl scout, girl guide
pagina (*paa*-gee-naa) *c* (pl ~'s) page
pak (pahk) *nt* (pl ~ken) package; ~ **slaag** spanking
pakhuis (*pahk*-hur^ew^ss) *nt* (pl -huizen) warehouse
Pakistaan (paa-kee-*staan*) *c* (f ~se, pl -stanen) Pakistani
Pakistaans (paa-kee-*staans*) *adj* Pakistani
Pakistan (*paa*-kɪss-tahn) Pakistan
pakje (*pahk*-^y^er) *nt* (pl ~s) parcel, packet
pakken (*pah*-kern) *v* *take
pakket (pah-*keht*) *nt* (pl ~ten) parcel
pakpapier (*pahk*-paa-peer) *nt* wrapping paper
paleis (paa-*layss*) *nt* (pl paleizen) palace
paling (*paa*-lɪng) *c* (pl ~en) eel
palm (pahlm) *c* (pl ~en) palm
pan (pahn) *c* (pl ~nen) pan
pand (pahnt) *nt* (pl ~en) security; house, premises *pl*
pandjesbaas (*pahn*-t^y^erss-baass) *m* (pl -bazen) pawnbroker
paneel (paa-*n͞ayl*) *nt* (pl panelen) panel
paniek (paa-*neek*) *c* panic
panne (*pah*-ner) *c* breakdown
pantoffel (pahn-*to*-ferl) *c* (pl ~s) slipper
panty (*pehn*-tee) *c* (pl panties) pantyhose
papa (*pah*-paa) *m* (pl ~'s) daddy
papaver (paa-*paa*-verr) *c* (pl ~s) poppy
papegaai (pah-per-*gaa*^ee^) *c* (pl

~en) parrot
papier (paa-*peer*) *nt* (pl ~en) paper
papieren (paa-*pee*-rern) *adj* paper; ~ **servet** paper napkin; ~ **zak** paper bag; ~ **zakdoek** tissue
parade (paa-*raa*-der) *c* (pl ~s) parade
paradijs (paa-*raa*-dayss) *nt* (pl ~zen) paradise
paraferen (paa-raa-*fay*-rern) *v* initial
paragraaf (paa-raa-*graaf*) *c* (pl -grafen) paragraph
parallel (paa-raa-*lehl*) *adj* parallel
paraplu (paa-raa-*plew*) *c* (pl ~'s) umbrella
parasol (paa-raa-*sol*) *c* (pl ~s) sunshade
pardon! (pahr-*don*) sorry!
parel (*paa*-rerl) *c* (pl ~s, ~en) pearl
parelmoer (paar-ler-*moor*) *nt* mother of pearl
parfum (pahr-*ferm*) *nt* (pl ~s) perfume
park (pahrk) *nt* (pl ~en) park
parkeermeter (pahr-*kayr*-may-terr) *c* (pl ~s) parking meter
parkeerplaats (pahr-*kayr*-plaats) *c* (pl ~en) car park; parking lot *Am*
parkeertarief (pahr-*kayr*-taa-reef) *nt* (pl -tarieven) parking fee
parkeerzone (pahr-*kayr*-zaw-ner) *c* (pl ~s) parking zone
parkeren (pahr-*kay*-rern) *v* park
parkiet (pahr-*keet*) *c* (pl ~en) parakeet
parlement (pahr-ler-*mehnt*) *nt* (pl ~en) parliament
parlementair (pahr-ler-mehn-*tair*) *adj* parliamentary
parochie (pah-*ro*-khee) *c* (pl ~s) parish
particulier (pahr-tee-kew-*leer*) *adj* private
partij (pahr-*tay*) *c* (pl ~en) party; side; batch
partijdig (pahr-*tay*-derkh) *adj* partial
partner (*pahrt*-nerr) *c* (pl ~s) partner; associate
pas[1] (pahss) *c* (pl ~sen) step
pas[2] (pahss) *adv* just
Pasen (*paa*-sern) Easter
pasfoto (*pahss*-foa-toa) *c* (pl ~'s) passport photograph
paskamer (*pahss*-kaa-merr) *c* (pl ~s) fitting room
paspoort (*pahss*-poart) *nt* (pl ~en) passport
paspoortcontrole (*pahss*-poart-kon-traw-ler) *c* passport control
passage (pah-*saa*-zher) *c* (pl ~s) excerpt; passage
passagier (pah-saa-*zheer*) *m* (f ~e, pl ~s) passenger
passen (*pah*-sern) *v* try on; fit; ~ **bij** match; **passend** appropriate; convenient, adequate, proper; ~ **op** look after; attend to
passeren (pah-*say*-rern) *v*

pass; by-pass, pass by
passie (*pah*-see) *c* passion
passief (pah-*seef*) *adj* passive
pasta (*pahss*-taa) *c* (pl ~'s) paste
pasteitje (pahss-*tay*-tyer) *nt* (pl ~s) pasty
pastorie (pahss-toa-*ree*) *c* (pl ~ën) parsonage, vicarage
patat (paa-*taht*) *pl* chips; French fries
patent (paa-*tehnt*) *nt* (pl ~en) patent; great
pater (*paa*-terr) *m* (pl ~s) father
patiënt (paa-*shehnt*) *m* (f ~e, pl ~en) patient
patrijs (paa-*trayss*) *c* (pl patrijzen) partridge
patrijspoort (paa-*trayss*-poart) *c* (pl ~en) porthole
patriot (paa-tree-*yot*) *m* (pl ~ten) patriot
patroon (paa-*troan*) *nt* (pl patronen) pattern; *c* cartridge
patrouille (paa-*troo*-yer) *c* (pl ~s) patrol
patrouilleren (paa-troo-*yay*-rern) *v* patrol
paus (pouss) *m* (pl ~en) pope
pauw (pou) *c* (pl ~en) peacock
pauze (*pou*-zer) *c* (pl ~s) pause; break; interval, intermission
pauzeren (pou-*zay*-rern) *v* pause
paviljoen (paa-vıl-*yoon*) *nt* (pl ~en, ~s) pavilion
pech (pehkh) *c* bad luck
pedaal (per-*daal*) *nt*/*c* (pl pedalen) pedal
peddel (*peh*-derl) *c* (pl ~s) paddle
peen (payn) *c* (pl penen) carrot
peer (payr) *c* (pl peren) pear; light bulb
pees (payss) *c* (pl pezen) sinew, tendon
peettante (*payt*-tahn-ter) *f* (pl ~s) godmother
peetoom (*payt*-oam) *m* (pl ~s) godfather
peil (payl) *nt* (pl ~en) level
pelgrim (*pehl*-grım) *c* (pl ~s) pilgrim
pelikaan (pay-lee-*kaan*) *c* (pl -kanen) pelican
pels (pehls) *c* (pl pelzen) fur
pen (pehn) *c* (pl ~nen) pen
penicilline (pay-nee-see-*lee*-ner) *c* penicillin
penningmeester (*peh*-nıng-mayss-terr) *m* (pl ~s) treasurer
penseel (pehn-*sayl*) *nt* (pl -selen) paintbrush
pensioen (pehn-*shoon*) *nt* (pl ~en) pension; **met ~ gaan** *v* retire
pension (pehn-*shon*) *nt* (pl ~s) board; boardinghouse, guesthouse, pension; **vol ~** full board, board and lodging, bed and board
pensionering (pehn-shoa-*nay*-rıng) *c* (pl ~en) retirement
peper (*pay*-perr) *c* pepper
pepermunt (pay-perr-*mernt*) *c* peppermint
per (pehr) *prep* by, per
perceel (pehr-*sayl*) *nt* (pl

-celen) plot
percentage (pehr-sehn-*taa*-zher) *nt* (pl ~s) percentage
percolator (pehr-kōa-*laa*-tor) *c* (pl ~s) percolator
perfectie (pehr-*fehk*-see) *c* perfection
periode (pāy-ree-ʸ*ōa*-der) *c* (pl ~s, ~n) period; term
periodiek (pāy-ree-ʸōa-*deek*) *adj* periodical
permanent (pehr-maa-*nehnt*) *adj* permanent; *nt* perm
permissie (pehr-*mɪ*-see) *c* (pl ~s) permission
perron (peh-*ron*) *nt* (pl ~s) platform
perronkaartje (peh-*ron*-kaar-tʸer) *nt* (pl ~s) platform ticket
Pers (pehrs) *c* (pl Perzen) Persian
pers (pehrs) *c* press
persconferentie (*pehrs*-kon-fer-rehn-tsee) *c* (pl ~s) press conference
persen (*pehr*-sern) *v* press
personeel (pehr-sōa-*nāyl*) *nt* personnel
personentrein (pehr-*sōa*-ner-trayn) *c* (pl ~en) passenger train
persoon (pehr-*sōan*) *c* (pl -sonen) person; **per ~** per person
persoonlijk (pehr-*sōan*-lerk) *adj* personal; private
persoonlijkheid (pehr-*sōan*-lerk-hayt) *c* (pl -heden) personality
perspectief (pehr-spehk-*teef*) *nt* (pl -tieven) perspective
Perzië (*pehr*-zee-ʸer) Persia
perzik (*pehr*-zɪk) *c* (pl ~en) peach
Perzisch (*pehr*-zeess) *adj* Persian
pessarium (peh-*saa*-ree-ʸerm) *nt* diaphragm
pessimisme (peh-see-*mɪss*-mer) *nt* pessimism
pessimist (peh-see-*mɪst*) *m* (f ~e, pl ~en) pessimist
pessimistisch (peh-see-*mɪss*-teess) *adj* pessimistic
pestkop (*pehst*-kop) *c* (pl ~pen) bully
pet (peht) *c* (pl ~ten) cap
peterselie (pāy-terr-*sāy*-lee) *c* parsley
petitie (per-*tee*-tsee) *c* (pl ~s) petition
petroleum (pāy-*trōa*-lāy-ʸerm) *c* petroleum; kerosene, paraffin
peuter (*pūr*-terr) *m* (pl ~s) toddler
pianist (pee-ʸaa-*nɪst*) *m* (f ~e, pl ~en) pianist
piano (pee-ʸ*aa*-nōa) *c* (pl ~'s) piano
piccolo (*pee*-kōa-lōa) *c* (pl ~'s) bellboy
picknick (*pɪk*-nɪk) *c* (pl ~s) picnic
picknicken (*pɪk*-nɪ-kern) *v* picnic
pick-up (pɪk-*erp*) *c* (pl ~s) record player
pienter (*peen*-terr) *adj* bright, smart, clever

pier (peer) *c* (pl ~en) pier, jetty
pijl (payl) *c* (pl ~en) arrow
pijn (payn) *c* (pl ~en) ache, pain; (pl ~s) painkiller; *v* ~ ***doen** *hurt; ache
pijnlijk (*payn*-lerk) *adj* sore, painful; embarrassing, awkward
pijnloos (*payn*-lōass) *adj* painless
pijp (payp) *c* (pl ~en) pipe; tube
pijpenstoker (*pay*-per-stōa-kerr) *c* (pl ~s) pipe cleaner
pijptabak (*payp*-taa-bahk) *c* pipe tobacco
pikant (pee-*kahnt*) *adj* spicy; savo(u)ry
pil (pɪl) *c* (pl ~len) pill
pilaar (pee-*laar*) *c* (pl pilaren) column, pillar
piloot (pee-*lōat*) *c* (pl piloten) pilot
pils (pɪls) *nt* beer
pincet (pɪn-*seht*) *c* (pl ~ten) tweezers *pl*
pincode (*pin*-cōa-der) *m* (pl ~s) personal identification number, PIN
pinda (*pɪn*-daa) *c* (pl ~'s) peanut
pinguin (*pɪn*-gvɪn) *c* (pl ~s) penguin
pink (pɪngk) *c* (pl ~en) little finger
pion (pee-*yon*) *c* (pl ~nen) pawn
pionier (pee-*yōa-neer*) *m* (f ~ster, pl ~s) pioneer
piraat (pee-*raat*) *m* (pl piraten) pirate
piste (*peess*-ter) *c* (pl ~s) ring
pistool (peess-*tōal*) *nt* (pl pistolen) pistol
pit (pɪt) *c* (pl ~ten) stone, pip
pittoresk (pee-tōa-*rehsk*) *adj* picturesque
plaag (plaakh) *c* (pl plagen) plague
plaat (plaat) *c* (pl platen) plate, sheet; picture
plaats (plaats) *c* (pl ~en) place; spot, locality, site; seat; room; station; **in ~ van** instead of; **open ~** clearing
plaatselijk (*plaat*-ser-lerk) *adj* local; regional
plaatsen (*plaat*-sern) *v* *lay, *put, place; locate
***plaatshebben** (*plaats*-heh-bern) *v* *take place
plaatskaartenbureau (*plaats*-kaar-ter-bēw-rōa) *nt* (pl ~s) box office
plaatsvervanger (*plaats*-ferr-vah-ngerr) *m* (pl ~s) deputy, substitute
plafond (plaa-*font*) *nt* (pl ~s) ceiling
plagen (*plaa*-gern) *v* tease
plakband (*plahk*-bahnt) *nt* scotch tape, adhesive tape
plakboek (*plahk*-bōōk) *nt* (pl ~en) scrapbook
plakken (*plah*-kern) *v* *stick; paste
plan (plahn) *nt* (pl ~nen) plan; project, scheme; **van ~ *zijn** intend
planeet (plaa-*nāyt*) *c* (pl -neten) planet
planetarium (plaa-ner-*taa*-

ree-ʸerm) *nt* (pl ~s, -ria) planetarium
plank (plahngk) *c* (pl ~en) board, plank; shelf
plannen (*pleh*-nern) *v* plan
plant (plahnt) *c* (pl ~en) plant
plantage (plahn-*taa*-zher) *c* (pl ~s) plantation
planten (*plahn*-tern) *v* plant
plantengroei (*plahn*-ter-groo͞ᵉᵉ) *c* vegetation
plantkunde (*plahnt*-kern-der) *c* botany
plantsoen (plahnt-*so͞on*) *nt* (pl ~en) public garden
plas (plahss) *c* (pl ~sen) puddle
plastic (*pleh*-stɪk) *adj* plastic
plastische chirurgie (*plahs*-tee-ser shee-rer-*gee*) *f* (pl ~ën) reconstructive surgery
plat (plaht) *adj* flat; even, level
platenspeler (*plaa*-ter-spa͞y-lerr) *c* (pl ~s) record player
platina (*plaa*-tee-naa) *nt* platinum
plattegrond (plah-ter-*gront*) *c* (pl ~en) map, plan
platteland (plah-ter-*lahnt*) *nt* countryside, country; **plattelands-** rural
platzak (*plaht*-sahk) broke
plaveien (plaa-*vay*-ern) *v* pave
plaveisel (plaa-*vay*-serl) *nt* pavement
plechtig (*plehkh*-terkh) *adj* solemn
pleegouders (*pla͞ykh*-ou-derrs) *pl* foster parents *pl*
plegen (*pla͞y*-gern) *v* commit
pleidooi (play-*do͞a*ᵉᵉ) *nt* (pl ~en) plea
plein (playn) *nt* (pl ~en) square
pleister[1] (*play*-sterr) *c* (pl ~s) plaster
pleister[2] (*play*-sterr) *nt* plaster
pleiten (*play*-tern) *v* plead
plek (plehk) *c* (pl ~ken) spot; **blauwe** ~ bruise; **zere** ~ sore
plezier (pler-*zeer*) *nt* pleasure; fun
plicht (plɪkht) *c* (pl ~en) duty
ploeg[1] (plo͞okh) *c* (pl ~en) plough
ploeg[2] (plo͞okh) *c* (pl ~en) team; shift; gang
ploegen (*plo͞o*-gern) *v* plough
plooi (plo͞aᵉᵉ) *c* (pl ~en) crease
plooihoudend (plo͞aᵉᵉ-*hou*-dernt) *adj* permanent press
plotseling (*plot*-ser-lɪng) *adj* sudden
plukken (*pler*-kern) *v* pick
plus (plerss) *prep* plus
pneumatisch (pnu͞r-*maa*-teess) *adj* pneumatic
pocketboek (*po*-kert-bo͞ok) *nt* (pl ~en) paperback
poeder (*po͞o*-derr) *nt*/*c* (pl ~s) powder
poederdoos (*po͞o*-derr-do͞ass) *c* (pl -dozen) powder compact
poelier (po͞o-*leer*) *m* (pl ~s) poulterer
poes (po͞oss) *c* (pl poezen) pussy-cat
poetsen (*po͞o*-tsern) *v* brush; polish
pogen (*po͞a*-gern) *v* try, attempt
poging (*po͞a*-gɪng) *c* (pl ~en) try, attempt; effort

pokken (*po*-kern) *pl* smallpox
Polen (*pōā*-lern) Poland
polio (*pōā*-lee-ʸoa) *c* polio
polis (*pōā*-lerss) *c* (pl ~sen) policy
politicus (pōā-*lee*-tee-kerss) *c* (pl -ci) politician
politie (pōā-*lee*-tsee) *c* police *pl*
politieagent (pōā-*lee*-tsi-aa-gehnt) *m* (pl ~en) policeman
politiebureau (pōā-*lee*-tsee-bēw-rōā) *nt* (pl ~s) police station
politiek (pōā-lee-*teek*) *adj* political; *c* policy; politics
pols (pols) *c* (pl ~en) wrist; pulse
polshorloge (*pols*-hor-lōā-zher) *nt* (pl ~s) wristwatch
polsslag (*pol*-slahkh) *c* pulse
pomp (pomp) *c* (pl ~en) pump
pompelmoes (*pom*-perl-mōōss) *c* (pl -moezen) grapefruit
pompen (*pom*-pern) *v* pump
pond (pont) *nt* pound
pony (*po*-nee) *c* (pl ~'s) pony; fringe
Pools (pōāls) *adj* Polish
poort (pōārt) *c* (pl ~en) gate
poosje (*pōā*-sher) *nt* while
poot (pōāt) *c* (pl poten) leg; paw
pop (pop) *c* (pl ~pen) doll
popmuziek (*pop*-mēw-zeek) *c* pop music
poppenkast (*po*-per-kahst) *c* puppetshow
populair (pōā-pēw-*lair*) *adj* popular
porselein (por-seh-*layn*) *nt* porcelain, china
portefeuille (por-ter-*fur*ᵉʷ-ʸer) *c* (pl ~s) pocketbook, wallet
portemonnee (por-ter-mo-*nāy*) *c* (pl ~s) purse
portie (*por*-see) *c* (pl ~s) portion; helping
portier (por-*teer*) *m* (pl ~s) doorman, doorkeeper, porter
portret (por-*treht*) *nt* (pl ~ten) portrait
Portugal (*por*-tēw-gahl) Portugal
Portugees (por-tēw-*gāyss*) *adj* Portuguese
positie (pōā-*zee*-tsee) *c* (pl ~s) position
positief (pōā-zee-*teef*) *adj* positive
post[1] (post) *c* mail, post
post[2] (post) *c* (pl ~en) entry
postbode (*post*-bōā-der) *m* (pl ~s, ~n) postman
postcode (*post*-kōā-der) *c* (pl ~s) zip code *Am*
poster (*pōā*-sterr) *c* (pl ~s) poster
posten (*poss*-tern) *v* mail, post
poste restante (post-rehss-*tahn*-ter) poste restante
posterijen (poss-ter-*ray*-ern) *pl* postal service
postkantoor (*post*-kahn-tōār) *nt* (pl -toren) post-office
postwissel (*post*-vɪ-serl) *c* (pl ~s) postal order; mail order *Am*
postzegel (*post*-sāy-gerl) *c* (pl ~s) postage stamp, stamp

postzegelautomaat (*post*-say-gerl-oa-toa-maat) *c* (pl -maten) stamp machine
pot (pot) *c* (pl ~ten) pot; jar
potlood (*pot*-loat) *nt* (pl -loden) pencil
praatje (*praa*-tʸer) *nt* (pl ~s) chat
pracht (prahkht) *c* splendo(u)r
prachtig (*prahkh*-terkh) *adj* lovely, wonderful, marvel(l)ous; splendid, gorgeous, glorious, enchanting, fine, superb, swell
praktijk (prahk-*tayk*) *c* (pl ~en) practice
praktisch (*prahk*-teess) *adj* practical
praten (*praa*-tern) *v* talk
precies (prer-*seess*) *adj* precise, very, exact; *adv* exactly; just
predikant (pray-dee-*kahnt*) *m* (pl ~en) clergyman, minister, vicar, rector
preek (prayk) *c* (pl preken) sermon
preekstoel (*prayk*-stool) *c* (pl ~en) pulpit
preken (*pray*-kern) *v* preach
premie (*pray*-mee) *c* (pl ~s) premium
premier (prer-*mʸay*) *c* (pl ~s) premier, Prime Minister
prent (prehnt) *c* (pl ~en) picture; print, engraving
prentbriefkaart (*prehnt*-breef-kaart) *c* (pl ~en) picture postcard
president (pray-zee-*dehnt*) *m* (f ~e, pl ~en) president
prestatie (prehss-*taa*-tsee) *c* (pl ~s) achievement; feat
presteren (prehss-*tay*-rern) *v* achieve
prestige (prehss-*tee*-zher) *nt* prestige
pret (preht) *c* fun; pleasure
prettig (*preh*-terkh) *adj* enjoyable, pleasant; nice
preventief (pray-vehn-*teef*) *adj* preventive
priester (*pree*-sterr) *m* (pl ~s) priest
prijs (prayss) *c* (pl prijzen) price; charge, cost, rate; prize, award; **op~stellen** appreciate
prijsdaling (*prayss*-daa-lıng) *c* (pl ~en) slump
prijslijst (*prayss*-layst) *c* (pl ~en) price list
prijzen (*pray*-zern) *v* price
***prijzen** (*pray*-zern) *v* praise
prijzig (*pray*-zerkh) *adj* expensive
prik[1] (prık) *c* (pl ~ken) sting
prik[2] (prık) *c* fizz
prikkel (*prı*-kerl) *c* (pl ~s) impulse
prikkelbaar (*prı*-kerl-baar) *adj* irritable
prikkelen (*prı*-ker-lern) *v* irritate
prikken (*prı*-kern) *v* prick
prima (*pree*-maa) *adj* first-rate; all right
primair (*pree*-mair) *adj* primary
principe (prın-*see*-per) *nt* (pl

~s) principle
prins (prɪns) *m* (pl ~en) prince
prinses (prɪn-*sehss*) *f* (pl ~sen) princess
prioriteit (pree-ʸoa-ree-*tayt*) *c* (pl ~en) priority
privé (pree-*vay*) *adj* private
privé-docent (pree-*vay*-*doa-sehnt*) *m* tutor
privéleven (pree-*vay*-lay-vern) *nt* privacy
proberen (proa-*bay*-rern) *v* try; attempt; test
probleem (proa-*blaym*) *nt* (pl -blemen) problem
procédé (proa-ser-*day*) *nt* (pl ~s) process
procedure (proa-ser-*dew*-rer) *c* (pl ~s) procedure
procent (proa-*sehnt*) *nt* (pl ~en) per cent
proces (proa-*sehss*) *nt* (pl ~sen) process; lawsuit
processie (proa-*seh*-see) *c* (pl ~s) procession
pro-choice (*proa*-tshois) *adj* pro-choice
producent (proa-dew-*sehnt*) *m* (pl ~en) producer
produceren (proa-dew-*say*-rern) *v* produce
product (proa-*derkt*) *nt* (pl ~en) product; produce
productie (proa-*derk*-see) *c* (pl ~s) production; output
proef (proof) *c* (pl proeven) experiment; trial, test
proeven (*proo*-vern) *v* taste
profeet (proa-*fayt*) *m* (pl -feten) prophet
professor (proa-*feh*-sor) *c* (pl ~en, ~s) professor
profiteren (proa-fee-*tay*-rern) *v* profit, benefit
programma (proa-*grah*-maa) *nt* (pl ~'s) programme
progressief (proa-greh-*seef*) *adj* progressive
project (proa-ʸ*ehkt*) *nt* (pl ~en) project
pro-life (*proa*-laaif) *adj* pro-life
promenade (pro-mer-*naa*-der) *c* (pl ~s) esplanade, promenade
promotie (proa-*moa*-tsee) *c* (pl ~s) promotion
prompt (prompt) *adj* prompt
propaganda (proa-paa-*gahn*-daa) *c* propaganda
propeller (proa-*peh*-lerr) *c* (pl ~s) propeller
proportie (proa-*por*-see) *c* (pl ~s) proportion
prospectus (pro-*spehk*-terss) *c* (pl ~sen) prospectus
prostituée (pro-stee-tew-*vay*) *f* (pl ~s) prostitute
protest (proa-*tehst*) *nt* (pl ~en) protest
protestants (proa-terss-*tahnts*) *adj* Protestant
protesteren (proa-tehss-*tay*-rern) *v* protest
provinciaal (proa-vɪn-*shaal*) *adj* provincial
provincie (proa-*vɪn*-see) *c* (pl ~s) province
provisie (proa-*vee*-zee) *c* (pl ~s) commission
pruik (prurᵉʷk) *c* (pl ~en) wig

pruim (prur^ew^m) *c* (pl ~en) plum; prune
prullenmand (*prer*-ler-mahnt) *c* (pl ~en) wastepaper basket
psychiater (psee-khee-^y^*aa*-terr) *m* (pl ~s) psychiatrist
psychisch (*psee*-kheess) *adj* psychic
psychologie (psee-khōā-lōā-*gee*) *c* psychology
psychologisch (psee-khōā-*lōā*-geess) *adj* psychological
psycholoog (psee-khōā-*lōākh*) *c* (pl -logen) psychologist
publiceren (pēw-blee-*sāy*-rern) *v* publish
publiciteit (pēw-blee-see-*tayt*) *c* publicity
publiek (pēw-*bleek*) *adj* public; *nt* audience, public
publikatie (pēw-blee-*kaa*-tsee) *c* (pl ~s) publication
puimsteen (*pur*^ew^*m*-stāyn) *nt* pumice stone
puistje (*pur*^ew^-sher) *nt* (pl ~s) pimple
punaise (pēw-*nai*-zer) *c* (pl ~s) drawing pin; thumbtack *nAm*
punctueel (perngk-tēw-*vāyl*) *adj* punctual
punt (pernt) *nt* (pl ~en) point; item, issue; *c* full stop, period, dot; tip
punteslijper (*pern*-ter-slay-perr) *c* (pl ~s) pencil sharpener
puntkomma (pernt-*ko*-maa) *c* semicolon
put (pert) *c* (pl ~ten) well
puur (pēwr) *adj* neat; sheer
puzzel (*per*-zerl) *c* (pl ~s) puzzle
pyjama (pee-^y^*aa*-maa) *c* (pl ~'s) pyjamas *pl*

Q

quarantaine (kaa-rahn-*tai*-ner) *c* quarantine
quota (*kvōā*-taa) *c* (pl ~'s) quota

R

raad[1] (raat) *c* advice, counsel
raad[2] (raat) *c* (pl raden) council
raadplegen (*raat*-plāy-gern) *v* consult
raadpleging (*raat*-plāy-gıng) *c* (pl ~en) consultation
raadsel (*raat*-serl) *nt* (pl ~s, ~en) riddle, puzzle; mystery, enigma
raadslid (*raats*-lıt) *nt* (pl -leden) councillor
raadsman (*raats*-mahn) *m* (pl -lieden) counsellor; solicitor
raaf (raaf) *c* (pl raven) raven
raam (raam) *nt* (pl ramen) window

raar (raar) *adj* curious, odd, strange, queer, quaint
rabarber (raa-*bahr*-berr) *c* rhubarb
***raden** (*raa*-dern) *v* guess
radiator (raa-dee-ʸ*aa*-tor) *c* (pl ~s, ~en) radiator
radicaal (raa-dee-*kaal*) *adj* radical
radijs (raa-*dayss*) *c* (pl radijzen) radish
radio (*raa*-dee-ʸōa) *c* (pl ~'s) radio
rafelen (*raa*-fer-lern) *v* fray
raffinaderij (rah-fee-naa-der-*ray*) *c* (pl ~en) refinery
rage (*raa*-zher) *c* (pl ~s) craze
raken (*raa*-kern) *v* *hit
raket (raa-*keht*) *c* (pl ~ten) rocket
ramp (rahmp) *c* (pl ~en) calamity, disaster
rampzalig (rahm-*psaa*-lerkh) *adj* disastrous
rand (rahnt) *c* (pl ~en) edge, border; brim, rim, verge
rang (rahng) *c* (pl ~en) rank; class
rangschikken (*rahng*-skhi-kern) *v* arrange; sort, grade
rantsoen (rahnt-*sōon*) *nt* (pl ~en) ration
ranzig (*rahn*-zerkh) *adj* rancid
rap (rehp) *n* (pl ~s) rap
rapport (rah-*port*) *nt* (pl ~en) report
rapporteren (rah-por-*tāy*-rern) *v* report
ras (rahss) *nt* (pl ~sen) race; breed; **rassen-** racial
rasp (rahsp) *c* (pl ~en) grater
raspen (*rahss*-pern) *v* grate
rat (raht) *c* (pl ~ten) rat
rauw (rou) *adj* raw
ravijn (raa-*vayn*) *nt* (pl ~en) gorge
razen (*raa*-zern) *v* rage
razend (*raa*-zernt) *adj* furious
razernij (raa-zerr-*nay*) *c* rage
reactie (rāy-ʸ*ahk*-see) *c* (pl ~s) reaction
reageren (rāy-ʸah-*gāy*-rern) *v* react, respond
recent (rer-*sehnt*) *adj* recent
recept (rer-*sehpt*) *nt* (pl ~en) recipe; prescription
receptie (rer-*sehp*-see) *c* (pl ~s) reception office
receptioniste (rer-sehp-shōa-*niss*-ter) *f* (pl ~s) receptionist
recht[1] (rehkht) *nt* (pl ~en) right; law, justice
recht[2] (rehkht) *adj* straight
rechtbank (*rehkht*-bahngk) *c* (pl ~en) court
rechtdoor (rehkh-*dōar*) *adv* straight on, straight ahead
rechter[1] (*rehkh*-terr) *adj* right-hand
rechter[2] (*rehkh*-terr) *c* (pl ~s) judge
rechthoek (*rehkht*-hōok) *c* (pl ~en) oblong, rectangle
rechthoekig (*rehkht*-hōo-kerkh) *adj* rectangular
rechtopstaand (rehkh-*top*-staant) *adj* erect, upright
rechts (rehkhts) *adj* right-hand, right
rechtschapen (rehkht-*skhaa*-

pern) *adj* honourable
rechtstreeks (*rehkh*-strāyks) *adj* direct
rechtszaak (*rehkht*-saak) *c* (pl -zaken) trial
rechtuit (rehkh-*tur*ewt) *adv* straight ahead
rechtvaardig (raykht-*faar*-derkh) *adj* just, righteous, right
rechtvaardigen (raykht-*faar*-der-khern) *v* justify
rechtvaardigheid (rehkht-*faar*-derkh-hayt) *c* justice
reclame (rer-*klaa*-mer) *c* advertising; advertisement; publicity
reclamespot (rer-*klaa*-mer-spot) *c* (pl ~s) commercial
record (rer-*kawr*) *nt* (pl ~s) record
recreatie (rāy-krāy-*yaa*-tsee) *c* recreation
recreatiecentrum (rāy-krāy-*yaa*-tsee-sehn-trerm) *nt* (pl -tra) recreation center *Am*, recreation centre
rector (*rehk*-tor) *m* (pl ~en, ~s) headmaster, principal
reçu (rer-*sēw*) *nt* (pl ~'s) receipt
recycleerbaar (rāy-sie-*klāyr*-baar) *adj* recylable
recycleren (ree-sie-*klee*-rern) *v* recycle
redakteur (rāy-dahk-*tūrr*) *c* (pl ~en, ~s) editor
redden (*reh*-dern) *v* save, rescue
redder (*reh*-derr) *m* (pl ~s) saviour
redding (*reh*-dɪng) *c* (pl ~en) rescue
reddingsgordel (*reh*-dɪngs-khor-derl) *c* (pl ~s) lifebelt
rede[1] (*rāy*-der) *c* sense; reason
rede[2] (*rāy*-der) *c* (pl ~s) speech
redelijk (*rāy*-der-lerk) *adj* reasonable
reden (*rāy*-dern) *c* (pl ~en) reason
redeneren (rāy-der-*nāy*-rern) *v* reason
reder (*rāy*-derr) *c* (pl ~s) shipowner
redetwisten (*rāy*-der-tvɪss-tern) *v* argue
redigeren (rāy-dee-*gāy*-rern) *v* edit
reduceren (rāy-dēw-*sāy*-rern) *v* reduce
reductie (rer-*derk*-see) *c* (pl ~s) discount, reduction, rebate
reeds (rāyts) *adv* already
reekalf (*rāy*-kahlf) *nt* (pl -kalveren) fawn
reeks (rāyks) *c* (pl ~en) series; sequence
referentie (rer-fer-*rehn*-tsee) *c* (pl ~s) reference
reflector (rer-*flehk*-tor) *c* (pl ~s, ~en) reflector
reformatie (rāy-for-*maa*-tsee) *c* reformation
regel (*rāy*-gerl) *c* (pl ~s) line; rule; **in de ~** as a rule
regelen (*rāy*-ger-lern) *v* arrange; settle; regulate
regeling (*rāy*-ger-lɪng) *c* (pl ~en) arrangement; settlement; regulation

regelmatig (ray-gerl-*maa*-terkh) *adj* regular
regen (*ray*-gern) *c* rain
regenachtig (*ray*-gern-ahkh-terkh) *adj* rainy
regenboog (*ray*-ger-boakh) *c* (pl -bogen) rainbow
regenbui (*ray*-ger-burew) *c* (pl ~en) shower
regenen (*ray*-ger-nern) *v* rain
regenjas (*ray*-ger-yahss) *c* (pl ~sen) mackintosh, raincoat
regeren (rer-*gay*-rern) *v* rule, govern, reign
regering (rer-*gay*-ring) *c* (pl ~en) government; reign
regie (rer-*gee*) *c* (pl ~s) direction
regime (rer-*zheem*) *nt* (pl ~s) régime
regisseren (ray-gee-*say*-rern) *v* direct
regisseur (ray-gee-*surr*) *m* (f regisseuse, pl ~s) director
register (rer-*giss*-terr) *nt* (pl ~s) record; index
registratie (ray-giss-*traa*-tsee) *c* registration
reglement (ray-gler-*mehnt*) *nt* (pl ~en) regulation
reiger (*ray*-gerr) *c* (pl ~s) heron
rein (rayn) *adj* pure
reinigen (*ray*-ner-gern) *v* clean; **chemisch** ~ dry-clean
reiniging (*ray*-ner-ging) *c* cleaning
reinigingsmiddel (*ray*-ner-gings-mi-derl) *nt* (pl ~en) cleaning fluid
reis (rayss) *c* (pl reizen) journey; trip, voyage
reisagent (*rayss*-aa-gehnt) *m* (f ~e, pl ~en) travel agent
reisbureau (*rayss*-bew-roa) *nt* (pl ~s) travel agency
reischeque (*ray*-shehk) *c* (pl ~s) traveller's cheque, traveler's check *Am*
reisgegevens (*rayss*-ger-gay-verns) *pl* itinerary
reiskosten (*rayss*-koss-tern) *pl* fare; travelling expenses
reisplan (*rayss*-plahn) *nt* (pl ~nen) itinerary
reisroute (*rayss*-roo-ter) *c* (pl ~s, ~n) itinerary
reisverzekering (*rayss*-ferr-zay-ker-ring) *c* travel insurance
reiswieg (*rayss*-veekh) *c* (pl ~en) carrycot
reizen (*ray*-zern) *v* travel
reiziger (*ray*-zer-gerr) *m* (f reizigster, pl ~s) travel(l)er
rek (rehk) *c* elasticity
rekbaar (*rehk*-baar) *adj* elastic
rekenen (*ray*-ker-nern) *v* reckon
rekening (*ray*-ker-ning) *c* (pl ~en) account; bill; check *nAm*
rekenkunde (*ray*-kerng-kern-der) *c* arithmetic
rekenmachine (*ree*-kern-ma-sjiner) *c* calculator
rekken (*reh*-kern) *v* stretch
rekruut (rer-*krewt*) *m* (pl rekruten) recruit
rel (rehl) *c* (pl ~len) riot
relatie (rer-*laa*-tsee) *c* (pl ~s) relation; connection

relatief (rer-laa-*teef*) *adj* relative; comparative
reliëf (rerl-^y*ehf*) *nt* (pl ~s) relief
relikwie (rer-ler-*kvee*) *c* (pl ~ën) relic
reling (*rāy*-lıng) *c* (pl ~en) rail
rem (rehm) *c* (pl ~men) brake
remlichten (*rehm*-lıkh-tern) *pl* brake lights
remtrommel (*rehm*-tro-mehl) *c* (pl ~s) brake drum
renbaan (*rehn*-baan) *c* (pl -banen) racecourse; track; racetrack
rendabel (rehn-*daa*-berl) *adj* paying
rendier (*rehn*-deer) *nt* (pl ~en) reindeer
rennen (*reh*-nern) *v* *run
renpaard (*rehn*-paart) *nt* (pl ~en) racehorse
rente (*rehn*-ter) *c* (pl ~n, ~s) interest
reparatie (rāy-paa-*raa*-tsee) *c* (pl ~s) reparation
repareren (rāy-paa-*rāy*-rern) *v* repair, fix; mend
repertoire (rer-pehr-*tvaar*) *nt* (pl ~s) repertory
repeteren (rer-per-*tāy*-rern) *v* rehearse
repetitie (rer-per-*tee*-tsee) *c* (pl ~s) rehearsal
representatief (rer-prāy-zehn-taa-*teef*) *adj* representative
reproduceren (rāy-prōa-dēw-*sāy*-rern) *v* reproduce
reproductie (rāy-prōa-*derk*-see) *c* (pl ~s) reproduction
reptiel (rehp-*teel*) *nt* (pl ~en) reptile
republiek (rāy-pēw-*bleek*) *c* (pl ~en) republic
republikeins (rāy-pēw-blee-*kayns*) *adj* republican
reputatie (rāy-pēw-*taa*-tsee) *c* reputation; fame
reserve (rer-*zehr*-ver) *c* (pl ~s) reserve; **reserve-** spare
reserveband (rer-*zehr*-ver-bahnt) *c* (pl ~en) spare tyre
reserveren (rer-zehr-*vāy*-rern) *v* reserve; book
reservering (rer-zehr-*vāy*-rıng) *c* (pl ~en) reservation; booking
reservewiel (rer-*zehr*-ver-veel) *nt* (pl ~en) spare wheel
reservoir (rer-zerr-*vvaar*) *nt* (pl ~s) reservoir; container
resoluut (rāy-zōa-*lōot*) *adj* resolute
respect (reh-*spehkt*) *nt* respect; esteem, regard
respectabel (reh-spehk-*taa*-berl) *adj* respectable
respecteren (reh-spehk-*tāy*-rern) *v* respect
respectievelijk (reh-spehk-*tee*-ver-lerk) *adj* respective
rest (rehst) *c* (pl ~en) rest; remainder; remnant
restant (rehss-*tahnt*) *nt* (pl ~en) remainder; remnant
restaurant (reh-stōa-*rahnt*) *nt* (pl ~s) restaurant
restauratiewagen (rehss-tōa-*raa*-tsee-vaa-gern) *c* (pl ~s) dining car

restriktie (rer-*strɪk*-see) *c* (pl ~s) qualification
resultaat (rāy-zerl-*taat*) *nt* (pl -taten) result; outcome, issue
resulteren (rāy-zerl-*tāy*-rern) *v* result
resumé (rāy-zēw-*māy*) *nt* (pl ~s) summary
retour (rer-*tōōr*) roundtrip *Am*
retourvlucht (rer-*tōōr*-vlerkht) *c* (pl ~en) return flight
reumatiek (rūr-maa-*teek*) *c* rheumatism
reus (rūrss) *m* (pl reuzen) giant
reusachtig (rūr-*zahkh*-terkh) *adj* huge; gigantic, enormous, immense
revalidatie (rāy-vaa-lee-*daa*-tsee) *c* rehabilitation
revers (rer-*vair*) *c* (pl ~) lapel
reviseren (rāy-vee-*zāy*-rern) *v* overhaul
revolutie (rāy-vōa-*lēw*-tsee) *c* (pl ~s) revolution
revolutionair (rāy-vōa-lēw-tshōa-*nair*) *adj* revolutionary
revolver (rer-*vol*-verr) *c* (pl ~s) gun, revolver
revue (rer-*vēw*) *c* (pl ~s) revue
rib (rɪp) *c* (pl ~ben) rib
ribfluweel (*rɪp*-flēw-vāyl) *nt* corduroy
richten (*rɪkh*-tern) *v* direct; ~ **op** aim at
richting (*rɪkh*-tɪng) *c* (pl ~en) direction; way
richtingaanwijzer (*rɪkh*-tɪng-aan-vay-zerr) *c* (pl ~s) trafficator, indicator; directional signal *Am*
richtlijn (*rɪkht*-layn) *c* (pl ~en) directive; guideline
ridder (*rɪ*-derr) *m* (pl ~s) knight
riem (reem) *c* (pl ~en) belt; strap; lead
riet (reet) *nt* reed; cane
rif (rɪf) *nt* (pl ~fen) reef
rij (ray) *c* (pl ~en) row, rank; line; file, queue; **in de ~ *staan** queue; stand in line *Am*
rijbaan (*ray*-baan) *c* (pl -banen) carriageway; roadway *nAm*
rijbewijs (*ray*-ber-vayss) *nt* driving licence, driver's license *Am*
***rijden** (*ray*-dern) *v* *drive; *ride; **(te) hard ~** *speed
***rijgen** (*ray*-gern) *v* thread
rijk[1] (rayk) *adj* rich; wealthy
rijk[2] (rayk) *nt* (pl ~en) kingdom, empire; **rijks-** imperial
rijkdom (*rayk*-dom) *c* (pl ~men) wealth, riches *pl*
rijm (raym) *nt* (pl ~en) rhyme
rijp (rayp) *adj* ripe, mature
rijpheid (*rayp*-hayt) *c* maturity
rijst (rayst) *c* rice
rijstrook (*ray*-strōak) *c* (pl -stroken) lane
rijtuig (*ray*-tur^ew^g) *nt* (pl ~en) carriage; coach
rijweg (*ray*-vehkh) *c* drive
rijwiel (*ray*-veel) *nt* (pl ~en) cycle; bicycle
rillen (*rɪ*-lern) *v* shiver; tremble
rilling (*rɪ*-lɪng) *c* (pl ~en) chill; shiver, shudder
rimpel (*rɪm*-perl) *c* (pl ~s) wrinkle
ring (rɪng) *c* (pl ~en) ring

ringweg (*rıng*-vehkh) *c* (pl ~en) by-pass
riool (ree-^{y}*ōāl*) *nt* (pl riolen) sewer
risico (*ree*-zee-kōā) *nt* (pl ~'s) risk; chance, hazard
riskant (rıss-*kahnt*) *adj* risky
rit (rıt) *c* (pl ~ten) ride
ritme (*rıt*-mer) *nt* (pl ~n) rhythm
ritssluiting (*rıt*-slur^{ew}-tıng) *c* (pl ~en) zipper, zip
rivaal (ree-*vaal*) *m* (f rivale, pl rivalen) rival
rivaliseren (ree-vaa-lee-*zāȳ*-rern) *v* rival
rivaliteit (ree-vaa-lee-*tayt*) *c* rivalry
rivier (ree-*veer*) *c* (pl ~en) river
riviermonding (ree-*veer*-mon-dıng) *c* (pl ~en) estuary
rivieroever (ree-*veer*-ōō-verr) *c* (pl ~s) riverside
rob (rop) *c* (pl ~ben) seal
robijn (rōā-*bayn*) *c* (pl ~en) ruby
roddelen (*ro*-der-lern) *v* gossip
roede (*rōō*-der) *c* (pl ~n) rod
roeiboot (*rōō*^{ee}-bōāt) *c* (pl -boten) rowing boat
roeien (*rōō*^{ee}-ern) *v* row
roeiriem (*rōō*^{ee}-reem) *c* (pl ~en) oar
roem (rōōm) *c* glory; celebrity, fame
Roemeen (rōō-*māȳn*) *m* (f ~se, pl -menen) Rumanian
Roemeens (rōō-*māȳns*) *adj* Rumanian
Roemenië (rōō-*māȳ*-nee-^{y}er) Rumania
roep (rōōp) *c* call, cry
***roepen** (*rōō*-pern) *v* call; cry, shout
roer (rōōr) *nt* rudder, helm
roeren (*rōō*-rern) *v* stir
roerend (*rōō*-rernt) *adj* movable
roest (rōōst) *nt* rust
roestig (*rōōss*-terkh) *adj* rusty
rok (rok) *c* (pl ~ken) skirt
roken (*rōā*-kern) *v* smoke
roker (*rōā*-kerr) *m* (f rookster, pl ~s) smoker
rol (rol) *c* (pl ~len) roll
rolgordijn (*rol*-gor-dayn) *nt* (pl ~en) blind
rollen (*ro*-lern) *v* roll
rollerblade® (*rol*-err-blāȳt) *m* (pl ~s) Rollerblade®
rollerbladen® (*rol*-err-blāȳ-dern) *v* Rollerblade®
rolstoel (*rol*-stōōl) *c* (pl ~en) wheelchair
roltrap (*rol*-trahp) *c* (pl ~pen) escalator
roman (rōā-*mahn*) *c* (pl ~s) novel
romance (rōā-*mahng*-ser) *c* (pl ~s, ~n) romance
romanschrijver (rōā-*mahn*-skhray-verr) *m* (f -schrijfster, pl ~s) novelist
romantisch (rōā-*mahn*-teess) *adj* romantic
romig (*rōā*-merkh) *adj* creamy
rommel (*ro*-merl) *c* mess; litter; trash, junk
rond (ront) *adj* round; *prep* around

ronde (*ron*-der) *c* (pl ~n, ~s) round
rondom (ront-*om*) *adv* around; *prep* round
rondreis (*ront*-rayss) *c* (pl -reizen) tour
***rondtrekken** (*ron*-treh-kern) *v* tramp, tour; migrate
***rondzwerven** (*ront*-svehr-vern) *v* wander
röntgenfoto (*rernt*-gern-fōā-tōā) *c* (pl ~'s) X-ray
rood (rōāt) *adj* red; ~ **staan** *v* *be overdrawn
roodborstje (*rōāt*-bor-sher) *nt* (pl ~s) robin
roodkoper (*rōāt*-kōā-perr) *nt* copper
roof (rōāf) *c* robbery
roofdier (*rōāf*-deer) *nt* (pl ~en) beast of prey
rook (rōāk) *c* smoke
rookcoupé (*rōā*-kōō-pāy) *c* (pl ~s) smoker
rookvrij (rōāk-*vray*) *adj* smoke-free
room (rōām) *c* cream
roomkleurig (rōām-*klūr*-rerkh) *adj* cream
rooms-katholiek (rōāms-kah-tōā-*leek*) *adj* Roman Catholic
roos[1] (rōāss) *c* (pl rozen) rose
roos[2] (rōāss) *c* dandruff
rooster (*rōā*-sterr) *nt* (pl ~s) grate; schedule
roosteren (*rōā*-ster-rern) *v* grill, roast
rot (rot) *adj* rotten
rotan (*rōā*-tahn) *nt* cane
rotonde (rōā-*ton*-der) *c* (pl ~s) roundabout
rots (rots) *c* (pl ~en) rock; cliff
rotsachtig (*rot*-sahkh-terkh) *adj* rocky
rotsblok (*rots*-blok) *nt* (pl ~ken) boulder
rouge (*rōō*-zher) *c*/*nt* rouge
roulette (rōō-*leh*-ter) *c* roulette
route (*rōō*-ter) *c* (pl ~s) route
routine (rōō-*tee*-ner) *c* routine
rouw (rou) *c* mourning
royaal (rōā-^{y}*aal*) *adj* generous; liberal
roze (*raw*-zer) *adj* rose, pink
rozenkrans (*rōā*-zer-krahns) *c* (pl ~en) rosary, beads *pl*
rozijn (rōā-*zayn*) *c* (pl ~en) raisin
rubber (*rer*-berr) *nt* rubber
rubriek (rēw-*breek*) *c* (pl ~en) column
rug (rerkh) *c* (pl ~gen) back
ruggegraat (*rer*-ger-graat) *c* spine, backbone
rugpijn (*rerkh*-payn) *c* backache
rugzak (*rerkh*-sahk) *c* (pl ~ken) rucksack
ruien (*rur*^{ewy}-ern) *v* *shed
***ruiken** (*rur*^{ew}-kern) *v* *smell
ruil (rur^{ew}l) *c* exchange
ruilen (*rur*^{ew}-lern) *v* exchange; swap
ruim[1] (rur^{ew}m) *adj* broad, large; roomy, spacious
ruim[2] (rur^{ew}m) *nt* (pl ~en) hold
ruimte (*rur*^{ew}*m*-ter) *c* (pl ~s) room, space
ruimtevaarder (*rur*^{ew}*m*-ter-vaar-derr) *m* (pl ~s) astronaut

ruimteveer (*rur*ᵉʷ*m*-ter-*vāyr*) *nt* (pl -eren) space-shuttle
ruïne (rēw-*vee*-ner) *c* (pl ~s) ruins
ruïneren (rēw-vee-*nāy*-rern) *v* ruin
ruit (rurᵉʷt) *c* (pl ~en) check; pane
ruitenwisser (*rur*ᵉʷ-ter-vɪ-serr) *c* (pl ~s) windscreen wiper; windshield wiper *Am*
ruiter (*rur*ᵉʷ-terr) *c* (pl ~s) horseman; rider
ruk (rerk) *c* (pl ~ken) tug, wrench
rumoer (rēw-*mōōr*) *nt* noise
rundvlees (*rernt*-flāyss) *nt* beef
Rus (rerss) *m* (f ~sin, pl ~sen) Russian
Rusland (*rerss*-lahnt) Russia
Russisch (*rer*-seess) *adj* Russian
rust (rerst) *c* rest; quiet; half time
rusteloosheid (rerss-ter-*lōass*-hayt) *c* unrest
rusten (*rerss*-tern) *v* rest
rusthuis (*rerst*-hurᵉʷss) *nt* (pl -huizen) rest home
rustiek (rerss-*teek*) *adj* rustic
rustig (*rerss*-terkh) *adj* calm, quiet; restful, tranquil
ruw (rēwᵒᵒ) *adj* rough, harsh
ruzie (*rēw*-zee) *c* (pl ~s) row, quarrel, dispute; ~ **maken** quarrel

S

saai (saaᵉᵉ) *adj* dull, boring, square
saamhorig (saam-*hōa*-rerkh) *adj* united
saffier (sah-*feer*) *nt* sapphire
salaris (saa-*laa*-rɪss) *nt* (pl ~sen) salary; pay
saldo (*sahl*-dōa) *nt* (pl ~'s, saldi) balance
salon (saa-*lon*) *c* (pl ~s) drawing room, lounge; salon
samen (*saa*-mern) *adv* together
***samenbinden** (*saa*-mer-bɪn-dern) *v* bundle
***samenbrengen** (*saa*-mer-breh-ngern) *v* combine
samenhang (*saa*-mer-hahng) *c* coherence
samenleving (*saa*-mer-lāy-vɪng) *c* (pl ~en) community
samenloop (*saa*-mer-lōap) *c* concurrence
samenstellen (*saa*-mer-steh-lern) *v* compose, compile
samenstelling (*saa*-mer-steh-lɪng) *c* (pl ~en) composition
***samenvallen** (*saa*-mer-vah-lern) *v* coincide
samenvatting (*saa*-mer-vah-tɪng) *c* (pl ~en) résumé, summary
samenvoegen (*saa*-mer-vōō-gern) *v* join; merge
samenwerken (*saa*-mer-vehr-

kern) *v* cooperate, collaborate
samenwerking (*saa*-mer-vehr-kıng) *c* cooperation
***samenzweren** (*saa*-mer-zvāy-rern) *v* conspire
samenzwering (*saa*-mer-zvāy-rıng) *c* (pl ~en) plot
sanatorium (saa-naa-*tōa*-ree-ʸerm) *nt* (pl ~s, -ria) sanatorium
sandaal (sahn-*daal*) *c* (pl -dalen) sandal
sanitair (saa-nee-*tair*) *adj* sanitary
Saoedi-Arabië (saa-ōō-dee-aa-*raa*-bee-ʸer) Saudi Arabia
Saoedi-Arabisch (saa-ōō-dee-aa-*raa*-beess) *adj* Saudi Arabian
sap (sahp) *nt* (pl ~pen) juice
sappig (*sah*-perkh) *adj* juicy
sardine (sahr-*dee*-ner) *c* (pl ~s) sardine
satelliet (saa-ter-*leet*) *c* (pl ~en) satellite
satellietradio (saa-ter-*leet*-raa-dee-ōa) *m* (pl ~'s) satellite radio
satellietschotel (saa-ter-*leet*-skhōa-terl) *f* (pl ~s) satellite dish
satijn (saa-*tayn*) *nt* satin
sauna (*sou*-naa) *c* (pl ~'s) sauna
saus (souss) *c* (pl sauzen) sauce
scan (skehn) *m* (pl ~s) scan
Scandinavië (skahn-dee-*naa*-vee-ʸer) Scandinavia
Scandinaviër (skahn-dee-*naa*-vee-ʸerr) *m* (f Scandinavische, pl ~s) Scandinavian
Scandinavisch (skahn-dee-*naa*-veess) *adj* Scandinavian
scannen (*skeh*-nern) *v* scan
scanner (*skeh*-nerr) *m* (pl ~s) scanner
scène (*sai*-ner) *c* (pl ~s) scene
schaafwond (*skhaaf*-vont) *c* (pl ~en) graze
schaak! (skhaak) check!
schaakbord (*skhaak*-bort) *nt* (pl ~en) chessboard
schaakspel (*skhaak*-spehl) *nt* chess
schaal (skhaal) *c* (pl schalen) dish; bowl; scale
schaaldier (*skhaal*-deer) *nt* (pl ~en) shellfish
schaamte (*skhaam*-ter) *c* shame
schaap (skhaap) *nt* (pl schapen) sheep
schaar (skhaar) *c* (pl scharen) scissors *pl*
schaars (skhaars) *adj* scarce
schaarste (*skhaar*-ster) *c* scarcity
schaats (skhaats) *c* (pl ~en) skate
schaatsen (*skhaat*-sern) *v* skate
schade (*skhaa*-der) *c* damage; harm, mischief
schadelijk (*skhaa*-der-lerk) *adj* harmful; hurtful
schadeloosstelling (*skhaa*-der-lōa-steh-lıng) *c* (pl ~en) indemnity
schaden (*skhaa*-dern) *v* harm
schadevergoeding (*skhaa*-

der-verr-goo-dıng) *c* (pl ~en) compensation, indemnity
schaduw (*skhaa*-dew^oo^) *c* (pl ~en) shade; shadow
schaduwrijk (*skhaa*-dew^oo^-rayk) *adj* shady
schakel (*skhaa*-kerl) *c* (pl ~s) link
schakelaar (*skhaa*-ker-laar) *c* (pl ~s) switch
schakelbord (*skhaa*-kerl-bort) *nt* switchboard
schakelen (*skhaa*-ker-lern) *v* change gear
schamen (*skhaa*-mern): **zich ~** *be ashamed
schandaal (skhahn-*daal*) *nt* (pl -dalen) scandal
schande (*skhahn*-deh) *c* disgrace, shame
schapevlees (*skhaa*-per-vlayss) *nt* mutton
scharnier (skhahr-*neer*) *nt* (pl ~en) hinge
schat (skhaht) *c* (pl ~ten) treasure; darling
schatkist (*skhaht*-kıst) *c* treasury
schatten (*skhah*-tern) *v* evaluate, estimate, value; appreciate
schatting (*skhah*-tıng) *c* (pl ~en) estimate; appreciation
schedel (*skhay*-derl) *c* (pl ~s) skull
scheef (skhayf) *adj* slanting
scheel (skhayl) *adj* cross-eyed
scheepswerf (*skhayps*-vehrf) *c* (pl -werven) shipyard
scheepvaart (*skhayp*-faart) *c* navigation
scheepvaartlijn (*skhayp*-faart-layn) *c* (pl ~en) shipping line
scheerapparaat (*skhayr*-ah-paa-raat) *nt* (pl -raten) safety razor, electric razor, shaver
scheercrème (*skhayr*-kraim) *c* (pl ~s) shaving cream
scheerkwast (*skhayr*-kvahst) *c* (pl ~en) shaving brush
scheermesje (*skhayr*-meh-sher) *nt* (pl ~s) razor blade
scheerzeep (*skhayr*-zayp) *c* shavingsoap
***scheiden** (*skhay*-dern) *v* separate; divide, part; divorce
scheiding (*skhay*-dıng) *c* (pl ~en) division; parting
scheidsrechter (*skhayts*-rehkh-terr) *m* (pl ~s) umpire, referee
scheikunde (*skhay*-kern-der) *c* chemistry
scheikundig (skhay-*kern*-derkh) *adj* chemical
***schelden** (*skhehl*-dern) *v* scold
schelm (skhehlm) *m* (pl ~en) rascal
schelp (skhehlp) *c* (pl ~en) shell
schelvis (*skhehl*-vıss) *c* haddock
schema (*skhay*-maa) *nt* (pl ~'s, ~ta) diagram; scheme
schemering (*skhay*-mer-ring) *c* twilight
schenden (*skhehn*-dern) *v* violate; invade
schending (*skhehn*-dıng) *c* (pl

~en) violation
***schenken** (*skhehng*-kern) *v* pour; donate
schenking (*skhehng*-kıng) *c* (pl ~en) donation
***scheppen** (*skheh*-pern) *v* create
schepsel (*skhehp*-serl) *nt* (pl ~s) creature
***scheren** (*skhay*-rern): **zich** ~ shave
scherm (skhehrm) *nt* (pl ~en) screen
schermen (*skhehr*-mern) *v* fence
scherp (skhehrp) *adj* sharp; keen
schets (skhehts) *c* (pl ~en) sketch
schetsen (*skheht*-sern) *v* sketch
scheur (skhūr) *c* (pl ~en) tear
scheuren (*skhūr*-rern) *v* rip, *tear
schiereiland (*skheer*-ay-lahnt) *nt* peninsula
***schieten** (*skhee*-tern) *v* *shoot, fire
schietschijf (*skheet*-skhayf) *c* (pl -schijven) mark
schijf (skhayf) *c* (pl schijven) disc; **harde** ~ hard disk
schijn (skhayn) *c* semblance
schijnbaar (*skhaym*-baar) *adj* apparent
***schijnen** (*skhay*-nern) *v* appear, seem; *shine
schijnheilig (skhayn-*hay*-lerkh) *adj* hypocritical
schijnwerper (*skhayn*-vehr-perr) *c* (pl ~s) spotlight, searchlight
schikken (*skhı*-kern) *v* suit
schikking (*skhı*-kıng) *c* (pl ~en) settlement
schil (skhıl) *c* (pl ~len) skin; peel
schilder (*skhıl*-derr) *m* (f ~es, pl ~s) painter
schilderachtig (*skhıl*-derr-ahkh-terkh) *adj* scenic, picturesque
schilderen (*skhıl*-der-rern) *v* paint
schilderij (skhıl-der-*ray*) *nt* (pl ~en) painting, picture
schildpad (*skhıl*-paht) *c* (pl ~den) turtle
schilfer (*skhıl*-ferr) *c* (pl ~s) chip
schillen (*skhı*-lern) *c* peel
schimmel (*skhı*-merl) *c* (pl ~s) mildew
schip (skhıp) *nt* (pl schepen) ship; vessel
schitterend (*skhı*-ter-rernt) *adj* brilliant, splendid
schittering (*skhı*-ter-rıng) *c* (pl ~en) glare
schoeisel (*skhoo*[ee]-serl) *nt* footwear
schoen (skhoon) *c* (pl ~en) shoe
schoenmaker (*skhoon*-maa-kerr) *m* (pl ~s) shoemaker
schoensmeer (*skhoon*-smayr) *c* shoe polish
schoenveter (*skhoon*-fay-terr) *c* (pl ~s) shoelace
schoenwinkel (*skhoon*-vıng-

kerl) *c* (pl ~s) shoe shop
schoft (skhoft) *c* (pl ~en) bastard
schok (skhok) *c* (pl ~ken) shock
schokbreker (*skhok*-braÿ-kerr) *c* (pl ~s) shock absorber
schokken (*skho*-kern) *v* shock
schol (skhol) *c* (pl ~len) plaice
schommel (*skho*-merl) *c* (pl ~s) swing
schommelen (*skho*-mer-lern) *v* rock, *swing
school (skhōal) *c* (pl scholen) school; college; **middelbare ~** secondary school
schoolbank (*skhōal*-bahngk) *c* (pl ~en) desk
schoolbord (*skhōal*-bort) *nt* (pl ~en) blackboard
schoolhoofd (*skhōal*-hōaft) *nt* (pl ~en) headmaster, headmistress, head, principal
schooljongen (*skhōal*-yo-ngern) *m* (pl ~s) schoolboy
schoolmeester (*skhōal*-māyss-terr) *m* (pl ~s) teacher
schoolmeisje (*skhōal*-may-sher) *nt* (pl ~s) schoolgirl
schoolslag (*skhōal*-slahkh) *c* breaststroke
schooltas (*skhōal*-tahss) *c* (pl ~sen) satchel
schoon (skhōan) *adj* clean
schoondochter (skhōan-*dokh*-terr) *f* (pl ~s) daughter--in-law
schoonheid (*skhōan*-hayt) *c* (pl -heden) beauty
schoonheidsbehandeling (*skhōan*-hayts-ber-hahn-der-lıng) *c* (pl ~en) beauty treatment
schoonheidsmasker (*skhōan*-hayts-mahss-kerr) *nt* (pl ~s) face pack
schoonheidsmiddelen (*skhōan*-hayts-mı-der-lern) *pl* cosmetics *pl*
schoonheidssalon (*skhōan*-hayts-saa-lon) *c* (pl ~s) beauty salon, beauty parlo(u)r
schoonmaak (*skhōa*-maak) *c* cleaning
schoonmaken (*skhōa*-maa-kern) *v* clean
schoonmoeder (*skhōa*-mōo-derr) *f* (pl ~s) mother-in-law
schoonouders (*skhōan*-ou-derrs) *pl* parents-in-law *pl*
schoonvader (*skhōan*-vaa-derr) *m* (pl ~s) father-in-law
schoonzoon (*skhōan*-zōan) *m* (pl -zonen) son-in-law
schoonzuster (*skhōan*-zerss-terr) *f* (pl ~s) sister-in-law
schoorsteen (*skhōar*-stāyn) *c* (pl -stenen) chimney
schoot (*skhommt*) *c* (pl schoten) lap
schop (skhop) *c* (pl ~pen) kick; spade, shovel
schoppen (*skho*-pern) *v* kick
schor (skhor) *adj* hoarse
schorsen (*skhor*-sern) *v* suspend
schort (skhort) *c* (pl ~en) apron
schot (skhot) *nt* (pl ~en) shot
schotel (*skhōa*-terl) *c* (pl ~s) dish; **schoteltje** *nt* saucer
Schotland (*skhot*-lahnt)

Scotland
Schots (skhots) *adj* Scottish
schouder (*skhou*-derr) *c* (pl ~s) shoulder
schouwburg (*skhou*-berrkh) *c* (pl ~en) theater *Am*, theatre
schouwspel (*skhou*-spehl) *nt* (pl ~en) spectacle
schram (skhrahm) *c* (pl ~men) scratch
schrappen (*skhrah*-pern) *v* scrape
schrede (*skhray*-der) *c* (pl ~n) pace
schreeuw (skhray^oo) *c* (pl ~en) scream, cry, shout
schreeuwen (*skhray*^oo-ern) *v* scream, cry, shout
schriftelijk (*skhrɪf*-ter-lerk) *adj* written; *adv* in writing
schrijfbehoeften (*skhrayf*-ber-hoof-tern) *pl* stationery
schrijfblok (*skhrayf*-blok) *nt* (pl ~ken) writing pad
schrijfmachine (*skhrayf*-mah-shee-ner) *c* (pl ~s) typewriter
schrijfmachinepapier (*skhrayf*-mah-shee-ner-paa-peer) *nt* typing paper
schrijfpapier (*skhrayf*-paa-peer) *nt* notepaper; writing paper
schrijftafel (*skhrayf*-taa-ferl) *c* (pl ~s) bureau
schrijn (skhrayn) *c* (pl ~en) shrine
***schrijven** (*skhray*-vern) *v* *write
schrijver (*skhray*-vehr) *m* (f schrijfster, pl ~s) author, writer
schrik (skhrɪk) *c* fright, scare; ~ ***aanjagen** terrify
schrikkeljaar (*skhrɪ*-kerl-^yaar) *nt* leap year
***schrikken** (*skhrɪ*-kern) *v* *be frightened; ***doen** ~ frighten, scare
schrobben (*skhro*-bern) *v* scrub
schroef (skhroof) *c* (pl schroeven) screw; propeller
schroeven (*skhroo*-vern) *v* screw
schroevendraaier (*skhroo*-ver-draa-^yerr) *c* (pl ~s) screwdriver
schub (skherp) *c* (pl ~ben) scale
schudden (*skher*-dern) *v* *shake; shuffle
schuifdeur (*skhur*^ew*f*-durr) *c* (pl ~en) sliding door
schuilplaats (*skhur*^ew*l*-plaats) *c* (pl ~en) cover; shelter
schuim (skhur^ew m) *nt* lather, foam
schuimen (*skhur*^ew-mern) *v* foam
schuimrubber (*skhur*^ew*m*-rer-berr) *nt* foam rubber
schuin (skhur^ew n) *adj* slanting
***schuiven** (*skhur*^ew-vern) *v* push
schuld[1] (skherlt) *c* guilt; fault, blame; **de ~ *geven aan** blame
schuld[2] (skherlt) *c* (pl ~en) debt
schuldeiser (*skherlt*-ay-serr) *m* (pl ~s) creditor
schuldig (*skherl*-derkh) *adj*

guilty; ~ ***bevinden** convict; ~ ***zijn** owe
schuur (skhēwr) *c* (pl schuren) barn; shed
schuurpapier (*skhēwr*-paa-peer) *nt* sandpaper
schuw (skhēw^oo) *adj* shy
scoren (*skōa*-rern) *v* score
seconde (ser-*kon*-der) *c* (pl ~n) second
secretaresse (sɪ-krer-taa-*reh*-ser) *f* (pl ~n) secretary
secretaris (sɪ-krer-*taa*-rerss) *m* (pl ~sen) secretary; clerk
sectie (*sehk*-see) *c* (pl ~s) section
secundair (sāy-kern-*dair*) *adj* secondary
secuur (ser-*kēwr*) *adj* precise
sedert (*sāy*-derrt) *prep* since
sein (sayn) *nt* (pl ~en) signal
seinen (*say*-nern) *v* signal
seizoen (say-*zōon*) *nt* (pl ~en) season; **buiten het ~** off season
seksualiteit (sehk-sēw-vaa-lee-*tayt*) *c* sexuality
seksueel (sehk-sēw-*vāyl*) *adj* sexual
selderij (*sehl*-der-ray) *c* celery
select (ser-*lehkt*) *adj* select
selecteren (sāy-lehk-*tāy*-rern) *v* select
selectie (sāy-*lehk*-see) *c* selection
senaat (ser-*naat*) *c* senate
senator (ser-*naa*-tor) *m* (pl ~en) senator
seniel (ser-*neel*) *adj* senile
sensatie (sehn-*zaa*-tsee) *c* (pl ~s) sensation
sensationeel (sehn-zaa-tshōa-*nāyl*) *adj* sensational
sentimenteel (sehn-tee-mehn-*tāyl*) *adj* sentimental
september (sehp-*tehm*-berr) September
septisch (*sehp*-teess) *adj* septic
serie (*sāy*-ree) *c* (pl ~s) series
serieus (sāy-ree-*ʸūrss*) *adj* serious
serveerster (sehr-*vāyr*-sterr) *f* (pl ~s) waitress
servet (sehr-*veht*) *nt* (pl ~ten) napkin, serviette
sfeer (sfāyr) *c* atmosphere; sphere
shag (shehk) *c* cigarette tobacco
shampoo (*shahm*-pōa) *c* shampoo
Siamees (see-ʸaa-*māyss*) *adj* Siamese
sigaar (see-*gaar*) *c* (pl sigaren) cigar
sigarenwinkel (see-*gaa*-rer-vɪng-kerl) *c* (pl ~s) cigar shop, tobacconist's
sigarenwinkelier (see-*gaa*-rer-vɪng-ker-leer) *m* (pl ~s) tobacconist
sigaret (see-gaa-*reht*) *c* (pl ~ten) cigarette
sigarettenkoker (see-gaa-*reh*-ter-kōa-ker) *c* (pl ~s) cigarette case
sigarettepijpje (see-gaa-*reh*-ter-payp-ʸer) *nt* (pl ~s) cigarette holder

signaal (see-*ɡaal*) *nt* (pl -nalen) signal
signalement (see-ɡaa-ler-*mehnt*) *nt* (pl ~en) description
simpel (*sım*-perl) *adj* simple
sinaasappel (*see*-naa-sah-perl) *c* (pl ~en, ~s) orange
sinds (sıns) *conj* since
sindsdien (sıns-*deen*) *adv* since
sirene (see-*rāy*-ner) *c* (pl ~s) siren
siroop (see-*rōap*) *c* syrup
situatie (see-*tew*-*vaa*-tsee) *c* (pl ~s) situation
sjaal (shaal) *c* (pl ~s) shawl; scarf
skelet (sker-*leht*) *nt* (pl ~ten) skeleton
ski (skee) *c* (pl ~'s) ski
skibroek (*skee*-brōōk) *c* (pl ~en) ski pants
skiën (*skee*-ʸern) *v* ski
skiër (*skee*-ʸerr) *m* (f skister, pl ~s) skier
skilift (*skee*-lıft) *c* (pl ~en) ski lift
skischoenen (*skee*-skhōō-nern) *pl* ski boots
skistokken (*skee*-sto-kern) *pl* ski sticks; ski poles *Am*
sla (slaa) *c* lettuce; salad
slaaf (slaaf) *m* (f slavin, pl slaven) slave
***slaan** (slaan) *v* *beat; *hit, *strike; smack, slap
slaap[1] (slaap) *c* sleep; **in ~** asleep
slaap[2] (slaap) *c* (pl slapen) temple
slaapkamer (*slaap*-kaa-merr) *c* (pl ~s) bedroom
slaappil (*slaa*-pıl) *c* (pl ~len) sleeping pill
slaapwagen (*slaap*-vaa-gern) *c* (pl ~s) sleeping car, couchette
slaapzaal (*slaap*-saal) *c* (pl -zalen) dormitory
slaapzak (*slaap*-sahk) *c* (pl ~ken) sleeping bag
slachtoffer (*slahkht*-o-ferr) *nt* (pl ~s) victim; casualty
slag[1] (slahkh) *c* (pl ~en) blow; battle
slag[2] (slahkh) *nt* sort
slagader (*slahkh*-aa-derr) *c* (pl ~s) artery
slagboom (*slahkh*-bōam) *c* (pl -bomen) barrier
slagen (*slaa*-gern) *v* manage, succeed; pass
slager (*slaa*-gerr) *m* (pl ~s) butcher
slagzin (*slahkh*-sın) *c* (pl ~nen) slogan
slak (slahk) *c* (pl ~ken) snail
slang (slahng) *c* (pl ~en) snake
slank (slahngk) *adj* slim, slender
slaolie (*slaa*-ōa-lee) *c* salad-oil
slap (slahp) *adj* limp; weak
slapeloos (*slaa*-per-lōass) *adj* sleepless
slapeloosheid (slaa-per-*lōass*-hayt) *c* insomnia
***slapen** (*slaa*-pern) *v* *sleep
slaperig (*slaa*-per-rerkh) *adj* sleepy
slecht (slehkht) *adj* bad; poor;

ill; wicked, evil; **slechter** worse; **slechtst** worst
slechts (slehkhts) *adv* only, merely
slede (*slāy*-der) *c* (pl ~n) sledge
slee (slāy) *c* (pl ~ën) sleigh, sledge
sleepboot (*slāy*-bōat) *c* (pl -boten) tug
slepen (*slāy*-pern) *v* drag, haul; tug, tow
sleutel (*slūr*-terl) *c* (pl ~s) key; wrench
sleutelbeen (*slūr*-terl-bāyn) *nt* (pl -beenderen, -benen) collarbone
sleutelgat (*slūr*-terl-gaht) *nt* (pl ~en) keyhole
***slijpen** (*slay*-pern) *v* sharpen
slijterij (slay-ter-*ray*) *c* (pl ~en) off-licence, *nAm* liquor store
slikken (*slı*-kern) *v* swallow
slim (slım) *adj* clever
slip (slıp) *c* (pl ~s) briefs pl; panties *pl*
slippen (*slı*-pern) *v* slip; skid
slof (slof) *c* (pl ~fen) slipper; carton
slokje (*slok*-ʸer) *nt* (pl ~s) sip
sloot (slōat) *c* (pl sloten) ditch
slopen (*slōa*-pern) *v* demolish
slordig (*slor*-derkh) *adj* untidy; slovenly, sloppy, careless
slot[1] (slot) *nt* (pl ~en) lock; castle; **op ~ *doen** lock
slot[2] (slot) *nt* end
sluier (*slur*ᵉʷ-err) *c* (pl ~s) veil
sluipschutter (*slur*ᵉʷ*p*-skher-terr) *m* (pl ~s) sniper
sluis (slurᵉʷss) *c* (pl sluizen) lock
***sluiten** (*slur*ᵉʷ-tern) *v* close, *shut; fasten
sluiting (*slur*ᵉʷ-tıng) *c* (pl ~en) fastener
sluw (slēwᵒᵒ) *adj* cunning
smaak (smaak) *c* (pl smaken) taste; flavo(u)r
smakelijk (*smaa*-ker-lerk) *adj* savo(u)ry, tasty; appetizing
smakeloos (*smaa*-ker-lōass) *adj* tasteless
smaken (*smaa*-kern) *v* taste
smal (smahl) *adj* narrow
smaragd (smaa-*rahkht*) *nt* emerald
smart (smahrt) *c* (pl ~en) grief
smartlap (*smahrt*-lahp) *c* (pl ~pen) tearjerker
smeerolie (*smāyr*-ōa-lee) *c* lubrication oil
smeersysteem (*smāyr*-see-stāym) *nt* lubrication system
smeken (*smāy*-kern) *v* beg
***smelten** (*smehl*-tern) *v* melt
smeren (*smāy*-rern) *v* lubricate, grease
smerig (*smāy*-rerkh) *adj* dirty; foul, filthy
smering (*smāy*-rıng) *c* lubrication
smet (smeht) *c* (pl ~ten) blot
smid (smıt) *m* (pl smeden) smith, blacksmith
smoking (*smōa*-kıng) *c* (pl ~s) dinner jacket; tuxedo *nAm*
smokkelen (*smo*-ker-lern) *v* smuggle
snaar (snaar) *c* (pl snaren) string

snavel (*snaa*-verl) *c* (pl ~s) beak
snee (snāy) *c* (pl ~ën) cut; slice
sneeuw (snāy^oo) *c* snow
sneeuwen (*snāy*^oo-ern) *v* snow
sneeuwslik (*snāy*^oo-slɪk) *nt* slush
sneeuwstorm (*snāy*^oo-storm) *c* (pl ~en) snowstorm, blizzard
snel (snehl) *adj* fast, swift, rapid
snelheid (*snehl*-hayt) *c* (pl -heden) speed; **maximum** ~ speed limit
snelheidsbeperking (*snehl*-hayts-ber-pehr-kɪng) *c* speed limit
snelheidsmeter (*snehl*-hayts-māy-terr) *c* speedometer
snelheidsovertreding (*snehl*-hayts-ōa-verr-trāy-dɪng) *c* speeding
snelkeuze (*snehl*-kūr-zer) *m* (pl ~s) speed dial(ing)
snelkookpan (*snehl*-kōak-pahn) *c* (pl ~nen) pressure cooker
snellen (*sneh*-lern) *v* dash
sneltrein (*snehl*-trayn) *c* (pl ~en) express train
snelweg (*snehl*-vehkh) *c* (pl ~en) motorway
***snijden** (*snay*-dern) *v* *cut; carve
snijwond (*snay*-vont) *c* (pl ~en) cut
snipper (*snɪ*-perr) *c* (pl ~s) scrap
snoek (snōōk) *c* (pl ~en) pike
snoep (snōōp) *nt* sweets; candy *nAm*
snoepgoed (*snōōp*-khōōt) *nt* sweets; candy *nAm*
snoepje (*snōōp*-^yer) *nt* (pl ~s) sweet; candy *nAm*
snoepwinkel (*snōōp*-vɪng-kerl) *c* (pl ~s) sweetshop; candy store *Am*
snoer (snōōr) *nt* (pl ~en) line, cord; flex; electric cord
snor (snor) *c* (pl ~ren) moustache
snorkel (*snor*-kerl) *c* (pl ~s) snorkel
snugger (*sner*-gerr) *adj* bright
snuit (snur^ew t) *c* (pl ~en) snout
snurken (*snerr*-kern) *v* snore
sociaal (sōa-*shaal*) *adj* social
socialisme (sōa-shaa-*liss*-mer) *nt* socialism
socialist (sōa-shaa-*lɪst*) *m* (f ~e, pl ~en) socialist
socialistisch (sōa-shaa-*lɪss*-teess) *adj* socialist
sociëteit (sōa-see-^yer-*tayt*) *c* (pl ~en) club
soep (sōōp) *c* (pl ~en) soup
soepbord (*sōō*-bort) *nt* (pl ~en) soup plate
soepel (*sōō*-perl) *adj* supple, flexible
soeplepel (*sōōp*-lāy-perl) *c* (pl ~s) soup spoon
sofa (*sōa*-faa) *c* (pl ~'s) sofa
sok (sok) *c* (pl ~ken) sock
soldaat (sol-*daat*) *m* (pl -daten) soldier
solide (sōa-*lee*-der) *adj* (pl ~en) solid
solitair (sōa-lee-*tehr*) *adj* solitary

sollicitatie (so-lee-see-*taa*-tsee) *c* (pl ~s) application
sollicitatiegesprek (so-lee-see-*taa*-tsee-ger-sprehk) *nt* (pl ~ken) interview
solliciteren (so-lee-see-*tāy*-rern) *v* apply
som (som) *c* (pl ~men) sum; amount; **ronde** ~ lump sum
somber (*som*-berr) *adj* gloomy, somber *Am*, sombre
sommige (*so*-mer-ger) *pron* some
soms (soms) *adv* sometimes
soort (sōārt) *c* / *nt* (pl ~en) sort, kind; breed, species
sorteren (sor-*tāy*-rern) *v* assort, sort
sortering (sor-*tāy*-rıng) *c* (pl ~en) assortment
souterrain (*sōō*-ter-rang) *nt* (pl ~s) basement
souvenir (sōō-ver-*neer*) *nt* (pl ~s) souvenir; **souvenirwinkel** souvenir shop
spaak (spaak) *c* (pl spaken) spoke
Spaans (spaans) *adj* Spanish
spaarbank (*spaar*-bahngk) *c* (pl ~en) savings bank
spaargeld (*spaar*-gehlt) *nt* savings *pl*
spaarzaam (*spaar*-zaam) *adj* economical
spaarvarken (*spaar*-vahr-kern) *nt* (pl ~s) piggy bank
spade (*spaa*-der) *c* (pl ~n) spade
spalk (spahlk) *c* (pl ~en) splint
Spanjaard (*spah*-ɗaart) *m* (f Spaanse, pl ~en) Spaniard
Spanje (*spah*-ɗer) Spain
spannend (*spah*-nernt) *adj* exciting
spanning (*spah*-nıng) *c* (pl ~en) tension; pressure, strain, stress
sparen (*spaa*-rern) *v* save; economize
spat (spaht) *c* (pl ~ten) stain, spot, speck
spatader (*spaht*-aa-derr) *c* (pl ~s, ~en) varicose vein
spatiëren (spaa-*tshāy*-rern) *v* space
spatten (*spah*-tern) *v* splash
speakerphone (*spee*-kerr-fōān) *m* (pl ~s) speaker phone
specerij (spāy-ser-*ray*) *c* (pl ~en) spice
speciaal (spāy-*shaal*) *adj* special; particular, peculiar
specialiseren (spāy-shaa-lee-*zāy*-rern): **zich** ~ specialize
specialist (spāy-shaa-*lıst*) *m* (f ~e, pl ~en) specialist
specialiteit (spāy-shaa-lee-*tayt*) *c* (pl ~en) speciality
specifiek (spāy-see-*feek*) *adj* specific
specimen (*spāy*-see-mehn) *nt* (pl ~s) specimen
speculeren (spāy-kēw-*lāy*-rern) *v* speculate
speeksel (*spāyk*-serl) *nt* spit
speelgoed (*spāyl*-gōōt) *nt* toy
speelgoedwinkel (*spāyl*-gōōt-vıng-kerl) *c* (pl ~s) toyshop
speelkaart (*spāyl*-kaart) *c* (pl

~en) playing card
speelplaats (*spāyl*-plaats) *c* (pl ~en) playground
speelterrein (*spāyl*-teh-rayn) *nt* (pl ~en) recreation ground
speer (spāyr) *c* (pl speren) spear
spek (spehk) *nt* bacon
spel[1] (spehl) *nt* (pl ~en) game
spel[2] (spehl) *nt* (pl ~len) play
speld (spehlt) *c* (pl ~en) pin
spelen (*spāy*-lern) *v* play
speler (*spāy*-lerr) *m* (f speelster, pl ~s) player
spellen (*speh*-lern) *v* *spell
spelling (*speh*-lıng) *c* spelling
spelonk (spāy-*longk*) *c* (pl ~en) cave
spiegel (*spee*-gerl) *c* (pl ~s) looking-glass, mirror
spiegelbeeld (*spee*-gerl-bāylt) *nt* (pl ~en) reflection
spier (speer) *c* (pl ~en) muscle
spijbelen (*spay*-ber-lern) *v* play truant
spijker (*spay*-kerr) *c* (pl ~s) nail
spijkerbroek (*spay*-kerr-brōōk) *c* (pl ~en) jeans *pl*
spijskaart (*spayss*-kaart) *c* (pl ~en) menu
spijsvertering (*spayss*-ferr-tāy-rıng) *c* digestion
spijt (spayt) *c* regret
spikkel (*spı*-kerl) *c* (pl ~s) spat
spin (spın) *c* (pl ~nen) spider
spinazie (spee-*naa*-zee) *c* spinach
***spinnen** (*spı*-nern) *v* *spin
spinnenweb (*spı*-nern-vehp) *nt* spider's web
spion (spee-*Yon*) *m* (f ~ne, pl ~nen) spy
spiritusbrander (*spee*-ree-terss-brahn-derr) *c* (pl ~s) spirit stove
spit[1] (spıt) *nt* (pl ~ten) spit
spit[2] (spıt) *nt* lumbago
spits[1] (spıts) *adj* pointed
spits[2] (spıts) *c* (pl ~en) peak; spire
spitsuur (*spıts*-ēwr) *nt* (pl -uren) rush hour, peak hour
***splijten** (*splay*-tern) *v* *split
splinter (*splın*-terr) *c* (pl ~s) splinter
splinternieuw (*splın*-terr-nee^oo) *adj* brand-new
splitsen (*splıt*-sern) split; **zich ~** fork
spoed (spōōt) *c* haste, speed
spoedcursus (*spōōt*-kerr-zerss) *c* (pl ~sen) intensive course
spoedgeval (*spōōt*-kher-vahl) *nt* (pl ~len) emergency
spoedig (*spōō*-derkh) *adv* soon, shortly
spoel (spōōl) *c* (pl ~en) spool
spoelen (*spōō*-lern) *v* rinse
spoeling (*spōō*-lıng) *c* (pl ~en) rinse
spons (spons) *c* (pl sponzen) sponge
spook (spōak) *nt* (pl spoken) ghost
spoor (spōar) *nt* (pl sporen) trace; trail, track
spoorbaan (*spōar*-baan) *c* (pl -banen) railway; railroad *nAm*
spoorweg (*spōar*-vehkh) *c* (pl

~en) railway; railroad *nAm*
sport (sport) *c* sport
sportjasje (*sport*-ʸah-sher) *nt* (pl ~s) sports jacket, blazer
sportkleding (*sport*-klay-dıng) *c* sportswear
sportman (*sport*-mahn) *m* (pl ~nen) sportsman
sportvrouw (*sport*-frou) *f* (pl ~en) sportswoman
sportwagen (*sport*-vaa-gern) *c* (pl ~s) sports car
spot (spot) *c* mockery
spraak (spraak) *c* speech; **ter sprake *brengen** *bring up
spraakzaam (*spraak*-saam) *adj* talkative
sprakeloos (*spraa*-ker-loass) *adj* speechless
spreekkamer (*spray*-kaa-merr) *c* (pl ~s) surgery
spreekuur (*sprayk*-ewr) *nt* (pl -uren) consultation hours
spreekwoord (*sprayk*-voart) *nt* (pl ~en) proverb
spreeuw (sprayᵒᵒ) *c* (pl ~en) starling
sprei (spray) *c* (pl ~en) quilt
spreiden (*spray*-dern) *v* *spread
***spreken** (*spray*-kern) *v* *speak, talk
***springen** (*sprı*-ngern) *v* jump; *leap
springstof (*sprıng*-stof) *c* (pl ~fen) explosive
sprinkhaan (*sprıngk*-haan) *c* (pl -hanen) grasshopper
sproeier (*sprooᵉᵉ*-err) *c* (pl ~s) atomizer
sprong (sprong) *c* (pl ~en) jump; hop, leap
sprookje (*sproak*-ʸer) *nt* (pl ~s) fairytale
spruitjes (*sprurᵉʷ*-tʸerss) *pl* sprouts *pl*
spuit (spurᵉʷt) *c* (pl ~en) syringe
spuitbus (*spurᵉʷt*-berss) *c* (pl ~sen) atomizer
spuiten (spurᵉʷ-tern) *v* spray
spuitwater (*spurᵉʷt*-vaa-terr) *nt* soda water
spul (sperl) *nt* stuff
spuug (spewkh) *nt* spit
spuwen (*spewᵒᵒ*-ern) *v* *spit
staal (staal) *nt* steel; **roestvrij ~** stainless steel
***staan** (staan) *v* *stand; **goed ~** *become; suit
staart (staart) *c* (pl ~en) tail
staat (staat) *c* (pl staten) state; **in ~** able; **in ~ stellen** enable; **in ~ *zijn om** *be able to;
staats- national
staatsburgerschap (*staats*-berr-gerr-skhahp) *nt* citizenship
staatshoofd (*staats*-hoaft) *nt* (pl ~en) head of state
staatsman (*staats*-mahn) *m* (pl -lieden) statesman
stabiel (staa-*beel*) *adj* stable
stad (staht) *c* (pl steden) town; city
stadhuis (staht-*hurᵉʷss*) *nt* (pl -huizen) town hall
stadion (*staa*-dee-ʸon) *nt* (pl ~s) stadium
stadium (*staa*-dee-ʸerm) *nt* (pl

stadia) stage
stadscentrum (*staht*-sehn-term) *nt* (pl -tra) town center *Am*, town centre
stadslicht (*stahts*-lıkht) *nt* (pl ~en) parking light
stadsmensen (*stahts*-mehn-sern) *pl* townspeople *pl*
staf (stahf) *c* staff
stagiair (staa-*zhair*) *m* (f ~e, pl ~s) trainee
staken (*staa*-kern) *v* *strike; stop, discontinue
staking (*staa*-kıng) *c* (pl ~en) strike
stal (stahl) *c* (pl ~len) stable
stalknecht (*stahl*-knehkht) *m* (pl ~en) groom
stallen (*stah*-lern) *v* garage
stalles (*stah*-lerss) *pl* stall; orchestra seat *Am*
stam (stahm) *c* (pl ~men) trunk; tribe
stamcel (*stahm*-sehl) *f* (pl ~len) stem cell
stamelen (*staa*-mer-lern) *v* falter
stampen (*stahm*-pern) *v* stamp, thump
stampvol (*stahmp*-fol) *adj* packed
stand (stahnt) *c* score; **tot ~ *brengen** realize
standaard (*stahn-daart*) *c* (pl ~en) standard; stand
standbeeld (*stahnt*-bāylt) *nt* (pl ~en) statue
standpunt (*stahnt*-pernt) *nt* (pl ~en) point of view
standvastig (stahnt-*fahss*-terkh) *adj* steadfast
stang (stahng) *c* (pl ~en) rod, bar
stap (stahp) *c* (pl ~pen) step; pace; move
stapel (*staa*-perl) *c* (pl ~s) stack, heap, pile
stappen (*stah*-pern) *v* step
staren (*staa*-rern) *v* gaze, stare
start (stahrt) *c* take-off
startbaan (*stahrt*-baan) *c* runway
starten (*stahr*-tern) *v* *take off
statiegeld (*staa*-tsee-gehlt) *nt* deposit
station (staa-*shon*) *nt* (pl ~s) station; depot *nAm*
statistiek (staa-tiss-*teek*) *c* (pl ~en) statistics *pl*
stedelijk (*stāy*-der-lerk) *adj* urban
steeds (stāyts) *adv* continually
steeg (stāykh) *c* (pl stegen) alley, lane
steek (stāyk) *c* (pl steken) stitch; sting, bite
steel (stāyl) *c* (pl stelen) stem; handle
steelpan (*stāyl*-pahn) *c* (pl ~nen) saucepan
steen (stāyn) *c* (pl stenen) stone; brick
steengroeve (*stāyn*-grōō-ver) *c* (pl ~n) quarry
steenpuist (*stāyn*-pur[ew]st) *c* (pl ~en) boil
steigers (*stay*-gerrs) *pl* scaffolding
steil (stayl) *adj* steep
stekelvarken (*stāy*-kerl-vahr-

kern) *nt* (pl ~s) porcupine
***steken** (*stay̅*-kern) *v* *sting
stekker (*steh*-kerr) *c* (pl ~s) plug
stel (stehl) *nt* (pl ~len) set
***stelen** (*stay̅*-lern) *v* *steal
stellen (*steh*-lern) *v* *put
stelling (*steh*-lıng) *c* (pl ~en) thesis
stelsel (*stehl*-serl) *nt* (pl ~s) system; **tientallig** ~ decimal system
stem (stehm) *c* (pl ~men) voice; vote
stemmen (*steh*-mern) *v* vote, *go to the polls
stemming¹ (*steh*-mıng) *c* mood; atmosphere; spirits
stemming² (*steh*-mıng) *c* (pl ~en) vote, poll
stempel (*stehm*-perl) *c* (pl ~s) stamp
stemrecht (*stehm*-rehkht) *nt* suffrage
stenen (*stay̅*-nern) *adj* stone
stenografie (stay̅-noa̅-graa-*fee*) *c* shorthand
ster (stehr) *c* (pl ~ren) star
stereo (*stay̅*-ree-ʸoa) *c* stereo
sterfelijk (*stehr*-fer-lerk) *adj* mortal
steriel (ster-*reel*) *adj* sterile
steriliseren (stay̅-ree-li-*zay̅*-rern) *v* sterilize
sterk (stehrk) *adj* powerful, strong; **sterke drank** spirits, liquor
sterkte (*stehrk*-ter) *c* strength
sterrenkunde (*steh*-rer-kern-der) *c* astronomy
***sterven** (*stehr*-vern) *v* die
steun (stūrn) *c* assistance, support; relief
steunen (*stūr*-nern) *v* support
steunkousen (*stūrn*-kou-sern) *pl* support hose
steurgarnaal (*stūrr*-gahr-naal) *c* (pl -nalen) prawn
stevig (*stay̅*-verkh) *adj* solid, firm
stichten (*stıkh*-tern) *v* found
stichting (*stıkh*-tıng) *c* (pl ~en) foundation
stiefkind (*steef*-kınt) *nt* (pl ~eren) stepchild
stiefmoeder (*steef*-moo̅-derr) *f* (pl ~s) stepmother
stiefvader (*stee*-faa-derr) *m* (pl ~s) stepfather
stier (steer) *c* (pl ~en) bull
stierengevecht (*stee*-rer-ger-vehkht) *nt* (pl ~en) bullfight
stijf (stayf) *adj* stiff
***stijgen** (*stay*-gern) *v* *rise; climb
stijging (*stay*-gıng) *c* rise; climb, ascent
stijl (stayl) *c* (pl ~en) style
stikken (*stı*-kern) *v* choke
stikstof (*stık*-stof) *c* nitrogen
stil (stıl) *adj* silent; quiet; still
Stille Oceaan (*stı*-ler oa̅-say̅-*aan*) Pacific Ocean
stilstaand (*stıl*-staant) *adj* stationary
stilte (*stıl*-ter) *c* (pl ~s) silence; quiet
stimuleren (stee-mew̅-*lay̅*-rern) *v* stimulate
***stinken** (*stıng*-kern) *v* *smell;

*stink; **stinkend** smelly
stipt (stıpt) *adj* punctual
stoel (stōōl) *c* (pl ~en) chair; seat
stoep (stōōp) *c* (pl ~en) sidewalk *nAm*
stoet (stōōt) *c* (pl ~en) procession
stof[1] (stof) *nt* dust
stof[2] (stof) *c* (pl ~fen) fabric, cloth, material; matter; **stoffen** drapery; **vaste** ~ solid
stoffelijk (*sto*-fer-lerk) *adj* substantial, material
stoffig (*sto*-ferkh) *adj* dusty
stofzuigen (*stof*-sur^{ew}-gern) *v* hoover; vacuum *vAm*
stofzuiger (*stof*-sur^{ew}-gerr) *c* (pl ~s) vacuum cleaner
stok (stokl) *c* (pl ~ken) stick; cane
stokpaardje (*stok*-paar-t^{y}er) *nt* (pl ~s) hobbyhorse
stola (*stōā*-laa) *c* (pl ~'s) stole
stom (stom) *adj* mute, dumb
stomerij (stōā-mer-*ray*) *c* (pl ~en) dry cleaner's
stomp (stomp) *adj* blunt
stompen (*stom*-pern) *v* punch
stookolie (*stōāk*-ōā-lee) *c* fuel oil
stoom (stōām) *c* steam
stoomboot (*stōām*-bōāt) *c* (pl boten) steamer
stoot (stōāt) *c* (pl stoten) bump
stop (stop) *c* (pl ~pen) stopper, cork
stopgaren (*stop*-khaa-rern) *nt* darning wool
stoplicht (*stop*-lıkht) *nt* (pl ~en) traffic light
stoppen (*sto*-pern) *v* stop, halt, pull up; *put; darn
stoptrein (*stop*-trayn) *c* (pl ~en) stopping train, local train
storen (*stōā*-rern) *v* disturb; trouble
storing (*stōā*-rıng) *c* (pl ~en) disturbance
storm (storm) *c* (pl ~en) storm; gale, tempest
stormachtig (*storm*-ahkh-terkh) *adj* stormy
stormlamp (*storm*-lahmp) *c* (pl ~en) hurricane lamp
stortbui (*stort*-bur^{ew}) *c* (pl ~en) downpour
storten (*stor*-tern) *v* *shed; deposit
storting (*stor*-tıng) *c* (pl ~en) remittance, deposit
***stoten** (*stōā*-tern) *v* bump
stout (stout) *adj* naughty, bad
stoutmoedig (stout-*mōō*-derkh) *adj* bold
straal (straal) *c* (pl stralen) squirt, spout, jet; ray, beam; radius
straalvliegtuig (*straal*-vleekh-tur^{ew}kh) *nt* (pl ~en) turbojet, jet
straat (straat) *c* (pl straten) street; road
straf (strahf) *c* (pl ~fen) punishment; penalty
straffen (*strah*-fern) *v* punish
strafrecht (*strahf*-rehkht) *nt* criminal law
strafschop (*strahf*-skhop) *c* (pl ~pen) penalty kick

strak (strahk) *adj* tight; **strakker maken** tighten
straks (strahks) *adv* in a moment, later
strand (strahnt) *nt* (pl ~en) beach
streek (strayk) *c* (pl streken) region; district, country, area; trick
streep (strayp) *c* (pl strepen) line; stripe
streng (strehng) *adj* strict, harsh; severe
stretcher (*streht*-sherr) *c* (pl ~s) camp bed; cot *nAm*
streven (*stray*-vern) *v* aspire
strijd (strayt) *c* fight, combat, battle; struggle, contest
***strijden** (*stray*-dern) *v* *fight; struggle
strijdkrachten (*strayt*-krahkh-tern) *pl* armed forces
***strijken** (*stray*-kern) *v* iron; *strike, lower
strijkijzer (*strayk*-ay-zerr) *nt* (pl ~s) iron
strikje (*strik*-ʸer) *nt* (pl ~s) bow tie
strikt (strikt) *adj* strict
stripverhaal (*strip*-ferr-haal) *nt* (pl -halen) comics *pl*
stro (stroa) *nt* straw
strodak (*stroa*-dahk) *nt* (pl ~en) thatched roof
stromen (*stroa*-mern) *v* stream, flow
stroming (*stroa*-ming) *c* (pl ~en) current
stront (stront) *c vulgar* crap
strook (stroak) *c* (pl stroken) strip
stroom (stroam) *c* (pl stromen) stream; current
stroomafwaarts (stroam-*ahf*-vaarts) *adv* downstream
stroomopwaarts (stroam-*op*-vaarts) *adv* upstream
stroomverdeler (*stroam*-verr-day-lerr) *c* distributor
stroomversnelling (*stroam*-verr-sneh-ling) *c* (pl ~en) rapids *pl*
stroop (stroap) *c* syrup
stropen (*stroa*-pern) *v* poach
structuur (strerk-*tewr*) *c* (pl -turen) structure; fabric, texture
struik (strurᵉʷk) *c* (pl ~en) scrub, bush, shrub
struikelen (*strurᵉʷ*-ker-lern) *v* stumble
struisvogel (*strurss*-foa-gerl) *c* (pl ~s) ostrich
studeerkamer (stew-*dayr*-kaa-merr) *c* study
student (stew-*dehnt*) *c* (pl ~en) student
studente (stew-*dehn*-ter) *c* (pl ~s) student
studeren (stew-*day*-rern) *v* study
studie (*stew*-dee) *c* (pl ~s) study, studies
studiebeurs (*stew*-dee-burrs) *c* (pl -beurzen) scholarship
stuitend (*sturᵉʷ*-ternt) *adj* revolting
stuk[1] (sterk) *adj* broken; ~ ***gaan** *break down
stuk[2] (sterk) *nt* (pl ~ken) part,

piece; lump, chunk; fragment; stretch; ~ **je** bit
sturen (*stew*-rern) *v* *send; navigate; steer
stuurboord (*stewr*-boart) *nt* starboard
stuurkolom (*stewr*-koa-lom) *c* steering column
stuurman (*stewr*-mahn) *m* (pl -lieden, -lui) steersman, helmsman
stuurwiel (*stewr*-veel) *nt* steering wheel
subsidie (serp-*see*-dee) *c* (pl ~s) subsidy
substantie (serp-*stahn*-see) *c* (pl ~s) substance
subtiel (serp-*teel*) *adj* subtle
succes (serk-*sehss*) *nt* (pl ~sen) success
succesvol (serk-*sehss*-fol) *adj* successful
suède (sew-*vai*-der) *nt*/*c* suede
suf (serf) *adj* dumb
suiker (*sur*ew-kerr) *c* sugar
suikerklontje (*sur*ew-kerr-klon-tyer) *nt* (pl ~s) lump of sugar
suikerzieke (*sur*ew-kerr-zee-ker) *c* (pl ~n) diabetic
suikerziekte (*sur*ew-kerr-zeek-ter) *c* diabetes
suite (*svee*-ter) *c* (pl ~s) suite
summier (ser-*meer*) *adj* concise
super (*sew*-perr) *adj* super, fantastic
superieur (sew-per-ree-*yurr*) *adj* superior
superlatief (sew-perr-laa-*teef*) *c* (pl -tieven) superlative
supermarkt (*sew*-perr-mahrkt) *c* (pl ~en) supermarket
supplement (ser-pler-*mehnt*) *nt* (pl ~en) supplement
surfen (*serr*-fern) *v* surf; ~ **het internet** surf the Internet
surfplank (*serrf*-plahngk) *c* (pl ~en) surfboard
surveilleren (serr-vay-*yai*-rern) *v* patrol
SUV (ehs-ew-*vay*) *m* (pl ~'s) SUV
Swahili (svaa-*hee*-lee) *nt* Swahili
symbool (sim-*boal*) *nt* (pl -bolen) symbol
symfonie (sim-foa-*nee*) *c* (pl ~ën) symphony
sympathie (sim-paa-*tee*) *c* (pl ~ën) sympathy
sympathiek (sim-paa-*teek*) *adj* nice
symptoom (sim-*toam*) *nt* (pl -tomen) symptom
synagoge (see-naa-*goa*-ger) *c* (pl ~n) synagogue
synoniem (see-noa-*neem*) *nt* (pl ~en) synonym
synthetisch (sin-*tay*-teess) *adj* synthetic
Syrië (*see*-ree-yer) Syria
Syriër (*see*-ree-yerr) *m* (pl ~s) Syrian
Syrisch (*see*-reess) *adj* Syrian
systeem (seess-*taym*) *nt* (pl -temen) system
systematisch (seess-tay-*maa*-teess) *adj* systematic

T

taai (taa[ee]) *adj* tough
taak (taak) *c* (pl taken) task; duty
taal (taal) *c* (pl talen) language; speech
taalgids (*taal*-gɪts) *c* (pl ~en) phrase book
taart (taart) *c* (pl ~en) cake; pie
tabak (taa-*bahk*) *c* tobacco
tabakswinkel (taa-*bahks*-vɪng-kerl) *c* (pl ~s) tobacconist's
tabakszak (taa-*bahk*-sahk) *c* (pl ~ken) tobacco pouch
tabel (taa-*behl*) *c* (pl ~len) chart, table
tablet (taa-*bleht*) *nt* (pl ~ten) tablet
taboe (taa-*bōō*) *nt* (pl ~s) taboo
tachtig (*tahkh*-terkh) *num* eighty
tactiek (tahk-*teek*) *c* (pl ~en) tactics *pl*
tafel (*taa*-ferl) *c* (pl ~s) table
tafellaken (*taa*-fer-laa-kern) *nt* (pl ~s) tablecloth
tafeltennis (*taa*-ferl-teh-nerss) *nt* table tennis, ping-pong
taille (*tah*-[y]er) *c* (pl ~s) waist
tak (tahk) *c* (pl ~ken) branch
talenpracticum (*taa*-ler-prahk-tee-kerm) *nt* (pl -tica) language laboratory
talent (taa-*lehnt*) *nt* (pl ~en) faculty, talent
talkpoeder (*tahlk*-pōō-derr) *nt/c* talc powder
talrijk (*tahl*-rayk) *adj* numerous
tam (tahm) *adj* tame
tamelijk (*taa*-mer-lerk) *adv* pretty, fairly, quite, rather
tampon (tahm-*pon*) *c* (pl ~s) tampon
tand (tahnt) *c* (pl ~en) tooth
tandarts (*tahn*-dahrts) *c* (pl ~en) dentist
tandenborstel (*tahn*-der-bors-terl) *c* (pl ~s) toothbrush
tandenstoker (*tahn*-der-stōa-kerr) *c* (pl ~s) toothpick
tandpasta (*tahnt*-pahss-taa) *c/nt* (pl ~'s) toothpaste
tandpijn (*tahnt*-payn) *c* toothache
tandpoeder (*tahnt*-pōō-derr) *nt/c* toothpowder
tandvlees (*tahnt*-flāyss) *nt* gum
tang (tahng) *c* (pl ~en) tongs *pl*, pliers *pl*
tank (tehngk) *c* (pl ~s) tank
tankschip (*tehnk*-skhɪp) *nt* (pl -schepen) tanker
tante (*tahn*-ter) *f* (pl ~s) aunt
tapijt (taa-*payt*) *nt* (pl ~en) carpet
tarief (taa-*reef*) *nt* (pl tarieven) rate, tariff; fare
tarwe (*tahr*-ver) *c* wheat
tas (tahss) *c* (pl ~sen) bag

tastbaar (*tahst*-baar) *adj* palpable; tangible
tastzin (*tahst*-sın) *c* touch
taxeren (tahk-*sāy*-rern) *v* estimate
taxi (*tahk*-see) *c* (pl ~'s) cab, taxi
taxichauffeur (*tahk*-see-shōā-fūrr) *m* (pl ~s) cab driver, taxi driver
taximeter (*tahk*-see-māy-terr) *c* taximeter
taxistandplaats (*tahk*-see-stahnt-plaats) *c* (pl ~en) taxi rank; taxi stand *Am*
te (ter) *adv* too
technicus (*tehkh*-nee-kerss) *m* (pl -ci) technician
techniek (tehkh-*neek*) *c* (pl ~en) technique
technisch (*tehkh*-neess) *adj* technical
technische ondersteuning (*tehg*-nee-ser on-derr-*stūr*-ning) *nt* (pl ~en) technical support
technologie (tehkh-nōā-lōā-*gee*) *c* technology
technologisch (tehkh-nōā-*lōā*-geess) *adj* technological
teder (*tāy*-derr) *adj* delicate, tender
teef (tāyf) *c* (pl teven) bitch
teen (tāyn) *c* (pl tenen) toe
teer (tāyr) *adj* gentle, tender; *c*/*nt* tar
tegel (*tāy*-gerl) *c* (pl ~s) tile
tegelijk (ter-ger-*layk*) *adv* at the same time; at once
tegelijkertijd (ter-ger-lay-kerr-*tayt*) *adv* simultaneously
tegemoetkomend (ter-ger-*mōōt*-kōā-mernt) *adj* oncoming
tegemoetkoming (ter-ger-*mōōt*-kōā-mıng) *c* (pl ~en) concession
tegen (*tāy*-gern) *prep* against
tegendeel (*tāy*-ger-dāyl) *nt* contrary, reverse
tegengesteld (*tāy*-ger-ger-stehlt) *adj* contrary, opposite
***tegenkomen** (*tāy*-ger-kōā-mern) *v* *come across, *meet; run into
tegenover (tāy-ger-*nōā*-verr) *prep* opposite, facing
tegenslag (*tāy*-ger-slahkh) *c* (pl ~en) misfortune; reverse
***tegenspreken** (*tāy*-ger-sprāy-kern) *v* contradict
tegenstander (*tāy*-ger-stahn-derr) *m* (f -standster, pl ~s) opponent
tegenstelling (*tāy*-ger-steh-lıng) *c* (pl ~en) contrast
tegenstrijdig (tāy-ger-*stray*-derkh) *adj* contradictory
***tegenvallen** (*tāy*-ger-vah-lern) *v* *be disappointing
***tegenwerpen** (*tāy*-ger-vehr-pern) *v* object
tegenwerping (*tāy*-ger-vehr-pıng) *c* (pl ~en) objection
tegenwoordig (tāy-ger-*vōār*-derkh) *adj* present; *adv* nowadays
tegenwoordigheid (tāy-ger-*vōār*-derkh-hayt) *c* presence
tegenzin (*tāy*-ger-zın) *c* aversion

tehuis (ter-*hur*ewss) *nt* (pl tehuizen) home; asylum
teint (taint) *c* complexion
teken (*tāy*-kern) *nt* (pl ~s, ~en) sign; indication, signal; token
tekenen (*tāy*-ker-nern) *v* *draw, sketch; sign
tekenfilm (*tāy*-ker-film) *c* (pl ~s) cartoon
tekening (*tāy*-ker-ning) *c* (pl ~en) drawing, sketch
tekort (ter-*kort*) *nt* (pl ~en) shortage; deficit; ~ ***schieten** fail
tekst (tehkst) *c* (pl ~en) text
tel (tehl) *c* (pl ~len) second
telecommunicatie (tāy-lāy-co-mew-nee-*kaa*-tsee) *f* telecommunications
telefoneren (tāy-ler-fōa-*nāy*-rern) *v* phone, call
telefoon (tāy-ler-*fōan*) *c* (pl ~s) phone, telephone; **mobiele ~** cell phone
telefoonboek (tāy-ler-*fōan*-bōōk) *nt* (pl ~en) telephone directory; telephone book *Am*
telefooncel (tāy-ler-*fōan*-sehl) *c* (pl ~len) telephone booth
telefooncentrale (tāy-ler-*fōan*-sehn-traa-ler) *c* (pl ~s) telephone exchange
telefoongesprek (tāy-ler-*fōan*-ger-sprehk) *nt* (pl ~ken) telephone call
telefoongids (tāy-ler-*fōan*-gits) *c* (pl ~en) telephone directory; telephone book *Am*
telefoonhoorn (tāy-ler-*fōan*-hōa-rern) *c* (pl ~s) receiver
telefoonkaart (tāy-lāy-*fōan*-kaart) *f* (pl ~en) phone card
telefoontje (tāy-ler-*fōan*-tyer) *nt* (pl ~s) call
telegram (tāy-ler-*grahm*) *nt* (pl ~men) cable, telegram
telelens (*tāy*-ler-lehns) *c* (pl -lenzen) telephoto lens
telepathie (tāy-lāy-paa-*tee*) *c* telepathy
teleurstellen (ter-*lūrr*-steh-lern) *v* disappoint; *let down
teleurstelling (ter-*lūrr*-steh-ling) *c* (pl ~en) disappointment
televisie (tāy-ler-*vee*-zee) *c* television, TV; **cabel-~** cable TV; **satelliet-~** satellite TV
televisietoestel (tāy-ler-*vee*-zee-tōō-stehl) *nt* (pl ~len) television set
telkens (*tehl*-kerns) *adv* again and again
tellen (*teh*-lern) *v* count
telwoord (*tehl*-vōart) *nt* (pl ~en) numeral
temmen (*teh*-mern) *v* tame
tempel (*tehm*-perl) *c* (pl ~s) temple
temperatuur (tehm-per-raa-*tewr*) *c* (pl -turen) temperature
tempo (*tehm*-pōa) *nt* pace
tendens (tehn-*dehns*) *c* (pl -denzen) tendency
tenminste (ter-*min*-ster) *adv* at least

tennis (*teh*-nerss) *nt* tennis
tennisbaan (*teh*-nerss-baan) *c* (pl -banen) tennis court
tennisschoenen (*teh*-ner-skhoo-nern) *pl* tennis shoes
tenslotte (tehn-*slo*-ter) *adv* at last; finally
tent (tehnt) *c* (pl ~en) tent
tentdoek (*tehn*-dook) *nt* canvas
tentoonstellen (tehn-*toan*-steh-lern) *v* exhibit; *show
tentoonstelling (tehn-*toan*-steh-ling) *c* (pl ~en) exposition, exhibition; display, show
tenzij (tehn-*zay*) *conj* unless
teraardebestelling (tehr-*aar*-der-ber-steh-ling) *c* (pl ~en) burial
terecht (ter-*rehkht*) *adj* just; *adv* rightly
terechtstelling (ter-*rehkht*-steh-ling) *c* (pl ~en) execution
terloops (tehr-*loaps*) *adj* casual
term (tehrm) *c* (pl ~en) term
termijn (tehr-*mayn*) *c* (pl ~en) term
terpentijn (tehr-pern-*tayn*) *c* turpentine
terras (teh-*rahss*) *nt* (pl ~sen) terrace
terrein (teh-*rayn*) *nt* (pl ~en) terrain; grounds, site
terreur (teh-*rurr*) *c* terrorism
terrorisme (teh-ro-*riss*-mer) *nt* terrorism
terrorist (teh-roa-*rist*) *m* (f ~e, pl ~en) terrorist

terug (ter-*rerkh*) *adv* back
terugbetalen (ter-*rerkh*-ber-taa-lern) *v* *repay; reimburse, refund
terugbetaling (terrerkh-ber-taa-ling) *c* (pl ~en) repayment, refund
***terugbrengen** (ter-*rerkh*-brehng-ern) *v* *bring back
***teruggaan** (ter-*rer*-khaan) *v* *go back, *get back
teruggang (ter-*rer*-khahng) *c* depression, recession
terughoudend (ter-rerkh-*hou*-dehnt) *adj* reserved
terugkeer (ter-*rerkh*-kayr) *c* return
terugkeren (ter-*rerkh*-kay-rern) *v* return; turn back
***terugkomen** (ter-*rerkh*-koa-mern) *v* return
terugreis (ter-*rerkh*-rayss) *c* return journey
***terugroepen** (ter-*rerkh*-roo-pern) *v* recall
terugsturen (ter-*rerkh*-stew-rern) *v* *send back
***terugtrekken** (ter-*rerkh*-treh-kern) *v* *withdraw; **zich ~** retire
***terugvinden** (ter-*rerkh*-fin-dern) *v* recover
terugweg (ter-*rerkh*-vehkh) *c* way back
***terugzenden** (ter-*rerkh*-sehn-dern) *v* *send back
terwijl (terr-*vayl*) *conj* whilst, while
terzijde (tehr-*zay*-der) *adv* aside

test (tehst) *c* (pl ~s) test
testament (tehss-taa-*mehnt*) *nt* (pl ~en) will
testen (*tehss*-tern) *v* test
tevens (*tāy*-verns) *adv* also
tevergeefs (ter-verr-*gāyfs*) *adv* in vain
tevoren (ter-*vōa*-rern) *adv* before; **van** ~ in advance, before
tevreden (ter-*vrāy*-dern) *adj* satisfied, content; **tevredenstellend** satisfactory
tewaterlating (ter-*vaa*-terr-laa-tıng) *c* launching
***teweegbrengen** (ter-*vāykh*-breh-ngern) *v* effect
tewerkstellen (ter-*vehrk*-steh-lern) *v* employ
tewerkstelling (ter-*vehrk*-steh-lıng) *c* (pl ~en) employment
textiel (tehks-*teel*) *c*/*nt* textile
Thailand (*tigh*-lahnt) Thailand
Thailander (*tigh*-lahn-derr) *m* (pl ~s) Thai
Thailands (*tigh*-lahnts) *adj* Thai
thans (tahns) *adv* now
theater (tāy-*yaa*-terr) *nt* (pl ~s) theater *Am*, theatre
thee (tāy) *c* tea
theedoek (*tāy*-dook) *c* (pl ~en) tea cloth, kitchen towel
theekopje (*tāy*-kop-yay) *nt* (pl ~s) teacup
theelepel (*tāy*-lāy-perl) *c* (pl ~s) teaspoon
theepot (*tāy*-pot) *c* (pl ~ten) teapot
theeservies (*tāy*-sehr-veess) *nt* (pl -viezen) tea set
thema (*tāy*-maa) *nt* (pl ~'s) theme; exercise
theologie (tāy-yoa-lōa-*gee*) *c* theology
theoretisch (tāy-yoa-*rāy*-teess) *adj* theoretical
theorie (tāy-yōa-*ree*) *c* (pl ~ën) theory
therapie (tāy-raa-*pee*) *c* (pl ~ën) therapy
thermometer (*tehr*-mōa-māy-terr) *c* (pl ~s) thermometer
thermosfles (*tehr*-moss-flehss) *c* (pl ~sen) vacuum flask, thermos flask
thermostaat (tehr-moss-*taat*) *c* (pl -staten) thermostat
thuis (tur^ew^ss) *adv* home, at home
tien (teen) *num* ten
tiende (*teen*-der) *num* tenth
tiener (*tee*-nerr) *c* (pl ~s) teenager
tijd (tayt) *c* (pl ~en) time; **de laatste** ~ lately; **op** ~ in time; **vrije** ~ spare time, leisure
tijdbesparend (tayt-ber-*spaa*-rernt) *adj* time-saving
tijdelijk (*tay*-der-lerk) *adj* temporary
tijdens (*tay*-derns) *prep* during
tijdgenoot (*tayt*-kher-nōat) *m* (pl -noten) contemporary
tijdperk (*tayt*-pehrk) *nt* (pl ~en) period
tijdschrift (*tayt*-skhrıft) *nt* (pl ~en) review, periodical,

journal
tijdverdrijf (*tayt*-verr-drayf) *nt* pastime
tijger (*tay*-gerr) *c* (pl ~s) tiger
tijm (taym) *c* thyme
tikken (*tı*-kern) *v* type
timmerhout (*tı*-merr-hout) *nt* timber
timmerman (*tı*-merr-mahn) *m* (pl -lieden, -lui) carpenter
tin (tın) *nt* tin, pewter
tint (tınt) *nt* shade
tiran (tee-*rahn*) *m* (pl ~nen) tyrant
titel (*tee*-terl) *c* (pl ~s) title; heading; degree
toch (tokh) *adv* still; *conj* yet
tocht (tokht) *c* draught
toe (t͞oo) *adj* closed
toebehoren (*t͞oo*-ber-h͞oa-rern) *v* belong; *pl* accessories *pl*
toebrengen (*t͞oo*-breh-ngern) *v* inflict
toedienen (*t͞oo*-dee-nern) *v* administer
toegang (*t͞oo*-gahng) *c* admittance, admission, access; entry, entrance; approach
toegankelijk (t͞oo-*gahng*-ker-lerk) *adj* accessible
***toegeven** (*t͞oo*-gāy-vern) *v* admit, acknowledge; *give in, indulge, yield
toehoorder (*t͞oo*-h͞oar-derr) *f* (f -ster, pl ~s) auditor
toekennen (*t͞oo*-keh-nern) *v* award
toekomst (*t͞oo*-komst) *c* future
toekomstig (t͞oo-*kom*-sterkh) *adj* future
toelage (*t͞oo*-laa-ger) *c* (pl ~n) allowance, grant
***toelaten** (*t͞oo*-laa-tern) *v* admit
toelating (*t͞oo*-laa-tıng) *c* (pl ~en) admission
toelichten (*t͞oo*-lıkh-tern) *v* elucidate
toelichting (*t͞oo*-lıkh-tıng) *c* (pl ~en) explanation
toen (t͞oon) *conj* when; *adv* then
toename (*t͞oo*-naa-mer) *c* increase
***toenemen** (*t͞oo*-nāy-mern) *v* increase; **toenemend** progressive
toenmalig (*t͞oon*-maa-lerkh) *adj* contemporary
toepassen (*t͞oo*-pah-sern) *v* apply, use
toepassing (*t͞oo*-pah-sıng) *c* (pl ~en) application, use
toereikend (t͞oo-*ray*-kernt) *adj* adequate
toerisme (t͞oo-*rıss*-mer) *nt* tourism
toerist (t͞oo-*rıst*) *m* (f ~e, pl ~en) tourist
toeristenklasse (t͞oo-*rıss*-ter-klah-ser) *c* tourist class
toernooi (t͞oor-*n͞oa*^{ee}) *nt* (pl ~en) tournament
toeschouwer (*t͞oo*-skhou-err) *m* (f -schouwster, pl ~s) spectator
***toeschrijven aan** (*t͞oo*-skhray-vern) assign to
***toeslaan** (*t͞oo*-slaan) *v* *strike

toeslag (*too*-slahkh) *c* (pl ~en) surcharge
toespraak (*too*-spraak) *c* (pl -spraken) speech
***toestaan** (*too*-staan) *v* allow, permit
toestand (*too*-stahnt) *c* (pl ~en) state; condition
toestel (*too*-stehl) *nt* (pl ~len) apparatus, appliance; aircraft; extension
toestemmen (*too*-steh-mern) *v* agree, consent
toestemming (*too*-steh-ming) *c* authorization, permission; consent
toetje (*too*-tʸer) *nt* (pl ~s) sweet
toeval (*too*-vahl) *nt* chance; luck
toevallig (too-*vah*-lerkh) *adj* accidental, casual, incidental; *adv* by chance
toevertrouwen (*too*-verr-trou-ern) *v* commit; confide
toevoegen (*too*-voo-gern) *v* add
toevoeging (*too*-voo-ging) *c* (pl ~en) addition
toewijden (*too*-vay-dern) *v* dedicate
***toewijzen** (*too*-vay-zern) *v* allot
toezicht (*too*-zikht) *nt* supervision; ~ ***houden op** supervise
toffee (to-*fay*) *c* (pl ~s) toffee
toilet (tvah-*leht*) *nt* (pl ~ten) toilet, lavatory, bathroom, rest room; *nAm* washroom
toiletbenodigdheden (tvah-*leht*-ber-noa-derkht-hay-dern) *pl* toiletry
toiletpapier (tvah-*leht*-paa-peer) *nt* toilet paper
toilettafel (tvah-*leh*-taa-ferl) *c* (pl ~s) dressing table
toilettas (tvah-*leh*-tahss) *c* (pl ~sen) toilet case
tol (tol) *c* toll
tolk (tolk) *c* (pl ~en) interpreter
tolken (*tol*-kern) *v* interpret
tolweg (*tol*-verkh) *c* (pl ~en) turnpike *nAm*
tomaat (toa-*maat*) *c* (pl tomaten) tomato
ton (ton) *c* (pl ~nen) cask, barrel; ton
toneel (toa-*nayl*) *nt* drama; stage
toneelkijker (toa-*nayl*-kay-kerr) *c* (pl ~s) binoculars *pl*
toneelspelen (toa-*nayl*-spay-lern) *v* act
toneelspeler (toa-*nayl*-spay-lerr) *m* (f -speelster, pl ~s) actor; comedian
toneelstuk (toa-*nayl*-sterk) *nt* (pl ~ken) play
tonen (*toa*-nern) *v* *show; display
tong (tong) *c* (pl ~en) tongue; sole
tonicum (*toa*-nee-kerm) *nt* (pl -ca, ~s) tonic
tonijn (toa-*nayn*) *c* (pl ~en) tuna
toon (toan) *c* (pl tonen) tone; note
toonbank (*toam*-bahngk) *c* (pl ~en) counter
toonladder (*toan*-lah-derr) *c*

(pl ~s) scale
toonzaal (*tōān*-zaal) *c* (pl -zalen) showroom
toorn (*tōā*-rern) *c* anger
top (top) *c* (pl ~pen) peak; top, summit
toppunt (*to*-pernt) *nt* (pl ~en) height; zenith
toren (*tōā*-rern) *c* (pl ~s) tower
tot (tot) *prep* until, to, till; *conj* till; ~ **aan** till; ~ **zover** so far; ~ **kijk** bye-bye; ~ **ziens** bye-bye
totaal[1] (tōā-*taal*) *adj* total, overall; utter
totaal[2] (tōā-*taal*) *nt* (pl totalen) total; **in** ~ altogether
totalitair (tōā-taa-lee-*tair*) *adj* totalitarian
totdat (to-*daht*) *conj* till
touw (tou) *nt* (pl ~en) twine, rope, string
toverkunst (*tōā*-verr-kernst) *c* magic
traag (traakh) *adj* slow; slack
traan (traan) *c* (pl tranen) tear
trachten (*trahkh*-tern) *v* try, attempt
tractor (*trahk*-tor) *c* (pl ~en, ~s) tractor
traditie (traa-*dee*-tsee) *c* (pl ~s) tradition
traditioneel (traa-dee-shōā-*nāyl*) *adj* traditional
tragedie (traa-*gāy*-dee) *c* (pl ~s) tragedy
tragisch (*traa*-geess) *adj* tragic
trainen (*trāy*-nern) *v* drill, train
trainer (*trāy*-ner) *m* trainer, coach
tralie (*traa*-lee) *c* (pl ~s) bar
tram (trehm) *c* (pl ~s) tram; streetcar *nAm*
transactie (trahn-*zahk*-see) *c* (pl ~s) deal, transaction
transatlantisch (trahn-zaht-*lahn*-teess) *adj* transatlantic
transformator (trahns-for-*maa*-tor) *c* (pl ~en, ~s) transformer
transpiratie (trahn-spee-*raa*-tsee) *c* perspiration
transpireren (trahn-spee-*rāy*-rern) *v* perspire
transport (trahn-*sport*) *nt* (pl ~en) transport, *nAm* transportation
transporteren (trahn-spor-*tāy*-rern) *v* transport
trap (trahp) *c* (pl ~pen) stairs *pl*, staircase; kick
trapleuning (*trahp*-lūr-nıng) *c* (pl ~en) banisters *pl*
trappen (*trah*-pern) *v* kick
trechter (*trehkh*-terr) *c* (pl ~s) funnel
trede (*trāy*-der) *c* (pl ~n) step
***treffen** (*treh*-fern) *v* *hit; *strike
trefpunt (*trehf*-pernt) *nt* (pl ~en) meeting place
trefwoord (*trehf*-vōārt) *nt* (pl ~en) catchword
trein (trayn) *c* (pl ~en) train; **doorgaande** ~ through train
trek[1] (trehk) *c* (pl ~ken) trait
trek[2] (trehk) *c* appetite
***trekken** (*treh*-kern) *v* pull; *draw; extract; hike
trekker (*treh*-kerr) *c* (pl ~s) trigger

trekking (*treh*-kıng) *c* (pl ~en) draw
treuren (*trūr*-rern) *v* grieve
treurig (*trūr*-rerkh) *adj* sad
treurspel (*trūrr*-spehl) *nt* (pl ~en) drama
tribune (tree-*bēw*-ner) *c* (pl ~s) stand
triest (treest) *adj* depressing
trillen (*trı*-lern) *v* tremble; vibrate
triomf (tree-*ʸomf*) *c* (pl ~en) triumph
triomfantelijk (tree-ʸom-*fahn*-ter-lerk) *adj* triumphant
troepen (*trōō*-pern) *pl* troops *pl*
trommel (*tro*-merl) *c* (pl ~s) canister; drum
trommelvlies (*tro*-merl-vleess) *nt* (pl -vliezen) eardrum
trompet (trom-*peht*) *c* (pl ~ten) trumpet
troon (trōān) *c* (pl tronen) throne
troost (trōāst) *c* comfort
troosten (*trōāss*-tern) *v* comfort
troostprijs (*trōāst*-prayss) *c* (pl -prijzen) consolation prize
tropen (*trōā*-pern) *pl* tropics *pl*
tropisch (*trōā*-peess) *adj* tropical
trots (trots) *adj* proud; *c* pride
trottoir (tro-*tvaar*) *nt* (pl ~s) pavement; sidewalk *nAm*
trottoirband (tro-*tvaar*-bahnt) *c* (pl ~en) curb
trouw (trou) *adj* true, faithful
trouwen (*trou*-ern) *v* marry
trouwens (*trou*-erns) *adv* besides
trouwring (*trou*-rıng) *c* (pl ~en) wedding ring
trui (trurᵉʷ) *c* (pl ~en) jersey
Tsjech (tsʸehkh) *c* (pl ~en) Czech
Tsjechisch (*tsʸeh*-kheess) *adj* Czech
tube (*tēw*-ber) *c* (pl ~s) tube
tuberculose (tēw-behr-kēw-*lōā*-zer) *c* tuberculosis
tuchtigen (tukh-*ti*-gern) *v* chastise, punish
tuin (turᵉʷn) *c* (pl ~en) garden
tuinbouw (*turᵉʷm*-bou) *c* horticulture
tuinman (*turᵉʷn*-mahn) *m* (pl -lieden, -lui) gardener
tuit (turᵉʷt) *c* (pl ~en) nozzle
tulp (terlp) *c* (pl ~en) tulip
tumor (*tēw*-mor) *c* (pl ~s) tumo(u)r
tumult (tēw-*merlt*) *c* racket
Tunesië (tēw-*nāy*-zee-ʸer) Tunisia
Tunesiër (tēw-*nāy*-zee-ʸerr) *m* (f Tunesische, pl ~s) Tunisian
Tunesisch (tēw-*nāy*-zeess) *adj* Tunisian
tuniek (tēw-*neek*) *c* (pl ~en) tunic
tunnel (*ter*-nerl) *c* (pl ~s) tunnel
turbine (terr-*bee*-ner) *c* (pl ~s) turbine
Turkije (terr-*kay*-er) Turkey
Turks (terrks) *adj* Turkish; ~ **bad** Turkish bath
tussen (*ter*-sern) *prep* between; among, amid

tussenbeide *komen (ter-serm-*bay*-der *kōā*-mern) interfere
tussenpersoon (*ter*-ser-pehr-sōan) *c* (pl -sonen) intermediary
tussenpoos (*ter*-ser-pōass) *c* (pl -pozen) interval
tussenruimte (*ter*-ser-rur^ew^m-ter) *c* (pl ~n, ~s) space
tussenschot (*ter*-ser-skhot) *nt* (pl ~ten) partition; diaphragm
tussentijd (*ter*-ser-tayt) *c* interim
tv (tāy-*vāy*) *c* (pl ~'s) TV, *colloquial* telly
twaalf (tvaalf) *num* twelve
twaalfde (*tvaalf*-der) *num* twelfth
twee (tvāy) *num* two
tweede (*tvāy*-der) *num* second
tweedehands (tvāy-der-*hahnts*) *adj* second-hand
tweedelig (tvāy-*dāy*-lerkh) *adj* two-piece
tweeling (*tvāy*-lɪng) *c* (pl ~en) twins *pl*
tweemaal (*tvāy*-maal) *adv* twice
tweesprong (*tvāy*-sprong) *c* (pl ~en) fork, road fork
tweetalig (tvāy-*taa*-lerkh) *adj* bilingual
twijfel (*tvay*-ferl) *c* (pl ~s) doubt; **zonder** ~ without doubt
twijfelachtig (*tvay*-ferl-ahkh-terkh) *adj* doubtful
twijfelen (*tvay*-fer-lern) *v* doubt
twijg (tvaykh) *c* (pl ~en) twig
twintig (*tvɪn*-terkh) *num* twenty
twintigste (*tvɪn*-terkh-ster) *num* twentieth
twist (tvɪst) *c* (pl ~en) quarrel
twisten (*tvɪss*-tern) *v* quarrel, dispute
tyfus (*tee*-ferss) *c* typhoid
type (*tee*-per) *nt* (pl ~n, ~s) type
typen (*tee*-pern) *v* type
typisch (*tee*-peess) *adj* typical
typist (tee-*pɪ*-ster) *m* (f ~e, pl ~es, ~en) typist

U

u (ew) *pron* you
ui (ur^ew^) *c* (pl ~en) onion
uil (ur^ew^l) *c* (pl ~en) owl
uit (ur^ew^t) *prep* from, out of; for; *adv* out
uitademen (*ur^ew^t*-aa-der-mern) *v* exhale
uitbarsting (*ur^ew^t*-bahr-stern) *c* (pl ~en) outbreak
uitbenen (*ur^ew^t*-bāy-nern) *v* bone
***uitblinken** (*ur^ew^t*-blɪng-kern) *v* excel
uitbreiden (*ur^ew^t*-bray-dern) *v* extend, enlarge, expand
uitbreiding (*ur^ew^t*-bray-dɪng) *c* (pl ~en) extension, expansion

uitbuiten (*ur*ew*t*-burew-tern) *v* exploit
uitbundig (urewt-*bern*-derkh) *adj* exuberant
uitdagen (*ur*ew-daa-gern) *v* dare, challenge
uitdaging (*ur*ew-daa-gɪng) *c* (pl ~en) challenge
uitdelen (*ur*ew-dāy-lern) *v* distribute; *deal
***uitdoen** (*ur*ew-dōōn) *v* *put out
uitdrukkelijk (urew-*drer*-ker-lerk) *adj* express, explicit
uitdrukken (*ur*ew-drer-kern) *v* express
uitdrukking (*ur*ew-drer-kɪng) *c* (pl ~en) expression; phrase
uiteindelijk (urewt-*ayn*-der-lerk) *adj* eventual; finally; *adv* at last
uiten (*ur*ew-tern) *v* express; utter
uiteraard (urew-ter-*raart*) *adv* of course, naturally
uiterlijk (*ur*ew-terr-lerk) *adj* outward, external, exterior; *nt* outside; look
uiterst (*ur*ew-terrst) *adj* extreme; utmost, very
uiterste (*ur*ew-terr-ster) *nt* (pl ~n) extreme
***uitgaan** (*ur*ew*t*-khaan) *v* *go out
uitgang (*ur*ew*t*-khahng) *c* (pl ~en) way out, exit; issue
uitgangspunt (*ur*ew*t*-khahngs-pernt) *nt* (pl ~en) starting point
uitgave (*ur*ew*t*-khaa-ver) *c* (pl ~n) expense, expenditure; edition, issue
uitgebreid (*ur*ew*t*-kher-brayt) *adj* comprehensive, extensive
uitgelezen (*ur*ew*t*-kher-lāy-zern) *adj* select
uitgestrekt (*ur*ew*t*-kher-strehkt) *adj* vast
***uitgeven** (*ur*ew*t*-khāy-vern) *v* *spend; publish, issue
uitgever (*ur*ew*t*-khāy-verr) *c* (pl ~s) publisher
uitgezonderd (*ur*ew*t*-kher-zon-derrt) *prep* except
uitgifte (*ur*ew*t*-khɪf-ter) *c* (pl ~n) issue
***uitglijden** (*ur*ew*t*-khlay-dern) *v* slip
uiting (*ur*ew-tɪng) *c* (pl ~en) expression
uitje (*ur*ew-tyer) *c* (pl ~s) outing
***uitkiezen** (*ur*ew*t*-kee-zern) *v* select
***uitkijken** (*ur*ew*t*-kay-kern) *v* watch out, look out; ~ **naar** watch for
uitkleden (*ur*ew*t*-klāy-dern): **zich** ~ undress
***uitkomen** (*ur*ew*t*-kōā-mern) *v* *come out; *come true; *be convenient; ~ **op** open on
uitkomst (*ur*ew*t*-komst) *c* (pl ~en) issue; outcome
uitlaat (*ur*ew*t*-laat) *c* (pl -laten) exhaust
uitlaatgassen (*ur*ew*t*-laat-khah-sern) *pl* exhaust gases
uitlaatpijp (*ur*ew*t*-laat-payp) *c* (pl ~en) exhaust
***uitladen** (*ur*ew*t*-laa-dern) *v* unload, discharge

uitleg (*ur^{ew}t*-lehkh) *c* explanation
uitleggen (*ur^{ew}t*-leh-gern) *v* explain
uitlenen (*ur^{ew}t*-lay-nern) *v* *lend
uitleveren (*ur^{ew}t*-lay-ver-rern) *v* extradite
uitloggen (*ur^{ew}t*-lo-gern) *v* log off
uitmaken (*ur^{ew}t*-maa-kern) *v* matter; determine; *put out
uitnodigen (*ur^{ew}t*-noa-der-gern) *v* invite; ask
uitnodiging (*ur^{ew}t*-noa-der-gɪng) *c* (pl ~en) invitation
uitoefenen (*ur^{ew}t*-oo-fer-nern) *v* exercise
uitpakken (*ur^{ew}t*-pah-kern) *v* unpack; unwrap
uitpersen (*ur^{ew}t*-pehr-sern) *v* squeeze
uitputten (*ur^{ew}t*-per-tern) *v* exhaust
uitrekenen (*ur^{ew}t*-ray-ker-nern) *v* calculate
uitrit (*ur^{ew}t*-rɪt) *c* (pl ~ten) exit
uitroep (*ur^{ew}t*-roop) *c* (pl ~en) exclamation
***uitroepen** (*ur^{ew}t*-roo-pern) *v* exclaim
uitrusten (*ur^{ew}t*-rerss-tern) *v* rest; equip
uitrusting (*ur^{ew}t*-rerss-tɪng) *c* (pl ~en) equipment; gear, kit, outfit
uitschakelen (*ur^{ew}t*-skhaa-ker-lern) *v* switch off; disconnect
***uitscheiden** (*ur^{ew}t*-skhay-dern) *v* quit
***uitschelden** (*ur^{ew}t*-skhehl-dern) *v* call names
uitslag (*ur^{ew}t*-slahkh) *c* (pl ~en) result; rash
***uitsluiten** (*ur^{ew}t*-slur^{ew}-tern) *v* exclude
uitsluitend (ur^{ew}t-*slur^{ew}*-ternt) *adv* solely, exclusively
uitspraak (*ur^{ew}t*-spraak) *c* (pl -spraken) pronunciation; verdict
uitspreiden (*ur^{ew}t*-spray-dern) *v* expand
***uitspreken** (*ur^{ew}t*-spray-kern) *v* pronounce
uitstapje (*ur^{ew}t*-stahp-^{y}er) *nt* (pl ~s) trip, excursion
uitstappen (*ur^{ew}t*-stah-pern) *v* *get off
uitstekend (ur^{ew}t-*stay*-kernt) *adj* fine, excellent
uitstel (*ur^{ew}t*-stehl) *nt* delay; respite
uitstellen (*ur^{ew}t*-steh-lern) *v* delay
***uittrekken** (*ur^{ew}*-treh-kern) *v* extract
uitverkocht (*ur^{ew}t*-ferr-kokht) *adj* sold out
uitverkoop (*ur^{ew}t*-ferr-koap) *c* sales
***uitvinden** (*ur^{ew}t*-fɪn-dern) *v* invent
uitvinder (*ur^{ew}t*-fɪn-derr) *m* (pl ~s) inventor
uitvinding (*ur^{ew}t*-fɪn-dɪng) *c* (pl ~en) invention
uitvoerbaar (ur^{ew}t-*foor*-baar) *adj* feasible

uitvoeren (*ur*ᵉʷ*t-foo*-rern) *v* carry out; implement, perform, execute; export
uitvoerend (*ur*ᵉʷ*t-foo*-rernt) *adj* executive; **uitvoerende macht** executive
uitvoerig (urᵉʷt-*foo*-rerkh) *adj* detailed
uitwerken (*ur*ᵉʷ*t*-vehr-kern) *v* elaborate
***uitwijzen** (*ur*ᵉʷ*t*-vay-zern) *v* expel
uitwisselen (*ur*ᵉʷ*t*-vi-ser-lern) *v* exchange
***uitzenden** (*ur*ᵉʷ*t*-sehn-dern) *v* *broadcast, transmit
uitzending (*ur*ᵉʷ*t*-sehn-dıng) *c* (pl ~en) broadcast, transmission
uitzicht (*ur*ᵉʷ*t*-sıkht) *nt* (pl ~en) view
uitzondering (*ur*ᵉʷ*t*-son-der-rıng) *c* (pl ~en) exception
uitzonderlijk (urᵉʷt-*son*-derr-lerk) *adj* exceptional
***uitzuigen** (*ur*ᵉʷ*t*-surᵉʷ-gern) *v* *bleed
ultraviolet (erl-traa-vee-ʸoa-*leht*) *adj* ultraviolet
unaniem (ew-naa-*neem*) *adj* unanimous
unie (*ew*-nee) *c* (pl ~s) union
uniek (ew-*neek*) *adj* unique
uniform¹ (ew-nee-*form*) *adj* uniform
uniform² (*ew*-nee-form) *nt*/*c* (pl ~en) uniform
universeel (ew-nee-vehr-*zayl*) *adj* universal
universiteit (ew-nee-vehr-zee-*tayt*) *c* (pl ~en) university
uploaden (*erp*-loa-dern) *v* upload
urgent (err-*gehnt*) *adj* pressing
urgentie (err-*gehn*-see) *c* urgency
urine (ew-*ree*-ner) *c* urine
Uruguay (*oo*-roo-gvigh) Uruguay
Uruguayaans (oo-roo-gvah-ʸ*aans*) *adj* Uruguayan
uur (ewr) *nt* (pl uren) hour; **om … ~** at … o'clock; **uur-** hourly
uw (ewᵒᵒ) *pron* your

V

vaag (vaakh) *adj* vague; faint; dim
vaak (vaak) *adv* often
vaandel (*vaan*-derl) *nt* (pl ~s) banner
vaardig (*vaar*-derkh) *adj* skilled, skil(l)ful
vaardigheid (*vaar*-derkh-hayt) *c* (pl -heden) skill; art
vaart (vaart) *c* speed
vaartuig (*vaar*-turᵉʷkh) *nt* (pl ~en) vessel
vaarwater (*vaar*-vaa-terr) *nt* waterway
vaas (vaass) *c* (pl vazen) vase
vaatwasmachine (*vaat*-vahs-mah-shee-ner) *c* dishwasher
vaatwerk (*vaat*-vehrk) *nt*

crockery
vacant (vaa-*kahnt*) *adj* vacant
vacature (vah-kah-*tew*-rer) *c* (pl ~s) vacancy
vacuüm (*vaa*-kew-erm) *nt* vacuum
vader (*vaa*-derr) *m* (pl ~s) father; dad
vaderland (*vaa*-derr-lahnt) *nt* native country
vagebond (*vaa*-ger-bont) *m* (pl ~en) tramp
vak (vahk) *nt* (pl ~ken) profession, trade; section
vakantie (vaa-*kahn*-see) *c* (pl ~s) holiday, vacation; **met** ~ on holiday
vakantiekamp (vaa-*kahn*-see-kahmp) *nt* (pl ~en) holiday camp
vakantieoord (vaa-*kahn*-see-oart) *nt* (pl ~en) holiday resort
vakbond (*vahk*-bont) *c* (pl ~en) trade union
vakkundig (vah-*kern*-derkh) *adj* skilled
vakman (*vahk*-mahn) *m* (f -vrouw, pl -lieden) expert
val[1] (vahl) *c* fall
val[2] (vahl) *c* (pl ~len) trap
valk (vahlk) *c* (pl ~en) falcon
vallei (vah-*lay*) *c* (pl ~en) valley
***vallen** (*vah*-lern) *v* *fall; ***laten** ~ drop
vals (vahls) *adj* false
valuta (vaa-*lew*-taa) *c* (pl ~'s) currency
van (vahn) *prep* of; from; off; with
vanaf (vah-*nahf*) *prep* from, as from
vanavond (vah-*naa*-vernt) *adv* tonight
vandaag (vahn-*daakh*) *adv* today
***vangen** (*vah*-ngern) *v* *catch; capture
vangrail (*vahng*-rayl) *c* (pl ~s) crash barrier
vangst (vahngst) *c* (pl ~en) capture
vanille (vaa-*nee*-yer) *c* vanilla
vanmiddag (vah-*mi*-dahkh) *adv* this afternoon
vanmorgen (vah-*mor*-gern) *adv* this morning
vannacht (vah-*nahkht*) *adv* tonight
vanwege (vahn-*vay*-ger) *prep* on account of, for, owing to, because of, due to
vanzelfsprekend (vahn-zehlf-*spray*-kernt) *adj* self-evident
***varen** (*vaa*-rern) *v* sail, navigate
variëren (vaa-ree-*yay*-rern) *v* vary
variététheater (vaa-ree-yay-*tay*-tay-yaa-terr) *nt* (pl ~s) variety theater *Am*, variety theatre; music hall
variétévoorstelling (vaa-ree-yay-*tay*-voar-steh-ling) *c* (pl ~en) variety show
varken (*vahr*-kern) *nt* (pl ~s) pig
varkensleer (*vahr*-kerss-layr) *nt* pigskin
varkensvlees (*vahr*-kerss-flayss) *nt* pork
vaseline (vaa-zer-*lee*-ner) *c*

vaseline
vast (vahst) *adj* fixed, firm; steady, permanent; *adv* tight; **~ menu** set menu
vastberaden (vahss-ber-*raa*-dern) *adj* resolute
vastbesloten (*vahss*-ber-sloa-tern) *adj* determined
vasteland (vahss-ter-*lahnt*) *nt* mainland; continent
***vasthouden** (*vahst*-hou-dehn) *v* *hold; **zich ~** *hold on
vastklampen (*vahst*-klahm-pern): **zich ~ aan** *v* cling to
vastleggen (*vahst*-leh-gern): **zich ~** *v* commit
vastmaken (*vahst*-maa-kern) *v* fasten; attach
vastomlijnd (*vahss*-tom-laynt) *adj* definite
vastspelden (*vahst*-spehl-dern) *v* pin
vaststellen (*vahst*-steh-lern) *v* establish, determine
vat (vaht) *nt* (pl ~en) cask, barrel; vessel
***vechten** (*vehkh*-tern) *v* *fight; combat, battle
vee (vāy) *nt* cattle *pl*
veearts (*vāy*-ahrts) *c* (pl ~en) veterinary surgeon, vet
veel (vāyl) *adj* much, many; *adv* much, far
veelbetekenend (vāyl-ber-*tāy*-ker-nernt) *adj* significant
veelomvattend (vāyl-om-*vah*-ternt) *adj* extensive
veelvuldig (vāyl-*verl*-derkh) *adj* frequent
veelzijdig (vāyl-*zay*-derkh) *adj* allround, versatile
veen (vāyn) *nt* moor
veer (vāyr) *c* (pl veren) feather; spring
veerboot (*vāyr*-bōat) *c* (pl -boten) ferry-boat
veertien (*vāyr*-teen) *num* fourteen; **~ dagen** fortnight
veertiende (*vāyr*-teen-der) *num* fourteenth
veertig (*vāyr*-terkh) *num* forty
vegen (*vāy*-gern) *v* *sweep; wipe
vegetariër (vāy-ger-*taa*-ree-yerr) *m* (pl ~s) vegetarian
veilig (*vay*-lerkh) *adj* safe; secure
veiligheid (*vay*-lerkh-hayt) *c* safety; security
veiligheidsgordel (*vay*-lerkh-hayts-khor-derl) *c* (pl ~s) safety belt; seat belt
veiligheidsspeld (*vay*-lerkh-hayt-spehlt) *c* (pl ~en) safety pin
veiling (*vay*-lıng) *c* (pl ~en) auction
vel (vehl) *nt* (pl ~len) skin
veld (vehlt) *nt* (pl ~en) field
veldbed (*vehlt*-beht) *nt* (pl ~den) camp bed
veldkijker (*vehlt*-kay-kerr) *c* (pl ~s) field glasses
velg (vehlkh) *c* (pl ~en) rim
Venezolaans (vāy-nāy-zoa-*laans*) *adj* Venezuelan
Venezuela (vāy-nāy-zēw-*vāy*-laa) Venezuela
vennoot (ver-*nōat*) *c* (pl -noten) associate

vensterbank (*vehn*-sterr-bahngk) *c* (pl ~en) windowsill
vent (vehnt) *m* chap, guy
ventiel (vehn-*teel*) *nt* (pl ~en) valve
ventilatie (vehn-tee-*laa*-tsee) *c* (pl ~s) ventilation
ventilator (vehn-ti-*laa*-tor) *c* (pl ~s, ~en) ventilator, fan
ventilatorriem (vehn-tee-*laa*-to-reem) *c* (pl ~en) fan belt
ventileren (vehn-tee-*lay*-rern) *v* ventilate
ver (vehr) *adj* far; remote, distant
verachten (verr-*ahkh*-tern) *v* scorn, despise
verachting (verr-*ahkh*-tıng) *c* scorn, contempt
verademing (verr-*aa*-der-mıng) *c* relief
verafschuwen (verr-*ahf*-skhew°°-ern) *v* detest
veranda (ver-*rahn*-daa) *c* (pl ~'s) veranda
veranderen (verr-*ahn*-der-rern) *v* change; alter, transform; vary; ~ **in** turn into
verandering (verr-*ahn*-der-rıng) *c* (pl ~en) change; alteration; variation; **voor de** ~ for a change
veranderlijk (verr-*ahn*-derr-lerk) *adj* variable
verantwoordelijk (verr-ahnt-*voar*-der-lerk) *adj* responsible
verantwoordelijkheid (verr-ahnt-*voar*-der-lerk-hayt) *c* (pl -heden) responsibility
verantwoorden (verr-*ahnt*-voar-dern) *v* account for
verband (verr-*bahnt*) *nt* (pl ~en) connection, relation; bandage
verbandkist (verr-*bahnt*-kıst) *c* (pl ~en) first aid kit
verbazen (verr-*baa*-zern) *v* astonish, amaze, surprise; **zich** ~ marvel; **verbazend** *adj* astonishing, amazing
verbazing (verr-*baa*-zıng) *c* astonishment, amazement, surprise; ~**wekkend** astonishing, amazing
verbeelden (verr-*bayl*-dern): **zich** ~ fancy, imagine
verbeelding (verr-*bayl*-dıng) *c* imagination
***verbergen** (verr-*behr*-gern) *v* *hide; conceal
verbeteren (verr-*bay*-ter-rern) *v* improve; correct
verbetering (verr-*bay*-ter-rıng) *c* (pl ~en) improvement; correction
***verbieden** (verr-*bee*-dern) *v* prohibit, *forbid; inhibit
***verbinden** (verr-*bın*-dern) *v* link, connect, join; dress; **zich** ~ engage
verbinding (verr-*bın*-dıng) *c* (pl ~en) link; connection; **zich in** ~ **stellen met** contact
verbindingsstuk (verr-*bin*-ding-sturk) *nt* adaptor
verblijf (verr-*blayf*) *nt* (pl -blijven) stay
verblijfsvergunning (verr-*blayfs*-ferr-ger-nıng) *c* (pl ~en) residence permit

***verblijven** (verr-*blay*-vern) *v* stay
verblinden (verr-*blın*-dern) *v* blind; **verblindend** glaring; dazzling
verbod (verr-*bot*) *nt* (pl ~en) prohibition
verboden (verr-*bōā*-dern) *adj* prohibited; **~ te parkeren** no parking; **~ te roken** no smoking; **~ toegang** no entry, no admittance; **~ voor voetgangers** no pedestrians
verbond (verr-*bont*) *nt* (pl ~en) union
verbouwen (verr-*bou*-ern) *v* raise, cultivate, grow; renovate
verbranden (verr-*brahn*-dern) *v* *burn
verbruiken (verr-*brur*ew-kern) *v* use up
verbruiker (verr-*brur*ew-kerr) *c* (pl ~s) consumer
verdacht (verr-*dahkht*) *adj* suspicious
verdachte (verr-*dahkh*-teh) *c* (pl ~n) suspect; accused
verdampen (verr-*dahm*-pern) *v* evaporate
verdedigen (verr-*dāy*-der-gern) *v* defend
verdediging (verr-*dāy*-der-gıng) *c* defense *Am*, defence
verdelen (verr-*dāy*-lern) *v* divide
***verdenken** (verr-*dehng*-kern) *v* suspect
verdenking (verr-*dehng*-kıng) *c* (pl ~en) suspicion
verder (*vehr*-derr) *adj* further, farther; *adv* beyond; **~ dan** beyond
verdienen (verr-*dee*-nern) *v* earn; *make; deserve, merit
verdienste (verr-*deens*-ter) *c* (pl ~n) merit; **verdiensten** *pl* earnings *pl*
verdieping (verr-*dee*-pıng) *c* (pl ~en) stor(e)y, floor
verdikken (verr-*dı*-kern) *v* thicken
verdomd (verr-*domt*) *adj* *vulgar* bloody, damn
verdomme (verr-*do*-mer) *adv* *vulgar* damn
verdommen (verr-*do*-mern) *v* *vulgar* damn
verdoving (verr-*dōā*-vıng) *c* (pl ~en) anaesthesia
verdraaien (verr-*draa*ee-ern) *v* wrench
verdrag (verr-*drahkh*) *nt* (pl ~en) treaty, pact
***verdragen** (verr-*draa*-gern) *v* endure, *bear; sustain
verdriet (verr-*dreet*) *nt* grief, sorrow
verdrietig (verr-*dree*-terkh) *adj* sad
***verdrijven** (verr-*dray*-vern) *v* chase
***verdrinken** (verr-*drıng*-kern) *v* drown; *be drowned
verdrukken (verr-*drer*-kern) *v* oppress
verduidelijken (verr-*dur*ew-der-ler-kern) *v* clarify
verduistering (verr-*dur*ew*ss*-ter-rehn) *c* (pl ~en) eclipse

verdunnen (verr-*der*-nern) *v* dilute
verdwaald (verr-*dvaalt*) *adj* lost
***verdwijnen** (verr-*dvay*-nern) *v* vanish, disappear
vereisen (verr-*ay*-sern) *v* demand, require; **vereist** requisite
vereiste (verr-*ayss*-ter) *c* (pl ~n) requirement
verenigd (verr-*ay*-nerkhd) united
Verenigde Staten (verr-*ay*-nerkh-der-*staa*-tern) United States, the States
verenigen (verr-*ay*-ner-gern) *v* join; unite; **verenigd** joint
vereniging (verr-*ay*-ner-gɪng) *c* (pl ~en) association; union, society, club
verf (vehrf) *c* (pl verven) paint; dye
verfdoos (*vehrf*-doass) *c* (pl -dozen) paintbox
verfrissen (verr-*frɪ*-sern) *v* refresh
verfrissing (verr-*frɪ*-sɪng) *c* (pl ~en) refreshment
vergadering (verr-*gaa*-der-rɪng) *c* (pl ~en) meeting; assembly
vergeefs (verr-*gayfs*) *adj* vain; *adv* in vain
vergeetachtig (verr-*gayt*-ahkh-terkh) *adj* forgetful
***vergelijken** (vehr-ger-*lay*-kern) *v* compare
vergelijking (vehr-ger-*lay*-kɪng) *c* (pl ~en) comparison
***vergeten** (verr-*gay*-tern) *v* *forget
***vergeven** (verr-*gay*-vern) *v* *forgive
vergewissen (verr-ger-*vɪ*-sern): **zich ~ van** ascertain
vergezellen (verr-ger-*zeh*-lern) *v* accompany
vergiet (verr-*geet*) *nt* (pl ~en) strainer
vergif (verr-*gɪf*) *nt* poison
vergiffenis (verr-*gɪ*-fer-nɪss) *c* pardon
vergiftig (verr-*gɪf*-terkh) *adj* toxic
vergiftigen (verr-*gɪf*-teh-gern) *v* poison
vergissen (verr-*gɪ*-sern): **zich ~** *be mistaken; err
vergissing (verr-*gɪ*-sɪng) *c* (pl ~en) oversight; error, mistake
vergoeden (verr-*goo*-dern) *v* *make good, reimburse; remunerate
vergoeding (verr-*goo*-dɪng) *c* (pl ~en) remuneration
vergrootglas (verr-*groat*-khlahss) *nt* (pl -glazen) magnifying glass
vergroten (verr-*groa*-tern) *v* enlarge, magnify
vergroting (verr-*groa*-tɪng) *c* (pl ~en) enlargement
verguld (verr-*gerlt*) *adj* gilt
vergunning (verr-*ger*-nɪng) *c* (pl ~en) license *Am*, licence, permit, permission; **een ~ verlenen** license
verhaal (verr-*haal*) *nt* (pl -halen) story; tale

verhandeling (verr-*hahn*-der-lıng) *c* (pl ~en) essay
verheugd (verr-*hūrkht*) *adj* glad
verhinderen (verr-*hın*-der-rern) *v* prevent
verhogen (verr-*hōa*-gern) *v* raise
verhoging (verr-*hōa*-gıng) *c* (pl ~en) rise, increase
verhoor (verr-*hōar*) *nt* (pl -horen) interrogation
verhouding (verr-*hou*-dıng) *c* (pl ~en) affair
verhuizen (verr-*hur*ew-zern) *v* move
verhuizing (verr-*hur*ew-zıng) *c* (pl ~en) move
verhuren (verr-*hēw*-rern) *v* *let; lease
verifiëren (vāy-ree-fee-*yāy*-rern) *v* verify
vering (*vāy*-rıng) *c* suspension
verjaardag (verr-*yaar*-dahkh) *c* (pl ~en) birthday; anniversary
***verjagen** (verr-*yaa*-gern) *v* chase
verkeer (verr-*kāyr*) *nt* traffic
verkeerd (verr-*kāyrt*) *adj* false, wrong
verkeersagressie (verr-*kāyrs*-aa-greh-see) *f* (pl ~s) roadrage
verkeersbureau (verr-*kāyrs*-bēw-rōa) *nt* (pl ~s) tourist office
verkeersopstopping (verr-*kāyrz*-op-sto-pıng) *c* (pl ~en) traffic jam
verkennen (verr-*keh*-nern) *v* explore
***verkiezen** (verr-*kee*-zern) *v* elect
verkiezing (verr-*kee*-zıng) *c* (pl ~en) election
verklaarbaar (verr-*klaar*-baar) *adj* accountable
verklappen (verr-*klah*-pern) *v* give away, tell
verklaren (verr-*klaa*-rern) *v* state, declare; explain, elucidate
verklaring (verr-*klaa*-rıng) *c* (pl ~en) statement, declaration; explanation
verkleden (verr-*klāy*-dern): **zich** ~ change
verkleuren (verr-*klūr*-rern) *v* fade; discolo(u)r
verknoeien (verr-*knōo*ee-ern) *v* muddle
verkoop (*vehr*-kōap) *c* sale
verkoopbaar (verr-*kōa*-baar) *adj* saleable
verkoopster (verr-*kōap*-sterr) *f* (pl ~s) salesgirl
***verkopen** (verr-*kōa*-pern) *v* *sell; **in het klein** ~ retail
verkoper (verr-*kōa*-perr) *m* (pl ~s) salesman; shop assistant
verkorten (verr-*kor*-tern) *v* shorten
verkoudheid (verr-*kout*-hayt) *c* cold
verkrachten (verr-*krahkh*-tern) *v* rape
verkrijgbaar (verr-*kraykh*-baar) *adj* obtainable, available

***verkrijgen** (verr-*kray*-gern) *v* obtain
verkwisten (verr-*kviss*-tern) *v* waste; **verkwistend** wasteful
verlagen (verr-*laa*-gern) *v* lower, reduce; *cut
verlammen (verr-*lah*-mern) *v* paralyse
verlangen[1] (verr-*lah*-ngern) *v* wish, desire; ~ **naar** long for
verlangen[2] (verr-*lah*-ngern) *nt* (pl ~s) wish; longing; **verlangend** *adj* anxious
verlaten (verr-*laa*-tern) *adj* desert
***verlaten** (verr-*laa*-tern) *v* *leave; desert
verleden (verr-*lay*-dern) *adj* previous; *nt* past
verlegen (verr-*lay*-gern) *adj* shy; embarrassed
verlegenheid (verr-*lay*-gern-hayt) *c* shyness, timidity; embarrassment; **in** ~ ***brengen** embarrass
verleiden (verr-*lay*-dern) *v* seduce; tempt
verleiding (verr-*lay*-ding) *c* (pl ~en) temptation
verlenen (verr-*lay*-nern) *v* grant; extend
verlengen (verr-*leh*-ngern) *v* lengthen; extend; renew
verlenging (verr-*leh*-nging) *c* (pl ~en) extension
verlengsnoer (verr-*lehng*-snoor) *nt* (pl ~en) extension cord
verlichten (verr-*likh*-tern) *v* illuminate; relieve
verlichting (verr-*likh*-ting) *c* lighting, illumination; relief
verliefd (verr-*leeft*) *adj* in love ~ **zijn op** *v* fancy, *have a crush on; *be in love
verlies (verr-*leess*) *nt* (pl -liezen) loss
***verliezen** (verr-*lee*-zern) *v* *lose
verliezer (verr-*lee*-zer) *m* (pl ~s) loser
verlof (verr-*lof*) *nt* (pl -loven) leave; permission
verloofd (verr-*loaft*) *adj* engaged
verloofde (verr-*loaf*-der) *c* (pl ~n) fiancé; fiancée
verlossen (verr-*lo*-sern) *v* deliver; redeem
verlossing (verr-*lo*-sing) *c* (pl ~en) delivery
verloving (verr-*loa*-ving) *c* (pl ~en) engagement
verlovingsring (verr-*loa*-vings-ring) *c* (pl ~en) engagement ring
vermaak (verr-*maak*) *nt* entertainment, amusement
vermageren (verr-*maa*-ger-rern) *v* slim
vermakelijk (verr-*maa*-ker-lerk) *adj* entertaining
vermaken (verr-*maa*-kern) *v* entertain, amuse
vermeerderen (verr-*mayr*-der-rern) *v* increase
vermelden (verr-*mehl*-dern) *v* mention
vermelding (verr-*mehl*-ding) *c* (pl ~en) mention

vermengen (verr-*meh*-ngern) *v* mingle
vermenigvuldigen (verr-ma͞y-nerkh-*ferl*-der-gern) *v* multiply
vermenigvuldiging (verr-ma͞y-nerkh-*ferl*-der-gıng) *c* (pl ~en) multiplication
***vermijden** (verr-*may*-dern) *v* avoid
verminderen (verr-*mın*-der-rern) *v* decrease, lessen, reduce
vermindering (verr-*mın*-der-rıng) *c* (pl ~en) decrease
vermiste (verr-*mıss*-ter) *c* (pl ~n) missing person
vermoedelijk (verr-*mo͞o*-der-lerk) *adj* presumable, probable
vermoeden (verr-*mo͞o*-dern) *v* suspect
vermoeid (verr-*mo͞o*^ee^*d*) *adj* weary, tired
vermoeien (verr-*mo͞o*^ee^-ern) *v* tire; **vermoeiend** tiring
vermogen (verr-*mo͞a*-gern) *nt* (pl ~s) ability, faculty; capacity
vermommen (verr-*mo*-mern): **zich** ~ disguise
vermomming (verr-*mo*-mıng) *c* (pl ~en) disguise
vermoorden (verr-*mo͞ar*-dern) *v* murder
vernielen (verr-*nee*-lern) *v* wreck, destroy, smash
vernietigen (verr-*nee*-ter-gern) *v* destroy
vernietiging (verr-*nee*-ter-gıng) *c* destruction
vernieuwen (verr-*nee*^oo^-ern) *v* renew
vernis (verr-*nıss*) *nt*/*c* varnish
veronderstellen (verr-on-derr-*steh*-lern) *v* assume, suppose
verontreinigen (verr-ont-*ray*-ner-gern) *c* pollute
verontreiniging (verr-ont-*ray*-ner-gıng) *c* (pl ~en) pollution
verontschuldigen (verr-ont-*skherl*-der-gern) *v* excuse; **zich** ~ apologize
verontschuldiging (verr-ont-*skherl*-der-gıng) *c* (pl ~en) apology
verontwaardiging (verr-ont-*vaar*-der-gıng) *c* indignation
veroordeelde (verr-*o͞ar*-da͞yl-der) *c* (pl ~n) convict
veroordelen (verr-*o͞ar*-da͞y-lern) *v* sentence
veroordeling (verr-*o͞ar*-da͞y-lıng) *c* (pl ~en) conviction
veroorloven (verr-*o͞ar*-lo͞a-vern) *v* allow, permit; **zich** ~ afford
veroorzaken (verr-*o͞ar*-zaa-kern) *v* cause
verouderd (verr-*ou*-derrt) *adj* ancient, dated
veroveraar (verr-*o͞a*-ver-raar) *m* (pl ~s) conqueror
veroveren (verr-*o͞a*-ver-rern) *v* conquer
verovering (verr-*o͞a*-ver-rıng) *c* (pl ~en) conquest
verpachten (verr-*pahkh*-tern)

v lease
verpakking (verr-*pah*-kıng) *c* (pl ~en) packing
verpanden (verr-*pahn*-dern) *v* pawn
verplaatsen (verr-*plaat*-sern) *v* move
verplegen (verr-*plāy*-gern) *v* nurse
verpleger (verr-*plāykh*-sterr) *m* (f verpleegster, pl ~s) nurse
verplicht (verr-*plıkht*) *adj* obligatory, compulsory; ~ ***zijn om** *be obliged to
verplichten (verr-*plıkh*-tern) *v* oblige
verplichting (verr-*plıkh*-tıng) *c* (pl ~en) engagement
verraad (ver-*raat*) *nt* treason
***verraden** (ver-*raa*-dern) *v* betray
verrader (ver-*raa*-derr) *c* (pl ~s) traitor
verrassen (ver-*rah*-sern) *v* surprise
verrassing (ver-*rah*-sıng) *c* (pl ~en) surprise
verrekijker (*veh*-rer-kay-kerr) *c* (pl ~s) binoculars *pl*
verreweg (*veh*-rer-vehkh) *adv* by far
verrichten (ver-*rıkh*-tern) *v* perform
verrukkelijk (ver-*rer*-ker-lerk) *adj* delightful, wonderful
verrukking (ver-*rer*-kıng) *c* (pl ~en) delight; **in ~ *brengen** delight
vers[1] (vehrs) *adj* fresh
vers[2] (vehrs) *nt* (pl verzen) verse
verschaffen (verr-*skhah*-fern) *v* furnish, provide
verscheidene (verr-*skhay*-der-ner) *num* various; several
verscheidenheid (verr-*skhay*-dern-hayt) *c* (pl -heden) variety
verschepen (verr-*skhāy*-pern) *v* ship
***verschieten** (verr-*skhee*-tern) *v* fade
***verschijnen** (verr-*skhay*-nern) *v* appear
verschijnsel (verr-*skhayn*-serl) *nt* (pl ~en, ~s) phenomenon
verschil (verr-*skhıl*) *nt* (pl ~len) difference; distinction, contrast
verschillen (verr-*skhı*-lern) *v* differ; vary
verschillend (verr-*skhı*-lernt) *adj* unlike, different; distinct
verschrikkelijk (verr-*skhrı*-ker-lerk) *adj* terrible; horrible, frightful, awful
verschuldigd (verr-*skherl*-derkht) *adj* due; ~ ***zijn** owe
versie (*vehr*-zee) *c* (pl ~s) version
versieren (verr-*see*-rern) *v* decorate
versiering (verr-*see*-rıng) *c* (pl ~en) decoration
versiersel (verr-*seer*-serl) *nt* (pl ~s, ~en) ornament
***verslaan** (verr-*slaan*) *v* defeat, *beat
verslag (verr-*slahkh*) *nt* (pl

~en) report, account
verslaggever (verr-*slah*-khāy-verr) *c* (pl ~s) reporter
***verslapen** (verr-*slaa*-pern): **zich** ~ *oversleep
versleten (verr-*slāy*-tern) *adj* worn-out, worn, threadbare
***verslijten** (verr-*slay*-tern) *v* wear out
versnellen (verr-*sneh*-lern) *v* accelerate
versnelling (verr-*sneh*-lıng) *c* (pl ~en) gear
versnellingsbak (verr-*sneh*-lıngs-bahk) *c* (pl ~ken) gearbox
versnellingspook (verr-*sneh*-lıngs-pōa) *c* gear lever
versperren (verr-*speh*-rern) *v* block
verspillen (verr-*spı*-lern) *v* waste
verspilling (verr-*spı*-lıng) *c* waste
verspreiden (verr-*spray*-dern) *v* scatter, *shed; spread
***verstaan** (verr-*staan*) *v* *understand
verstand (verr-*stahnt*) *nt* brain; wit, wits *pl*, reason; **gezond** ~ sense
verstandig (verr-*stahn*-derkh) *adj* sensible
verstellen (verr-*steh*-lern) *v* patch
verstijfd (verr-*stayft*) *adj* numb
verstoppen (verr-*sto*-pern) *v* *hide
verstoren (verr-*stōa*-rern) *v* disturb; upset
***verstrijken** (verr-*stray*-kern) *v* expire
verstuiken (verr-*sturew*-kern) *v* sprain
verstuiking (verr-*sturew*-kıng) *c* (pl ~en) sprain
verstuiver (verr-*sturew*-verr) *c* (pl ~s) atomizer, spray
versturen (verr-*stēw*-rern) *v* *send off, dispatch
vertalen (verr-*taa*-lern) *v* translate
vertaler (verr-*taa*-lerr) *m* (f vertaalster, pl ~s) translator
vertaling (verr-*taa*-lıng) *c* (pl ~en) translation; version
verteerbaar (verr-*tāyr*-baar) *adj* digestible
vertegenwoordigen (verr-tāy-ger-*vōar*-der-gern) *v* represent
vertegenwoordiger (verr-tāy-ger-*vōar*-der-gerr) *m* (f -ster, pl ~s) agent
vertegenwoordiging (verr-tāy-ger-*vōar*-der-gıng) *c* (pl ~en) representation; agency
vertellen (verr-*teh*-lern) *v* *tell; relate
vertelling (verr-*teh*-lıng) *c* (pl ~en) tale
verteren (verr-*tāy*-rern) *v* digest
verticaal (vehr-tee-*kaal*) *adj* vertical
vertolken (verr-*tol*-kern) *v* interpret
vertonen (verr-*tōa*-nern) *v* exhibit; display

vertragen (verr-*traa*-gern) *v* delay, slow down
vertraging (verr-*traa*-gıng) *c* (pl ~en) delay
vertrek[1] (verr-*trehk*) *nt* departure
vertrek[2] (verr-*trehk*) *nt* (pl ~ken) room
***vertrekken** (verr-*treh*-kern) *v* *leave; depart, *set out, pull out
vertrektijd (verr-*trehk*-tayt) *c* (pl ~en) time of departure
vertrouwd (verr-*trout*) *adj* familiar
vertrouwelijk (verr-*trou*-er-lerk) *adj* confidential
vertrouwen (verr-*trou*-ern) *nt* confidence, trust, faith; *v* trust; ~ **op** rely on
vervaardigen (verr-*vaar*-der-gern) *v* manufacture
vervallen (verr-*vah*-lern) *adj* expired; due
***vervallen** (verr-*vah*-lern) *v* expire
vervalsen (verr-*vahl*-sern) *v* forge, counterfeit
vervalsing (verr-*vahl*-sıng) *c* (pl ~en) fake
***vervangen** (verr-*vah*-ngern) *v* replace, substitute
vervanging (verr-*vah*-ngıng) *c* substitute
vervelen (verr-*va͞y*-lern) *v* bore; bother
vervelend (verr-*va͞y*-lernt) *adj* dull, boring, annoying; unpleasant
verven (*vehr*-vern) *v* paint; dye
vervloeken (verr-*vlo͞o*-kern) *v* curse
vervoer (verr-*vo͞or*) *nt* transport
vervolg (verr-*volkh*) *nt* (pl ~en) sequel
vervolgen (verr-*vol*-gern) *v* continue; pursue
vervolgens (verr-*vol*-gerss) *adv* then
vervuilen (verr-*vur*^{ew}-lern) *c* pollute
vervuiling (verr-*vur*^{ew}-lıng) *c* pollution
verwaand (verr-*vaant*) *adj* conceited, snooty
verwaarlozen (verr-*vaar*-lo͞a-zern) *v* neglect
verwaarlozing (verr-*vaar*-lo͞a-zıng) *c* neglect
verwachten (verr-*vahkh*-tern) *v* expect; anticipate
verwachting (verr-*vahkh*-tıng) *c* (pl ~en) expectation; outlook; **in** ~ pregnant
verwant (verr-*vahnt*) *adj* related
verwante (verr-*vahn*-ter) *c* (pl ~n) relation
verward (verr-*vahrt*) *adj* confused
verwarmen (verr-*vahr*-mern) *v* heat, warm
verwarming (verr-*vahr*-mıng) *c* heating
verwarren (verr-*vah*-rern) *v* confuse; *mistake
verwarring (verr-*vah*-rıng) *c* confusion; disturbance; **in** ~ **brengen** embarrass

verwekken (verr-*veh*-kern) *v* generate
verwelkomen (verr-*vehl*-kōā-mern) *v* welcome
verwennen (verr-*veh*-nern) *v* *spoil
***verwerpen** (verr-*vehr*-pern) *v* turn down, reject
***verwerven** (verr-*vehr*-vern) *v* acquire
verwezenlijken (verr-*vāy*-zer-ler-kern) *v* realize
verwijden (verr-*vay*-dern) *v* widen
verwijderen (verr-*vay*-der-rern) *v* remove
verwijdering (verr-*vay*-der-rıng) *c* removal
verwijt (verr-*vayt*) *nt* (pl ~en) reproach; blame
***verwijten** (verr-*vay*-tern) *v* reproach
***verwijzen naar** (verr-*vay*-zern) refer to
verwijzing (verr-*vay*-zıng) *c* (pl ~en) reference
verwonden (verr-*von*-dern) *v* wound, injure
verwonderen (verr-*von*-der-rern) *v* amaze
verwondering (verr-*von*-der-rıng) *c* wonder
verwonding (verr-*von*-dıng) *c* (pl ~en) injury
verzachten (verr-*zahkh*-tern) *v* soften
verzamelaar (verr-*zaa*-mer-laar) *m* (f ~ster, pl ~s) collector
verzamelen (verr-*zaa*-mer-lern) *v* gather; collect
verzameling (verr-*zaa*-mer-lıng) *c* (pl ~en) collection
verzekeren (verr-*zāy*-ker-rern) *v* assure; insure
verzekering (verr-*zāy*-ker-rıng) *c* (pl ~en) insurance
verzekeringspolis (verr-*zāy*-ker-rıngs-pōā-lerss) *c* (pl ~sen) insurance policy
***verzenden** (verr-*zehn*-dern) *v* despatch, dispatch
verzending (verr-*zehn*-dıng) *c* expedition
verzet (verr-*zeht*) *nt* resistance
verzetten (verr-*zeh*-tern): **zich** ~ oppose, resist
verzilveren (verr-*zıl*-ver-rern) *v* cash
***verzinnen** (verr-*zı*-nern) *v* invent
verzinsel (verr-*zın*-serl) *nt* (pl ~s) fiction
verzoek (verr-*zōōk*) *nt* (pl ~en) request; appeal
***verzoeken** (verr-*zōō*-kern) *v* request, ask; appeal
verzoening (verr-*zōō*-nıng) *c* (pl ~en) reconciliation
verzorgen (verr-*zor*-gern) *v* look after, *take care of; tend; groom
verzorging (verr-*zor*-gıng) *c* care
verzwikken (verr-*zvı*-kern) *v* sprain
vest (vehst) *nt* (pl ~en) cardigan; waistcoat, jacket; vest *nAm*
vestigen (*vehss*-ter-gern) *v* establish; **zich** ~ settle down

vesting (*vehss*-tɪng) *c* (pl ~en) fortress
vet[1] (veht) *adj* fat; greasy
vet[2] (veht) *nt* (pl ~ten) fat; grease
veter (*vāy*-terr) *c* (pl ~s) lace, shoelace
vettig (*veh*-terkh) *adj* greasy, fatty
vetvrij (veht-*vray*) *adj* fat free
vezel (*vāy*-zerl) *c* (pl ~s) fibre
via (*vee*-ʸaa) *prep* per, via, through
vibratie (vee-*braa*-tsee) *c* (pl ~s) vibration
video camera (*vie*-dee-oo *kaa*-mee-raa) *c* video camera
video cassette (*vie*-dee-oo ka-*seter*) *c* (pl ~s) video cassette
video recorder (vie-dee-oo rie-*kor*-derr) *c* (pl ~s) video recorder
vier (veer) *num* four
vierde (*veer*-der) *num* fourth
vieren (*vee*-rern) *v* celebrate
viering (*vee*-rɪng) *c* (pl ~en) celebration
vierkant (*veer*-kahnt) *adj* square; *nt* square
vies (veess) *adj* dirty
vijand (*vay*-ahnt) *m* (f ~in, pl ~en) enemy
vijandig (vay-*ahn*-derkh) *adj* hostile
vijf (vayf) *num* five
vijfde (*vayf*-der) *num* fifth
vijftien (*vayf*-teen) *num* fifteen
vijftiende (*vayf*-teen-der) *num* fifteenth
vijftig (*vayf*-terkh) *num* fifty
vijg (vaykh) *c* (pl ~en) fig
vijl (vayl) *c* (pl ~en) file
vijver (*vay*-verr) *c* (pl ~s) pond
villa (*vee*-laa) *c* (pl ~'s) villa
vilt (vɪlt) *nt* felt
***vinden** (*vɪn*-dern) *v* *find; *come across; consider
vindingrijk (*vɪn*-dɪng-rayk) *adj* inventive
vinger (*vɪ*-ngerr) *c* (pl ~s) finger, digit
vingerafdruk (*vɪ*-ngerr-ahf-drerk) *c* (pl ~ken) fingerprint
vingerhoed (*vɪ*-ngerr-hōōt) *c* (pl ~en) thimble
vink (vink) *c* (pl ~en) *c* finch; ~je tick
violet (vee-ʸōā-*leht*) *adj* violet
viool (vee-*ʸōāl*) *c* (pl violen) violin
viooltje (vee-*ʸōāl*-tʸer) *nt* (pl ~s) violet
virus (*vee*-rers) *f* (pl ~sen) virus
vis (vɪss) *c* (pl ~sen) fish
visakte (*vɪss*-ahk-ter) *c* (pl ~n, ~s) fishing license *Am*, fishing licence
visgraat (*vɪss*-khraat) *c* (pl -graten) fishbone
vishaak (*vɪss*-haak) *c* (pl -haken) fishing hook
visie (*vee*-zee) *c* vision
visite (vee-*zee*-ter) *c* (pl ~s) visit; call
visitekaartje (vi-*zee*-ter-kaar-tʸer) *nt* (pl ~s) visiting-card; business card
viskuit (*vɪss*-kurᵉʷt) *c* roe
vislijn (*vɪss*-layn) *c* (pl ~en) fishing line

visnet (*vɪss*-neht) *nt* (pl ~ten) fishing net
vissen (*vɪ*-sern) *v* fish
visser (*vɪ*-serr) *m* (pl ~s) fisherman
visserij (vɪ-ser-*ray*) *c* fishing industry
vistuig (*vɪss*-tur^ew^kh) *nt* fishing tackle, fishing gear
visum (*vee*-zerm) *nt* (pl visa) visa
viswinkel (*vɪss*-vɪng-kerl) *c* (pl ~s) fish shop
vitamine (vee-taa-*mee*-ner) *c* (pl ~n, ~s) vitamin
vitrine (vee-*tree*-ner) *c* (pl ~s) showcase
vlag (vlahkh) *c* (pl ~gen) flag
vlak (vlahk) *adj* flat; smooth; level, plane
vlakgom (*vlahk*-khom) *c*/*nt* (pl ~men) rubber
vlakte (*vlahk*-ter) *c* (pl ~n, ~s) plain
Vlaams (vlaams) *adj* flamish
Vlaanderen (*vlahn*-der-rern) *nt* Flanders
vlam (vlahm) *c* (pl ~men) flame
Vlaming (*vlaa*-mɪng) *m* (f Vlaamse, pl ~en) Flaming
vlees (vlay̅ss) *nt* meat; flesh
vlek (vlehk) *c* (pl ~ken) stain, spot, blot
vlekkeloos (*vleh*-ker-lo̅ass) *adj* stainless, spotless
vlekken (*vleh*-kern) *v* stain
vlekkenwater (*vleh*-ker-vaa-terr) *nt* stain remover
vleugel (*vlu̅r*-gerl) *c* (pl ~s) wing; grand piano
vlieg (vleekh) *c* (pl ~en) fly
***vliegen** (*vlee*-gern) *v* *fly
vliegramp (*vleekh*-rahmp) *c* (pl ~en) plane crash
vliegtuig (*vleekh*-tur^ew^kh) *nt* (pl ~en) aeroplane; airplane *nAm*
vliegveld (*vleekh*-fehlt) *nt* (pl ~en) airfield
vlijt (vlayt) *c* diligence
vlijtig (*vlay*-terkh) *adj* industrious; diligent
vlinder (*vlɪn*-derr) *c* (pl ~s) butterfly
vlinderdasje (*vlɪn*-derr-dah-sher) *nt* (pl ~s) bow tie
vlinderslag (*vlɪn*-derr-slahkh) *c* butterfly stroke
vloed (vlo̅o̅t) *c* flood
vloeibaar (*vlo̅o̅*^ee^-baar) *adj* liquid, fluid
vloeien (*vlo̅o̅*^ee^-ern) *v* flow; **vloeiend** fluent
vloeipapier (*vlo̅o̅*^ee^-paa-peer) *nt* blotting paper
vloeistof (*vlo̅o̅*^ee^-stof) *c* (pl ~fen) fluid, liquid
vloek (vlo̅o̅k) *c* (pl ~en) curse
vloeken (*vlo̅o̅*-kern) *v* curse, *swear
vloer (vlo̅o̅r) *c* (pl ~en) floor
vloerkleed (*vlo̅o̅r*-klay̅t) *nt* (pl -kleden) carpet
vloot (vlo̅at) *c* (pl vloten) fleet
vlot (vlot) *nt* (pl ~ten) raft
vlotter (*vlo*-terr) *c* (pl ~s) float
vlucht (vlerkht) *c* (pl ~en) flight
vluchteling (*vlerkh*-ter-ling) *m* (f ~e, pl ~en) refugee
vluchten (*vlerkh*-tern) *v*

escape; flee
vlug (vlerkh) *adj* fast, quick, rapid; *adv* soon
vocaal (vōā-*kaal*) *adj* vocal
vocabulaire (vōā-kaa-bēw-*lair*) *nt* vocabulary
vocht (vokht) *nt* damp
vochtig (*vokh*-terkh) *adj* humid, moist; damp, wet
vochtigheid (*vokh*-terkh-hayt) *c* humidity, moisture
vod (vot) *nt* (pl ~den) rag
voeden (*vōō*-dern) *v* *feed
voedsel (*vōōt*-serl) *nt* food; fare
voedselvergiftiging (*vōōt*-serl-verr-gɪf-ter-gɪng) *c* food poisoning
voedzaam (*vōōt*-saam) *adj* nutritious, nourishing
voegen (*vōō*-gern): **zich ~ bij** join
voelen (*vōō*-lern) *v* *feel; sense
voeren (*vōō*-rern) *v* carry
voering (*vōō*-rɪng) *c* (pl ~en) lining
voertuig (*vōōr*-tur^ew^kh) *nt* (pl ~en) vehicle
voet (vōōt) *c* (pl ~en) foot; **te ~** on foot, walking
voetbal (*vōōt*-bahl) *nt* soccer; football
voetbalwedstrijd (*vōōt*-bahl-veht-strayt) *c* (pl ~en) football match
voetganger (*vōōt*-khah-ngerr) *m* (f -gangster, pl ~s) pedestrian
voetpad (*vōōt*-paht) *nt* (pl ~en) footpath
voetpoeder (*vōōt*-pōō-derr) *nt / c* foot powder
voetrem (*vōōt*-rehm) *c* foot brake
vogel (*vōā*-gerl) *c* (pl ~s) bird
voicemail (*vojs*-māyl) *nt* (pl ~s) voice mail
vol (vol) *adj* full; full up
***volbrengen** (vol-*breh*-ngern) *v* accomplish
voldaan (vol-*daan*) *adj* satisfied
voldoende (vol-*dōōn*-der) *adj* sufficient, enough; ~ ***zijn** *do, suffice
voldoening (vol-*dōō*-nɪng) *c* satisfaction
volgen (*vol*-gern) *v* follow; **volgend** subsequent, next, following
volgens (*vol*-gerns) *prep* according to
volgorde (*vol*-gor-der) *c* order, sequence
***volhouden** (*vol*-hou-dern) *v* *keep up; insist
volk (volk) *nt* (pl ~en, ~eren) people; nation; folk; **volks-** national; popular; vulgar
volkomen (voal-*kōā*-mern) *adj* perfect; *adv* completely
volkorenbrood (vol-*kōā*-rerm-brōāt) *nt* wholemeal bread
volksdans (*volks*-dahns) *c* (pl ~en) folk dance
volkslied (*volks*-leet) *nt* (pl ~eren) folk song; national anthem
volledig (vo-*lāy*-derkh) *adj*

complete
volmaakt (vol-*maakt*) *adj* perfect
volmaaktheid (vol-*maakt*-hayt) *c* perfection
volslagen (vol-*slaa*-gern) *adj* total, utter
volt (volt) *c* volt
voltage (vol-*taa*-zher) *c*/*nt* (pl ~s) voltage
voltooien (vol-*tōa*ee-ern) *v* complete
volume (vōa-*lew*-mer) *nt* (pl ~n, ~s) volume
volwassen (vol-*vah*-sern) *adj* adult; grown-up
volwassene (vol-*vah*-ser-ner) *c* (pl ~n) adult; grown-up
vonk (vongk) *c* (pl ~en) spark
vonnis (*vo*-nerss) *nt* (pl ~sen) verdict, sentence
voogd (vōakht) *m* (pl ~en) tutor, guardian
voogdij (vōakh-*day*) *c* custody
voor (vōar) *prep* before; ahead of, in front of; for; to
vooraanstaand (vōar-*aan*-staant) *adj* leading, outstanding
***voorafgaan** (vōar-*ahf*-khaan) *v* precede
vooral (vōa-*rahl*) *adv* essentially, especially, most of all
voorbarig (vōar-*baa*-rerkh) *adj* premature
voorbeeld (*vōar*-baylt) *nt* (pl ~en) example, instance
voorbehoedmiddel (*vōar*-ber-hōot-mı-derl) *nt* (pl ~en) contraceptive
voorbehoud (*vōar*-ber-hout) *nt* qualification
voorbereiden (*vōar*-ber-ray-dern) *v* prepare
voorbereiding (*vōar*-ber-ray-dıng) *c* (pl ~en) preparation
voorbij (vōar-*bay*) *adj* past, over; *prep* past, beyond
***voorbijgaan** (vōar-*bay*-gaan) *v* pass
voorbijganger (vōar-*bay*-gah-ngerr) *m* (f -gangster, pl ~s) passer-by
voordat (*vōar*-daht) *conj* before
voordeel (*vōar*-dayl) *nt* (pl -delen) advantage; profit, benefit
voordelig (vōar-*day*-lerkh) *adj* advantageous; cheap
***voordoen** (*vōar*-dōon): **zich ~** occur
voorgaand (*vōar*-khaant) *adj* previous, preceding
voorganger (*vōar*-gah-ngerr) *m* (f -gangster, pl ~s) predecessor
voorgerecht (*vōar*-ger-rehkht) *nt* (pl ~en) hors d'œuvre
voorgrond (*vōar*-gront) *c* foreground
voorhanden (vōar-*hahn*-dern) *adj* available
voorheen (vōar-*hayn*) *adv* formerly
voorhoofd (*vōar*-hōaft) *nt* (pl ~en) forehead
voorjaar (*vōar*-yaar) *nt*

springtime, spring
voorkant (*vōar*-kahnt) *c* front
voorkeur (*vōar*-kūrr) *c* preference; **de ~ *geven aan** prefer
voorkomen[1] (*vōar*-kōa-mern) *nt* look, appearance
***voorkomen**[2] (*vōar*-kōa-mern) *v* occur, happen
***voorkomen**[3] (vōar-*kōa*-mern) *v* prevent; anticipate
voorkomend (vōar-*kōa*-mernt) *adj* obliging
voorletter (*vōar*-leh-terr) *c* (pl ~s) initial
voorlopig (vōar-*lōa*-perkh) *adj* provisional, temporary; preliminary
voormalig (vōar-*maa*-lerkh) *adj* former
voorman (*vōar*-mahn) *m* (pl ~nen) foreman
voornaam[1] (vōar-*naam*) *adj* distinguished; **voornaamst** *adj* principal, main, leading, chief
voornaam[2] (*vōar*-naam) *c* (pl -namen) first name, Christian name
voornaamwoord (*vōar*-naam-vōart) *nt* (pl ~en) pronoun
voornamelijk (vōar-*naa*-mer-lerk) *adv* especially
vooroordeel (*vōar*-ōar-dāyl) *nt* (pl -delen) prejudice
vooroorlogs (vōar-*ōar*-lokhs) *adj* prewar
voorraad (*vōa*-raat) *c* (pl -raden) stock, store, supply; provisions *pl*; **in ~ *hebben** stock
voorrang (*vōa*-rahng) *c* priority; right of way
voorrecht (*vōa*-rehkht) *nt* (pl ~en) privilege
voorruit (*vōa*-rur^ew^t) *c* (pl ~en) windscreen; windshield *nAm*
***voorschieten** (*vōar*-skhee-tern) *v* advance
voorschot (*vōar*-skhot) *nt* (pl ~ten) advance
voorschrift (*vōar*-skhrıft) *nt* (pl ~en) regulation
***voorschrijven** (*vōar*-skhray-vern) *v* prescribe
voorspellen (vōar-*speh*-lern) *v* predict, forecast
voorspelling (vōar-*speh*-lıng) *c* (pl ~en) forecast
voorspoed (*vōar*-spōōt) *c* prosperity
voorsprong (*vōar*-sprong) *c* lead
voorstad (*vōar*-staht) *c* (pl -steden) suburb
voorstander (*vōar*-stahn-derr) *m* (f -standster, pl ~s) advocate
voorstel (*vōar*-stehl) *nt* (pl ~len) proposition, proposal; suggestion
voorstellen (*vōar*-steh-lern) *v* propose, suggest; present, introduce; represent; **zich ~** conceive of, fancy, imagine
voorstelling (*vōar*-steh-lıng) *c* (pl ~en) show, performance
voortaan (*vōar*-taan) *adv* from now on
voortduren (*vōar*-dēw-rern) *v*

continue; **voortdurend** continuous, continual
***voortgaan** (*vōārt*-khaan) *v* continue; proceed
voortreffelijk (vōār-*treh*-fer-lerk) *adj* excellent; exquisite
voorts (vōārts) *adv* moreover
voortzetten (*vōārt*-seh-tern) *v* carry on, continue
vooruit (vōā-*rur*^{ew}*t*) *adv* ahead, forward; in advance
vooruitbetaald (vōā-*rur*^{ew}*t*-ber-taalt) *adj* prepaid
***vooruitgaan** (vōā-*rur*^{ew}*t*-khaan) *v* advance
vooruitgang (vōā-*rur*^{ew}*t*-khahng) *c* progress, advance
vooruitstrevend (vōā-rur^{ew}t-*strāy*-vernt) *adj* progressive
vooruitzicht (vōā-*rur*^{ew}*t*-sıkht) *nt* (pl ~en) prospect
voorvader (*vōār*-vaa-derr) *m* (pl ~s, ~en) ancestor
voorvechter (*vōār*-vehkh-terr) *m* (f -vechtster, pl ~s) champion; advocate
voorvertoning (*vōār*-vehr *tōā*-nıng) *c* (pl ~en) preview
voorvoegsel (*vōār*-vookh-serl) *nt* (pl ~s) prefix
voorwaarde (*vōār*-vaar-der) *c* (pl ~n) condition; term
voorwaardelijk (vōār-*vaar*-der-lerk) *adj* conditional
voorwaarts (*vōār*-vaarts) *adv* onwards, forward
voorwenden (*vōār*-vehn-dern) *v* pretend
voorwendsel (*vōār*-vehnt-serl) *nt* (pl ~s, ~en) pretext, pretence
voorwerp (*vōār*-vehrp) *nt* (pl ~en) object; **gevonden voorwerpen** lost and found
voorzetsel (*vōār*-zeht-serl) *nt* (pl ~s) preposition
voorzichtig (vōār-*zıkh*-terkh) *adj* careful, cautious; gentle
voorzichtigheid (vōār-*zıkh*-terkh-hayt) *c* caution
***voorzien** (vōār-*zeen*) *v* anticipate; ~ **van** furnish with
voorziening (vōār-*zee*-nıng) *c* (pl ~en) facilities
voorzitster (*vōār*-zıt-sterr) *f* (pl ~s) chairwoman, president
voorzitter (*vōār*-zı-terr) *m* (pl ~s) chairman, president
voorzorg (*vōār*-zorkh) *c* (pl ~en) precaution
voorzorgsmaatregel (*vōār*-zorkhs-maat-rāy-gerl) *c* (pl ~en) precaution
vorderen (*vor*-der-rern) *v* *get on, progress; confiscate, claim
vorig (*vōā*-rerkh) *adj* last; past
vork (vork) *c* (pl ~en) fork
vorm (vorm) *c* (pl ~en) shape; form
vormen (*vor*-mern) *v* shape; form
vorming (*vor*-mıng) *c* background
vorst[1] (vorst) *m* (f ~in, pl ~en) ruler, monarch, sovereign
vorst[2] (vorst) *c* frost
vos (voss) *c* (pl ~sen) fox
vouw (vou) *c* (pl ~en) fold; crease
***vouwen** (*vou*-ern) *v* fold

vraag (vraakh) *c* (pl vragen) question; inquiry, query

vraaggesprek (*vraa*-ger-sprehk) *nt* (pl ~ken) interview

vraagstuk (*vraakh*-sterk) *nt* (pl ~ken) problem, question

vraagteken (*vraakh*-tay-kern) *nt* (pl ~s) question mark

vracht (vrahkht) *c* (pl ~en) freight, cargo

vrachtwagen (*vrahkht*-vaa-gern) *c* (pl ~s) lorry; truck *nAm*

***vragen** (*vraa*-gern) *v* ask; beg; question; **vragend** interrogative

vrede (*vray*-der) *c* peace

vreedzaam (*vrayt*-saam) *adj* peaceful

vreemd (vraymt) *adj* strange; odd, queer; foreign

vreemde (*vraym*-der) *c* (pl ~n) stranger

vreemdeling (*vraym*-der-lıng) *m* (f ~e, pl ~en) foreigner; stranger, alien

vrees (vrayss) *c* dread, fear

vreselijk (*vray*-ser-lerk) *adj* terrible; horrible, dreadful, frightful

vreugde (*vrurkh*-der) *c* (pl ~n) gladness, joy

vrezen (*vray*-zern) *v* dread, fear

vriend (vreent) *m* (pl ~en) friend, *colloquial* buddy; boyfriend

vriendelijk (*vreen*-der-lerk) *adj* friendly; kind

vriendin (vreen-*dın*) *f* (pl ~nen) friend; girlfriend

vriendschap (*vreent*-skhahp) *c* (pl ~pen) friendship

vriendschappelijk (vreent-*skhah*-per-lerk) *adj* friendly

vriespunt (*vreess*-pernt) *nt* freezing point

***vriezen** (*vree*-zern) *v* *freeze

vrij (vray) *adj* free; *adv* pretty, fairly, quite, rather

vrijdag (*vray*-dahkh) *c* Friday

vrijetijdskleding (vray-er-*tayds*-klay-dıng) *f* activewear

vrijgevig (vray-*gay*-verkh) *adj* liberal; generous

vrijgezel (vray-ger-*zehl*) *c* (pl ~len) bachelor

vrijheid (*vray*-hayt) *c* (pl -heden) freedom, liberty

vrijkaart (*vray*-kaart) *c* (pl ~en) free ticket

vrijpostig (vray-*poss*-terkh) *adj* bold

vrijspraak (*vray*-spraak) *c* acquittal

vrijstellen (*vray*-steh-lern) *v* exempt; **vrijgesteld** exempt

vrijstelling (*vray*-steh-lıng) *c* (pl ~en) exemption

vrijwel (*vray*-vehl) *adv* practically

vrijwillig (vray-*vı*-lerkh) *adj* voluntary

vrijwilliger (vray-*vı*-ler-gerr) *m* (f -ster, pl ~s) volunteer

vroedvrouw (*vroot*-frou) *f* (pl ~en) midwife

vroeg (vrookh) *adj* early

vroeger (*vroo*-gerr) *adj* prior, previous, former; *adv*

formerly
vrolijk (*vrōa*-lerk) *adj* gay, cheerful, merry, joyful
vroom (vrōam) *adj* pious
vrouw (vrou) *f* (pl ~en) woman; wife; ~ **des huizes** mistress
vrouwelijk (*vrou*-er-lerk) *adj* female; feminine
vrouwenarts (*vrou*-ern-ahrts) *c* (pl ~en) gynaecologist
vrucht (vrerkht) *c* (pl ~en) fruit
vruchtbaar (*vrerkht*-baar) *adj* fertile
vruchtensap (*vrerkh*-ter-sahp) *nt* (pl ~pen) squash
vuil (vur^ew^l) *adj* filthy, dirty; *nt* dirt
vuilnis (*vur^ew^l*-niss) *nt* garbage
vuilnisbak (*vur^ew^l*-niss-bahk) *c* (pl ~ken) rubbish bin, dustbin; trash can *Am*
vuist (vur^ew^st) *c* (pl ~en) fist
vuistslag (*vur^ew^st*-slahkh) *c* (pl ~en) punch
vulgair (verl-*gair*) *adj* vulgar
vulkaan (verl-*kaan*) *c* (pl -kanen) volcano
vullen (*ver*-lern) *v* fill
vulling (*ver*-ling) *c* (pl ~en) stuffing, filling; refill
vulpen (*verl*-pehn) *c* (pl ~nen) fountain pen
vuur (vēwr) *nt* (pl vuren) fire
vuurrood (*vēw*-rōat) *adj* scarlet, crimson
vuursteen (*vēwr*-stayn) *c* (pl -stenen) flint
vuurtoren (*vēwr*-tōa-rern) *c* (pl ~s) lighthouse
vuurvast (*vēwr*-vahst) *adj* fireproof
***waaien** (*vaa^ee^*-ern) *v* *blow

W

waaier (*vaa^ee^*-err) *c* (pl ~s) fan
waakzaam (*vaak*-saam) *adj* vigilant
waanzin (*vaan*-zin) *c* madness
waanzinnig (vaan-*zi*-nerkh) *adj* mad
waar[1] (vaar) *adj* true; very
waar[2] (vaar) *adv* where; *conj* where; ~ **dan ook** anywhere; ~ **ook** wherever
waarborg (*vaar*-borkh) *c* (pl ~en) guarantee
waard (vaart) *adj* worthy of; ~ ***zijn** *be worth
waarde (*vaar*-der) *c* (pl ~n) worth, value
waardeloos (vaar-der-lōass) *adj* worthless
waarderen (vaar-*dāy*-rern) *v* appreciate
waardering (vaar-*dāy*-ring) *c* appreciation
waardevol (*vaar*-der-vol) *adj* valuable
waardig (*vaar*-derkh) *adj* dignified
waardigheid (*vaar*-derkh-hayt) *c* dignity
waarheid (*vaar*-hayt) *c* (pl -heden) truth

waarheidsgetrouw (*vaar*-hayts-kher-trou) *adj* truthful
***waarnemen** (*vaar*-nāy-mern) *v* observe
waarneming (*vaar*-nāy-mıng) *c* (pl ~en) observation
waarom (vaa-*rom*) *adv* why; what for
waarschijnlijk (vaar-*skhayn*-lerk) *adj* probable, likely; *adv* probably
waarschuwen (*vaar*-skhēwºº-ern) *v* warn; caution; notify
waarschuwing (*vaar*-skhēwºº-ıng) *c* (pl ~en) warning
waas (vaass) *nt* haze
wachten (*vahkh*-tern) *v* wait; ~ **op** await
wachtkamer (*vahkht*-kaa-merr) *c* (pl ~s) waiting room
wachtlijst (*vahkht*-layst) *c* (pl ~en) waiting list
wachtwoord (*vahkht*-vōart) *nt* (pl ~en) password
waden (*vaa*-dern) *v* wade
wafel (*vaa*-ferl) *c* (pl ~s) waffle, wafer
wagen[1] (*vaa*-gern) *c* (pl ~s) cart
wagen[2] (*vaa*-gern) *v* dare, venture, risk
wagon (vaa-*gon*) *c* (pl ~s) carriage, wag(g)on; passenger car *Am*
wakker (*vah*-kerr) *adj* awake; ~ ***worden** wake up
walgelijk (*vahl*-ger-lerk) *adj* revolting, disgusting
walnoot (*vahl*-nōat) *c* (pl -noten) walnut
wals (vahls) *c* (pl ~en) waltz
walvis (*vahl*-vıss) *c* (pl ~sen) whale
wand (vahnt) *c* (pl ~en) wall
wandelaar (*vahn*-der-laar) *m* (f -ster, pl ~s) walker
wandelen (*vahn*-der-lern) *v* stroll, walk
wandeling (*vahn*-der-lıng) *c* (pl ~en) stroll, walk
wandelstok (*vahn*-derl-stok) *c* (pl ~ken) walking stick
wang (vahng) *c* (pl ~en) cheek
wanhoop (*vahn*-hōap) *c* despair
wanhopen (*vahn*-hōa-pern) *v* despair
wanhopig (vahn-*hōa*-perkh) *adj* desperate
wankel (*vahn*-kerl) *adj* unsteady
wankelen (*vahn*-ker-lern) *v* falter
wanneer (vah-*nāyr*) *adv* when; *conj* when; ~ **ook** whenever
wanorde (*vahn*-or-der) *c* disorder
want (vahnt) *conj* for
wanten (*vahn*-tern) *pl* mittens *pl*
wantrouwen (*vahn*-trou-ern) *nt* suspicion; *v* mistrust
wapen (*vaa*-pern) *nt* (pl ~s, ~en) weapon, arm
wapenstilstand (*vaa*-pern-stıl-stant) *c* ceasefire
warboel (*vahr*-bōōl) *c* muddle, mess
waren (*vaa*-rern) *pl* goods *pl*, wares *pl*

warenhuis (*vaa*-rer-hur^{ew}ss) *nt* (pl -huizen) department store
warm (vahrm) *adj* warm; hot; **~ *eten** dine
warmte (*vahrm*-ter) *c* warmth; heat
warmwaterkruik (vahrm-*vaa*-terr-krur^{ew}k) *c* (pl ~en) hot--water bottle
was[1] (vahss) *c* laundry, washing
was[2] (vahss) *c* wax
wasbaar (*vahss*-baar) *adj* washable
wasbak (*vahss*-bahk) *c* (pl ~ken) washbasin
wasbekken (*vahss*-beh-kern) *nt* (pl ~s) washbasin
wasecht (vahss-*ehkht*) *adj* fast-dyed; washable
wasgoed (*vahss*-khōōt) *nt* washing
wasmachine (*vahss*-mah-shee-ner) *c* (pl ~s) washing machine
wasmiddel (*vahss*-mı-derl) *nt* (pl ~en) detergent
waspoeder (*vahss*-pōō-derr) *nt* (pl ~s) washing powder
***wassen** (*vah*-sern) *v* wash
wassenbeeldenmuseum (vah-ser-*bāyl*-der-mēw-zāy-^{y}erm) *nt* (pl ~s, -musea) waxworks *pl*
wasserette (vah-ser-*reh*-ter) *c* (pl ~s) launderette
wasserij (vah-ser-*ray*) *c* (pl ~en) laundry
wasverzachter (*vahss*-ferr-zahkh-terr) *c* (pl ~s) water softener
wat (vaht) *pron* what; *adv* how; **~ dan ook** whatever; anything
water (*vaa*-terr) *nt* water; **hoog ~** high tide; **laag ~** low tide; **stromend ~** running water; **zoet ~** fresh water
waterdicht (*vaa*-terr-dıkht) *adj* waterproof
waterkers (*vaa*-terr-kehrs) *c* watercress
waterketel (*vaa*-terr-kāy-terl) *c* (pl ~s) kettle
waterkoker (*vaa*-terr-kōā-kerr) *c* (pl ~s) kettle
watermeloen (*vaa*-terr-mer-lōōn) *c* (pl ~en) watermelon
waterpas (*vaa*-terr-pahss) *c* (pl ~sen) level
waterpokken (*vaa*-terr-po-kern) *pl* chicken pox
waterpomp (*vaa*-terr-pomp) *c* (pl ~en) water pump
waterski (*vaa*-terr-skee) *c* (pl ~'s) water ski
waterstof (*vaa*-terr-stof) *c* hydrogen
waterstofperoxyde (*vaa*-terr-stof-pehr-ok-see-der) *nt* peroxide
waterval (*vaa*-terr-vahl) *c* (pl ~len) waterfall
waterverf (*vaa*-terr-vehrf) *c* watercolo(u)r
watten (*vah*-tern) *pl* cotton wool
wazig (*vaa*-zerkh) *adj* hazy
we (ver) *pron* we
webstek (*wehb*-stehk) *m* (pl ~ken) website

wedden (*veh*-dern) *v* *bet
weddenschap (*veh*-der-skhahp) *c* (pl ~pen) bet
wederverkoper (*vāy*-derr-verr-kōa-perr) *m* (pl ~s) retailer
wederzijds (vāy-derr-*zayts*) *adj* mutual
wedijveren (*veht*-ay-ver-rern) *v* compete
wedloop (*veht*-lōap) *c* (pl -lopen) race
wedstrijd (*veht*-strayt) *c* (pl ~en) competition, contest; match
weduwe (*vāy*-dewᵒᵒ-er) *f* (pl ~n) widow
weduwnaar (*vāy*-dewᵒᵒ-naar) *m* (pl ~s) widower
weeën (*vāy*-ern) *pl* labo(u)r
weefsel (*vāyf*-serl) *nt* (pl ~s) tissue
weegschaal (*vāykh*-skhaal) *c* (pl -schalen) weighing machine, scales *pl*
week (vāyk) *c* (pl weken) week
weekblad (*vāyk*-blaht) *c* (pl ~en) weekly
weekdag (*vāyk*-dahkh) *c* (pl ~en) weekday
weekend (*vee*-kehnt) *nt* (pl ~s) weekend
weemoed (*vāy*-mōot) *c* melancholy
weer[1] (vāyr) *nt* weather
weer[2] (vāyr) *adv* again
weerbericht (*vāyr*-ber-rıkht) *nt* (pl ~en) weather forecast
***weerhouden** (vāyr-*hou*-dern) *v* restrain
weerkaatsen (vāyr-*kaat*-sern) *v* reflect
weerkaatsing (vāyr-*kaat*-sıng) *c* reflection
weerklank (*vāyr*-klahngk) *c* echo
weerzinwekkend (vāyr-zın-*veh*-kernt) *adj* repulsive, repellent, revolting, disgusting
wees (vāyss) *c* (pl wezen) orphan
weg[1] (vehkh) *adv* gone, away; lost; off
weg[2] (vehkh) *c* (pl ~en) way; road; **doodlopende** ~ cul-de-sac; **op** ~ **naar** bound for
***wegen** (*vāy*-gern) *v* weigh
wegenkaart (*vāy*-ger-kaart) *c* (pl ~en) road map
wegennet (*vāy*-ger-neht) *nt* (pl ~ten) road system
wegens (*vāy*-gerns) *prep* because of, for
***weggaan** (*veh*-khaan) *v* *go away
***weggeven** (*veh*-gāy-vern) *v* *give away
wegkant (*vehkh*-kahnt) *c* (pl ~en) roadside, wayside
***weglaten** (*vehkh*-laa-tern) *v* omit, *leave out
***wegnemen** (*vehkh*-nāy-mern) *v* *take out, *take away
wegomlegging (*vaykh*-om-leh-gıng) *c* (pl ~en) diversion
wegrestaurant (*vehkh*-rehss-tōa-rahnt) *nt* (pl ~s) roadhouse; roadside restaurant

wegwerp- (*vehkh*-vehrp) disposable
wegwijzer (*vehkh*-vay-zerr) *c* (pl ~s) milepost, signpost
***wegzenden** (*vehkh*-sehn-dern) *v* dismiss
wei (vay) *c* (pl ~den) meadow
weigeren (*vay*-ger-rern) *v* refuse; deny
weigering (*vay*-ger-rıng) *c* (pl ~en) refusal
weiland (*vay*-lahnt) *nt* (pl ~en) pasture
weinig (*vay*-nerkh) *adj* little; few
wekelijks (*vāy*-ker-lerks) *adj* weekly
weken (*vāy*-kern) *v* soak
wekken (*veh*-kern) *v* *awake, *wake
wekker (*veh*-kerr) *c* (pl ~s) alarm-clock
weldra (*vehl*-draa) *adv* soon, shortly
welk (vehlk) *pron* which; ~ **ook** whichever
welkom (*vehl*-kom) *adj* welcome; *nt* welcome
wellicht (veh-*lıkht*) *adv* perhaps
wellust (*veh*-lerst) *c* (pl ~en) lust
welnu! (vehl-*nēw*) well!
welvaart (*vehl*-vaart) *c* prosperity
welvarend (vehl-*vaa*-rernt) *adj* prosperous
welwillendheid (vehl-*vı*-lernt-hayt) *c* goodwill
welzijn (*vehl*-zayn) *nt* welfare
wending (*vehn*-dıng) *c* (pl ~en) turn
wenk (vehngk) *c* (pl ~en) sign
wenkbrauw (*vehngk*-brou) *c* (pl ~en) eyebrow
wenkbrauwstift (*vehngk*-brou-stıft) *c* (pl ~en) eyebrow pencil
wennen (*veh*-nern) *v* accustom
wens (vehns) *c* (pl ~en) wish, desire
wenselijk (*vehn*-ser-lerk) *adj* desirable
wensen (*vehn*-sern) *v* wish, desire; want
wereld (*vāy*-rerlt) *c* (pl ~en) world
wereldberoemd (*vāy*-rerlt-ber-rōomt) *adj* world-famous
wereldbol (*vāy*-rerlt-bol) *c* globe
werelddeel (*vāy*-rerl-dāyl) *nt* (pl -delen) continent
wereldomvattend (*vāy*-rerlt-om-vah-ternt) *adj* global, world-wide
wereldoorlog (*vāy*-rerlt-ōar-lokh) *c* (pl ~en) world war
werk (vehrk) *nt* work; labo(u)r; occupation, employment; business; **te** ~ ***gaan** proceed; ~ **in uitvoering** road up
werkdag (*vehrk*-dahkh) *c* (pl ~en) working day
werkelijk (*vehr*-ker-lerk) *adj* actual, true; substantial, very; *adv* really
werkelijkheid (*vehr*-ker-lerk-hayt) *c* reality
werkeloos (*vehr*-ker-lōass)

adj unemployed; idle
werkeloosheid (vehr-ker-lōass-hayt) *c* unemployment
werken (*vehr*-kern) *v* work; operate
werkgever (*vehrk*-khāy-verr) *m* (pl ~s) employer
werking (*vehr*-kıng) *c* operation, working; **buiten ~** out of order
werknemer (*vehrk*-nāy-merr) *m* (f -neemster, pl ~s) employee
werkplaats (*vehrk*-plaats) *c* (pl ~en) workshop
werktuig (*vehrk*-tur^ew^kh) *nt* (pl ~en) tool; utensil, implement
werkvergunning (*vehrk*-ferr-ger-nıng) *c* (pl ~en) work permit; labor permit *Am*
werkverslaafde (*wehrk*-verr-slaaf-der) *nt* (pl ~n) workaholic
werkwoord (*vehrk*-vōart) *nt* (pl ~en) verb
***werpen** (*vehr*-pern) *v* *cast, *throw
wesp (vehsp) *c* (pl ~en) wasp
west (vehst) *c* west
westelijk (*vehss*-ter-lerk) *adj* westerly
westen (*vehss*-tern) *nt* west
westers (*vehss*-terrs) *adj* western
wet (veht) *c* (pl ~ten) law
***weten** (*vāy*-tern) *v* *know
wetenschap (*vāy*-ter-skhahp) *c* (pl ~pen) science
wetenschappelijk (vāy-ter-*skhah*-per-lerk) *adj* scientific
wettelijk (*veh*-ter-lerk) *adj* legal
wettig (*veh*-terkh) *adj* legal, lawful; legitimate
***weven** (*vāy*-vern) *v* *weave
wever (*vāy*-verr) *m* (f weefster, pl ~s) weaver
wezen[1] (*vāy*-zern) *nt* (pl ~s) creature, being
wezen[2] (*vāy*-zern) *nt* essence
wezenlijk (*vāy*-zer-lerk) *adj* essential
wie (vee) *pron* who; whom; **~ dan ook** anybody; **~ ook** whoever; **van ~** whose
wieg (veekh) *c* (pl ~en) cradle
wiel (veel) *nt* (pl ~en) wheel
wielrijder (*veel*-ray-derr) *m* (f -ster, pl ~s) cyclist
wierook (*vee*-rōak) *c* incense
wig (vıkh) *c* (pl ~gen) wedge
wijd (vayt) *adj* broad, wide
wijden (*vay*-dern) *v* devote
wijk (vayk) *c* (pl ~en) quarter, district
wijn (vayn) *c* (pl ~en) wine
wijngaard (*vayn*-gaart) *c* (pl ~en) vineyard
wijnkaart (*vayng*-kaart) *c* (pl ~en) wine list
wijnkelder (*vayng*-kehl-derr) *c* (pl ~s) wine cellar
wijnkoper (*vayng*-kōa-perr) *m* (pl ~s) wine merchant
wijnoogst (*vayn*-ōakhst) *c* (pl ~en) vintage
wijnstok (*vayn*-stok) *c* (pl ~ken) vine
wijs[1] (vayss) *adj* wise

wijs[2] (vayss) *c* (pl wijzen) tune
wijsbegeerte (*vayss*-ber-gayr-ter) *c* philosophy
wijsgeer (*vayss*-khayr) *m* (pl -geren) philosopher
wijsheid (*vayss*-hayt) *c* (pl -heden) wisdom
wijsvinger (*vayss*-fɪ-ngerr) *c* (pl ~s) index finger
wijting (*vay*-tɪng) *c* (pl ~en) whiting
wijze (*vay*-zer) *c* (pl ~n) manner, way
***wijzen** (*vay*-zern) *v* point; direct
wijzerplaat (*vay*-zerr-plaat) *c* (pl -aten) dial
wijzigen (*vay*-zer-gern) *v* change, alter, modify
wijziging (*vay*-zer-gɪng) *c* (pl ~en) change, alteration
wil (vɪl) *c* will
wild (vɪlt) *adj* wild; savage, fierce; *nt* game
wildpark (*vɪlt*-pahrk) *nt* (pl ~en) game reserve
willekeurig (vɪ-ler-*kūr*-rerkh) *adj* arbitrary
***willen** (*vɪ*-lern) *v* want; *will
wilskracht (*vɪls*-krahkht) *c* willpower
wimper (*vɪm*-perr) *c* (pl ~s) eyelash
wind (vɪnt) *c* (pl ~en) wind
***winden** (*vɪn*-dern) *v* *wind; twist
winderig (*vɪn*-der-rerkh) *adj* windy
windmolen (*vɪnt*-mōa-lern) *c* (pl ~s) windmill
windstoot (*vɪnt*-stōat) *c* (pl -stoten) gust
windvlaag (*vɪnt*-flaakh) *c* (pl -vlagen) blow
winkel (*vɪng*-kerl) *c* (pl ~s) store, shop
winkelcentrum (*vɪng*-kerl-sehn-trerm) *nt* (pl -tra) shopping centre; *nAm* mall
winkelen (*vɪng*-ker-lern) *v* shop
winkelier (vɪng-ker-*leer*) *m* (f ~ster, pl ~s) shopkeeper
winnaar (*vɪ*-naar) *c* (pl ~s) winner
***winnen** (*vɪ*-nern) *v* *win; gain
winst (vɪnst) *c* (pl ~en) profit; gain, winnings *pl*, benefit
winstgevend (vɪnst-*khāy*-vernt) *adj* profitable
winter (*vɪn*-terr) *c* (pl ~s) winter
wintersport (*vɪn*-terr-sport) *c* winter sports
wip (vɪp) *c* (pl ~pen) seesaw
wippen (*vɪp*-pern *v vulgar* fuck
wirwar (*vɪr*-vahr) *c* muddle
wiskunde (*vɪss*-kern-der) *c* mathematics
wiskundig (vɪss-*kern-derkh*) *adj* mathematical
wissel (*vɪ*-serl) *c* (pl ~s) draft
wisselen (*vɪ*-ser-lern) *v* change; exchange
wisselgeld (*vɪ*-serl-gehlt) *nt* change
wisselgesprek (*vɪ*-serl-ger-sprehk) *m* call waiting
wisselkantoor (*vɪ*-serl-kahn-tōar) *nt* (pl -toren) money exchange, exchange office

wisselkoers (*vɪ*-serl-ko͞ors) *c* (pl ~en) exchange rate
wisselstroom (*vɪ*-serl-stro͞am) *c* alternating current
wit (vɪt) *adj* white
wittebroodsweken (*vɪ*-ter-bro͞ats-va͞y-kern) *pl* honeymoon
woede (*vo͞o*-der) *c* anger, rage
woeden (*vo͞o*-dern) *v* rage
woedend (*vo͞o*-dernt) *adj* furious
woensdag (*vo͞ons*-dahkh) *c* Wednesday
woest (vo͞ost) *adj* wild, fierce; desert
woestijn (vo͞oss-*tayn*) *c* (pl ~en) desert
wol (vol) *c* wool
wolf (volf) *c* (pl wolven) wolf
wolk (volk) *c* (pl ~en) cloud
wolkenkrabber (*vol*-ker-krah-berr) *c* (pl ~s) skyscraper
wollen (*vo*-lern) *adj* wool(l)en
wond (vont) *c* (pl ~en) wound
wonder (*von*-derr) *nt* (pl ~en) wonder, miracle; marvel
wonderbaarlijk (von-derr-*baar*-lerk) *adj* miraculous
wonen (*vo͞a*-nern) *v* live; reside
woning (*vo͞a*-nɪng) *c* (pl ~en) house
woonachtig (vo͞an-*ahkh*-terkh) *adj* resident
woonboot (*vo͞an*-bo͞at) *c* (pl -boten) houseboat
woonkamer (*vo͞ang*-kaa-merr) *c* (pl ~s) living room
woonplaats (*vo͞am*-plaats) *c* (pl ~en) domicile, residence
woonwagen (*vo͞an*-vaa-gern) *c* (pl ~s) caravan
woord (vo͞art) *nt* (pl ~en) word
woordenboek (*vo͞ar*-der-bo͞ok) *nt* (pl ~en) dictionary
woordenlijst (*vo͞ar*-der-layst) *c* (pl ~en) vocabulary
woordenschat (*vo͞ar*-der-skhaht) *c* vocabulary
woordenwisseling (*vo͞ar*-der-vɪ-ser-lɪng) *c* (pl ~en) argument
woordspeling (*vo͞art*-spa͞y-lɪng) *c* (pl ~en) pun
***worden** (*vor*-dern) *v* *become; *go, *get, *grow
worm (vorm) *c* (pl ~en) worm
worp (vorp) *c* (pl ~en) cast; shot
worst (vorst) *c* (pl ~en) sausage
worstelen (*vor*-ster-lern) *v* struggle
worsteling (*voar*-ster-lɪng) *c* (pl ~en) struggle
wortel (*vor*-terl) *c* (pl ~s, ~en) root; carrot
woud (vout) *nt* (pl ~en) forest
wraak (vraak) *c* revenge
wrak (vrahk) *nt* (pl ~ken) wreck
wreed (vra͞yt) *adj* harsh, cruel
***wrijven** (*vray*-vern) *v* rub
wrijving (*vray*-vɪng) *c* (pl ~en) friction
wrok *(vrohk) c* spite
wurgen (*verr*-gern) *v* strangle, choke

Y

yuppie (*yer*-pee) *m* (pl ~s) yuppie

Z

zaad (zaat) *nt* (pl zaden) seed
zaag (zaakh) *c* (pl zagen) saw
zaagsel (*zaakh*-serl) *nt* sawdust
zaaien (*zaa*ee-ern) *v* *sow
zaak (zaak) *c* (pl zaken) cause; case, matter; business
zaal (zaal) *c* (pl zalen) hall
zacht (zahkht) *adj* soft; gentle, smooth, mild, mellow
zadel (*zaa*-derl) *nt* (pl ~s) saddle
zak (zahk) *c* (pl ~ken) pocket; sack, bag; **zak-** handheld
zakdoek (*zahk*-do͞ok) *c* (pl ~en) handkerchief; **papieren ~** tissue
zakelijk (*zaa*-ker-lerk) *adj* business-like
zaken (*zaa*-kern) *pl* business; **voor ~** on business; **~ *doen met** *deal with
zakenman (*zaa*-ker-mahn) *m* (pl -lieden, -lui) businessman
zakenreis (*zaa*-ker-rayss) *c* (pl -reizen) business trip
zakenvrouw (*zaa*-ker-vrou) *f* (pl -en) businesswoman, tradeswoman
zakken (*zah*-kern) *v* fail
zaklantaarn (*zahk*-lahn-taa-rern) *c* (pl ~s) torch, flashlight
zakmes (*zahk*-mehss) *nt* (pl ~sen) pocketknife, penknife
zalf (zahlf) *c* (pl zalven) ointment
zalm (zahlm) *c* (pl ~en) salmon
zand (zahnt) *nt* sand
zanderig (*zahn*-der-rerkh) *adj* sandy
zanger (*zah*-ngerr) *m* (f ~es, pl ~s) vocalist, singer
zappen (*zah*-pern) *v* zap
zaterdag (*zaa*-terr-dahkh) *c* Saturday
ze (zer) *pron* she; they
zebra (*zāy*-braa) *c* (pl ~'s) zebra
zebrapad (*zāy*-braa-paht) *nt* (pl ~en) pedestrian crossing; crosswalk *nAm*
zedelijk (*zāy*-der-lerk) *adj* moral
zeden (*zāy*-dern) *pl* morals
zee (zāy) *c* (pl ~ën) sea
zeeëgel (*zāy*-āy-gerl) *c* (pl ~s) sea urchin
zeef (zāyf) *c* (pl zeven) sieve
zeegezicht (*zāy*-ger-zıkht) *nt* (pl ~en) seascape
zeehaven (*zāy*-haa-vern) *c* (pl

~s) seaport
zeehond (*zāy*-hont) *c* (pl ~en) seal
zeekaart (*zāy*-kaart) *c* (pl ~en) chart
zeekust (*zāy*-kerst) *c* (pl ~en) seashore
zeeman (*zāy*-mahn) *c* (pl -lieden, -lui) seaman
zeemeeuw (*zāy*-māy°°) *c* (pl ~en) seagull
zeep (zāyp) *c* soap
zeeppoeder (*zāy*-pōō-derr) *nt* soap powder
zeer (zāyr) *adj* sore; *adv* very, quite
zeeschelp (*zāy*-skhehlp) *c* (pl ~en) seashell
zeevogel (*zāy*-vōā-gerl) *c* (pl ~s) seabird
zeewater (*zāy*-vaa-terr) *nt* sea water
zeeziek (*zāy*-zeek) *adj* seasick
zeeziekte (*zāy*-zeek-ter) *c* seasickness
zegel (*zāy*-gerl) *nt* (pl ~s) seal
zegen (*zāy*-gern) *c* blessing
zegenen (*zāy*-ger-nern) *v* bless
zegevieren (*zāy*-ger-vee-rern) *v* triumph
***zeggen** (*zeh*-gern) *v* *say; *tell
zeil (zayl) *nt* (pl ~en) sail
zeilboot (*zayl*-bōāt) *c* (pl -boten) sailing boat
zeilclub (*zayl*-klerp) *c* (pl ~s) yacht club
zeilsport (*zayl*-sport) *c* yachting
zeker (*zāy*-kerr) *adv* surely, certainly; *adj* certain, sure; ~ **niet** by no means
zekering (*zāy*-ker-rıng) *c* (pl ~en) fuse
zelden (*zehl*-dern) *adv* seldom, rarely
zeldzaam (*zehlt*-saam) *adj* rare; uncommon, infrequent
zelf (zehlf) *pron* myself; yourself; himself; herself; oneself; ourselves; yourselves; themselves; self
zelfbediening (*zehlf*-ber-dee-nıng) *c* self-service
zelfbedieningsrestaurant (*zehlf*-ber-dee-nıngs-rehss-tōā-rahnt) *nt* (pl ~s) self--service restaurant
zelfbestuur (*zehlf*-ber-stēwr) *nt* self-government
zelfde (*zehlf*-der) *adj* same
zelfmoord (*zehlf*-mōārt) *c* (pl ~en) suicide
zelfmoordaanslag (*zehlf*-mōārt-aan-slahg) *m* (pl ~en) suicide attack
zelfmoordterrorist (*zehlf*-mōārt-teh-rōā-rist) *m* (pl ~en) suicide bomber
zelfs (zehlfs) *adv* even
zelfstandig (zehlf-*stahn*-derkh) *adj* independent; self--employed; ~ **naamwoord** noun
zelfstrijkend (zehlf-*stray*-kernt) *adj* drip-dry, wash and wear
***zenden** (*zehn*-dern) *v* *send
zender (*zehn*-derr) *c* (pl ~s) transmitter
zending (*zehn*-dıng) *c* (pl ~en)

consignment, shipment
zenit (zay-nɪt) *nt* zenith
zenuw (*zay*-newoo) *c* (pl ~en) nerve
zenuwachtig (zay-newoo-ahkh-terkh) *adj* nervous
zenuwpijn (zay-newoo-payn) *c* (pl ~en) neuralgia
zes (zehss) *num* six
zesde (*zehss*-der) *num* sixth
zestien (*zehss*-teen) *num* sixteen
zestiende (*zehss*-teen-der) *num* sixteenth
zestig (*zehss*-terkh) *num* sixty
zet (zeht) *c* (pl ~ten) move; push
zetel (*zay*-terl) *c* (pl ~s) chair; seat
zetpil (*zeht*-pɪl) *c* (pl ~len) suppository
zetten (zeh-tern) *v* place; *lay, *set, *put; **in elkaar ~** assemble
zeurpiet (*zurr*-peet) *c* (pl ~en) bore
zeven[1] (*zay*-vern) *num* seven
zeven[2] (*zay*-vern) *v* strain, sift, sieve
zevende (*zay*-vern-der) *num* seventh
zeventien (*zay*-vern-teen) *num* seventeen
zeventiende (*zay*-vern-teen-der) *num* seventeenth
zeventig (*zay*-vern-terkh) *num* seventy
zich (zɪkh) *pron* himself; herself; themselves
zicht (zɪkht) *nt* sight; visibility
zichtbaar (*zɪkht*-baar) *adj* visible
zichzelf (zikh-*zehlf*) *nt* self
ziek (zeek) *adj* ill, sick
ziekenauto (*zee*-kern-oa-toa) *c* (pl ~'s) ambulance
ziekenhuis (*zee*-ker-hurewss) *nt* (pl -huizen) hospital
ziekte (*zeek*-ter) *c* (pl ~n, ~s) disease; illness, sickness
ziel (zeel) *c* (pl ~en) soul
***zien** (zeen) *v* *see; notice; **er uit ~** look; ***laten ~** *show
zienswijze (*zeens*-vay-zer) *c* (pl ~n) outlook
zigeuner (zee-*gur*-nerr) *c* (pl ~s) gipsy
zijbeuk (*zay*-burk) *c* (pl ~en) aisle
zijde[1] (*zay*-der) *c* silk
zijde[2] (*zay*-der) *c* (pl ~n) side
zijlicht (*zay*-lɪkht) *nt* sidelight
zijn (zayn) *pron* his, its
***zijn** (zayn) *v* *be
zijrivier (*zay*-ree-veer) *c* (pl ~en) tributary
zijstraat (*zay*-straat) *c* (pl -straten) side street
zilver (*zɪl*-verr) *nt* silver
zilveren (*zɪl*-ver-rern) *adj* silver
zilverpapier (*zɪl*-verr-paa-peer) *nt* tinfoil
zilversmid (*zɪl*-verr-smɪt) *c* (pl -smeden) silversmith
zilverwerk (*zɪl*-verr-vehrk) *nt* silverware
zin[1] (zɪn) *c* sense; desire; **~ *hebben in** *feel like, fancy
zin[2] (zɪn) *c* (pl ~nen) sentence
***zingen** (*zɪ*-ngern) *v* *sing
zink (zɪngk) *nt* zinc

***zinken** (*zıng*-kern) *v* *sink
zinloos (*zın*-lōass) *adj* senseless
zintuig (*zın*-tur^ew^kh) *nt* (pl ~en) sense
zitkamer (*zıt*-kaa-merr) *c* (pl ~s) sitting room
zitplaats (*zıt*-plaats) *c* (pl ~en) seat
***zitten** (*zı*-tern) *v* *sit; ***gaan ~** *sit down, *be seated
zitting (*zı*-tıng) *c* (pl ~en) session
zitvlak (*zıt*-flahk) *nt* bottom
zo (zōa) *adv* so, thus; such; **zo'n** such a
zoals (zōa-*ahls*) *conj* like, as; such as
zodat (zōa-*daht*) *conj* so that
zodra (zōa-*draa*) *conj* as soon as
***zoeken** (*zōō*-kern) *v* look for; *seek, search; hunt for
zoeker (*zōō*-kerr) *c* (pl ~s) viewfinder
zoemen (*zōō*-mern) *v* buzz
zoen (zōōn) *c* (pl ~en) kiss
zoet (zōōt) *adj* sweet; good; **~ maken** sweeten
zoetzuur (*zōōt*-sēwr) *nt* pickles *pl*
zogen (*zōa*-gern) *v* nurse
zogenaamd (zōa-ger-*naamt*) *adj* socalled
zolder (*zol*-derr) *c* (pl ~s) attic
zomer (*zōa*-merr) *c* (pl ~s) summer
zomertijd (*zōa*-merr-tayt) *c* summer time
zon (zon) *c* (pl ~nen) sun
zondag (*zon*-dahkh) *c* Sunday
zonde (*zon*-der) *c* (pl ~n) sin
zondebok (*zon*-der-bok) *c* (pl ~ken) scapegoat
zonder (*zon*-derr) *prep* without
zonderling (*zon*-derr-lıng) *adj* funny, queer
zone (*zaw*-ner) *c* (pl ~s) zone
zonlicht (*zon*-lıkht) *nt* sunlight
zonnebaden (*zo*-ner-baa-dern) *v* sunbathe
zonnebrand (*zo*-ner-brahnt) *c* sunburn
zonnebrandolie (*zo*-ner-brahnt-ōa-lee) *c* suntan oil
zonnebril (*zo*-ner-brıl) *c* (pl ~len) sunglasses *pl*
zonnescherm (*zo*-ner-skhehrm) *nt* (pl ~en) awning
zonneschijn (*zo*-ner-skhayn) *c* sunshine
zonnesteek (*zo*-ner-stāyk) *c* sunstroke
zonnestelsel (*zo*-ner-stehl-serl) *nt* solar system
zonnig (*zo*-nerkh) *adj* sunny
zonsondergang (zons-*on*-derr-gahng) *c* (pl ~en) sunset
zonsopgang (zons-*op*-khahng) *c* (pl ~en) sunrise
zoogdier (*zōakh*-deer) *nt* (pl ~en) mammal
zool (zōal) *c* (pl zolen) sole
zoölogie (zōa-ōa-lōa-*gee*) *c* zoology
zoom (zōam) *c* (pl zomen) hem
zoon (zōan) *c* (pl zonen) son
zorg (zorkh) *c* (pl ~en) concern, worry, care; trouble
zorgen voor (*zor*-gern) look

after, *take care of; see to
zorgvuldig (zorkh-*ferl*-derkh) *adj* careful
zorgwekkend (zorkh-*veh*-kernt) *adj* critical
zorgzaam (*zorkh*-saam) *adj* thoughtful
zout (zout) *nt* salt; *adj* salty
zoutvaatje (*zout*-faa-t^y^er) *nt* (pl ~s) salt cellar, *nAm* salt shaker
zoveel (*zōa*-vāyl) *adv* so much, so many
zowel ... als (zōa-*veh* z ahls) both ... and
zuid (zur^ew^t) *c* south
Zuid-Afrika (zur^ew^t-*aa*-free-kaa) South Africa
zuidelijk (*zur*^ew^-der-lerk) *adj* southern, southerly
zuiden (*zur*^ew^-dern) *nt* south
zuidoosten (zur^ew^t-*ōass*-tern) *nt* southeast
zuidpool (*zur*^ew^*t*-pōal) *c* South Pole
zuidwesten (zur^ew^t-*vehss*-tern) *nt* southwest
zuigeling (*zur*^ew^-ger-lıng) *c* (pl ~en) infant
***zuigen** (*zur*^ew^-gern) *v* suck
zuiger (*zur*^ew^-gerr) *c* (pl ~s) piston
zuigerring (*zur*^ew^-ger-rıng) *c* (pl ~en) piston ring
zuil (zur^ew^l) *c* (pl ~en) column, pillar
zuilengang (*zur*^ew^-ler-gahng) *c* (pl ~en) arcade
zuinig (*zur*^ew^-nerkh) *adj* economical, thrifty
zuipen (*zur*^ew^-pern) *v adj colloquial* booze
zuivelwinkel (*zur*^ew^-verl-vıng-kerl) *c* (pl ~s) dairy
zuiver (*zur*^ew^-verr) *adj* pure, clean
zulk (zerlk) *adj* such
***zullen** (*zer*-lern) *v* *will, *shall
zus (zerss) *c* (pl ~sen) sister
zuster (*zerss*-terr) *c* (pl ~s) sister; nurse
zuur[1] (zēwr) *adj* sour
zuurstof (*zēwr*-stof) *c* oxygen
zwaaien (*zvaa*^ee^-ern) *v* *swing; wave
zwaan (zvaan) *c* (pl zwanen) swan
zwaar (zvaar) *adj* heavy; **te ~** too heavy; overweight
zwaard (zvaart) *nt* (pl ~en) sword
zwaartekracht (*zvaar*-ter-krahkht) *c* gravity
zwager (*zvaa*-gerr) *c* (pl ~s) brother-in-law
zwak (zvahk) *adj* feeble, weak; faint; dim
zwakheid (*zvahk*-hayt) *c* (pl -heden) weakness
zwaluw (*zvaa*-lēw^oo^) *c* (pl ~en) swallow
zwanger (*zvah*-ngerr) *adj* pregnant
zwart (zvahrt) *adj* black
Zweden (*zvāy*-dern) Sweden
Zweed (zvāyt) *c* (pl Zweden) Swede
Zweeds (zvāyts) *adj* Swedish
zweefvliegtuig (*zvāy*-fleekh-tur^ew^kh) *nt* (pl ~en) glider

zweep (zvāyp) *c* (pl zwepen) whip
zweer (zvāyr) *c* (pl zweren) ulcer, sore
zweet (zvāyt) *nt* sweat, perspiration
***zwellen** (*zveh*-lern) *v* *swell
zwelling (*zveh*-lıng) *c* (pl ~en) swelling
zwembad (*zvehm*-baht) *nt* (pl ~en) swimming pool, pool
zwembroek (*zvehm*-brōōk) *c* (pl ~en) swimming trunks, bathing trunks, bathing suit
***zwemmen** (*zveh*-mern) *v* *swim
zwemmer (*zveh*-merr) *c* (pl ~s) swimmer
zwempak (*zvehm*-pahk) *nt* (pl ~ken) swimsuit, swimming suit
zwemsport (*zvehm*-sport) *c* swimming
zwemvest (*zvehm*-vehst) *c* (pl ~en) life jacket
zwendelarij (zvehn-der-laa-*ray*) *c* (pl ~en) swindle
***zweren** (*zvāy*-rern) *v* *swear, vow
***zwerven** (*zvehr*-vern) *v* roam, wander
zweten (*zvāy*-tern) *v* sweat, perspire
***zwijgen** (*zvay*-gern) *v* *be silent, *keep quiet; **tot ~ *brengen** silence; **zwijgend** silent
zwijn (zvayn) *nt* (pl ~en) pig
Zwitser (*zvıt*-serr) *c* (pl ~s) Swiss
Zwitserland (*zvıt*-serr-lahnt) Switzerland
Zwitsers (*zvıt*-serrs) *adj* Swiss
zwoegen (*zvōō*-gern) *v* labo(u)r

English – Dutch
Engels – Nederlands

A

a [ei, ə] *art* (an) een *art*
abbey ['æbi] *n* abdij *c*
abbreviation [əˌbriːvi'eiʃən] *n* afkorting *c*
ability [ə'biləti] *n* bekwaamheid *c*; vermogen *nt*
able ['eibəl] *adj* in staat; capabel, bekwaam; ***be ~ to** in staat *zijn om; *kunnen
aboard [ə'bɔːd] *adv* aan boord
abolish [ə'bɔliʃ] *v* afschaffen
abortion [ə'bɔːʃən] *n* abortus *c*
about [ə'baut] *prep* over; betreffende, omtrent; om; *adv* omstreeks, ongeveer; omheen
above [ə'bʌv] *prep* boven; *adv* boven
abroad [ə'brɔːd] *adv* naar het buitenland, in het buitenland
abscess ['æbses] *n* abces *nt*
absence ['æbsəns] *n* afwezigheid *c*
absent ['æbsənt] *adj* afwezig
absolutely ['æbsəluːtli] *adv* absoluut
abstain from [əb'stein] zich *onthouden van
abstract ['æbstrækt] *adj* abstract
absurd [əb'səːd] *adj* absurd, ongerijmd
abundance [ə'bʌndəns] *n* overvloed *c*
abundant [ə'bʌndənt] *adj* overvloedig
abuse [ə'bjuːs] *n* misbruik *nt*
academy [ə'kædəmi] *n* academie *c*
accelerate [ək'seləreit] *v* versnellen
accelerator [ək'seləreitə] *n* gaspedaal *nt*
accent ['æksənt] *n* accent *nt*; nadruk *c*
accept [ək'sept] *v* aanvaarden, *aannemen; accepteren
access ['ækses] *n* toegang *c*
accessible [ək'sesəbəl] *adj* toegankelijk
accessories [ək'sesəriz] *pl* toebehoren *pl*, accessoires *pl*
accident ['æksidənt] *n* ongeluk *nt*, ongeval *nt*
accidental [ˌæksi'dentəl] *adj* toevallig
accommodate [ə'kɔmədeit] *v* *onderbrengen
accommodation [əˌkɔmə'deiʃən] *n* accommodatie *c*, logies *nt*, onderdak *nt*

accompany [ə'kʌmpəni] *v* vergezellen; begeleiden
accomplish [ə'kʌmpliʃ] *v* *volbrengen; bereiken
accordance: in ~ with [in ə'kɔːdəns wið] ingevolge
according to [ə'kɔːdiŋ tuː] volgens; overeenkomstig
account [ə'kaunt] *n* rekening *c*; verslag *nt*; **~ for** verantwoorden; **on ~ of** vanwege
accurate ['ækjurət] *adj* nauwkeurig
accuse [ə'kjuːz] *v* beschuldigen; aanklagen
accused [ə'kjuːzd] *n* verdachte *c*
accustom [ə'kʌstəm] *v* wennen; **accustomed** gewoon, gewend
ache [eik] *v* pijn *doen; *n* pijn *c*
achieve [ə'tʃiːv] *v* bereiken; presteren
achievement [ə'tʃiːvmənt] *n* prestatie *c*
acknowledge [ək'nɔlidʒ] *v* erkennen; *toegeven; bevestigen
acne ['ækni] *n* acne *c*
acorn ['eikɔːn] *n* eikel *c*
acquaintance [ə'kweintəns] *n* bekende *c*, kennis *c*
acquire [ə'kwaiə] *v* *verwerven
acquisition [ˌækwi'ziʃən] *n* acquisitie *c*
acquittal [ə'kwitəl] *n* vrijspraak *c*
across [ə'krɔs] *prep* over; aan de andere kant van; *adv* aan de overkant
act [ækt] *n* daad *c*; bedrijf *nt*, akte *c*; nummer *nt*; *v* *optreden, handelen; zich *gedragen; toneelspelen
action ['ækʃən] *n* actie *c*, handeling *c*
active ['æktiv] *adj* actief; bedrijvig
activewear ['æktivˌweə] *n* vrijetijdskleding *f*
activity [æk'tivəti] *n* activiteit *c*
actor ['æktə] *n* acteur *m*, toneelspeler *m*
actress ['æktris] *n* actrice *f*, toneelspeelster *f*
actual ['æktʃuəl] *adj* eigenlijk, werkelijk
actually ['æktʃuəli] *adv* feitelijk
acute [ə'kjuːt] *adj* acuut
adapt [ə'dæpt] *v* aanpassen
adaptor [ə'dæptə] *n* verbindingsstuk *nt*
add [æd] *v* optellen; toevoegen
addition [ə'diʃən] *n* optelling *c*; toevoeging *c*
additional [ə'diʃənəl] *adj* extra; bijkomend; bijkomstig
address [ə'dres] *n* adres *nt*; *v* adresseren; *aanspreken
addressee [ˌædre'siː] *n* geadresseerde *c*
adequate ['ædikwət] *adj* toereikend; adequaat, passend
adjective ['ædʒiktiv] *n* bijvoeglijk naamwoord *nt*
adjoin [ə'd] *v* grenzen aan

adjust [ə'dʒʌst] *v* afstellen; aanpassen
administer [əd'ministə] *v* toedienen
administration [əd,mini'streiʃən] *n* administratie *c*; beheer *nt*
administrative [əd'ministrətiv] *adj* administratief; bestuurlijk; ~ **law** bestuursrecht *nt*
admiration [,ædmə'reiʃən] *n* bewondering *c*
admire [əd'maiə] *v* bewonderen
admission [əd'miʃən] *n* toegang *c*; toelating *c*
admit [əd'mit] *v* *toelaten; *toegeven, bekennen
admittance [əd'mitəns] *n* toegang *c*; **no** ~ verboden toegang
adopt [ə'dɔpt] *v* adopteren; *aannemen
adorable [ə'dɔrəbl] *adj* lief
adult ['ædʌlt] *n* volwassene *c*; *adj* volwassen
advance [əd'vɑːns] *n* vooruitgang *c*; voorschot *nt*; *v* *vooruitgaan; *voorschieten; **in** ~ vooruit, van tevoren
advanced [əd'vɑːnst] *adj* gevorderd
advantage [əd'vɑːntidʒ] *n* voordeel *nt*
advantageous [,ædvən'teidʒəs] *adj* voordelig
adventure [əd'ventʃə] *n* avontuur *nt*
adverb ['ædvəːb] *n* bijwoord *nt*
advertisement [əd'vəːtismənt] *n* advertentie *c*; reclame *c*
advertising ['ædvətaiziŋ] *n* reclame *c*
advice [əd'vais] *n* advies *nt*, raad *c*
advise [əd'vaiz] *v* adviseren, *aanraden
advocate ['ædvəkət] *n* voorstander *c*, voorvechter *c*
aerial ['ɛəriəl] *n* antenne *c*
aeroplane ['ɛərəplein] *n* vliegtuig *nt*
affair [ə'fɛə] *n* aangelegenheid *c*; verhouding *c*, affaire *c*
affect [ə'fekt] *v* beïnvloeden; *betreffen
affected [ə'fektid] *adj* geaffecteerd
affection [ə'fekʃən] *n* genegenheid *c*; aandoening *c*
affectionate [ə'fekʃənit] *adj* lief, aanhankelijk
affiliated [ə'filieitid] *adj* aangesloten
affirm [ə'fəːm] *v* bevestigen, beamen
affirmative [ətiv] *adj* bevestigend
afford [ə'fɔːd] *v* zich veroorloven
afraid [ə'freid] *adj* angstig, bang; ***be** ~ bang *zijn
Africa ['æfrikə] Afrika
African ['æfrikən] *adj* Afrikaans; *n* Afrikaan *m*, -se *f*
after ['ɑːftə] *prep* na; achter; *conj* nadat

afternoon [ˌɑːftə'nuːn] *n* middag *c*, namiddag *c*; **this ~** vanmiddag
afterwards ['ɑːftəwədz] *adv* later; nadien, naderhand
again [ə'gen] *adv* weer; opnieuw; **~ and again** telkens
against [ə'genst] *prep* tegen
age [eidʒ] *n* leeftijd *c*; ouderdom *c*; **of ~** meerderjarig; **under ~** minderjarig
aged ['eidʒid] *adj* bejaard; oud
agency ['eidʒənsi] *n* agentschap *nt*; bureau *nt*; vertegenwoordiging *c*
agenda [ə'dʒendə] *n* agenda *c*
agent ['eidʒənt] *n* vertegenwoordiger *m*, vertegenwoordigster *f*, agent *m*, -e *f*
aggressive [ə'gresiv] *adj* agressief
ago [ə'gou] *adv* geleden
agree [ə'griː] *v* het eens *zijn; toestemmen; *overeenkomen
agreeable [ə'griːəbəl] *adj* aangenaam
agreement [ə'griːmənt] *n* contract *nt*; akkoord *nt*, overeenkomst *c*, overeenstemming *c*
agriculture ['ægrikʌltʃə] *n* landbouw *c*
ahead [ə'hed] *adv* vooruit; **~ of** voor; ***go ~** *doorgaan; **straight ~** rechtuit
aid [eid] *n* hulp *c*; *v* *bijstaan, *helpen
AIDS [eidz] *n* AIDS
aim [eim] *n* doel *nt*; **~ at** richten op, mikken op; beogen, nastreven
air [ɛə] *n* lucht *c*; *v* luchten
air bag ['ɛəbæg] *n* airbag *c*
air conditioning ['ɛəkənˌdiʃəniŋ] *n* airconditioning *c*, luchtverversing *c*; **air-conditioned** *adj* air conditioned
airfield ['ɛəfiːld] *n* vliegveld *nt*
air-filter ['ɛəˌfiltə] *n* luchtfilter *nt*
airline ['ɛəlain] *n* luchtvaartmaatschappij *c*
airmail ['ɛəmeil] *n* luchtpost *c*
airplane ['ɛəplein] *nAm* vliegtuig *nt*
airport ['ɛəpɔːt] *n* luchthaven *c*
airsickness ['ɛəˌsiknəs] *n* luchtziekte *c*
airtight ['ɛətait] *adj* luchtdicht
airy ['ɛəri] *adj* luchtig
aisle [ail] *n* zijbeuk *c*; gangpad *nt*
alarm [ə'lɑːm] *n* alarm *nt*; *v* alarmeren; **~ clock** wekker *c*
album ['ælbəm] *n* album *nt*
alcohol ['ælkəhɔl] *n* alcohol *c*
alcoholic [ˌælkə'hɔlik] *adj* alcoholisch, *n* alcoholist *c*
ale [eil] *n* bier *nt*
algebra ['ældʒibrə] *n* algebra *c*
Algeria [æl'dʒiəriə] Algerije
Algerian [æl'dʒiəriən] *adj* Algerijns; *n* Algerijn *m*, -se *f*
alien ['eiliən] *n* buitenlander *c*; vreemdeling *c*; *adj*

buitenlands
alike [ə'laik] *adj* eender, gelijk
alive [ə'laiv] *adj* in leven, levend
all [ɔ:l] *adj* al, allemaal; ~ **in** alles inbegrepen; ~ **right!** goed!; **at** ~ helemaal
allergic [ə'lədʒik] *adj* allergisch
allergy ['ælədʒi] *n* allergie *c*
alley ['æli] *n* steeg *c*
alliance [ə'laiəns] *n* bondgenootschap *nt*
allow [ə'lau] *v* veroorloven, *toestaan; ~ **to** *laten; ***be allowed** *mogen; ***be allowed to** *mogen
allowance [ə'lauəns] *n* toelage *c*
almond ['ɑ:mənd] *n* amandel *c*
almost ['ɔ:lmoust] *adv* bijna; haast
alone [ə'loun] *adv* alleen
along [ə'lɔŋ] *prep* langs
aloud [ə'laud] *adv* hardop
alphabet ['ælfəbet] *n* alfabet *nt*
already [ɔ:l'redi] *adv* reeds, al
also ['ɔ:lsou] *adv* ook; tevens, eveneens
altar ['ɔ:ltə] *n* altaar *nt*
alter ['ɔ:ltə] *v* wijzigen, veranderen
alteration [,ɔ:ltə'reiʃən] *n* wijziging *c*, verandering *c*
alternate [ɔ:l'tə:nət] *adj* afwisselend
alternative [ɔ:l'tə:nətiv] *n* alternatief *nt*
although [ɔ:l'ðou] *conj* ofschoon, hoewel
altitude ['æltitju:d] *n* hoogte *c*
alto ['æltou] *n* (pl ~s) alt *c*
altogether [,ɔ:ltə'geðə] *adv* helemaal; in totaal
always ['ɔ:lweiz] *adv* altijd
am [æm] *v* (pr be)
amaze [ə'meiz] *v* verwonderen, verbazen
amazement [ə'meizmənt] *n* verbazing *c*
amazing [ə'meiziŋ] *adj* verbazingwekkend, verbazend
ambassador [æm'bæsədə] *n* ambassadeur *m*, ambassadrice *f*
amber ['æmbə] *n* barnsteen *nt*; *adj* oranje
ambiguous [æm'bigjuəs] *adj* dubbelzinnig; onduidelijk
ambition [æm'biʃən] *n* ambitie *c*
ambitious [æm'biʃəs] *adj* ambitieus
ambulance ['æmbjuləns] *n* ziekenauto *c*, ambulance *c*
ambush ['æmbuʃ] *n* hinderlaag *c*
America [ə'merikə] Amerika
American [ə'merikən] *adj* Amerikaans; *n* Amerikaan *m*, -se *f*
amethyst ['æmiθist] *n* amethist *c*
amid [ə'mid] *prep* onder; tussen, midden in, te midden van
ammonia [ə'mouniə] *n* ammonia *c*
amnesty ['æmnisti] *n* amnestie *c*
among [ə'mʌŋ] *prep* te midden

van; tussen, onder; ~ **other things** onder andere
amount [ə'maunt] *n* hoeveelheid *c*; som *c*, bedrag *nt*; ~ **to** *bedragen
amuse [ə'mju:z] *v* amuseren, vermaken
amusement [ə'mju:zmənt] *n* amusement *nt*, vermaak *nt*
amusing [ə'mju:ziŋ] *adj* amusant
anaemia [ə'ni:miə] *n* bloedarmoede *c*
anaesthesia [,ænis'θi:ziə] *n* verdoving *c*
anaesthetic [,ænis'θetik] *n* pijnstillend middel *nt*
analyse ['ænəlaiz] *v* ontleden, analyseren
analysis [ə'næləsis] *n* (pl -ses) analyse *c*
analyst ['ænəlist] *n* analist *c*; analyticus *c*
anarchy ['ænəki] *n* anarchie *c*
anatomy [ə'nætəmi] *n* anatomie *c*
ancestor ['ænsestə] *n* voorvader *c*
anchor ['æŋkə] *n* anker *nt*
anchovy ['æntʃəvi] *n* ansjovis *c*
ancient ['einʃənt] *adj* oud; ouderwets, verouderd; oeroud
and [ænd, ənd] *conj* en
angel ['eindʒəl] *n* engel *c*
anger ['æŋgə] *n* toorn *c*, boosheid *c*; woede *c*
angle ['æŋgəl] v hengelen; *n* hoek *c*
angry ['æŋgri] *adj* kwaad
animal ['æniməl] *n* dier *nt*
ankle ['æŋkəl] *n* enkel *c*
annex[1] ['æneks] *n* bijgebouw *nt*; bijlage *c*
annex[2] [ə'neks] *v* annexeren
anniversary [,æni'və:səri] *n* verjaardag *c*
announce [ə'nauns] *v* bekendmaken, aankondigen
announcement [ə'naunsmənt] *n* aankondiging *c*, bekendmaking *c*
annoy [ə'nɔi] *v* irriteren, ergeren
annoyance [ə'nɔiəns] *n* ergernis *c*
annoying [ə'nɔiiŋ] *adj* vervelend, hinderlijk
annual ['ænjuəl] *adj* jaarlijks; *n* jaarboek *nt*
annum: per ~ [pər 'ænəm] jaarlijks
anonymous [ə'nɔniməs] *adj* anoniem
another [ə'nʌðə] *adj* nog een; een ander
answer ['ɑ:nsə] *v* antwoorden; beantwoorden; *n* antwoord *nt*
ant [ænt] *n* mier *c*
antibiotic [,æntibai'ɔtik] *n* antibioticum *nt*
anticipate [æn'tisipeit] *v* verwachten, *voorzien; *voorkomen
antifreeze ['æntifri:z] *n* antivries *c*
antipathy [æn'tipəθi] *n* afkeer *c*
antique [æn'ti:k] *adj* antiek; *n* antiquiteit *c*; ~ **dealer**

antiquair *c*
anxiety [æŋ'zaiəti] *n* bezorgdheid *c*
anxious ['æŋkʃəs] *adj* verlangend; bezorgd
any ['eni] *adj* enig
anybody ['enibɔdi] *pron* wie dan ook
anyhow ['enihau] *adv* hoe dan ook
anyone ['eniwʌn] *pron* iedereen
anything ['eniθiŋ] *pron* wat dan ook
anyway ['eniwei] *adv* in elk geval
anywhere ['eniwεə] *adv* waar dan ook; overal
apart [ə'pɑ:t] *adv* apart, afzonderlijk; ~ **from** afgezien van
apartment [ə'pɑ:tmənt] *nAm* appartement *nt*, flat *c*; etage *c*; ~ **house** *Am* flatgebouw *nt*
aperitif [ə'perətiv] *n* aperitief *nt/c*
apologize [ə'pɔlədʒaiz] *v* zich verontschuldigen
apology [ə'pɔlədʒi] *n* excuus *nt*, verontschuldiging *c*
apparatus [,æpə'reitəs] *n* apparaat *nt*, toestel *nt*
apparent [ə'pærənt] *adj* schijnbaar; duidelijk
apparently [ə'pærəntli] *adv* blijkbaar; klaarblijkelijk
appeal [ə'pi:l] *n* beroep *nt*; aantrekkingskracht *c*; verzoek *nt*; *v* in beroep gaan; *aanspreken; *verzoeken
appear [ə'piə] *v* *lijken, *schijnen; *blijken; *verschijnen; *optreden
appearance [ə'piərəns] *n* voorkomen *nt*; aanblik *c*; optreden *nt*
appendicitis [ə,pendi'saitis] *n* blindedarmontsteking *c*
appendix [ə'pendiks] *n* (pl -dices, -dixes) blindedarm *c*; bijlage *c*
appetite ['æpətait] *n* trek *c*, eetlust *c*
appetizer ['æpətaizə] *n* borrelhapje *nt*
appetizing ['æpətaiziŋ] *adj* smakelijk
applaud [ə'plɔ:d] *n* applaudisseren *nt*, klappen; loven
applause [ə'plɔ:z] *n* applaus *nt*
apple ['æpəl] *n* appel *c*
appliance [ə'plaiəns] *n* toestel *nt*, apparaat *nt*
application [,æpli'keiʃən] *n* toepassing *c*; aanvraag *c*; sollicitatie *c*
apply [ə'plai] *v* toepassen; gebruiken; solliciteren; *gelden
appoint [ə'pɔint] *v* aanstellen, benoemen
appointment [ə'pɔintmənt] *n* afspraak *c*; benoeming *c*
appreciate [ə'pri:ʃieit] *v* schatten; waarderen, op prijs stellen
appreciation [ə,pri:ʃi'eiʃən] *n* schatting *c*; waardering *c*
apprentice [ə'prentis] *n*

leerling *c*
approach [ə'proutʃ] *v* naderen; *n* aanpak *c*; toegang *c*
appropriate [ə'proupriət] *adj* juist, geschikt, passend
approval [ə'pru:vəl] *n* goedkeuring *c*; instemming *c*
approve [ə'pru:v] *v* goedkeuren; ~ **of** instemmen met
approximate [ə'prɔksimət] *adj* bij benadering
approximately [ə'prɔksimətli] *adv* circa, ongeveer
apricot ['eiprikɔt] *n* abrikoos *c*
April ['eiprəl] april
apron ['eiprən] *n* schort *c*
Arab ['ærəb] *adj* Arabisch; *n* Arabier *m*, Arabische *f*
arbitrary ['ɑ:bitrəri] *adj* willekeurig
arcade [ɑ:'keid] *n* zuilengang *c*, galerij *c*
arch [ɑ:tʃ] *n* boog *c*; gewelf *nt*
archaeologist [ˌɑ:ki'ɔlədʒist] *n* archeoloog *m*
archaeology [ˌɑ:ki'ɔlədʒi] *n* oudheidkunde *c*, archeologie *c*
arched [ɑ:tʃt] *adj* boogvormig
architect ['ɑ:kitekt] *n* architect *c*
architecture ['ɑ:kitektʃə] *n* bouwkunde *c*, architectuur *c*
archives ['ɑ:kaivz] *pl* archief *nt*
are [ɑ:] *v* (pr be)
area ['ɛəriə] *n* streek *c*; gebied *nt*; oppervlakte *c*; ~ **code** netnummer *nt*
Argentina [ˌɑ:dʒən'ti:nə] Argentinië
Argentinian [ˌɑ:dʒən'tiniən] *adj* Argentijns; *n* Argentijn *c*
argue ['ɑ:gju:] *v* argumenteren, debatteren, discussiëren; redetwisten
argument ['ɑ:gjumənt] *n* argument *nt*; discussie *c*; woordenwisseling *c*
***arise** [ə'raiz] *v* *oprijzen, *ontstaan
arithmetic [ə'riθmətik] *n* rekenkunde *c*
arm [ɑ:m] *n* arm *c*; wapen *nt*; leuning *c*; *v* bewapenen
armchair ['ɑ:mtʃɛə] *n* fauteuil *c*, leunstoel *c*
armed [ɑ:md] *adj* gewapend; ~ **forces** strijdkrachten *pl*
armour ['ɑ:mə] *n* harnas *nt*
army ['ɑ:mi] *n* leger *nt*
aroma [ə'roumə] *n* aroma *nt*
around [ə'raund] *prep* om, rond; *adv* rondom
arrange [ə'reindʒ] *v* rangschikken, ordenen; regelen
arrangement [ə'reindʒmənt] *n* regeling *c*
arrest [ə'rest] *v* arresteren; *n* aanhouding *c*, arrestatie *c*
arrival [ə'raivəl] *n* aankomst *c*; komst *c*
arrive [ə'raiv] *v* *aankomen
arrow ['ærou] *n* pijl *c*
art [ɑ:t] *n* kunst *c*; vaardigheid *c*; ~ **collection** kunstverzameling *c*; ~ **exhibition**

kunsttentoonstelling *c*; ~ **gallery** kunstgalerij *c*; ~ **history** kunstgeschiedenis *c*; **arts and crafts** kunstnijverheid *c*; ~ **school** kunstacademie *c*
artery ['ɑːtəri] *n* slagader *c*
artichoke ['ɑːtitʃouk] *n* artisjok *c*
article ['ɑːtikəl] *n* artikel *nt*; lidwoord *nt*
artificial [ˌɑːti'fiʃəl] *adj* kunstmatig
artist ['ɑːtist] *n* kunstenaar *m*, kunstenares *f*
artistic [ɑː'tistik] *adj* artistiek, kunstzinnig
as [æz] *conj* als, zoals; even; aangezien, omdat; ~ **from** vanaf; met ingang van; ~ **if** alsof
asbestos [æz'bestɔs] *n* asbest *nt*
ascend [ə'send] *v* omhoog *gaan; *opstijgen; *beklimmen
ascent [ə'sent] *n* stijging *c*; beklimming *c*
ascertain [ˌæsə'tein] *v* constateren; zich vergewissen van
ash [æʃ] *n* as *c*
ashamed [ə'ʃeimd] *adj* beschaamd; ***be** ~ zich schamen
ashore [ə'ʃɔː] *adv* aan land
ashtray ['æʃtrei] *n* asbak *c*
Asia ['eiʃə] Azië
Asian ['eiʃən] *adj* Aziatisch; *n* Aziaat *m*, Aziatische *f*
aside [ə'said] *adv* opzij, terzijde
ask [ɑːsk] *v* *vragen; *verzoeken; uitnodigen
asleep [ə'sliːp] *adj* in slaap
asparagus [ə'spærəgəs] *n* asperge *c*
aspect ['æspekt] *n* aspect *nt*; aanzien *nt*
asphalt ['æsfælt] *n* asfalt *nt*
aspire [ə'spaiə] *v* streven
aspirin ['æspərin] *n* aspirine *c*
assassination [əˌsæsi'neiʃən] *n* moord *c*
assault [ə'sɔːlt] *v* *aanvallen; aanranden
assemble [ə'sembəl] *v* *bijeenbrengen; in elkaar zetten, monteren
assembly [ə'sembli] *n* vergadering *c*, bijeenkomst *c*
assignment [ə'sainmənt] *n* opdracht *c*
assign to [ə'sain] *opdragen aan; *toeschrijven aan
assist [ə'sist] *v* *bijstaan, *helpen; ~ **at** bijwonen
assistance [ə'sistəns] *n* hulp *c*; steun *c*, bijstand *c*
assistant [ə'sistənt] *n* assistent *c*
associate [ə'souʃiət] *n* partner *c*, vennoot *c*; bondgenoot *c*; lid *nt*; *v* associëren; ~ **with** *omgaan met
association [əˌsousi'eiʃən] *n* genootschap *nt*, vereniging *c*
assort [ə'sɔːt] *v* sorteren
assortment [ə'sɔːtmənt] *n* assortiment *nt*, sortering *c*
assume [ə'sjuːm] *v*

*aannemen, veronderstellen
assure [ə'ʃuə] *v* verzekeren
asthma ['æsmə] *n* astma *nt*
astonish [ə'stɔniʃ] *v* verbazen
astonishing [ə'stɔniʃiŋ] *adj* verbazend, verbazingwekkend
astonishment [ə'stɔniʃmənt] *n* verbazing *c*
astronaut ['æstrənɔ:t] *n* astronaut *m*, -e *f*, ruimtevaarder *m*
astronomy [ə'strɔnəmi] *n* sterrenkunde *c*
asylum [ə'sailəm] *n* asiel *nt*; gesticht *nt*, tehuis *nt*
at [æt] *prep* in, bij, op; naar
ate [et] *v* (p eat)
atheist ['eiθiist] *n* atheïst *m*, -e *f*
athlete ['æθli:t] *n* atleet *c*
athletics [æθ'letiks] *pl* atletiek *c*
Atlantic [ət'læntik] Atlantische Oceaan
ATM ['eiti:'em], **automatic teller machine** *n* geldautomaat *m*
atmosphere ['ætməsfiə] *n* atmosfeer *c*; sfeer *c*, stemming *c*
atom ['ætəm] *n* atoom *nt*
atomic [ə'tɔmik] *adj* atomisch; atoom-
atomizer ['ætəmaizə] *n* sproeier *c*; spuitbus *c*, verstuiver *c*
attach [ə'tætʃ] *v* hechten, vastmaken; aanhechten; bijvoegen; **attached to** gehecht aan
attack [ə'tæk] *v* *aanvallen; *n* aanval *c*
attain [ə'tein] *v* bereiken
attainable [ə'teinəbəl] *adj* haalbaar; bereikbaar
attempt [ə'tempt] *v* pogen, proberen, trachten; *n* poging *c*
attend [ə'tend] *v* bijwonen; **~ on** bedienen; **~ to** passen op, zich *bezighouden met; letten op, aandacht besteden aan
attendance [ə'tendəns] *n* opkomst *c*
attendant [ə'tendənt] *n* oppasser *c*
attention [ə'tenʃən] *n* aandacht *c*; ***pay ~** opletten; **attract ~** opvallen
attentive [ə'tentiv] *adj* oplettend
attest [ə'test] *v* getuigen; officieel bevestigen
attic ['ætik] *n* zolder *c*
attitude ['ætitju:d] *n* houding *c*
attorney [ə'tə:ni] *n* advocaat *c*
attract [ə'trækt] *v* *aantrekken
attraction [ə'trækʃən] *n* attractie *c*; aantrekking *c*, bekoring *c*
attractive [ə'træktiv] *adj* aantrekkelijk
auction ['ɔ:kʃən] *n* veiling *c*
audible ['ɔ:dibəl] *adj* hoorbaar
audience ['ɔ:diəns] *n* publiek *nt*
auditor ['ɔ:ditə] *n* toehoorder *m*, toehoorster *f*
auditorium [ˌɔ:di'tɔ:riəm] *n* aula *c*
August ['ɔ:gəst] augustus

aunt [ɑ:nt] *n* tante *f*
Australia [ɔ'streiliə] Australië
Australian [ɔ'streiliən] *adj* Australisch; *n* Australiër *m*, Australische *f*
Austria ['ɔstriə] Oostenrijk
Austrian ['ɔstriən] *adj* Oostenrijks; *n* Oostenrijker *m*, Oostenrijkse *f*
authentic [ɔ:'θentik] *adj* authentiek; echt
author ['ɔ:θə] *n* auteur *c*, schrijver *m*, schrijfster *f*
authoritarian [ɔ:,θɔri'tεəriən] *adj* autoritair
authority [ɔ:'θɔrəti] *n* gezag *nt*; macht *c*; **authorities** *pl* autoriteiten *pl*, overheid *c*
authorization [,ɔ:θərai'zeiʃən] *n* machtiging *c*; toestemming *c*
automatic [,ɔ:tə'mætik] *adj* automatisch; **~ teller machine** *n* geldautomaat *m*
automation [,ɔ:tə'meiʃən] *n* automatisering *c*
automobile ['ɔ:təməbi:l] *n* auto *c*; **~ club** automobielclub *c*
autonomous [ɔ:'tɔnəməs] *adj* autonoom
autopsy ['ɔ:tɔpsi] *n* autopsie *c*
autumn ['ɔ:təm] *n* najaar *nt*, herfst *c*
available [ə'veiləbəl] *adj* verkrijgbaar, voorhanden, beschikbaar
avalanche ['ævəlɑ:nʃ] *n* lawine *c*
avenue ['ævənju:] *n* laan *c*
average ['ævəridʒ] *adj* gemiddeld; *n* gemiddelde *nt*; **on the ~** gemiddeld
averse [ə'və:s] *adj* afkerig
aversion [ə'və:ʃən] *n* tegenzin *c*
avoid [ə'vɔid] *v* *vermijden; *ontwijken
await [ə'weit] *v* wachten op, afwachten
awake [ə'weik] *adj* wakker
***awake** [ə'weik] *v* wekken
award [ə'wɔ:d] *n* prijs *c*; *v* toekennen
aware [ə'wεə] *adj* bewust
away [ə'wei] *adv* weg; ***go ~** *v* *weggaan
awful ['ɔ:fəl] *adj* afschuwelijk, verschrikkelijk
awkward ['ɔ:kwəd] *adj* pijnlijk; onhandig
awning ['ɔ:niŋ] *n* zonnescherm *nt*
axe [æks] *n* bijl *c*
axle ['æksəl] *n* as *c*

B

baby ['beibi] *n* baby *c*; ~ **carriage** *Am* kinderwagen *c*
babysitter ['beibi,sitə] *n* babysitter *c*
bachelor ['bætʃələ] *n* vrijgezel *c*
back [bæk] *n* rug *c*; *adv* terug; ***go** ~ *teruggaan
backache ['bækeik] *n* rugpijn *c*
backbone ['bækboun] *n* ruggegraat *c*
background ['bækgraund] *n* achtergrond *c*; vorming *c*
backwards ['bækwədz] *adv* achteruit
bacon ['beikən] *n* spek *nt*
bacterium [bæk'tiːriəm] *n* (pl -ria) bacterie *c*
bad [bæd] *adj* slecht; ernstig, erg; stout
bag [bæg] *n* zak *c*; tas *c*, handtas *c*; koffer *c*
baggage ['bægidʒ] *n* bagage *c*; ~ **deposit office** *Am* bagagedepot *nt*; **hand** ~ *Am* handbagage *c*
bail [beil] *n* borgsom *c*
bait [beit] *n* aas *nt*
bake [beik] *v* *bakken
baker ['beikə] *n* bakker *m*
bakery ['beikəri] *n* bakkerij *c*
balance ['bæləns] *n* evenwicht *nt*; balans *c*; saldo *nt*
balcony ['bælkəni] *n* balkon *nt*
bald [bɔːld] *adj* kaal
ball [bɔːl] *n* bal *c*; bal *nt*
ballet ['bælei] *n* ballet *nt*
balloon [bə'luːn] *n* ballon *c*
ballpoint pen ['bɔːlpɔintpen] *n* ballpoint *c*
ballroom ['bɔːlruːm] *n* danszaal *c*
banana [bə'nɑːnə] *n* banaan *c*
band [bænd] *n* orkest *nt*; band *c*
bandage ['bændidʒ] *n* verband *nt*
bank [bæŋk] *n* oever *c*; bank *c*; *v* deponeren; ~ **account** bankrekening *c*
banknote ['bæŋknout] *n* bankbiljet *nt*
bank rate ['bæŋkreit] *n* disconto *nt*
bankrupt ['bæŋkrʌpt] *adj* failliet, bankroet
banner ['bænə] *n* vaandel *nt*
banquet ['bæŋkwit] *n* banket *nt*
baptism ['bæptizəm] *n* doopsel *nt*, doop *c*
baptize [bæp'taiz] *v* dopen
bar [bɑː] *n* bar *c*; stang *c*; tralie *c*
barbecue ['bɑːbikjuː] *n* barbecue *c*; *v* barbecue
barbed wire ['bɑːbd waiə] *n* prikkeldraad *c*
barber ['bɑːbə] *n* kapper *m*
bare [bɛə] *adj* naakt, bloot; kaal
barely ['bɛəli] *adv* nauwelijks
bargain ['bɑːgin] *n* koopje *nt*; *v* *afdingen
baritone ['bæritoun] *n* bariton

m
bark [bɑ:k] *n* bast *c*; *v* blaffen
barley ['bɑ:li] *n* gerst *c*
barn [bɑ:n] *n* schuur *c*
barometer [bə'rɔmitə] *n* barometer *c*
baroque [bə'rɔk] *adj* barok
barracks ['bærəks] *pl* kazerne *c*
barrel ['bærəl] *n* ton *c*, vat *nt*
barrier ['bæriə] *n* barrière *c*; slagboom *c*
barrister ['bæristə] *n* advocaat *c*
bartender ['bɑ:,tendə] *n* barman *m*
base [beis] *n* basis *c*; grondslag *c*; *v* baseren
baseball ['beisbɔ:l] *n* honkbal *nt*
basement ['beismənt] *n* souterrain *nt*, kelder
basic ['beisik] *adj* fundamenteel; **~s** *n* grondbeginselen *pl*; basiskennis *c*
basilica [bə'zilikə] *n* basiliek *c*
basin ['beisən] *n* kom *c*, bekken *nt*
basis ['beisis] *n* (pl bases) grondslag *c*, basis *c*
basket ['bɑ:skit] *n* mand *c*
bass[1] [beis] *n* bas *c*
bass[2] [bæs] *n* (pl ~) baars *c*
bastard ['bɑ:stəd] *n* bastaard *c*; schoft *c*
batch [bætʃ] *n* partij *c*; lichting *c*
bath [bɑ:θ] *n* bad *nt*; **~ salts** badzout *nt*; **~ towel** badhanddoek *c*
bathe [beið] *v* baden, een bad *nemen
bathing cap ['beiðiŋkæp] *n* badmuts *c*
bathing suit ['beiðiŋsu:t] *n* badpak *nt*; zwembroek *c*
bathing trunks ['beiðiŋtrʌŋks] *n* zwembroek *c*
bathrobe ['bɑ:θroub] *n* badjas *c*
bathroom ['bɑ:θru:m] *n* badkamer *c*; toilet *nt*
batter ['bætə] *n* beslag *nt*
battery ['bætəri] *n* batterij *c*; accu *c*
battle ['bætəl] *n* slag *c*; strijd *c*, gevecht *nt*; *v* *vechten
bay [bei] *n* baai *c*; *v* blaffen
***be** [bi:] *v* *zijn; zich *bevinden
beach [bi:tʃ] *n* strand *nt*; **nudist ~** naaktstrand *nt*
bead [bi:d] *n* kraal *c*; **beads** *pl* kralensnoer *nt*; rozenkrans *c*
beak [bi:k] *n* snavel *c*; bek *c*
beam [bi:m] *n* straal *c*; balk *c*
bean [bi:n] *n* boon *c*
bear [bɛə] *n* beer *c*
***bear** [bɛə] *v* *dragen; dulden; *verdragen
beard [biəd] *n* baard *c*
bearer ['bɛərə] *n* drager *m*, draagster *f*
beast [bi:st] *n* beest *nt*; **~ of prey** roofdier *nt*
***beat** [bi:t] *v* *slaan; *verslaan
beautiful ['bju:tifəl] *adj* mooi
beauty ['bju:ti] *n* schoonheid *c*; **~ parlo(u)r** schoonheidssalon *c*; **~ salon** schoonheidssalon *c*; **~ treatment**

schoonheidsbehandeling *c*
beaver ['bi:və] *n* bever *c*
because [bi'kɔz] *conj* omdat; aangezien; doordat; **~ of** vanwege, wegens
***become** [bi'kʌm] *v* *worden; goed *staan
bed [bed] *n* bed *nt*; **~ and board** vol pension, kost en inwoning; **~ and breakfast** logies en ontbijt
bedding ['bediŋ] *n* beddegoed *nt*
bedroom ['bedru:m] *n* slaapkamer *c*
bee [bi:] *n* bij *c*
beech [bi:tʃ] *n* beuk *c*
beef [bi:f] *n* rundvlees *nt*
beefburger ['bi:fbə:gə] *n* hamburger *c*
beehive ['bi:haiv] *n* bijenkorf *c*
been [bi:n] *v* (pp be)
beer [biə] *n* bier *nt*; pils *c*/*nt*
beet [bi:t] *n* biet *c*
beetle ['bi:təl] *n* kever *c*
before [bi'fɔ:] *prep* voor; *conj* voordat; *adv* van tevoren; eerder, tevoren
beg [beg] *v* bedelen; smeken; *vragen
beggar ['begə] *n* bedelaar *m*, bedelaarster *f*
***begin** [bi'gin] *v* *beginnen; *aanvangen
beginner [bi'ginə] *n* beginneling *c*
beginning [bi'giniŋ] *n* begin *nt*; aanvang *c*
behalf: on ~ of [ɔn bi'ha:f ɔv] namens, in naam van; ten behoeve van
behave [bi'heiv] *v* zich *gedragen
behavio(u)r [bi'heivjə] *n* gedrag *nt*
behind [bi'haind] *prep* achter; *adv* achteraan; *n* achterwerk *nt*
beige [beiʒ] *adj* beige
being ['bi:iŋ] *n* wezen *nt*
Belgian ['beldʒən] *adj* Belgisch; *n* Belg *m*, Belgische *f*
Belgium ['beldʒəm] België
belief [bi'li:f] *n* geloof *nt*
believe [bi'li:v] *v* geloven
bell [bel] *n* klok *c*; bel *c*
bellboy ['belbɔi] *n* piccolo *m*
belly ['beli] *n* buik *c*
belong [bi'lɔŋ] *v* toebehoren
belongings [bi'lɔŋiŋz] *pl* bezittingen *pl*
beloved [bi'lʌvd] *adj* bemind
below [bi'lou] *prep* onder; beneden; *adv* onderaan, beneden
belt [belt] *n* riem *c*; **garter ~** *Am* jarretelgordel *c*
bench [bentʃ] *n* bank *c*
bend [bend] *n* bocht *c*; kromming *c*
***bend** [bend] *v* *buigen; **~ down** zich bukken
beneath [bi'ni:θ] *prep* onder; *adv* beneden
benefit ['benifit] *n* winst *c*, baat *c*; voordeel *nt*; *v* profiteren
bent [bent] *adj* (pp bend) krom
berry ['beri] *n* bes *c*
beside [bi'said] *prep* naast

besides [bi'saidz] *adv* bovendien; trouwens; *prep* behalve
best [best] *adj* best
bet [bet] *n* weddenschap *c*; inzet *c*
***bet** [bet] *v* wedden
betray [bi'trei] *v* *verraden
better ['betə] *adj* beter
between [bi'twi:n] *prep* tussen
beverage ['bevəridʒ] *n* drank *c*
beware [bi'wεə] *v* zich hoeden, oppassen
beyond [bi'jɔnd] *prep* verder dan; voorbij; behalve; *adv* verder
bible ['baibəl] *n* bijbel *c*
bicycle ['baisikəl] *n* fiets *c*; rijwiel *nt*
bid [bid] *n* bod *nt*, *nAm* aanbod *nt*; *v* *bieden; *bevelen
big [big] *adj* groot; omvangrijk; dik; gewichtig
bike [baik] *n* fiets *c*; rijwiel *nt*; motorfiets *c*; *v* fietsen
bile [bail] *n* gal *c*
bilingual [bai'liŋgwəl] *adj* tweetalig
bill [bil] *n* rekening *c*; nota *c*; *v* factureren
billion ['biljən] *n* miljard *c*
billiards ['biljədz] *pl* biljart *nt*
***bind** [baind] *v* *binden
binoculars [bi'nɔkjələz] *pl* verrekijker *c*; toneelkijker *c*
biodegradable [ˌbaioudi'greidəbəl] *adj* biologisch afbreekbaar
biology [bai'ɔlədʒi] *n* biologie *c*
bipolar [ˌbai'poulə] *adj* bipolair
birch [bə:tʃ] *n* berk *c*
bird [bə:d] *n* vogel *c*; *vulgar* griet
Biro® ['bairou] *n* ballpoint *c*
birth [bə:θ] *n* geboorte *c*
birthday ['bə:θdei] *n* verjaardag *c*
biscuit ['biskit] *n* koekje *nt*
bishop ['biʃəp] *n* bisschop *m*
bit [bit] *n* stukje *nt*; beetje *nt*
bitch [bitʃ] *n* teef *c*
bite [bait] *n* hap *c*; beet *c*; steek *c*
***bite** [bait] *v* *bijten
bitter ['bitə] *adj* bitter
black [blæk] *adj* zwart; ~ **market** zwarte markt
blackberry ['blækbəri] *n* braam *c*
Blackberry® ['blækbəri] *n* Blackberry® *m*
blackbird ['blækbə:d] *n* merel *c*
blackboard ['blækbɔ:d] *n* schoolbord *nt*
blackcurrant [ˌblæk'kʌrənt] *n* zwarte bes *c*
blackmail ['blækmeil] *n* chantage *c*; *v* chanteren
blacksmith ['blæksmiθ] *n* smid *m*
bladder ['blædə] *n* blaas *c*
blade [bleid] *n* lemmet *nt*; ~ **of grass** grasspriet *c*
blame [bleim] *n* schuld *c*; verwijt *nt*; *v* de schuld *geven aan, beschuldigen
blank [blæŋk] *adj* blanco
blanket ['blæŋkit] *n* deken *c*
blast [blɑ:st] *n* explosie *c*
blazer ['bleizə] *n* sportjasje *nt*, blazer *c*

bleach [bliːtʃ] *v* bleken
bleak [bliːk] *adj* guur
***bleed** [bliːd] *v* bloeden; *uitzuigen
bless [bles] *v* zegenen
blessing ['blesiŋ] *n* zegen *c*
blind [blaind] *n* rolgordijn *nt*, jaloezie *c*; *adj* blind; *v* verblinden
blister ['blistə] *n* blaar *c*, blaas *c*
blizzard ['blizəd] *n* sneeuwstorm *c*
block [blɔk] *v* versperren, blokkeren; *n* blok *nt*; **~ of flats** flatgebouw *nt*
blog [blɔg] *n* blog *nt*
blond [blɔnd] *adj* blond;
blonde *n* blondine *f*
blood [blʌd] *n* bloed *nt*; **~ poisoning** bloedvergiftiging *c*; **~ pressure** bloeddruk *c*; **~ vessel** bloedvat *nt*; **~y** *adj* bloed-, bebloed, bloederig; *colloquial* verdomd
blossom ['blɔsəm] *n* bloesem *c*
blot [blɔt] *n* vlek *c*; smet *c*;
blotting paper vloeipapier *nt*
blouse [blauz] *n* blouse *c*
blow [blou] *n* klap *c*, slag *c*; windvlaag *c*
***blow** [blou] *v* *blazen; *waaien; **~ up** *opblazen; exploderen, ontploffen
blowout ['blouaut] *n* bandenpech *c*
blue [bluː] *adj* blauw; neerslachtig
blunt [blʌnt] *adj* bot; stomp
blush [blʌʃ] *v* blozen
board [bɔːd] *n* plank *c*; bord *nt*; pension *nt*; bestuur *nt*; **~ and lodging** vol pension, kost en inwoning
boarder ['bɔːdə] *n* kostganger *m*
boardinghouse ['bɔːdiŋhaus] *n* pension *nt*
boarding school ['bɔːdiŋskuːl] *n* internaat *nt*
boast [boust] *v* opscheppen
boat [bout] *n* schip *nt*, boot *c*
body ['bɔdi] *n* lichaam *nt*; lijf *nt*
bodyguard ['bɔdigɑːd] *n* lijfwacht *c*
bog [bɔg] *n* moeras *nt*
boil [bɔil] *v* koken; *n* steenpuist *c*
bold [bould] *adj* stoutmoedig; vrijpostig, brutaal
Bolivia [bə'liviə] Bolivië
Bolivian [bə'liviən] *adj* Boliviaans; *n* Boliviaan *m*, -se *f*
bolt [boult] *n* grendel *c*; bout *c*
bomb [bɔm] *n* bom *c*; *v* bombarderen
bond [bɔnd] *n* obligatie *c*
bone [boun] *n* been *nt*, bot *nt*; graat *c*; *v* uitbenen
bonnet ['bɔnit] *n* motorkap *c*
book [buk] *n* boek *nt*; *v* reserveren, boeken; *inschrijven
booking ['bukiŋ] *n* reservering *c*, bespreking *c*
bookseller ['buk,selə] *n* boekhandelaar *c*
bookstand ['bukstænd] *n* boekenstalletje *nt*
bookstore ['bukstɔː] *n*

boekwinkel *c*, boekhandel *c*
boot [bu:t] *n* laars *c*; bagageruimte *c*
booth [bu:ð] *n* kraam *c*; hokje *nt*
booze [bu:z] *n* alcohol *c*; *v colloquial* *zuipen
border ['bɔ:də] *n* grens *c*; rand *c*; *v* grenzen
bore[1] [bɔ:] *v* vervelen; boren; *n* zeurpiet *c*
bore[2] [bɔ:] *v* (p bear)
boring ['bɔ:riŋ] *adj* vervelend, saai
born [bɔ:n] *adj* geboren
borrow ['bɔrou] *v* lenen; ontlenen
bosom ['buzəm] *n* borst *c*
boss [bɔs] *n* chef *m*, baas *m*, bazin *f*
botany ['bɔtəni] *n* plantkunde *c*
both [bouθ] *adj* beide; **both ... and** zowel ... als
bother ['bɔðə] *v* vervelen, hinderen; moeite *doen; *n* last *c*
bottle ['bɔtəl] *n* fles *c*; **~ opener** flesopener *c*; **hot-water ~** warmwaterkruik *c*
bottleneck ['bɔtəlnek] *n* flessehals *c*
bottom ['bɔtəm] *n* bodem *c*; achterwerk *nt*, zitvlak *nt*; *adj* onderst
bought [bɔ:t] *v* (p, pp buy)
boulder ['bouldə] *n* rotsblok *nt*
bound [baund] *n* grens *c*; ***be ~ to** *moeten; **~ for** op weg naar
boundary ['baundəri] *n* grens *c*
bouquet [bu'kei] *n* boeket *nt*
bourgeois ['buəʒwɑ:] *adj* burgerlijk
boutique [bu'ti:k] *n* boutique *c*, *n* boetiek *c*
bow[1] [bau] *v* *buigen
bow[2] [bou] *n* boog *c*; **~ tie** vlinderdasje *nt*, strikje *nt*
bowels [bauəlz] *pl* darmen *pl*, ingewanden *pl*
bowl [boul] *n* schaal *c*
bowling ['bouliŋ] *n* bowling *c*, kegelspel *nt*; **~ alley** kegelbaan *c*
box[1] [bɔks] *v* boksen; **boxing match** bokswedstrijd *c*
box[2] [bɔks] *n* doos *c*
box office ['bɔks,ɔfis] *n* plaatskaartenbureau *nt*, kassa *c*
boy [bɔi] *n* jongen *m*; joch *nt*, knaap *c*; bediende *c*; **~friend** vriend *m*, vrijer *m*; **~scout** padvinder *m*
bra [brɑ:] *n* beha *c*, bustehouder *c*
bracelet ['breislit] *n* armband *c*
braces ['breisiz] *pl* bretels *pl*
brain [brein] *n* hersenen *pl*; verstand *nt*; **~ wave** inval *c*
brake [breik] *n* rem *c*; **~ drum** remtrommel *c*; **~ lights** remlichten *pl*
branch [brɑ:ntʃ] *n* tak *c*; filiaal *nt*
brand [brænd] *n* merk *nt*; brandmerk *nt*
brand-new [,brænd'nju:] *adj* splinternieuw
brass [brɑ:s] *n* messing *nt*; koper *nt*, geelkoper *nt*; **~ band**

n fanfarekorps *nt*
brave [breiv] *adj* moedig, dapper; flink
Brazil [brə'zil] Brazilië
Brazilian [brə'ziljən] *adj* Braziliaans; *n* Braziliaan *m*, -se *f*
breach [bri:tʃ] *n* bres *c*
bread [bred] *n* brood *nt*; **wholemeal** ~ volkorenbrood *nt*
breadth [bredθ] *n* breedte *c*
break [breik] *n* breuk *c*; pauze *c*
***break** [breik] *v* *breken; ~ **down** stuk *gaan; ontleden
breakdown ['breikdaun] *n* panne *c*, motorpech *c*
breakfast ['brekfəst] *n* ontbijt *nt*
breast [brest] *n* borst *c*
breaststroke ['breststrouk] *n* schoolslag *c*
breath [breθ] *n* adem *c*; lucht *c*
breathe [bri:ð] *v* ademen
breathing ['bri:ðiŋ] *n* ademhaling *c*
breed [bri:d] *n* ras *nt*; soort *c*/*nt*
***breed** [bri:d] *v* fokken
breeze [bri:z] *n* bries *c*
brew [bru:] *v* brouwen
brewery ['bru:əri] *n* brouwerij *c*
bribe [braib] *v* *omkopen
bribery ['braibəri] *n* omkoping *c*
brick [brik] *n* steen *c*, baksteen *c*
bricklayer ['brikleiə] *n* metselaar *m*
bride [braid] *n* bruid *f*
bridegroom ['braidgru:m] *n* bruidegom *m*
bridge [bridʒ] *n* brug *c*; bridge *nt*
brief [bri:f] *adj* kort; beknopt
briefcase ['bri:fkeis] *n* aktentas *c*
briefs [bri:fs] *pl* slip *c*, onderbroek *c*
bright [brait] *adj* helder; blinkend; snugger, pienter
brighten ['braitən] *v* opklaren; doen opklaren
brill [bril] *n* griet *c*
brilliant ['briljənt] *adj* schitterend; briljant
brim [brim] *n* rand *c*
***bring** [briŋ] *v* *brengen; *meebrengen; ~ **back** *terugbrengen; ~ **up** opvoeden, *grootbrengen; ter sprake *brengen
brisk [brisk] *adj* levendig
Britain ['britən] Engeland
British ['britiʃ] *adj* Brits; Engels
Briton ['britən] *n* Brit *c*; Engelsman *m*
broad [brɔ:d] *adj* breed; ruim, wijd; globaal
broadband ['brɔ:dæbænd] *n* breedband *m*
broadcast ['brɔ:dkɑ:st] *n* uitzending *c*
***broadcast** ['brɔ:dkɑ:st] *v* *uitzenden
brochure ['brouʃuə] *n* brochure *c*
broke[1] [brouk] *v* (p break)
broke[2] [brouk] *adj* platzak
broken ['broukən] *adj* (pp break) stuk, kapot

broker ['broukə] *n* makelaar *m*
bronchitis [brɔŋ'kaitis] *n* bronchitis *c*
bronze [brɔnz] *n* brons *nt*; *adj* bronzen
brooch [broutʃ] *n* broche *c*
brook [bruk] *n* beek *c*
broom [bru:m] *n* bezem *c*
brothel ['brɔθəl] *n* bordeel *nt*
brother ['brʌðə] *n* broer *m*; broeder *m*
brother-in-law ['brʌðərinlɔ:] *n* (pl brothers-) zwager *m*
brought [brɔ:t] *v* (p, pp bring)
brown [braun] *adj* bruin
bruise [bru:z] *n* blauwe plek, kneuzing *c*; *v* kneuzen
brunette [bru:'net] *n* brunette *c*
brush [brʌʃ] *n* borstel *c*; kwast *c*; *v* poetsen, borstelen
brutal ['bru:təl] *adj* beestachtig
bubble ['bʌbəl] *n* bel *c*
buck [bʌk] *n* bok *c*; *colloquial* dollar *c*
bucket ['bʌkit] *n* emmer *c*
buckle ['bʌkəl] *n* gesp *c*
bud [bʌd] *n* knop *c*
buddy ['bʌdi] *n* vriend *c*
budget ['bʌdʒit] *n* begroting *c*, budget *nt*
buffet ['bufei] *n* buffet *nt*
bug [bʌg] *n* wandluis *c*; kever *c*; *nAm* insekt *nt*
***build** [bild] *v* bouwen
building ['bildiŋ] *n* gebouw *nt*
bulb [bʌlb] *n* bol *c*; bloembol *c*; **light** ~ gloeilamp *c*, lampenpeer *c*
Bulgaria [bʌl'gɛəriə] Bulgarije
Bulgarian [bʌl'gɛəriən] *adj* Bulgaars; *n* Bulgaar *c*
bulk [bʌlk] *n* omvang *c*; massa *c*; meerderheid *c*
bulky ['bʌlki] *adj* lijvig, omvangrijk
bull [bul] *n* stier *c*
bullet ['bulit] *n* kogel *c*
bulletin ['bulitin] *n* bulletin *nt*; ~ **board** *n* mededelingenbord *nt*
bullfight ['bulfait] *n* stierengevecht *nt*
bullring ['bulriŋ] *n* arena *c*
bully [bul] *n* pestkop *c*, klier *c*
bump [bʌmp] *v* *stoten; botsen; bonzen; *n* stoot *c*, bons *c*
bumper ['bʌmpə] *n* bumper *c*
bumpy ['bʌmpi] *adj* hobbelig
bun [bʌn] *n* broodje *nt*
bunch [bʌntʃ] *n* bos *c*; groep *c*
bundle ['bʌndəl] *n* bundel *c*; *v* *samenbinden, bundelen
bunk [bʌŋk] *n* kooi *c*; slaapbank *c*
buoy [bɔi] *n* boei *c*
burden ['bə:dən] *n* last *c*
bureau ['bjuərou] *n* (pl ~s) bureau *nt*, schrijftafel *c*; *nAm* commode *c*
bureaucracy [bjuə'rɔkrəsi] *n* bureaucratie *c*
burglar ['bə:glə] *n* inbreker *c*
burgle ['bə:gəl] *v* *inbreken
burial ['beriəl] *n* teraardebestelling *c*, begrafenis *c*
burn [bə:n] *n* brandwond *c*
***burn** [bə:n] *v* branden; verbranden; aanbranden

***burst** [bəːst] *v* *barsten; *breken
bury ['beri] *v* *begraven; *bedelven
bus [bʌs] *n* bus *c*
bush [buʃ] *n* struik *c*
business ['biznəs] *n* zaken *pl*, handel *c*; bedrijf *nt*, zaak *c*; werk *nt*; aangelegenheid *c*; **~ card** visitekaartje; **~ hours** openingstijden *pl*, kantooruren *pl*; **~ trip** zakenreis *c*; **on ~** voor zaken
business-like ['biznislaik] *adj* zakelijk
businessman ['biznəsmən] *n* (pl -men) zakenman *c*
businesswoman ['biznəswumən] *n* (pl -women) zakenvrouw *c*
bust [bʌst] *n* buste *c*
bustle ['bʌsəl] *n* drukte *c*
busy ['bizi] *adj* bezig; druk
but [bʌt] *conj* maar; doch; *prep* behalve
butcher ['butʃə] *n* slager *c*
butter ['bʌtə] *n* boter *c*
butterfly ['bʌtəflai] *n* vlinder *c*; **~ stroke** vlinderslag *c*
buttock ['bʌtək] *n* bil *c*
button ['bʌtən] *n* knoop *c*; *v* knopen
buttonhole ['bʌtənhoul] *n* knoopsgat *nt*
***buy** [bai] *v* *kopen; aanschaffen
buyer ['baiə] *n* koper *c*
buzz [bʌz] *n* zoemen, brommen
by [bai] *prep* door; met, per; bij
bye-bye [bai'bai] *colloquial* doei!, tot kijk, tot ziens
by-pass ['baipɑːs] *n* ringweg *c*; *v* passeren

C

cab [kæb] *n* taxi *c*
cabaret ['kæbərei] *n* cabaret *nt*
cabbage ['kæbidʒ] *n* kool *c*
cab driver ['kæbˌdraivə] *n* taxichauffeur *c*
cabin ['kæbin] *n* cabine *c*; hut *c*; kleedhokje *nt*; kajuit *c*
cabinet ['kæbinət] *n* kabinet *nt*
cable ['keibəl] *n* kabel *c*; telegram *nt*; *v* telegraferen
cadre ['kɑːdə] *n* kader *nt*
café ['kæfei] *n* café *nt*
cafeteria [ˌkæfə'tiəriə] *n* cafetaria *c*
caffeine ['kæfiːn] *n* coffeïne *c*
cage [keidʒ] *n* kooi *c*
cake [keik] *n* cake *c*; gebak *nt*, taart *c*, koek *c*
calamity [kə'læməti] *n* onheil *nt*, ramp *c*
calcium ['kælsiəm] *n* calcium *nt*
calculate ['kælkjuleit] *v* uitrekenen, berekenen
calculation [ˌkælkju'leiʃən] *n* berekening *c*
calculator ['kælkju'leita] *n* rekenmachine *c*

calendar ['kæləndə] *n* kalender *c*
calf [ka:f] *n* (pl calves) kalf *nt*; kuit *c*; ~ **skin** kalfsleer *nt*
call [kɔ:l] *v* *roepen; noemen; opbellen, telefoneren; *n* roep *c*; visite *c*, bezoek *nt*; telefoontje *nt*; ***be called** *heten; ~ **names** *uitschelden; ~ **on** *bezoeken; ~ **up** *Am* opbellen
call waiting ['kɔ:l‿'weitiŋ] *n* wisselgesprek*m*
caller ID ['kɔ:lər‿ai'di:] *n* nummerherkenning *f*
calm [ka:m] *adj* rustig, kalm; ~ **down** kalmeren; bedaren
calorie ['kæləri] *n* calorie *c*
came [keim] *v* (p come)
camel ['kæməl] *n* kameel *m*
cameo ['kæmiou] *n* (pl ~s) camee *c*
camera ['kæmərə] *n* fototoestel *nt*; filmcamera *c*; ~ **shop** fotowinkel *c*
camp [kæmp] *n* kamp *nt*; *v* kamperen; ~ **bed** veldbed *nt*, stretcher *c*
campaign [kæm'pein] *n* campagne *c*
camper ['kæmpə] *n* kampeerder *m*, kampeerster *f*
camping ['kæmpiŋ] *n* camping *c*; ~ **site** camping *c*, kampeerterrein *nt*
can [kæn] *n* blik *nt*; ~ **opener** blikopener *c*
***can** [kæn] *v* *kunnen
Canada ['kænədə] Canada
Canadian [kə'neidiən] *adj* Canadees; *n* Canadees *m*, Canadese *f*
canal [kə'næl] *n* kanaal *nt*; gracht *c*
canary [kə'nɛəri] *n* kanarie *c*
cancel ['kænsəl] *v* annuleren; *afzeggen
cancellation [ˌkænsə'leiʃən] *n* annulering *c*
cancer ['kænsə] *n* kanker *c*
candidate ['kændidət] *n* kandidaat *m*, kandidate *f*, gegadigde *c*
candle ['kændəl] *n* kaars *c*
candy ['kændi] *nAm* snoepje *nt*; snoep *nt*, snoepgoed *nt*; ~ **store** *Am* snoepwinkel *c*
cane [kein] *n* riet *nt*, rotan *c*/*nt*; stok *c*
canister ['kænistə] *n* trommel *c*, bus *c*
canoe [kə'nu:] *n* kano *c*
canteen [kæn'ti:n] *n* kantine *c*
canvas ['kænvəs] *n* tentdoek *nt*
cap [kæp] *n* pet *c*, muts *c*
capable ['keipəbəl] *adj* kundig, bekwaam
capacity [kə'pæsəti] *n* capaciteit *c*; vermogen *nt*; bekwaamheid *c*
cape [keip] *n* cape *c*; kaap *c*
capital ['kæpitəl] *n* hoofdstad *c*; kapitaal *nt*; *adj* belangrijk, hoofd-; ~ **letter** hoofdletter *c*
capitalism ['kæpitəlizəm] *n* kapitalisme *nt*
capitulation [kəˌpitju'leiʃən] *n* capitulatie *c*
capsule ['kæpsju:l] *n* capsule *c*
captain ['kæptin] *n* kapitein *m*;

gezagvoerder *m*
capture ['kæptʃə] *v* gevangen *nemen, *vangen; *innemen; *n* vangst *c*; inneming *c*
car [kɑ:] *n* auto *c*; ~ **hire** autoverhuur *c*; ~ **park** parkeerplaats *c*; ~ **rental** *Am* autoverhuur *c*
caramel ['kærəməl] *n* karamel *c*
carat ['kærət] *n* karaat *nt*
caravan ['kærəvæn] *n* caravan *c*; woonwagen *c*
carburettor [,kɑ:bju'retə] *n* carburateur *c*
card [kɑ:d] *n* kaart *c*; briefkaart *c*
cardboard ['kɑ:dbɔ:d] *n* karton *nt*; *adj* kartonnen
cardigan ['kɑ:digən] *n* vest *nt*
cardinal ['kɑ:dinəl] *n* kardinaal *m*; *adj* kardinaal, hoofd-
care [kɛə] *n* verzorging *c*; zorg *c*; ~ **about** zich bekommeren om; ~ **for** *houden van; ***take ~ of** zorgen voor, verzorgen
career [kə'riə] *n* loopbaan *c*, carrière *c*
carefree ['kɛəfri:] *adj* onbezorgd
careful ['kɛəfəl] *adj* voorzichtig; zorgvuldig, nauwkeurig
careless ['kɛələs] *adj* achteloos, slordig
caretaker ['kɛə,teikə] *n* conciërge *c*
cargo ['kɑ:gou] *n* (pl ~es) lading *c*, vracht *c*
carjacking ['kɑ:,dʒækiŋ] *n* carjacking *m*
carnival ['kɑ:nivəl] *n* carnaval *nt*
carp [kɑ:p] *n* (pl ~) karper *c*
carpenter ['kɑ:pintə] *n* timmerman *m*
carpet ['kɑ:pit] *n* vloerkleed *nt*, tapijt *nt*
carpool ['kɑ:,pu:l] *n* carpooling *m*; *v* carpoolen
carriage ['kæridʒ] *n* wagon *c*; koets *c*, rijtuig *nt*
carriageway ['kæridʒwei] *n* rijbaan *c*
carrot ['kærət] *n* peen *c*, wortel *c*
carry ['kæri] *v* *dragen; voeren; ~ **on** voortzetten; *doorgaan; ~ **out** uitvoeren
carrycot ['kærikɔt] *n* reiswieg *c*
cart [kɑ:t] *n* kar *c*, wagen *c*
cartilage ['kɑ:tilidʒ] *n* kraakbeen *nt*
carton ['kɑ:tən] *n* kartonnen doos; slof *c*
cartoon [kɑ:'tu:n] *n* tekenfilm *c*
cartridge ['kɑ:tridʒ] *n* patroon *c*
carve [kɑ:v] *v* *snijden; kerven, *houtsnijden
carving ['kɑ:viŋ] *n* houtsnijwerk *nt*
case [keis] *n* geval *nt*; zaak *c*; koffer *c*; etui *nt*; **attaché ~** aktentas *c*; **in ~** indien; **in ~ of** in geval van
cash [kæʃ] *n* contanten *pl*, contant geld *nt*; *v* verzilveren, incasseren, innen; ~

dispenser geldautomaat *c*; ~ **point** geldautomaat *c*
cashier [kæ'ʃiə] *n* kassier *m*, caissière *f*
cashmere ['kæʃmiə] *n* kasjmier *nt*
casino [kə'si:nou] *n* (pl ~s) casino *nt*
cask [kɑ:sk] *n* ton *c*, vat *nt*
cassette [kə'set] *n* cassette *c*
cast [kɑ:st] *n* worp *c*
***cast** [kɑ:st] *v* gooien, *werpen; **cast iron** gietijzer *nt*
castle ['kɑ:səl] *n* slot *nt*, kasteel *nt*
casual ['kæʒuəl] *adj* ongedwongen; terloops, toevallig
casualty ['kæʒuəlti] *n* slachtoffer *nt*
cat [kæt] *n* kat *c*
catacomb ['kætəkoum] *n* catacombe *c*
catalogue ['kætəlɔg] *n* catalogus *c*
catarrh [kə'tɑ:] *n* catarre *c*
catastrophe [kə'tæstrəfi] *n* catastrofe *c*
***catch** [kætʃ] *v* *vangen; *grijpen; betrappen; *nemen, halen
catchword ['kætʃwə:d] *n* trefwoord *nt*
category ['kætigəri] *n* categorie *c*
cathedral [kə'θi:drəl] *n* dom *c*, kathedraal *c*
catholic ['kæθəlik] *adj* katholiek
cattle ['kætəl] *pl* vee *nt*
caught [kɔ:t] *v* (p, pp catch)
cauliflower ['kɔliflauə] *n* bloemkool *c*
cause [kɔ:z] *v* veroorzaken; aanrichten; *n* oorzaak *c*; beweegreden *c*, aanleiding *c*; zaak *c*; ~ **to** *doen
caution ['kɔ:ʃən] *n* voorzichtigheid *c*; *v* waarschuwen
cautious ['kɔ:ʃəs] *adj* bedachtzaam; voorzichtig
cave [keiv] *n* grot *c*; spelonk *c*
cavern ['kævən] *n* hol *nt*
caviar ['kæviɑ:] *n* kaviaar *c*
cavity ['kævəti] *n* holte *c*
CD [si:'di:] *n* CD; ~ **player** CD-speler *m*; **CD-ROM** CD-ROM *c*
cease [si:s] *v* *ophouden
ceasefire ['si:sfaiə] *n* wapenstilstand *c*
ceiling ['si:liŋ] *n* plafond *nt*
celebrate ['selibreit] *v* vieren
celebration [,seli'breiʃən] *n* viering *c*
celebrity [si'lebrəti] *n* roem *c*
celery ['seləri] *n* selderij *c*
celibacy ['selibəsi] *n* celibaat *nt*
cell [sel] *n* cel *c*
cellar ['selə] *n* kelder *c*
cellophane ['seləfein] *n* cellofaan *nt*
cell phone ['selfoun] *n* mobiele telefoon *c*
cement [si'ment] *n* cement *nt*
cemetery ['semitri] *n* begraafplaats *c*, kerkhof *nt*
censorship ['sensəʃip] *n* censuur *c*

center ['sentə] *nAm* centrum *nt*; middelpunt *nt*; *adj* midden
centigrade ['sentigreid] *adj* celsius
centimeter *Am*, **centimetre** ['sentimi:tə] *n* centimeter *c*
central ['sentrəl] *adj* centraal; **~ heating** centrale verwarming; **~ station** centraal station
centralize ['sentrəlaiz] *v* centraliseren
centre ['sentə] *n* centrum *nt*; middelpunt *nt*
century ['sentʃəri] *n* eeuw *c*
ceramics [si'ræmiks] *pl* aardewerk *nt*, keramiek *c*
ceremony ['serəməni] *n* ceremonie *c*
certain ['sə:tən] *adj* zeker; bepaald
certainly ['sə:tənli] *adv* zeker, beslist
certificate [sə'tifikət] *n* certificaat *nt*; attest *nt*, akte *c*, diploma *nt*, getuigschrift *nt*
chain [tʃein] *n* keten *c*, ketting *c*
chair [tʃɛə] *n* stoel *c*; zetel *c*
chairman ['tʃɛəmən] *n* (pl -men) voorzitter *m*
chairwoman ['tʃɛəwumən] *n* (pl -women) voorzitster *f*
chalet ['ʃælei] *n* chalet *nt*
chalk [tʃɔ:k] *n* krijt *nt*
challenge ['tʃæləndʒ] *v* uitdagen; *n* uitdaging *c*
chamber ['tʃeimbə] *n* kamer *c*
champagne [ʃæm'pein] *n* champagne *c*
champion ['tʃæmpjən] *n* kampioen *m*, -e *f*; voorvechter *c*
chance [tʃɑ:ns] *n* toeval *nt*; kans *c*, gelegenheid *c*; risico *nt*; gok *c*; **by ~** toevallig
change [tʃeindʒ] *v* wijzigen, veranderen; wisselen; zich verkleden; overstappen; *n* wijziging *c*, verandering *c*; wisselgeld *nt*, kleingeld *nt*; **for a ~** voor de verandering, voor de afwisseling
channel ['tʃænəl] *n* kanaal *nt*; **English Channel** het Kanaal
chaos ['keiɔs] *n* chaos *c*
chaotic [kei'ɔtik] *adj* chaotisch
chap [tʃæp] *n* vent *c*
chapel ['tʃæpəl] *n* kerk *c*, kapel *c*
chaplain ['tʃæplin] *n* kapelaan *m*
character ['kærəktə] *n* karakter *nt*
characteristic [ˌkærəktə'ristik] *adj* kenmerkend, karakteristiek; *n* kenmerk *nt*; karaktertrek *c*
characterize ['kærəktəraiz] *v* kenmerken
charcoal ['tʃɑ:koul] *n* houtskool *c*
charge [tʃɑ:dʒ] *v* berekenen; belasten; aanklagen; *laden; *n* prijs *c*; belasting *c*, lading *c*, last *c*; aanklacht *c*; **~ plate** *Am* credit card; **free of ~** kosteloos; **in ~ of** belast met; ***take ~ of** op zich *nemen
charity ['tʃærəti] *n* liefdadigheid *c*
charm [tʃɑ:m] *n* bekoring *c*,

charme *c*; amulet *c*
charming ['tʃɑːmiŋ] *adj* charmant
chart [tʃɑːt] *n* tabel *c*; grafiek *c*; zeekaart *c*; **conversion ~** omrekentabel *c*
chase [tʃeis] *v* *najagen; *verdrijven, *verjagen; *n* jacht *c*
chasm ['kæzəm] *n* kloof *c*
chassis ['ʃæsi] *n* (pl ~) chassis *nt*
chaste [tʃeist] *adj* kuis
chastise ['tʃæstaiz] *v* tuchtigen
chat [tʃæt] *v* kletsen, babbelen; *n* babbeltje *nt*, praatje *nt*, geklets *nt*
chatterbox ['tʃætəbɔks] *n* babbelkous *c*
chauffeur ['ʃoufə] *n* chauffeur *c*
cheap [tʃiːp] *adj* goedkoop; voordelig
cheat [tʃiːt] *v* *bedriegen; oplichten
check [tʃek] *v* controleren, *nakijken; *n* ruit *c*; *nAm* rekening *c*; cheque *c*; **check!** schaak!; **~ in** zich *inschrijven
checkbook ['tʃekbuk] *nAm* chequeboekje *nt*
checkerboard ['tʃekəbɔːd] *nAm* dambord *nt*
checkers ['tʃekəz] *plAm* damspel *nt*
checkroom ['tʃekruːm] *nAm* garderobe *c*
checkup ['tʃekʌp] *n* onderzoek *nt*
cheek [tʃiːk] *n* wang *c*
cheekbone ['tʃiːkboun] *n* jukbeen *nt*
cheeky ['tʃiːki] *adj colloquial* brutaal, onbeleefd
cheer [tʃiə] *v* juichen; **~ up** opvrolijken
cheerful ['tʃiəfəl] *adj* opgewekt, vrolijk
cheese [tʃiːz] *n* kaas *c*
chef [ʃef] *n* chef-kok *c*
chemical ['kemikəl] *adj* scheikundig, chemisch
chemist ['kemist] *n* apotheker *c*; **chemist's** apotheek *c*; drogisterij *c*
chemistry ['kemistri] *n* scheikunde *c*, chemie *c*
cheque [tʃek] *n* cheque *c*
chequebook ['tʃekbuk] *n* chequeboekje *nt*
cherry ['tʃeri] *n* kers *c*
chess [tʃes] *n* schaakspel *nt*
chest [tʃest] *n* borst *c*; borstkas *c*; kist *c*; **~ of drawers** ladenkast *c*
chestnut ['tʃesnʌt] *n* kastanje *c*
chew [tʃuː] *v* kauwen
chewing gum ['tʃuːiŋgʌm] *n* kauwgom *c*/*nt*
chicken ['tʃikin] *n* kip *f*; kuiken *nt*
chicken pox ['tʃikinpɔks] *n* waterpokken *pl*
chief [tʃiːf] *n* chef *c*; *adj* hoofd-, voornaamst
chieftain ['tʃiːftən] *n* opperhoofd *nt*
child [tʃaild] *n* (pl children) kind *nt*

childbirth ['tʃaildbəːθ] *n* bevalling *c*
childhood ['tʃaildhud] *n* jeugd *c*
Chile ['tʃili] Chili
Chilean ['tʃiliən] *adj* Chileens; *n* Chileen *m*, -se *f*
chill [tʃil] *n* rilling *c*
chilly ['tʃili] *adj* kil
chimes [tʃaimz] *pl* carillon *nt*
chimney ['tʃimni] *n* schoorsteen *c*
chin [tʃin] *n* kin *c*
China ['tʃainə] China
china ['tʃainə] *n* porselein *nt*
Chinese [tʃai'niːz] *adj* Chinees; *n* Chinees *m*, Chinese *f*
chip [tʃip] *n* schilfer *c*; fiche *c*; *v* *afsnijden, *afbreken; **chips** frites *pl*
chisel ['tʃizəl] *n* beitel *c*
chives [tʃaivz] *pl* bieslook *nt*
chlorine ['klɔːriːn] *n* chloor *nt*
chocolate ['tʃɔklət] *n* chocola *c*; bonbon *c*; chocolademelk *c*
choice [tʃɔis] *n* keuze *c*; keus *c*
choir [kwaiə] *n* koor *nt*
choke [tʃouk] *v* stikken; wurgen; *n* choke *c*
***choose** [tʃuːz] *v* *kiezen
chop [tʃɔp] *n* kotelet *c*, karbonade *c*; *v* hakken
Christ [kraist] Christus
christen ['krisən] *v* dopen
christening ['krisəniŋ] *n* doop *c*
Christian ['kristʃən] *adj* christelijk; *n* christen *c*; ~ **name** voornaam *c*
Christmas ['krisməs] Kerstmis
chronic ['krɔnik] *adj* chronisch
chronological [,krɔnə'lɔdʒikəl] *adj* chronologisch
chuckle ['tʃʌkəl] *v* grinniken
chunk [tʃʌŋk] *n* stuk *nt*
church [tʃəːtʃ] *n* kerk *c*
churchyard ['tʃəːtʃjɑːd] *n* kerkhof *nt*
cigar [si'gɑː] *n* sigaar *c*; ~ **shop** sigarenwinkel *c*
cigarette [,sigə'ret] *n* sigaret *c*; ~ **tobacco** shag *c*; ~ **case** sigarettenkoker *c*; ~ **holder** sigarettepijpje *nt*; ~ **lighter** aansteker *c*
cinema ['sinəmə] *n* bioscoop *c*
cinnamon ['sinəmən] *n* kaneel *c*
circle ['səːkəl] *n* cirkel *c*; kring *c*; balkon *nt*; *v* omringen, *omgeven
circulation [,səːkju'leiʃən] *n* circulatie *c*; bloedsomloop *c*; omloop *c*
circumstance ['səːkəmstæns] *n* omstandigheid *c*
circus ['səːkəs] *n* circus *nt*
citizen ['sitizən] *n* burger *c*
citizenship ['sitizənʃip] *n* staatsburgerschap *nt*
city ['siti] *n* stad *c*
civic ['sivik] *adj* burger-
civil ['sivəl] *adj* civiel; beleefd; ~ **law** burgerlijk recht; ~ **servant** ambtenaar *m*, ambtenares *f*
civilian [si'viljən] *adj* burger-; *n* burger *m*

civilization [ˌsivəlai'zeiʃən] *n* beschaving *c*
civilized ['sivəlaizd] *adj* beschaafd
claim [kleim] *v* vorderen, opeisen; beweren; *n* eis *c*, aanspraak *c*
clamp [klæmp] *n* klem *c*; klemschroef *c*
clap [klæp] *v* applaudisseren, klappen
clarify ['klærifai] *v* ophelderen, verduidelijken
class [klɑːs] *n* rang *c*, klasse *c*; klas *c*
classical ['klæsikəl] *adj* klassiek
classify ['klæsifai] *v* indelen
classmate ['klɑːsmeit] *n* klasgenoot *m*
classroom ['klɑːsruːm] *n* leslokaal *nt*
clause [klɔːz] *n* clausule *c*
claw [klɔː] *n* klauw *c*
clay [klei] *n* klei *c*
clean [kliːn] *adj* zuiver, schoon; *v* schoonmaken, reinigen
cleaning ['kliːniŋ] *n* schoonmaak *c*, reiniging *c*; ~ **fluid** reinigingsmiddel *nt*
clear [kliə] *adj* helder; duidelijk; *v* opruimen
clearing ['kliəriŋ] *n* open plaats
cleft [kleft] *n* kloof *c*
clergyman ['kləːdʒimən] *n* (pl -men) dominee *m*, predikant *m*; geestelijke *m*
clerk [klɑːk] *n* kantoorbediende *c*, beambte *c*; klerk *m*; secretaris *m*, secretaresse *f*
clever ['klevə] *adj* intelligent; slim, pienter, knap
click [klik] *v* klikken; ~ **into place** op zijn plaats vallen
client ['klaiənt] *n* klant *c*; cliënt *m*, -e *f*
cliff [klif] *n* rots *c*, klip *c*
climate ['klaimit] *n* klimaat *nt*
climb [klaim] *v* *klimmen; *stijgen; *n* stijging *c*
cling [kliŋ] *v*: ~ **to** zich vastklampen; aanhangen
clinic ['klinik] *n* kliniek *c*
cloak [klouk] *n* mantel *c*
cloakroom ['kloukruːm] *n* garderobe *c*
clock [klɔk] *n* klok *c*; **at ... o'clock** om ... uur
clog [klɔg] *n* klomp *c*
clone [kloun] *v* klonen; *n* kloon *m*
close[1] [klouz] *v* *sluiten; **closed** *adj* toe, dicht, gesloten
close[2] [klous] *adj* nabij
closet ['klɔzit] *n* kast *c*; *nAm* kleerkast *c*
cloth [klɔθ] *n* stof *c*; doek *c*
clothes [klouðz] *pl* kleding *c*, kleren *pl*
clothing ['klouðiŋ] *n* kleding *c*
cloud [klaud] *n* wolk *c*; **clouds** bewolking *c*
cloudy ['klaudi] *adj* betrokken, bewolkt
clover ['klouvə] *n* klaver *c*
clown [klaun] *n* clown *c*
club [klʌb] *n* club *c*; sociëteit *c*, vereniging *c*; knots *c*, knuppel *c*

clumsy ['klʌmzi] *adj* onhandig
clutch [klʌtʃ] *n* koppeling *c*; greep *c*
coach [koutʃ] *n* bus *c*; rijtuig *nt*; koets *c*; trainer *c*
coal [koul] *n* kolen *pl*
coarse [kɔ:s] *adj* grof
coast [koust] *n* kust *c*
coat [kout] *n* mantel *c*, jas *c*; ~ **hanger** kleerhanger *c*
cocaine [kou'kein] *n* cocaïne *c*
cock [kɔk] *n* haan *m*
cocktail ['kɔkteil] *n* cocktail *c*
cocoa ['koukə] *n* warme chocolademelk *c*
coconut ['koukənʌt] *n* kokosnoot *c*
cod [kɔd] *n* (pl ~) kabeljauw *c*
code [koud] *n* code *c*
coffee ['kɔfi] *n* koffie *c*
cognac ['kɔnjæk] *n* cognac *c*
coherence [kou'hiərəns] *n* samenhang *c*
coin [kɔin] *n* munt *c*; geldstuk *nt*, muntstuk *nt*
coincide [,kouin'said] *v* *samenvallen
cold [kould] *adj* koud; *n* kou *c*; verkoudheid *c*; **catch a** ~ kou vatten
collaborate [kə'læbəreit] *v* samenwerken; collaboreren (met de vijand)
collapse [kə'læps] *v* *bezwijken, instorten
collar ['kɔlə] *n* halsband *c*; boord *nt*/*c*, kraag *c*; ~ **stud** boordenknoopje *nt*
collarbone ['kɔləboun] *n* sleutelbeen *nt*
colleague ['kɔli:g] *n* collega *c*
collect [kə'lekt] *v* verzamelen; ophalen, afhalen; collecteren
collection [kə'lekʃən] *n* collectie *c*, verzameling *c*; lichting *c*
collective [kə'lektiv] *adj* collectief
collector [kə'lektə] *n* verzamelaar *m*, -ster *f*; collectant *m*, -e *f*
college ['kɔlidʒ] *n* instelling voor hoger onderwijs; school *c*
collide [kə'laid] *v* botsen
collision [kə'liʒən] *n* aanrijding *c*, botsing *c*; aanvaring *c*
Colombia [kə'lɔmbiə] Colombia
Colombian [kə'lɔmbiən] *adj* Colombiaans; *n* Colombiaan *m*, -se *f*
colonel ['kə:nəl] *n* kolonel *m*
colony ['kɔləni] *n* kolonie *c*
colo(u)r ['kʌlə] *n* kleur *c*; *v* kleuren; ~ **film** kleurenfilm *c*
colo(u)r-blind ['kʌləblaind] *adj* kleurenblind
colo(u)red ['kʌləd] *adj* gekleurd
colo(u)rful ['kʌləfəl] *adj* bont, kleurrijk
column ['kɔləm] *n* pilaar *c*, zuil *c*; kolom *c*; rubriek *c*; kolonne *c*
coma ['koumə] *n* coma *nt*
comb [koum] *v* kammen; *n* kam *c*
combat ['kɔmbæt] *n* strijd *c*, gevecht *nt*; *v* *bestrijden,

*vechten
combination [ˌkɔmbi'neiʃən] *n* combinatie *c*
combine [kəm'bain] *v* combineren; *samenbrengen
***come** [kʌm] *v* *komen; ~ **across** *tegenkomen; *vinden; ~ **true** *uitkomen
comedian [kə'miːdiən] *n* toneelspeler *m*; komiek *m*
comedy ['kɔmədi] *n* blijspel *nt*, komedie *c*; **musical** ~ musical *c*
comfort ['kʌmfət] *n* gemak *nt*, komfort *nt*, gerief *nt*; troost *c*; *v* troosten
comfortable ['kʌmfətəbəl] *adj* geriefelijk, comfortabel
comic ['kɔmik] *adj* komisch
comics ['kɔmiks] *pl* stripverhaal *nt*
coming ['kʌmiŋ] *n* komst *c*
comma ['kɔmə] *n* komma *c*
command [kə'mɑːnd] *v* *bevelen; *n* bevel *nt*
commander [kə'mɑːndə] *n* bevelhebber *m*
commemoration [kəˌmemə'reiʃən] *n* herdenking *c*
commence [kə'mens] *v* *beginnen
comment ['kɔment] *n* commentaar *nt*; *v* aanmerken
commerce ['kɔməːs] *n* handel *c*
commercial [kə'məːʃəl] *adj* handels-, commercieel; *n* reclamespot *c*; ~ **law** handelsrecht *nt*
commission [kə'miʃən] *n* commissie *c*; provisie *c*
commit [kə'mit] *v* toevertrouwen; plegen, *begaan; zich vastleggen
committee [kə'miti] *n* commissie *c*, comité *nt*
common ['kɔmən] *adj* gemeenschappelijk; gebruikelijk, gewoon; ordinair
commune ['kɔmjuːn] *n* commune *c*
communicate [kə'mjuːnikeit] *v* meedelen, mededelen
communication [kəˌmjuːni'keiʃən] *n* communicatie *c*; mededeling *c*
communiqué [kə'mjuːnikei] *n* communiqué *nt*
communism ['kɔmjunizəm] *n* communisme *nt*
communist ['kɔmjunist] *n* communist *c*
community [kə'mjuːnəti] *n* samenleving *c*, gemeenschap *c*
commuter [kə'mjuːtə] *n* forens *c*
compact ['kɔmpækt] *adj* compact
compact disc ['kɔmpækt disk] *n* compact disc *m*; ~ **player** compact disc speler *c*
companion [kəm'pænjən] *n* metgezel *m*, -lin *f*
company ['kʌmpəni] *n* gezelschap *nt*; maatschappij *c*; firma *c*; onderneming *c*

comparative [kəm'pærətiv] *adj* relatief
compare [kəm'pɛə] *v* *vergelijken
comparison [kəm'pærisən] *n* vergelijking *c*
compartment [kəm'pɑːtmənt] *n* coupé *c*
compass ['kʌmpəs] *n* kompas *nt*
compel [kəm'pel] *v* *dwingen
compensate ['kɔmpənseit] *v* compenseren
compensation [ˌkɔmpən'seiʃən] *n* compensatie *c*; schadevergoeding *c*
compete [kəm'piːt] *v* wedijveren
competition [ˌkɔmpə'tiʃən] *n* wedstrijd *c*; concurrentie *c*
competitor [kəm'petitər] *n* concurrent *m*, -e *f*
compile [kəm'pail] *v* samenstellen
complain [kəm'plein] *v* klagen
complaint [kəm'pleint] *n* klacht *c*
complete [kəm'pliːt] *adj* compleet, volledig; *v* voltooien
completely [kəm'pliːtli] *adv* helemaal, volkomen, geheel
complex ['kɔmpleks] *adj* ingewikkeld
complexion [kəm'plekʃən] *n* teint *c*
complicated ['kɔmplikeitid] *adj* gecompliceerd, ingewikkeld
compliment ['kɔmplimənt] *n* compliment *nt*; *v* gelukwensen, feliciteren
compose [kəm'pouz] *v* samenstellen
composer [kəm'pouzə] *n* componist *m*, -e *f*
composition [ˌkɔmpə'ziʃən] *n* compositie *c*; samenstelling *c*
comprehensive [ˌkɔmpri'hensiv] *adj* uitgebreid
comprise [kəm'praiz] *v* omvatten
compromise ['kɔmprəmaiz] *n* compromis *nt*
compulsory [kəm'pʌlsəri] *adj* verplicht
computer [kəm'pjutə] *n* computer
conceal [kən'siːl] *v* *verbergen
conceited [kən'siːtid] *adj* verwaand
conceive [kən'siːv] *v* opvatten; **~ of** zich voorstellen
concentrate ['kɔnsəntreit] *v* concentreren
concentration [ˌkɔnsən'treiʃən] *n* concentratie *c*
conception [kən'sepʃən] *n* begrip *nt*; conceptie *c*
concern [kən'səːn] *v* *aangaan, *betreffen; *n* zorg *c*; aangelegenheid *c*; bedrijf *nt*, onderneming *c*
concerned [kən'səːnd] *adj* bezorgd; betrokken
concerning [kən'səːniŋ] *prep* omtrent, betreffende

concert ['kɔnsət] *n* concert *nt*; ~ **hall** concertzaal *c*
concession [kən'seʃən] *n* concessie *c*, tegemoetkoming *c*
concise [kən'sais] *adj* beknopt, summier
conclusion [kəŋ'klu:ʒən] *n* gevolgtrekking *c*, conclusie *c*
concrete ['kɔŋkri:t] *adj* concreet; *n* beton *nt*
concurrence [kəŋ'kʌrəns] *n* samenloop *c*
concussion [kəŋ'kʌʃən] *n* hersenschudding *c*
condition [kən'diʃən] *n* voorwaarde *c*; toestand *c*; omstandigheid *c*; conditie *c*
conditional [kən'diʃənəl] *adj* voorwaardelijk
conditioner [kən'diʃənə] *n* conditioner
condom ['kɔndɔm] *n* condoom *nt*
conduct[1] ['kɔndʌkt] *n* gedrag *nt*
conduct[2] [kən'dʌkt] *v* leiden; begeleiden; dirigeren
conductor [kən'dʌktə] *n* conducteur *c*; dirigent *c*
confectioner [kən'fekʃənə] *n* banketbakker *m*, -bakster *f*
conference ['kɔnfərəns] *n* conferentie *c*
confess [kən'fes] *v* bekennen; biechten; *belijden
confession [kən'feʃən] *n* bekentenis *c*; biecht *c*
confide [kɔn'faid] *n* toevertrouwen
confidence ['kɔnfidəns] *n* vertrouwen *nt*
confident ['kɔnfidənt] *adj* gerust
confidential [ˌkɔnfi'denʃəl] *adj* vertrouwelijk
confirm [kən'fə:m] *v* bevestigen
confirmation [ˌkɔnfə'meiʃən] *n* bevestiging *c*
confiscate ['kɔnfiskeit] *v* vorderen, beslag leggen op
conflict ['kɔnflikt] *n* conflict *nt*
confuse [kən'fju:z] *v* verwarren
confused [kən'fju:ʒ] *adj* in de war, verward
confusion [kən'fju:ʒən] *n* verwarring *c*
congratulate [kəŋ'grætʃuleit] *v* feliciteren, gelukwensen
congratulation [kəŋˌgrætʃu'leiʃən] *n* felicitatie *c*, gelukwens *c*
congregation [ˌkɔŋgri'geiʃən] *n* gemeente *c*; orde *c*, congregatie *c*
congress ['kɔŋgres] *n* congres *nt*; bijeenkomst *c*
connect [kə'nekt] *v* *verbinden; *aansluiten
connection [kə'nekʃən] *n* relatie *c*; verband *nt*; aansluiting *c*, verbinding *c*
connoisseur [ˌkɔnə'sə:] *n* kenner *m*
connotation [ˌkɔnə'teiʃən] *n* bijbetekenis *c*
conquer ['kɔŋkə] *v* veroveren; *overwinnen

conqueror ['kɔŋkərə] *n* veroveraar *m*
conquest ['kɔŋkwest] *n* verovering *c*
conscience ['kɔnʃəns] *n* geweten *nt*
conscious ['kɔnʃəs] *adj* bewust
consciousness ['kɔnʃəsnəs] *n* bewustzijn *nt*
conscript ['kɔnskript] *n* dienstplichtige *c*
consent [kən'sent] *v* toestemmen; instemmen; *n* instemming *c*, toestemming *c*
consequence ['kɔnsikwəns] *n* consequentie *c*, gevolg *nt*
consequently ['kɔnsikwəntli] *adv* bijgevolg
conservative [kən'sə:vətiv] *adj* behoudend, conservatief
consider [kən'sidə] *v* beschouwen; *overwegen; menen, *vinden
considerable [kən'sidərəbəl] *adj* aanzienlijk; flink, aanmerkelijk
considerate [kən'sidərət] *adj* attent
consideration [kən,sidə'reiʃən] *n* overweging *c*; consideratie *c*, aandacht *c*
considering [kən'sidəriŋ] *prep* gezien
consignment [kən'sainmənt] *n* zending *c*
consist of [kən'sist] *bestaan uit
consolation [kɔnsə'leiʃn] *n* (ver)troosting *c*, troost *c*; ~ **prize** troostprijs *c*
conspire [kən'spaiə] *v* *samenzweren
constant ['kɔnstənt] *adj* aanhoudend
constipation [,kɔnsti'peiʃən] *n* obstipatie *c*, constipatie *c*
constituency [kən'stitʃuənsi] *n* kiesdistrict *nt*
constitution [,kɔnsti'tju:ʃən] *n* grondwet *c*
construct [kən'strʌkt] *v* bouwen; opbouwen, construeren
construction [kən'strʌkʃən] *n* constructie *c*; opbouw *c*; gebouw *nt*, bouw *c*
consul ['kɔnsəl] *n* consul *c*
consulate ['kɔnsjulət] *n* consulaat *nt*
consult [kən'sʌlt] *v* raadplegen
consultation [,kɔnsəl'teiʃən] *n* raadpleging *c*; consult *nt*; ~ **hours** *n* spreekuur *nt*
consume [kən'sju:m] *v* consumeren, nuttigen
consumer [kən'sju:mə] *n* verbruiker *c*, consument *m*, -e *f*
contact ['kɔntækt] *n* contact *nt*; omgang *c*; aanraking *c*; *v* zich in verbinding stellen met; ~ **lenses** contactlenzen *pl*
contagious [kən'teidʒəs] *adj* aanstekelijk, besmettelijk
contain [kən'tein] *v* bevatten; *inhouden
container [kən'teinə] *n* reservoir *nt*; container *c*

contemporary [kən'tempərəri] *adj* eigentijds; toenmalig; hedendaags; *n* tijdgenoot *m*
contempt [kən'tempt] *n* verachting *c*, minachting *c*
content [kən'tent] *adj* tevreden
contents ['kɔntents] *pl* inhoud *c*
contest ['kɔntest] *n* strijd *c*; wedstrijd *c*
continent ['kɔntinənt] *n* continent *nt*, werelddeel *nt*; vasteland *nt*
continental [,kɔnti'nentəl] *adj* continentaal
continual [kən'tinjuəl] *adj* voortdurend; **continually** *adv* steeds
continue [kən'tinju:] *v* voortzetten, vervolgen; *voortgaan, *doorgaan, voortduren
continuous [kən'tinjuəs] *adj* voortdurend, doorlopend, onafgebroken
contour ['kɔntuə] *n* omtrek *c*
contraceptive [,kɔntrə'septiv] *n* voorbehoedmiddel *nt*
contract[1] ['kɔntrækt] *n* contract *nt*
contract[2] [kən'trækt] *v* *oplopen
contractor [kən'træktə] *n* aannemer *c*
contradict [,kɔntrə'dikt] *v* *tegenspreken
contradictory [,kɔntrə'diktəri] *adj* tegenstrijdig
contrary ['kɔntrəri] *n* tegendeel *nt*; *adj* tegengesteld; **on the ~** integendeel
contrast ['kɔntra:st] *n* contrast *nt*; verschil *nt*, tegenstelling *c*
contribution [,kɔntri'bju:ʃən] *n* bijdrage *c*
control [kən'troul] *n* controle *c*; *v* controleren
controversial [,kɔntrə'və:ʃəl] *adj* controversieel, omstreden
convenience [kən'vi:njəns] *n* gemak *nt*
convenient [kən'vi:njənt] *adj* geriefelijk; geschikt, passend, gemakkelijk; **be ~** *v* uitkomen
convent ['kɔnvənt] *n* klooster *nt*
conversation [,kɔnvə'seiʃən] *n* conversatie *c*, gesprek *nt*
convert [kən'və:t] *v* bekeren; omrekenen
convict[1] [kən'vikt] *v* schuldig *bevinden
convict[2] ['kɔnvikt] *n* veroordeelde *c*
conviction [kən'vikʃən] *n* overtuiging *c*; veroordeling *c*
convince [kən'vins] *v* overtuigen
convulsion [kən'vʌlʃən] *n* kramp *c*
cook [kuk] *n* kok *m*, kokkin *f*; *v* koken; bereiden, klaarmaken
cookbook ['kukbuk] *nAm* kookboek *nt*
cooker ['kukə] *n* fornuis *nt*; **gas ~** gasfornuis *nt*

cookery book ['kukəribuk] *n* kookboek *nt*
cookie ['kuki] *nAm* biscuit *nt*; koekje
cool [ku:l] *adj* koel
cooperation [kou,ɔpə'reiʃən] *n* samenwerking *c*; medewerking *c*
co-operative [kou'ɔpərətiv] *adj* coöperatief; gewillig, bereidwillig; *n* coöperatie *c*
coordinate [kou'ɔ:dineit] *v* coördineren
coordination [kou,ɔ:di'neiʃən] *n* coördinatie *c*
cope [koup] *v* het aankunnen
copper ['kɔpə] *n* roodkoper *nt*, koper *nt*
copy ['kɔpi] *n* kopie *c*; afschrift *nt*; exemplaar *nt*; *v* kopiëren; namaken; **carbon** ~ doorslag *c*
coral ['kɔrəl] *n* koraal *c*
cord [kɔ:d] *n* koord *nt*; snoer *nt*
cordial ['kɔ:diəl] *adj* hartelijk; *n* ranja *c*, limonadesiroop *c*
corduroy ['kɔ:dərɔi] *n* ribfluweel *nt*
core [kɔ:] *n* kern *c*; klokhuis *nt*
cork [kɔ:k] *n* kurk *c*; stop *c*
corkscrew ['kɔ:kskru:] *n* kurketrekker *c*
corn [kɔ:n] *n* korrel *c*; graan *nt*, koren *nt*; eksteroog *nt*, likdoorn *c*; ~ **on the cob** maïskolf *c*
corner ['kɔ:nə] *n* hoek *c*
cornfield ['kɔ:nfi:ld] *n* korenveld *nt*
corpse [kɔ:ps] *n* lijk *nt*
corpulent ['kɔ:pjulənt] *adj* corpulent; gezet, dik
correct [kə'rekt] *adj* goed, correct, juist; *v* corrigeren, verbeteren
correction [kə'rekʃən] *n* correctie *c*; verbetering *c*
correctness [kə'rektnəs] *n* juistheid *c*
correspond [,kɔri'spɔnd] *v* corresponderen; *overeenkomen
correspondence [,kɔri'spɔndəns] *n* briefwisseling *c*, correspondentie *c*
correspondent [,kɔri'spɔndənt] *n* correspondent *m*, -e *f*
corridor ['kɔridɔ:] *n* gang *c*
corrupt [kə'rʌpt] *adj* corrupt; *v* *omkopen
corruption [kə'rʌpʃən] *n* omkoping *c*
corset ['kɔ:sit] *n* korset *nt*
cosmetics [kɔz'metiks] *pl* kosmetica *pl*, schoonheidsmiddelen *pl*
cost [kɔst] *n* kosten *pl*; prijs *c*
***cost** [kɔst] *v* kosten
cosy ['kouzi] *adj* knus, gezellig
cot [kɔt] *nAm* stretcher *c*
cottage ['kɔtidʒ] *n* buitenhuis *nt*
cotton ['kɔtən] *n* katoen *nt/c*; katoenen; ~ **wool** watten *pl*
couch [kautʃ] *n* divan *c*
couchette [ku:'ʃɛt] *n* slaapwagen *c*
cough [kɔf] *n* hoest *c*; *v* hoesten

could [kud] *v* (p can)
council ['kaunsəl] *n* raad *c*
councillor ['kaunsələ] *n* raadslid *nt*
counsel ['kaunsəl] *n* raad *c*
counsellor ['kaunsələ] *n* raadsman *m*
count [kaunt] *v* tellen; optellen; meetellen; achten; *n* graaf *m*
counter ['kauntə] *n* toonbank *c*; balie *c*
counterfeit ['kauntəfi:t] *v* vervalsen
counterfoil ['kauntəfɔil] *n* controlestrook *c*
countess ['kauntis] *n* gravin *f*
country ['kʌntri] *n* land *nt*; platteland *nt*; streek *c*; ~ **house** landhuis *nt*
countryman['kʌntrimən]*n*(pl -men) landgenoot *m*
countryside ['kʌntrisaid] *n* platteland *nt*
county ['kaunti] *n* graafschap *nt*
couple ['kʌpəl] *n* paar *nt*
coupon ['ku:pɔn] *n* coupon *c*, bon *c*
courage ['kʌridʒ] *n* dapperheid *c*, moed *c*
courageous [kə'reidʒəs] *adj* dapper, moedig
course [kɔ:s] *n* koers *c*; gang *c*; loop *c*; cursus *c*; **intensive** ~ spoedcursus *c*; **of** ~ uiteraard, natuurlijk
court [kɔ:t] *n* rechtbank *c*; hof *nt*
courteous ['kə:tiəs] *adj* hoffelijk
cousin ['kʌzən] *n* nicht *f*, neef *m*
cover ['kʌvə] *v* bedekken; *n* schuilplaats *c*, beschutting *c*; deksel *nt*; omslag *c*/*nt*
cow [kau] *n* koe *f*
coward ['kauəd] *n* lafaard *m*
cowardly ['kauədli] *adj* laf
crab [kræb] *n* krab *c*
crack[kræk]*n* gekraak *nt*; barst *c*; *v* kraken; *breken, barsten
cradle ['kreidəl] *n* wieg *c*; bakermat *c*
crap [kræp] *n vulgar* stront *c*
cramp [kræmp] *n* kramp *c*
crane [krein] *n* hijskraan *c*
crash [kræʃ] *n* botsing *c*; *v* botsen; neerstorten; ~ **barrier** vangrail *c*
crate [kreit] *n* krat *nt*
crater ['kreitə] *n* krater *c*
crawl [krɔ:l] *v* *kruipen
craze [kreiz] *n* rage *c*
crazy ['kreizi] *adj* gek; dwaas, krankzinnig
creak [kri:k] *v* kraken
cream [kri:m] *n* crème *c*; room *c*; *adj* roomkleurig
creamy ['kri:mi] *adj* romig
crease [kri:s] *v* kreuken; *n* vouw *c*; plooi *c*
create [kri'eit] *v* *scheppen; creëren
creative [kri'eitiv] *adj* creatief
creature ['kri:tʃə] *n* schepsel *nt*; wezen *nt*
credible ['kredibəl] *adj* geloofwaardig
credit ['kredit] *n* krediet *nt*; *v*

crediteren; ~ **card** credit card
creditor ['kreditə] *n* schuldeiser *m*
credulous ['kredjuləs] *adj* goedgelovig
creek [kri:k] *n* inham *c*, kreek *c*
***creep** [kri:p] *v* *kruipen
creepy ['kri:pi] *adj* eng, griezelig
cremate [kri'meit] *v* cremeren
crew [kru:] *n* bemanning *c*
cricket ['krikit] *n* cricket *nt*; krekel *c*
crime [kraim] *n* misdaad *c*
criminal ['kriminəl] *n* delinquent *c*, misdadiger *m*, misdadigster *f*; *adj* crimineel, misdadig; ~ **law** strafrecht *nt*
criminality [,krimi'næləti] *n* criminaliteit *c*
crimson ['krimzən] *adj* vuurrood
crippled ['kripəld] *adj* kreupel
crisis ['kraisis] *n* (pl crises) crisis *c*
crisp [krisp] *adj* krokant, knapperig
critic ['kritik] *n* criticus *m*
critical ['kritikəl] *adj* kritisch; kritiek, hachelijk, zorgwekkend
criticism ['kritisizəm] *n* kritiek *c*
criticize ['kritisaiz] *v* bekritiseren
crochet ['krouʃei] *v* haken
crockery ['krɔkəri] *n* aardewerk *nt*, vaatwerk *nt*
crocodile ['krɔkədail] *n* krokodil *c*
crooked ['krukid] *adj* krom; oneerlijk
crop [krɔp] *n* oogst *c*
cross [krɔs] *v* *oversteken; *adj* kwaad, boos; *n* kruis *nt*
cross-eyed ['krɔsaid] *adj* scheel
crossing ['krɔsiŋ] *n* overtocht *c*; kruising *c*; oversteekplaats *c*; overweg *c*
crossroads ['krɔsroudz] *n* kruispunt *nt*
crosswalk ['krɔswɔ:k] *nAm* zebrapad *nt*
crow [krou] *n* kraai *c*
crowbar ['kroubɑ:] *n* breekijzer *nt*
crowd [kraud] *n* massa *c*, menigte *c*
crowded ['kraudid] *adj* druk; overvol
crown [kraun] *n* kroon *c*; *v* kronen; bekronen
crucifix ['kru:sifiks] *n* kruisbeeld *nt*
crucifixion [,kru:si'fikʃən] *n* kruisiging *c*
crucify ['kru:sifai] *v* kruisigen
cruel [kruəl] *adj* wreed
cruise [kru:z] *n* boottocht *c*, cruise *c*
crumb [krʌm] *n* kruimel *c*
crusade [kru:'seid] *n* kruistocht *c*
crust [krʌst] *n* korst *c*
crutch [krʌtʃ] *n* kruk *c*
cry [krai] *v* huilen; schreeuwen; *roepen; *n* kreet *c*, schreeuw *c*; roep *c*
crystal ['kristəl] *n* kristal *nt*; *adj*

kristallen
Cuba ['kju:bə] Cuba
Cuban ['kju:bən] *adj* Cubaans; *n* Cubaan *m*, -se *f*
cube [kju:b] *n* kubus *c*; blokje *nt*
cuckoo ['kuku:] *n* koekoek *c*
cucumber ['kju:kəmbə] *n* komkommer *c*
cuddle ['kʌdəl] *v* knuffelen
cuff [kʌf] *n* manchet *c*; ~ **links** *pl* manchetknopen *pl*
cul-de-sac ['kʌldəsæk] *n* doodlopende weg
cultivate ['kʌltiveit] *v* bebouwen; verbouwen, kweken
culture ['kʌltʃə] *n* cultuur *c*; beschaving *c*
cultured ['kʌltʃəd] *adj* beschaafd
cunning ['kʌniŋ] *adj* sluw
cup [kʌp] *n* kopje *nt*; beker *c*
cupboard ['kʌbəd] *n* kast *c*
curb [kə:b] *n* trottoirband *c*; *v* beteugelen
cure [kjuə] *v* *genezen; *n* kuur *c*; genezing *c*
curiosity [,kjuəri'ɔsəti] *n* nieuwsgierigheid *c*
curious ['kjuəriəs] *adj* benieuwd, nieuwsgierig; raar
curl [kə:l] *v* krullen; *n* krul *c*
curler ['kə:lə] *n* krulspeld *c*
curly ['kə:li] *adj* krullend
currant ['kʌrənt] *n* krent *c*; bes *c*
currency ['kʌrənsi] *n* valuta *c*, munteenheid *c*; **foreign** ~ buitenlands geld
current ['kʌrənt] *n* stroming *c*; stroom *c*; *adj* gangbaar, huidig; **alternating** ~ wisselstroom *c*; **direct** ~ gelijkstroom *c*
curry ['kʌri] *n* kerrie *c*
curse [kə:s] *v* vloeken; vervloeken; *n* vloek *c*
curtain ['kə:tən] *n* gordijn *nt*; doek *nt*
curve [kə:v] *n* kromming *c*; bocht *c*
curved [kə:vd] *adj* krom, gebogen
cushion ['kuʃən] *n* kussen *nt*
custody ['kʌstədi] *n* hechtenis *c*; hoede *c*; voogdij *c*
custom ['kʌstəm] *n* gewoonte *c*; gebruik *nt*
customary ['kʌstəməri] *adj* gebruikelijk, gewoon, gewoonlijk
customer ['kʌstəmə] *n* klant *c*; cliënt *m*, -e *f*
customs ['kʌstəmz] *pl* douane *c*; ~ **duty** accijns *c*; ~ **officer** douanebeambte *c*
cut [kʌt] *n* snee *c*; snijwond *c*
***cut** [kʌt] *v* *snijden; knippen; verlagen; ~ **down** minderen; ~ **off** *afsnijden; afknippen; *afsluiten
cutlery ['kʌtləri] *n* bestek *nt*
cutlet ['kʌtlət] *n* karbonade *c*
cycle ['saikəl] *n* fiets *c*; rijwiel *nt*; kringloop *c*, cyclus *c*
cyclist ['saiklist] *n* fietser *m*, fietsster *f*; wielrijder *m*, wielrijdster *f*
cylinder ['silində] *n* cilinder *c*; ~

head cilinderkop *c*
cynical ['sinikəl] *adj* cynisch
Czech [tʃek] *adj* Tsjechisch; *n* Tsjech *m*, Tsjechische *f*

D

dad [dæd] *n* vader *m*
daddy ['dædi] *n* papa *m*
daffodil ['dæfədil] *n* narcis *c*
daily ['deili] *adj* dagelijks; *n* dagblad *nt*
dairy ['dɛəri] *n* zuivelwinkel *c*
dam [dæm] *n* dam *c*; dijk *c*
damage ['dæmidʒ] *n* schade *c*; *v* beschadigen
damn [dæm] *v vulgar* verdommen; ~! verdomme!
damp [dæmp] *adj* vochtig; nat; *n* vocht *nt*; *v* bevochtigen
dance [dɑ:ns] *v* dansen; *n* dans *c*
dandelion ['dændilaiən] *n* paardebloem *c*
dandruff ['dændrəf] *n* roos *c*
Dane [dein] *n* Deen *m*, -se *f*
danger ['deindʒə] *n* gevaar *nt*
dangerous ['deindʒərəs] *adj* gevaarlijk
Danish ['deiniʃ] *adj* Deens
dare [dɛə] *v* wagen, durven; uitdagen
daring ['dɛəriŋ] *adj* gedurfd
dark [dɑ:k] *adj* duister, donker; *n* duisternis *c*
darling ['dɑ:liŋ] *n* schat *c*, lieveling *c*
darn [dɑ:n] *v* stoppen
dash [dæʃ] *v* snellen; *n* gedachtenstreepje *nt*
dashboard ['dæʃbɔ:d] *n* dashboard *nt*
data ['deitə] *pl* gegeven *nt*
date[1] [deit] *n* datum *c*; afspraakje *c*; *v* dateren; **out of** ~ ouderwets; **dated** verouderd
date[2] [deit] *n* dadel *c*
daughter ['dɔ:tə] *n* dochter *f*
daughter-in-law ['dɔ:tərinlɔ:] *n* (pl daughters-) schoondochter *f*
dawn [dɔ:n] *n* ochtendschemering *c*; dageraad *c*
day [dei] *n* dag *c*; **by** ~ overdag; ~ **trip** excursie *c*; **per** ~ per dag; **the ~ before yesterday** eergisteren
daybreak ['deibreik] *n* dageraad *c*
daylight ['deilait] *n* daglicht *nt*
dazzling [d] *adj* verbazend
dead [ded] *adj* dood; gestorven
deaf [def] *adj* doof
deal [di:l] *n* transactie *c*, affaire *c*
***deal** [di:l] *v* uitdelen; ~ **with** *v* te maken *hebben met; zaken *doen met
dealer ['di:lə] *n* koopman *c*, handelaar *c*
dear [diə] *adj* lief; duur; dierbaar; ~ **Sir / Madam** geachte heer
death [deθ] *n* dood *c*; ~ **penalty**

doodstraf *c*
debate [di'beit] *n* debat *nt*
debit ['debit] *n* debet *nt*
debit card ['debit‿ˌkaːd] *n* debetkaart *f*
debt [det] *n* schuld *c*
decaf(feinated) [diː'kæf(ineitid)] *adj* cafeïnevrij, coffeïnevrij
deceit [di'siːt] *n* bedrog *nt*
deceive [di'siːv] *v* *bedriegen
December [di'sembə] december
decency ['diːsənsi] *n* fatsoen *nt*
decent ['diːsənt] *adj* fatsoenlijk
decide [di'said] *v* beslissen, *besluiten
decision [di'siʒən] *n* beslissing *c*, besluit *nt*
deck [dek] *n* dek *nt*; ~ **cabin** dekhut *c*; ~ **chair** ligstoel *c*
declaration [ˌdeklə'reiʃən] *n* verklaring *c*; aangifte *c*
declare [di'klɛə] *v* verklaren; *opgeven; *aangeven
decorate ['dekəreit] *v* versieren; inrichten
decoration [ˌdekə'reiʃən] *n* versiering *c*
decrease [diː'kriːs] *v* verminderen; *afnemen; *n* vermindering *c*
dedicate ['dedikeit] *v* toewijden
deduce [di'djuːs] *v* afleiden
deduct [di'dʌkt] *v* *aftrekken
deed [diːd] *n* handeling *c*, daad *c*
deep [diːp] *adj* diep
deep-freeze [ˌdiːp'friːz] *n* diepvrieskast *c*
deer [diə] *n* (pl ~) hert *nt*
defeat [di'fiːt] *v* *verslaan; *n* nederlaag *c*
defective [di'fektiv] *adj* gebrekkig, defect
defence [di'fens] *n* verdediging *c*; defensie *c*
defend [di'fend] *v* verdedigen
defense [di'fens] *nAm* verdediging *c*; defensie *c*
deficiency [di'fiʃənsi] *n* gebrek *nt*
deficit ['defisit] *n* tekort *nt*
define [di'fain] *v* *omschrijven, bepalen, definiëren
definite ['definit] *adj* bepaald; vastomlijnd
definition [ˌdefi'niʃən] *n* bepaling *c*, definitie *c*
deformed [di'fɔːmd] *adj* misvormd, mismaakt
degree [di'griː] *n* graad *c*; titel *c*
delay [di'lei] *v* vertragen; uitstellen; *n* oponthoud *nt*, vertraging *c*; uitstel *nt*
delegate ['deligət] *n* gedelegeerde *c*
delegation [ˌdeli'geiʃən] *n* delegatie *c*, afvaardiging *c*
deliberate[1] [di'libəreit] *v* beraadslagen, overleggen
deliberate[2] [di'libərət] *adj* opzettelijk
deliberation [diˌlibə'reiʃən] *n* beraad *nt*, overleg *nt*
delicacy ['delikəsi] *n* lekkernij *c*, delicatesse *c*
delicate ['delikət] *adj* fijn;

teder; delikaat
delicatessen [ˌdelikəˈtesən] *n* delicatessen *pl*; delicatessenwinkel *c*
delicious [diˈliʃəs] *adj* lekker, heerlijk
delight [diˈlait] *n* genot *nt*, verrukking *c*; *v* in verrukking *brengen; **delighted** opgetogen
delightful [diˈlaitfəl] *adj* heerlijk, verrukkelijk
deliver [diˈlivə] *v* afleveren, bezorgen; verlossen
delivery [diˈlivəri] *n* levering *c*, bezorging *c*; bevalling *c*; verlossing *c*; **~ van** bestelauto *c*
demand [diˈmɑːnd] *v* vereisen, eisen; *n* eis *c*; navraag *c*
democracy [diˈmɔkrəsi] *n* democratie *c*
democratic [ˌdeməˈkrætik] *adj* democratisch
demolish [diˈmɔliʃ] *v* slopen
demolition [ˌdeməˈliʃən] *n* afbraak *c*
demonstrate [ˈdemənstreit] *v* aantonen; demonstreren, betogen
demonstration [ˌdemənˈstreiʃən] *n* demonstratie *c*; betoging *c*
den [den] *n* hol *nt*
Denmark [ˈdenmɑːk] Denemarken
denomination [diˌnɔmiˈneiʃən] *n* benaming *c*, naam *c*
dense [dens] *adj* dicht
dent [dent] *n* deuk *c*
dentist [ˈdentist] *n* tandarts *c*
denture [ˈdentʃə] *n* kunstgebit *nt*
deny [diˈnai] *v* ontkennen; *onthouden, weigeren, *ontzeggen
deodorant [diːˈoudərənt] *n* deodorant *c*
depart [diˈpɑːt] *v* *heengaan, *vertrekken; *overlijden
department [diˈpɑːtmənt] *n* departement *nt*, afdeling *c*; **~ store** warenhuis *nt*
departure [diˈpɑːtʃə] *n* vertrek *nt*
dependant [diˈpendənt] *adj* afhankelijk
depend on [diˈpend] *afhangen van; **that depends** dat hangt ervan af
deposit [diˈpɔzit] *n* storting *c*; statiegeld *nt*; bezinksel *nt*, afzetting *c*; *v* storten; deponeren
depot [ˈdepou] *n* opslagplaats *c*; *nAm* station *nt*
depress [diˈpres] *v* deprimeren
depressed [diˈprest] *adj* neerslachtig
depressing [diˈpresiŋ] *adj* triest
depression [diˈpreʃən] *n* neerslachtigheid *c*; depressie *c*; teruggang *c*
deprive of [diˈpraiv] *ontnemen
depth [depθ] *n* diepte *c*
deputy [ˈdepjuti] *n* afgevaardigde *c*; plaatsvervanger *c*

descend [di'send] *v* dalen
descendant [di'sendənt] *n* afstammeling *c*
descent [di'sent] *n* afdaling *c*
describe [di'skraib] *v* *beschrijven
description [di'skripʃən] *n* beschrijving *c*; signalement *nt*
desert¹ ['dezət] *n* woestijn *c*; *adj* woest, verlaten
desert² [di'zə:t] *v* deserteren; *verlaten
deserve [di'zə:v] *v* verdienen
design [di'zain] *v* *ontwerpen; *n* ontwerp *nt*; doel *nt*
designate ['dezigneit] *v* *aanwijzen
desirable [di'zaiərəbəl] *adj* begeerlijk, wenselijk
desire [di'zaiə] *n* wens *c*; zin *c*, begeerte *c*; *v* begeren, verlangen, wensen
desk [desk] *n* bureau *nt*; lessenaar *c*; schoolbank *c*
despair [di'spɛə] *n* wanhoop *c*; *v* wanhopen
despatch [di'spætʃ] *v* *verzenden
desperate ['despərət] *adj* wanhopig
despise [di'spaiz] *v* verachten
despite [di'spait] *prep* ondanks
dessert [di'zə:t] *n* dessert *nt*
destination [,desti'neiʃən] *n* bestemming *c*
destine ['destin] *v* bestemmen
destiny ['destini] *n* noodlot *nt*, lot *nt*
destroy [di'strɔi] *v* vernielen, vernietigen
destruction [di'strʌkʃən] *n* vernietiging *c*; ondergang *c*
detach [di'tætʃ] *v* losmaken
detail ['di:teil] *n* bijzonderheid *c*, detail *nt*
detailed ['di:teild] *adj* uitvoerig, gedetailleerd
detect [di'tekt] *v* ontdekken
detective [di'tektiv] *n* detective *m*; ~ **story** detectiveroman *c*
detergent [di'tə:dʒənt] *n* wasmiddel *nt*
determine [di'tə:min] *v* vaststellen, bepalen, uitmaken
determined [di'tə:mind] *adj* vastbesloten
detest [di'test] *v* verafschuwen
detour ['di:tuə] *n* omweg *c*; omleiding *c*
devaluation [,di:vælju'eiʃən] *n* devaluatie *c*
devalue [,di:'vælju:] *v* devalueren
develop [di'veləp] *v* ontwikkelen
development [di'veləpmənt] *n* ontwikkeling *c*
deviate ['di:vieit] *v* *afwijken
deviation [di:vi'eiʃn] *n* afwijking *c*
devil ['devəl] *n* duivel *m*
devise [di'vaiz] *v* beramen
devote [di'vout] *v* wijden
dew [dju:] *n* dauw *c*
diabetes [,daiə'bi:ti:z] *n* diabetes *c*, suikerziekte *c*
diabetic [,daiə'betik] *n* suikerzieke *c*, diabeticus *m*,

diabetica *f*
diagnose [ˌdaiəg'nouz] *v* een diagnose stellen; constateren
diagnosis [ˌdaiəg'nousis] *n* (pl -ses) diagnose *c*
diagonal [dai'ægənəl] *n* diagonaal *c*; *adj* diagonaal
diagram ['daiəgræm] *n* schema *nt*, diagram *c*; figuur *c*, grafiek *c*
dial ['daiəl] *n* wijzerplaat *c*; *v* *kiezen
dialect ['daiəlekt] *n* dialect *nt*
diamond ['daiəmənd] *n* diamant *c*
diaper ['daiəpə] *nAm* luier *c*
diaphragm ['daiəfræm] *n* pessarium *nt*; middenrif *nt*; tussenschot *nt*
diarrh(o)ea [daiə'riə] *n* diarree *c*
diary ['daiəri] *n* agenda *c*; dagboek *nt*
dictaphone ['diktəfoun] *n* dictafoon *c*
dictate [dik'teit] *v* dicteren
dictator [dik'teitə] *n* dictator *c*
dictionary ['dikʃənəri] *n* woordenboek *nt*
did [did] *v* (p do)
die [dai] *v* *sterven; *overlijden
diesel ['di:zəl] *n* diesel *c*
diet ['daiət] *n* dieet *nt*
differ ['difə] *v* verschillen
difference ['difərəns] *n* verschil *nt*; onderscheid *nt*
different ['difərənt] *adj* verschillend; ander
difficult ['difikəlt] *adj* moeilijk; lastig
difficulty ['difikəlti] *n* moeilijkheid *c*; moeite *c*
***dig** [dig] *v* *graven; *delven
digest [di'dʒest] *v* verteren
digestible [di'dʒestəbəl] *adj* verteerbaar
digestion [di'dʒestʃən] *n* spijsvertering *c*
digit ['didʒit] *n* cijfer *nt*; vinger *c*
digital [didʒitəl] *adj* digitaal
digital camera ['didʒitəl‿'kæmərə] *n* digitaal fototoestel *nt*
digital photo ['didʒitəl‿'foutou] *n* digitale foto *f*
digital projector ['didʒitəl‿prə'jektə] *n* digitale projector *m*
dignified ['dignifaid] *adj* waardig
dignity ['digniti] *n* waardigheid *c*
dike [daik] *n* dijk *c*; dam *c*
dilapidated [di'læpideitid] *adj* bouwvallig
diligence ['dilidʒəns] *n* vlijt *c*, ijver *c*
diligent ['dilidʒənt] *adj* vlijtig, ijverig
dilute [dai'lju:t] *v* aanlengen, verdunnen
dim [dim] *adj* dof, mat; donker, zwak, vaag
dine [dain] *v* warm *eten; dineren
dinghy ['diŋgi] *n* bootje *nt*
dining car ['dainiŋkɑ:] *n* restauratiewagen *c*
dining room ['dainiŋru:m] *n*

eetkamer *c*; eetzaal *c*
dinner ['dinə] *n* warme maaltijd; avondeten *nt*, middageten *nt*; ~ **jacket** smoking *c*; ~ **service** eetservies *nt*
diphtheria [dif'θiəriə] *n* difterie *c*
diploma [di'ploumə] *n* diploma *nt*
diplomat ['dipləmæt] *n* diplomaat *c*
direct¹ ['direkt] *adj* rechtstreeks, direct
direct² [di'rekt] *v* richten; *wijzen; leiden; regisseren
direction [di'rekʃən] *n* richting *c*; instructie *c*; regie *c*; bestuur *nt*; **directional signal** *Am* richtingaanwijzer *c*; **directions for use** gebruiksaanwijzing *c*
directive [di'rektiv] *n* richtlijn *c*
director [di'rektə] *n* directeur *m*, directrice *f*; regisseur *m*, regisseuse *f*
directory [di'rektəri] *n* telefoonboek *nt*
dirt [də:t] *n* vuil *nt*
dirty ['də:ti] *adj* smerig, vies, vuil
disabled [di'seibəld] *adj* gehandicapt, invalide
disadvantage [ˌdisəd'vɑ:ntidʒ] *n* nadeel *nt*
disagree [ˌdisə'gri:] *v* het oneens *zijn, van mening verschillen
disagreeable [ˌdisə'gri:əbəl] *adj* onaangenaam
disappear [ˌdisə'piə] *v* *verdwijnen
disappoint [ˌdisə'pɔint] *v* teleurstellen; ***be disappointing** *tegenvallen
disappointment [ˌdisə'pɔintmənt] *n* teleurstelling *c*
disapprove [ˌdisə'pru:v] *v* afkeuren
disaster [di'zɑ:stə] *n* ramp *c*; catastrofe *c*, onheil *nt*; fiasco *nt*
disastrous [di'zɑ:strəs] *adj* rampzalig
disc [disk] *n* schijf *c*; **slipped** ~ hernia *c*
discard [di'skɑ:d] *v* afdanken
discharge [dis'tʃɑ:dʒ] *v* lossen, *uitladen; ~ **of** *ontheffen van
discipline ['disiplin] *n* discipline *c*
discolo(u)r [di'skʌlə] *v* verkleuren
disconnect [ˌdiskə'nekt] *v* ontkoppelen; uitschakelen
discontented [ˌdiskən'tentid] *adj* ontevreden
discontinue [ˌdiskən'tinju:] *v* *opheffen, staken
discount ['diskaunt] *n* korting *c*, reductie *c*
discourage [di'skʌrədʒ] *v* ontmoedigen
discover [di'skʌvə] *v* ontdekken
discovery [di'skʌvəri] *n* ontdekking *c*
discuss [di'skʌs] *v*

*bespreken; discussiëren
discussion [di'skʌʃən] *n* discussie *c*; gesprek *nt*, bespreking *c*, debat *nt*
disease [di'zi:z] *n* ziekte *c*
disembark [ˌdisim'bɑ:k] *v* van boord *gaan, ontschepen
disgrace [dis'greis] *n* schande *c*
disguise [dis'gaiz] *v* zich vermommen; *n* vermomming *c*
disgust [dis'gʌst] *n* afschuw, weerzin; *v* doen walgen
disgusting [dis'gʌstiŋ] *adj* walgelijk, afschuwelijk
dish [diʃ] *n* bord *nt*; schotel *c*, schaal *c*; gerecht *nt*
dishonest [di'sɔnist] *adj* oneerlijk
dishwasher ['diʃwɔʃə] *n* afwasmachine, vaatwasmachine
disinfect [ˌdisin'fekt] *v* ontsmetten
disinfectant [ˌdisin'fektənt] *n* ontsmettingsmiddel *nt*
disk drive ['disk‿ˌdraiv] *n* disk drive *f*
dislike [di'slaik] *v* een hekel *hebben aan, niet *houden van; *n* afkeer *c*, hekel *c*, antipathie *c*
dislocated ['disləkeitid] *adj* ontwricht
dismiss [dis'mis] *v* *wegzenden; *ontslaan
disorder [di'sɔ:də] *n* wanorde *c*
dispatch [di'spætʃ] *v* versturen, *verzenden
display [di'splei] *v* vertonen; tonen; *n* tentoonstelling *c*; display
displease [di'spli:z] *v* ontstemmen, mishagen
disposable [di'spouzəbəl] *adj* wegwerp-
disposal [di'spouzəl] *n* beschikking *c*
dispose of [di'spouz] beschikken over
dispute [di'spju:t] *n* onenigheid *c*; ruzie *c*, geschil *nt*; *v* twisten, betwisten
dissatisfied [di'sætisfaid] *adj* ontevreden
dissolve [di'zɔlv] *v* oplossen; *ontbinden
dissuade from [di'sweid] *afraden
distance ['distəns] *n* afstand *c*; **~ in kilometers** *Am*, **kilometres** kilometertal *nt*
distant ['distənt] *adj* ver
distinct [di'stiŋkt] *adj* duidelijk; verschillend
distinction [di'stiŋkʃən] *n* onderscheid *nt*, verschil *nt*
distinguish [di'stiŋgwiʃ] *v* onderscheid maken, *onderscheiden
distinguished [di'stiŋgwiʃt] *adj* voornaam
distress [di'stres] *n* nood *c*; **~ signal** noodsein *nt*
distribute [di'stribju:t] *v* uitdelen
distributor [di'stribjutə] *n* agent *m*, -e *f*; stroomverdeler *c*
district ['distrikt] *n* district *nt*;

streek *c*; wijk *c*
disturb [di'stə:b] *v* storen, verstoren
disturbance [di'stə:bəns] *n* storing *c*; verwarring *c*
ditch [ditʃ] *n* greppel *c*, sloot *c*
dive [daiv] *v* *duiken
diversion [dai'və:ʃən] *n* wegomlegging *c*; afleiding *c*
divide [di'vaid] *v* delen; verdelen; *scheiden
divine [di'vain] *adj* goddelijk
division [di'viʒən] *n* deling *c*; scheiding *c*; afdeling *c*
divorce [di'vɔ:s] *n* echtscheiding *c*; *v* *scheiden
dizziness ['dizinəs] *n* duizeligheid *c*
dizzy ['dizi] *adj* duizelig
***do** [du:] *v* *doen; voldoende *zijn
dock [dɔk] *n* dok *nt*; kade *c*; *v* aanleggen
docker ['dɔkə] *n* havenarbeider *m*
doctor ['dɔktə] *n* arts *c*, dokter *c*; doctor *c*
document ['dɔkjumənt] *n* document *nt*
dog [dɔg] *n* hond *c*
doll [dɔl] *n* pop *c*
dollar ['dʌlə] *n* dollar
dome [doum] *n* koepel *c*
domestic [də'mestik] *adj* huiselijk; binnenlands; *n* bediende *c*; ~ **animal** huisdier *nt*
domicile ['dɔmisail] *n* woonplaats *c*
domination [ˌdɔmi'neiʃən] *n* overheersing *c*
dominion [də'minjən] *n* heerschappij *c*
donate [dou'neit] *v* *schenken
donation [dou'neiʃən] *n* schenking *c*, gift *c*
done [dʌn] *v* (pp do)
donkey ['dɔŋki] *n* ezel *c*
donor ['dounə] *n* donateur *c*; donor *c*
door [dɔ:] *n* deur *c*; **revolving** ~ draaideur *c*; **sliding** ~ schuifdeur *c*
doorbell ['dɔ:bel] *n* deurbel *c*
doorkeeper ['dɔ:ˌki:pə] *n* portier *m*
doorman ['dɔ:mən] *n* (pl -men) portier *m*
dormitory ['dɔ:mitri] *n* slaapzaal *c*
dose [dous] *n* dosis *c*
dot [dɔt] *n* punt *c*
double ['dʌbəl] *adj* dubbel
doubt [daut] *v* betwijfelen, twijfelen; *n* twijfel *c*; **without** ~ zonder twijfel
doubtful ['dautfəl] *adj* twijfelachtig; onzeker
dough [dou] *n* deeg *nt*
down[1] [daun] *adv* neer; omlaag, naar beneden, omver; *adj* neerslachtig; *prep* langs, van … af; ~ **payment** aanbetaling *c*
down[2] [daun] *n* dons *nt*
download ['daun,loud] *n* download *m*
downpour ['daunpɔ:] *n* stortbui *c*
downstairs [ˌdaun'stεəz] *adv*

naar beneden, beneden
downstream [ˌdaun'striːm] *adv* stroomafwaarts
down-to-earth [ˌdauntu'əːθ] *adj* nuchter
downwards ['daunwədz] *adv* neer, naar beneden
dozen ['dʌzən] *n* (pl ~, ~s) dozijn *nt*
draft [drɑːft] *n* wissel *c*
drag [dræg] *v* slepen
dragon ['drægən] *n* draak *c*
drain [drein] *v* droogleggen; afwateren; *n* afvoer *c*
drama ['drɑːmə] *n* drama *nt*; treurspel *nt*; toneel *nt*
dramatic [drə'mætik] *adj* dramatisch
drank [dræŋk] *v* (p drink)
drapery ['dreipəri] *n* stoffen
draught [drɑːft] *n* tocht *c*; **draughts** damspel *nt*; ~ **beer** bier uit het vat
draw [drɔː] *n* trekking *c*
***draw** [drɔː] *v* tekenen; *trekken; *opnemen; ~ **up** opstellen
drawbridge ['drɔːbridʒ] *n* ophaalbrug *c*
drawer ['drɔːə] *n* la *c*, lade *c*; **drawers** onderbroek *c*
drawing ['drɔːiŋ] *n* tekening *c*; ~ **pin** punaise *c*; ~ **room** salon *c*
dread [dred] *v* vrezen; *n* vrees *c*
dreadful ['dredfəl] *adj* vreselijk, ontzettend
dream [driːm] *n* droom *c*
***dream** [driːm] *v* dromen
dress [dres] *v* aankleden; zich kleden, zich aankleden; *verbinden; *n* japon *c*, jurk *c*
dressing gown ['dresiŋgaun] *n* kamerjas *c*
dressing room ['dresiŋruːm] *n* kleedkamer *c*
dressing table ['dresiŋˌteibəl] *n* toilettafel *c*
dressmaker ['dresˌmeikə] *n* naaister *f*
drill [dril] *v* boren; trainen; *n* boor *c*
drink [driŋk] *n* borrel *c*, drank *c*
***drink** [driŋk] *v* *drinken
drinking water ['driŋkiŋˌwɔːtə] *n* drinkwater *nt*
drip-dry [ˌdrip'drai] *adj* zelfstrijkend, no-iron
drive [draiv] *n* rijweg *c*; autorit *c*
***drive** [draiv] *v* *rijden; besturen
driver ['draivə] *n* chauffeur *c*
driver's licence *nAm*, **driving licence** *British* rijbewijs
drizzle ['drizəl] *n* motregen *c*
drop [drɔp] *v* *laten vallen; *n* druppel *c*
drought [draut] *n* droogte *c*
drown [draun] *v* *verdrinken; ***be drowned** *verdrinken
drug [drʌg] *n* verdovend middel; geneesmiddel *nt*
drugstore ['drʌgstɔː] *nAm* drogisterij *c*, apotheek *c*; warenhuis *nt*
drum [drʌm] *n* trommel *c*
drunk [drʌŋk] *adj* (pp drink) dronken
dry [drai] *adj* droog; *v* drogen; afdrogen

dry-clean [ˌdrai'kli:n] *v* chemisch reinigen
dry cleaner's [ˌdrai'kli:nəz] *n* stomerij *c*
dryer ['draiə] *n* centrifuge *c*
duchess [dʌtʃis] *n* hertogin *f*
duck [dʌk] *n* eend *c*
due [dju:] *adj* verwacht; verschuldigd; vervallen; **~ to** vanwege
dues [dju:z] *pl* schulden *pl*
dug [dʌg] *v* (p, pp dig)
duke [dju:k] *n* hertog *m*
dull [dʌl] *adj* vervelend, saai; flets, mat; bot
dumb [dʌm] *adj* stom; suf, dom
dune [dju:n] *n* duin *nt*
dung [dʌŋ] *n* mest *c*
duration [dju'reiʃən] *n* duur *c*
during ['djuəriŋ] *prep* gedurende, tijdens
dusk [dʌsk] *n* avondschemering *c*
dust [dʌst] *n* stof *nt*
dustbin ['dʌstbin] *n* vuilnisbak *c*, container *c*
dusty ['dʌsti] *adj* stoffig
Dutch [dʌtʃ] *adj* Nederlands, Hollands; **she's ~** zij is Nederlandse; **the ~** de Nederlanders
Dutchman ['dʌtʃmən] *n* (pl -men) Nederlander *m*, Hollander *m*
duty ['dju:ti] *n* plicht *c*; taak *c*; invoerrecht *nt*; **Customs ~** accijns *c*
duty-free [ˌdju:ti'fri:] *adj* belastingvrij
DVD ['di:vi:'di:] *n* dvd *m*
DVD-ROM ['di:vi:di:'rɔm] *n* dvd-rom *m*
dwarf [dwɔ:f] *n* dwerg *c*
dye [dai] *v* verven; *n* verf *c*
dynamo ['dainəmou] *n* (pl **~**s) dynamo *c*

E

each [i:tʃ] *adj* elk, ieder; **~ other** elkaar
eager ['i:gə] *adj* verlangend, ongeduldig
eagle ['i:gəl] *n* arend *c*
ear [iə] *n* oor *nt*
earache ['iəreik] *n* oorpijn *c*
eardrum ['iədrʌm] *n* trommelvlies *nt*
earl [ə:l] *n* graaf *m*
early ['ə:li] *adj* vroeg
earn [ə:n] *v* verdienen
earnest ['ə:nist] *adj* oprecht
earnings ['ə:niŋz] *pl* inkomsten *pl*, verdiensten *pl*
earring ['iəriŋ] *n* oorbel *c*
earth [ə:θ] *n* aarde *c*; grond *c*
earthquake ['ə:θkweik] *n* aardbeving *c*
ease [i:z] *n* ongedwongenheid *c*, gemak *nt*
east [i:st] *n* oost *c*, oosten *nt*
Easter ['i:stə] Pasen
eastern ['i:stən] *adj* oost-, oostelijk
easy ['i:zi] *adj* gemakkelijk;

geriefelijk; ~ **chair** leunstoel *c*
easy-going ['i:zi,gouiŋ] *adj* ontspannen
***eat** [i:t] *v* *eten
eavesdrop ['i:vzdrɔp] *v* afluisteren
ebony ['ebəni] *n* ebbehout *nt*
eccentric [ik'sentrik] *adj* excentriek
echo ['ekou] *n* (pl ~es) weerklank *c*, echo *c*
eclipse [i'klips] *n* verduistering *c*
economic [,i:kə'nɔmik] *adj* economisch
economical [,i:kə'nɔmikəl] *adj* spaarzaam, zuinig
economist [i'kɔnəmist] *n* econoom *m*
economize [i'kɔnəmaiz] *v* sparen
economy [i'kɔnəmi] *n* economie *c*
eco-tourist ['i:kou,tu:rist] *n* ecotoerist *m*
ecstasy ['ekstəzi] *n* extase *c*
Ecuador ['ekwədɔ:] Ecuador
Ecuadorian [,ekwə'dɔ:riən] *n* Ecuadoriaan *m*, -se *f*
eczema ['eksimə] *n* eczeem *nt*
edge [edʒ] *n* kant *c*, rand *c*
edible ['edibəl] *adj* eetbaar
edit ['edit] *v* bewerken, redigeren
edition [i'diʃən] *n* editie *c*, uitgave *c*; **morning** ~ ochtendeditie *c*
editor ['editə] *n* redakteur *c*
educate ['edʒukeit] *v* opleiden, opvoeden
education [,edʒu'keiʃən] *n* onderwijs *nt*; opvoeding *c*
eel [i:l] *n* aal *c*, paling *c*
effect [i'fekt] *n* gevolg *nt*, effect *nt*; *v* *teweegbrengen; **in** ~ feitelijk
effective [i'fektiv] *adj* doeltreffend, effectief
efficient [i'fiʃənt] *adj* efficiënt, doelmatig
effort ['efət] *n* inspanning *c*; poging *c*
egg [eg] *n* ei *nt*; ~ **yolk** *n* eierdooier *c*
eggplant ['egplɑ:nt] *n* aubergine *c*
ego(t)istic [,egou'tistik] *adj* egoi+stisch, zelfzuchtig
Egypt ['i:dʒipt] Egypte
Egyptian [i'dʒipʃən] *adj* Egyptisch; *n* Egyptenaar *m*, Egyptenares *f*
eiderdown ['aidədaun] *n* donzen dekbed
eight [eit] *num* acht
eighteen [,ei'ti:n] *num* achttien
eighteenth [,ei'ti:nθ] *num* achttiende
eighth [eitθ] *num* achtste
eighty ['eiti] *num* tachtig
either ['aiðə] *pron* een van beide; **either ... or** hetzij ... hetzij, of ... of
elaborate [i'læbəreit] *v* uitwerken
elastic [i'læstik] *adj* elastisch; rekbaar; elastiek *nt*
elasticity [,elæ'stisəti] *n* rek *c*
elbow ['elbou] *n* elleboog *c*

elder ['eldə] *adj* ouder
elderly ['eldəli] *adj* bejaard
eldest ['eldist] *adj* oudst
elect [i'lekt] *v* *kiezen, *verkiezen
election [i'lekʃən] *n* verkiezing *c*
electric [i'lektrik] *adj* elektrisch; ~ **razor** scheerapparaat *nt*; ~ **cord** snoer *nt*
electrician [,ilek'triʃən] *n* elektricien *m*
electricity [,ilek'trisəti] *n* elektriciteit *c*
electronic [ilek'trɔnik] *adj* elektronisch; ~ **game** elektronisch spel
elegance ['eligəns] *n* elegantie *c*
elegant ['eligənt] *adj* elegant
element ['elimənt] *n* bestanddeel *nt*, element *nt*
elephant ['elifənt] *n* olifant *c*
elevator ['eliveitə] *nAm* lift *c*
eleven [i'levən] *num* elf
eleventh [i'levənθ] *num* elfde
elf [elf] *n* (pl elves) elf *c*
eliminate [i'limineit] *v* elimineren
elm [elm] *n* iep *c*
else [els] *adv* anders
elsewhere [,el'swεə] *adv* elders
elucidate [i'lu:sideit] *v* toelichten, verklaren
e-mail ['i:meil] *n* e-mail *c*; *v* e--mailen, mailen
emancipation [i,mænsi'peiʃən] *n* emancipatie *c*
embankment [im'bæŋkmənt] *n* kade *c*
embargo [em'bɑ:gou] *n* (pl ~es) embargo *nt*
embark [im'bɑ:k] *v* inschepen; instappen
embarkation [,embɑ:'keiʃən] *n* inscheping *c*
embarrass [im'bærəs] *v* in verwarring brengen; in verlegenheid *brengen; **embarrassed** *adj* verlegen, gegeneerd; **embarrassing** *adj* pijnlijk; ~**ment** verlegenheid *c*
embassy ['embəsi] *n* ambassade *c*
emblem ['embləm] *n* embleem *nt*
embrace [im'breis] *v* omhelzen; *n* omhelzing *c*
embroider [im'brɔidə] *v* borduren
embroidery [im'brɔidəri] *n* borduurwerk *nt*
emerald ['emərəld] *n* smaragd *nt*
emergency [i'mə:dʒənsi] *n* spoedgeval *nt*, noodgeval *nt*; noodtoestand *c*; ~ **exit** nooduitgang *c*
emigrant ['emigrənt] *n* emigrant *m*, -e *f*
emigrate ['emigreit] *v* emigreren
emigration [,emi'greiʃən] *n* emigratie *c*
emotion [i'mouʃən] *n* ontroering *c*, emotie *c*
emperor ['empərə] *n* keizer *m*

emphasize ['emfəsaiz] *v* benadrukken
empire ['empaiə] *n* keizerrijk *nt*, rijk *nt*
employ [im'plɔi] *v* tewerkstellen; gebruiken
employee [,emplɔi'i:] *n* werknemer *m*, werkneemster *f*, employé *m*, employee *f*
employer [im'plɔiə] *n* werkgever *m*
employment [im'plɔimənt] *n* tewerkstelling *c*, werk *nt*
empress ['empris] *n* keizerin *f*
empty ['empti] *adj* leeg; *v* ledigen
enable [i'neibəl] *v* in staat stellen
enamel [i'næməl] *n* email *nt*
enamelled [i'næməld] *adj* geëmailleerd
enchanting [in'tʃɑ:ntiŋ] *adj* prachtig, betoverend
encircle [in'sə:kəl] *v* omcirkelen, omringen; *insluiten
enclose [iŋ'klouz] *v* *bijsluiten, *insluiten
enclosure [iŋ'klouʒə] *n* bijlage *c*
encounter [iŋ'kauntə] *v* ontmoeten; *n* ontmoeting *c*
encourage [iŋ'kʌridʒ] *v* aanmoedigen
encyclop(a)edia [en,saiklə'pi:diə] *n* encyclopedie *c*
end [end] *n* einde *nt*; slot *nt*; *v* beëindigen; *aflopen
ending ['endiŋ] *n* einde *nt*
endless ['endləs] *adj* oneindig
endorse [in'dɔ:s] *v* bekrachtigen; aftekenen
endure [in'djuə] *v* *verdragen
enemy ['enəmi] *n* vijand *c*
energetic [,enə'dʒetik] *adj* energiek
energy ['enədʒi] *n* energie *c*; kracht *c*
engage [iŋ'geidʒ] *v* in dienst *nemen; zich *verbinden; **engaged** verloofd; bezig, bezet
engagement [iŋ'geidʒmənt] *n* verloving *c*; verplichting *c*; afspraak *c*; **~ ring** verlovingsring *c*
engine ['endʒin] *n* machine *c*, motor *c*; locomotief *c*
engineer [,endʒi'niə] *n* ingenieur *c*
England ['iŋglənd] Engeland
English ['iŋgliʃ] *adj* Engels; **the ~** de Engelsen
Englishman ['iŋgliʃwmən] *n* (pl -men) Engelsman *m*
Englishwoman ['iŋgliʃwumən] *n* (pl -women) Engelse *f*
engrave [iŋ'greiv] *v* graveren
engraver [iŋ'greivə] *n* graveur *c*
engraving [iŋ'greiviŋ] *n* gravure *c*
enigma [i'nigmə] *n* raadsel *nt*
enjoy [in'dʒɔi] *v* *genieten van
enjoyable [in'dʒɔiəbəl] *adj* fijn, prettig, leuk; lekker
enjoyment [in'dʒɔimənt] *n* genot *nt*

enlarge [in'lɑːdʒ] *v* vergroten; uitbreiden
enlargement [in'lɑːdʒmənt] *n* vergroting *c*
enormous [i'nɔːməs] *adj* reusachtig, enorm
enough [i'nʌf] *adv* genoeg; *adj* voldoende
enquire [iŋ'kwaiə] *v* informeren; *onderzoeken
enquiry [iŋ'kwaiəri] *n* informatie *c*; onderzoek *nt*; enquête *c*
enter ['entə] *v* *betreden, *binnengaan, *binnenkomen; *inschrijven
enterprise ['entəpraiz] *n* onderneming *c*
entertain [,entə'tein] *v* vermaken, *onderhouden; *ontvangen
entertainer [,entə'teinə] *n* conferencier *c*
entertaining [,entə'teiniŋ] *adj* vermakelijk, amusant
entertainment [,entə'teinmənt] *n* vermaak *nt*, amusement *nt*
enthusiasm [in'θjuːziæzəm] *n* enthousiasme *nt*
enthusiastic [in,θjuːzi'æstik] *adj* enthousiast
entire [in'taiə] *adj* heel, geheel
entirely [in'taiəli] *adv* helemaal
entrance ['entrəns] *n* ingang *c*; toegang *c*; binnenkomst *c*; ~ **fee** entree *c*
entry ['entri] *n* ingang *c*, entree *c*; toegang *c*; post *c*; **no** ~ verboden toegang
envelop [in'veləp] *v* omhullen
envelope ['envəloup] *n* envelop *c*
envious ['enviəs] *adj* afgunstig, jaloers
environment [in'vaiərənmənt] *n* milieu *nt*; omgeving *c*
envoy ['envɔi] *n* gezant *c*
envy ['envi] *n* afgunst *c*, jaloezie *c*; *v* benijden
epic ['epik] *n* epos *nt*; *adj* episch
epidemic [,epi'demik] *n* epidemie *c*
epilepsy ['epilepsi] *n* epilepsie *c*
epilogue ['epilɔg] *n* epiloog *c*
episode ['episoud] *n* episode *c*
equal ['iːkwəl] *adj* gelijk; *v* evenaren
equality [i'kwɔləti] *n* gelijkheid *c*
equalize ['iːkwəlaiz] *v* gelijk maken
equally ['iːkwəli] *adv* even
equator [i'kweitə] *n* evenaar *c*
equip [i'kwip] *v* uitrusten
equipment [i'kwipmənt] *n* uitrusting *c*
equivalent [i'kwivələnt] *adj* equivalent, gelijkwaardig
eraser [i'reizə] *n* gom *c*/*nt*
erect [i'rekt] *v* opbouwen, oprichten; *adj* overeind, rechtopstaand
err [əː] *v* zich vergissen; dwalen
errand ['erənd] *n* boodschap *c*
error ['erə] *n* fout *c*, vergissing *c*
escalator ['eskəleitə] *n* roltrap *c*

escape [i'skeip] *v* ontsnappen; vluchten, ontvluchten, *ontgaan; *n* ontsnapping *c*
escort[1] ['eskɔːt] *n* escorte *nt*
escort[2] [i'skɔːt] *v* escorteren
especially [i'speʃəli] *adv* voornamelijk, vooral
esplanade [ˌesplə'neid] *n* promenade *c*
essay ['esei] *n* essay *nt*; verhandeling *c*, opstel *nt*
essence ['esəns] *n* essentie *c*; kern *c*, wezen *nt*
essential [i'senʃəl] *adj* onontbeerlijk; wezenlijk, essentieel
essentially [i'senʃəli] *adv* vooral
establish [i'stæbliʃ] *v* vestigen; vaststellen
estate [i'steit] *n* landgoed *nt*
esteem [i'stiːm] *n* respect *nt*, achting, aanzien *c*; *v* achten
estimate[1] ['estimeit] *v* taxeren, schatten
estimate[2] ['estimət] *n* schatting *c*
estuary ['estʃuəri] *n* riviermonding *c*
etcetera [et'setərə] enzovoort
etching ['etʃiŋ] *n* ets *c*
eternal [i'təːnəl] *adj* eeuwig
eternity [i'təːnəti] *n* eeuwigheid *c*
ether ['iːθə] *n* ether *c*
Ethiopia [iθi'oupiə] Ethiopië
Ethiopian [iθi'oupiən] *adj* Ethiopisch; *n* Ethiopiër *m*, Ethiopische *f*
e-ticket ['iːˌtikət] *n* e-ticket *nt*
EU ['iː'ju] EU, Europese Unie
euro ['juːrou] *n* euro
Europe ['juərəp] Europa
European [ˌjuərə'piːən] *adj* Europees; *n* Europeaan *c*
European Union [juərə'piːən 'juːnjən] Europese Unie
evacuate [i'vækjueit] *v* evacueren
evaluate [i'væljueit] *v* schatten
evaporate [i'væpəreit] *v* verdampen
even ['iːvən] *adj* effen, plat, gelijk; constant; even; *adv* zelfs
evening ['iːvniŋ] *n* avond *c*; ~ **dress** avondkleding *c*
event [i'vent] *n* gebeurtenis *c*; geval *nt*
eventual [i'ventʃuəl] *adj* eventueel; uiteindelijk
eventually [i'ventʃuəli] *adv* tenslotte, uiteindelijk
ever ['evə] *adv* ooit; altijd
every ['evri] *adj* ieder, elk
everybody ['evriˌbɔdi] *pron* iedereen
everyday ['evridei] *adj* alledaags
everyone ['evriwʌn] *pron* ieder, iedereen
everything ['evriθiŋ] *pron* alles
everywhere ['evriwεə] *adv* overal
evidence ['evidəns] *n* bewijs *nt*
evident ['evidənt] *adj* duidelijk
evil ['iːvəl] *n* kwaad *nt*; *adj* slecht
evolution [ˌiːvə'luːʃən] *n* evolutie *c*

exact [ig'zækt] *adj* nauwkeurig, precies
exactly [ig'zæktli] *adv* precies
exaggerate [ig'zædʒəreit] *v* *overdrijven
exam [ig'zæm] *colloquial*, **examination**
[ig,zæmi'neiʃən] *n* examen *nt*; onderzoek *nt*;
examine [ig'zæmin] *v* *onderzoeken
example [ig'zɑːmpəl] *n* voorbeeld *nt*; **for ~** bijvoorbeeld
excavation [ekskə'veiʃn] *n* opgraving *c*
exceed [ik'siːd] *v* *overschrijden; *overtreffen
excel [ik'sel] *v* *uitblinken
excellent ['eksələnt] *adj* voortreffelijk, uitstekend
except [ik'sept] *prep* uitgezonderd, behalve
exception [ik'sepʃən] *n* uitzondering *c*
exceptional [ik'sepʃənəl] *adj* buitengewoon, uitzonderlijk
excerpt ['eksəːpt] *n* passage *c*
excess [ik'ses] *n* exces *nt*
excessive [ik'sesiv] *adj* buitensporig
exchange [iks'tʃeindʒ] *v* uitwisselen, wisselen, ruilen; *n* ruil *c*; beurs *c*; **~ office** wisselkantoor *nt*; **~ rate** koers *c*
excite [ik'sait] *v* *opwinden
excited [ik'saitəd] *adj* opgewonden, geprikkeld
excitement [ik'saitmənt] *n* drukte *c*, opwinding *c*
exciting [ik'saitiŋ] *adj* spannend
exclaim [ik'skleim] *v* *uitroepen
exclamation [,eksklə'meiʃən] *n* uitroep *c*
exclude [ik'skluːd] *v* *uitsluiten
exclusive [ik'skluːsiv] *adj* exclusief
exclusively [ik'skluːsivli] *adv* uitsluitend
excursion [ik'skəːʃən] *n* uitstapje *nt*, excursie *c*
excuse[1] [ik'skjuːs] *n* excuus *nt*
excuse[2] [ik'skjuːz] *v* verontschuldigen, excuseren
execute ['eksikjuːt] *v* uitvoeren
execution [,eksi'kjuːʃən] *n* terechtstelling *c*
executioner [,eksi'kjuːʃənə] *n* beul *m*
executive [ig'zekjutiv] *adj* uitvoerend; leidinggevend
executive assistant [ig'zekjətiv‿ə'sistənt] *n* executive assistant *m*
exempt [ig'ʒempt] *v* *ontheffen, vrijstellen; *adj* vrijgesteld
exemption [ig'zempʃən] *n* vrijstelling *c*
exercise ['eksəsaiz] *n* oefening *c*; thema *nt*; *v* oefenen; uitoefenen
exhale [eks'heil] *v* uitademen
exhaust [ig'zɔːst] *n* uitlaatpijp *c*, uitlaat *c*; *v* uitputten; ~

gases uitlaatgassen *pl*
exhibit [ig'zibit] *v* tentoonstellen; vertonen
exhibition [,eksi'biʃən] *n* expositie *c*, tentoonstelling *c*
exile ['eksail] *n* ballingschap *c*; balling *c*
exist [ig'zist] *v* *bestaan
existence [ig'zistəns] *n* bestaan *nt*
exit ['eksit] *n* uitgang *c*; uitrit *c*
exotic [ig'zɔtik] *adj* exotisch
expand [ik'spænd] *v* uitbreiden; uitspreiden; ontplooien
expansion [ik'spænʃən] *n* uitbreiding *c*
expect [ik'spekt] *v* verwachten
expectation [,ekspek'teiʃən] *n* verwachting *c*
expedition [,ekspə'diʃən] *n* verzending *c*; expeditie *c*
expel [ik'spel] *v* *uitwijzen
expenditure [ik'spenditʃə] *n* kosten *pl*, uitgave *c*
expense [ik'spens] *n* uitgave *c*; **expenses** *pl* onkosten *pl*
expensive [ik'spensiv] *adj* prijzig, duur; kostbaar
experience [ik'spiəriəns] *n* ervaring *c*; *v* *ervaren, *ondervinden, beleven; **experienced** ervaren
experiment [ik'sperimənt] *n* proef *c*, experiment *nt*; *v* experimenteren
expert ['ekspə:t] *n* deskundige *c*, vakman *m*, vakvrouw *f*, expert *c*; *adj* deskundig
expire [ik'spaiə] *v* *vervallen, *aflopen, *verstrijken; **expired** vervallen
explain [ik'splein] *v* verklaren, uitleggen
explanation [,eksplə'neiʃən] *n* toelichting *c*, uitleg *c*, verklaring *c*
explicit [ik'splisit] *adj* uitdrukkelijk, expliciet
explode [ik'sploud] *v* ontploffen, exploderen
exploit [ik'splɔit] *v* uitbuiten, exploiteren
explore [ik'splɔ:] *v* verkennen, *onderzoeken
explosion [ik'splouʒən] *n* explosie *c*
explosive [ik'splousiv] *adj* explosief; *n* springstof *c*
export[1] [ik'spɔ:t] *v* uitvoeren, exporteren
export[2] ['ekspɔ:t] *n* export *c*
expose [ik'spous] *v* blootstellen
exposition [,ekspə'ziʃən] *n* tentoonstelling *c*
exposure [ik'spouʒə] *n* blootstelling *c*; belichting *c*; ~ **meter** belichtingsmeter *c*
express [ik'spres] *v* uitdrukken; betuigen, uiten; *adj* expresse-; uitdrukkelijk; ~ **train** sneltrein *c*
expression [ik'spreʃən] *n* uitdrukking *c*; uiting *c*
exquisite [ik'skwizit] *adj* voortreffelijk
extend [ik'stend] *v* verlengen; uitbreiden; verlenen
extension [ik'stenʃən] *n*

verlenging *c*; uitbreiding *c*; toestel *nt*; ~ **cord** verlengsnoer *nt*
extensive [ik'stensiv] *adj* omvangrijk; veelomvattend, uitgebreid
extent [ik'stent] *n* omvang *c*
exterior [ek'stiəriə] *adj* uiterlijk; *n* buitenkant *c*
external [ek'stə:nəl] *adj* uiterlijk
extinguish [ik'stiŋgwiʃ] *v* blussen, doven
extort [ik'stɔ:t] *v* *afdwingen
extortion [ik'stɔ:ʃən] *n* afpersing *c*
extra ['ekstrə] *adj* extra
extract[1] [ik'strækt] *v* *uittrekken, *trekken
extract[2] ['ekstrækt] *n* fragment *nt*
extradite ['ekstrədait] *v* uitleveren
extraordinary [ik'strɔ:dənri] *adj* buitengewoon
extravagant [ik'strævəgənt] *adj* overdreven, extravagant
extreme [ik'stri:m] *adj* extreem; hoogst, uiterst; *n* uiterste *nt*
exuberant [ig'zju:bərənt] *adj* uitbundig
eye [ai] *n* oog *nt*; ~ **shadow** oogschaduw *c*
eyebrow ['aibrau] *n* wenkbrauw *c*; ~ **pencil** wenkbrauwpotlood *c*
eyelash ['ailæʃ] *n* wimper *c*
eyelid ['ailid] *n* ooglid *nt*
eyewitness ['ai,witnəs] *n* ooggetuige *c*

F

fable ['feibəl] *n* fabel *c*
fabric ['fæbrik] *n* stof *c*; structuur *c*
façade [fə'sɑ:d] *n* gevel *c*
face [feis] *n* gezicht *nt*; *v* het hoofd *bieden aan; ~ **cream** gezichtscrème *c*; ~ **massage** gezichtsmassage *c*; ~ **pack** schoonheidsmasker *nt*
face-powder ['feis,paudə] *n* gezichtspoeder *nt*/*c*
facilities [fə'silətis] *pl* voorziening *c*; installatie *c*; **cooking** ~ kookgelegenheid *c*
facing tegenover
fact [fækt] *n* feit *nt*; **in** ~ in feite
factor ['fæktə] *n* factor *c*
factory ['fæktəri] *n* fabriek *c*
factual ['fæktʃuəl] *adj* feitelijk
faculty ['fækəlti] *n* vermogen *nt*; gave *c*, talent *nt*, bekwaamheid *c*; faculteit *c*
fade [feid] *v* verkleuren, *verschieten
fail [feil] *v* falen; tekort *schieten; *ontbreken; *nalaten; zakken; **without** ~ beslist
failure ['feiljə] *n* mislukking *c*; fiasco *nt*

faint [feint] *v* *flauwvallen; *adj* zwak, vaag, flauw
fair [fɛə] *n* kermis *c*; beurs *c*; *adj* billijk, eerlijk; blond; mooi
fairly ['fɛəli] *adv* vrij, nogal, tamelijk
fairy ['fɛəri] *n* fee *f*
fairytale ['fɛəriteil] *n* sprookje *nt*
faith [feiθ] *n* geloof *nt*; vertrouwen *nt*
faithful ['feiθful] *adj* trouw
fake [feik] *n* vervalsing *c*
falcon [f] *n* valk *c*
fall [fɔːl] *n* val *c*; *nAm* herfst *c*
***fall** [fɔːl] *v* *vallen
false [fɔːls] *adj* vals; verkeerd, onwaar, onecht; **~ teeth** kunstgebit *nt*
falter ['fɔːltə] *v* wankelen; stamelen
fame [feim] *n* faam *c*, roem *c*; reputatie *c*
familiar [fə'miljə] *adj* vertrouwd; familiair
family ['fæməli] *n* gezin *nt*; familie *c*; **~ name** achternaam *c*
famous ['feiməs] *adj* beroemd
fan [fæn] *n* ventilator *c*; waaier *c*; fan *c*; **~ belt** ventilatorriem *c*
fanatical [fə'nætikəl] *adj* fanatiek
fancy ['fænsi] *v* lusten, zin *hebben in; verliefd zijn op; zich verbeelden, zich voorstellen; *n* gril *c*; fantasie *c*
fantastic [fæn'tæstik] *adj* fantastisch
fantasy ['fæntəzi] *n* fantasie *c*
far [fɑː] *adj* ver; *adv* veel; **by ~** verreweg; **so ~** tot nu toe
fare [fɛə] *n* reiskosten *pl*, tarief *nt*; kost *c*, voedsel *nt*
farm [fɑːm] *n* boerderij *c*
farmer ['fɑːmə] *n* boer *m*; **farmer's wife** boerin *f*
farmhouse ['fɑːmhaus] *n* boerderij *c*
far-off ['fɑːrɔf] *adj* afgelegen
farther ['fɑːðə] *adj* verder
fascinate ['fæsineit] *v* boeien
fascism ['fæʃizəm] *n* fascisme *nt*
fascist ['fæʃist] *adj* fascistisch; *n* fascist *c*
fashion ['fæʃən] *n* mode *c*; manier *c*
fashionable ['fæʃənəbəl] *adj* modieus
fast [fɑːst] *adj* vlug, snel; vast
fasten ['fɑːsən] *v* vastmaken, bevestigen; *sluiten
fastener ['fɑːsənə] *n* sluiting *c*
fat [fæt] *adj* vet, dik; *n* vet *nt*
fat free ['fæt‿'friː] *adj* vetvrij
fatal ['feitəl] *adj* fataal, dodelijk, noodlottig
fate [feit] *n* lot *nt*, noodlot *nt*
father ['fɑːðə] *n* vader *m*; pater *m*
father-in-law ['fɑːðərinlɔː] *n* (pl fathers-) schoonvader *m*
fatty ['fæti] *adj* vettig
faucet ['fɔːsit] *nAm* kraan *c*
fault [fɔːlt] *n* schuld *c*; fout *c*, defect *nt*, gebrek *nt*
faultless ['fɔːltləs] *adj* foutloos; feilloos
faulty ['fɔːlti] *adj* gebrekkig,

defect
favo(u)r ['feivə] *n* gunst *c*; *v* begunstigen, bevoorrechten
favo(u)rable ['feivərəbəl] *adj* gunstig
favo(u)rite ['feivərit] *n* lieveling *c*, favoriet *c*; *adj* lievelings-
fawn [fɔ:n] *adj* lichtbruin; *n* reekalf *nt*
fax [fæks] *n* fax *c*; **send a ~** een fax versturen
fear [fiə] *n* vrees *c*, angst *c*; *v* vrezen
feasible ['fi:zəbəl] *adj* uitvoerbaar; haalbaar
feast [fi:st] *n* feest *nt*
feat [fi:t] *n* prestatie *c*
feather ['feðə] *n* veer *c*
feature ['fi:tʃə] *n* kenmerk *nt*; gelaatstrek *c*
February ['februəri] februari
federal ['fedərəl] *adj* federaal
federation [,fedə'reiʃən] *n* federatie *c*; bond *c*
fee [fi:] *n* honorarium *nt*
feeble ['fi:bəl] *adj* zwak
***feed** [fi:d] *v* voeden; **fed up with** beu
***feel** [fi:l] *v* voelen; betasten; **~ like** zin *hebben in
feeling ['fi:liŋ] *n* gevoel *nt*
feet (pl foot)
fell [fel] *v* (p fall)
fellow ['felou] *n* kerel *m*; **~ countryman** *n* landgenoot *m*; **~ man** *n* medemens *m*
felt[1] [felt] *n* vilt *nt*
felt[2] [felt] *v* (p, pp feel)
female ['fi:meil] *adj* vrouwelijk
feminine ['feminin] *adj* vrouwelijk
fence [fens] *n* omheining *c*; hek *nt*; *v* schermen
ferment [fə:'ment] *v* gisten
ferry-boat ['feribout] *n* veerboot *c*
fertile ['fə:tail] *adj* vruchtbaar
festival ['festivəl] *n* festival *nt*
festive ['festiv] *adj* feestelijk
fetch [fetʃ] *v* halen; afhalen
feudal ['fju:dəl] *adj* feodaal
fever ['fi:və] *n* koorts *c*
feverish ['fi:vəriʃ] *adj* koortsig
few [fju:] *adj* weinig
fiancé [fi'ɔ̃:sei] *n* verloofde *c*
fiancée [fi'ɔ̃:sei] *n* verloofde *c*
fibre ['faibə] *n* vezel *c*
fiction ['fikʃən] *n* fictie *c*, verzinsel *nt*
field [fi:ld] *n* akker *c*, veld *nt*; gebied *nt*; **~ glasses** veldkijker *c*
fierce [fiəs] *adj* wild; woest, fel
fifteen [,fif'ti:n] *num* vijftien
fifteenth [,fif'ti:nθ] *num* vijftiende
fifth [fifθ] *num* vijfde
fifty ['fifti] *num* vijftig
fig [fig] *n* vijg *c*
fight [fait] *n* strijd *c*, gevecht *nt*
***fight** [fait] *v* *strijden, *vechten
figure ['figə] *n* gestalte *c*, figuur *c*; cijfer *nt*
file [fail] *n* vijl *c*; dossier *nt*; rij *c*
fill [fil] *v* vullen; **~ in** invullen; **filling station** benzinestation *nt*; **~ out** *Am* invullen; **~ up** opvullen

filling ['filiŋ] *n* vulling *c*
film [film] *n* film *c*; *v* filmen
filter ['filtə] *n* filter *nt*
filthy ['filθi] *adj* smerig, vuil
final ['fainəl] *adj* laatst
finally ['fainəli] *adv* tenslotte, uiteindelijk
finance [fai'næns] *v* financieren
finances [fai'nænsiz] *pl* financiën *pl*
financial [fai'nænʃəl] *adj* financieel
finch [fintʃ] *n* vink *c*
***find** [faind] *v* *vinden
fine [fain] *n* boete *c*; *adj* fijn; mooi; uitstekend, prachtig; ~ **arts** schone kunsten
finger ['fiŋgə] *n* vinger *c*; **little** ~ pink *c*
fingerprint ['fiŋgəprint] *n* vingerafdruk *c*
finish ['finiʃ] *v* afmaken, beëindigen; eindigen; *n* einde *nt*; eindstreep *c*; **finished** af; op
Finland ['finlənd] Finland
Finn [fin] *n* Fin *m*, -se *f*
Finnish ['finiʃ] *adj* Fins
fire [faiə] *n* vuur *nt*; brand *c*; *v* *schieten; *ontslaan; ~ **alarm** brandalarm *nt*; ~ **brigade** brandweer *c*; ~ **escape** brandtrap *c*; ~ **extinguisher** brandblusapparaat *nt*
firefighter ['faiə,faitə] *n* brandweerman *c*
fireplace ['faiəpleis] *n* haard *c*
fireproof ['faiəpru:f] *adj* brandvrij; vuurvast
firewall ['faiə‿,wɔ:l] *n* firewall *m*
firm [fə:m] *adj* vast; stevig; *n* firma *c*
first [fə:st] *num* eerst; **at** ~ eerst; aanvankelijk; ~ **name** voornaam *c*
first aid [,fə:st'eid] *n* eerste hulp; ~ **kit** verbandkist *c*; ~ **post** eerste hulppost
first-class [,fə:st'klɑ:s] *adj* eersteklas
first-rate [,fə:st'reit] *adj* eersterangs, prima
fir tree ['fə:tri:] *n* dennenboom *c*, den *c*
fish[1] [fiʃ] *n* (pl ~, ~es) vis *c*; ~ **shop** viswinkel *c*
fish[2] [fiʃ] *v* vissen; hengelen; **fishing gear** vistuig *nt*; **fishing hook** vishaak *c*; **fishing industry** visserij *c*; **fishing licence**, *Am* **fishing license** visakte *c*; **fishing line** vislijn *c*; **fishing net** visnet *nt*; **fishing rod** hengel *c*; **fishing tackle** vistuig *nt*
fishbone ['fiʃboun] *n* graat *c*, visgraat *c*
fisherman ['fiʃəmən] *n* (pl -men) visser *m*
fist [fist] *n* vuist *c*
fit [fit] *adj* geschikt; *n* aanval *c*; *v* passen; **fitting room** paskamer *c*
five [faiv] *num* vijf
fix [fiks] *v* repareren
fixed [fikst] *adj* vast
fizz [fiz] *n* prik *c*
flag [flæg] *n* vlag *c*

flame [fleim] *n* vlam *c*
flamingo [flə'miŋgou] *n* (pl ~s, ~es) flamingo *c*
flannel ['flænəl] *n* flanel *nt*
flash [flæʃ] *n* flits *c*; ~ **bulb** flitslampje *nt*
flashlight ['flæʃlait] *n* zaklantaarn *c*
flask [flɑːsk] *n* flacon *c*; **thermos** ~ thermosfles *c*
flat [flæt] *adj* vlak, plat; *n* flat *c*; ~ **tyre** lekke band
flavo(u)r ['fleivə] *n* smaak *c*; *v* kruiden
flee [fliː] *v* vluchten
fleet [fliːt] *n* vloot *c*
flesh [fleʃ] *n* vlees *nt*
flew [fluː] *v* (p fly)
flex [fleks] *n* snoer *nt*
flexible ['fleksibəl] *adj* buigbaar; soepel
flight [flait] *n* vlucht *c*; **charter** ~ chartervlucht *c*
flint [flint] *n* vuursteen *c*
float [flout] *v* *drijven; *n* vlotter *c*
flock [flɔk] *n* kudde *c*
flood [flʌd] *n* overstroming *c*; vloed *c*
floor [flɔː] *n* vloer *c*; etage *c*, verdieping *c*; ~ **show** floor--show *c*
florist ['flɔrist] *n* bloemist *m*, -e *f*
flour [flauə] *n* bloem *c*, meel *nt*
flow [flou] *v* vloeien, stromen
flower [flauə] *n* bloem *c*; ~ **shop** bloemenwinkel *c*
flowerbed ['flauəbed] *n* bloemperk *nt*
flown [floun] *v* (pp fly)
flu [fluː] *n* griep *c*
fluent ['fluːənt] *adj* vloeiend
fluid ['fluːid] *adj* vloeibaar; *n* vloeistof *c*
flute [fluːt] *n* fluit *c*
fly [flai] *n* vlieg *c*; gulp *c*
***fly** [flai] *v* *vliegen
foam [foum] *n* schuim *nt*; *v* schuimen; ~ **rubber** schuimrubber *nt*
focus ['foukəs] *n* brandpunt *nt*
fog [fɔg] *n* mist *c*
foggy ['fɔgi] *adj* mistig
foglamp ['fɔglæmp] *n* mistlamp *c*
fold [fould] *v* *vouwen; *opvouwen; *n* vouw *c*
folk [fouk] *n* volk *nt*; ~ **dance** volksdans *c*; ~ **song** volkslied *nt*
folklore ['fouklɔː] *n* folklore *c*
follow ['fɔlou] *v* volgen; **following** *adj* eerstvolgend, volgend
fond: *be ~ of [biː fɔnd ɔv] *houden van
food [fuːd] *n* voedsel *nt*; eten *nt*, kost *c*; ~ **poisoning** voedselvergiftiging *c*
foodstuffs ['fuːdstʌfs] *pl* levensmiddelen *pl*
fool [fuːl] *n* gek *c*, dwaas *c*; *v* foppen
foolish ['fuːliʃ] *adj* mal, dwaas
foot [fut] *n* (pl feet) voet *c*; ~ **powder** voetpoeder *nt*/*c*; **on** ~ te voet
football ['futbɔːl] *n* voetbal *c*; ~ **match** voetbalwedstrijd *c*

foot brake ['futbreik] *n* voetrem *c*
footpath ['futpɑːθ] *n* voetpad *nt*
footwear ['futwɛə] *n* schoeisel *nt*
for [fɔː, fə] *prep* voor; gedurende; naar; vanwege, wegens, uit; *conj* want
***forbid** [fə'bid] *v* *verbieden
force [fɔːs] *v* noodzaken, *dwingen; forceren; *n* macht *c*, kracht *c*; geweld *nt*; **by ~** noodgedwongen; **driving ~** drijfkracht *c*
forecast ['fɔːkɑːst] *n* voorspelling *c*; *v* voorspellen
foreground ['fɔːgraund] *n* voorgrond *c*
forehead ['fɔred] *n* voorhoofd *nt*
foreign ['fɔrin] *adj* buitenlands; vreemd
foreigner ['fɔrinə] *n* buitenlander *m*, buitenlandse *f*; vreemdeling *m*, -e *f*
foreman ['fɔːmən] *n* (pl -men) voorman *m*
foremost ['fɔːmoust] *adj* hoogst
forest ['fɔrist] *n* woud *nt*, bos *nt*
forester ['fɔristə] *n* boswachter *m*
forever, for ever [fə'revə] *adv* eeuwig, voor goed; altijd
forge [fɔːdʒ] *v* vervalsen
***forget** [fə'get] *v* *vergeten
forgetful [fə'getfəl] *adj* vergeetachtig
***forgive** [fə'giv] *v* *vergeven
fork [fɔːk] *n* vork *c*; tweesprong *c*; *v* zich splitsen
form [fɔːm] *n* vorm *c*; formulier *nt*; klas *c*; *v* vormen
formal ['fɔːməl] *adj* formeel
formality [fɔː'mæləti] *n* formaliteit *c*
former ['fɔːmə] *adj* voormalig; vroeger; **formerly** voorheen, vroeger
formula ['fɔːmjulə] *n* (pl ~e, ~s) formule *c*
fortnight ['fɔːtnait] *n* veertien dagen
fortress ['fɔːtris] *n* vesting *c*
fortunate ['fɔːtʃənət] *adj* gelukkig
fortunately *adv* gelukkig
fortune ['fɔːtʃuːn] *n* fortuin *nt*; lot *nt*, geluk *nt*
forty ['fɔːti] *num* veertig
forward ['fɔːwəd] *adv* vooruit, voorwaarts; *v* *nazenden; doorsturen
foster parents ['fɔstəˌpɛərənts] *pl* pleegouders *pl*
fought [fɔːt] *v* (p, pp fight)
foul [faul] *adj* smerig; gemeen
found[1] [faund] *v* (p, pp find)
found[2] [faund] *v* oprichten, stichten
foundation [faun'deiʃən] *n* stichting *c*; **~ cream** basiscrème *c*
fountain ['fauntin] *n* fontein *c*; bron *c*
fountain pen ['fauntinpen] *n* vulpen *c*
four [fɔː] *num* vier

fourteen [ˌfɔː'tiːn] *num* veertien
fourteenth [ˌfɔː'tiːnθ] *num* veertiende
fourth [fɔːθ] *num* vierde
fowl [faul] *n* (pl ~s, ~) gevogelte *nt*
fox [fɔks] *n* vos *c*
foyer ['fɔiei] *n* foyer *c*
fraction ['frækʃən] *n* fractie *c*
fracture ['fræktʃə] *v* *breken; *n* breuk *c*
fragile ['frædʒail] *adj* breekbaar; broos
fragment ['frægmənt] *n* fragment *nt*; stuk *nt*
frame [freim] *n* lijst *c*; montuur *nt*
France [frɑːns] Frankrijk
franchise ['fræntʃaiz] *n* kiesrecht *nt*
fraternity [frə'təːnəti] *n* broederschap *c*
fraud [frɔːd] *n* fraude *c*, bedrog *nt*
fray [frei] *v* rafelen
free [friː] *adj* vrij; gratis; **~ of charge** gratis; **~ ticket** vrijkaart *c*
freedom ['friːdəm] *n* vrijheid *c*
***freeze** [friːz] *v* *vriezen; *bevriezen
freezer ['friːzə] *n* diepvries *c*
freezing ['friːziŋ] *adj* ijskoud
freezing point ['friːziŋpɔint] *n* vriespunt *nt*
freight [freit] *n* lading *c*, vracht *c*
freight train ['freittrein] *nAm* goederentrein *c*
French [frentʃ] *adj* Frans; **she's French** zij is Franse; **the ~** *pl* de Fransen; **~ fries** *pl* patat, friet
frequency ['friːkwənsi] *n* frequentie *c*
frequent ['friːkwənt] *adj* veelvuldig, frequent; **frequently** dikwijls
fresh [freʃ] *adj* vers; fris; **~ water** zoet water
friction ['frikʃən] *n* wrijving *c*
Friday ['fraidi] vrijdag *c*
fridge [fridʒ] *n* koelkast *c*, ijskast *c*
friend [frend] *n* vriend *m*; vriendin *f*
friendly ['frendli] *adj* vriendelijk; amicaal, vriendschappelijk
friendship ['frendʃip] *n* vriendschap *c*
fright [frait] *n* angst *c*, schrik *c*
frighten ['fraitən] *v* *doen schrikken
frightened ['fraitənd] *adj* bang; ***be ~** *schrikken
frightful ['fraitfəl] *adj* verschrikkelijk, vreselijk
fringe [frindʒ] *n* franje *c*
frock [frɔk] *n* jurk *c*
frog [frɔg] *n* kikker *c*
from [frɔm] *prep* van; uit; vanaf
front [frʌnt] *n* voorkant *c*; **in ~ of** voor
frontier ['frʌntiə] *n* grens *c*
frost [frɔst] *n* vorst *c*
frozen ['frouzən] *adj* bevroren; **~ food** diepvriesproducten
fruit [fruːt] *n* fruit *nt*; vrucht *c*

fry [frai] *v* *bakken; *braden
frying pan ['fraiiŋpæn] *n* koekepan *c*
fuck [fʌk] *v vulgar* neuken, naaien, wippen
fuel ['fju:əl] *n* brandstof *c*; benzine *c*; ~ **pump** *Am* benzinepomp *c*
full [ful] *adj* vol; ~ **board** vol pension; ~ **stop** punt *c*; ~ **up** vol
fun [fʌn] *n* plezier *nt*, pret *c*; lol *c*
function ['fʌŋkʃən] *n* functie *c*
fund [fʌnd] *n* fonds *nt*
fundamental [,fʌndə'mentəl] *adj* fundamenteel
funeral ['fju:nərəl] *n* begrafenis *c*
funnel ['fʌnəl] *n* trechter *c*
funny ['fʌni] *adj* leuk, grappig; zonderling
fur [fə:] *n* pels *c*; ~ **coat** bontjas *c*
furious ['fjuəriəs] *adj* razend, woedend
furnace ['fə:nis] *n* oven *c*
furnish ['fə:niʃ] *v* leveren, verschaffen; inrichten, meubileren; ~ **with** *voorzien van
furniture ['fə:nitʃə] *n* meubilair *nt*; meubels *pl*
furrier ['fʌriə] *n* bontwerker *c*
further ['fə:ðə] *adj* verder; nader
furthermore ['fə:ðəmɔ:] *adv* bovendien
furthest ['fə:ðist] *adj* verst
fuse [fju:z] *n* zekering *c*; lont *c*
fuss [fʌs] *n* drukte *c*; ophef *c*, herrie *c*
future ['fju:tʃə] *n* toekomst *c*; *adj* toekomstig

G

gable ['geibəl] *n* geveltop *c*
gadget ['gædʒit] *n* technisch snufje
gain [gein] *v* *winnen; *n* winst *c*
gale [geil] *n* storm *c*
gall [gɔ:l] *n* gal *c*; ~ **bladder** galblaas *c*
gallery ['gæləri] *n* galerij *c*
gallon ['gælən] *n* gallon *c*/*nt* (*British 4.55 l, Am 3.79 l*)
gallop ['gæləp] *n* galop *c*
gallows ['gælouz] *pl* galg *c*
gallstone ['gɔ:lstoun] *n* galsteen *c*
game [geim] *n* spel *nt*; wild *nt*; ~ **reserve** wildpark *nt*
gang [gæŋ] *n* bende *c*; ploeg *c*
gangway ['gæŋwei] *n* loopplank *c*
gap [gæp] *n* bres *c*, opening *c*, gat *nt*
garage ['gærɑ:ʒ] *n* garage *c*; *v* stallen
garbage ['gɑ:bidʒ] *n* vuilnis *nt*, afval *nt*
garden ['gɑ:dən] *n* tuin *c*; **public** ~ plantsoen *nt*; **zoo** ~ dierentuin *c*; **zoological gardens** dierentuin *c*
gardener ['gɑ:dənə] *n* tuinman

m; tuinier *m*, tuinierster *f*
gargle ['gɑ:gəl] *v* gorgelen
garlic ['gɑ:lik] *n* knoflook *nt/c*
gas [gæs] *n* gas *nt*; *nAm* benzine *c*; ~ **cooker** gasstel *nt*; ~ **pump** *Am* benzinepomp *c*; ~ **station** *Am* benzinestation *nt*; ~ **stove** gaskachel *c*
gasoline ['gæsəli:n] *nAm* benzine *c*
gastric ['gæstrik] *adj* maag-; ~ **ulcer** maagzweer *c*
gasworks ['gæswə:ks] *n* gasfabriek *c*
gate [geit] *n* poort *c*; hek *nt*
gather ['gæðə] *v* verzamelen; *bijeenkomen; oogsten
gauge [geidʒ] *n* meter *c*
gave [geiv] *v* (p give)
gay [gei] *adj* vrolijk; homoseksueel
gaze [geiz] *v* staren
gear [giə] *n* versnelling *c*; uitrusting *c*; **change** ~ schakelen; ~ **lever** versnellingspook *c*
gearbox ['giəbɔks] *n* versnellingsbak *c*
geese (pl goose)
gem [dʒem] *n* juweel *nt*, edelsteen *c*; kleinood *nt*
gender ['dʒendə] *n* geslacht *nt*
general ['dʒenərəl] *adj* algemeen; *n* generaal *c*; ~ **practitioner** huisarts *c*; **in** ~ in het algemeen
generate ['dʒenəreit] *v* verwekken
generation [ˌdʒenə'reiʃən] *n* generatie *c*
generator ['dʒenəreitər] *n* generator *c*
generosity [ˌdʒenə'rɔsəti] *n* edelmoedigheid *c*, gulheid *c*
generous ['dʒenərəs] *adj* gul, royaal, vrijgevig
genital ['dʒenitəl] *adj* geslachtelijk
genius ['dʒi:niəs] *n* genie *nt*
gentle ['dʒentəl] *adj* zacht; teer, licht; voorzichtig
gentleman ['dʒentəlmən] *n* (pl -men) heer *m*
genuine ['dʒenjuin] *adj* echt
geography [dʒi'ɔgrəfi] *n* aardrijkskunde *c*
geology [dʒi'ɔlədʒi] *n* geologie *c*
geometry [dʒi'ɔmətri] *n* meetkunde *c*
germ [dʒə:m] *n* bacil *c*; kiem *c*
German ['dʒə:mən] *adj* Duits; *n* Duitser *m*, Duitse *f*
Germany ['dʒə:məni] Duitsland
gesticulate [dʒi'stikjuleit] *v* gebaren
***get** [get] *v* *krijgen; halen; *worden; ~ **back** *teruggaan; ~ **dressed** aankleden; ~ **off** uitstappen; ~ **on** instappen; vorderen; ~ **up** *opstaan
ghost [goust] *n* spook *nt*; geest *c*
giant ['dʒaiənt] *n* reus *m*
giddiness ['gidinəs] *n* duizeligheid *c*
giddy ['gidi] *adj* duizelig
gift [gift] *n* geschenk *nt*, cadeau *nt*; gave *c*

gift card ['gift͜ˌkɑːd] *n* cadeaubon *f*
gifted ['giftid] *adj* begaafd
gigantic [dʒai'gæntik] *adj* reusachtig
giggle ['gigəl] *v* giechelen
gill [gil] *n* kieuw *c*
gilt [gilt] *adj* verguld
ginger ['dʒindʒə] *n* gember *c*
girl [gəːl] *n* meisje *nt*; ~ **guide** padvindster *f*; ~ **scout** padvindster *f*
girlfriend ['gəːlfrend] *n* vriendin *f*, meisje *nt*
***give** [giv] *v* *geven; *aangeven; ~ **away** verklappen; weggeven; ~ **in** *toegeven; ~ **up** *opgeven
glacier ['glæsiə] *n* gletsjer *c*
glad [glæd] *adj* verheugd, blij; **gladly** graag, gaarne
gladness ['glædnəs] *n* vreugde *c*
glamorous ['glæmərəs] *adj* betoverend, fascinerend
glance [glɑːns] *n* blik *c*; *v* een blik *werpen
gland [glænd] *n* klier *c*
glare [glɛə] *n* scherp licht *nt*; schittering *c*; woedende blik *c*
glaring ['glɛəriŋ] *adj* verblindend
glass [glɑːs] *n* glas *nt*; glazen; **glasses** bril *c*; **magnifying** ~ vergrootglas *nt*
glaze [gleiz] *v* emailleren
glide [glaid] *v* *glijden
glider ['glaidə] *n* zweefvliegtuig *nt*
glimpse [glimps] *n* blik *c*; glimp *c*; *v* even *zien
global ['gloubəl] *adj* wereldomvattend; ~ **positioning system** *n* gps *nt*; ~ **warming** ['gloubəl͜'wɔːmiŋ] *n* opwarming van de aarde *f*
globalization [ˌgloubəlai'zeiʃən] *n* globalisering *f*
globalize ['gloubəˌlaiz] *v* globaliseren
globe [gloub] *n* wereldbol *c*, aardbol *c*
gloom [gluːm] *n* duister *nt*
gloomy ['gluːmi] *adj* somber
glorious ['glɔːriəs] *adj* prachtig
glory ['glɔːri] *n* glorie *c*, roem *c*; eer *c*, lof *c*
gloss [glɔs] *n* glans *c*
glossy ['glɔsi] *adj* glanzend
glove [glʌv] *n* handschoen *c*
glow [glou] *v* gloeien; *n* gloed *c*
glue [gluː] *n* lijm *c*
***go** [gou] *v* *gaan; *lopen; *worden; ~ **ahead** *doorgaan; ~ **away** *weggaan; ~ **back** *teruggaan; ~ **home** naar huis *gaan; ~ **in** *binnengaan; ~ **on** *doorgaan; ~ **out** *uitgaan; ~ **through** meemaken, doormaken
goal [goul] *n* doel *nt*; doelpunt *nt*
goalkeeper ['goulˌkiːpə] *n* doelman *m*
goat [gout] *n* bok *c*, geit *c*
god [gɔd] *n* god *m*
goddess ['gɔdis] *n* godin *f*
godfather ['gɔdˌfɑːðə] *n*

peetvader *m*
godmother ['gɔd,mʌðə] *n* peettante *f*, meter *f*
goggles ['gɔgəlz] *pl* duikbril *c*
gold [gould] *n* goud *nt*; ~ **leaf** bladgoud *nt*
golden ['gouldən] *adj* gouden
goldsmith ['gouldsmiθ] *n* goudsmid *m*
golf [gɔlf] *n* golf *nt*; ~ **course** golfbaan *c*; ~ **links** golfbaan *c*
golfclub ['gɔlfklʌb] *n* golfclub *c*
gondola ['gɔndələ] *n* gondel *c*
gone [gɔn] *adv* (pp go) weg
good [gud] *adj* goed; lekker; zoet, braaf
goodbye! [,gud'bai] dag!, tot ziens
good-humo(u)red [,gud'hju:məd] *adj* opgeruimd
good-looking [,gud'lukiŋ] *adj* knap
good-natured [,gud'neitʃəd] *adj* goedhartig
goods [gudz] *pl* waren *pl*, goederen *pl*; ~ **train** goederentrein *c*
good-tempered [,gud'tempəd] *adj* goedgestemd, goedgeluimd
goodwill [,gud'wil] *n* welwillendheid *c*
goose [gu:s] *n* (pl geese) gans *c*; ~ **flesh** kippevel *nt*
gooseberry ['guzbəri] *n* kruisbes *c*
gorge [gɔ:dʒ] *n* ravijn *nt*
gorgeous ['gɔ:dʒəs] *adj* prachtig
gospel ['gɔspəl] *n* evangelie *nt*
gossip ['gɔsip] *n* geroddel *nt*; *v* roddelen
got [gɔt] *v* (p, pp get)
gourmet ['guəmei] *n* fijnproever *m*
gout [gaut] *n* jicht *c*
govern ['gʌvən] *v* regeren
governess ['gʌvənis] *n* gouvernante *f*
government ['gʌvənmənt] *n* bewind *nt*, regering *c*
governor ['gʌvənə] *n* gouverneur *m*
gown [gaun] *n* japon *c*
GPS ['dʒi:pi:'es] *n* gps *nt*
grab [græb] *n* greep *c*; roof *c*
grace [greis] *n* gratie *c*; genade *c*
graceful ['greisfəl] *adj* bevallig
grade [greid] *n* graad *c*; *v* rangschikken
gradient ['greidiənt] *n* helling *c*
gradual ['grædʒuəl] *adj* geleidelijk; **gradually** *adv* langzamerhand
graduate ['grædʒueit] *v* een diploma behalen
grain [grein] *n* korrel *c*, graan *nt*, koren *nt*
gram [græm] *n* gram *nt*
grammar ['græmə] *n* grammatica *c*
grammatical [grə'mætikəl] *adj* grammaticaal
grand [grænd] *adj* groots
grandchild ['græn,tʃaild] *n* kleinkind *nt*
granddad ['grændæd] *n* opa *m*

granddaughter ['græn,dɔ:tə] *n* kleindochter *f*
grandfather ['græn,fɑ:ðə] *n* grootvader *m*; opa *m*
grandmother ['græn,mʌðə] *n* grootmoeder *f*; oma *f*
grandparents ['græn,pεərənts] *pl* grootouders *pl*
grandson ['grænsʌn] *n* kleinzoon *m*
granite ['grænit] *n* graniet *nt*
grant [grɑ:nt] *v* gunnen, verlenen; inwilligen; *n* toelage *c*, beurs *c*
grape [greip] *n* druif *c*
grapefruit ['greipfru:t] *n* pompelmoes *c*
graph [græf] *n* grafiek *c*
graphic ['græfik] *adj* grafisch
grasp [grɑ:sp] *v* *grijpen; *n* greep *c*
grass [grɑ:s] *n* gras *nt*
grasshopper ['grɑ:s,hɔpə] *n* sprinkhaan *c*
grate [greit] *n* rooster *nt*; *v* raspen
grateful ['greitfəl] *adj* erkentelijk, dankbaar
grater ['greitə] *n* rasp *c*
gratis ['grætis] *adj* gratis
gratitude ['grætitju:d] *n* dankbaarheid *c*
gratuity [grə'tju:əti] *n* fooi *c*
grave [greiv] *n* graf *nt*; *adj* ernstig
gravel ['grævəl] *n* kiezel *c*, grind *nt*
gravestone ['greivstoun] *n* grafsteen *c*
graveyard ['greivjɑ:d] *n* kerkhof *nt*
gravity ['grævəti] *n* zwaartekracht *c*; ernst *c*
gravy ['greivi] *n* jus *c*
graze [greiz] *v* grazen; *n* schaafwond *c*
grease [gri:s] *n* vet *nt*; *v* smeren
greasy ['gri:si] *adj* vet, vettig
great [greit] *adj* groot; patent; **Great Britain** Groot-Brittannië
Greece [gri:s] Griekenland
greed [gri:d] *n* hebzucht *c*
greedy ['gri:di] *adj* hebzuchtig; gulzig
Greek [gri:k] *adj* Grieks; *n* Griek *m*, -se *f*
green [gri:n] *adj* groen; **~ card** groene kaart
greengrocer ['gri:n,grousə] *n* groenteboer *m*
greenhouse ['gri:nhaus] *n* broeikas *c*, kas *c*
greet [gri:t] *v* groeten
greeting ['gri:tiŋ] *n* groet *c*
grey [grei] *adj* grijs; grauw
greyhound ['greihaund] *n* hazewind *c*
grief [gri:f] *n* verdriet *nt*; bedroefdheid *c*, smart *c*
grieve [gri:v] *v* treuren
grill [gril] *n* grill *c*; *v* roosteren
grillroom ['grilru:m] *n* grillroom *c*
grim [grim] *adj* grimmig
grin [grin] *v* grijnzen; *n* grijns *c*
***grind** [graind] *v* *malen; fijnmalen
grip [grip] *v* *grijpen; *n* houvast

nt, greep *c*
grit [grit] *n* gruis *nt*
groan [groun] *v* kreunen
grocer ['grousə] *n* kruidenier *m*; **grocer's, grocery** kruidenierswinkel *c*
groceries ['grousəriz] *pl* kruidenierswaren *pl*
groin [grɔin] *n* lies *c*
groom [gru:m] *n* bruidegom *m*, stalknecht *m*; *v* verzorgen
groove [gru:v] *n* groef *c*
gross[1] [grous] *n* (pl ~) gros *nt*
gross[2] [grous] *adj* grof; bruto
grotto ['grɔtou] *n* (pl ~es, ~s) grot *c*
ground[1] [graund] *n* bodem *c*, grond *c*; **~ floor** begane grond; **grounds** terrein *nt*
ground[2] [graund] *v* (p, pp grind)
group [gru:p] *n* groep *c*
grouse [graus] *n* (pl ~) korhoen *nt*
grove [grouv] *n* bosje *nt*
***grow** [grou] *v* groeien; kweken, verbouwen; *worden
growl [graul] *v* grommen
grown-up ['grounʌp] *adj* volwassen; *n* volwassene *c*
growth [grouθ] *n* groei *c*; gezwel *nt*
grudge [grʌdʒ] *v* misgunnen
grumble ['grʌmbəl] *v* mopperen
guarantee [,gærən'ti:] *n* garantie *c*; waarborg *c*; *v* garanderen
guard [gɑ:d] *n* bewaker *m*; *v* bewaken
guardian ['gɑ:diən] *n* voogd *m*
guess [ges] *v* *raden; *denken, gissen; *n* gissing *c*
guest [gest] *n* logé *c*, gast *c*; **~ room** logeerkamer *c*
guesthouse ['gesthaus] *n* pension *nt*
guide [gaid] *n* gids *c*; *v* leiden
guidebook ['gaidbuk] *n* gids *c*
guide dog ['gaiddɔg] *n* geleidehond *c*
guideline ['gaidlain] *n* richtlijn *c*
guilt [gilt] *n* schuld *c*
guilty ['gilti] *adj* schuldig
guinea pig ['ginipig] *n* cavia *c*
guitar [gi'tɑ:] *n* gitaar *c*
gulf [gʌlf] *n* golf *c*
gull [gʌl] *n* meeuw *c*
gum [gʌm] *n* tandvlees *nt*; gom *c*
gun [gʌn] *n* geweer *nt*, revolver *c*; kanon *nt*
gunpowder ['gʌn,paudə] *n* kruit *nt*
gust [gʌst] *n* windstoot *c*
gut [gʌt] *n* darm *c*; **guts** lef *nt*
gutter ['gʌtə] *n* goot *c*
guy [gai] *n* vent *m*
gymnasium [dʒim'neiziəm] *n* (pl ~s, -sia) gymlokaal *nt*, gymnastiekzaal *c*
gymnast ['dʒimnæst] *n* gymnast *c*
gymnastics [dʒim'næstiks] *pl* gymnastiek *c*
gynaecologist [,gainə'kɔlədʒist] *n* gynaecoloog *m*, gynaecologe *f*, vrouwenarts *c*

H

habit ['hæbit] *n* gewoonte *c*
habitable ['hæbitəbəl] *adj* bewoonbaar
habitual [hə'bitʃuəl] *adj* gewoon
had [hæd] *v* (p, pp have)
haddock ['hædək] *n* (pl ~) schelvis *c*
h(a)emorrhage ['hemərid3] *n* bloeding *c*
haemorrhoids ['hemərɔidz] *pl* aambeien *pl*
hail [heil] *n* hagel *c*
hair [hɛə] *n* haar *nt*; **~ cream** haarcrème *c*; **~ gel** haargel; **~ piece** haarstukje *nt*; **~ spray** haarlak *c*
hairbrush ['hɛəbrʌʃ] *n* haarborstel *c*
hairdo ['hɛədu:] *n* kapsel *nt*, coiffure *c*
hairdresser ['hɛə,dresə] *n* kapper *m*, kapster *f*
hairdrier, hairdryer ['hɛədraiə] *n* haardroger *c*
hairgrip ['hɛəgrip] *n* haarspeld *c*
hairpin ['hɛəpin] *n* haarspeld *c*
hairy ['hɛəri] *adj* harig
half[1] [hɑ:f] *adj* half
half[2] [hɑ:f] *n* (pl halves) helft *c*
half time [,hɑ:f'taim] *n* rust *c*
halfway [,hɑ:f'wei] *adv* halverwege
halibut ['hælibət] *n* (pl ~) heilbot *c*
hall [hɔ:l] *n* hal *c*; zaal *c*
halt [hɔ:lt] *v* stoppen
halve [hɑ:v] *v* halveren
ham [hæm] *n* ham *c*
hamburger [hæmb] *n* hamburger *nt*
hamlet ['hæmlət] *n* gehucht *nt*
hammer ['hæmə] *n* hamer *c*
hammock ['hæmək] *n* hangmat *c*
hamper ['hæmpə] *n* mand *c*
hand [hænd] *n* hand *c*; *v* *aangeven; **~ cream** handcrème *c*
handbag ['hændbæg] *n* handtas *c*
handbook ['hændbuk] *n* handboek *nt*
handbrake ['hændbreik] *n* handrem *c*
handcuffs ['hændkʌfs] *pl* handboeien *pl*
handful ['hændful] *n* handvol *c*
handheld ['hand,held] *adj* zak-
handicap ['hændikæp] *n* handicap *c*; nadeel *nt*
handicraft ['hændikrɑ:ft] *n* handenarbeid *c*; handwerk *nt*
handkerchief ['hæŋkətʃif] *n* zakdoek *c*
handle ['hændəl] *n* steel *c*, handvat *nt*; *v* hanteren; behandelen
hand-made [,hænd'meid] *adj* met de hand gemaakt
handshake ['hændʃeik] *n*

handdruk *c*
handsome ['hænsəm] *adj* knap
handwork ['hændwə:k] *n* handwerk *nt*
handwriting ['hænd,raitiŋ] *n* handschrift *nt*
handy ['hændi] *adj* handig
***hang** [hæŋ] *v* *ophangen; *hangen
hanger ['hæŋə] *n* kleerhanger *c*
hangover ['hæŋ,ouvə] *n* kater *c*
happen ['hæpən] *v* *voorkomen, gebeuren
happening ['hæpəniŋ] *n* gebeurtenis *c*
happiness ['hæpinəs] *n* geluk *nt*
happy ['hæpi] *adj* blij, gelukkig
harbour ['ha:bə] *n* haven *c*
hard [ha:d] *adj* hard; moeilijk; ~ **disk** *n* harde schijf *c*
hardly ['ha:dli] amper, nauwelijks
hardware ['ha:dweə] *n* ijzerwaren *pl*; ~ **store** handel in ijzerwaren
hare [heə] *n* haas *c*
harm [ha:m] *n* schade *c*; kwaad *nt*; *v* schaden
harmful ['ha:mfəl] *adj* nadelig, schadelijk
harmless ['ha:mləs] *adj* onschadelijk
harmony ['ha:məni] *n* harmonie *c*
harp [ha:p] *n* harp *c*
harpsichord ['ha:psikɔ:d] *n* clavecimbel *c*
harsh [ha:ʃ] *adj* ruw; streng; wreed
harvest ['ha:vist] *n* oogst *c*, *v* oogsten
has [hæz] *v* (pr have)
haste [heist] *n* spoed *c*, haast *c*
hasten ['heisən] *v* zich haasten
hasty ['heisti] *adj* haastig
hat [hæt] *n* hoed *c*; ~ **rack** kapstok *c*
hatch [hætʃ] *n* luik *nt*
hate [heit] *v* een hekel *hebben aan; haten; *n* haat *c*
hatred ['heitrid] *n* haat *c*
haughty ['hɔ:ti] *adj* hooghartig
haul [hɔ:l] *v* slepen
***have** [hæv] *v* *hebben; *laten; ~ **to** *moeten
hawk [hɔ:k] *n* havik *c*
hay [hei] *n* hooi *nt*; ~ **fever** hooikoorts *c*
hazard ['hæzəd] *n* risico *nt*
haze [heiz] *n* nevel *c*; waas *nt*
hazelnut ['heizəlnʌt] *n* hazelnoot *c*
hazy ['heizi] *adj* heiig; wazig
he [hi:] *pron* hij
head [hed] *n* hoofd *nt*; kop *c*; *v* leiden; ~ **of state** staatshoofd *nt*; ~ **waiter** maître d'hotel *m*
headache ['hedeik] *n* hoofdpijn *c*
heading ['hediŋ] *n* titel *c*
headlamp ['hedlæmp] *n* koplamp *c*
headlight ['hedlait] *n* koplamp *c*
headline ['hedlain] *n* kop *c*
headmaster [,hed'ma:stə] *n* schoolhoofd *nt*; rector *m*, directeur *m*

headquarters [ˌhed'kwɔ:təz] *pl* hoofdkwartier *nt*, hoofdkantoor *nt*
headstrong ['hedstrɔŋ] *adj* koppig
heal [hi:l] *v* *genezen
health [helθ] *n* gezondheid *c*; ~ **center** *Am*, ~ **centre** consultatiebureau *nt*; ~ **certificate** gezondheidsattest *nt*
healthy ['helθi] *adj* gezond
heap [hi:p] *n* stapel *c*, hoop *c*
***hear** [hiə] *v* horen
hearing ['hiəriŋ] *n* gehoor *nt*, hoorzitting *c*
heart [hɑ:t] *n* hart *nt*; kern *c*; **by** ~ uit het hoofd; ~ **attack** hartaanval *c*
heartburn ['hɑ:tbə:n] *n* maagzuur *nt*
hearth [hɑ:θ] *n* haard *c*
heartless ['hɑ:tləs] *adj* harteloos
hearty ['hɑ:ti] *adj* hartelijk
heat [hi:t] *n* warmte *c*, hitte *c*; *v* verwarmen; **heating pad** elektrisch kussen
heater ['hi:tə] *n* kachel *c*; **immersion** ~ dompelaar *c*
heath [hi:θ] *n* heide *c*
heathen ['hi:ðən] *n* heiden *c*; heidens
heather ['heðə] *n* heide *c*
heating ['hi:tiŋ] *n* verwarming *c*
heaven ['hevən] *n* hemel *c*
heavy ['hevi] *adj* zwaar
Hebrew ['hi:bru:] *n* Hebreeuws *nt*
hedge [hedʒ] *n* heg *c*
hedgehog ['hedʒhɔg] *n* egel *c*
heel [hi:l] *n* hiel *c*; hak *c*
height [hait] *n* hoogte *c*; toppunt *nt*, hoogtepunt *nt*
heir [eə] *n* erfgenaam *m*
heiress ['eəres] *n* erfgename *f*
helicopter ['helikʌptə] *n* helicopter
hell [hel] *n* hel *c*
hello! [he'lou] hallo!; dag!; **say hello to** (be)groeten
helm [helm] *n* roer *nt*
helmet ['helmit] *n* helm *c*
helmsman ['helmzmən] *n* stuurman *m*
help [help] *v* *helpen; *n* hulp *c*
helper ['helpə] *n* helper *c*
helpful ['helpfəl] *adj* hulpvaardig
helping ['helpiŋ] *n* portie *c*
hem [hem] *n* zoom *c*
hemp [hemp] *n* hennep *c*
hen [hen] *n* hen *f*; kip *c*
her [hə:] *pron* haar
herb [hə:b] *n* kruid *nt*
herd [hə:d] *n* kudde *c*
here [hiə] *adv* hier; ~ **you are** alstublieft
hereditary [hi'reditəri] *adj* erfelijk
hernia ['hə:niə] *n* breuk *c*
hero ['hiərou] *n* (pl ~es) held *m*
heron ['herən] *n* reiger *c*
herring ['heriŋ] *n* (pl ~, ~s) haring *c*
herself [hə:'self] *pron* zich; zelf
hesitate ['heziteit] *v* aarzelen
heterosexual [ˌhetərə'sekʃuəl] *adj*

heteroseksueel
hiccup ['hikʌp] *n* hik *c*
hide [haid] *n* huid *c*
***hide** [haid] *v* *verbergen; verstoppen
hideous ['hidiəs] *adj* afschuwelijk
hierarchy ['haiərɑ:ki] *n* hiërarchie *c*
high [hai] *adj* hoog
highway ['haiwei] *n* hoofdweg *c*; *nAm* autoweg *c*
hijack ['haidʒæk] *v* kapen
hijacker ['haidʒækə] *n* kaper *c*
hike [haik] *v* *trekken
hill [hil] *n* heuvel *c*
hillock ['hilək] *n* lage heuvel *nt*
hillside ['hilsaid] *n* helling *c*
hilltop ['hiltɔp] *n* heuveltop *c*
hilly ['hili] *adj* heuvelachtig
him [him] *pron* hem
himself [him'self] *pron* zich; zelf
hinder ['hində] *v* hinderen
hinge [hindʒ] *n* scharnier *nt*
hint [hint] *n* aanwijzing *c*; hint *c*; *v* aanwijzigingen geven
hip [hip] *n* heup *c*
hip-hop ['hip,hɔp] *n* hiphop *m*
hire [haiə] *v* huren; **for ~** te huur
hire purchase [,haiə'pə:tʃəs] *n* huurkoop *c*
his [hiz] *adj* zijn
historian [hi'stɔ:riən] *n* geschiedkundige *c*
historic [hi'stɔrik] *adj* historisch
historical [hi'stɔrikəl] *adj* geschiedkundig
history ['histəri] *n* geschiedenis *c*
hit [hit] *n* hit *c*
***hit** [hit] *v* *slaan; raken, *treffen
hitchhike ['hitʃhaik] *v* liften
hitchhiker ['hitʃ,haikə] *n* lifter *m*, liftster *f*
hoarse [hɔ:s] *adj* schor, hees
hobby ['hɔbi] *n* liefhebberij *c*, hobby *c*
hobbyhorse ['hɔbihɔ:s] *n* hobbelpaard *nt*; stokpaardje *nt*
hockey ['hɔki] *n* hockey *nt*
hoist [hɔist] *v* *hijsen
hold [hould] *n* ruim *nt*
***hold** [hould] *v* *vasthouden, *houden; bewaren; **~ on** zich *vasthouden; **~ up** ondersteunen
hold-up ['houldʌp] *n* overval *c*
hole [houl] *n* kuil *c*, gat *nt*
holiday ['hɔlədi] *n* vakantie *c*; feestdag *c*; **~ camp** vakantiekamp *nt*; **~ resort** vakantieoord *nt*; **on ~** met vakantie
Holland ['hɔlənd] Holland
hollow ['hɔlou] *adj* hol
holy ['houli] *adj* heilig
homage ['hɔmidʒ] *n* hulde *c*
home [houm] *n* thuis *nt*; tehuis *nt*, huis *nt*; *adv* thuis, naar huis; **at ~** thuis
homemade [,houm'meid] *adj* eigengemaakt
homesickness ['houm,siknəs] *n* heimwee *nt*
homosexual [,houmə'sekʃuəl] *adj*

homoseksueel
homework ['houm,wə:k] *n* huiswerk *nt*
honest ['ɔnist] *adj* eerlijk; oprecht
honesty ['ɔnisti] *n* eerlijkheid *c*
honey ['hʌni] *n* honing *c*
honeymoon ['hʌnimu:n] *n* huwelijksreis *c*, wittebroodsweken *pl*
honk [hʌŋk] *vAm* claxonneren
honour ['ɔnə] *n* eer *c*; *v* eren, huldigen
honourable ['ɔnərəbəl] *adj* eervol, eerzaam; rechtschapen
hood [hud] *n* kap *c*; *nAm* motorkap *c*
hoof [hu:f] *n* hoef *c*
hook [huk] *n* haak *c*
hoot [hu:t] *v* claxonneren
hooter ['hu:tə] *n* claxon *c*
hoover ['hu:və] *v* stofzuigen
hop[1] [hɔp] *v* huppelen; *n* sprong *c*
hop[2] [hɔp] *n* hop *c*
hope [houp] *n* hoop *c*; *v* hopen
hopeful ['houpfəl] *adj* hoopvol
hopeless ['houpləs] *adj* hopeloos
horizon [hə'raizən] *n* kim *c*, horizon *c*
horizontal [,hɔri'zɔntəl] *adj* horizontaal
horn [hɔ:n] *n* hoorn *c*; claxon *c*
horrible ['hɔribəl] *adj* vreselijk; verschrikkelijk, gruwelijk, afschuwelijk
horror ['hɔrə] *n* afgrijzen *nt*, afschuw *c*
hors d'œuvre [ɔ:'də:vr] *n* hors d'œuvre *c*, voorgerecht *nt*
horse [hɔ:s] *n* paard *nt*
horseman ['hɔ:smən] *n* (pl -men) ruiter *m*
horsepower ['hɔ:s,pauə] *n* paardekracht *c*
horserace ['hɔ:sreis] *n* harddraverij *c*, paardenrace *c*
horseradish ['hɔ:s,rædiʃ] *n* mierikswortel *c*
horseshoe ['hɔ:sʃu:] *n* hoefijzer *nt*
horticulture ['hɔ:tikʌltʃə] *n* tuinbouw *c*
hospitable ['hɔspitəbəl] *adj* gastvrij
hospital ['hɔspitəl] *n* hospitaal *nt*, ziekenhuis *nt*
hospitality [,hɔspi'tæləti] *n* gastvrijheid *c*
host [houst] *n* gastheer *m*
hostage ['hɔstidʒ] *n* gijzelaar *m*, -ster *f*
hostel ['hɔstəl] *n* herberg *c*
hostess ['houstis] *n* gastvrouw *f*
hostile ['hɔstail] *adj* vijandig
hot [hɔt] *adj* warm, heet
hotel [hou'tel] *n* hotel *nt*
hotspot ['hɔt,spɔt] *n* hotspot *m*
hot-tempered [,hɔt'tempəd] *adj* driftig
hour [auə] *n* uur *nt*
hourly ['auəli] *adj* uur-
house [haus] *n* huis *nt*; woning *c*; pand *nt*; ~ **agent** makelaar *m*; **public** ~ kroeg *c*
houseboat ['hausbout] *n* woonboot *c*

household ['haushould] *n* huishouden *nt*
housekeeper ['haus,ki:pə] *n* huishoudster *f*
housekeeping ['haus,ki:piŋ] *n* huishouden *nt*
housemaid ['hausmeid] *n* dienstmeid *f*
housewife ['hauswaif] *n* huisvrouw *f*
housework ['hauswə:k] *n* huishouden *nt*
how [hau] *adv* hoe; wat; ~ **many** hoeveel; ~ **much** hoeveel
however [hau'evə] *conj* evenwel, echter
hug [hʌg] *v* omhelzen; *n* omhelzing *c*
huge [hju:dʒ] *adj* geweldig, enorm, reusachtig
hum [hʌm] *v* neuriën
human ['hju:mən] *adj* menselijk; ~ **being** menselijk wezen
humanity [hju'mænəti] *n* mensheid *c*
humble ['hʌmbəl] *adj* nederig
humid ['hju:mid] *adj* vochtig
humidity [hju'midəti] *n* vochtigheid *c*
humorous ['hju:mərəs] *adj* grappig, geestig, humoristisch
humo(u)r ['hju:mə] *n* humor *c*
hundred ['hʌndrəd] *n* honderd
Hungarian [hʌŋ'geəriən] *adj* Hongaars; *n* Hongaar *m*, -se *f*
Hungary ['hʌŋgəri] Hongarije
hunger ['hʌŋgə] *n* honger *c*
hungry ['hʌŋgri] *adj* hongerig
hunt [hʌnt] *v* jagen; *n* jacht *c*; ~ **for** *zoeken
hunter ['hʌntə] *n* jager *c*
hurricane ['hʌrikən] *n* orkaan *c*; ~ **lamp** stormlamp *c*
hurry ['hʌri] *v* *opschieten, zich haasten; *n* haast *c*; **in a** ~ haastig
***hurt** [hə:t] *v* pijn *doen, bezeren; kwetsen
hurtful ['hə:tfəl] *adj* schadelijk; kwetsend
husband ['hʌzbənd] *n* echtgenoot *m*, man *m*
hut [hʌt] *n* hut *c*
hydrogen ['haidrədʒən] *n* waterstof *c*
hygiene ['haidʒi:n] *n* hygiëne *c*
hygienic [hai'dʒi:nik] *adj* hygiënisch
hymn [him] *n* gezang *nt*
hyphen ['haifən] *n* koppelteken *nt*
hypocrisy [hi'pɔkrəsi] *n* huichelarij *c*
hypocrite ['hipəkrit] *n* huichelaar *m*, -ster *f*
hypocritical [,hipə'kritikəl] *adj* huichelachtig, hypocriet, schijnheilig
hysterical [hi'sterikəl] *adj* hysterisch

I

I [ai] *pron* ik
ice [ais] *n* ijs *nt*; ~ **bag** koeltas *c*; ~ **cream** ijs *nt*, ijsje *nt*
Iceland ['aislənd] IJsland
Icelander ['aisləndə] *n* IJslander *c*
Icelandic [ais'lændik] *adj* IJslands
icon ['aikɔn] *n* ikoon *c*
ID card [ˌai'di:kɑ:d] *n* identiteitskaart *c*
idea [ai'diə] *n* idee *nt* / *c*; inval *c*, gedachte *c*; denkbeeld *nt*, begrip *nt*
ideal [ai'diəl] *adj* ideaal; *n* ideaal *nt*
identical [ai'dentikəl] *adj* identiek
identification [aiˌdentifi'keiʃən] *n* identificatie *c*
identify [ai'dentifai] *v* identificeren
identity [ai'dentəti] *n* identiteit *c*; ~ **card** identiteitskaart *c*
idiom ['idiəm] *n* idioom *nt*
idiomatic [ˌidiə'mætik] *adj* idiomatisch
idiot ['idiət] *n* idioot *c*
idiotic [ˌidi'ɔtik] *adj* idioot
idle ['aidəl] *adj* werkeloos; lui; ijdel
idol ['aidəl] *n* afgod *c*; idool *nt*
if [if] *conj* als; indien
ignition [ig'niʃən] *n* ontsteking *c*; ~ **coil** ontsteking *c*
ignorant ['ignərənt] *adj* onwetend
ignore [ig'nɔ:] *v* negeren
ill [il] *adj* ziek; slecht; kwaad
illegal [i'li:gəl] *adj* illegaal, onwettig
illegible [i'ledʒəbəl] *adj* onleesbaar
illiterate [i'litərət] *n* analfabeet *m*, analfabete *f*
illness ['ilnəs] *n* ziekte *c*
illuminate [i'lu:mineit] *v* verlichten
illumination [iˌlu:mi'neiʃən] *n* verlichting *c*
illusion [i'lu:ʒən] *n* illusie *c*; droombeeld *nt*
illustrate ['iləstreit] *v* illustreren
illustration [ˌilə'streiʃən] *n* illustratie *c*
image ['imidʒ] *n* beeld *nt*
imaginary [i'mædʒinəri] *adj* denkbeeldig
imagination [iˌmædʒi'neiʃən] *n* verbeelding *c*
imagine [i'mædʒin] *v* zich voorstellen; zich verbeelden; zich *indenken
imitate ['imiteit] *v* nabootsen, imiteren
imitation [ˌimi'teiʃən] *n* namaak *c*, imitatie *c*
immediate [i'mi:djət] *adj* onmiddellijk
immediately [i'mi:djətli] *adv*

meteen, dadelijk, onmiddellijk
immense [i'mens] *adj* oneindig, reusachtig, onmetelijk
immigrant ['imigrənt] *n* immigrant *m*, -e *f*
immigrate ['imigreit] *v* immigreren
immigration [,imi'greiʃən] *n* immigratie *c*
immodest [i'mɔdist] *adj* onbescheiden
immunity [i'mju:nəti] *n* immuniteit *c*
immunize ['imjunaiz] *v* immuun maken
impartial [im'pɑ:ʃəl] *adj* onpartijdig
impassable [im'pɑ:səbəl] *adj* onbegaanbaar
impatient [im'peiʃənt] *adj* ongeduldig
impede [im'pi:d] *v* belemmeren
impediment [im'pedimənt] *n* beletsel *nt*, belemmering *c*
imperfect [im'pə:fikt] *adj* onvolmaakt
imperial [im'piəriəl] *adj* keizerlijk; rijks-
impersonal [im'pə:sənəl] *adj* onpersoonlijk
impertinence [im'pə:tinəns] *n* onbeschaamdheid *c*
impertinent [im'pə:tinənt] *adj* brutaal, onbeschoft, onbeschaamd
implement[1] ['implimənt] *n* werktuig *nt*, gereedschap *nt*
implement[2] ['impliment] *v* uitvoeren
implicate ['implikeit] *v* *betrekken
imply [im'plai] *v* impliceren; *inhouden
impolite [,impə'lait] *adj* onbeleefd
import[1] [im'pɔ:t] *v* invoeren, importeren
import[2] ['impɔ:t] *n* import *c*, invoer *c*; **~ duty** invoerrecht *nt*
importance [im'pɔ:təns] *n* belang *nt*
important [im'pɔ:tənt] *adj* gewichtig, belangrijk
importer [im'pɔ:tə] *n* importeur *c*
imposing [im'pouziŋ] *adj* indrukwekkend
impossible [im'pɔsəbəl] *adj* onmogelijk
impotence ['impətəns] *n* impotentie *c*
impotent ['impətənt] *adj* impotent
impress [im'pres] *v* imponeren, indruk maken op
impression [im'preʃən] *n* indruk *c*
impressive [im'presiv] *adj* indrukwekkend
imprison [im'prizən] *v* gevangen zetten
imprisonment [im'prizənmənt] *n* gevangenschap *c*
improbable [im'prɔbəbəl] *adj* onwaarschijnlijk
improper [im'prɔpə] *adj*

ongepast
improve [im'pru:v] *v* verbeteren
improvement [im'pru:vmənt] *n* verbetering *c*
improvise ['imprəvaiz] *v* improviseren
impudent ['impjudənt] *adj* onbeschaamd
impulse ['impʌls] *n* impuls *c*; prikkel *c*
impulsive [im'pʌlsiv] *adj* impulsief
in [in] *prep* in; over, op; *adv* binnen
inaccessible [iˌnæk'sesəbəl] *adj* ontoegankelijk
inaccurate [i'nækjurət] *adj* onnauwkeurig
inadequate [i'nædikwət] *adj* onvoldoende
incapable [iŋ'keipəbəl] *adj* onbekwaam
incense ['insens] *n* wierook *c*
inch ['intʃ] *n* duim (2.54 cm) *c*
incident ['insidənt] *n* incident *nt*
incidental [ˌinsi'dentəl] *adj* toevallig
incite [in'sait] *v* aansporen
inclination [ˌiŋkli'neiʃən] *n* neiging *c*
incline [iŋ'klain] *n* helling *c*
inclined [iŋ'klaind] *adj* genegen, geneigd; ***be ~ to** *v* neigen
include [iŋ'klu:d] *v* bevatten, *insluiten; **included** inbegrepen
inclusive [iŋ'klu:siv] *adj* inclusief
income ['iŋkəm] *n* inkomen *nt*; **~ tax** inkomstenbelasting *c*
incompetent [iŋ'kɔmpətənt] *adj* onbekwaam
incomplete [ˌiŋkəm'pli:t] *adj* onvolledig, incompleet
incomprehensible [ˌiŋkəmpri'hensibəl] *adj* onbegrijpelijk
inconceivable [ˌiŋkən'si:vəbəl] *adj* ondenkbaar, onvoorstelbaar
inconspicuous [ˌiŋkən'spikjuəs] *adj* onopvallend
inconvenience [ˌiŋkən'vi:njəns] *n* ongemak *nt*, ongerief *nt*
inconvenient [ˌiŋkən'vi:njənt] *adj* ongelegen; lastig
incorrect [ˌiŋkə'rekt] *adj* onnauwkeurig, onjuist
increase[1] [iŋ'kri:s] *v* vermeerderen; *oplopen, *toenemen
increase[2] ['iŋkri:s] *n* toename *c*; verhoging *c*
incredible [iŋ'kredəbəl] *adj* ongelofelijk
incurable [iŋ'kjuərəbəl] *adj* ongeneeslijk
indecent [in'di:sənt] *adj* onfatsoenlijk
indeed [in'di:d] *adv* inderdaad
indefinite [in'definit] *adj* onbepaald
indemnity [in'demnəti] *n* schadeloosstelling *c*,

schadevergoeding *c*
independence [ˌindi'pendəns] *n* onafhankelijkheid *c*
independent [ˌindi'pendənt] *adj* onafhankelijk; zelfstandig
index ['indeks] *n* register *nt*, index *c*; ~ **finger** wijsvinger *c*
India ['indiə] India
Indian ['indiən] *adj* Indisch; Indiaans; *n* Indiër *m*, Indische *f*; Indiaan *m*, -se *f*
indicate ['indikeit] *v* *aangeven, aanduiden
indication [ˌindi'keiʃən] *n* teken *nt*, aanwijzing *c*
indicator ['indikeitə] *n* richtingaanwijzer *c*
indifferent [in'difərənt] *adj* onverschillig
indigestion [ˌindi'dʒestʃən] *n* indigestie *c*
indignation [ˌindig'neiʃən] *n* verontwaardiging *c*
indirect [ˌindi'rekt] *adj* indirect
individual [ˌindi'vidʒuəl] *adj* afzonderlijk, individueel; *n* enkeling *c*, individu *nt*
Indonesia [ˌində'ni:ziə] Indonesië
Indonesian [ˌində'ni:ziən] *adj* Indonesisch; *n* Indonesiër *m*, Indonesische *f*
indoor ['indɔ:] *adj* binnen
indoors [ˌin'dɔ:z] *adv* binnen
indulge [in'dʌldʒ] *v* *toegeven
industrial [in'dʌstriəl] *adj* industrieel; ~ **area** industriegebied *nt*
industrious [in'dʌstriəs] *adj* vlijtig, bedrijvig
industry ['indəstri] *n* industrie *c*
inedible [i'nedibəl] *adj* oneetbaar
inefficient [ˌini'fiʃənt] *adj* ondoeltreffend
inevitable [i'nevitəbəl] *adj* onvermijdelijk
inexpensive [ˌinik'spensiv] *adj* goedkoop
inexperienced [ˌinik'spiəriənst] *adj* onervaren
infallible [in'fæləbl] *adj* feilloos
infant ['infənt] *n* zuigeling *c*
infantry ['infəntri] *n* infanterie *c*
infect [in'fekt] *v* besmetten, *aansteken
infection [in'fekʃən] *n* infectie *c*
infectious [in'fekʃəs] *adj* besmettelijk
infer [in'fə:] *v* afleiden
inferior [in'fiəriə] *adj* inferieur, minderwaardig; lager
infinite ['infinət] *adj* oneindig
infinitive [in'finitiv] *n* onbepaalde wijs
inflammable [in'flæməbəl] *adj* ontvlambaar
inflammation [ˌinflə'meiʃən] *n* ontsteking *c*
inflatable [in'fleitəbəl] *adj* opblaasbaar
inflate [in'fleit] *v* *opblazen
inflation [in'fleiʃən] *n* inflatie *c*
inflict [in'flikt] *v* toebrengen
influence ['influəns] *n* invloed *c*; *v* beïnvloeden

influential [ˌinflu'enʃəl] *adj* invloedrijk
influenza [ˌinflu'enzə] *n* griep *c*
inform [in'fɔ:m] *v* informeren; inlichten, mededelen
informal [in'fɔ:məl] *adj* informeel
information [ˌinfə'meiʃən] *n* informatie *c*; inlichting *c*, mededeling *c*; ~ **bureau** inlichtingenkantoor *nt*
infra-red [ˌinfrə'red] *adj* infrarood
infrequent [in'fri:kwənt] *adj* zeldzaam
ingredient [iŋ'gri:diənt] *n* ingrediënt *nt*, bestanddeel *nt*
inhabit [in'hæbit] *v* bewonen
inhabitable [in'hæbitəbəl] *adj* bewoonbaar
inhabitant [in'hæbitənt] *n* inwoner *m*, inwoonster *f*; bewoner *m*, bewoonster *f*
inhale [in'heil] *v* inademen
inherit [in'herit] *v* erven
inheritance [in'heritəns] *n* erfenis *c*
inhibit [in'hibit] *v* verbieden; hinderen
initial [i'niʃəl] *adj* begin-, eerst; *n* voorletter *c*; *v* paraferen
initiate [i'niʃieit] *v* beginnen; inwijden
initiative [i'niʃətiv] *n* initiatief *nt*
inject [in'dʒekt] *v* *inspuiten
injection [in'dʒekʃən] *n* injectie *c*
injure ['indʒə] *v* verwonden, kwetsen; krenken
injured ['indʒəd] *adj* gewond
injury ['indʒəri] *n* verwonding *c*; letsel *nt*, blessure *c*
injustice [in'dʒʌstis] *n* onrecht *nt*
ink [iŋk] *n* inkt *c*
inlet ['inlet] *n* inham *c*
inn [in] *n* herberg *c*
inner ['inə] *adj* inwendig; ~ **tube** binnenband *c*
innocence ['inəsəns] *n* onschuld *c*
innocent ['inəsənt] *adj* onschuldig
inoculate [i'nɔkjuleit] *v* inenten
inoculation [iˌnɔkju'leiʃən] *n* inenting *c*
inquire [iŋ'kwaiə] *v* *navragen, informatie *inwinnen
inquiry [iŋ'kwaiəri] *n* vraag *c*, navraag *c*; onderzoek *nt*; ~ **office** informatiebureau *nt*
inquisitive [iŋ'kwizətiv] *adj* nieuwsgierig
insane [in'sein] *adj* krankzinnig
inscription [in'skripʃən] *n* inscriptie *c*
insect ['insekt] *n* insekt *nt*; ~ **repellent** insektenwerend middel
insecticide [in'sektisaid] *n* insekticide *c*
insensitive [in'sensətiv] *adj* ongevoelig
insert [in'sə:t] *v* invoegen
inside [ˌin'said] *n* binnenkant *c*; *adj* binnenst; *adv* binnen; van binnen; *prep* in, binnen; ~ **out**

binnenste buiten; **insides** ingewanden *pl*
insight ['insait] *n* inzicht *nt*
insignificant [ˌinsig'nifikənt] *adj* onbelangrijk; onbeduidend, nietsbetekenend; nietig
insist [in'sist] *v* *aandringen; *aanhouden, *volhouden
insolence ['insələns] *n* onbeschaamdheid *c*
insolent ['insələnt] *adj* brutaal, onbeschaamd
insomnia [in'sɔmniə] *n* slapeloosheid *c*
inspect [in'spekt] *v* inspecteren
inspection [in'spekʃən] *n* inspectie *c*; controle *c*
inspector [in'spektə] *n* inspecteur *m*, inspectrice *f*
inspire [in'spaiə] *v* bezielen
install [in'stɔːl] *v* installeren
installation [ˌinstə'leiʃən] *n* installatie *c*
instal(l)ment [in'stɔːlmənt] *n* afbetaling *c*; ~ **plan** *nAm* huurkoop *c*
instance ['instəns] *n* voorbeeld *nt*; geval *nt*; **for** ~ bijvoorbeeld
instant ['instənt] *n* ogenblik *nt*
instant message ['instənt‿'mesədʒ] *n* instant message
instantly ['instəntli] *adv* ogenblikkelijk, onmiddellijk, meteen
instead of [in'sted ɔv] in plaats van
instinct ['instiŋkt] *n* instinct *nt*
institute ['institjuːt] *n* instituut *nt*; instelling *c*; *v* instellen
institution [ˌinsti'tjuːʃən] *n* inrichting *c*, instelling *c*
instruct [in'strʌkt] *v* onderrichten
instruction [in'strʌkʃən] *n* onderwijs *nt*
instructive [in'strʌktiv] *adj* leerzaam
instructor [in'strʌktə] *n* leraar *m*, lerares *f*
instrument ['instrumənt] *n* instrument *nt*; **musical** ~ muziekinstrument *nt*
insufficient [ˌinsə'fiʃənt] *adj* onvoldoende
insulate ['insjuleit] *v* isoleren
insulation [ˌinsju'leiʃən] *n* isolatie *c*
insulator ['insjuleitə] *n* isolator *c*
insult[1] [in'sʌlt] *v* beledigen
insult[2] ['insʌlt] *n* belediging *c*
insurance [in'ʃuərəns] *n* assurantie *c*, verzekering *c*; ~ **policy** verzekeringspolis *c*
insure [in'ʃuə] *v* verzekeren
intact [in'tækt] *adj* intact
integrate ['intəgreit] *v* integreren
intellect ['intəlekt] *n* intellect *nt*
intellectual [ˌintə'lektʃuəl] *adj* intellectueel
intelligence [in'telidʒəns] *n* intelligentie *c*
intelligent [in'telidʒənt] *adj* intelligent
intend [in'tend] *v* van plan

*zijn, bedoelen
intense [in'tens] *adj* intens; hevig
intention [in'tenʃən] *n* bedoeling *c*
intentional [in'tenʃənəl] *adj* opzettelijk
intercourse ['intəkɔ:s] *n* omgang *c*; gemeenschap *c*; **(sexual) ~** geschlachtsgemeenschap *c*
interest ['intrəst] *n* interesse *c*, belangstelling *c*; belang *nt*; rente *c*; *v* interesseren
interested ['intristid] *adj* geïnteresseerd, belangstellend; betrokken
interesting ['intrəstiŋ] *adj* interessant
interfere [,intə'fiə] *v* tussenbeide *komen; **~ with** zich bemoeien met
interference [,intə'fiərəns] *n* inmenging *c*
interim ['intərim] *n* tussentijd *c*
interior [in'tiəriə] *n* binnenkant *c*
interlude ['intəlu:d] *n* intermezzo *nt*
intermediary [,intə'mi:djəri] *n* tussenpersoon *c*
intermission [,intə'miʃən] *n* pauze *c*
internal [in'tə:nəl] *adj* intern, inwendig
international [,intə'næʃənəl] *adj* internationaal
Internet ['intənet] *n* Internet *nt*
interpret [in'tə:prit] *v* tolken; vertolken
interpreter [in'tə:pritə] *n* tolk *c*
interrogate [in'terəgeit] *v* *ondervragen
interrogation [in,terə'geiʃən] *n* verhoor *nt*
interrogative [,intə'rɔgətiv] *adj* vragend
interrupt [,intə'rʌpt] *v* *onderbreken
interruption [,intə'rʌpʃən] *n* onderbreking *c*
intersection [,intə'sekʃən] *n* kruispunt *nt*
interval ['intəvəl] *n* pauze *c*; tussenpoos *c*
intervene [,intə'vi:n] *v* *ingrijpen
interview ['intəvju:] *n* sollicitatiegesprek *nt*; interview *nt*, vraaggesprek *nt*
intestine [in'testin] *n* darm *c*; **intestines** ingewanden *pl*
intimate ['intimət] *adj* intiem
into ['intu] *prep* in
intolerable [in'tɔlərəbəl] *adj* onuitstaanbaar
intoxicated [in'tɔksikeitid] *adj* dronken
intrigue [in'tri:g] *n* komplot *nt*
introduce [,intrə'dju:s] *v* introduceren, voorstellen; inleiden; invoeren
introduction [,intrə'dʌkʃən] *n* inleiding *c*
invade [in'veid] *v* *binnenvallen, *invallen; *schenden
invalid[1] ['invəli:d] *n* invalide *c*; *adj* invalide
invalid[2] [in'vælid] *adj* ongeldig

invasion [in'veiʒən] *n* inval *c*, invasie *c*
invent [in'vent] *v* *uitvinden; *verzinnen
invention [in'venʃən] *n* uitvinding *c*
inventive [in'ventiv] *adj* vindingrijk
inventor [in'ventə] *n* uitvinder *m*, uitvindster *f*
inventory ['invəntri] *n* inventaris *c*
invert [in'vəːt] *v* omdraaien
invest [in'vest] *v* investeren; beleggen
investigate [in'vestigeit] *v* *onderzoeken
investigation [in,vesti'geiʃən] *n* onderzoek *nt*
investment [in'vestmənt] *n* investering *c*; belegging *c*, geldbelegging *c*
investor [in'vestə] *n* investeerder *m*
invisible [in'vizəbəl] *adj* onzichtbaar
invitation [,invi'teiʃən] *n* uitnodiging *c*
invite [in'vait] *v* inviteren, uitnodigen
invoice ['invɔis] *n* factuur *c*
involve [in'vɔlv] *v* impliceren; **involved** betrokken
inwards ['inwədz] *adv* naar binnen
iodine ['aiədiːn] *n* jodium *nt*
Iran [i'rɑːn] Iran
Iranian [i'reiniən] *adj* Iraans; *n* Iraniër *c*
Iraq [i'rɑːk] Irak
Iraqi [i'rɑːki] *adj* Iraaks; *n* Irakees *m*
Ireland ['aiələnd] Ierland
Irish ['aiəriʃ] *adj* Iers; **I'm ~** Ik ben Ier(se); **the ~** de Ieren
iron ['aiən] *n* ijzer *nt*; strijkijzer *nt*; ijzeren; *v* *strijken
ironical [ai'rɔnikəl] *adj* ironisch
irony ['aiərəni] *n* ironie *c*
irregular [i'regjulə] *adj* onregelmatig
irreparable [i'repərəbəl] *adj* onherstelbaar
irrevocable [i'revəkəbəl] *adj* onherroepelijk
irritable ['iritəbəl] *adj* prikkelbaar
irritate ['iriteit] *v* prikkelen, irriteren
is [iz] *v* (pr be)
island ['ailənd] *n* eiland *nt*
isolate ['aisəleit] *v* isoleren
isolation [,aisə'leiʃən] *n* isolement *nt*; isolatie *c*
Israel ['izreil] Israël
Israeli [iz'reili] *adj* Israëlisch; *n* Israëliër *c*
issue ['iʃuː] *v* *uitgeven; *n* uitgifte *c*, oplage *c*, uitgave *c*; kwestie *c*, punt *nt*; uitkomst *c*, resultaat *nt*, gevolg *nt*, slot *nt*, einde *nt*; uitgang *c*
it [it] *pron* het
Italian [i'tæljən] *adj* Italiaans; *n* Italiaan *m*, -se *f*
Italy ['itəli] Italië
itch [itʃ] *n* jeuk *c*; kriebel *c*; *v* jeuken
item ['aitəm] *n* artikel *nt*; punt *nt*

itinerary [ai'tinərəri] *n* reisplan *nt*, reisgegevens, reisroute *c*
its zijn, haar
itself [it'self] zich, zichzelf; **by ~** alleen
ivory ['aivəri] *n* ivoor *nt*
ivy ['aivi] *n* klimop *c*

J

jack [dʒæk] *n* krik *c*
jacket ['dʒækit] *n* jasje *nt*, colbert *c*, vest *nt*; omslag *c*/*nt*
jade [dʒeid] *n* jade *nt*/*c*
jail [dʒeil] *n* gevangenis *c*
jam [dʒæm] *n* jam *c*; verkeersopstopping *c*
janitor ['dʒænitə] *n* conciërge *c*
January ['dʒænjuəri] januari
Japan [dʒə'pæn] Japan
Japanese [ˌdʒæpə'ni:z] *adj* Japans; *n* Japanner *m*, Japanse *f*
jar [dʒɑ:] *n* pot *c*
jaundice ['dʒɔ:ndis] *n* geelzucht *c*
jaw [dʒɔ:] *n* kaak *c*
jealous ['dʒeləs] *adj* jaloers
jealousy ['dʒeləsi] *n* jaloezie *c*
jeans [dʒi:nz] *pl* spijkerbroek *c*
jelly ['dʒeli] *n* gelei *c*; jam
jellyfish ['dʒelifiʃ] *n* kwal *c*
jersey ['dʒə:zi] *n* jersey *c*; trui *c*
jet [dʒet] *n* straal *c*; straalvliegtuig *nt*
jet lag ['jet‿ˌlæg] *n* jetlag *m*
jetty ['dʒeti] *n* pier *c*
Jew [dʒu:] *n* jood *m*, jodin *f*
jewel ['dʒu:əl] *n* juweel *nt*
jeweller ['dʒu:ələ] *n* juwelier *c*
jewellery ['dʒu:əlri] *n* juwelen; bijouterie *c*
jewelry ['dʒu:əlri] *nAm* juwelen; bijouterie *c*
Jewish ['dʒu:iʃ] *adj* joods
job [dʒɔb] *n* karwei *nt*; betrekking *c*, baan *c*; **~ center** *Am*, **~ centre** arbeidsbureau *nt*
jobless ['dʒɔbles] *adj* zonder werk
jockey ['dʒɔki] *n* jockey *m*
join [dʒɔin] *v* *verbinden; zich voegen bij, zich *aansluiten bij; samenvoegen, verenigen
joint [dʒɔint] *n* gewricht *nt*; las *c*; *adj* verenigd, gezamenlijk
jointly ['dʒɔintli] *adv* gezamenlijk
joke [dʒouk] *n* mop *c*, grap *c*
jolly ['dʒɔli] *adj* leuk
Jordan ['dʒɔ:dən] Jordanië
Jordanian [dʒɔ:'deiniən] *adj* Jordaans; *n* Jordaniër *c*
journal ['dʒə:nəl] *n* tijdschrift *nt*
journalism ['dʒə:nəlizəm] *n* journalistiek *c*
journalist ['dʒə:nəlist] *n* journalist *m*, -e *f*
journey ['dʒə:ni] *n* reis *c*
joy [dʒɔi] *n* genot *nt*, vreugde *c*
joyful ['dʒɔifəl] *adj* blij, vrolijk
jubilee ['dʒu:bili:] *n* jubileum

nt
judge [dʒʌdʒ] *n* rechter *c*; *v* oordelen; beoordelen
judgment ['dʒʌdʒmənt] *n* oordeel *nt*; beoordeling *c*
jug [dʒʌg] *n* kan *c*
juggle ['dʒʌgəl] *v* jongleren, goochelen
juice [dʒu:s] *n* sap *nt*
juicy ['dʒu:si] *adj* sappig
July [dʒu'lai] juli
jump [dʒʌmp] *v* *springen; *n* sprong *c*
jumper ['dʒʌmpə] *n* jumper *c*
junction ['dʒʌŋkʃən] *n* kruising *c*; knooppunt *nt*
June [dʒu:n] juni
jungle ['dʒʌŋgəl] *n* oerwoud *nt*, jungle *c*
junior ['dʒu:njə] *adj* jonger
junk [dʒʌŋk] *n* rommel *c*
jury ['dʒuəri] *n* jury *c*
just [dʒʌst] *adj* terecht, rechtvaardig; juist; *adv* pas; precies; alleen, slechts
justice ['dʒʌstis] *n* recht *nt*; gerechtigheid *c*, rechtvaardigheid *c*
justify ['dʒʌstifai] *v* rechtvaardigen
juvenile ['dʒu:vənail] *adj* jeugdig

K

kangaroo [ˌkæŋgə'ru:] *n* kangoeroe *c*
keel [ki:l] *n* kiel *c*
keen [ki:n] *adj* enthousiast; scherp
***keep** [ki:p] *v* *houden; bewaren; *blijven; **~ away from** niet *betreden; **~ off** *afblijven; **~ on** *doorgaan met; **~ quiet** *zwijgen; **~ up** *volhouden; **~ up with** *bijhouden
keep [ki:p] *n* aandenken
kennel ['kenəl] *n* hondehok *nt*; kennel *c*
Kenya ['kenjə] Kenya
kerosene ['kerəsi:n] *n* petroleum *c*
kettle ['ketəl] *n* ketel *c*, fluitketel *c*, waterketel *c*; waterkoker *c*
key [ki:] *n* sleutel *c*
keyhole ['ki:houl] *n* sleutelgat *nt*
khaki ['kɑ:ki] *n* kaki *nt*
kick [kik] *v* trappen, schoppen; *n* trap *c*, schop *c*
kickoff [ˌki'kɔf] *n* aftrap *c*
kid [kid] *n* kind *nt*; geiteleer *nt*; *v* *beetnemen
kidney ['kidni] *n* nier *c*
kill [kil] *v* *ombrengen, doden
kilogram ['kiləgræm] *n* kilo *nt*
kilometer *nAm*, **kilometre** ['kiləˌmi:tə] *n* kilometer *c*
kind [kaind] *adj* aardig, vriendelijk; goed; *n* soort *c* / *nt*
kindergarten ['kindəˌgɑ:tən] *n* kleuterschool *c*
king [kiŋ] *n* koning *m*

kingdom ['kiŋdəm] *n* koninkrijk *nt*; rijk *nt*
kiosk ['ki:ɔsk] *n* kiosk *c*
kiss [kis] *n* zoen *c*, kus *c*; *v* kussen
kit [kit] *n* uitrusting *c*
kitchen ['kitʃin] *n* keuken *c*; ~ **garden** moestuin *c*; ~ **towel** theedoek
knapsack ['næpsæk] *n* knapzak *c*
knave [neiv] *n* boer *m*
knee [ni:] *n* knie *c*
kneecap ['ni:kæp] *n* knieschijf *c*
***kneel** [ni:l] *v* knielen
knew [nju:] *v* (p know)
knife [naif] *n* (pl knives) mes *nt*
knight [nait] *n* ridder *m*
***knit** [nit] *v* breien
knob [nɔb] *n* knop *c*
knock [nɔk] *v* kloppen; *n* klop *c*; ~ **against** *stoten tegen; ~ **down** *neerslaan
knot [nɔt] *n* knoop *c*; *v* knopen
***know** [nou] *v* *weten, kennen
knowledge ['nɔlidʒ] *n* kennis *c*
knuckle ['nʌkəl] *n* knokkel *c*

L

label ['leibəl] *n* etiket *nt*; *v* etiketteren
laboratory [lə'bɔrətəri] *n* laboratorium *nt*
labo(u)r ['leibə] *n* werk *nt*, arbeid *c*; weeën *pl*; *v* zwoegen; **labor permit** *Am* werkvergunning *c*
labo(u)rer ['leibərə] *n* arbeider *m*
labo(u)r-saving ['leibə,seiviŋ] *adj* arbeidbesparend
labyrinth ['læbərinθ] *n* doolhof *nt*
lace [leis] *n* kant *nt*; veter *c*
lack [læk] *n* gemis *nt*, gebrek *nt*; *v* missen
lacquer ['lækə] *n* lak *c*
lactose ['læktous] *n* lactose *f*
lactose intolerant ['læktous‿in'tɔlərənt] *adj* lactose-intolerant
lad [læd] *n* jongen *m*, joch *nt*
ladder ['lædə] *n* ladder *c*
lady ['leidi] *n* dame *f*; **ladies' room** damestoilet *nt*
lagoon [lə'gu:n] *n* lagune *c*
lake [leik] *n* meer *nt*
lamb [læm] *n* lam *nt*; lamsvlees *nt*
lame [leim] *adj* lam, mank, kreupel
lamentable ['læməntəbəl] *adj* erbarmelijk
lamp [læmp] *n* lamp *c*
lampshade ['læmpʃeid] *n* lampekap *c*
land [lænd] *n* land *nt*; *v* landen; aan land *gaan
landlady ['lænd,leidi] *n* hospita *f*
landlord ['lændlɔ:d] *n* huisbaas *m*; hospes *m*
landmark ['lændmɑ:k] *n* baken

nt; mijlpaal *c*
landscape ['lændskeip] *n* landschap *nt*
lane [lein] *n* steeg *c*, pad *nt*; rijstrook *c*
language ['læŋgwidʒ] *n* taal *c*; ~ **laboratory** talenpracticum *nt*
lantern ['læntən] *n* lantaarn *c*
lap ['læp] *n* schoot *c*; etappe *c*; *v* likken
lapel [lə'pel] *n* revers *c*
laptop ['læp,tɔp] *n* laptop *m*
large [lɑːdʒ] *adj* groot; ruim
lark [lɑːk] *n* leeuwerik *c*
laryngitis [,lærin'dʒaitis] *n* keelontsteking *c*
last [lɑːst] *adj* laatst; vorig; *v* duren; **at** ~ eindelijk; tenslotte, uiteindelijk
lasting ['lɑːstiŋ] *adj* blijvend, duurzaam
latchkey ['lætʃkiː] *n* huissleutel *c*
late [leit] *adj* laat; te laat
lately ['leitli] *adv* de laatste tijd, onlangs, laatst
later ['l] *adv* later; in a moment
lather ['lɑːðə] *n* schuim *nt*
Latin America ['lætin ə'merikə] Latijns-Amerika
Latin-American [,lætinə'merikən] *adj* Latijns--Amerikaans
latitude ['lætitjuːd] *n* breedtegraad *c*
laugh [lɑːf] *v* *lachen; *n* lach *c*
laughter ['lɑːftə] *n* gelach *nt*
launch [lɔːntʃ] *v* inzetten; lanceren
launching ['lɔːntʃiŋ] *n* tewaterlating *c*
launderette [,lɔːndə'ret] *n* wasserette *c*
laundry ['lɔːndri] *n* wasserij *c*; was *c*
lavatory ['lævətəri] *n* toilet *nt*
lavish ['læviʃ] *adj* kwistig
law [lɔː] *n* wet *c*; recht *nt*; ~ **court** gerecht *nt*
lawful ['lɔːfəl] *adj* wettig
lawn [lɔːn] *n* grasveld *nt*, gazon *nt*
lawsuit ['lɔːsuːt] *n* proces *nt*, geding *nt*
lawyer ['lɔːjə] *n* advocaat *m*, advocate *f*; jurist *m*, -e *f*
laxative ['læksətiv] *n* laxeermiddel *nt*
***lay** [lei] *v* plaatsen, zetten, leggen; ~ **bricks** metselen
layer [leiə] *n* laag *c*
layman ['leimən] *n* leek *m*
lazy ['leizi] *adj* lui
lead[1] [liːd] *n* voorsprong *c*; leiding *c*; riem *c*
lead[2] [led] *n* lood *nt*
***lead** [liːd] *v* leiden
leader ['liːdə] *n* aanvoerder *m*, aanvoerster *f*, leider *m*, leidster *f*
leadership ['liːdəʃip] *n* leiderschap *nt*
leading ['liːdiŋ] *adj* vooraanstaand, voornaamst
leaf [liːf] *n* (pl leaves) blad *nt*
league [liːg] *n* bond *c*
leak [liːk] *v* lekken; *n* lek *nt*
leaky ['liːki] *adj* lek
lean [liːn] *adj* mager

***lean** [li:n] *v* leunen
leap [li:p] *n* sprong *c*
***leap** [li:p] *v* *springen
leap year ['li:pjiə] *n* schrikkeljaar *nt*
***learn** [lə:n] *v* leren
learner ['lə:nə] *n* beginneling *m*, -e *f*, beginner *c*
lease [li:s] *n* huurcontract *nt*; pacht *c*; *v* verpachten, verhuren; huren
leash [li:ʃ] *n* lijn *c*
least [li:st] *adj* geringst, minst; kleinst; **at ~** minstens; tenminste
leather ['leðə] *n* leer *nt*; lederen, leren
leave [li:v] *n* verlof *nt*
***leave** [li:v] *v* *vertrekken, *verlaten; *laten; **~ behind** *achterlaten; **~ out** *weglaten
Lebanese [,lebə'ni:z] *adj* Libanees; *n* Libanees *m*, Libanese *f*
Lebanon ['lebənən] Libanon
lecture ['lektʃə] *n* college *nt*, lezing *c*
left¹ [left] *adj* links
left² [left] *v* (p, pp leave)
left-hand ['lefthænd] *adj* links
left-handed [,left'hændid] *adj* linkshandig
leg [leg] *n* poot *c*, been *nt*
legacy ['legəsi] *n* erfenis *c*
legal ['li:gəl] *adj* wettig, wettelijk; juridisch
legalization [,li:gəlai'zeiʃən] *n* legalisatie *c*
legation [li'geiʃən] *n* legatie *c*
legible ['ledʒibəl] *adj* leesbaar
legitimate [li'dʒitimət] *adj* wettig
leisure ['leʒə] *n* vrije tijd; gemak *nt*
lemon ['lemən] *n* citroen *c*
lemonade [,lemə'neid] *n* limonade *c*
***lend** [lend] *v* lenen, uitlenen
length [leŋθ] *n* lengte *c*
lengthen ['leŋθən] *v* verlengen
lengthways ['leŋθweiz] *adv* in de lengte
lens [lenz] *n* lens *c*; **telephoto ~** telelens *c*; **zoom ~** zoomlens *c*
leprechaun [lepre'kɔ:n] *n* kabouter *m*
leprosy ['leprəsi] *n* lepra *c*
less [les] *adv* minder
lessen ['lesən] *v* verminderen
lesson ['lesən] *n* les *c*
***let** [let] *v* *laten; verhuren; **~ down** teleurstellen
letter ['letə] *n* brief *c*; letter *c*; **~ of credit** kredietbrief *c*; **~ of recommendation** aanbevelingsbrief *c*
letterbox ['letəbɔks] *n* brievenbus *c*
lettuce ['letis] *n* sla *c*
level ['levəl] *adj* egaal; plat, vlak, effen, gelijk; *n* peil *nt*, niveau *nt*; waterpas *c*; *v* egaliseren, nivelleren; **~ crossing** overweg *c*
lever ['li:və] *n* hefboom *c*, hendel *c*
liability [,laiə'biləti] *n* aansprakelijkheid *c*
liable ['laiəbəl] *adj* aansprakelijk; **~ to** onderhevig

aan
liar ['laiə] *n* leugenaar *m*, -ster *f*
liberal ['libərəl] *adj* liberaal; mild, royaal, vrijgevig
liberation [ˌlibə'reiʃən] *n* bevrijding *c*
Liberia [lai'biəriə] Liberia
Liberian [lai'biəriən] *adj* Liberiaans; *n* Liberiaan *c*
liberty ['libəti] *n* vrijheid *c*
library ['laibrəri] *n* bibliotheek *c*
licence ['laisəns] *n* licentie *c*; vergunning *c*; **driving ~** rijbewijs *nt*; **~ number** *Am* kenteken *nt*; **~ plate** *Am* nummerbord *nt*
license ['laisəns] *v* een vergunning verlenen; *nAm* vergunning *c*; **~ plate** *Am* nummerbord *nt*
lick [lik] *v* likken
lid [lid] *n* deksel *nt*
lie [lai] *v* *liegen; *n* leugen *c*
***lie** [lai] *v* *liggen; **~ down** *gaan liggen
life [laif] *n* (pl lives) leven *nt*; **~ insurance** levensverzekering *c*; **~ jacket** zwemvest *nt*
lifebelt ['laifbelt] *n* reddingsgordel *c*
lifetime ['laiftaim] *n* leven *nt*
lift [lift] *v* optillen; *n* lift *c*
light [lait] *n* licht *nt*; *adj* licht; **~ bulb** peer *c*
***light** [lait] *v* *aansteken
lighter ['laitə] *n* aansteker *c*
lighthouse ['laithaus] *n* vuurtoren *c*
lighting ['laitiŋ] *n* verlichting *c*
lightning ['laitniŋ] *n* bliksem *c*
like [laik] *v* *houden van; *mogen, lusten; *adj* gelijk; *conj* zoals; *prep* als
likely ['laikli] *adj* waarschijnlijk
like-minded [ˌlaik'maindid] *adj* gelijkgezind
likewise ['laikwaiz] *adv* evenzo, eveneens
lily ['lili] *n* lelie *c*
limb [lim] *n* ledemaat *c*
lime [laim] *n* kalk *c*; linde *c*; limoen *c*
limetree ['laimtriː] *n* linde *c*
limit ['limit] *n* limiet *c*; *v* beperken
limp [limp] *v* hinken; *adj* slap
line [lain] *n* regel *c*; streep *c*; snoer *nt*; lijn *c*; rij *c*; **stand in ~** *Am* in de rij *staan
linen ['linin] *n* linnen *nt*; linnengoed *nt*
liner ['lainə] *n* lijnboot *c*
lingerie ['lɔ̃ʒəriː] *n* lingerie *c*
lining ['lainiŋ] *n* voering *c*
link [liŋk] *v* *verbinden; *n* verbinding *c*; schakel *c*; (*computer*) koppeling *f*
lion ['laiən] *n* leeuw *c*
lip [lip] *n* lip *c*
liposuction ['lipouˌsʌkʃən] *n* liposuctie *f*
lipstick ['lipstik] *n* lippenstift *c*
liqueur [li'kjuə] *n* likeur *c*
liquid ['likwid] *adj* vloeibaar; *n* vloeistof *c*
liquor ['likə] *n* sterke drank; **~ store** *nAm* slijterij *c*
liquorice ['likəris] *n* drop *c*
list [list] *n* lijst *c*; *v* noteren

listen ['lisən] *v* aanhoren, luisteren
listener ['lisnə] *n* luisteraar *m*, -ster *f*
litre ['li:tə] *nAm* liter *c*
literary ['litrəri] *adj* letterkundig, literair
literature ['litrətʃə] *n* literatuur *c*
litre ['li:tə] *n* liter *c*
litter ['litə] *n* afval *nt*; rommel *c*; nest *nt*
little ['litəl] *adj* klein; weinig
live[1] [liv] *v* leven; wonen
live[2] [laiv] *adj* levend
livelihood ['laivlihud] *n* kost *c*
lively ['laivli] *adj* levendig
liver ['livə] *n* lever *c*
living ['liviŋ] *n* inkomen *nt*; *adj* levend; ~ **creatures** *pl* levende wezens *pl*; ~ **room** woonkamer *c*, huiskamer *c*
lizard ['lizəd] *n* hagedis
load [loud] *n* lading *c*; last *c*; *v* *laden
loaf [louf] *n* (pl loaves) brood *nt*
loan [loun] *n* lening *c*
lobby ['lɔbi] *n* hal *c*; foyer *c*
lobster ['lɔbstə] *n* kreeft *c*
local ['loukəl] *adj* lokaal, plaatselijk; ~ **call** lokaal gesprek; ~ **train** stoptrein *c*
locality [lou'kæləti] *n* plaats *c*
locate [lou'keit] *v* plaatsen
location [lou'keiʃən] *n* ligging *c*
lock [lɔk] *v* op slot *doen; *n* slot *nt*; sluis *c*; ~ **up** *opsluiten
locker ['lɔkə] *n* kluisje *nt*
locomotive [ˌloukə'moutiv] *n* locomotief *c*
lodge [lɔdʒ] *v* herbergen; *n* jachthuis *nt*
lodger ['lɔdʒə] *n* kamerbewoner *c*
lodgings ['lɔdʒiŋz] *pl* logies *nt*
log [lɔg] *n* houtblok *n*; ~ **in** *v* inloggen; ~ **off** *v* uitloggen
logic ['lɔdʒik] *n* logica *c*
logical ['lɔdʒikəl] *adj* logisch
lonely ['lounli] *adj* eenzaam
long[1] [lɔŋ] *adj* lang; langdurig; **no longer** niet meer
long[2] [lɔŋ] *v*: ~ **for** verlangen naar
long-distance call [lɔŋ'distəns,kɔ:l] *n* interlokaal gesprek
longing ['lɔŋiŋ] *n* verlangen *nt*
longitude ['lɔndʒitju:d] *n* lengtegraad *c*
look [luk] *v* *kijken; *lijken, er uit *zien; *n* kijkje *nt*, blik *c*; uiterlijk *nt*, voorkomen *nt*; ~ **after** verzorgen, zorgen voor, passen op; ~ **at** *aankijken, *kijken naar; ~ **for** *zoeken; ~ **out** *uitkijken, oppassen; ~ **up** *opzoeken
looking-glass ['lukiŋglɑ:s] *n* spiegel *c*
loop [lu:p] *n* lus *c*
loose [lu:s] *adj* los
loosen ['lu:sən] *v* losmaken
lord [lɔ:d] *n* lord *m*, heer *m*
lorry ['lɔri] *n* vrachtwagen *c*
***lose** [lu:z] *v* kwijtraken, *verliezen
loser ['lu:sə] *n* verliezer *c*
loss [lɔs] *n* verlies *nt*
lost [lɔst] *adj* verdwaald; weg; ~

and found gevonden voorwerpen; ~ **property office** bureau voor gevonden voorwerpen
lot [lɔt] *n* lot *nt*; hoop *c*, boel *c*
lotion ['louʃən] *n* lotion *c*; **aftershave** ~ after shave
lottery ['lɔtəri] *n* loterij *c*
loud [laud] *adj* hard, luid
loudspeaker [ˌlaud'spi:kə] *n* luidspreker *c*
lounge [laundʒ] *n* salon *c*
louse [laus] *n* (pl lice) luis *c*
love [lʌv] *v* *houden van, *liefhebben; *n* liefde *c*; **in** ~ verliefd
lovely ['lʌvli] *adj* heerlijk, prachtig, mooi
lover ['lʌvə] *n* minnaar *m*, minnares *f*
love story ['lʌvˌstɔ:ri] *n* liefdesgeschiedenis *c*
low [lou] *adj* laag; diep; neerslachtig; ~ **tide** eb *c*
lower ['louə] *v* *neerlaten; verlagen; *strijken; *adj* onderst, lager
lowlands ['louləndz] *pl* laagland *nt*
loyal ['lɔiəl] *adj* loyaal
lubricate ['lu:brikeit] *v* oliën, smeren
lubrication [ˌlu:bri'keiʃən] *n* smering *c*; ~ **oil** smeerolie *c*; ~ **system** smeersysteem *nt*
luck [lʌk] *n* geluk *nt*; toeval *nt*; **bad** ~ pech *c*; **good** ~! succes!
lucky charm amulet *c*
ludicrous ['lu:dikrəs] *adj* belachelijk, bespottelijk
luggage ['lʌgidʒ] *n* bagage *c*; **hand** ~ handbagage *c*; **left** ~ **office** bagagedepot *nt*; ~ **rack** bagagerek *nt*, bagagenet *nt*; ~ **van** bagagewagen *c*
lukewarm ['lu:kwɔ:m] *adj* lauw
lumbago [lʌm'beigou] *n* spit *nt*
luminous ['lu:minəs] *adj* lichtgevend
lump [lʌmp] *n* brok *nt*, klont *c*, stuk *nt*; bult *c*; ~ **of sugar** suikerklontje *nt*; ~ **sum** ronde som
lumpy ['lʌmpi] *adj* klonterig
lunacy ['lu:nəsi] *n* krankzinnigheid *c*
lunatic ['lu:nətik] *adj* krankzinnig; *n* krankzinnige *c*
lunch [lʌntʃ] *n* lunch *c*, middageten *nt*
lung [lʌŋ] *n* long *c*
lust [lʌst] *n* wellust *c*
luxurious [lʌg'ʒuəriəs] *adj* luxueus
luxury ['lʌkʃəri] *n* luxe *c*

M

machine [mə'ʃiːn] *n* apparaat *nt*, machine *c*
machinery [mə'ʃiːnəri] *n* machinerie *c*; mechanisme *nt*
mackerel ['mækrəl] *n* (pl ~) makreel *c*
mackintosh ['mækintɔʃ] *n* regenjas *c*
mad [mæd] *adj* krankzinnig, waanzinnig, gek; kwaad
madam ['mædəm] *n* mevrouw
madness ['mædnəs] *n* waanzin *c*
magazine [ˌmægə'ziːn] *n* blad *nt*
magic ['mædʒik] *n* toverkunst *c*, magie *c*; *adj* tover-
magician [mə'dʒiʃən] *n* goochelaar *m*, -ster *f*
magistrate ['mædʒistreit] *n* magistraat *c*
magnet [mæg'niːtou] *n* (pl ~s) magneet *c*
magnetic [mæg'netik] *adj* magnetisch
magnificent [mæg'nifisənt] *adj* prachtig; groots, luisterrijk
magnify ['mægnifai] *v* vergroten; overdrijven
maid [meid] *n* meid *f*
maiden name ['meidən neim] meisjesnaam *c*
mail [meil] *n* post *c*; *v* posten; ~ **order** *Am* postwissel *c*
mailbox ['meilbɔks] *nAm* brievenbus *c*
main [mein] *adj* hoofd-, voornaamst; grootst; ~ **deck** bovendek *nt*; ~ **line** hoofdlijn *c*; ~ **road** hoofdweg *c*; ~ **street** hoofdstraat *c*
mainland ['meinlənd] *n* vasteland *nt*
mainly ['meinli] *adv* hoofdzakelijk
mains [meinz] *pl* hoofdleiding *c*
maintain [mein'tein] *v* handhaven
maintenance ['meintənəns] *n* onderhoud *nt*
maize [meiz] *n* maïs *c*
major ['meidʒə] *adj* groot; groter; grootst; *n* majoor *m*
majority [mə'dʒɔrəti] *n* meerderheid *c*
***make** [meik] *v* maken; verdienen; halen; ~ **do with** zich *behelpen met; ~ **good** vergoeden; ~ **up** opstellen
make-up ['meikʌp] *n* make-up *c*
malaria [mə'lɛəriə] *n* malaria *c*
Malay [mə'lei] *n* Maleis *nt*
Malaysia [mə'leiziə] Maleisië
Malaysian [mə'leiziən] *adj* Maleisisch
male [meil] *adj* mannelijk
malicious [mə'liʃəs] *adj* boosaardig
malignant [mə'lignənt] *adj* kwaadaardig

mall [mɔ:l] *nAm* (overdekt) winkelcentrum *nt*
mallet ['mælit] *n* houten hamer
malnutrition [ˌmælnju'triʃən] *n* ondervoeding *c*
mammal ['mæməl] *n* zoogdier *nt*
man [mæn] *n* (pl men) man *m*; mens *m*; **men's room** herentoilet *nt*
manage ['mænidʒ] *v* beheren; slagen
manageable ['mænidʒəbəl] *adj* hanteerbaar
management ['mænidʒmənt] *n* directie *c*; beheer *nt*
manager ['mænidʒə] *n* chef *m*, -in *f*, directeur *m*, directrice *f*
mandarin ['mændərin] *n* mandarijn *c*
mandate ['mændeit] *n* mandaat *nt*
manger ['meindʒə] *n* kribbe *c*
manicure ['mænikjuə] *n* manicure *c*; *v* manicuren
mankind [mæn'kaind] *n* mensheid *c*
mannequin ['mænəkin] *n* mannequin *c*
manner ['mænə] *n* wijze *c*, manier *c*; **manners** *pl* manieren
man-of-war [ˌmænəv'wɔ:] *n* oorlogsschip *nt*
manor house ['mænəhaus] *n* herenhuis *nt*
mansion ['mænʃən] *n* herenhuis *nt*
manual ['mænjuəl] *adj* hand-; handboek *nt*
manufacture [ˌmænju'fæktʃə] *v* vervaardigen, fabriceren
manufacturer [ˌmænju'fæktʃərə] *n* fabrikant *m*, -e *f*
manure [mə'njuə] *n* mest *c*
manuscript ['mænjuskript] *n* manuscript *nt*
many ['meni] *adj* veel
map [mæp] *n* kaart *c*; landkaart *c*; plattegrond *c*
maple ['meipəl] *n* esdoorn *c*
marble ['mɑ:bəl] *n* marmer *nt*; knikker *c*
March [mɑ:tʃ] maart
march [mɑ:tʃ] *v* marcheren; *n* mars *c*
mare [mɛə] *n* merrie *f*
margarine [ˌmɑ:dʒə'ri:n] *n* margarine *c*
margin ['mɑ:dʒin] *n* kantlijn *c*, marge *c*
maritime ['mæritaim] *adj* maritiem
mark [mɑ:k] *v* aankruisen; merken; kenmerken; *n* merkteken *nt*; cijfer *nt*; schietschijf *c*
market ['mɑ:kit] *n* markt *c*
marketplace ['mɑ:kitpleis] *n* marktplein *nt*
marmalade ['mɑ:məleid] *n* marmelade *c*
marriage ['mæridʒ] *n* huwelijk *nt*
marrow ['mærou] *n* merg *nt*
marry ['mæri] *v* huwen, trouwen; **married couple** echtpaar *nt*
marsh [mɑ:ʃ] *n* moeras *nt*

martyr ['mɑːtə] *n* martelaar *m*, martelares *f*
marvel ['mɑːvəl] *n* wonder *nt*; *v* zich verbazen
marvel(l)ous ['mɑːvələs] *adj* prachtig
mascara [mæ'skɑːrə] *n* mascara *c*
masculine ['mæskjulin] *adj* mannelijk
mash [mæʃ] *v* fijnstampen; **mashed potatoes** *pl* aardappelpuree
mask [mɑːsk] *n* masker *nt*
Mass [mæs] *n* mis *c*
mass [mæs] *n* massa *c*; **~ production** massaproductie *c*
massage ['mæsɑːʒ] *n* massage *c*; *v* masseren
masseur [mæ'səː] *n* masseur *m*, masseuse *f*
massive ['mæsiv] *adj* massief
mast [mɑːst] *n* mast *c*
master ['mɑːstə] *n* meester *m*; baas *m*; leraar *m*, onderwijzer *m*; *v* beheersen
masterpiece ['mɑːstəpiːs] *n* meesterwerk *nt*
mat [mæt] *n* mat *c*; *adj* mat, dof
match [mætʃ] *n* lucifer *c*; wedstrijd *c*; *v* passen bij
matchbox ['mætʃbɔks] *n* lucifersdoosje *nt*
material [mə'tiəriəl] *n* materiaal *nt*; stof *c*; *adj* stoffelijk, materieel
mathematical [ˌmæθə'mætikəl] *adj* wiskundig
mathematics [ˌmæθə'mætiks] *n* wiskunde *c*
matrimony ['mætriməni] *n* echt *c*
matter ['mætə] *n* stof *c*, materie *c*; aangelegenheid *c*, kwestie *c*, zaak *c*; *v* van belang *zijn; **as a ~ of fact** feitelijk, eigenlijk
matter-of-fact [ˌmætərəv'fækt] *adj* nuchter
mattress ['mætrəs] *n* matras *c*
mature [mə'tjuə] *adj* rijp
maturity [mə'tjuərəti] *n* rijpheid *c*
mausoleum [ˌmɔːsə'liːəm] *n* mausoleum *nt*
mauve [mouv] *adj* lichtpaars
May [mei] mei
***may** [mei] *v* *kunnen; *mogen
maybe ['meibiː] *adv* misschien
mayor [mɛə] *n* burgemeester *m*
maze [meiz] *n* doolhof *nt*
me [miː] *pron* me
meadow ['medou] *n* wei *c*
meal [miːl] *n* maaltijd *c*, maal *nt*
mean [miːn] *adj* gemeen; *n* gemiddelde *nt*
***mean** [miːn] *v* betekenen; bedoelen; menen
meaning ['miːniŋ] *n* betekenis *c*
meaningless ['miːniŋləs] *adj* nietszeggend
means [miːnz] *n* middel *nt*; **by no ~** zeker niet, geenszins
meantime: in the ~ [in ðə 'miːntaim] inmiddels, ondertussen
meanwhile ['miːnwail] *adv* intussen, ondertussen
measles ['miːzəlz] *n* mazelen

pl
measure ['meʒə] *v* *meten; *n* maat *c*; maatregel *c*
meat [mi:t] *n* vlees *nt*
mechanic [mi'kænik] *n* monteur *m*
mechanical [mi'kænikəl] *adj* mechanisch
mechanism ['mekənizəm] *n* mechanisme *nt*
medal ['medəl] *n* medaille *c*
media ['mi:diə] *pl* media *pl*
mediaeval [,medi'i:vəl] *adj* middeleeuws
mediate ['mi:dieit] *v* bemiddelen
mediator ['mi:dieitə] *n* bemiddelaar *c*
medical ['medikəl] *adj* geneeskundig, medisch
medicine ['medsin] *n* geneesmiddel *nt*; geneeskunde *c*
meditate ['mediteit] *v* mediteren
Mediterranean [,meditə'reiniən] Middellandse Zee
medium ['mi:diəm] *adj* middelmatig, gemiddeld, midden-
***meet** [mi:t] *v* ontmoeten; *tegenkomen
meeting ['mi:tiŋ] *n* vergadering *c*, bijeenkomst *c*; ontmoeting *c*
meeting place ['mi:tiŋpleis] *n* trefpunt *nt*
melancholy ['meləŋkəli] *n* weemoed *c*
mellow ['melou] *adj* zacht
melodrama ['melə,drɑ:mə] *n* melodrama *nt*
melody ['melədi] *n* melodie *c*
melon ['melən] *n* meloen *c*
melt [melt] *v* *smelten
member ['membə] *n* lid *nt*; **Member of Parliament** kamerlid *nt*
membership ['membəʃip] *n* lidmaatschap *nt*
memo ['memou] *n* (pl ~s) memorandum *nt*
memorable ['memərəbəl] *adj* gedenkwaardig
memorial [mə'mɔ:riəl] *n* gedenkteken *nt*
memorize ['meməraiz] *v* uit het hoofd leren
memory ['meməri] *n* geheugen *nt*; herinnering *c*; nagedachtenis *c*
mend [mend] *v* herstellen, repareren
menstruation [,menstru'eiʃən] *n* menstruatie *c*
mental ['mentəl] *adj* geestelijk
mention ['menʃən] *v* noemen, vermelden; *n* melding *c*, vermelding *c*
menu ['menju:] *n* spijskaart *c*, menukaart *c*
merchandise ['mə:tʃəndaiz] *n* handelswaar *c*, koopwaar *c*
merchant ['mə:tʃənt] *n* handelaar *m*, -ster *f*, koopman *m*
merciful ['mə:sifəl] *adj* barmhartig

mercury ['mə:kjuri] *n* kwik *nt*
mercy ['mə:si] *n* genade *c*, clementie *c*
mere [miə] *adj* louter
merely ['miəli] *adv* slechts
merge [mə:dʒ] *v* fuseren; samenvoegen
merger ['mə:dʒə] *n* fusie *c*
merit ['merit] *v* verdienen; *n* verdienste *c*
merry ['meri] *adj* vrolijk
merry-go-round ['merigou,raund] *n* draaimolen *c*
mesh [meʃ] *n* maas *c*
mess [mes] *n* rommel *c*, warboel *c*; ~ **up** *bederven
message ['mesidʒ] *n* boodschap *c*, bericht *nt*
message board ['mesidʒ‿,bɔ:d] *n* berichtenbord *nt*
messenger ['mesindʒə] *n* bode *m*
metal ['metəl] *n* metaal *nt*; metalen
meter ['mi:tə] *n* meter *c*
method ['meθəd] *n* aanpak *c*, methode *c*; orde *c*
methodical [mə'θɔdikəl] *adj* methodisch
metre ['mi:tə] *n* meter *c*
metric ['metrik] *adj* metrisch
Mexican ['meksikən] *adj* Mexicaans; *n* Mexicaan *m*, -se *f*
Mexico ['meksikou] Mexico
mice (pl mouse)
microphone ['maikrəfoun] *n* microfoon *c*
midday ['middei] *n* middag *c*
middle ['midəl] *n* midden *nt*; *adj* middelst; **Middle Ages** middeleeuwen *pl*; **middle-class** *adj* burgerlijk
midnight ['midnait] *n* middernacht *c*
midst [midst] *n* midden *nt*
midsummer ['mid,sʌmə] *n* midzomer *c*
midwife ['midwaif] *n* (pl -wives) vroedvrouw *f*
might [mait] *n* macht *c*
***might** [mait] *v* *kunnen
mighty ['maiti] *adj* machtig
migraine ['migrein] *n* migraine *c*
migrate ['migreit] *v* rondtrekken
mild [maild] *adj* zacht
mildew ['mildju] *n* schimmel *c*
mile [mail] *n* mijl *c*
mileage ['mailidʒ] *n* afstand in mijlen
milepost ['mailpoust] *n* wegwijzer *c*
milestone ['mailstoun] *n* mijlpaal *c*
milieu ['mi:ljə:] *n* milieu *nt*
military ['militəri] *adj* militair; ~ **force** krijgsmacht *c*
milk [milk] *n* melk *c*
milkman ['milkmən] *n* (pl -men) melkboer *m*
milkshake ['milkʃeik] *n* milk shake
mill [mil] *n* molen *c*; fabriek *c*
miller ['milə] *n* molenaar *m*
million ['miljən] *n* miljoen *nt*
millionaire [,miljə'nɛə] *n*

miljonair *m*, -e *f*
mince [mins] *v* fijnhakken
mind [maind] *n* geest *c*; *v* bezwaar *hebben tegen; letten op, *geven om
mine [main] *n* mijn *c*
miner ['mainə] *n* mijnwerker *m*
mineral ['minərəl] *n* delfstof *c*, mineraal *nt*; ~ **water** mineraalwater *nt*
mingle ['miŋgl] *v* zich begeven onder; vermengen
miniature ['minjətʃə] *n* miniatuur *c*
minimum ['minimәm] *n* minimum *nt*
mining ['mainiŋ] *n* mijnbouw *c*
minister ['ministə] *n* minister *c*; predikant *m*; **Prime Minister** premier *c*
ministry ['ministri] *n* ministerie *nt*
mink [miŋk] *n* nerts *nt*
minor ['mainə] *adj* klein, gering, kleiner; ondergeschikt; *n* minderjarige *c*
minority [mai'nɔrəti] *n* minderheid *c*
mint [mint] *n* munt *c*
minus ['mainəs] *prep* min
minute[1] ['minit] *n* minuut *c*; **minutes** notulen *pl*
minute[2] [mai'nju:t] *adj* minuscuul
miracle ['mirəkəl] *n* wonder *nt*
miraculous [mi'rækjuləs] *adj* wonderbaarlijk
mirror ['mirə] *n* spiegel *c*
misbehave [,misbi'heiv] *v* zich *misdragen
miscarriage [mis'kæridʒ] *n* miskraam *c*
miscellaneous [,misə'leiniəs] *adj* gemengd
mischief ['mistʃif] *n* kattekwaad *nt*; onheil *nt*, schade *c*, kwaad *nt*
mischievous ['mistʃivəs] *adj* ondeugend
miserable ['mizərəbəl] *adj* beroerd, ellendig
misery ['mizəri] *n* narigheid *c*, ellende *c*; nood *c*
misfortune [mis'fɔ:tʃen] *n* tegenslag *c*, ongeluk *nt*
mishap ['mishæp] *n* ongelukje *nt*
***mislay** [mis'lei] *v* kwijtraken
misplaced [mis'pleist] *adj* misplaatst
mispronounce [,misprə'nauns] *v* verkeerd *uitspreken
miss[1] [mis] mejuffrouw, juffrouw *f*
miss[2] [mis] *v* missen
missing ['misiŋ] *adj* ontbrekend; ~ **person** vermiste *c*
mist [mist] *n* nevel *c*, mist *c*
mistake [mi'steik] *n* abuis *nt*, vergissing *c*, fout *c*
***mistake** [mi'steik] *v* verwarren
mistaken [mi'steikən] *adj* fout; ***be** ~ zich vergissen
mister ['mistə] meneer, mijnheer
mistress ['mistrəs] *n* lerares *f*,

onderwijzeres *f*; meesteres *f*; maîtresse *f*
mistrust [mis'trʌst] *v* wantrouwen
misty ['misti] *adj* mistig
***misunderstand** [ˌmisʌndə'stænd] *v* *misverstaan
misunderstanding [ˌmisʌndə'stændiŋ] *n* misverstand *nt*
misuse [mis'ju:s] *n* misbruik *nt*
mittens ['mitənz] *pl* wanten *pl*
mix [miks] *v* mengen; ~ **with** *omgaan met
mixed [mikst] *adj* gemêleerd, gemengd
mixer ['miksə] *n* mixer *c*
mixture ['mikstʃə] *n* mengsel *nt*
moan [moun] *v* kreunen
moat [mout] *n* gracht *c*
mobile ['moubail] *adj* beweeglijk, mobiel; ~ **phone** mobiele telefoon *c*, GSM *c*
mock [mɔk] *v* bespotten
mockery ['mɔkəri] *n* spot *c*
model ['mɔdəl] *n* model *nt*; mannequin *c*; *v* modelleren, boetseren
modem ['moudem] *n* modem
moderate ['mɔdərət] *adj* gematigd, matig; middelmatig
modern ['mɔdən] *adj* modern
modest ['mɔdist] *adj* discreet, bescheiden
modesty ['mɔdisti] *n* bescheidenheid *c*
modify ['mɔdifai] *v* wijzigen
mohair ['mouhɛə] *n* mohair *nt*
moist [mɔist] *adj* nat, vochtig
moisten ['mɔisən] *v* bevochtigen
moisture ['mɔistʃə] *n* vochtigheid *c*; **moisturizing cream** vochtinbrengende crème
molar ['moulə] *n* kies *c*
moment ['moumənt] *n* moment *nt*, ogenblik *nt*; **in a** ~ straks
momentary ['mouməntəri] *adj* kortstondig
monarch ['mɔnək] *n* vorst *m*, -in *f*
monarchy ['mɔnəki] *n* monarchie *c*
monastery ['mɔnəstri] *n* klooster *nt*
Monday ['mʌndi] maandag *c*
monetary ['mʌnitəri] *adj* monetair; ~ **unit** munteenheid *c*
money ['mʌni] *n* geld *nt*; ~ **exchange** wisselkantoor *nt*; ~ **order** overschrijving *c*
monk [mʌŋk] *n* monnik *m*
monkey ['mʌŋki] *n* aap *c*
monologue ['mɔnəlɔg] *n* monoloog *c*
monopoly [mə'nɔpəli] *n* monopolie *nt*
monotonous [mə'nɔtənəs] *adj* eentonig
month [mʌnθ] *n* maand *c*
monthly ['mʌnθli] *adj* maandelijks; ~ **magazine** maandblad *nt*
monument ['mɔnjumənt] *n* gedenkteken *nt*, monument *nt*

mood [muːd] *n* humeur *nt*, stemming *c*
moon [muːn] *n* maan *c*
moonlight ['muːnlait] *n* maanlicht *nt*
moose [muːs] *n* (pl ~, ~s) eland *c*
moped ['mouped] *n* bromfiets *c*
moral ['mɔrəl] *n* moraal *c*; *adj* zedelijk, moreel; **morals** zeden *pl*
morality [mə'ræləti] *n* moraliteit *c*
more [mɔː] *adj* meer; **once ~** nogmaals
moreover [mɔː'rouvə] *adv* voorts, bovendien
morning ['mɔːniŋ] *n* ochtend *c*, morgen *c*; **~ paper** ochtendblad *nt*; **this ~** vanmorgen
Moroccan [mə'rɔkən] *adj* Marokkaans; *n* Marokkaan *m*, -se *f*
Morocco [mə'rɔkou] Marokko
morphine ['mɔːfiːn] *n* morfine *c*
morsel ['mɔːsəl] *n* brok *nt*
mortal ['mɔːtəl] *adj* dodelijk, sterfelijk
mortgage ['mɔːgidʒ] *n* hypotheek *c*
mosaic [mə'zeiik] *n* mozaïek *nt*
mosque [mɔsk] *n* moskee *c*
mosquito [mə'skiːtou] *n* (pl ~es) mug *c*; muskiet *c*; **~ net** muskietennet *nt*
moss [mɔs] *n* mos *nt*
most [moust] *adj* meest; **at ~** hoogstens, hooguit; **~ of all** vooral
mostly ['moustli] *adv* meestal
motel [mou'tel] *n* motel *nt*
moth [mɔθ] *n* mot *c*
mother ['mʌðə] *n* moeder *f*; **~ of pearl** parelmoer *nt*; **~ tongue** moedertaal *c*
mother-in-law ['mʌðərinlɔː] *n* (pl mothers-) schoonmoeder *f*
motion ['mouʃən] *n* beweging *c*; motie *c*
motivate ['moutiveit] *v* aanzetten tot
motive ['moutiv] *n* motief *nt*
motor ['moutə] *n* motor *c*; *v* *autorijden; **~ body** *Am* carrosserie *c*; **starter ~** startmotor *c*
motorbike ['moutəbaik] motor *c*; *nAm* brommer *c*
motorboat ['moutəbout] *n* motorboot *c*
motorcar ['moutəkɑː] *n* auto *c*
motorcycle ['moutə,saikəl] *n* motorfiets *c*
motoring ['moutəriŋ] *n* automobilisme *nt*
motorist ['moutərist] *n* automobilist *c*
motorway ['moutəwei] *n* snelweg *c*
motto ['mɔtou] *n* (pl ~es, ~s) devies *nt*
mouldy ['mouldi] *adj* beschimmeld
mound [maund] *n* heuvel *c*
mount [maunt] *v* *bestijgen; *n* berg *c*
mountain ['mauntin] *n* berg *c*; **~ pass** bergpas *c*; **~ range**

bergketen *c*
mountaineering [ˌmaunti'niəriŋ] *n* bergsport *c*
mountainous ['mauntinəs] *adj* bergachtig
mourning ['mɔ:niŋ] *n* rouw *c*
mouse [maus] *n* (pl mice) muis *c*
moustache [mə'stɑ:ʃ] *n* snor *c*
mouth [mauθ] *n* mond *c*; muil *c*, bek *c*; monding *c*
mouthwash ['mauθwɔʃ] *n* mondspoeling *c*
movable ['mu:vəbəl] *adj* roerend
move [mu:v] *v* *bewegen; verplaatsen; verhuizen; ontroeren; *n* zet *c*, stap *c*; verhuizing *c*
movement ['mu:vmənt] *n* beweging *c*
movie ['mu:vi] *n* film *c*; ~ **theater** *Am* bioscoop *c*; **movies** *Am* bioscoop *c*
much [mʌtʃ] *adj* veel; **as ~** evenveel; evenzeer
mud [mʌd] *n* modder *c*
muddle ['mʌdəl] *n* warboel *c*; *v* verknoeien
muddy ['mʌdi] *adj* modderig
muffler ['mʌflə] *nAm* knalpot *c*; geluiddemper c
mug [mʌg] *n* beker *c*, kroes *c*
mule [mju:l] *n* muildier *nt*, muilezel *c*
multicultural [ˌmʌlti'kʌltʃərəl] *adj* multicultureel
multiplex ['mʌlti,pleks] *n* multiplex *f*
multiplication [ˌmʌltipli'keiʃən] *n* vermenigvuldiging *c*
multiply ['mʌltiplai] *v* vermenigvuldigen
mumps [mʌmps] *n* bof *c*
municipal [mju:'nisipəl] *adj* gemeentelijk
municipality [mju:ˌnisi'pæləti] *n* gemeentebestuur *nt*
murder ['mə:də] *n* moord *c*; *v* vermoorden
murderer ['mə:dərə] *n* moordenaar *m*, mordenares *f*
muscle ['mʌsəl] *n* spier *c*
muscular ['mʌskjulə] *adj* gespierd
museum [mju:'zi:əm] *n* museum *nt*
mushroom ['mʌʃru:m] *n* champignon *c*; paddestoel *c*
music ['mju:zik] *n* muziek *c*; ~ **hall** variététheater *nt*; ~ **academy** conservatorium *nt*
musical ['mju:zikəl] *adj* muzikaal; *n* musical *c*
musician [mju:'ziʃən] *n* musicus *m*, musicienne *f*
muslin ['mʌzlin] *n* mousseline *c*
mussel ['mʌsəl] *n* mossel *c*
***must** [mʌst] *v* *moeten
mustard ['mʌstəd] *n* mosterd *c*
mute [mju:t] *adj* stom
mutiny ['mju:tini] *n* muiterij *c*
mutton ['mʌtən] *n* schapevlees *nt*
mutual ['mju:tʃuəl] *adj* onderling, wederzijds

my [mai] *adj* mijn
myself [mai'self] *pron* me; zelf
mysterious [mi'stiəriəs] *adj* mysterieus, geheimzinnig
mystery ['mistəri] *n* raadsel *nt*, mysterie *nt*
myth [miθ] *n* mythe *c*

N

nail [neil] *n* nagel *c*; spijker *c*; ~ **file** nagelvijl *c*; ~ **polish** nagellak *c*; ~ **scissors** *pl* nagelschaar *c*
naïve [nɑː'iːv] *adj* naïef
naked ['neikid] *adj* bloot, naakt; kaal
name [neim] *n* naam *c*; *v* noemen; **in the ~ of** namens
namely ['neimli] *adv* namelijk
nap [næp] *n* dutje *nt*
napkin ['næpkin] *n* servet *nt*
nappy ['næpi] *n* luier *c*
narcosis [nɑː'kousis] *n* (pl -ses) narcose *c*
narcotic [nɑː'kɔtik] *n* narcoticum *nt*
narrow ['nærou] *adj* eng, smal, nauw
narrow-minded [ˌnærou'maindid] *adj* bekrompen
nasty ['nɑːsti] *adj* naar, akelig
nation ['neiʃən] *n* natie *c*; volk *nt*
national ['næʃənəl] *adj* nationaal; volks-; staats-; ~ **anthem** volkslied *nt*; ~ **dress** nationale klederdracht; ~ **park** natuurreservaat *nt*
nationality [ˌnæʃə'næləti] *n* nationaliteit *c*
nationalize ['næʃənəlaiz] *v* nationaliseren
native ['neitiv] *n* inboorling *m*, -e *f*; *adj* inheems; ~ **country** vaderland *nt*, geboorteland *nt*; ~ **language** moedertaal *c*
natural ['nætʃərəl] *adj* natuurlijk; aangeboren
naturally ['nætʃərəli] *adv* natuurlijk, uiteraard
nature ['neitʃə] *n* natuur *c*; aard *c*
naughty ['nɔːti] *adj* ondeugend, stout
nausea ['nɔːsiə] *n* misselijkheid *c*
naval ['neivəl] *adj* marine-
navel ['neivəl] *n* navel *c*
navigable ['nævigəbəl] *adj* bevaarbaar
navigate ['nævigeit] *v* *varen; sturen
navigation [ˌnævi'geiʃən] *n* navigatie *c*; scheepvaart *c*
navy ['neivi] *n* marine *c*
near [niə] *prep* bij; *adj* nabij, dichtbij
nearby ['niəbai] *adj* nabijzijnd
nearly ['niəli] *adv* haast, bijna
neat [niːt] *adj* keurig, net; puur
necessary ['nesəsəri] *adj* nodig, noodzakelijk

necessity [nə'sesəti] *n* noodzaak *c*
neck [nek] *n* hals *c*; **nape of the ~** nek *c*
necklace ['nekləs] *n* halsketting *c*
necktie ['nektai] *n* das *c*
need [ni:d] *v* hoeven, behoeven, nodig *hebben; *n* nood *c*, behoefte *c*; noodzaak *c*; **~ to** *moeten
needle ['ni:dəl] *n* naald *c*
needlework ['ni:dəlwə:k] *n* handwerk *nt*
negative ['negətiv] *adj* ontkennend, negatief; *n* negatief *nt*
neglect [ni'glekt] *v* verwaarlozen; *n* verwaarlozing *c*
neglectful [ni'glektfəl] *adj* nalatig
negligee ['negliʒei] *n* negligé *nt*
negotiate [ni'gouʃieit] *v* onderhandelen
negotiation [ni,gouʃi'eiʃən] *n* onderhandeling *c*
neighbo(u)r ['neibə] *n* buur *m*, buurman *m*, buurvrouw *f*
neighbo(u)rhood ['neibəhud] *n* buurt *c*
neighbo(u)ring ['neibəriŋ] *adj* aangrenzend, naburig
neither ['naiðə] *pron* geen van beide; **neither ... nor** noch ... noch
nephew ['nefju:] *n* neef *m*
nerve [nə:v] *n* zenuw *c*; durf *c*
nervous ['nə:vəs] *adj* nerveus, zenuwachtig
nest [nest] *n* nest *nt*
net [net] *n* net *nt*; *adj* netto
Netherlands: the ~ ['neðələndz] Nederland
network ['netwə:k] *n* netwerk *nt*
networking ['net,wə:kiŋ] *n* netwerken *nt*
neuralgia [njuə'rældʒə] *n* zenuwpijn *c*
neurosis [njuə'rousis] *n* neurose *c*
neuter ['nju:tə] *adj* onzijdig
neutral ['nju:trəl] *adj* neutraal
never ['nevə] *adv* nimmer, nooit
nevertheless [,nevəðə'les] *adv* niettemin
new [nju:] *adj* nieuw; **New Year** nieuwjaar
news [nju:z] *n* nieuwsberichten *pl*, nieuws *nt*; journaal *nt*
newsagent ['nju:,zeidʒənt] *n* krantenverkoper *m*
newspaper ['nju:z,peipə] *n* krant *c*
newsreel ['nju:zri:l] *n* filmjournaal *nt*
newsstand ['nju:zstænd] *n* krantenkiosk *c*
New Zealand [nju: 'zi:lənd] Nieuw-Zeeland
next [nekst] *adj* volgend; **~ to** naast
nice [nais] *adj* aardig, mooi, prettig; lekker; sympathiek
nickel ['nikəl] *n* nikkel *nt*
nickname ['nikneim] *n* bijnaam *c*

nicotine ['nikəti:n] *n* nicotine *c*
niece [ni:s] *n* nicht *f*
Nigeria [nai'dʒiəriə] Nigeria
Nigerian [nai'dʒiəriən] *adj* Nigeriaans; *n* Nigeriaan *m*, -se *f*
night [nait] *n* nacht *c*; avond *c*; **by ~** 's nachts; **~ flight** nachtvlucht *c*; **~ rate** nachttarief *nt*; **~ train** nachttrein *c*
nightclub ['naitklʌb] *n* nachtclub *c*
night cream ['naitkri:m] *n* nachtcrème *c*
nightingale ['naitiŋgeil] *n* nachtegaal *c*
nightly ['naitli] *adj* nachtelijk
nil [nil] niets
nine [nain] *num* negen
nineteen [,nain'ti:n] *num* negentien
nineteenth [,nain'ti:nθ] *num* negentiende
ninety ['nainti] *num* negentig
ninth [nainθ] *num* negende
nitrogen ['naitrədʒən] *n* stikstof *c*
no [nou] neen, nee; *adj* geen; **~ one** niemand
nobility [nou'biləti] *n* adel *c*
noble ['noubəl] *adj* adellijk; edel
nobody ['noubədi] *pron* niemand
nod [nɔd] *n* knik *c*; *v* knikken
noise [nɔiz] *n* geluid *nt*; herrie *c*, rumoer *nt*, lawaai *nt*
noisy ['nɔizi] *adj* lawaaierig; gehorig
nominal ['nɔminəl] *adj* nominaal
nominate ['nɔmineit] *v* benoemen
nomination [,nɔmi'neiʃən] *n* nominatie *c*; benoeming *c*
none [nʌn] *pron* geen
nonsense ['nɔnsəns] *n* onzin *c*, nonsens *c*
non-smoker [,nɔn'smoukə] *n* niet-roker *c*
noon [nu:n] *n* middag *c*
nor ['nɔ:] ook niet; **neither ... nor** noch ... noch
normal ['nɔ:məl] *adj* gewoon, normaal
north [nɔ:θ] *n* noorden *nt*; noord *c*; *adj* noordelijk; **North Pole** noordpool *c*
north-east [,nɔ:θ'i:st] *n* noordoosten *nt*
northern ['nɔ:ðən] *adj* noordelijk
north-west [,nɔ:θ'west] *n* noordwesten *nt*
Norway ['nɔ:wei] Noorwegen
Norwegian [nɔ:'wi:dʒən] *adj* Noors; *n* Noor *m*, -se *f*
nose [nouz] *n* neus *c*
nosebleed ['nouzbli:d] *n* neusbloeding *c*
nostril ['nɔstril] *n* neusgat *nt*
nosy ['nouzi] *adj colloquial* nieuwsgierig
not [nɔt] *adv* niet
notary ['noutəri] *n* notaris *m*
note [nout] *n* aantekening *c*, notitie *c*; noot *c*; toon *c*; *v* noteren; opmerken, constateren

notebook ['noutbuk] *n* notitieboek *nt*; notebook *c*
noted ['noutid] *adj* befaamd
notepaper ['nout,peipə] *n* schrijfpapier *nt*, briefpapier *nt*
nothing ['nʌθiŋ] *n* niks, niets
notice ['noutis] *v* bemerken, merken, opmerken; *zien; *n* aankondiging *c*, bericht *nt*; notitie *c*, aandacht *c*
noticeable ['noutisəbəl] *adj* merkbaar; opmerkelijk
notify ['noutifai] *v* mededelen; waarschuwen
notion ['nouʃən] *n* begrip *nt*, notie *c*
notorious [nou'tɔ:riəs] *adj* berucht
nought [nɔ:t] *n* nul *c*
noun [naun] *n* zelfstandig naamwoord
nourishing ['nʌriʃiŋ] *adj* voedzaam
novel ['nɔvəl] *n* roman *c*
novelist ['nɔvəlist] *n* romanschrijver *m*, -schrijfster *f*
November [nou'vembə] november
now [nau] *adv* nu, nou; thans; ~ **and then** nu en dan
nowadays ['nauədeiz] *adv* tegenwoordig
nowhere ['nouwɛə] *adv* nergens
nozzle ['nɔzəl] *n* tuit *c*
nuance [nju:'ɑ̃:s] *n* nuance *c*
nuclear ['nju:kliə] *adj* kern-, nucleair; ~ **energy** kernenergie *c*
nucleus ['nju:kliəs] *n* kern *c*
nude [nju:d] *adj* naakt; *n* naakt *nt*
nuisance ['nju:səns] *n* last *c*
numb [nʌm] *adj* gevoelloos; verstijfd
number ['nʌmbə] *n* nummer *nt*; cijfer *nt*, getal *nt*; aantal *nt*
numeral ['nju:mərəl] *n* telwoord *nt*
numerous ['nju:mərəs] *adj* talrijk
nun [nʌn] *n* non *f*
nurse [nə:s] *n* zuster *f*, verpleger *m*, verpleegster *f*; kinderjuffrouw *f*; *v* verplegen; zogen
nursery ['nə:səri] *n* kinderkamer *c*; crèche *c*; boomkwekerij *c*
nut [nʌt] *n* noot *c*; moer *c*
nutcrackers ['nʌt,krækəz] *pl* notenkraker *c*
nutmeg ['nʌtmeg] *n* nootmuskaat *c*
nutritious [nju:'triʃəs] *adj* voedzaam
nutshell ['nʌtʃel] *n* notendop *c*
nylon ['nailɔn] *n* nylon *nt*

O

oak [ouk] *n* eik *c*
oar [ɔː] *n* roeiriem *c*
oasis [ou'eisis] *n* (pl oases) oase *c*
oath [ouθ] *n* eed *c*
oats [outs] *pl* haver *c*
obedience [ə'biːdiəns] *n* gehoorzaamheid *c*
obedient [ə'biːdiənt] *adj* gehoorzaam
obey [ə'bei] *v* gehoorzamen
object[1] ['ɔbdʒikt] *n* object *nt*; voorwerp *nt*; doel *nt*
object[2] [əb'dʒekt] *v* *tegenwerpen; ~ **to** bezwaar *hebben tegen
objection [əb'dʒekʃən] *n* bezwaar *nt*, tegenwerping *c*
objective [əb'dʒektiv] *adj* objectief; *n* doel *nt*
obligatory [ə'bligətəri] *adj* verplicht
oblige [ə'blaidʒ] *v* verplichten; ***be obliged to** verplicht *zijn om; *moeten
obliging [ə'blaidʒiŋ] *adj* voorkomend
oblong ['ɔblɔŋ] *adj* langwerpig; *n* rechthoek *c*
obscene [əb'siːn] *adj* obsceen
obscure [əb'skjuə] *adj* obscuur, duister
observation [,ɔbzə'veiʃən] *n* observatie *c*, waarneming *c*
observatory [əb'zəːvətri] *n* observatorium *nt*
observe [əb'zəːv] *v* observeren, *waarnemen
obsession [əb'seʃən] *n* obsessie *c*
obstacle ['ɔbstəkəl] *n* hindernis *c*
obstinate ['ɔbstinət] *adj* koppig; hardnekkig
obtain [əb'tein] *v* behalen, *verkrijgen, *betrekken
obtainable [əb'teinəbəl] *adj* verkrijgbaar
obvious ['ɔbviəs] *adj* duidelijk
occasion [ə'keiʒən] *n* gelegenheid *c*; aanleiding *c*
occasionally [ə'keiʒənəli] *adv* af en toe, nu en dan
occupant ['ɔkjupənt] *n* bewoner *c*
occupation [,ɔkju'peiʃən] *n* werk *nt*; bezetting *c*
occupy ['ɔkjupai] *v* *innemen, bezetten; **occupied** *adj* bezet
occur [ə'kəː] *v* gebeuren, *voorkomen, zich *voordoen
occurrence [ə'kʌrəns] *n* gebeurtenis *c*
ocean ['ouʃən] *n* oceaan *c*
October [ɔk'toubə] oktober
octopus ['ɔktəpəs] *n* octopus *c*
oculist ['ɔkjulist] *n* oogarts *c*
odd [ɔd] *adj* raar, vreemd; oneven
odo(u)r ['oudə] *n* geur *c*
of [ɔv, əv] *prep* van
off [ɔf] *adv* af; weg; *prep* van

offence [ə'fens] *n* overtreding *c*; belediging *c*, aanstoot *c*
offend [ə'fend] *v* krenken, beledigen; *overtreden
offense [ə'fens] *nAm* overtreding *c*; belediging *c*, aanstoot *c*
offensive [ə'fensiv] *adj* offensief; beledigend, aanstootgevend; *n* offensief *nt*
offer ['ɔfə] *v* *aanbieden; *bieden; *n* aanbieding *c*, aanbod *nt*
office ['ɔfis] *n* bureau *nt*, kantoor *nt*; ambt *nt*; ~ **hours** kantooruren *pl*
officer ['ɔfisə] *n* officier *m*; ambtenaar *m*, ambtenares *f*
official [ə'fiʃəl] *adj* officieel
off-licence ['ɔf,laisəns] *n* slijterij *c*
often ['ɔfən] *adv* vaak, dikwijls
oil [ɔil] *n* olie *c*; **fuel** ~ stookolie *c*; ~ **filter** oliefilter *nt*; ~ **painting** olieverfschilderij *nt*; ~ **pressure** oliedruk *c*; ~ **refinery** olieraffinaderij *c*; ~ **well** oliebron *c*
oily ['ɔili] *adj* olieachtig
ointment ['ɔintmənt] *n* zalf *c*
okay! [,ou'kei] in orde!
old [ould] *adj* oud; ~ **age** ouderdom *c*
old-fashioned [,ould'fæʃənd] *adj* ouderwets
olive ['ɔliv] *n* olijf *c*; ~ **oil** olijfolie *c*
omelette ['ɔmlət] *n* omelet *nt*
ominous ['ɔminəs] *adj* onheilspellend
omit [ə'mit] *v* *weglaten
omnipotent [ɔm'nipətənt] *adj* almachtig
on [ɔn] *prep* op; aan
once [wʌns] *adv* eenmaal, eens; **at** ~ meteen, dadelijk; ineens; tegelijk; **for** ~ voor deze keer, eenmalig; ~ **more** nog eens, nogmaals
oncoming ['ɔn,kʌmiŋ] *adj* tegemoetkomend, naderend
one [wʌn] *num* een; *pron* men
oneself [wʌn'self] *pron* zelf
onion ['ʌnjən] *n* ui *c*
only ['ounli] *adj* enig; *adv* slechts, alleen, maar; *conj* maar
onwards ['ɔnwədz] *adv* voorwaarts
onyx ['ɔniks] *n* onyx *nt*
opal ['oupəl] *n* opaal *c*
open ['oupən] *v* openen; *adj* open; openhartig; **opener** opener
opening ['oupəniŋ] *n* opening *c*
opera ['ɔpərə] *n* opera *c*; ~ **house** opera *c*
operate ['ɔpəreit] *v* opereren, werken
operation [,ɔpə'reiʃən] *n* werking *c*; operatie *c*
operator ['ɔpəreitə] *n* telefoniste *c*
opinion [ə'pinjən] *n* opinie *c*, mening *c*
opponent [ə'pounənt] *n* tegenstander *m*
opportunity [,ɔpə'tju:nəti] *n* gelegenheid *c*, kans *c*
oppose [ə'pouz] *v* zich

verzetten
opposite ['ɔpəzit] *prep* tegenover; *adj* tegengesteld
opposition [ˌɔpə'ziʃən] *n* oppositie *c*
oppress [ə'pres] *v* beklemmen, verdrukken
optician [ɔp'tiʃən] *n* opticien *m*
optimism ['ɔptimizəm] *n* optimisme *nt*
optimist ['ɔptimist] *n* optimist *m*, -e *f*
optimistic [ˌɔpti'mistik] *adj* optimistisch
optional ['ɔpʃənəl] *adj* facultatief
or [ɔ:] *conj* of
oral ['ɔ:rəl] *adj* mondeling
orange ['ɔrindʒ] *n* sinaasappel *c*; *adj* oranje
orbit ['ɔ:bit] *n* omloop *c*; baan *c*
orchard ['ɔ:tʃəd] *n* boomgaard *c*
orchestra ['ɔ:kistrə] *n* orkest *nt*; ~ **seat** *Am* stalles *pl*
order ['ɔ:də] *v* *bevelen; bestellen; *n* volgorde *c*, orde *c*; opdracht *c*, bevel *nt*; bestelling *c*; **in** ~ in orde; **in** ~ **to** om te; **made to** ~ op maat gemaakt; **out of** ~ buiten werking; **postal** ~ postwissel *c*
order form ['ɔ:dəfɔ:m] *n* bestelformulier *nt*
ordinary ['ɔ:dənri] *adj* alledaags, gewoon
ore [ɔ:] *n* erts *nt*
organ ['ɔ:gən] *n* orgaan *nt*; orgel *nt*
organic [ɔ:'gænik] *adj* organisch
organization [ˌɔ:gənai'zeiʃən] *n* organisatie *c*
organize ['ɔ:gənaiz] *v* organiseren
Orient ['ɔ:riənt] *n* Oosten *nt*
oriental [ˌɔ:ri'entəl] *adj* oosters
orientate ['ɔ:riənteit] *v* zich oriënteren
origin ['ɔridʒin] *n* origine *c*, oorsprong *c*; afstamming *c*, herkomst *c*
original [ə'ridʒinəl] *adj* oorspronkelijk, origineel
originally [ə'ridʒinəli] *adv* aanvankelijk
ornament ['ɔ:nəmənt] *n* versiersel *nt*
ornamental [ˌɔ:nə'mentəl] *adj* ornamenteel
orphan ['ɔ:fən] *n* wees *c*
orthodox ['ɔ:θədɔks] *adj* orthodox
ostrich ['ɔstritʃ] *n* struisvogel *c*
other ['ʌðə] *adj* ander
otherwise ['ʌðəwaiz] *conj* anders
***ought to** [ɔ:t] *moeten, zou *moeten
ounce ['auns] *n* ons (28.35 gr) *nt*; beetje *nt*
our [auə] *adj* ons
ours ['auəz] *pron* van ons
ourselves [auə'selvz] *pron* ons; zelf
out [aut] *adv* buiten, uit; ~ **of** buiten, uit
outbreak ['autbreik] *n* uitbarsting *c*
outcome ['autkʌm] *n* resultaat

nt; uitkomst
***outdo** [ˌaut'du:] *v* *overtreffen
outdoors [ˌaut'dɔ:z] *adv* buiten
outfit ['autfit] *n* uitrusting *c*
outing ['autiŋ] *n* uitje *nt*
outline ['autlain] *n* omtrek *c*; *v* schetsen
outlook ['autluk] *n* verwachting *c*; zienswijze *c*
output ['autput] *n* productie *c*
outrage ['autreidʒ] *n* gewelddaad *c*
outside [ˌaut'said] *adv* buiten; *prep* buiten; *n* uiterlijk *nt*, buitenkant *c*
outsize ['autsaiz] *n* extra grote maat
outskirts ['autskə:ts] *pl* buitenwijk *c*
outsource ['autˌsɔ:s] *v* outsourcen
outstanding [ˌaut'stændiŋ] *adj* eminent, vooraanstaand
outward ['autwəd] *adj* uiterlijk
outwards ['autwədz] *adv* naar buiten
oval ['ouvəl] *adj* ovaal
oven ['ʌvən] *n* oven *c*; **microwave ~** magnetron *c*
over ['ouvə] *prep* boven, over; meer dan; *adv* over; omver; *adj* voorbij; **~ there** ginds
overall ['ouvərɔ:l] *adj* totaal
overalls ['ouvərɔ:lz] *pl* overall *c*
overcast ['ouvəkɑ:st] *adj* betrokken
overcoat ['ouvəkout] *n* overjas *c*
***overcome** [ˌouvə'kʌm] *v* *overwinnen
overdo [ˌouvə'du:] *v* overdrijven; *fig* te ver gaan
overdraft ['ouvədrɑ:ft] *n* tekort *nt*, debet *nt*, roodstand *c*
overdraw [ˌouvə'drɔ:] *v* debet staan, rood (gaan) staan
overdue [ˌouvə'dju:] *adj* te laat; achterstallig
overgrown [ˌouvə'groun] *adj* begroeid
overhaul [ˌouvə'hɔ:l] *v* reviseren
overlook [ˌouvə'luk] *v* over het hoofd *zien
overnight [ˌouvə'nait] *adv* 's nachts
overseas [ˌouvə'si:z] *adj* overzees
oversight ['ouvəsait] *n* vergissing *c*
***oversleep** [ˌouvə'sli:p] *v* zich *verslapen
overstrung [ˌouvə'strʌŋ] *adj* overspannen
***overtake** [ˌouvə'teik] *v* inhalen; **no overtaking** inhalen verboden
over-tired [ˌouvə'taiəd] *adj* oververmoeid
overture ['ouvətʃə] *n* ouverture *c*
overweight ['ouvəweit] *n* bagageoverschot *nt*; overgewicht *nt*; *adj* te zwaar
overwhelm [ˌouvə'welm] *v* onthutsen, overweldigen
overwork [ˌouvə'wə:k] *v* zich overwerken

owe [ou] *v* verschuldigd *zijn, schuldig *zijn; te danken *hebben aan; **owing to** vanwege, ten gevolge van
owl [aul] *n* uil *c*
own [oun] *v* *bezitten; *adj* eigen
owner ['ounə] *n* bezitter *m*, bezitster *f*, eigenaar *c*, eigenares *f*
ox [ɔks] *n* (pl oxen) os *c*
oxygen ['ɔksidʒən] *n* zuurstof *c*
oyster ['ɔistə] *n* oester *c*
ozone ['ouzoun] *n* ozon *nt*

P

pace [peis] *n* gang *c*; schrede *c*, stap *c*; tempo *nt*
Pacific Ocean [pə'sifik 'ouʃən] Stille Oceaan
pacifism ['pæsifizəm] *n* pacifisme *nt*
pacifist ['pæsifist] *n* pacifist *m*, -e *f*; pacifistisch
pack [pæk] *v* inpakken; ~ **up** inpakken
package ['pækidʒ] *n* pak *nt*
packet ['pækit] *n* pakje *nt*
packing ['pækiŋ] *n* verpakking *c*
pact ['pækt] *n* pact *nt*, verdrag *nt*
pad [pæd] *n* kussentje *nt*; blocnote *c*
paddle ['pædəl] *n* peddel *c*
padlock ['pædlɔk] *n* hangslot *nt*
pagan ['peigən] *adj* heidens; *n* heiden *c*
page [peidʒ] *n* pagina *c*, bladzijde *c*
pail [peil] *n* emmer *c*
pain [pein] *n* pijn *c*; **pains** moeite *c*
painful ['peinfəl] *adj* pijnlijk
painkiller ['peinkilə] *n* pijnstiller *c*
painless ['peinləs] *adj* pijnloos
paint [peint] *n* verf *c*; *v* schilderen; verven
paintbox ['peintbɔks] *n* verfdoos *c*
paintbrush ['peintbrʌʃ] *n* penseel *nt*
painter ['peintə] *n* schilder *m*, -es *f*
painting ['peintiŋ] *n* schilderij *nt*
pair [pɛə] *n* paar *nt*
Pakistan [,pɑːki'stɑːn] Pakistan
Pakistani [,pɑːki'stɑːni] *adj* Pakistaans; *n* Pakistaan *m*, -se *f*
palace ['pæləs] *n* paleis *nt*
pale [peil] *adj* bleek; licht
palm [pɑːm] *n* palm *c*; handpalm *c*
palpable ['pælpəbəl] *adj* tastbaar
palpitation [,pælpi'teiʃən] *n* hartklopping *c*
pan [pæn] *n* pan *c*
pane [pein] *n* ruit *c*
panel ['pænəl] *n* paneel *nt*

panelling ['pænəliŋ] *n* lambrizering *c*
panic ['pænik] *n* paniek *c*
pant [pænt] *v* hijgen
panties ['pæntiz] *pl* onderbroek *c*, slip *c*
pants [pænts] *pl* onderbroek *c*; *plAm* broek *c*
pant suit ['pæntsu:t] *n* broekpak *nt*
panty hose ['pæntihouz] *n* panty *c*
paper ['peipə] *n* papier *nt*; krant *c*; papieren; **carbon ~** carbonpapier *nt*; **~ bag** papieren zak; **~ napkin** papieren servet; **typing ~** schrijfmachinepapier *nt*; **wrapping ~** pakpapier *nt*
paperback ['peipəbæk] *n* pocketboek *nt*
paper knife ['peipənaif] *n* briefopener *c*
parade [pə'reid] *n* parade *c*, optocht *c*
paradise ['pærədais] *n* paradijs *nt*
paraffin ['pærəfin] *n* petroleum *c*
paragraph ['pærəgrɑ:f] *n* alinea *c*, paragraaf *c*
parakeet ['pærəki:t] *n* parkiet *c*
paralyse, *Am* **paralyze** ['pærəlaiz] *v* verlammen
parallel ['pærəlel] *adj* evenwijdig, parallel; *n* parallel *c*
parcel ['pɑ:səl] *n* pakket *nt*, pakje *nt*
pardon ['pɑ:dən] *n* vergiffenis *c*; gratie *c*
parent ['pɛərənts] *n* ouder
parents-in-law ['pɛərəntsinlɔ:] *pl* schoonouders *pl*
parish ['pæriʃ] *n* parochie *c*
park [pɑ:k] *n* park *nt*; *v* parkeren; **no parking** verboden te parkeren; **parking fee** parkeertarief *nt*; **parking light** stadslicht *nt*; **parking lot** *Am* parkeerplaats *c*; **parking meter** parkeermeter *c*; **parking zone** parkeerzone *c*
parliament ['pɑ:ləmənt] *n* parlement *nt*
parliamentary [,pɑ:lə'mentəri] *adj* parlementair
parrot ['pærət] *n* papegaai *c*
parsley ['pɑ:sli] *n* peterselie *c*
parson ['pɑ:sən] *n* dominee *m*
parsonage ['pɑ:sənidʒ] *n* pastorie *c*
part [pɑ:t] *n* gedeelte *nt*, deel *nt*; stuk *nt*; *v* *scheiden; **spare ~** onderdeel *nt*
partial ['pɑ:ʃəl] *adj* gedeeltelijk; partijdig
participant [pɑ:'tisipənt] *n* deelnemer *m*, deelneemster *f*
participate [pɑ:'tisipeit] *v* *deelnemen
particular [pə'tikjulə] *adj* bijzonder, speciaal; kieskeurig; **in ~** in het bijzonder
parting ['pɑ:tiŋ] *n* afscheid *nt*; scheiding *c*

partition [pɑː'tiʃən] *n* tussenschot *nt*
partly ['pɑːtli] *adv* deels, gedeeltelijk
partner ['pɑːtnə] *n* partner *c*; compagnon *c*
partridge ['pɑːtridʒ] *n* patrijs *c*
party ['pɑːti] *n* partij *c*; fuif *c*, feestje *nt*; groep *c*
pass [pɑːs] *v* *voorbijgaan, passeren; *aangeven; slagen; *v Am* inhalen; **no passing** *Am* inhalen verboden; ~ **by** passeren; ~ **through** *gaan door
passage ['pæsidʒ] *n* doorgang *c*; overtocht *c*; passage *c*; doorreis *c*
passenger ['pæsəndʒə] *n* passagier *m*; ~ **car** *Am* wagon *c*; ~ **train** personentrein *c*
passer-by [ˌpɑːsə'bai] *n* voorbijganger *c*
passion ['pæʃən] *n* hartstocht *c*, passie *c*; drift *c*
passionate ['pæʃənət] *adj* hartstochtelijk
passive ['pæsiv] *adj* passief
passport ['pɑːspɔːt] *n* paspoort *nt*; ~ **control** paspoortcontrole *c*; ~ **photograph** pasfoto *c*
password ['pɑːswəːd] *n* wachtwoord *nt*
past [pɑːst] *n* verleden *nt*; *adj* vorig, afgelopen, voorbij; *prep* langs, voorbij
paste [peist] *n* pasta *c*; *v* plakken
pastime ['pɑːstaim] *n* tijdverdrijf *nt*
pastry ['peistri] *n* gebak *nt*; ~ **shop** banketbakkerij *c*
pasture ['pɑːstʃə] *n* weiland *nt*
pasty ['peisti] *n* pasteitje *nt*
patch [pætʃ] *v* verstellen
patent ['peitənt] *n* patent *nt*, octrooi *nt*
path [pɑːθ] *n* pad *nt*
patience ['peiʃəns] *n* geduld *nt*
patient ['peiʃənt] *adj* geduldig; *n* patiënt *m*, -e *f*
patriot ['peitriət] *n* patriot *m*
patrol [pə'troul] *n* patrouille *c*; *v* patrouilleren; surveilleren
pattern ['pætən] *n* motief *nt*, patroon *nt*
pause [pɔːz] *n* pauze *c*; *v* pauzeren
pave [peiv] *v* plaveien, bestraten
pavement ['peivmənt] *n* trottoir *nt*; plaveisel *nt*
pavilion [pə'viljən] *n* paviljoen *nt*
paw [pɔː] *n* poot *c*
pawn [pɔːn] *v* verpanden; *n* pion *c*
pawnbroker ['pɔːnˌbroukə] *n* pandjesbaas *m*
pay [pei] *n* salaris *nt*, loon *nt*
***pay** [pei] *v* betalen; lonen; ~ **attention to** letten op; ~ **off** aflossen; ~ **on account** afbetalen; **paying** rendabel
pay desk ['peidesk] *n* kassa *c*
payee [pei'iː] *n* begunstigde *c*
payment ['peimənt] *n* betaling *c*
pea [piː] *n* erwt *c*

peace [piːs] *n* vrede *c*
peaceful ['piːsfəl] *adj* vreedzaam
peach [piːtʃ] *n* perzik *c*
peacock ['piːkɔk] *n* pauw *c*
peak [piːk] *n* top *c*; spits *c*; ~ **hour** spitsuur *nt*; ~ **season** hoogseizoen *nt*
peanut ['piːnʌt] *n* pinda *c*
pear [pεə] *n* peer *c*
pearl [pəːl] *n* parel *c*
peasant ['pezənt] *n* boer *m*
pebble ['pebəl] *n* kiezel *c*
peculiar [pi'kjuːljə] *adj* eigenaardig; speciaal, bijzonder
peculiarity [pi,kjuːli'ærəti] *n* eigenaardigheid *c*
pedal ['pedəl] *n* pedaal *nt/c*
pedestrian [pi'destriən] *n* voetganger *m*, voetgangster *f*; ~ **crossing** zebrapad *nt*; **no pedestrians** verboden voor voetgangers
peel [piːl] *v* schillen *c*; *n* schil *c*
peep [piːp] *v* gluren
peg [peg] *n* klerenhaak *c*
pelican ['pelikən] *n* pelikaan *c*
pelvis ['pelvis] *n* bekken *nt*
pen [pen] *n* pen *c*
penalty ['penəlti] *n* boete *c*; straf *c*; ~ **kick** strafschop *c*
pencil ['pensəl] *n* potlood *nt*; ~ **sharpener** *n* punteslijper *c*
penetrate ['penitreit] *v* *doordringen
penguin ['peŋgwin] *n* pinguin *c*
penicillin [,peni'silin] *n* penicilline *c*
peninsula [pə'ninsjulə] *n* schiereiland *nt*
penknife ['pennaif] *n* (pl -knives) zakmes *nt*
penny ['peni] *n*; (*pl* pennies, pence) penny *c*
pension[1] ['pɑ̃ːsiɔ̃ː] *n* pension *nt*
pension[2] ['penʃən] *n* pensioen *nt*
Pentecost ['pentikast] *n* Pinksteren
people ['piːpəl] *pl* mensen; *n* volk *nt*
pepper ['pepə] *n* peper *c*
peppermint ['pepəmint] *n* pepermunt *c*
per [pəː] *prep* per, via; ~ **cent** procent
perceive [pə'siːv] *v* bemerken
percent [pə'sent] *n* procent *nt*
percentage [pə'sentidʒ] *n* percentage *nt*
perceptible [pə'septibəl] *adj* merkbaar
perception [pə'sepʃən] *n* gewaarwording *c*
perch [pəːtʃ] (pl ~) baars *c*
percolator ['pəːkəleitə] *n* percolator *c*
perfect ['pəːfikt] *adj* volkomen, volmaakt
perfection [pə'fekʃən] *n* perfectie *c*, volmaaktheid *c*
perform [pə'fɔːm] *v* uitvoeren, verrichten
performance [pə'fɔːməns] *n* voorstelling *c*
perfume ['pəːfjuːm] *n* parfum *nt*
perhaps [pə'hæps] *adv*

misschien; wellicht
peril ['peril] *n* gevaar *nt*
perilous ['periləs] *adj* gevaarlijk
period ['piəriəd] *n* tijdperk *nt*, periode *c*; punt *c*
periodical [,piəri'ɔdikəl] *n* tijdschrift *nt*; *adj* periodiek
perish ['periʃ] *v* *omkomen
perishable ['periʃəbəl] *adj* aan bederf onderhevig
perjury ['pə:dʒəri] *n* meineed *c*
perm ['pə:m] permanent *c*
permanent ['pə:mənənt] *adj* blijvend, permanent, duurzaam; bestendig, vast; ~ **press** plooihoudend
permission [pə'miʃən] *n* toestemming *c*, permissie *c*; verlof *nt*, vergunning *c*
permit[1] [pə'mit] *v* *toestaan, veroorloven
permit[2] ['pə:mit] *n* vergunning *c*
peroxide [pə'rɔksaid] *n* waterstofperoxyde *nt*
perpendicular [,pə:pən'dikjulə] *adj* loodrecht
Persia ['pə:ʃə] Perzië
Persian ['pə:ʃən] *adj* Perzisch; *n* Pers *c*
person ['pə:sən] *n* persoon *c*; **per** ~ per persoon
personal ['pə:sənəl] *adj* persoonlijk; ~ **identification number** *n* pincode *m*
personality [,pə:sə'næləti] *n* persoonlijkheid *c*
personnel [,pə:sə'nel] *n* personeel *nt*
perspective [pə'spektiv] *n* perspectief *nt*
perspiration [,pə:spə'reiʃən] *n* transpiratie *c*, zweet *nt*
perspire [pə'spaiə] *v* transpireren, zweten
persuade [pə'sweid] *v* overreden, overhalen; overtuigen
persuasion [pə'sweiʒən] *n* overtuiging *c*
pessimism ['pesimizəm] *n* pessimisme *nt*
pessimist ['pesimist] *n* pessimist *m*, -e *f*
pessimistic [,pesi'mistik] *adj* pessimistisch
pet [pet] *n* huisdier *nt*; lieveling *c*
petal ['petəl] *n* bloemblad *nt*
petition [pi'tiʃən] *n* petitie *c*
petrol ['petrəl] *n* benzine *c*; **unleaded** ~ loodvrije benzine *c*; ~ **pump** benzinepomp *c*; ~ **station** benzinestation *nt*; ~ **tank** benzinetank *c*
petroleum [pi'trouliəm] *n* petroleum *c*
petty ['peti] *adj* klein, nietig, onbeduidend; ~ **cash** kleingeld *nt*
pewit ['pju:it] *n* kievit *c*
pewter ['pju:tə] *n* tin *nt*
phantom ['fæntəm] *n* spook *nt*
pharmacist ['fɑ:məsist] *n* apotheker *m*, apothekeres *f*
pharmacology [,fɑ:mə'kɔlədʒi] *n* farmacologie *c*

pharmacy ['fɑːməsi] *n* apotheek *c*; drogisterij *c*
phase [feiz] *n* fase *c*
pheasant ['fezənt] *n* fazant *c*
phenomenon [fe'nɔmənon] *n* verschijnsel *nt*
Philippine ['filipain] *adj* Filippijns
Philippines ['filipiːnz] *pl* Filippijnen *pl*
philosopher [fi'lɔsəfə] *n* wijsgeer *c*, filosoof *m*, filosofe *f*
philosophy [fi'lɔsəfi] *n* wijsbegeerte *c*, filosofie *c*
phone [foun] *n* telefoon *c*; *v* opbellen, telefoneren; ~ **card** *n* telefoonkaart *f*
phonetic [fə'netik] *adj* fonetisch
photo ['foutou] *n* (pl ~s) foto *c*
photo message ['foutou‿,mesədʒ] *n* fotobericht *nt*
photocopy ['foutəkopi] *n* fotocopie *c*
photograph ['foutəgrɑːf] *n* foto *c*; *v* fotograferen
photographer [fə'tɔgrəfə] *n* fotograaf *m*, fotografe *f*
photography [fə'tɔgrəfi] *n* fotografie *c*
phrase [freiz] *n* uitdrukking *c*
phrase book ['freizbuk] *n* taalgids *c*
physical ['fizikəl] *adj* fysiek
physician [fi'ziʃən] *n* dokter *c*
physicist ['fizisist] *n* natuurkundige *c*
physics ['fiziks] *n* fysica *c*, natuurkunde *c*
physiology [,fizi'ɔlədʒi] *n* fysiologie *c*
pianist ['piːənist] *n* pianist *m*, -e *f*
piano [pi'ænou] *n* piano *c*; **grand ~** vleugel *c*
pick [pik] *v* plukken; *kiezen; *n* keus *c*; ~ **up** oprapen; ophalen; **pick-up van** bestelauto *c*
pickles ['pikəlz] *pl* zoetzuur *nt*
picnic ['piknik] *n* picknick *c*; *v* picknicken
picture ['piktʃə] *n* schilderij *nt*; plaat *c*, prent *c*; beeld *nt*, afbeelding *c*; ~ **postcard** ansichtkaart *c*, prentbriefkaart *c*; **pictures** bioscoop *c*
picturesque [,piktʃə'resk] *adj* pittoresk, schilderachtig
pie [pai] *n* taart *c*; pastei *c*
piece [piːs] *n* stuk *nt*
pier [piə] *n* pier *c*
pierce [piəs] *v* doorboren
pig [pig] *n* varken *nt*; zwijn *nt*
pigeon ['pidʒən] *n* duif *c*
piggy bank ['pigibæŋk] *n* spaarvarken *nt*
pig-headed [,pig'hedid] *adj* eigenwijs
piglet ['piglət] *n* big *c*
pigskin ['pigskin] *n* varkensleer *nt*
pike [paik] (pl ~) snoek *c*
pile [pail] *n* stapel *c*; *v* opstapelen; **piles** *pl* aambeien *pl*
pilgrim ['pilgrim] *n* pelgrim *c*
pilgrimage ['pilgrimidʒ] *n*

bedevaart *c*
pill [pil] *n* pil *c*
pillar ['pilə] *n* zuil *c*, pilaar *c*
pillarbox ['piləbɔks] *n* brievenbus *c*
pillow ['pilou] *n* kussen *nt*, hoofdkussen *nt*
pillowcase ['piloukeis] *n* kussensloop *c*/*nt*
pilot ['pailət] *n* piloot *c*; loods *c*
pimple ['pimpəl] *n* puistje *nt*
pin [pin] *n* speld *c*; *v* vastspelden; **bobby ~** *Am* haarspeld *c*
PIN [pin] *n* pincode *m*
pincers ['pinsəz] *pl* nijptang *c*
pinch [pintʃ] *v* *knijpen
pineapple ['pai,næpəl] *n* ananas *c*
ping-pong ['piŋpɔŋ] *n* tafeltennis *nt*
pink [piŋk] *adj* roze
pioneer [,paiə'niə] *n* pionier *m*, -ster *f*
pious ['paiəs] *adj* vroom
pip [pip] *n* pit *c*
pipe [paip] *n* pijp *c*; leiding *c*; **~ cleaner** pijpenstoker *c*; **~ tobacco** pijptabak *c*
pirate ['paiərət] *n* piraat *m*
pistol ['pistəl] *n* pistool *nt*
piston ['pistən] *n* zuiger *c*; **~ ring** zuigerring *c*
pit [pit] *n* kuil *c*; groeve *c*
pitcher ['pitʃə] *n* kruik *c*
pity ['piti] *n* medelijden *nt*; *v* medelijden *hebben met, beklagen; **what a pity!** jammer!
placard ['plækɑ:d] *n* aanplakbiljet *nt*
place [pleis] *n* plaats *c*; *v* zetten, plaatsen; **~ of birth** geboorteplaats *c*; ***take ~** *plaatshebben
plague [pleig] *n* plaag *c*
plaice [pleis] (pl ~) schol *c*
plain [plein] *adj* duidelijk; gewoon, eenvoudig; *n* vlakte *c*
plan [plæn] *n* plan *nt*; plattegrond *c*; *v* plannen
plane [plein] *adj* vlak; *n* vliegtuig *nt*; **~crash** vliegramp *c*
planet ['plænit] *n* planeet *c*
planetarium [,plæni'tɛəriəm] *n* planetarium *nt*
plank [plæŋk] *n* plank *c*
plant [plɑ:nt] *n* plant *c*; bedrijf *nt*; *v* planten
plantation [plæn'teiʃən] *n* plantage *c*
plaster ['plɑ:stə] *n* pleister *nt*, gips *nt*; pleister *c*
plastic ['plæstik] *adj* plastic; *n* plastic *nt*
plate [pleit] *n* bord *nt*; plaat *c*
plateau ['plætou] *n* (pl ~x, ~s) hoogvlakte *c*
platform ['plætfɔ:m] *n* perron *nt*; **~ ticket** perronkaartje *nt*
platinum ['plætinəm] *n* platina *nt*
play [plei] *v* spelen; bespelen; *n* spel *nt*; toneelstuk *nt*; **one-act ~** eenakter *c*; **~ truant** spijbelen
player [pleiə] *n* speler *m*, speelster *f*
playground ['pleigraund] *n*

speelplaats *c*
playing card ['pleiiŋkɑ:d] *n* speelkaart *c*
playwright ['pleirait] *n* toneelschrijver *m*, toneelschrijfster *f*
plea [pli:] *n* pleidooi *nt*
plead [pli:d] *v* pleiten
pleasant ['plezənt] *adj* prettig, aardig, aangenaam
please [pli:z] alstublieft; *v* *bevallen; **pleased** ingenomen; **pleasing** aangenaam
pleasure ['pleʒə] *n* genoegen *nt*, pret *c*, plezier *nt*
plentiful ['plentifəl] *adj* overvloedig
plenty ['plenti] *n* overvloed *c*; heleboel *c*
pliers [plaiəz] *pl* tang *c*
plimsolls ['plimsəlz] *pl* gymschoenen *pl*
plot [plɔt] *n* samenzwering *c*, komplot *nt*; handeling *c*; perceel *nt*
plough [plau] *n* ploeg *c*; *v* ploegen
plucky ['plʌki] *adj* flink
plug [plʌg] *n* stekker *c*; ~ **in** inschakelen
plum [plʌm] *n* pruim *c*
plumber ['plʌmə] *n* loodgieter *m*
plump [plʌmp] *adj* mollig
plural ['pluərəl] *n* meervoud *nt*
plus [plʌs] *prep* plus
pneumatic [nju:'mætik] *adj* pneumatisch
pneumonia [nju:'mouniə] *n* longontsteking *c*
poach [poutʃ] *v* stropen
pocket ['pɔkit] *n* zak *c*
pocketbook ['pɔkitbuk] *n* portefeuille *c*
pocketknife ['pɔkitnaif] *n* (pl -knives) zakmes *nt*
poem ['pouim] *n* gedicht *nt*
poet ['pouit] *n* dichter *m*, -es *f*
poetry ['pouitri] *n* dichtkunst *c*
point [pɔint] *n* punt *nt*; punt *c*; *v* *wijzen; ~ **of view** standpunt *nt*; ~ **out** *aanwijzen
pointed ['pɔintid] *adj* spits
poison ['pɔizən] *n* vergif *nt*; *v* vergiftigen
poisonous ['pɔizənəs] *adj* giftig
Poland ['poulənd] Polen
pole [poul] *n* paal *c*
police [pə'li:s] *pl* politie *c*; ~ **station** politiebureau *nt*
policeman [pə'li:smən] *n* (pl -men) agent *m*, politieagent *m*
policewoman [pə'li:swumən] *n* (pl -women) agente *f*, politieagente *f*
policy ['pɔlisi] *n* beleid *nt*, politiek *c*; polis *c*
polio ['pouliou] *n* polio *c*, kinderverlamming *c*
Polish ['pouliʃ] *adj* Pools
polish ['pɔliʃ] *v* poetsen
polite [pə'lait] *adj* beleefd
political [pə'litikəl] *adj* politiek
politician [,pɔli'tiʃən] *n* politicus *c*
politics ['pɔlitiks] *n* politiek *c*
poll [poul] *n* stemming *c*; **go to the polls** stemmen

pollute [pə'lu:t] *v* vervuilen, verontreinigen
pollution [pə'lu:ʃən] *n* vervuiling *c*, verontreiniging *c*
pond [pɔnd] *n* vijver *c*
pony ['pouni] *n* pony *c*
pool [pu:l] *n* zwembad *nt*; poel *c*; biljart *nt*; ~ **attendant** badmeester *m*
poor [puə] *adj* arm; armoedig; slecht
pope [poup] *n* paus *m*
pop music [pɔp 'mju:zik] popmuziek *c*
poppy ['pɔpi] *n* klaproos *c*; papaver *c*
popular ['pɔpjulə] *adj* populair; volks-
population [,pɔpju'leiʃən] *n* bevolking *c*
populous ['pɔpjuləs] *adj* dichtbevolkt
porcelain ['pɔ:səlin] *n* porselein *nt*
porcupine ['pɔ:kjupain] *n* stekelvarken *nt*
pork [pɔ:k] *n* varkensvlees *nt*
port [pɔ:t] *n* haven *c*; bakboord *nt*
portable ['pɔ:təbəl] *adj* draagbaar
porter ['pɔ:tə] *n* kruier *m*; portier *m*
porthole ['pɔ:thoul] *n* patrijspoort *c*
portion ['pɔ:ʃən] *n* portie *c*
portrait ['pɔ:trit] *n* portret *nt*
Portugal ['pɔ:tjugəl] Portugal
Portuguese [,pɔ:tju'gi:z] *adj* Portugees; *n* Portugees *m*, Portugese *f*
posh [pɔʃ] *adj colloquial* chic, kak
position [pə'ziʃən] *n* positie *c*; houding *c*; betrekking *c*, functie *c*
positive ['pɔzətiv] *adj* positief; *n* positief *nt*
possess [pə'zes] *v* *bezitten; **possessed** *adj* bezeten
possession [pə'zeʃən] *n* bezit *nt*; **possessions** eigendom *nt*
possibility [,pɔsə'biləti] *n* mogelijkheid *c*
possible ['pɔsəbəl] *adj* mogelijk; eventueel
post [poust] *n* paal *c*; betrekking *c*; post *c*; *v* posten; **post-office** postkantoor *nt*
postage ['poustidʒ] *n* frankering *c*; ~ **paid** franko; ~ **stamp** postzegel *c*
postcard ['poustka:d] *n* briefkaart *c*; ansichtkaart *c*
poster ['poustə] *n* affiche *nt*, poster *c*
poste restante [poust re'stɑ̃:t] poste restante
postman ['poustmən] *n* (pl -men) postbode *m*
post-paid [,poust'peid] *adj* franko
postpone [pə'spoun] *v* uitstellen
pot [pɔt] *n* pot *c*
potato [pə'teitou] *n* (pl ~es) aardappel *c*
pottery ['pɔtəri] *n* aardewerk *nt*
pouch [pautʃ] *n* buidel *c*
poulterer ['poultərə] *n* poelier

m
poultry ['poultri] *n* gevogelte *nt*
pound [paund] *n* pond *nt*
pour [pɔː] *v* *inschenken, *schenken, *gieten
poverty ['pɔvəti] *n* armoede *c*
powder ['paudə] *n* poeder *nt/c*; ~ **compact** poederdoos *c*; **talc** ~ talkpoeder *nt/c*; ~ **room** damestoilet *nt*
power [pauə] *n* kracht *c*; energie *c*; macht *c*; mogendheid *c*; ~ **station** elektriciteitscentrale *c*
powerful ['pauəfəl] *adj* machtig; sterk
powerless ['pauələs] *adj* machteloos
practical ['præktikəl] *adj* praktisch
practically ['præktikli] *adv* vrijwel
practice ['præktis] *n* praktijk *c*
practise ['præktis] *v* beoefenen; oefenen
praise [preiz] *v* *prijzen; *n* lof *c*
pram [præm] *n* kinderwagen *c*
prawn [prɔːn] *n* garnaal *c*, steurgarnaal *c*
pray [prei] *v* *bidden
prayer [prɛə] *n* gebed *nt*
preach [priːtʃ] *v* preken
precarious [pri'kɛəriəs] *adj* hachelijk
precaution [pri'kɔːʃən] *n* voorzorg *c*; voorzorgsmaatregel *c*
precede [pri'siːd] *v* *voorafgaan
preceding [pri'siːdiŋ] *adj* voorgaand
precious ['preʃəs] *adj* kostbaar; dierbaar
precipice ['presipis] *n* afgrond *c*
precipitation [pri,sipi'teiʃən] *n* neerslag *c*
precise [pri'sais] *adj* precies, exact, nauwkeurig; secuur
predecessor ['priːdisesə] *n* voorganger *m*, voorgangster *f*
predict [pri'dikt] *v* voorspellen
prefer [pri'fəː] *v* de voorkeur *geven aan, liever *hebben
preferable ['prefərəbəl] *adj* te verkiezen, verkieselijker, de voorkeur verdienend
preference ['prefərəns] *n* voorkeur *c*
prefix ['priːfiks] *n* voorvoegsel *nt*
pregnant ['pregnənt] *adj* in verwachting, zwanger
prejudice ['predʒədis] *n* vooroordeel *nt*
preliminary [pri'liminəri] *adj* inleidend; voorlopig
premature ['premətʃuə] *adj* voorbarig
premier ['premiə] *n* premier *c*
premises ['premisiz] *pl* pand *nt*
premium ['priːmiəm] *n* premie *c*
prepaid [,priː'peid] *adj* vooruitbetaald
preparation [,prepə'reiʃən] *n* voorbereiding *c*
prepare [pri'pɛə] *v* voorbereiden; klaarmaken
prepared [pri'pɛəd] *adj* bereid

preposition [,prepə'ziʃən] *n* voorzetsel *nt*
prescribe [pri'skraib] *v* *voorschrijven
prescription [pri'skripʃən] *n* recept *nt*
presence ['prezəns] *n* aanwezigheid *c*; tegenwoordigheid *c*
present[1] ['prezənt] *n* geschenk *nt*, cadeau *nt*; heden *nt*; *adj* tegenwoordig; aanwezig
present[2] [pri'zent] *v* voorstellen; *aanbieden
presently ['prezəntli] *adv* meteen, dadelijk
preservation [,prezə'veiʃən] *n* bewaring *c*
preserve [pri'zə:v] *v* bewaren; inmaken
president ['prezidənt] *n* president *m*, -e *f*; voorzitter *m*, voorzitster *f*
press [pres] *n* pers *c*; *v* indrukken, drukken; persen; ~ **conference** persconferentie *c*
pressing ['presiŋ] *adj* urgent, dringend
pressure ['preʃə] *n* druk *c*; spanning *c*; **atmospheric ~** luchtdruk *c*; **~ cooker** snelkookpan *c*
prestige [pre'sti:ʒ] *n* prestige *nt*
presumable [pri'zju:məbəl] *adj* vermoedelijk
presumptuous [pri'zʌmpʃəs] *adj* overmoedig; arrogant
pretence [pri'tens] *n* voorwendsel *nt*
pretend [pri'tend] *v* *doen alsof, voorwenden
pretext ['pri:tekst] *n* voorwendsel *nt*
pretty ['priti] *adj* mooi, knap; *adv* vrij, tamelijk, nogal
prevent [pri'vent] *v* beletten, verhinderen; *voorkomen
preventive [pri'ventiv] *adj* preventief
preview ['privju:] *n* voorvertoning *c*
previous ['pri:viəs] *adj* verleden, vroeger, voorgaand
price [prais] *n* prijs; *v* prijzen; **~ list** prijslijst *c*
priceless ['praisləs] *adj* onschatbaar
prick [prik] *v* prikken
pride [praid] *n* trots *c*
priest [pri:st] *n* priester *m*
primary ['praiməri] *adj* primair; eerst, hoofd-; elementair
prince [prins] *n* prins *m*
princess [prin'ses] *n* prinses *c*
principal ['prinsəpəl] *adj* voornaamst; *n* rector *c*, schoolhoofd *nt*, directeur *c*
principle ['prinsəpəl] *n* beginsel *nt*, principe *nt*
print [print] *v* drukken; *n* afdruk *c*; prent *c*; **printed matter** drukwerk *nt*
prior [praiə] *adj* vroeger
priority [prai'ɔrəti] *n* prioriteit *c*, voorrang *c*
prison ['prizən] *n* gevangenis *c*
prisoner ['prizənə] *n*

gedetineerde *c*, gevangene *c*; ~ **of war** krijgsgevangene *c*
privacy ['praivəsi] *n* privacy *c*, privéleven *nt*
private ['praivit] *adj* particulier, privé; persoonlijk
privilege ['privilidʒ] *n* voorrecht *nt*
prize [praiz] *n* prijs *c*; beloning *c*
probable ['prɔbəbəl] *adj* vermoedelijk, waarschijnlijk
probably ['prɔbəbli] *adv* waarschijnlijk
problem ['prɔbləm] *n* probleem *nt*; vraagstuk *nt*
procedure [prə'siːdʒə] *n* procedure *c*
proceed [prə'siːd] *v* *voortgaan; te werk *gaan
process ['prouses] *n* proces *nt*, procédé *nt*
procession [prə'seʃən] *n* processie *c*, stoet *c*
pro-choice ['prou‿'tʃois] *adj* pro-choice
proclaim [prə'kleim] *v* afkondigen
produce[1] [prə'djuːs] *v* produceren
produce[2] ['prɔdjuːs] *n* opbrengst *c*, product *nt*
producer [prə'djuːsə] *n* producent *m*
product ['prɔdʌkt] *n* product *nt*
production [prə'dʌkʃən] *n* productie *c*
profession [prə'feʃən] *n* vak *nt*, beroep *nt*
professional [prə'feʃənəl] *adj* beroeps-
professor [prə'fesə] *n* hoogleraar *m*, professor *c*
profit ['prɔfit] *n* voordeel *nt*, winst *c*; baat *c*; *v* profiteren
profitable ['prɔfitəbəl] *adj* winstgevend
profound [prə'faund] *adj* diepzinnig
programme ['prougræm] *n* programma *nt*
progress[1] ['prougres] *n* vooruitgang *c*
progress[2] [prə'gres] *v* vorderen
progressive [prə'gresiv] *adj* vooruitstrevend, progressief; toenemend
prohibit [prə'hibit] *v* *verbieden
prohibition [ˌproui'biʃən] *n* verbod *nt*
prohibitive [prə'hibitiv] *adj* onoverkomelijk
project ['prɔdʒekt] *n* plan *nt*, project *nt*
pro-life ['prou‿'laif] *adj* pro-life
promenade [ˌprɔmə'nɑːd] *n* promenade *c*
promise ['prɔmis] *n* belofte *c*; *v* beloven
promote [prə'mout] *v* bevorderen
promotion [prə'mouʃən] *n* promotie *c*
prompt [prɔmpt] *adj* onmiddellijk, prompt
pronoun ['prounaun] *n* voornaamwoord *nt*
pronounce [prə'nauns] *v* *uitspreken

pronunciation [ˌprənʌnsi'eiʃən] *n* uitspraak *c*
proof [pru:f] *n* bewijs *nt*
propaganda [ˌprɔpə'gændə] *n* propaganda *c*
propel [prə'pel] *v* *aandrijven
propeller [prə'pelə] *n* schroef *c*, propeller *c*
proper ['prɔpə] *adj* juist; behoorlijk, passend, geschikt, gepast
property ['prɔpəti] *n* bezit *nt*, eigendom *nt*; eigenschap *c*
prophet ['prɔfit] *n* profeet *m*
proportion [prə'pɔ:ʃən] *n* proportie *c*
proportional [prə'pɔ:ʃənəl] *adj* evenredig
proposal [prə'pouzəl] *n* voorstel *nt*
propose [prə'pouz] *v* voorstellen
proposition [ˌprɔpə'ziʃən] *n* voorstel *nt*
proprietor [prə'praiətə] *n* eigenaar *m*, eigenares *f*
prospect ['prɔspekt] *n* vooruitzicht *nt*
prospectus [prə'spektəs] *n* prospectus *c*
prosperity [prɔ'sperəti] *n* voorspoed *c*, welvaart *c*
prosperous ['prɔspərəs] *adj* welvarend
prostitute ['prɔstitju:t] *n* prostituée *f*
protect [prə'tekt] *v* beschermen
protection [prə'tekʃən] *n* bescherming *c*
protein ['prouti:n] *n* eiwit *nt*
protest[1] ['proutest] *n* protest *nt*
protest[2] [prə'test] *v* protesteren
Protestant ['prɔtistənt] *adj* protestants
proud [praud] *adj* trots; hoogmoedig
prove [pru:v] *v* aantonen, *bewijzen; *blijken
proverb ['prɔvə:b] *n* spreekwoord *nt*
provide [prə'vaid] *v* leveren, verschaffen; **provided that** mits
province ['prɔvins] *n* provincie *c*; gewest *nt*
provincial [prə'vinʃəl] *adj* provinciaal
provisional [prə'viʒənəl] *adj* voorlopig
provisions [prə'viʒənz] *pl* voorraad *c*
prune [pru:n] *n* pruim *c*
psychiatrist [sai'kaiətrist] *n* psychiater *m*
psychic ['saikik] *adj* helderziend; psychisch
psychoanalyst [ˌsaikou'ænəlist] *n* analyticus *c*
psychological [ˌsaikɔ'lɔdʒikəl] *adj* psychologisch
psychologist [sai'kɔlədʒist] *n* psycholoog *m*
psychology [sai'kɔlədʒi] *n* psychologie *c*
pub [pʌb] *n* café *nt*; kroeg *c*
public ['pʌblik] *adj* publiek,

openbaar; algemeen; *n* publiek *nt*; ~ **garden** plantsoen *nt*; ~ **house** café *nt*
publication [ˌpʌbli'keiʃən] *n* publikatie *c*
publicity [pʌ'blisəti] *n* reclame *c*; publiciteit *c*
publish ['pʌbliʃ] *v* publiceren, *uitgeven
publisher ['pʌbliʃə] *n* uitgever *m*
puddle ['pʌdəl] *n* plas *c*
pull [pul] *v* *trekken; ~ **out** *vertrekken; ~ **up** stoppen
pulley ['puli] *n* (pl ~s) katrol *c*
Pullman ['pulmən] *n* slaaprijtuig *nt*
pullover ['puˌlouvə] *n* pullover *c*
pulpit ['pulpit] *n* kansel *c*, preekstoel *c*
pulse [pʌls] *n* polsslag *c*, pols *c*
pump [pʌmp] *n* pomp *c*; *v* pompen
pun [pʌn] *n* woordspeling *c*
punch [pʌntʃ] *v* stompen; *n* vuistslag *c*
punctual ['pʌŋktʃuəl] *adj* stipt, punctueel
puncture ['pʌŋktʃə] *n* lekke band, bandepech *c*
punctured ['pʌŋktʃəd] *adj* lek
punish ['pʌniʃ] *v* straffen
punishment ['pʌniʃmənt] *n* straf *c*
pupil ['pju:pəl] *n* leerling *m*, -e *f*
puppet show ['pʌpitʃou] *n* poppenkast *c*
purchase ['pə:tʃəs] *v* *kopen; *n* aankoop *c*, koop *c*; ~ **price** koopprijs *c*; ~ **tax** omzetbelasting *c*
purchaser ['pə:tʃəsə] *n* koper *m*, koopster *f*
pure [pjuə] *adj* rein, zuiver
purple ['pə:pəl] *adj* paars
purpose ['pə:pəs] *n* bedoeling *c*, doel *nt*; **on** ~ opzettelijk
purse [pə:s] *n* beurs *c*, portemonnee *c*
pursue [pə'sju:] *v* vervolgen; nastreven
pus [pʌs] *n* etter *c*
push [puʃ] *n* zet *c*, duw *c*; *v* duwen; *schuiven; *dringen
push button ['puʃˌbʌtən] *n* drukknop *c*
***put** [put] *v* plaatsen, leggen, zetten; stoppen; stellen; ~ **away** *opbergen; ~ **off** opschorten; ~ **on** *aantrekken; ~ **out** *uitdoen
puzzle ['pʌzəl] *n* puzzel *c*; raadsel *nt*; *v* in verwarring *brengen; **jigsaw** ~ legpuzzel *c*
puzzling ['pʌzliŋ] *adj* onbegrijpelijk
pyjamas [pə'dʒɑ:məz] *pl* pyjama *c*

Q

quack [kwæk] *n* kwakzalver *m*, charlatan *m*
quail [kweil] *n* (pl ~, ~s) kwartel *c*
quaint [kweint] *adj* raar; ouderwets
qualification [ˌkwɔlifi'keiʃən] *n* bevoegdheid *c*; voorbehoud *nt*, restriktie *c*
qualified ['kwɔlifaid] *adj* gediplomeerd; bevoegd
qualify ['kwɔlifai] *v* geschikt *zijn
quality ['kwɔləti] *n* kwaliteit *c*; eigenschap *c*
quantity ['kwɔntəti] *n* hoeveelheid *c*; aantal *nt*
quarantine ['kwɔrənti:n] *n* quarantaine *c*
quarrel ['kwɔrəl] *v* twisten, ruzie maken; *n* twist *c*, ruzie *c*
quarry ['kwɔri] *n* steengroeve *c*
quarter ['kwɔ:tə] *n* kwart *nt*; kwartaal *nt*; wijk *c*; ~ **of an hour** kwartier *nt*
quarterly ['kwɔ:təli] *adj* driemaandelijks
quay [ki:] *n* kade *c*
queen [kwi:n] *n* koningin *f*
queer [kwiə] *adj* zonderling, raar; vreemd
query ['kwiəri] *n* vraag *c*; *v* *navragen; betwijfelen
question ['kwestʃən] *n* vraag *c*; kwestie *c*, vraagstuk *nt*; *v* *vragen, *ondervragen; in twijfel *trekken; ~ **mark** vraagteken *nt*
queue [kju:] *n* rij *c*; *v* in de rij *staan
quick [kwik] *adj* vlug
quick-tempered [ˌkwik'tempəd] *adj* driftig
quiet ['kwaiət] *adj* stil, kalm, bedaard, rustig; *n* stilte *c*, rust *c*
quilt [kwilt] *n* sprei *c*
quit [kwit] *v* *ophouden met, *uitscheiden
quite [kwait] *adv* helemaal; tamelijk, vrij, nogal; zeer, heel
quiz [kwiz] *n* (pl ~zes) quiz *c*, kwis *c*
quota ['kwoutə] *n* quota *c*
quotation [kwou'teiʃən] *n* citaat *nt*; ~ **marks** aanhalingstekens *pl*
quote [kwout] *v* citeren, aanhalen

R

rabbit ['ræbit] *n* konijn *nt*
rabies ['reibiz] *n* hondsdolheid *c*
race [reis] *n* wedloop *c*, race *c*; ras *nt*
racecourse ['reiskɔ:s] *n*

renbaan *c*
racehorse ['reishɔːs] *n* renpaard *nt*
racetrack ['reistræk] *n* renbaan *c*
racial ['reiʃəl] *adj* rassen-
racket ['rækit] *n* kabaal *nt*, tumult *nt*; racket *nt*
radiator ['reidieitə] *n* radiator *c*
radical ['rædikəl] *adj* radicaal
radio ['reidiou] *n* radio *c*
radish ['rædiʃ] *n* radijs *c*
radius ['reidiəs] *n* (pl radii) straal *c*
raft [rɑːft] *n* vlot *nt*
rag [ræg] *n* vod *nt*
rage [reidʒ] *n* razernij *c*, woede *c*; *v* razen, woeden
raid [reid] *n* inval *c*
rail [reil] *n* leuning *c*, reling *c*
railing ['reiliŋ] *n* hek *nt*
railroad ['reilroud] *nAm* spoorbaan *c*, spoorweg *c*
railway ['reilwei] *n* spoorweg *c*, spoorbaan *c*
rain [rein] *n* regen *c*; *v* regenen
rainbow ['reinbou] *n* regenboog *c*
raincoat ['reinkout] *n* regenjas *c*
rainy ['reini] *adj* regenachtig
raise [reiz] *v* optillen; verhogen; *grootbrengen, verbouwen, fokken; *heffen; *nAm* loonsverhoging *c*, opslag *c*
raisin ['reizən] *n* rozijn *c*
rake [reik] *n* hark *c*
rally ['ræli] *n* bijeenkomst *c*
ramp [ræmp] *n* glooiing *c*
ramshackle ['ræm,ʃækəl] *adj* gammel
rancid ['rænsid] *adj* ranzig
rang [ræŋ] *v* (p ring)
range [reindʒ] *n* bereik *nt*; **~ finder** afstandsmeter *c*
rank [ræŋk] *n* rang *c*; rij *c*
ransom ['rænsəm] *n* losgeld *nt*
rap [ræp] *n* rap
rape [reip] *v* verkrachten
rapid ['ræpid] *adj* vlug, snel
rapids ['ræpidz] *pl* stroomversnelling *c*
rare [rɛə] *adj* zeldzaam
rarely ['rɛəli] *adv* zelden
rascal ['rɑːskəl] *n* schelm *m*, deugniet *m*
rash [ræʃ] *n* uitslag *c*, huiduitslag *c*; *adj* overhaast, onbezonnen
raspberry ['rɑːzbəri] *n* framboos *c*
rat [ræt] *n* rat *c*
rate [reit] *n* prijs *c*, tarief *nt*; snelheid *c*; **at any ~** hoe dan ook, in elk geval; **~ of exchange** wisselkoers *c*
rather ['rɑːðə] *adv* vrij, tamelijk, nogal; liever, eerder
ration ['ræʃən] *n* rantsoen *nt*
raven ['reivən] *n* raaf *c*
raw [rɔː] *adj* rauw; **~ material** grondstof *c*
ray [rei] *n* straal *c*
rayon ['reiɔn] *n* kunstzijde *c*
razor ['reizə] *n* scheerapparaat *nt*; **~ blade** scheermesje *nt*
reach [riːtʃ] *v* bereiken; *n* bereik *nt*
react [ri'ækt] *v* reageren

reaction [ri'ækʃən] *n* reactie *c*
***read** [ri:d] *v* *lezen
reading lamp ['ri:diŋlæmp] *n* leeslamp *c*
reading room ['ri:diŋru:m] *n* leeszaal *c*
ready ['redi] *adj* gereed, klaar
ready-made [ˌredi'meid] *adj* confectie-
real [riəl] *adj* echt
reality [ri'æləti] *n* werkelijkheid *c*
realizable ['riəlaizəbəl] *adj* haalbaar
realize ['riəlaiz] *v* beseffen; tot stand *brengen, verwezenlijken
really ['riəli] *adv* echt, werkelijk; eigenlijk
reap [ri:p] *v* oogsten
rear [riə] *n* achterkant *c*; *v* *grootbrengen; ~ **light** achterlicht *nt*
reason ['ri:zən] *n* oorzaak *c*, reden *c*; verstand *nt*, rede *c*; *v* redeneren
reasonable ['ri:zənəbəl] *adj* redelijk; billijk
reassure [ˌri:ə'ʃuə] *v* geruststellen
rebate ['ri:beit] *n* korting *c*, reductie *c*
rebellion [ri'beljən] *n* opstand *c*, oproer *nt*
recall [ri'kɔ:l] *v* zich herinneren; *terugroepen; *herroepen
receipt [ri'si:t] *n* kwitantie *c*, reçu *nt*; ontvangst *c*
receive [ri'si:v] *v* *krijgen, *ontvangen
receiver [ri'si:və] *n* telefoonhoorn *c*
recent ['ri:sənt] *adj* recent
recently ['ri:səntli] *adv* kort geleden, onlangs
reception [ri'sepʃən] *n* ontvangst *c*; onthaal *nt*; ~ **office** receptie *c*
receptionist [ri'sepʃənist] *n* receptioniste *f*
recession [ri'seʃən] *n* teruggang *c*
recipe ['resipi] *n* recept *nt*
recital [ri'saitəl] *n* recital *nt*
reckon ['rekən] *v* rekenen; beschouwen; *denken
recognition [ˌrekəg'niʃən] *n* erkenning *c*
recognize ['rekəgnaiz] *v* herkennen; erkennen
recollect [ˌrekə'lekt] *v* zich herinneren
recommence [ˌri:kə'mens] *v* hervatten
recommend [ˌrekə'mend] *v* *aanprijzen, *aanbevelen; *aanraden
recommendation [ˌrekəmen'deiʃən] *n* aanbeveling *c*
reconciliation [ˌrekənsili'eiʃən] *n* verzoening *c*
reconstructive surgery [ˌri:kən'strʌktiv‿'sə:dʒəri] *n* plastische chirurgie *f*
record[1] ['rekɔ:d] *n* grammofoonplaat *c*; record *nt*; register *nt*; ~ **player**

platenspeler *c*, pick-up *c*
record² [ri'kɔ:d] *v* aantekenen
recorder [ri'kɔ:də] *n* bandrecorder *c*
recording [ri'kɔ:diŋ] *n* opname *c*
recover [ri'kʌvə] *v* *terugvinden; zich herstellen, *genezen
recovery [ri'kʌvəri] *n* genezing *c*, herstel *nt*
recreation [ˌrekri'eiʃən] *n* recreatie *c*, ontspanning *c*; ~ **center** *Am*, ~ **centre** recreatiecentrum *nt*; ~ **ground** speelterrein *nt*
recruit [ri'kru:t] *n* rekruut *m*
rectangle ['rektæŋgəl] *n* rechthoek *c*
rectangular [rek'tæŋgjulə] *adj* rechthoekig
rectum ['rektəm] *n* endeldarm *c*
recyclable [ˌri:'saikləbəl] *adj* recycleerbaar
recycle [ˌri:'saikəl] *v* recycleren
red [red] *adj* rood
redeem [ri'di:m] *v* verlossen
reduce [ri'dju:s] *v* reduceren, verminderen, verlagen
reduction [ri'dʌkʃən] *n* korting *c*, reductie *c*
redundant [ri'dʌndənt] *adj* overbodig
reed [ri:d] *n* riet *nt*
reef [ri:f] *n* rif *nt*
referee [ˌrefə'ri:] *n* scheidsrechter *m*
reference ['refrəns] *n* referentie *c*, verwijzing *c*; betrekking *c*; **with ~ to** met betrekking tot
refer to [ri'fə:] *verwijzen naar
refill ['ri:fil] *n* vulling *c*
refinery [ri'fainəri] *n* raffinaderij *c*
reflect [ri'flekt] *v* weerkaatsen
reflection [ri'flekʃən] *n* weerkaatsing *c*; spiegelbeeld *nt*
reflector [ri'flektə] *n* reflector *c*
reformation [ˌrefə'meiʃən] *n* reformatie *c*
refresh [ri'freʃ] *v* verfrissen
refreshment [ri'freʃmənt] *n* verfrissing *c*
refrigerator [ri'fridʒəreitə] *n* koelkast *c*, ijskast *c*
refugee [ˌrefju'dʒi:] *n* vluchteling *m*, -e *f*
refund¹ [ri'fʌnd] *v* terugbetalen
refund² ['ri:fʌnd] *n* terugbetaling *c*
refusal [ri'fju:zəl] *n* weigering *c*
refuse¹ [ri'fju:z] *v* weigeren
refuse² ['refju:s] *n* afval *nt*
regard [ri'gɑ:d] *v* beschouwen; *bekijken; *n* respect *nt*; **as regards** betreffende, aangaande, wat betreft; **kind regards** met vriendelijke groet
regarding [ri'gɑ:diŋ] *prep* met betrekking tot, betreffende; ten aanzien van
regatta [ri'gætə] *n* regatta *c*
regime [rei'ʒi:m] *n* regime *nt*

region ['ri:dʒən] *n* streek *c*; gebied *nt*
regional ['ri:dʒənəl] *adj* plaatselijk
register ['redʒistə] *v* zich *inschrijven; aantekenen; **registered letter** aangetekende brief
registration [,redʒi'streiʃən] *n* registratie *c*; ~ **form** inschrijvingsformulier *nt*; ~ **number** kenteken *nt*; ~ **plate** nummerbord *nt*
regret [ri'gret] *v* betreuren; *n* spijt *c*
regular ['regjulə] *adj* geregeld, regelmatig; gewoon, normaal
regulate ['regjuleit] *v* regelen
regulation [,regju'leiʃən] *n* reglement *nt*, voorschrift *nt*; regeling *c*
rehabilitation [,ri:hə,bili'teiʃən] *n* revalidatie *c*
rehearsal [ri'hə:səl] *n* repetitie *c*
rehearse [ri'hə:s] *v* repeteren
reign [rein] *n* regering *c*; *v* regeren
reimburse [,ri:im'bə:s] *v* terugbetalen, vergoeden
reindeer ['reindiə] *n* (pl ~) rendier *nt*
reject [ri'dʒekt] *v* *afwijzen, *verwerpen; afkeuren
relate [ri'leit] *v* vertellen
related [ri'leitid] *adj* verwant
relation [ri'leiʃən] *n* relatie *c*, verband *nt*; verwante *c*
relative ['relətiv] *n* familielid *nt*; *adj* betrekkelijk, relatief
relax [ri'læks] *v* zich ontspannen
relaxation [,rilæk'seiʃən] *n* ontspanning *c*
reliable [ri'laiəbəl] *adj* betrouwbaar
relic ['relik] *n* relikwie *c*
relief [ri'li:f] *n* verademing *c*, verlichting *c*; steun *c*; reliëf *nt*
relieve [ri'li:v] *v* verlichten; aflossen
religion [ri'lidʒən] *n* godsdienst *c*
religious [ri'lidʒəs] *adj* godsdienstig
rely on [ri'lai] vertrouwen op
remain [ri'mein] *v* *blijven; *overblijven
remainder [ri'meində] *n* restant *nt*, rest *c*
remaining [ri'meiniŋ] *adj* overig, overblijvend
remark [ri'mɑ:k] *n* opmerking *c*; *v* opmerken
remarkable [ri'mɑ:kəbəl] *adj* opmerkelijk
remedy ['remədi] *n* geneesmiddel *nt*; middel *nt*
remember [ri'membə] *v* zich herinneren; *onthouden
remembrance [ri'membrəns] *n* aandenken *nt*, herinnering *c*
remind [ri'maind] *v* herinneren
remit [ri'mit] *v* overmaken
remittance [ri'mitəns] *n* storting *c*
remnant ['remnənt] *n* overblijfsel *nt*, restant *nt*, rest *c*
remote [ri'mout] *adj* afgelegen,

ver
remote control [ri'mout‿kən'troul] *n* afstandsbediening *f*
removal [ri'mu:vəl] *n* verwijdering *c*
remove [ri'mu:v] *v* verwijderen
remunerate [ri'mju:nəreit] *v* vergoeden
remuneration [ri,mju:nə'reiʃən] *n* vergoeding *c*
renew [ri'nju:] *v* vernieuwen; verlengen
renewable [ri'nju:əbəl] *adj* hernieuwbaar
renovate ['renoveit] *v* verbouwen
rent [rent] *v* huren; *n* huur *c*
repair [ri'pɛə] *v* herstellen, repareren; *n* herstel *nt*
reparation [,repə'reiʃən] *n* reparatie *c*
***repay** [ri'pei] *v* terugbetalen
repayment [ri'peimənt] *n* terugbetaling *c*
repeat [ri'pi:t] *v* herhalen
repellent [ri'pelənt] *adj* weerzinwekkend, afstotelijk
repentance [ri'pentəns] *n* berouw *nt*
repertory ['repətəri] *n* repertoire *nt*
repetition [,repə'tiʃən] *n* herhaling *c*
replace [ri'pleis] *v* *vervangen
reply [ri'plai] *v* antwoorden; *n* antwoord *nt*; **in ~** als antwoord
report [ri'pɔ:t] *v* rapporteren; melden; zich aanmelden; *n* verslag *nt*, rapport *nt*
reporter [ri'pɔ:tə] *n* verslaggever *m*, reporter *c*
represent [,repri'zent] *v* vertegenwoordigen; voorstellen
representation [,reprizen'teiʃən] *n* vertegenwoordiging *c*
representative [,repri'zentətiv] *adj* representatief
reprimand ['reprimɑ:nd] *v* berispen
reproach [ri'proutʃ] *n* verwijt *nt*; *v* *verwijten
reproduce [,ri:prə'dju:s] *v* reproduceren
reproduction [,ri:prə'dʌkʃən] *n* reproductie *c*
reptile ['reptail] *n* reptiel *nt*
republic [ri'pʌblik] *n* republiek *c*
republican [ri'pʌblikən] *adj* republikeins
repulsive [ri'pʌlsiv] *adj* weerzinwekkend
reputation [,repju'teiʃən] *n* reputatie *c*; naam *c*
request [ri'kwest] *n* verzoek *nt*; *v* *verzoeken
require [ri'kwaiə] *v* vereisen
requirement [ri'kwaiəmənt] *n* vereiste *c*
requisite ['rekwizit] *adj* vereist
rescue ['reskju:] *v* redden; *n* redding *c*
research [ri'sə:tʃ] *n* onderzoek *nt*
resemblance [ri'zembləns] *n*

gelijkenis *c*
resemble [ri'zembəl] *v* *lijken op
resent [ri'zent] *v* kwalijk *nemen
reservation [ˌrezə'veiʃən] *n* reservering *c*
reserve [ri'zəːv] *v* reserveren; *bespreken; *n* reserve *c*
reserved [ri'zəːvd] *adj* terughoudend; gereserveerd
reservoir ['rezəvwɑː] *n* reservoir *nt*
reside [ri'zaid] *v* wonen
residence ['rezidəns] *n* woonplaats *c*; ~ **permit** verblijfsvergunning *c*
resident ['rezidənt] *n* inwoner *m*, inwoonster *f*; *adj* woonachtig; intern
resign [ri'zain] *v* ontslag *nemen
resignation [ˌrezig'neiʃən] *n* ontslagneming *c*
resist [ri'zist] *v* zich verzetten
resistance [ri'zistəns] *n* verzet *nt*
resolute ['rezəluːt] *adj* resoluut, vastberaden
respect [ri'spekt] *n* respect *nt*; ontzag *nt*, achting *c*, eerbied *c*; opzicht *nt*; *v* respecteren
respectable [ri'spektəbəl] *adj* eerzaam, respectabel
respectful [ri'spektfəl] *adj* eerbiedig
respective [ri'spektiv] *adj* respectievelijk
respiration [ˌrespə'reiʃən] *n* ademhaling *c*
respite ['respait] *n* uitstel *nt*
respond [riˌspɔnd] *v* reageren
responsibility [riˌspɔnsə'biləti] *n* verantwoordelijkheid *c*; aansprakelijkheid *c*
responsible [ri'spɔnsəbəl] *adj* verantwoordelijk; aansprakelijk
rest [rest] *n* rust *c*; rest *c*; *v* uitrusten, rusten
restaurant ['restərɔ̃ː] *n* restaurant *nt*
restful ['restfəl] *adj* rustig
rest home ['resthoum] *n* rusthuis *nt*
restless ['restləs] *adj* onrustig; ongedurig
restrain [ri'strein] *v* *inhouden, *weerhouden
restriction [ri'strikʃən] *n* beperking *c*
rest room ['restruːm] *nAm* toilet *nt*
result [ri'zʌlt] *n* resultaat *nt*; gevolg *nt*; uitslag *c*; *v* resulteren
resume [ri'zjuːm] *v* hervatten
résumé ['rezjumei] *n* samenvatting *c*
retail ['riːteil] *v* in het klein *verkopen; ~ **trade** kleinhandel *c*, detailhandel *c*
retailer ['riːteilə] *n* detaillist *c*, kleinhandelaar *c*; wederverkoper *c*
retina ['retinə] *n* netvlies *nt*
retire [ri'taiə] *v* met pensioen gaan; zich terugtrekken
retired [ri'taiəd] *adj*

gepensioneerd
retirement [ri'taiəment] *n* pensionering *c*
rid[rid] *v*: ~**of** bevrijden van; **get** ~ **of** kwijtraken
return [ri'tə:n] *v* *terugkomen, terugkeren; *n* terugkeer *c*; ~ **flight** retourvlucht *c*; ~ **journey** terugreis *c*
reunite [,ri:ju:'nait] *v* herenigen
reveal [ri'vi:l] *v* openbaren, onthullen
revelation [,revə'leiʃən] *n* onthulling *c*
revenge [ri'vendʒ] *n* wraak *c*
revenue ['revənju:] *n* inkomen *nt*
reverse [ri'və:s] *n* tegendeel *nt*; keerzijde *c*; omkeer *c*, tegenslag *c*; *adj* omgekeerd; *v* *achteruitrijden
review [ri'vju:] *n* bespreking *c*; tijdschrift *nt*
revise [ri'vaiz] *v* *herzien
revision [ri'viʒən] *n* herziening *c*
revival [ri'vaivəl] *n* herstel *nt*
revolt [ri'voult] *v* in opstand *komen; *n* opstand *c*, oproer *nt*
revolting [ri'voultiŋ] *adj* walgelijk, stuitend, weerzinwekkend
revolution [,revə'lu:ʃən] *n* revolutie *c*; omwenteling *c*
revolutionary [,revə'lu:ʃənəri] *adj* revolutionair
revolver [ri'vɔlvə] *n* revolver *c*
revue [ri'vju:] *n* revue *c*
reward [ri'wɔ:d] *n* beloning *c*; *v* belonen
rheumatism ['ru:mətizəm] *n* reumatiek *c*
rhinoceros [rai'nɔsərəs] *n* (pl ~, ~es) neushoorn *c*
rhubarb ['ru:bɑ:b] *n* rabarber *c*
rhyme [raim] *n* rijm *nt*
rhythm ['riðəm] *n* ritme *nt*
rib [rib] *n* rib *c*
ribbon ['ribən] *n* lint *nt*
rice [rais] *n* rijst *c*
rich [ritʃ] *adj* rijk
riches ['ritʃiz] *pl* rijkdom *c*
riddle ['ridəl] *n* raadsel *nt*
ride [raid] *n* rit *c*
***ride** [raid] *v* *rijden; *paardrijden
rider ['raidə] *n* ruiter *c*
ridge [ridʒ] *n* bergrug *c*
ridicule ['ridikju:l] *v* bespotten
ridiculous [ri'dikjuləs] *adj* bespottelijk, belachelijk
riding ['raidiŋ] *n* paardesport *c*; ~ **school** manege *c*
rifle ['raifəl] *v* geweer *nt*
right [rait] *n* recht *nt*; *adj* goed, juist; recht; rechts; billijk, rechtvaardig; ***be** ~ gelijk *hebben; ~ **of way** voorrang *c*; **all right!** in orde!
righteous ['raitʃəs] *adj* rechtvaardig
right-hand ['raithænd] *adj* rechter, rechts
rightly ['raitli] *adv* terecht
rim [rim] *n* velg *c*; rand *c*
ring [riŋ] *n* ring *c*; kring *c*; piste *c*
***ring** [riŋ] *v* bellen; ~ **up** opbellen

rinse [rins] *v* spoelen; *n* spoeling *c*
riot ['raiət] *n* rel *c*
rip [rip] *v* scheuren
ripe [raip] *adj* rijp
rise [raiz] *n* opslag *c*, verhoging *c*; stijging *c*; opkomst *c*
***rise** [raiz] *v* *opstaan; *opgaan; *stijgen
rising ['raiziŋ] *n* opstand *c*
risk [risk] *n* risico *nt*; gevaar *nt*; *v* wagen
risky ['riski] *adj* gewaagd, riskant
rival ['raivəl] *n* rivaal *m*, rivale *f*; concurrent *m*, -e *f*; *v* rivaliseren
rivalry ['raivəlri] *n* rivaliteit *c*; concurrentie *c*
river ['rivə] *n* rivier *c*; **~ bank** oever *c*
riverside ['rivəsaid] *n* rivieroever *c*
roach [routʃ] *n* (pl ~) blankvoorn *c*
road [roud] *n* straat *c*, weg *c*; **~ fork** *n* tweesprong *c*; **~ map** wegenkaart *c*; **~ system** wegennet *nt*; **~ up** werk in uitvoering
roadhouse ['roudhaus] *n* wegrestaurant *nt*
roadrage ['roud,reidʒ] *n* verkeersagressie *f*
roadside ['roudsaid] *n* wegkant *c*; **~ restaurant** wegrestaurant *nt*
roadway ['roudwei] *nAm* rijbaan *c*
roam [roum] *v* *zwerven
roar [rɔː] *v* loeien, brullen; *n* gebrul *nt*, geraas *nt*
roast [roust] *v* *braden, roosteren
rob [rɔb] *v* beroven
robber ['rɔbə] *n* dief *m*
robbery ['rɔbəri] *n* roof *c*, diefstal *c*, beroving *c*
robe [roub] *n* jurk *c*; gewaad *nt*
robin ['rɔbin] *n* roodborstje *nt*
robust [rou'bʌst] *adj* fors
rock [rɔk] *n* rots *c*; *v* schommelen
rocket ['rɔkit] *n* raket *c*
rock-'n-roll [,rɔkən'roul] *n* rock en roll *c*
rocky ['rɔki] *adj* rotsachtig
rod [rɔd] *n* stang *c*, roede *c*
roe [rou] *n* kuit *c*, viskuit *c*
roll [roul] *v* rollen; *n* rol *c*; broodje *nt*
Rollerblade® ['roulə,bleid] *v* rollerblade®; *n* rollerbladen *m*
Roman Catholic ['roumən 'kæθəlik] rooms-katholiek
romance [rə'mæns] *n* romance *c*
romantic [rə'mæntik] *adj* romantisch
roof [ruːf] *n* dak *nt*; **thatched ~** strodak *nt*
room [ruːm] *n* vertrek *nt*, kamer *c*; ruimte *c*, plaats *c*; **~ and board** kost en inwoning; **~ service** bediening op de kamer; **~ temperature** kamertemperatuur *c*
roomy ['ruːmi] *adj* ruim
root [ruːt] *n* wortel *c*

rope [roup] *n* touw *nt*
rosary ['rouzəri] *n* rozenkrans *c*
rose [rouz] *n* roos *c*; *adj* roze
rotten ['rɔtən] *adj* rot
rouge [ru:ʒ] *n* rouge *c*/*nt*
rough [rʌf] *adj* ruw
roulette [ru:'let] *n* roulette *c*
round [raund] *adj* rond; *prep* rondom, om; *n* ronde *c*; **~ trip** *Am* retour
roundabout ['raundəbaut] *n* rotonde *c*
rounded ['raundid] *adj* afgerond
route [ru:t] *n* route *c*
routine [ru:'ti:n] *n* routine *c*
row[1] [rou] *n* rij *c*; *v* roeien
row[2] [rau] *n* ruzie *c*
rowdy ['raudi] *adj* baldadig
rowing boat ['rouiŋbout] *n* roeiboot *c*
royal ['rɔiəl] *adj* koninklijk
rub [rʌb] *v* *wrijven
rubber ['rʌbə] *n* rubber *nt*; vlakgom *c*/*nt*; **~ band** elastiek *nt*
rubbish ['rʌbiʃ] *n* afval *nt*; geklets *nt*, onzin *c*; **talk ~** uit je nek kletsen; **~ bin** vuilnisbak *c*
ruby ['ru:bi] *n* robijn *c*
rucksack ['rʌksæk] *n* rugzak *c*
rudder ['rʌdə] *n* roer *nt*
rude [ru:d] *adj* grof
rug [rʌg] *n* kleedje *nt*
ruin ['ru:in] *v* ruïneren; *n* ondergang *c*; **ruins** *pl* ruïne *c*
rule [ru:l] *n* regel *c*; bewind *nt*, bestuur *nt*, heerschappij *c*; *v* heersen, regeren; **as a ~** gewoonlijk, in de regel
ruler ['ru:lə] *n* vorst *m*, -in *f*,heerser *m*, -es *f*; liniaal *c*
Rumania [ru:'meiniə] Roemenië
Rumanian [ru:'meiniən] *adj* Roemeens; *n* Roemeen *m*, -se *f*
rumour ['ru:mə] *n* gerucht *nt*
***run** [rʌn] *v* rennen; **~ into** *tegenkomen
runaway ['rʌnəwei] *n* ontsnapte gevangene
rung [rʌn] *v* (pp ring)
runner ['rʌnə] *n* loper *m*, loopster *f*
runway ['rʌnwei] *n* startbaan *c*
rural ['ruərəl] *adj* plattelands-
rush [rʌʃ] *v* zich haasten; *n* bies *c*
rush hour ['rʌʃauə] *n* spitsuur *nt*
Russia ['rʌʃə] Rusland
Russian ['rʌʃən] *adj* Russisch; *n* Rus *m*, Russin *f*
rust [rʌst] *n* roest *nt*
rustic ['rʌstik] *adj* rustiek
rusty ['rʌsti] *adj* roestig

S

sack [sæk] *n* zak *c*
sacred ['seikrid] *adj* heilig
sacrifice ['sækrifais] *n* offer *nt*; *v* opofferen
sacrilege ['sækrilidʒ] *n* heiligschennis *c*
sad [sæd] *adj* bedroefd; verdrietig, droevig, treurig
saddle ['sædəl] *n* zadel *nt*
sadness ['sædnəs] *n* bedroefdheid *c*
safe [seif] *adj* veilig; *n* brandkast *c*, kluis *c*
safety ['seifti] *n* veiligheid *c*; **~ belt** veiligheidsgordel *c*; **~ pin** veiligheidsspeld *c*; **~ razor** scheerapparaat *nt*
sail [seil] *v* *bevaren, *varen; *n* zeil *nt*
sailing boat ['seiliŋbout] *n* zeilboot *c*
sailor ['seilə] *n* matroos *m*
saint [seint] *n* heilige *c*
salad ['sæləd] *n* sla *c*
salad oil ['sælədɔil] *n* slaolie *c*
salary ['sæləri] *n* loon *nt*, salaris *nt*
sale [seil] *n* verkoop *c*; **clearance ~** opruiming *c*; **for ~** te koop; **sales** *pl* uitverkoop *c*; **sales tax** omzetbelasting *c*
saleable ['seiləbəl] *adj* verkoopbaar
salesgirl ['seilzgə:l] *n* verkoopster *f*
salesman ['seilzmən] *n* (pl -men) verkoper *m*
salmon ['sæmən] *n* (pl ~) zalm *c*
salon ['sælɔ̃:] *n* salon *c*
saloon [sə'lu:n] *n* bar *c*
salt [sɔ:lt] *n* zout *nt*; **~ cellar**, *nAm* **~ shaker** *n* zoutvaatje *nt*
salty ['sɔ:lti] *adj* zout
salute [sə'lu:t] *v* groeten
same [seim] *adj* zelfde
sample ['sɑ:mpəl] *n* monster *nt*
sanatorium [,sænə'tɔ:riəm] *n* (pl ~s, -ria) sanatorium *nt*
sand [sænd] *n* zand *nt*
sandal ['sændəl] *n* sandaal *c*
sandpaper ['sænd,peipə] *n* schuurpapier *nt*
sandwich ['sænwidʒ] *n* boterham *c*
sandy ['sændi] *adj* zanderig
sanitary ['sænitəri] *adj* sanitair; **~ towel** maandverband *nt*
sapphire ['sæfaiə] *n* saffier *nt*
sardine [sɑ:'di:n] *n* sardine *c*
satchel ['sætʃəl] *n* schooltas *c*
satellite ['sætəlait] *n* satelliet *c*
satellite dish ['sætəlait‿diʃ] *n* satellietschotel *f*
satellite radio ['sætəlait‿'reidiou] *n* satellietradio *m*
satin ['sætin] *n* satijn *nt*
satisfaction [,sætis'fækʃən] *n* bevrediging *c*, voldoening *c*
satisfactory [,sætis'fæktəri] *adj* bevredigend,

tevredenstellend
satisfy ['sætisfai] *v* bevredigen; **satisfied** voldaan, tevreden
Saturday ['sætədi] zaterdag *c*
sauce [sɔ:s] *n* saus *c*
saucepan ['sɔ:spən] *n* steelpan *c*
saucer ['sɔ:sə] *n* schoteltje *nt*
Saudi Arabia [ˌsaudiə'reibiə] Saoedi-Arabië
Saudi Arabian [ˌsaudiə'reibiən] *adj* Saoedi--Arabisch
sauna ['sɔ:nə] *n* sauna *c*
sausage ['sɔsidʒ] *n* worst *c*
savage ['sævidʒ] *adj* wild
save [seiv] *v* redden; sparen
savings ['seiviŋz] *pl* spaargeld *nt*; ~ **bank** spaarbank *c*
saviour ['seivjə] *n* redder *m*
savo(u)ry ['seivəri] *adj* smakelijk; pikant
saw[1] [sɔ:] *v* (p see)
saw[2] [sɔ:] *n* zaag *c*
sawdust ['sɔ:dʌst] *n* zaagsel *nt*
sawmill ['sɔ:mil] *n* houtzagerij *c*
***say** [sei] *v* *zeggen
scaffolding ['skæfəldiŋ] *n* steigers *pl*
scale [skeil] *n* schaal *c*; toonladder *c*; schub *c*; **scales** *pl* weegschaal *c*
scan [skæn] *v* scannen; *n* scan *m*
scandal ['skændəl] *n* schandaal *nt*
Scandinavia [ˌskændi'neiviə] Scandinavië
Scandinavian [ˌskændi'neiviən] *adj* Scandinavisch; *n* Scandinaviër *m*, Scandinavische *f*
scanner ['skænə] *n* scanner *m*
scapegoat ['skeipgout] *n* zondebok *c*
scar [skɑ:] *n* litteken *nt*
scarce [skɛəs] *adj* schaars
scarcely ['skɛəsli] *adv* nauwelijks
scarcity ['skɛəsəti] *n* schaarste *c*
scare [skɛə] *v* *doen schrikken; *n* schrik *c*
scarf [skɑ:f] *n* (pl ~s, scarves) das *c*, sjaal *c*
scarlet ['skɑ:lət] *adj* vuurrood
scary ['skɛəri] *adj* griezelig
scatter ['skætə] *v* verspreiden
scene [si:n] *n* scène *c*
scenery ['si:nəri] *n* landschap *nt*
scenic ['si:nik] *adj* schilderachtig
scent [sent] *n* geur *c*
schedule ['ʃedju:l] *n* dienstregeling *c*, rooster *nt*
scheme [ski:m] *n* schema *nt*; plan *nt*
scholar ['skɔlə] *n* geleerde *c*; leerling *m*, -e *f*
scholarship ['skɔləʃip] *n* studiebeurs *c*
school [sku:l] *n* school *c*
schoolboy ['sku:lbɔi] *n* schooljongen *m*
schoolgirl ['sku:lgə:l] *n* schoolmeisje *nt*

schoolmaster ['sku:l,ma:stə] *n* onderwijzer *m*, meester *m*
schoolteacher ['sku:l,ti:tʃə] *n* onderwijzer *m*, -es *f*
science ['saiəns] *n* wetenschap *c*
scientific [,saiən'tifik] *adj* wetenschappelijk
scientist ['saiəntist] *n* geleerde *c*
scissors ['sizəz] *pl* schaar *c*
scold [skould] *v* berispen; *schelden
scooter ['sku:tə] *n* scooter *c*; autoped *c*
score [skɔ:] *n* stand *c*; *v* scoren
scorn [skɔ:n] *n* hoon *c*, verachting *c*; *v* verachten
scotch tape® plakband *nt*
Scotland ['skɔtlənd] Schotland
Scottish ['skɔtiʃ] *adj* Schots
scout [skaut] *n* padvinder *m*, padvindster *f*
scrap [skræp] *n* snipper *c*
scrapbook ['skræpbuk] *n* plakboek *nt*
scrape [skreip] *v* schrappen
scratch [skrætʃ] *v* krassen, krabben; *n* kras *c*, schram *c*
scream [skri:m] *v* gillen, schreeuwen; *n* gil *c*, schreeuw *c*
screen [skri:n] *n* scherm *nt*; beeldscherm *nt*
screw [skru:] *n* schroef *c*; *v* schroeven
screwdriver ['skru:,draivə] *n* schroevendraaier
scrub [skrʌb] *v* schrobben; *n* struik *c*
sculptor ['skʌlptə] *n* beeldhouwer *c*
sculpture ['skʌlptʃə] *n* beeldhouwwerk *nt*
sea [si:] *n* zee *c*; ~ **urchin** zeeëgel *c*; ~ **water** zeewater *nt*
seabird ['si:bə:d] *n* zeevogel *c*
seacoast ['si:koust] *n* zeekust *c*
seagull ['si:gʌl] *n* meeuw *c*, zeemeeuw *c*
seal [si:l] *n* zegel *nt*; rob *c*, zeehond *c*
seam [si:m] *n* naad *c*
seaman ['si:mən] *n* (pl -men) zeeman *m*
seamless ['si:mləs] *adj* naadloos
seaport ['si:pɔ:t] *n* zeehaven *c*
search [sə:tʃ] *v* *zoeken; fouilleren, *doorzoeken
searchlight ['sə:tʃlait] *n* schijnwerper *c*
seascape ['si:skeip] *n* zeegezicht *nt*
seashell ['si:ʃel] *n* zeeschelp *c*
seashore ['si:ʃɔ:] *n* kust *c*
seasick ['si:sik] *adj* zeeziek
seasickness ['si:,siknəs] *n* zeeziekte *c*
seaside ['si:said] *n* kust *c*; ~ **resort** badplaats *c*
season ['si:zən] *n* jaargetijde *nt*, seizoen *nt*; **high** ~ hoogseizoen *nt*; **low** ~ naseizoen *nt*; **off** ~ buiten het seizoen; ~ **ticket** abonnementskaart *c*
seat [si:t] *n* stoel *c*; plaats *c*,

zitplaats *c*; zetel *c*; ~ **belt** veiligheidsgordel *c*
second ['sekənd] *num* tweede; *n* seconde *c*; tel *c*
secondary ['sekəndəri] *adj* secundair, ondergeschikt; ~ **school** middelbare school
second-hand [ˌsekənd'hænd] *adj* tweedehands
secret ['si:krət] *n* geheim *nt*; *adj* geheim
secretary ['sekrətri] secretaris *m*, secretaresse *f*
section ['sekʃən] *n* sectie *c*; afdeling *c*, vak *nt*
secure [si'kjuə] *adj* veilig; *v* bemachtigen
security [si'kjuərəti] *n* veiligheid *c*; pand *nt*
sedative ['sedətiv] *n* kalmerend middel
seduce [si'dju:s] *v* verleiden
*__see__ [si:] *v* *zien; *begrijpen, *inzien; ~ **to** zorgen voor
seed [si:d] *n* zaad *nt*
*__seek__ [si:k] *v* *zoeken
seem [si:m] *v* *lijken, *schijnen
seen [si:n] *v* (pp see)
seesaw ['si:sɔ:] *n* wip *c*
seize [si:z] *v* *grijpen
seldom ['seldəm] *adv* zelden
select [si'lekt] *v* selecteren, *uitkiezen; *adj* select, uitgelezen
selection [si'lekʃən] *n* keuze *c*, selectie *c*
self [self] zelf; zichzelf; ik
self-centered *Am*, **self-centred** [ˌself'sentəd] *adj* egocentrisch
self-employed [ˌselfim'plɔid] *adj* zelfstandig
self-evident [ˌsel'fevidənt] *adj* vanzelfsprekend
self-government [ˌself'gʌvəmənt] *n* zelfbestuur *nt*
selfish ['selfiʃ] *adj* egoïstisch
selfishness ['selfiʃnəs] *n* egoïsme *nt*
self-service [ˌself'sə:vis] *n* zelfbediening *c*; ~ **restaurant** zelfbedieningsrestaurant *nt*
*__sell__ [sel] *v* *verkopen
semblance ['sembləns] *n* schijn *c*
semi- ['semi] half
semicircle ['semiˌsə:kəl] *n* halve cirkel
semicolon [ˌsemi'koulən] *n* puntkomma *c*
senate ['senət] *n* senaat *c*
senator ['senətə] *n* senator *m*
*__send__ [send] *v* sturen, *zenden; ~ **back** terugsturen, *terugzenden; ~ **for** *laten halen; ~ **off** versturen
sender ['sendə] *n* afzender *m*, afzendster *f*
senile ['si:nail] *adj* seniel
sensation [sen'seiʃən] *n* sensatie *c*; gewaarwording *c*, gevoel *nt*
sensational [sen'seiʃənəl] *adj* sensationeel, opzienbarend
sense [sens] *n* zintuig *nt*; gezond verstand, rede *c*; zin *c*, betekenis *c*; *v* voelen; ~ **of honour** eergevoel *nt*
senseless ['sensləs] *adj*

zinloos
sensible ['sensəbəl] *adj* verstandig
sensitive ['sensitiv] *adj* gevoelig
sentence ['sentəns] *n* zin *c*; vonnis *nt*; *v* veroordelen
sentimental [ˌsenti'mentəl] *adj* sentimenteel
separate[1] ['sepəreit] *v* *scheiden
separate[2] ['sepərət] *adj* afzonderlijk, gescheiden
separately ['sepərətli] *adv* apart
September [sep'tembə] september
septic ['septik] *adj* septisch; ***become ~** *ontsteken
sequel ['si:kwəl] *n* vervolg *nt*
sequence ['si:kwəns] *n* volgorde *c*; reeks *c*
serene [sə'ri:n] *adj* kalm; helder
serial ['siəriəl] *n* feuilleton *nt*
series ['siəri:z] *n* (pl ~) reeks *c*, serie *c*
serious ['siəriəs] *adj* serieus, ernstig
seriousness ['siəriəsnəs] *n* ernst *c*
sermon ['sə:mən] *n* preek *c*
servant ['sə:vənt] *n* bediende *c*
serve [sə:v] *v* bedienen
service ['sə:vis] *n* dienst *c*; bediening *c*; **~ charge** bedieningsgeld *nt*; **~ station** benzinestation *nt*
serviette [ˌsə:vi'et] *n* servet *nt*
session ['seʃən] *n* zitting *c*
set [set] *n* stel *nt*, groep *c*
***set** [set] *v* zetten; **~ menu** vast menu; **~ out** *vertrekken
setting ['setiŋ] *n* omgeving *c*; **~ lotion** haarversteviger *c*
settle ['setəl] *v* afhandelen, regelen; **~ down** zich vestigen
settlement ['setəlmənt] *n* regeling *c*, schikking *c*, overeenkomst *c*
seven ['sevən] *num* zeven
seventeen [ˌsevən'ti:n] *num* zeventien
seventeenth [ˌsevən'ti:nθ] *num* zeventiende
seventh ['sevənθ] *num* zevende
seventy ['sevənti] *num* zeventig
several ['sevərəl] *adj* ettelijk, verscheidene
severe [si'viə] *adj* hevig, streng, ernstig
sew [sou] *v* naaien; **~ up** hechten
sewer ['su:ə] *n* riool *nt*
sewing machine ['souiŋməˌʃi:n] *n* naaimachine *c*
sex [seks] *n* geslacht *nt*; sex *c*
sexual ['sekʃuəl] *adj* seksueel
sexuality [ˌsekʃu'æləti] *n* seksualiteit *c*
shade [ʃeid] *n* schaduw *c*; tint *c*
shadow ['ʃædou] *n* schaduw *c*
shady ['ʃeidi] *adj* schaduwrijk
***shake** [ʃeik] *v* schudden
shaky ['ʃeiki] *adj* gammel
***shall** [ʃæl] *v* *zullen; *moeten
shallow ['ʃælou] *adj* ondiep

shambles ['ʃæmbəls] *n* janboel *c*
shame [ʃeim] *n* schaamte *c*; schande *c*; **shame!** foei!
shampoo [ʃæm'pu:] *n* shampoo *c*
shape [ʃeip] *n* vorm *c*; *v* vormen
share [ʃɛə] *v* delen; *n* deel *nt*; aandeel *nt*
shark [ʃɑ:k] *n* haai *c*
sharp [ʃɑ:p] *adj* scherp
sharpen ['ʃɑ:pən] *v* *slijpen
shave [ʃeiv] *v* zich *scheren
shaver ['ʃeivə] *n* scheerapparaat *nt*
shaving brush ['ʃeiviŋbrʌʃ] *n* scheerkwast *c*
shaving cream ['ʃeiviŋkri:m] *n* scheercrème *c*
shaving soap ['ʃeiviŋsoup] *n* scheerzeep *c*
shawl [ʃɔ:l] *n* omslagdoek *c*, sjaal *c*
she [ʃi:] *pron* ze
shed [ʃed] *n* schuur *c*
***shed** [ʃed] *v* storten; verspreiden; ruien
sheep [ʃi:p] *n* (pl ~) schaap *nt*
sheer [ʃiə] *adj* absoluut, puur; dun, doorzichtig
sheet [ʃi:t] *n* laken *nt*; blad *nt*; plaat *c*
shelf [ʃelf] *n* (pl shelves) plank *c*
shell [ʃel] *n* schelp *c*; dop *c*
shellfish ['ʃelfiʃ] *n* schaaldier *nt*
shelter ['ʃeltə] *n* beschutting *c*, schuilplaats *c*; *v* beschutten
shepherd ['ʃepəd] *n* herder *m*, -in *f*
shift [ʃift] *n* ploeg *c*
***shine** [ʃain] *v* *schijnen; glanzen, *blinken
ship [ʃip] *n* schip *nt*; *v* verschepen; **shipping line** scheepvaartlijn *c*
shipment ['ʃipmənt] *n* zending *c*
shipowner ['ʃi,pounə] *n* reder *c*
shipyard ['ʃipjɑ:d] *n* scheepswerf *c*
shirt [ʃə:t] *n* hemd *nt*, overhemd *nt*
shiver ['ʃivə] *v* bibberen, rillen; *n* rilling *c*
shock [ʃɔk] *n* schok *c*; *v* schokken; **~ absorber** schokbreker *c*
shocking ['ʃɔkiŋ] *adj* schokkend
shoe [ʃu:] *n* schoen *c*; **~ polish** schoensmeer *c*; **~ shop** schoenwinkel *c*; **gym shoes** gymschoenen *pl*
shoelace ['ʃu:leis] *n* schoenveter *c*
shoemaker ['ʃu:,meikə] *n* schoenmaker *c*
shook [ʃuk] *v* (p shake)
***shoot** [ʃu:t] *v* *schieten
shop [ʃɔp] *n* winkel *c*; *v* winkelen; **~ assistant** verkoper *c*; **shopping bag** boodschappentas *c*; **shopping centre** winkelcentrum *nt*
shopkeeper ['ʃɔp,ki:pə] *n* winkelier *m*, -ster *f*
shopwindow [,ʃɔp'windou] *n* etalage *c*

shore [ʃɔː] *n* oever *c*, kust *c*
short [ʃɔːt] *adj* kort; klein; ~ **circuit** kortsluiting *c*
shortage ['ʃɔːtidʒ] *n* tekort *nt*, gebrek *nt*
shorten ['ʃɔːtən] *v* verkorten
shorthand ['ʃɔːthænd] *n* stenografie *c*
shortly ['ʃɔːtli] *adv* weldra, binnenkort, spoedig
shorts [ʃɔːts] *pl* korte broek; *plAm* onderbroek *c*
short-sighted [,ʃɔːt'saitid] *adj* bijziend
shot [ʃɔt] *n* schot *nt*, worp *c*; injectie *c*; opname *c*
***should** [ʃud] *v* *moeten
shoulder ['ʃouldə] *n* schouder *c*
shout [ʃaut] *v* schreeuwen, *roepen; *n* schreeuw *c*
shovel ['ʃʌvəl] *n* schop *c*
show [ʃou] *n* voorstelling *c*; tentoonstelling *c*
***show** [ʃou] *v* tonen; *laten zien, tentoonstellen; aantonen
showcase ['ʃoukeis] *n* vitrine *c*
shower [ʃauə] *n* douche *c*; bui *c*, regenbui *c*
showroom ['ʃouruːm] *n* toonzaal *c*
shriek [ʃriːk] *v* gillen; *n* gil *c*
shrimp [ʃrimp] *n* garnaal *c*
shrine [ʃrain] *n* heiligdom *nt*, schrijn *c*
***shrink** [ʃriŋk] *v* *krimpen
shrinkproof ['ʃriŋkpruːf] *adj* krimpvrij
shrub [ʃrʌb] *n* struik *c*
shudder ['ʃʌdə] *n* rilling *c*
shuffle ['ʃʌfəl] *v* schudden
***shut** [ʃʌt] *v* *sluiten; ~ **in** *insluiten
shut [ʃʌt] *adj* dicht, gesloten
shutter ['ʃʌtə] *n* luik *nt*, blind *nt*
shy [ʃai] *adj* schuw, verlegen
shyness ['ʃainəs] *n* verlegenheid *c*
Siamese [,saiə'miːz] *adj* Siamees
sick [sik] *adj* ziek; misselijk
sickness ['siknəs] *n* ziekte *c*; misselijkheid *c*
side [said] *n* kant *c*, zijde *c*; partij *c*; **one-sided** *adj* eenzijdig
sideburns ['saidbəːnz] *pl* bakkebaarden *pl*
sidelight ['saidlait] *n* zijlicht *nt*
side street ['saidstriːt] *n* zijstraat *c*
sidewalk ['saidwɔːk] *nAm* stoep *c*, trottoir *nt*
sideways ['saidweiz] *adv* opzij
siege [siːdʒ] *n* belegering *c*
sieve [siv] *n* zeef *c*; *v* zeven
sift [sift] *v* zeven
sight [sait] *n* zicht *nt*; gezicht *nt*, aanblik *c*; bezienswaardigheid *c*
sign [sain] *n* teken *nt*; gebaar *nt*, wenk *c*; *v* ondertekenen, tekenen
signal ['signəl] *n* signaal *nt*; sein *nt*, teken *nt*; *v* seinen
signature ['signətʃə] *n* handtekening
significant [sig'nifikənt] *adj* veelbetekenend

signpost ['sainpoust] *n* wegwijzer *c*
silence ['sailəns] *n* stilte *c*; *v* tot zwijgen *brengen
silencer ['sailənsə] *n* knalpot *c*
silent ['sailənt] *adj* zwijgend, stil; ***be ~** *zwijgen
silk [silk] *n* zijde *c*
silly ['sili] *adj* mal, dwaas
silver ['silvə] *n* zilver *nt*; zilveren
silversmith ['silvəsmiθ] *n* zilversmid *m*
silverware ['silvəwɛə] *n* zilverwerk *nt*
similar ['similə] *adj* dergelijk, overeenkomstig
similarity [,simi'lærəti] *n* gelijkenis *c*
simple ['simpəl] *adj* simpel, eenvoudig; gewoon
simply ['simpli] *adv* eenvoudig, gewoonweg
simulate ['simjuleit] *v* huichelen
simultaneous [,siməl'teiniəs] *adj* gelijktijdig; **simultaneously** *adv* tegelijkertijd
sin [sin] *n* zonde *c*
since [sins] *prep* sedert; *adv* sindsdien; *conj* sinds; aangezien
sincere [sin'siə] *adj* oprecht, eerlijk; **yours sincerely** hoogachtend
sinew ['sinju:] *n* pees *c*
***sing** [siŋ] *v* *zingen
singer ['siŋə] *n* zanger *m*, -es *f*
single ['siŋgəl] *adj* enkel; ongetrouwd
singular ['siŋgjulə] *n* enkelvoud *nt*; *adj* eigenaardig
sinister ['sinistə] *adj* onheilspellend
sink [siŋk] *n* gootsteen *c*
***sink** [siŋk] *v* *zinken
sip [sip] *n* slokje *nt*
sir [sə:] meneer
siren ['saiərən] *n* sirene *c*
sister ['sistə] *n* zuster *f*, zus *f*
sister-in-law ['sistərinlɔ:] *n* (pl sisters-) schoonzuster *f*
***sit** [sit] *v* *zitten; **~ down** *gaan zitten
site [sait] *n* plaats *c*; ligging *c*; terrein
sitting room ['sitiŋru:m] *n* zitkamer *c*
situated ['sitʃueitid] *adj* gelegen
situation [,sitʃu'eiʃən] *n* situatie *c*; ligging *c*
six [siks] *num* zes
sixteen [,siks'ti:n] *num* zestien
sixteenth [,siks'ti:nθ] *num* zestiende
sixth [siksθ] *num* zesde
sixty ['siksti] *num* zestig
size [saiz] *n* grootte *c*, maat *c*; afmeting *c*, omvang *c*; formaat *nt*
skate [skeit] *v* schaatsen; *n* schaats *c*
skating rink kunstijsbaan *c*, ijsbaan *c*
skeleton ['skelitən] *n* skelet *nt*, geraamte *nt*
sketch [sketʃ] *n* tekening *c*, schets *c*; *v* tekenen, schetsen

ski[1] [ski:] *v* skiën
ski[2] [ski:] *n* (pl ~, ~s) ski *c*; ~ **boots** skischoenen *pl*; ~ **lift** skilift *c*; ~ **pants** skibroek *c*; ~ **poles** *Am* skistokken *pl*; ~ **sticks** skistokken *pl*
skid [skid] *v* slippen
skier ['ski:ə] *n* skiër *m*, skister *f*
skil(l)ful ['skilfəl] *adj* bekwaam, behendig, vaardig
skill [skil] *n* vaardigheid *c*
skilled [skild] *adj* vaardig, vakkundig
skin [skin] *n* vel *nt*, huid *c*; schil *c*; ~ **cream** huidcrème *c*
skip [skip] *v* huppelen; *overslaan
skirt [skə:t] *n* rok *c*
skull [skʌl] *n* schedel *c*
sky [skai] *n* hemel *c*; lucht *c*
skyscraper ['skai,skreipə] *n* wolkenkrabber *c*
slack [slæk] *adj* traag
slacks [slæks] *pl* broek *c*
slam [slæm] *v* *dichtslaan
slander ['sla:ndə] *n* laster *c*
slang [slæŋ] *n* slang *c*, jargon *nt*
slant [slɑ:nt] *v* hellen
slanting ['sla:ntiŋ] *adj* schuin, hellend, scheef
slap [slæp] *v* *slaan; *n* klap *c*
slate [sleit] *n* lei *nt*
slave [sleiv] *n* slaaf *m*, slavin *f*
sledge [sledʒ] *n* slee *c*, slede *c*
sleep [sli:p] *n* slaap *c*
***sleep** [sli:p] *v* *slapen
sleeping bag ['sli:piŋbæg] *n* slaapzak *c*
sleeping car ['sli:piŋka:] *n* slaapwagen *c*
sleeping pill ['sli:piŋpil] *n* slaappil *c*
sleepless ['sli:pləs] *adj* slapeloos
sleepy ['sli:pi] *adj* slaperig
sleeve [sli:v] *n* mouw *c*; hoes *c*
sleigh [slei] *n* slee *c*, ar *c*
slender ['slendə] *adj* slank
slice [slais] *n* snee *c*
slide [slaid] *n* glijbaan *c*; dia *c*
***slide** [slaid] *v* *glijden
slight [slait] *adj* licht; gering
slim [slim] *adj* slank; *v* vermageren
slip [slip] *v* slippen, *uitglijden; ontglippen; *n* misstap *c*; onderrok *c*
slipper ['slipə] *n* slof *c*, pantoffel *c*
slippery ['slipəri] *adj* glibberig, glad
slogan ['slougən] *n* leus *c*, slagzin *c*
slope [sloup] *n* helling *c*; *v* glooien
sloping ['sloupiŋ] *adj* afhellend
sloppy ['slɔpi] *adj* slordig
slot [slɔt] *n* gleuf *c*; ~ **machine** automaat *c*
slovenly ['slʌvənli] *adj* slordig
slow [slou] *adj* traag, langzaam; ~ **down** vertragen; afremmen
slum [slʌm] *n* achterbuurt *c*
slump [slʌmp] *n* prijsdaling *c*
slush [slʌʃ] *n* sneeuwslik *nt*
sly [slai] *adj* listig
smack [smæk] *v* *slaan; *n* klap *c*
small [smɔ:l] *adj* klein; gering
smallpox ['smɔ:lpɔks] *n*

pokken *pl*
smart [smɑːt] *adj* chic; knap, pienter
smash [smæʃ] *n* dreun *c*; *v* dreunen; vernielen
smell [smel] *n* geur *c*
***smell** [smel] *v* *ruiken; *stinken
smelly ['smeli] *adj* stinkend
smile [smail] *v* glimlachen; *n* glimlach *c*
smith [smiθ] *n* smid *m*
smoke [smouk] *v* roken; *n* rook *c*; **no smoking** verboden te roken
smoke-free ['smouk'friː] *adj* rookvrij
smoker ['smoukə] *n* roker *m*, rookster *f*; rookcoupé *c*
smoking compartment ['smoukiŋkəm,pɑːtmənt] *n* coupé voor rokers
smooth [smuːð] *adj* effen, vlak, glad; zacht
smuggle ['smʌgəl] *v* smokkelen
snack [snæk] *n* snack *c*
snack bar ['snækbɑː] *n* snackbar *c*
snail [sneil] *n* slak *c*
snake [sneik] *n* slang *c*
snapshot ['snæpʃɔt] *n* kiekje *nt*, momentopname *c*
sneakers ['sniːkəz] *plAm* gymschoenen *pl*
sneeze [sniːz] *v* niezen
sniper ['snaipə] *n* sluipschutter *m*
snooty ['snuːti] *adj* verwaand
snore [snɔː] *v* snurken
snorkel ['snɔːkəl] *n* snorkel *c*
snout [snaut] *n* snuit *c*
snow [snou] *n* sneeuw *c*; *v* sneeuwen
snowstorm ['snoustɔːm] *n* sneeuwstorm *c*
snowy ['snoui] *adj* besneeuwd
so [sou] *conj* dus; *adv* zo; dermate; **and ~ on** enzovoort; **~ far** tot zover; **~ many** zoveel; **~ much** zoveel; **~ that** zodat, opdat
soak [souk] *v* weken, doorweken
soap [soup] *n* zeep *c*; **~ powder** zeeppoeder *nt*
sober ['soubə] *adj* nuchter; bezonnen
so-called [,sou'kɔːld] *adj* zogenaamd
soccer ['sɔkə] *n* voetbal *nt*; **~ team** elftal *nt*
social ['souʃəl] *adj* maatschappelijk, sociaal; **~ security** bijstand *c*
socialism ['souʃəlizəm] *n* socialisme *nt*
socialist ['souʃəlist] *adj* socialistisch; *n* socialist *m*, -e *f*
society [sə'saiəti] *n* maatschappij *c*; genootschap *nt*, vereniging *c*; gezelschap *nt*
sock [sɔk] *n* sok *c*
socket ['sɔkit] *n* fitting *c*
soda ['soudə] *nAm* frisdrank *c*; **~ water** spuitwater *nt*
sofa ['soufə] *n* sofa *c*
soft [sɔft] *adj* zacht; **~ drink** frisdrank *c*
soften ['sɔfən] *v* verzachten

software ['sɔftweə] *n* software *c*
soil [sɔil] *n* grond *c*; bodem *c*, aarde *c*
soiled [sɔild] *adj* bevuild
solar ['soulə] *adj* zonne-; ~ **system** zonnestelstel *nt*
sold [sould] *v* (p, pp sell); ~ **out** uitverkocht
soldier ['souldʒə] *n* militair *m*, soldaat *m*
sole[1] [soul] *adj* enig
sole[2] [soul] *n* zool *c*; tong *c*
solely ['soulli] *adv* uitsluitend
solemn ['sɔləm] *adj* plechtig
solicitor [sə'lisitə] *n* raadsman *c*, advocaat *c*
solid ['sɔlid] *adj* stevig, solide; massief; *n* vaste stof
solitary ['sɔlitəri] *adj* solitair
soluble ['sɔljubəl] *adj* oplosbaar
solution [sə'lu:ʃən] *n* oplossing *c*
solve [sɔlv] *v* oplossen
somber *Am*, **sombre** ['sɔmbə] *adj* somber
some [sʌm] *adj* enige, enkele; *pron* sommige; iets; ~ **day** eens; ~ **more** nog wat; ~ **time** eens
somebody ['sʌmbədi] *pron* iemand
somehow ['sʌmhau] *adv* op de een of andere manier
someone ['sʌmwʌn] *pron* iemand
something ['sʌmθiŋ] *pron* iets
sometimes ['sʌmtaimz] *adv* soms
somewhat ['sʌmwɔt] *adv* enigszins
somewhere ['sʌmwɛə] *adv* ergens
son [sʌn] *n* zoon *m*
song [sɔŋ] *n* lied *nt*
son-in-law ['sʌninlɔ:] *n* (pl sons-) schoonzoon *m*
soon [su:n] *adv* vlug, gauw, weldra, spoedig; **as ~ as** zodra
sooner ['su:nə] *adv* liever
sore [sɔ:] *adj* pijnlijk, zeer; *n* zere plek; zweer *c*; ~ **throat** keelpijn *c*
sorrow ['sɔrou] *n* droefheid *c*, leed *nt*, verdriet *nt*
sorry ['sɔri] *adj* bedroefd; **sorry!** neem me niet kwalijk!, sorry!, pardon!
sort [sɔ:t] *v* sorteren, rangschikken; *n* slag *nt*, soort *c/nt*; **all sorts of** allerlei
soul [soul] *n* ziel *c*; geest *c*
sound [saund] *n* klank *c*, geluid *nt*; *v* *klinken; *adj* degelijk
soundproof ['saundpru:f] *adj* geluiddicht
soup [su:p] *n* soep *c*; ~ **plate** soepbord *nt*; ~ **spoon** soeplepel *c*
sour [sauə] *adj* zuur
source [sɔ:s] *n* bron *c*
south [sauθ] *n* zuid *c*, zuiden *nt*; **South Pole** zuidpool *c*
South Africa [sauθ 'æfrikə] Zuid-Afrika
southeast [ˌsauθ'i:st] *n* zuidoosten *nt*
southerly ['sʌðəli] *adj* zuidelijk

southern ['sʌðən] *adj* zuidelijk
southwest [ˌsauθ'west] *n* zuidwesten *nt*
souvenir ['su:vəniə] *n* souvenir *nt*; ~ **shop** souvenirwinkel *c*
sovereign ['sɔvrin] *n* vorst *m*
Soviet ['souviət] *adj* Sovjet-
***sow** [sou] *v* zaaien
spa [spɑ:] *n* geneeskrachtige bron
space [speis] *n* ruimte *c*; afstand *c*, tussenruimte *c*; heelal; *v* spatiëren; ~**-shuttle** ruimteveer
spacious ['speiʃəs] *adj* ruim
spade [speid] *n* schop *c*, spade *c*
Spain [spein] Spanje
Spaniard ['spænjəd] *n* Spanjaard *m*, Spaanse *f*
Spanish ['spæniʃ] *adj* Spaans
spanking ['spæŋkiŋ] *n* pak slaag
spare [spɛə] *adj* reserve-, extra; *v* missen; ~ **part** reserveonderdeel *nt*; ~ **room** logeerkamer *c*; ~ **time** vrije tijd; ~ **tyre** reserveband *c*; ~ **wheel** reservewiel *nt*
spark [spɑ:k] *n* vonk *c*
sparking plug ['spa:kiŋplʌg] *n* bougie *c*
sparkling ['spa:kliŋ] *adj* fonkelend; mousserend
sparrow ['spærou] *n* mus *c*
***speak** [spi:k] *v* *spreken
speakerphone ['spi:kə‿ˌfoun] *n* speakerphone *m*
spear [spiə] *n* speer *c*
special ['speʃəl] *adj* bijzonder, speciaal; ~ **delivery** expresse-
specialist ['speʃəlist] *n* specialist *m*, -e *f*
speciality [ˌspeʃi'æləti] *n* specialiteit *c*
specialize ['speʃəlaiz] *v* zich specialiseren
specially ['speʃəli] *adv* in het bijzonder
species ['spi:ʃi:z] *n* (pl ~) soort *c*/*nt*
specific [spə'sifik] *adj* specifiek
specimen ['spesimən] *n* exemplaar *nt*, specimen *nt*
speck [spek] *n* spat *c*
spectacle ['spektəkəl] *n* schouwspel *nt*; **spectacles** bril *c*
spectator [spek'teitə] *n* kijker *c*, toeschouwer *m*, toeschouwster *f*
speculate ['spekjuleit] *v* speculeren
speech [spi:tʃ] *n* spraak *c*; rede *c*, toespraak *c*; taal *c*
speechless ['spi:tʃləs] *adj* sprakeloos
speed [spi:d] *n* snelheid *c*; vaart *c*, spoed *c*; **cruising** ~ kruissnelheid *c*; ~ **limit** maximum snelheid, snelheidsbeperking *c*
***speed** [spi:d] *v* hard *rijden; te hard *rijden
speed dial(ing) ['spi:d‿ˌdail(iŋ)] *n* snelkeuze *m*
speeding ['spi:diŋ] *n* snelheidsovertreding *c*

speedometer [spiː'dɔmitə] *n* snelheidsmeter *c*
spell [spel] *n* betovering *c*
***spell** [spel] *v* spellen
spelling ['speliŋ] *n* spelling *c*
***spend** [spend] *v* *uitgeven, besteden; *doorbrengen
sphere [sfiə] *n* bol *c*; sfeer *c*
spice [spais] *n* specerij *c*; **spices** *pl* kruiden
spiced [spaist] *adj* gekruid
spicy ['spaisi] *adj* pikant
spider ['spaidə] *n* spin *c*; **spider's web** spinnenweb *nt*
***spill** [spil] *v* morsen
***spin** [spin] *v* *spinnen; draaien
spinach ['spinidʒ] *n* spinazie *c*
spine [spain] *n* ruggegraat *c*
spire [spaiə] *n* spits *c*
spirit ['spirit] *n* geest *c*; **~ stove** spiritusbrander *c*; **spirits** *pl* sterke drank; stemming *c*
spiritual ['spiritʃuəl] *adj* geestelijk
spit [spit] *n* spuug *nt*, speeksel *nt*; spit *nt*
***spit** [spit] *v* spuwen
spite [spait] *n* wrok; *v* dwarsbomen; **in ~ of** ongeacht, ondanks; **out of ~** uit kwaadaardigheid
spiteful ['spaitfəl] *adj* hatelijk
splash [splæʃ] *v* spatten
splendid ['splendid] *adj* schitterend, prachtig
splendo(u)r ['splendə] *n* pracht *c*
splint [splint] *n* spalk *c*
splinter ['splintə] *n* splinter *c*
***split** [split] *v* *splijten, splitsen
***spoil** [spɔil] *v* *bederven; verwennen
spoke[1] [spouk] *v* (p speak)
spoke[2] [spouk] *n* spaak *c*
sponge [spʌndʒ] *n* spons *c*
spool [spuːl] *n* spoel *c*
spoon [spuːn] *n* lepel *c*
spoonful ['spuːnful] *n* lepel *c*
sport [spɔːt] *n* sport *c*
sports car ['spɔːtskaː] *n* sportwagen *c*
sports jacket ['spɔːts,dʒækit] *n* sportjasje *nt*
sportsman ['spɔːtsmən] *n* (pl -men) sportman *m*
sportswear ['spɔːtswɛə] *n* sportkleding *c*
sportswoman ['spɔːtswumən] *n* (pl -women) sportvrouw *v*
spot [spɔt] *n* spat *c*, vlek *c*; plek *c*, plaats *c*
spotless ['spɔtləs] *adj* vlekkeloos
spotlight ['spɔtlait] *n* schijnwerper *c*
spotted ['spɔtid] *adj* gespikkeld
spout [spaut] *n* straal *c*
sprain [sprein] *v* verstuiken, verzwikken; *n* verstuiking *c*
spray [sprei] *n* verstuiver *c*; *v* spuiten
***spread** [spred] *v* spreiden
spring [spriŋ] *n* voorjaar *nt*, lente *c*; veer *c*; bron *c*
springtime ['spriŋtaim] *n* voorjaar *nt*
sprouts [sprauts] *pl* spruitjes *pl*
spy [spai] *n* spion *m*, spionne *f*

squadron ['skwɔdrən] *n* eskader *nt*
square [skwɛə] *adj* vierkant; saai; burgerlijk; *n* kwadraat *nt*, vierkant *nt*; plein *nt*
squash [skwɔʃ] *n* vruchtensap *nt*
squeeze [skwi:z] *v* uitpersen; knijpen
squirrel ['skwirəl] *n* eekhoorn *c*
squirt [skwə:t] *n* straal *c*
stable ['steibəl] *adj* stabiel; *n* stal *c*
stack [stæk] *n* stapel *c*
stadium ['steidiəm] *n* stadion *nt*
staff [stɑ:f] *n* staf *c*
stage [steidʒ] *n* toneel *nt*; fase *c*, stadium *nt*; etappe *c*
stain [stein] *v* vlekken; *n* spat *c*, vlek *c*; **~ remover** vlekkenwater *nt*; **stained glass** gebrandschilderd glas
stainless ['steinləs] *adj* vlekkeloos; **~ steel** roestvrij staal
staircase ['stɛəkeis] *n* trap *c*
stairs [stɛəz] *pl* trap *c*
stale [steil] *adj* oudbakken
stall [stɔ:l] *n* kraam *c*; stalles *pl*
stamp [stæmp] *n* postzegel *c*; stempel *c*; *v* frankeren; stampen; **~ machine** postzegelautomaat *c*
stand [stænd] *n* kraam *c*; tribune *c*
***stand** [stænd] *v* *staan
standard ['stændəd] *n* norm *c*, maatstaf *c*; standaard-; **~ of living** levensstandaard *c*
stanza ['stænzə] *n* couplet *nt*
staple ['steipəl] *n* nietje *nt*
star [stɑ:] *n* ster *c*
starboard ['stɑ:bəd] *n* stuurboord *nt*
stare [stɛə] *v* staren
starling ['stɑ:liŋ] *n* spreeuw *c*
start [stɑ:t] *v* *beginnen; *n* begin *nt*
starting point ['stɑ:tiŋpɔint] *n* uitgangspunt *nt*
state [steit] *n* staat *c*; toestand *c*; *v* verklaren; **the States** Verenigde Staten
statement ['steitmənt] *n* verklaring *c*
statesman ['steitsmən] *n* (pl -men) staatsman *m*
station ['steiʃən] *n* station *nt*; plaats *c*
stationary ['steiʃənəri] *adj* stilstaand
stationer's ['steiʃənəz] *n* kantoorboekhandel *c*
stationery ['steiʃənəri] *n* schrijfbehoeften *pl*
statistics [stə'tistiks] *pl* statistiek *c*
statue ['stætʃu:] *n* standbeeld *nt*
stay [stei] *v* *blijven; logeren, *verblijven; *n* verblijf *nt*
steadfast ['stedfɑ:st] *adj* standvastig
steady ['stedi] *adj* vast
steak [steik] *n* biefstuk *c*
***steal** [sti:l] *v* *stelen
steam [sti:m] *n* stoom *c*
steamer ['sti:mə] *n* stoomboot

c
steel [sti:l] *n* staal *nt*
steep [sti:p] *adj* steil
steeple ['sti:pəl] *n* kerktoren *c*
steer [stiə] *v* sturen
steering column ['stiəriŋ,kɔləm] *n* stuurkolom *c*
steering wheel ['stiəriŋwi:l] *n* stuurwiel *nt*
steersman ['stiəzmən] *n* (pl -men) stuurman *m*
stem [stem] *n* steel *c*
stem cell ['stem‿,sel] *n* stamcel *f*
step [step] *n* pas *c*, stap *c*; trede *c*; *v* stappen
stepchild ['steptʃaild] *n* (pl -children) stiefkind *nt*
stepfather ['step,fa:ðə] *n* stiefvader *m*
stepmother ['step,mʌðə] *n* stiefmoeder *f*
stereo [steriou] *n* stereo *nt*
sterile ['sterail] *adj* steriel
sterilize ['sterilaiz] *v* steriliseren
steward ['stju:əd] *n* steward *m*
stewardess ['stju:ədes] *n* stewardess *f*
stick [stik] *n* stok *c*
***stick** [stik] *v* kleven, plakken
sticker ['stikə] *n* sticker
sticky ['stiki] *adj* kleverig
stiff [stif] *adj* stijf
still [stil] *adv* nog; toch; *adj* stil
stimulant ['stimjulənt] *n* stimulerend middel
stimulate ['stimjuleit] *v* stimuleren
sting [stiŋ] *n* prik *c*, steek *c*
***sting** [stiŋ] *v* *steken
stingy ['stindʒi] *adj* gierig
***stink** [stiŋk] *v* *stinken
stipulate ['stipjuleit] *v* bepalen
stipulation [,stipju'leiʃən] *n* bepaling *c*
stir [stə:] *v* *bewegen; roeren
stitch [stitʃ] *n* steek *c*; hechting *c*
stock [stɔk] *n* voorraad *c*; *v* in voorraad *hebben; ~ **exchange** effectenbeurs *c*, beurs *c*; ~ **market** effectenbeurs *c*; **stocks and shares** effecten
stocking ['stɔkiŋ] *n* kous *c*
stole[1] [stoul] *v* (p steal)
stole[2] [stoul] *n* stola *c*
stomach ['stʌmək] *n* maag *c*; ~ **ache** buikpijn *c*, maagpijn *c*
stone [stoun] *n* steen *c*; edelsteen *c*; pit *c*; stenen; **pumice** ~ puimsteen *nt*
stood [stud] *v* (p, pp stand)
stop [stɔp] *v* stoppen; *ophouden met, staken; *n* halte *c*; **stop!** halt!
stopper ['stɔpə] *n* stop *c*
storage ['stɔ:ridʒ] *n* opslag *c*
store [stɔ:] *n* voorraad *c*; winkel *c*; *v* *opslaan; ~ **house** magazijn *nt*; **liquor** ~ *nAm* slijterij *c*
storey ['stɔ:ri] *n* etage *c*, verdieping *c*
stork [stɔ:k] *n* ooievaar *c*
storm [stɔ:m] *n* storm *c*
stormy ['stɔ:mi] *adj* stormachtig

story ['stɔ:ri] *n* verhaal *nt*; *nAm* etage *c*, verdieping *c*
stout [staut] *adj* dik, gezet, corpulent
stove [stouv] *n* kachel *c*; fornuis *nt*
straight [streit] *adj* recht; eerlijk; *adv* recht; ~ **ahead** rechtdoor; ~ **away** direct, meteen; ~ **on** rechtdoor
strain [strein] *n* inspanning *c*; spanning *c*; *v* forceren; zeven
strainer ['streinə] *n* vergiet *nt*
strange [streindʒ] *adj* vreemd; raar
stranger ['streindʒə] *n* vreemdeling *m*, -e *f*; vreemde *c*
strangle ['stræŋgəl] *v* wurgen
strap [stræp] *n* riem *c*
straw [strɔ:] *n* stro *nt*
strawberry ['strɔ:bəri] *n* aardbei *c*
stream [stri:m] *n* beek *c*; stroom *c*; *v* stromen
street [stri:t] *n* straat *c*
streetcar ['stri:tkɑ:] *nAm* tram *c*
strength [streŋθ] *n* sterkte *c*, kracht *c*
stress [stres] *n* spanning *c*; nadruk *c*; *v* benadrukken
stretch [stretʃ] *v* rekken; *n* stuk *nt*
strict [strikt] *adj* strikt; streng
strike [straik] *n* staking *c*
***strike** [straik] *v* *slaan; *toeslaan; *treffen; staken; *strijken
striking ['straikiŋ] *adj* frappant, opmerkelijk, opvallend
string [striŋ] *n* touw *nt*; snaar *c*
strip [strip] *n* strook *c*
stripe [straip] *n* streep *c*
striped [straipt] *adj* gestreept
stroke [strouk] *n* beroerte *c*
stroll [stroul] *v* wandelen; *n* wandeling *c*
strong [strɔŋ] *adj* sterk; krachtig
stronghold ['strɔŋhould] *n* burcht *c*
structure ['strʌktʃə] *n* structuur *c*
struggle ['strʌgəl] *n* strijd *c*, worsteling *c*; *v* worstelen, *strijden
stub [stʌb] *n* controlestrook *c*
stubborn ['stʌbən] *adj* hardnekkig, eigenwijs
student ['stju:dənt] *n* student *c*
studies ['stʌdiz] *pl* studie
study ['stʌdi] *v* studeren; *n* studie *c*; studeerkamer *c*
stuff [stʌf] *n* stof *c*; spul *nt*
stuffed [stʌft] *adj* gevuld
stuffing ['stʌfiŋ] *n* vulling *c*
stuffy ['stʌfi] *adj* benauwd
stumble ['stʌmbəl] *v* struikelen
stung [stʌŋ] *v* (p, pp sting)
stupid ['stju:pid] *adj* dom
style [stail] *n* stijl *c*
subject[1] ['sʌbdʒikt] *n* onderwerp *nt*; onderdaan *c*; ~ **to** onderhevig aan
subject[2] [səb'dʒekt] *v* *onderwerpen
submarine ['sʌbməri:n] *n*

duikboot *c*
submit [səb'mit] *v* zich *onderwerpen
subordinate [sə'bɔːdinət] *adj* ondergeschikt; bijkomstig
subscriber [səb'skraibə] *n* abonnee *c*
subscription [səb'skripʃən] *n* abonnement *nt*
subsequent ['sʌbsikwənt] *adj* volgend
subsidy ['sʌbsidi] *n* subsidie *c*
substance ['sʌbstəns] *n* substantie *c*
substantial [səb'stænʃəl] *adj* stoffelijk; werkelijk; aanzienlijk
substitute ['sʌbstitjuːt] *v* *vervangen; *n* vervanging *c*; plaatsvervanger *m*
subtitle ['sʌb,taitəl] *n* ondertitel *c*
subtle ['sʌtəl] *adj* subtiel
subtract [səb'trækt] *v* *aftrekken
suburb ['sʌbəːb] *n* buitenwijk *c*, voorstad *c*
suburban [sə'bəːbən] *adj* van de voorstad, voorstedelijk
subway ['sʌbwei] *nAm* ondergrondse *c*
succeed [sək'siːd] *v* slagen; opvolgen
success [sək'ses] *n* succes *nt*
successful [sək'sesfəl] *adj* succesvol
succumb [sə'kʌm] *v* *bezwijken
such [sʌtʃ] *adj* dergelijk, zulk; *adv* zo; ~ **as** zoals
suck [sʌk] *v* *zuigen
sudden ['sʌdən] *adj* plotseling
suddenly ['sʌdənli] *adv* opeens, ineens
suede [sweid] *n* suède *nt*/*c*
suffer ['sʌfə] *v* *lijden; *ondergaan
suffering ['sʌfəriŋ] *n* lijden *nt*
suffice [sə'fais] *v* voldoende *zijn
sufficient [sə'fiʃənt] *adj* voldoende, genoeg
suffrage ['sʌfridʒ] *n* stemrecht *nt*, kiesrecht *nt*
sugar ['ʃugə] *n* suiker *c*
suggest [sə'dʒest] *v* voorstellen
suggestion [sə'dʒestʃən] *n* voorstel *nt*
suicide ['suːisaid] *n* zelfmoord *c*
suicide attack ['sjuːəsaid‿ə,tæk] *n* zelfmoordaanslag *m*
suicide bomber ['sjuːəsaid‿,bɔmə] *n* zelfmoordterrorist *m*
suit [suːt] *v* schikken; aanpassen; goed *staan; *n* kostuum *nt*
suitable ['suːtəbəl] *adj* gepast, geschikt
suitcase ['suːtkeis] *n* koffer *c*
suite [swiːt] *n* suite *c*
sum [sʌm] *n* som *c*
summary ['sʌməri] *n* resumé *nt*, samenvatting *c*
summer ['sʌmə] *n* zomer *c*; ~ **time** zomertijd *c*
summit ['sʌmit] *n* top *c*

sun [sʌn] *n* zon *c*
sunbathe ['sʌnbeið] *v* zonnebaden
sunburn ['sʌnbə:n] *n* zonnebrand *c*
Sunday ['sʌndi] zondag *c*
sunglasses ['sʌn,glɑ:siz] *pl* zonnebril *c*
sunlight ['sʌnlait] *n* zonlicht *nt*
sunny ['sʌni] *adj* zonnig
sunrise ['sʌnraiz] *n* zonsopgang *c*
sunset ['sʌnset] *n* zonsondergang *c*
sunshade ['sʌnʃeid] *n* parasol *c*
sunshine ['sʌnʃain] *n* zonneschijn *c*
sunstroke ['sʌnstrouk] *n* zonnesteek *c*
suntan oil ['sʌntænɔil] zonnebrandolie *c*
super ['sju:pə] *adj colloquial* super, fantastisch
superb [su'pə:b] *adj* groots, prachtig
superficial [,su:pə'fiʃəl] *adj* oppervlakkig
superfluous [su'pə:fluəs] *adj* overbodig
superior [su'piəriə] *adj* beter, groter, hoger, superieur
superlative [su'pə:lətiv] *adj* overtreffend; *n* superlatief *c*
supermarket ['su:pə,ma:kit] *n* supermarkt *c*
superstition [,su:pə'stiʃən] *n* bijgeloof *nt*
supervise ['su:pəvaiz] *v* toezicht *houden op
supervision [,su:pə'viʒən] *n* controle *c*, toezicht *nt*
supervisor ['su:pəvaizə] *n* opzichter *m*, -es *f*
supper ['sʌpə] *n* avondeten *nt*
supple ['sʌpəl] *adj* soepel, lenig, buigzaam
supplement ['sʌplimənt] *n* supplement *nt*
supply [sə'plai] *n* aanvoer *c*, levering *c*; voorraad *c*; aanbod *nt*; *v* leveren, bezorgen
support [sə'pɔ:t] *v* ondersteunen, steunen; *n* steun *c*; **~ hose** steunkousen *pl*
supporter [sə'pɔ:tə] *n* supporter *m*
suppose [sə'pouz] *v* *aannemen, veronderstellen; **supposing that** aangenomen dat
suppository [sə'pɔzitəri] *n* zetpil *c*
suppress [sə'pres] *v* onderdrukken
surcharge ['sə:tʃɑ:dʒ] *n* toeslag *c*
sure [ʃuə] *adj* zeker
surely ['ʃuəli] *adv* zeker
surf (the Net) [sə:f] *v* surfen (het internet)
surface ['sə:fis] *n* oppervlakte *c*
surfboard ['sə:fbɔ:d] *n* surfplank *c*
surgeon ['sə:dʒən] *n* chirurg *m*; **veterinary ~** veearts *c*
surgery ['sə:dʒəri] *n* operatie *c*; spreekkamer *c*
surname ['sə:neim] *n*

achternaam *c*
surplus ['sə:pləs] *n* overschot *nt*
surprise [sə'praiz] *n* verrassing *c*; verbazing *c*; *v* verrassen; verbazen
surrender [sə'rendə] *v* zich *overgeven; *n* overgave *c*
surround [sə'raund] *v* omringen, *omgeven
surrounding [sə'raundiŋ] *adj* omliggend
surroundings [sə'raundiŋz] *pl* omgeving *c*
survey ['sə:vei] *n* overzicht *nt*
survival [sə'vaivəl] *n* overleving *c*
survive [sə'vaiv] *v* overleven
suspect[1] [sə'spekt] *v* *verdenken; vermoeden
suspect[2] ['sʌspekt] *n* verdachte *c*
suspend [sə'spend] *v* schorsen
suspenders [sə'spendəz] *plAm* bretels *pl*
suspension [sə'spenʃən] *n* vering *c*, ophanging *c*; ~ **bridge** hangbrug *c*
suspicion [sə'spiʃən] *n* verdenking *c*; wantrouwen *nt*, argwaan *c*
suspicious [sə'spiʃəs] *adj* verdacht; argwanend, achterdochtig
sustain [sə'stein] *v* *verdragen
SUV ['esyu:'vi:] *n* SUV *m*
Swahili [swə'hi:li] *n* Swahili *nt*
swallow ['swɔlou] *v* inslikken, slikken; *n* zwaluw *c*
swam [swæm] *v* (p swim)
swamp [swɔmp] *n* moeras *nt*
swan [swɔn] *n* zwaan *c*
swap [swɔp] *v* ruilen
***swear** [swεə] *v* *zweren; vloeken
sweat [swet] *n* zweet *nt*; *v* zweten
sweater ['swetə] *n* sweater *c*
Swede [swi:d] *n* Zweed *m*, -se *f*
Sweden ['swi:dən] Zweden
Swedish ['swi:diʃ] *adj* Zweeds
***sweep** [swi:p] *v* vegen
sweet [swi:t] *adj* zoet; lief; *n* snoepje *nt*; toetje *nt*; **sweets** snoep *nt*, snoepgoed *nt*
sweeten ['swi:tən] *v* zoet maken
sweetheart ['swi:tha:t] *n* liefje *nt*, lieveling *c*
sweetshop ['swi:tʃɔp] *n* snoepwinkel *c*
***swell** [swel] *v* *zwellen
swelling ['sweliŋ] *n* zwelling *c*
swift [swift] *adj* snel
***swim** [swim] *v* *zwemmen
swimmer ['swimə] *n* zwemmer *m*, zwemster *f*
swimming ['swimiŋ] *n* zwemsport *c*; ~ **pool** zwembad *nt*; ~ **suit** *n* zwempak *nt*; ~ **trunks** ['swimiŋtrʌŋks] *n* zwembroek *c*
swimsuit ['swimsu:t] *n* zwempak *nt*
swindle ['swindəl] *v* oplichten; *n* zwendelarij *c*
swindler ['swindlə] *n* oplichter *c*
swing [swiŋ] *n* schommel *c*
***swing** [swiŋ] *v* zwaaien;

schommelen
Swiss [swis] *adj* Zwitsers; *n* Zwitser *c*
switch [switʃ] *n* schakelaar *c*; *v* omwisselen; ~ **off** uitschakelen; ~ **on** inschakelen
switchboard ['switʃbɔːd] *n* schakelbord *nt*
Switzerland ['switsələnd] Zwitserland
sword [sɔːd] *n* zwaard *nt*
swum [swʌm] *v* (pp swim)
syllable ['siləbəl] *n* lettergreep *c*
symbol ['simbəl] *n* symbool *nt*
sympathetic [ˌsimpə'θetik] *adj* hartelijk, begrijpend
sympathy ['simpəθi] *n* sympathie *c*; medegevoel *nt*
symphony ['simfəni] *n* symfonie *c*
symptom ['simtəm] *n* symptoom *nt*
synagogue ['sinəgɔg] *n* synagoge *c*
synonym ['sinənim] *n* synoniem *nt*
synthetic [sin'θetik] *adj* synthetisch
Syria ['siriə] Syrië
Syrian ['siriən] *adj* Syrisch; *n* Syriër *m*
syringe [si'rindʒ] *n* spuit *c*
syrup ['sirəp] *n* stroop *c*, siroop *c*
system ['sistəm] *n* systeem *nt*; stelsel *nt*; **decimal** ~ tientallig stelsel
systematic [ˌsistə'mætik] *adj* systematisch

T

table ['teibəl] *n* tafel *c*; tabel *c*; ~ **of contents** inhoudsopgave *c*; ~ **tennis** tafeltennis *nt*
tablecloth ['teibəlklɔθ] *n* tafellaken *nt*
tablespoon ['teibəlspuːn] *n* eetlepel *c*
tablet ['tæblit] *n* tablet *nt*
taboo [tə'buː] *n* taboe *nt*
tactics ['tæktiks] *pl* tactiek *c*
tag [tæg] *n* etiket *nt*
tail [teil] *n* staart *c*
taillight ['teillait] *n* achterlicht *nt*
tailor ['teilə] *n* kleermaker *m*
tailor-made ['teiləmeid] *adj* op maat gemaakt
***take** [teik] *v* *nemen; pakken; *brengen; *begrijpen, snappen; ~ **away** *meenemen; *afnemen, *wegnemen; ~ **effect** ingaan; ~ **off** starten; ~ **out** *wegnemen; ~ **over** *overnemen; ~ **place** *plaatshebben; ~ **up** *innemen
take-off ['teikɔf] *n* start *c*
tale [teil] *n* verhaal *nt*, vertelling *c*

talent ['tælənt] *n* aanleg *c*, talent *nt*
talented ['tæləntid] *adj* begaafd
talk [tɔːk] *v* *spreken, praten; *n* gesprek *nt*
talkative ['tɔːkətiv] *adj* spraakzaam
tall [tɔːl] *adj* hoog; lang, groot
tame [teim] *adj* mak, tam; *v* temmen
tampon ['tæmpən] *n* tampon *c*
tan [tæn] *n* bruin kleurtje door de (hoogte)zon
tangerine [ˌtændʒə'riːn] *n* mandarijn *c*
tangible ['tændʒibəl] *adj* tastbaar
tank [tæŋk] *n* tank *c*
tanker ['tæŋkə] *n* tankschip *nt*
tanned [tænd] *adj* gebruind
tap [tæp] *n* kraan *c*; klop *c*; *v* kloppen
tape [teip] *n* band *c*; lint *nt*; **adhesive ~** plakband *nt*; hechtpleister *c*; **~ measure** centimeter *c*; **~ recorder** bandrecorder *c*
tar [taː] *n* teer *c* / *nt*
target ['taːgit] *n* doel *nt*, mikpunt *nt*
tariff ['tærif] *n* tarief *nt*
task [tɑːsk] *n* taak *c*
taste [teist] *n* smaak *c*; *v* smaken; proeven
tasteless ['teistləs] *adj* smakeloos
tasty ['teisti] *adj* lekker, smakelijk
taught [tɔːt] *v* (p, pp teach)
tavern ['tævən] *n* herberg *c*
tax [tæks] *n* belasting *c*; *v* belasten
taxation [tæk'seiʃən] *n* belasting *c*
tax-free ['tæksfriː] *adj* belastingvrij
taxi ['tæksi] *n* taxi *c*; **~ driver** taxichauffeur *m*; **~ rank** taxistandplaats *c*; **~ stand** *Am* taxistandplaats *c*
taximeter ['tæksiˌmiːtə] *n* taximeter *c*
tea [tiː] *n* thee *c*; **~ set** theeservies *nt*
***teach** [tiːtʃ] *v* leren, *onderwijzen
teacher ['tiːtʃə] *n* docent *m*, -e *f*, leraar *m*, lerares *f*; onderwijzer *m*, -es *f*, meester *m*, schoolmeester *m*
teaching ['tiːtʃiŋz] *pl* leer *c*
tea cloth ['tiːklɔθ] *n* theedoek *c*
teacup ['tiːkʌp] *n* theekopje *nt*
team [tiːm] *n* equipe *c*, ploeg *c*
teapot ['tiːpɔt] *n* theepot *c*
tear[1] [tiə] *n* traan *c*
tear[2] [tɛə] *n* scheur *c*; ***tear** *v* scheuren
tease [tiːz] *v* plagen
tea-shop ['tiːʃɔp] *n* tearoom *c*
teaspoon ['tiːspuːn] *n* theelepel *c*
teaspoonful ['tiːspuːnˌful] *n* theelepel *c*
technical ['teknikəl] *adj* technisch
technical support ['teknikəl‿sə'pɔːt] *n* technische ondersteuning *nt*

technician [tek'niʃən] *n* technicus *c*
technique [tek'niːk] *n* techniek *c*
technological [ˌteknə'lɔdʒikəl] *adj* technologisch
technology [tek'nɔlədʒi] *n* technologie *c*
teenager ['tiːˌneidʒə] *n* tiener *c*
telecommunications [ˌtelikəmjuːni'keiʃənz] *n* telecommunicatie *f*
telegram ['teligræm] *n* telegram *nt*
telepathy [ti'lepəθi] *n* telepathie *c*
telephone ['telifoun] *n* telefoon *c*; ~ **book** *Am* telefoongids *c*, telefoonboek *nt*; ~ **booth** telefooncel *c*; ~ **call** telefoongesprek *nt*; ~ **directory** telefoonboek *nt*, telefoongids *c*
television ['telivìʒən] *n* televisie *c*; ~ **set** televisietoestel *nt*; **cable** ~ kabel-tv; **satellite** ~ satelliettv
***tell** [tel] *v* *zeggen; vertellen; verklappen
telly ['teli] *n colloquial* tv *c*, buis *c*, televisie *c*
temper ['tempə] *n* boosheid *c*
temperature ['temprətʃə] *n* temperatuur *c*
tempest ['tempist] *n* storm *c*
temple ['tempəl] *n* tempel *c*; slaap *c*
temporary ['tempərəri] *adj* voorlopig, tijdelijk
tempt [tempt] *v* *aantrekken
temptation [temp'teiʃən] *n* verleiding *c*
ten [ten] *num* tien
tenant ['tenənt] *n* huurder *m*, huurster *f*
tend [tend] *v* de neiging *hebben; verzorgen; ~ **to** neigen tot
tendency ['tendənsi] *n* neiging *c*, tendens *c*
tender ['tendə] *adj* teder, teer; mals
tendon ['tendən] *n* pees *c*
tennis ['tenis] *n* tennis *nt*; ~ **court** tennisbaan *c*; ~ **shoes** tennisschoenen *pl*
tense [tens] *adj* gespannen
tension ['tenʃən] *n* spanning *c*
tent [tent] *n* tent *c*
tenth [tenθ] *num* tiende
tepid ['tepid] *adj* lauw
term [təːm] *n* term *c*; periode *c*, termijn *c*; voorwaarde *c*
terminal ['təːminəl] *n* eindpunt *nt*
terrace ['terəs] *n* terras *nt*
terrain [te'rein] *n* terrein *nt*
terrible ['teribəl] *adj* verschrikkelijk, ontzettend, vreselijk
terrific [tə'rifik] *adj* geweldig
terrify ['terifai] *v* schrik *aanjagen; **terrifying** angstwekkend
territory ['teritəri] *n* gebied *nt*
terror ['terə] *n* angst *c*
terrorism ['terərizəm] *n* terrorisme *nt*, terreur *c*
terrorist ['terərist] *n* terrorist

m, -e *f*
test [test] *n* proef *c*, test *c*; *v* proberen, testen
testify ['testifai] *v* getuigen
text [tekst] *n* tekst *c*; **text someone** *v* een sms-bericht verzenden naar
textbook ['teksbuk] *n* leerboek *nt*
textile ['tekstail] *n* textiel *c*/*nt*
texture ['tekstʃə] *n* structuur *c*
Thai [tai] *adj* Thailands; *n* Thailander *m*
Thailand ['tailænd] Thailand
than [ðæn] *conj* dan
thank [θæŋk] *v* bedanken, danken; **~ you** dank u
thankful ['θæŋkfəl] *adj* dankbaar
that [ðæt] *adj* die, dat; *conj* dat
thaw [θɔ:] *v* dooien, ontdooien; *n* dooi *c*
the [ðə, ði] *art* de *art*, het; **the … the** hoe … hoe
theater *Am*, **theatre** ['θiətə] *n* schouwburg *c*, theater *nt*
theft [θeft] *n* diefstal *c*
their [ðεə] *adj* hun
them [ðem] *pron* hen; **of ~** van hen; er
theme [θi:m] *n* thema *nt*, onderwerp *nt*
themselves [ðəm'selvz] *pron* zich; zelf
then [ðen] *adv* toen; vervolgens, dan
theology [θi'ɔlədʒi] *n* theologie *c*
theoretical [θiə'retikəl] *adj* theoretisch
theory ['θiəri] *n* theorie *c*
therapy ['θerəpi] *n* therapie *c*
there [ðεə] *adv* daar; daarheen; er
therefore ['ðεəfɔ:] *conj* daarom
thermometer [θə'mɔmitə] *n* thermometer *c*
thermostat ['θə:məstæt] *n* thermostaat *c*
these [ði:z] *adj* deze
thesis ['θi:sis] *n* (pl theses) stelling *c*
they [ðei] *pron* ze
thick [θik] *adj* dik; dicht
thicken ['θikən] *v* verdikken
thickness ['θiknəs] *n* dikte *c*
thief [θi:f] *n* (pl thieves) dief *m*, dievegge *f*
thigh [θai] *n* dij *c*
thimble ['θimbəl] *n* vingerhoed *c*
thin [θin] *adj* dun; mager
thing [θiŋ] *n* ding *nt*
***think** [θiŋk] *v* *denken; *nadenken; **~ of** *denken aan; *bedenken; **~ over** *overdenken
thinker ['θiŋkə] *n* denker *m*
third [θə:d] *num* derde
thirst [θə:st] *n* dorst *c*
thirsty ['θə:sti] *adj* dorstig
thirteen [ˌθə:'ti:n] *num* dertien
thirteenth [ˌθə:'ti:nθ] *num* dertiende
thirtieth ['θə:tiəθ] *num* dertigste
thirty ['θə:ti] *num* dertig
this [ðis] *adj* dit, deze
thistle ['θisəl] *n* distel *c*

thorn [θɔːn] *n* doorn *c*
thorough ['θʌrə] *adj* grondig, degelijk
thoroughfare ['θʌrəfɛə] *n* hoofdweg *c*, hoofdstraat *c*
those [ðouz] *adj* die
though [ðou] *conj* hoewel, ofschoon, alhoewel; *adv* overigens
thought[1] [θɔːt] *v* (p, pp think)
thought[2] [θɔːt] *n* gedachte *c*
thoughtful ['θɔːtfəl] *adj* nadenkend; zorgzaam
thousand ['θauzənd] *num* duizend
thread [θred] *n* draad *c*; garen *nt*; *v* *rijgen
threadbare ['θredbɛə] *adj* versleten
threat [θret] *n* dreigement *nt*, bedreiging *c*
threaten ['θretən] *v* dreigen, bedreigen; **threatening** dreigend
three [θriː] *num* drie
three-quarter [ˌθriː'kwɔːtə] *adj* driekwart
threshold ['θreʃould] *n* drempel *c*
threw [θruː] *v* (p throw)
thrifty ['θrifti] *adj* zuinig
throat [θrout] *n* keel *c*; hals *c*
throne [θroun] *n* troon *c*
through [θruː] *prep* door, via
throughout [θruː'aut] *adv* overal
throw [θrou] *n* gooi *c*
***throw** [θrou] *v* *werpen, gooien
thrush [θrʌʃ] *n* lijster *c*
thumb [θʌm] *n* duim *c*
thumbtack ['θʌmtæk] *nAm* punaise *c*
thump [θʌmp] *v* stampen
thunder ['θʌndə] *n* donder *c*; *v* donderen
thunderstorm ['θʌndəstɔːm] *n* onweer *nt*
thundery ['θʌndəri] *adj* onweerachtig
Thursday ['θəːzdi] donderdag *c*
thus [ðʌs] *adv* zo
thyme [taim] *n* tijm *c*
tick [tik] *n* streepje *nt*, vinkje *nt*; **~ off** aanstrepen
ticket ['tikit] *n* kaartje *nt*; bon *c*; **~ collector** conducteur *m*, conductrice *f*; **~ machine** kaartenautomaat *c*
tickle ['tikəl] *v* kietelen
tide [taid] *n* getij *nt*; **high ~** hoog water; **low ~** laag water
tidy ['taidi] *adj* net; **~ up** opruimen
tie [tai] *v* knopen, *binden; *n* das *c*
tiger ['taigə] *n* tijger *c*
tight [tait] *adj* strak; nauw, krap; *adv* vast
tighten ['taitən] *v* aanhalen, *aantrekken; strakker maken; strakker *worden
tights [taits] *pl* maillot *c*
tile [tail] *n* tegel *c*; dakpan *c*
till [til] *prep* tot aan, tot; *conj* tot, totdat
timber ['timbə] *n* timmerhout *nt*
time [taim] *n* tijd *c*; maal *c*, keer

c; **all the ~** aldoor; **in ~** op tijd; **~ of arrival** aankomsttijd *c*; **~ of departure** vertrektijd *c*
time-saving ['taim,seiviŋ] *adj* tijdbesparend
timetable ['taim,teibəl] *n* dienstregeling *c*
timid ['timid] *adj* bedeesd
timidity [ti'midəti] *n* verlegenheid *c*
tin [tin] *n* tin *nt*; bus *c*, blik *nt*; **tinned food** conserven *pl*; **~ opener** blikopener *c*
tinfoil ['tinfɔil] *n* zilverpapier *nt*
tiny ['taini] *adj* minuscuul
tip [tip] *n* punt *c*; fooi *c*
tire[1] [taiə] *n* band *c*
tire[2] [taiə] *v* vermoeien
tired [taiəd] *adj* vermoeid, moe; **~ of** beu
tiring ['taiəriŋ] *adj* vermoeiend
tissue ['tiʃu:] *n* weefsel *nt*; papieren zakdoek
title ['taitəl] *n* titel *c*
to [tu:] *prep* tot; aan, voor, bij, naar; om te
toad [toud] *n* pad *c*
toadstool ['toudstu:l] *n* paddestoel *c*
toast [toust] *n* toast *c*
tobacco [tə'bækou] *n* (pl ~s) tabak *c*; **~ pouch** tabakszak *c*
tobacconist [tə'bækənist] *n* sigarenwinkelier *m*; **tobacconist's** tabakswinkel *c*
today [tə'dei] *adv* vandaag
toddler ['tɔdlə] *n* peuter *m*
toe [tou] *n* teen *c*
toffee ['tɔfi] *n* toffee *c*
together [tə'geðə] *adv* bijeen, samen
toilet ['tɔilət] *n* toilet *nt*; **~ case** toilettas *c*; **~ paper** closetpapier *nt*, toiletpapier *nt*
toiletry ['tɔilətri] *n* toiletbenodigdheden *pl*
token ['toukən] *n* teken *nt*; bewijs *nt*; munt *c*
told [tould] *v* (p, pp tell)
tolerable ['tɔlərəbəl] *adj* draaglijk
toll [toul] *n* tol *c*
tomato [tə'ma:tou] *n* (pl ~es) tomaat *c*
tomb [tu:m] *n* graf *nt*
tombstone ['tu:mstoun] *n* grafsteen *c*
tomorrow [tə'mɔrou] *adv* morgen
ton [tʌn] *n* ton *c*
tone [toun] *n* toon *c*; klank *c*
tongs [tɔŋz] *pl* tang *c*
tongue [tʌŋ] *n* tong *c*
tonic ['tɔnik] *n* tonicum *nt*
tonight [tə'nait] *adv* vannacht, vanavond
tonsilitis [,tɔnsə'laitis] *n* amandelontsteking *c*
tonsils ['tɔnsəlz] *pl* amandelen
too [tu:] *adv* te; ook
took [tuk] *v* (p take)
tool [tu:l] *n* werktuig *nt*, gereedschap *nt*; **~ kit** gereedschapskist *c*
toot [tu:t] *vAm* claxonneren
tooth [tu:θ] *n* (pl teeth) tand *c*
toothache ['tu:θeik] *n* tandpijn *c*
toothbrush ['tu:θbrʌʃ] *n* tandenborstel *c*

toothpaste ['tu:θpeist] *n* tandpasta *c/nt*
toothpick ['tu:θpik] *n* tandenstoker *c*
toothpowder ['tu:θ,paudə] *n* tandpoeder *nt/c*
top [tɔp] *n* top *c*; bovenkant *c*; deksel *nt*; bovenst; **on ~ of** bovenop; **~ side** bovenkant *c*
topic ['tɔpik] *n* onderwerp *nt*
topical ['tɔpikəl] *adj* actueel
torch [tɔ:tʃ] *n* fakkel *c*; zaklantaarn *c*
torment[1] [tɔ:'ment] *v* kwellen
torment[2] ['tɔ:ment] *n* kwelling *c*
torture ['tɔ:tʃə] *n* marteling *c*; *v* martelen
toss [tɔs] *v* gooien
tot [tɔt] *n* kleuter *m*
total ['toutəl] *adj* totaal; geheel, volslagen; *n* totaal *nt*
totalitarian [,toutæli'tɛəriən] *adj* totalitair
touch [tʌtʃ] *v* aanraken; *betreffen; *n* contact *nt*, aanraking *c*; tastzin *c*
touching ['tʌtʃiŋ] *adj* aandoenlijk
tough [tʌf] *adj* taai
tour [tuə] *n* rondreis *c*; *v* rondtrekken
tourism ['tuərizəm] *n* toerisme *nt*
tourist ['tuərist] *n* toerist *m*, -e *f*; **~ class** toeristenklasse *c*; **~ office** verkeersbureau *nt*
tournament ['tuənəmənt] *n* toernooi *nt*
tow [tou] *v* slepen
towards [tə'wɔ:dz] *prep* naar; jegens
towel [tauəl] *n* handdoek *c*
towel(l)ing ['tauəliŋ] *n* badstof *c*
tower [tauə] *n* toren *c*
town [taun] *n* stad *c*; **~ center** *Am*, **~ centre** stadscentrum *nt*; **~ hall** stadhuis *nt*
townspeople ['taunz,pi:pəl] *pl* stadsmensen *pl*
toxic ['tɔksik] *adj* vergiftig
toy [tɔi] *n* speelgoed *nt*
toyshop ['tɔiʃɔp] *n* speelgoedwinkel *c*
trace [treis] *n* spoor *nt*; *v* opsporen
track [træk] *n* spoor *nt*; renbaan *c*
tractor ['træktə] *n* tractor *c*
trade [treid] *n* koophandel *c*, handel *c*; ambacht *nt*, vak *nt*; *v* handel *drijven
trademark ['treidma:k] *n* handelsmerk *nt*
trader ['treidə] *n* handelaar *m*
tradesman ['treidzmən] *n* (pl -men) handelaar *m*
tradeswoman ['treidzwumən] *n* (pl -women) zakenvrouw *f*
trade union [,treid'ju:njən] *n* vakbond *c*
tradition [trə'diʃən] *n* traditie *c*
traditional [trə'diʃənəl] *adj* traditioneel
traffic ['træfik] *n* verkeer *nt*; **~ jam** verkeersopstopping *c*; **~ light** stoplicht *nt*; **one-way ~** eenrichtingsverkeer *nt*
trafficator ['træfikeitə] *n*

richtingaanwijzer *c*
tragedy ['trædʒədi] *n* tragedie *c*
tragic ['trædʒik] *adj* tragisch
trail [treil] *n* spoor *nt*, pad *nt*
trailer ['treilə] *n* aanhangwagen *c*; *nAm* kampeerwagen *c*
train [trein] *n* trein *c*; *v* dresseren, trainen; **stopping** ~ stoptrein *c*; **through** ~ doorgaande trein
trainee [trei'niː] *n* stagiair *m*, stagiaire *f*
trainer ['treinə] *n* trainer *m*
training ['treiniŋ] *n* training *c*
trait [treit] *n* trek *c*
traitor ['treitə] *n* verrader *c*
tram [træm] *n* tram *c*
tramp [træmp] *n* landloper *m*, vagebond *m*; *v* *rondtrekken
tranquil ['træŋkwil] *adj* rustig
tranquillizer ['træŋkwilaizə] *n* kalmerend middel
transaction [træn'zækʃən] *n* transactie *c*
transatlantic [ˌtrænzət'læntik] *adj* transatlantisch
transfer [træns'fəː] *v* *overbrengen
transform [træns'fɔːm] *v* veranderen
transformer [træns'fɔːmə] *n* transformator *c*
transition [træn'siʃən] *n* overgang *c*
translate [træns'leit] *v* vertalen
translation [træns'leiʃən] *n* vertaling *c*
translator [træns'leitə] *n* vertaler *m*, vertaalster *f*
transmission [trænz'miʃən] *n* uitzending *c*
transmit [trænz'mit] *v* *uitzenden
transmitter [trænz'mitə] *n* zender *c*
transparent [træn'spεərənt] *adj* doorzichtig
transport[1] ['trænspɔːt] *n* vervoer *nt*
transport[2] [træn'spɔːt] *v* transporteren
transportation [ˌtrænspɔː'teiʃən] *nAm* transport *nt*
trap [træp] *n* val *c*
trash [træʃ] *n* rommel *c*; ~ **can** *Am* vuilnisbak *c*
travel ['trævəl] *v* reizen; ~ **agency** reisbureau *nt*; ~ **agent** reisagent *m*, -e *f*; ~ **insurance** reisverzekering *c*; **travelling expenses** reiskosten *pl*
travel(l)er ['trævələ] *n* reiziger *m*, *reizigster f*; **traveller's cheque**, *Am* **traveler's check** reischeque *c*
tray [trei] *n* dienblad *nt*
treason ['triːzən] *n* verraad *nt*
treasure ['treʒə] *n* schat *c*
treasurer ['treʒərə] *n* penningmeester *m*
treasury ['treʒəri] *n* schatkist *c*
treat [triːt] *v* behandelen
treatment ['triːtmənt] *n* behandeling *c*
treaty ['triːti] *n* verdrag *nt*
tree [triː] *n* boom *c*
tremble ['trembəl] *v* rillen,

beven; trillen
tremendous [tri'mendəs] *adj* enorm
trendy ['trendi] *adj colloquial* modieus, in
trespasser ['trespəsə] *n* indringer *m*, indringster *f*
trial [traiəl] *n* rechtszaak *c*; proef *c*
triangle ['traiæŋgəl] *n* driehoek *c*
triangular [trai'æŋgjulə] *adj* driehoekig
tribe [traib] *n* stam *c*
tributary ['tribjutəri] *n* zijrivier *c*
tribute ['tribju:t] *n* hulde *c*
trick [trik] *n* streek *c*; foefje *nt*, kunstje *nt*
trigger ['trigə] *n* trekker *c*
trim [trim] *v* bijknippen
trip [trip] *n* uitstapje *nt*, reis *c*
triumph ['traiəmf] *n* triomf *c*; *v* zegevieren
triumphant [trai'ʌmfənt] *adj* triomfantelijk
troops [tru:ps] *pl* troepen *pl*
tropical ['trɔpikəl] *adj* tropisch
tropics ['trɔpiks] *pl* tropen *pl*
trouble ['trʌbəl] *n* zorg *c*, moeite *c*, last *c*; *v* storen
troublesome ['trʌbəlsəm] *adj* lastig
trousers ['trauzəz] *pl* broek *c*
trout [traut] *n* (pl ~) forel *c*
truck [trʌk] *nAm* vrachtwagen *c*
true [tru:] *adj* waar; werkelijk, echt; getrouw, trouw
trumpet ['trʌmpit] *n* trompet *c*
trunk [trʌŋk] *n* koffer *c*; stam *c*; *nAm* kofferruimte *c*; **trunks** *pl* gymnastiekbroek *c*
trust [trʌst] *v* vertrouwen; *n* vertrouwen *nt*
trustworthy ['trʌst,wə:ði] *adj* betrouwbaar
truth [tru:θ] *n* waarheid *c*
truthful ['tru:θfəl] *adj* waarheidsgetrouw
try [trai] *v* proberen; trachten, pogen; *n* poging *c*; **~ on** passen
tube [tju:b] *n* pijp *c*, buis *c*; tube *c*
tuberculosis [tju:,bə:kju'lousis] *n* tuberculose *c*
Tuesday ['tju:zdi] dinsdag *c*
tug [tʌg] *v* slepen; *n* sleepboot *c*; ruk *c*
tuition [tju:'iʃən] *n* onderwijs *nt*
tulip ['tju:lip] *n* tulp *c*
tumo(u)r ['tju:mə] *n* gezwel *nt*, tumor *c*
tuna ['tju:nə] *n* (pl ~, ~s) tonijn *c*
tune [tju:n] *n* wijs *c*, melodie *c*; **~ in** afstemmen
tuneful ['tju:nfəl] *adj* melodieus
tunic ['tju:nik] *n* tuniek *c*
Tunisia [tju:'niziə] Tunesië
Tunisian [tju:'niziən] *adj* Tunesisch; *n* Tunesiër *m*
tunnel ['tʌnəl] *n* tunnel *c*
turbine ['tə:bain] *n* turbine *c*
turbojet [,tə:bou'dʒet] *n* straalvliegtuig *nt*
Turkey ['tə:ki] Turkije
turkey ['tə:ki] *n* kalkoen *c*

Turkish ['tə:kiʃ] *adj* Turks; ~ **bath** Turks bad
turn [tə:n] *v* draaien, keren; omkeren, omdraaien; *n* wending *c*, draai *c*; bocht *c*; beurt *c*; ~ **back** terugkeren; ~ **down** *verwerpen; ~ **into** veranderen in; ~ **off** dichtdraaien; ~ **on** aanzetten; opendraaien; ~ **over** omkeren; ~ **round** omkeren; zich omdraaien
turning ['tə:niŋ] *n* bocht *c*
turning point ['tə:niŋpɔint] *n* keerpunt *nt*
turnover ['tə:,nouvə] *n* omzet *c*; ~ **tax** omzetbelasting *c*
turnpike ['tə:npaik] *nAm* tolweg *c*
turpentine ['tə:pəntain] *n* terpentijn *c*
turtle ['tə:təl] *n* schildpad *c*
tutor ['tju:tə] *n* privé-docent *m*; voogd *m*
tuxedo [tʌk'si:dou] *nAm* (pl ~s, ~es) smoking *c*
TV [,ti:'vi:] *n* tv *c*, *colloquial* buis *c*, televisie *c*; **on** ~ op tv
tweed [twi:d] *n* tweed *nt*
tweezers ['twi:zəz] *pl* pincet *c*
twelfth [twelfθ] *num* twaalfde
twelve [twelv] *num* twaalf
twentieth ['twentiəθ] *num* twintigste
twenty ['twenti] *num* twintig
twice [twais] *adv* tweemaal
twig [twig] *n* twijg *c*
twilight ['twailait] *n* schemering *c*
twine [twain] *n* touw *nt*
twins [twinz] *pl* tweeling *c*; **twin beds** lits-jumeaux *nt*
twist [twist] *v* *winden; draaien; *n* draai *c*
two [tu:] *num* twee
two-piece [,tu:'pi:s] *adj* tweedelig
type [taip] *v* tikken, typen; *n* type *nt*
typewriter ['taipraitə] *n* schrijfmachine *c*
typhoid ['taifɔid] *n* tyfus *c*
typical ['tipikəl] *adj* kenmerkend, typisch
typist ['taipist] *n* typist *m*, -e *f*
tyrant ['taiərənt] *n* tiran *m*
tyre [taiə] *n* band *c*; ~ **pressure** bandenspanning *c*

U

ugly ['ʌgli] *adj* lelijk
ulcer ['ʌlsə] *n* zweer *c*
ultimate ['ʌltimət] *adj* laatst
ultraviolet [,ʌltrə'vaiələt] *adj* ultraviolet
umbrella [ʌm'brelə] *n* paraplu *c*
umpire ['ʌmpaiə] *n* scheidsrechter *m*
unable [ʌ'neibəl] *adj* onbekwaam
unacceptable [,ʌnək'septəbəl] *adj* onaanvaardbaar

unaccountable [ˌʌnə'kauntəbəl] *adj* onverklaarbaar
unaccustomed [ˌʌnə'kʌstəmd] *adj* niet gewend
unanimous [ju:'næniməs] *adj* unaniem
unanswered [ˌʌ'nɑ:nsəd] *adj* onbeantwoord
unauthorized [ˌʌ'nɔ:θəraizd] *adj* onbevoegd
unavoidable [ˌʌnə'vɔidəbəl] *adj* onvermijdelijk
unaware [ˌʌnə'wɛə] *adj* onbewust
unbearable [ʌn'bɛərəbəl] *adj* ondraaglijk
unbreakable [ˌʌn'breikəbəl] *adj* onbreekbaar
unbroken [ˌʌn'broukən] *adj* heel
unbutton [ˌʌn'bʌtən] *v* losknopen
uncertain [ʌn'sə:tən] *adj* onzeker
uncle ['ʌŋkəl] *n* oom *m*
unclean [ˌʌn'kli:n] *adj* onrein
uncomfortable [ʌn'kʌmfətəbəl] *adj* ongemakkelijk
uncommon [ʌn'kɔmən] *adj* ongewoon, zeldzaam
unconditional [ˌʌnkən'diʃənəl] *adj* onvoorwaardelijk
unconscious [ʌn'kɔnʃəs] *adj* bewusteloos
uncork [ˌʌn'kɔ:k] *v* ontkurken
uncover [ʌn'kʌvə] *v* blootleggen
uncultivated [ˌʌn'kʌltiveitid] *adj* onbebouwd
under ['ʌndə] *prep* beneden, onder
undercurrent ['ʌndəˌkʌrənt] *n* onderstroom *c*
underestimate [ˌʌndə'restimeit] *v* onderschatten
underground ['ʌndəgraund] *adj* ondergronds; *n* metro *c*, ondergrondse
underline [ˌʌndə'lain] *v* onderstrepen
underneath [ˌʌndə'ni:θ] *adv* beneden
underpants ['ʌndəpænts] *plAm* onderbroek *c*
undershirt ['ʌndəʃə:t] *n* hemd *nt*
***understand** [ˌʌndə'stænd] *v* *begrijpen; verstaan
understanding [ˌʌndə'stændiŋ] *n* begrip *nt*
understate [ˌʌndə'steit] *v* afzwakken
understatement [ˌʌndə'steitmənt] *n* understatement *c*
***undertake** [ˌʌndə'teik] *v* *ondernemen
undertaking [ˌʌndə'teikiŋ] *n* onderneming *c*
underwater ['ʌndəˌwɔ:tə] *adj* onderwater-
underwear ['ʌndəwɛə] *n* ondergoed *nt*
undesirable [ˌʌndi'zaiərəbəl] *adj* ongewenst

***undo** [ˌʌn'du:] *v* losmaken
undoubtedly [ʌn'dautidli] *adv* ongetwijfeld
undress [ˌʌn'dres] *v* zich uitkleden
unearned [ˌʌ'nə:nd] *adj* onverdiend
uneasy [ʌ'ni:zi] *adj* onbehaaglijk
uneducated [ˌʌ'nedjukeitid] *adj* ongeschoold
unemployed [ˌʌnim'plɔid] *adj* werkeloos
unemployment [ˌʌnim'plɔimənt] *n* werkeloosheid *c*
unequal [ˌʌ'ni:kwəl] *adj* ongelijk
uneven [ˌʌ'ni:vən] *adj* ongelijk, oneffen
unexpected [ˌʌnik'spektid] *adj* onvoorzien, onverwacht
unfair [ˌʌn'fɛə] *adj* oneerlijk, onbillijk
unfaithful [ˌʌn'feiθfəl] *adj* ontrouw
unfamiliar [ˌʌnfə'miljə] *adj* onbekend
unfasten [ˌʌn'fɑ:sən] *v* losmaken
unfavo(u)rable [ˌʌn'feivərəbəl] *adj* ongunstig
unfit [ˌʌn'fit] *adj* ongeschikt
unfold [ʌn'fould] *v* ontvouwen
unfortunate [ʌn'fɔ:tʃənət] *adj* ongelukkig
unfortunately [ʌn'fɔ:tʃənətli] *adv* helaas, ongelukkigerwijs
unfriendly [ˌʌn'frendli] *adj* onvriendelijk
ungrateful [ʌn'greitfəl] *adj* ondankbaar
unhappy [ʌn'hæpi] *adj* ongelukkig
unhealthy [ʌn'helθi] *adj* ongezond
unhurt [ˌʌn'hə:t] *adj* heelhuids
uniform ['ju:nifɔ:m] *n* uniform *nt/c*; *adj* uniform
unimportant [ˌʌnim'pɔ:tənt] *adj* onbelangrijk
uninhabitable [ˌʌnin'hæbitəbəl] *adj* onbewoonbaar
uninhabited [ˌʌnin'hæbitid] *adj* onbewoond
unintentional [ˌʌnin'tenʃənəl] *adj* onopzettelijk
union ['ju:njən] *n* vereniging *c*; verbond *nt*, unie *c*
unique [ju:'ni:k] *adj* uniek
unit ['ju:nit] *n* eenheid *c*
unite [ju:'nait] *v* verenigen
united [ju'naitid] *adj* verenigd; saamhorig; **United States** [ju:'naitid steits] Verenigde Staten
unity ['ju:nəti] *n* eenheid *c*
universal [ˌju:ni'və:səl] *adj* algemeen, universeel
universe ['ju:nivə:s] *n* heelal *nt*
university [ˌju:ni'və:səti] *n* universiteit *c*
unjust [ˌʌn'dʒʌst] *adj* onrechtvaardig
unkind [ʌn'kaind] *adj* onaardig, onvriendelijk
unknown [ˌʌn'noun] *adj* onbekend
unlawful [ˌʌn'lɔ:fəl] *adj*

onwettig
unlearn [ˌʌn'lə:n] *v* afleren
unless [ən'les] *conj* tenzij
unlike [ˌʌn'laik] *adj* verschillend
unlikely [ʌn'laikli] *adj* onwaarschijnlijk
unlimited [ʌn'limitid] *adj* grenzeloos, onbeperkt
unload [ˌʌn'loud] *v* lossen, *uitladen
unlock [ˌʌn'lɔk] *v* openen
unlucky [ʌn'lʌki] *adj* ongelukkig
unnecessary [ʌn'nesəsəri] *adj* onnodig
unoccupied [ˌʌ'nɔkjupaid] *adj* onbezet
unofficial [ˌʌnə'fiʃəl] *adj* officieus, onofficieel
unpack [ˌʌn'pæk] *v* uitpakken
unpleasant [ʌn'plezənt] *adj* onaangenaam, onplezierig; naar, vervelend
unpopular [ˌʌn'pɔpjulə] *adj* impopulair, onbemind
unprotected [ˌʌnprə'tektid] *adj* onbeschermd
unqualified [ˌʌn'kwɔlifaid] *adj* onbevoegd
unreal [ˌʌn'riəl] *adj* onwerkelijk
unreasonable [ʌn'ri:zənəbəl] *adj* onredelijk
unreliable [ˌʌnri'laiəbəl] *adj* onbetrouwbaar
unrest [ˌʌn'rest] *n* onrust *c*; rusteloosheid *c*
unsafe [ˌʌn'seif] *adj* onveilig
unsatisfactory [ˌʌnsætis'fæktəri] *adj* onbevredigend
unscrew [ˌʌn'skru:] *v* losschroeven
unselfish [ˌʌn'selfiʃ] *adj* onzelfzuchtig
unskilled [ˌʌn'skild] *adj* ongeschoold
unsound [ˌʌn'saund] *adj* ongezond
unstable [ˌʌn'steibəl] *adj* labiel
unsteady [ˌʌn'stedi] *adj* wankel, onvast; onevenwichtig
unsuccessful [ˌʌnsək'sesfəl] *adj* mislukt
unsuitable [ˌʌn'su:təbəl] *adj* ongepast
unsurpassed [ˌʌnsə'pɑ:st] *adj* onovertroffen
untidy [ʌn'taidi] *adj* slordig
untie [ˌʌn'tai] *v* losknopen
until [ən'til] *prep* tot
untrue [ˌʌn'tru:] *adj* onwaar
untrustworthy [ˌʌn'trʌstˌwə:ði] *adj* onbetrouwbaar
unusual [ʌn'ju:ʒuəl] *adj* ongebruikelijk, ongewoon
unwell [ˌʌn'wel] *adj* onwel
unwilling [ˌʌn'wiliŋ] *adj* onwillig
unwise [ˌʌn'waiz] *adj* onverstandig
unwrap [ˌʌn'ræp] *v* uitpakken
up [ʌp] *adv* naar boven, omhoog, op
upholster [ʌp'houlstə] *v* bekleden

upkeep ['ʌpki:p] *n* onderhoud *nt*
uplands ['ʌpləndz] *pl* hoogvlakte *c*
upload ['ʌp,loud] *v* uploaden
upon [ə'pɔn] *prep* op
upper ['ʌpə] *adj* hoger, bovenst
upright ['ʌprait] *adj* rechtopstaand; *adv* overeind
upset [ʌp'set] *v* verstoren; *adj* overstuur
upside down [,ʌpsaid'daun] *adv* ondersteboven
upstairs [,ʌp'stɛəz] *adv* boven; naar boven
upstream [,ʌp'stri:m] *adv* stroomopwaarts
upwards ['ʌpwədz] *adv* naar boven
urban ['ə:bən] *adj* stedelijk
urge [ə:dʒ] *v* aansporen; *n* drang *c*
urgency ['ə:dʒənsi] *n* urgentie *c*
urgent ['ə:dʒənt] *adj* dringend
urine ['juərin] *n* urine *c*
Uruguay ['juərəgwai] Uruguay
us [ʌs] *pron* ons
usable ['ju:zəbəl] *adj* bruikbaar
usage ['ju:zidʒ] *n* gebruik *nt*
use¹ [ju:z] *v* gebruiken, toepassen; **~ up** verbruiken; ***be used to** gewoon *zijn
use² [ju:s] *n* gebruik *nt*, toepassing *c*; nut *nt*; ***be of ~** baten
useful ['ju:sfəl] *adj* bruikbaar, nuttig
useless ['ju:sləs] *adj* nutteloos
user ['ju:zə] *n* gebruiker *m*, gebruikster *f*
usherette [,ʌʃə'ret] *n* ouvreuse *f*
usual ['ju:ʒuəl] *adj* gebruikelijk
usually ['ju:ʒuəli] *adv* gewoonlijk
utensil [ju:'tensəl] *n* gereedschap *nt*, werktuig *nt*; gebruiksvoorwerp *nt*
utility [ju:'tiləti] *n* nut *nt*
utilize ['ju:tilaiz] *v* benutten
utmost ['ʌtmoust] *adj* uiterst
utter ['ʌtə] *adj* volslagen, totaal; *v* uiten

V

vacancy ['veikənsi] *n* vacature *c*
vacant ['veikənt] *adj* vacant
vacate [və'keit] *v* ontruimen
vacation [və'keiʃən] *n* vakantie *c*
vaccinate ['væksineit] *v* inenten
vaccination [,væksi'neiʃən] *n* inenting *c*
vacuum ['vækjuəm] *n* vacuüm *nt*; *vAm* stofzuigen; **~ cleaner** stofzuiger *c*; **~ flask** thermosfles *c*

vague [veig] *adj* vaag
vain [vein] *adj* ijdel; vergeefs; **in** ~ vergeefs, tevergeefs
valet ['vælit] *n* bediende *c*
valid ['vælid] *adj* geldig
valley ['væli] *n* dal *nt*, vallei *c*
valuable ['væljubəl] *adj* waardevol, kostbaar; **valuables** *pl* kostbaarheden *pl*
value ['vælju:] *n* waarde *c*; *v* schatten
valve [vælv] *n* ventiel *nt*
van [væn] *n* bestelauto *c*
vanilla [və'nilə] *n* vanille *c*
vanish ['væniʃ] *v* *verdwijnen
vapo(u)r ['veipə] *n* damp *c*
variable ['vɛəriəbəl] *adj* veranderlijk
variation [ˌvɛəri'eiʃən] *n* afwisseling *c*; verandering *c*
varied ['vɛərid] *adj* gevarieerd
variety [və'raiəti] *n* verscheidenheid *c*; ~ **show** variétévoorstelling *c*; ~ **theater** *Am*, ~ **theatre** variététheater *nt*
various ['vɛəriəs] *adj* allerlei, verscheidene
varnish ['vɑ:niʃ] *n* lak *c*, vernis *nt/c*; *v* lakken
vary ['vɛəri] *v* variëren, afwisselen; veranderen; verschillen
vase [vɑ:z] *n* vaas *c*
vaseline ['væsəli:n] *n* vaseline *c*
vast [vɑ:st] *adj* onmetelijk, uitgestrekt
vault [vɔ:lt] *n* gewelf *nt*; kluis *c*
veal [vi:l] *n* kalfsvlees *nt*
vegetable ['vedʒətəbəl] *n* groente *c*; ~ **merchant** groenteboer *m*
vegetarian [ˌvedʒi'tɛəriən] *n* vegetariër *m*
vegetation [ˌvedʒi'teiʃən] *n* plantengroei *c*
vehicle ['vi:əkəl] *n* voertuig *nt*
veil [veil] *n* sluier *c*
vein [vein] *n* ader *c*; **varicose** ~ spatader *c*
velvet ['velvit] *n* fluweel *nt*
velveteen [ˌvelvi'ti:n] *n* katoenfluweel *nt*
venerable ['venərəbəl] *adj* eerbiedwaardig
venereal disease [vi'niəriəl di'zi:z] geslachtsziekte *c*
Venezuela [ˌveni'zweilə] Venezuela
Venezuelan [ˌveni'zweilən] *adj* Venezolaans; *n* Venezolaan *c*
ventilate ['ventileit] *v* ventileren; luchten
ventilation [ˌventi'leiʃən] *n* ventilatie *c*; luchtverversing *c*
ventilator ['ventileitə] *n* ventilator *c*
venture ['ventʃə] *v* wagen
veranda [və'rændə] *n* veranda *c*
verb [və:b] *n* werkwoord *nt*
verbal ['və:bəl] *adj* mondeling
verdict ['və:dikt] *n* vonnis *nt*, uitspraak *c*
verge [və:dʒ] *n* rand *c*; *v* grenzen
verify ['verifai] *v* verifiëren
versatile [və:s] *adj* veelzijdig
verse [və:s] *n* vers *nt* ; couplet

version ['vəːʃən] *n* versie *c*; vertaling *c*
versus ['vəːsəs] *prep* contra
vertical ['vəːtikəl] *adj* verticaal
very ['veri] *adv* erg, zeer; *adj* precies, waar, werkelijk; uiterst
vessel ['vesəl] *n* vaartuig *nt*, schip *nt*; vat *nt*
vest [vest] *n* hemd *nt*; *nAm* vest *nt*
veterinary surgeon ['vetrinəri'səːdʒən] dierenarts *c*, veearts *c*
via [vaiə] *prep* via
viaduct ['vaiədʌkt] *n* viaduct *c*/*nt*
vibrate [vai'breit] *v* trillen
vibration [vai'breiʃən] *n* vibratie *c*
vicar [vi'k] *n* predikant *m*
vicarage [vi'k] *n* pastorie *c*
vicinity [vi'sinəti] *n* nabijheid *c*, buurt *c*
vicious ['viʃəs] *adj* boosaardig
victim ['viktim] *n* slachtoffer *nt*; dupe *c*
victory ['viktəri] *n* overwinning *c*
video ['vidiou] *n* video *c*; ~ **camera** video camera; ~ **cassette** video cassette; ~ **game** computerspel *nt*; ~ **recorder** video recorder
view [vjuː] *n* uitzicht *nt*; opvatting *c*, mening *c*; *v* *bekijken
viewfinder ['vjuːˌfaində] *n* zoeker *c*
vigilant ['vidʒilənt] *adj* waakzaam
villa ['vilə] *n* villa *c*
village ['vilidʒ] *n* dorp *nt*
villain ['vilən] *n* boef *m*
vine [vain] *n* wijnstok *c*
vinegar ['vinigə] *n* azijn *c*
vineyard ['vinjəd] *n* wijngaard *c*
vintage ['vintidʒ] *n* wijnoogst *c*
violation [vaiə'leiʃən] *n* schending *c*
violence ['vaiələns] *n* geweld *nt*
violent ['vaiələnt] *adj* gewelddadig; hevig, heftig
violet ['vaiələt] *n* viooltje *nt*; *adj* violet
violin [vaiə'lin] *n* viool *c*
VIP [ˌviːai'piː] *n* beroemdheid *c*
virgin ['vəːdʒin] *n* maagd *f*
virtue ['vəːtʃuː] *n* deugd *c*
virus ['vairəs] *n* virus *f*
visa ['viːzə] *n* visum *nt*
visibility [ˌvizə'biləti] *n* zicht *nt*
visible ['vizəbəl] *adj* zichtbaar
vision ['viʒən] *n* visie *c*
visit ['vizit] *v* *bezoeken; *n* visite *c*, bezoek *nt*; **visiting hours** bezoekuren *pl*
visiting card ['vizitiŋkɑːd] *n* visitekaartje *nt*
visitor ['vizitə] *n* bezoeker *m*, -ster *f*
vital ['vaitəl] *adj* essentieel
vitamin ['vitəmin] *n* vitamine *c*
vivid ['vivid] *adj* levendig
vocabulary [və'kæbjuləri] *n* vocabulaire *nt*, woordenschat *c*; woordenlijst *c*
vocal ['voukəl] *adj* vocaal
vocalist ['voukəlist] *n* zanger

m, -es *f*
voice [vɔis] *n* stem *c*
voice mail ['vois‿meil] *n* voicemail *nt*
void [vɔid] *adj* nietig
volcano [vɔl'keinou] *n* (pl ~es, ~s) vulkaan *c*
volt [voult] *n* volt *c*
voltage ['voultidʒ] *n* voltage *c*/*nt*
volume ['vɔljum] *n* volume *nt*; deel *nt*
voluntary ['vɔləntəri] *adj* vrijwillig
volunteer [ˌvɔlən'tiə] *n* vrijwilliger *m*, vrijwilligster *f*
vomit ['vɔmit] *v* braken, *overgeven
vote [vout] *v* stemmen; *n* stem *c*; stemming *c*
voter ['voutə] *n* kiezer *m*, -es *f*
voucher ['vautʃə] *n* bon *c*, bewijs *nt*
vow [vau] *n* gelofte *c*, eed *c*; *v* *zweren
vowel [vauəl] *n* klinker *c*
voyage ['vɔiidʒ] *n* reis *c*
vulgar ['vʌlgə] *adj* vulgair; volks-, ordinair
vulnerable ['vʌlnərəbəl] *adj* kwetsbaar
vulture ['vʌltʃə] *n* gier *c*

W

wade [weid] *v* waden
wafer ['weifə] *n* wafel *c*
waffle ['wɔfəl] *n* wafel *c*
wages ['weidʒiz] *pl* loon *nt*
wag(g)on ['wægən] *n* wagon *c*
waist [weist] *n* taille *c*, middel *nt*
waistcoat ['weiskout] *n* vest *nt*
wait [weit] *v* wachten; ~ **on** bedienen
waiter ['weitə] *n* ober *m*, kelner *m*
waiting *n* het wachten; ~ **list** wachtlijst *c*; ~ **room** wachtkamer *c*
waitress ['weitris] *n* serveerster *f*
***wake** [weik] *v* wekken; ~ **up** ontwaken, wakker *worden
walk [wɔ:k] *v* *lopen; wandelen; *n* wandeling *c*; loop *c*; **walking** te voet
walker ['wɔ:kə] *n* wandelaar *m*, -ster *f*
walking stick ['wɔ:kiŋstik] *n* wandelstok *c*
wall [wɔ:l] *n* muur *c*; wand *c*
wallet ['wɔlit] *n* portefeuille *c*
wallpaper ['wɔ:lˌpeipə] *n* behang *nt*
walnut ['wɔ:lnʌt] *n* walnoot *c*
waltz [wɔ:ls] *n* wals *c*
wander ['wɔndə] *v* *rondzwerven, *zwerven
want [wɔnt] *v* *willen; wensen; *n* behoefte *c*; gebrek *nt*, gemis *nt*
war [wɔ:] *n* oorlog *c*
warden ['wɔ:dən] *n* bewaker *m*, bewaakster *f*, opzichter *m*, -es

f
wardrobe ['wɔːdroub] *n* klerenkast *c*, garderobe *c*
warehouse ['wɛəhaus] *n* magazijn *nt*, pakhuis *nt*
wares [wɛəz] *pl* waren *pl*
warm [wɔːm] *adj* heet, warm; *v* verwarmen
warmth [wɔːmθ] *n* warmte *c*
warn [wɔːn] *v* waarschuwen
warning ['wɔːniŋ] *n* waarschuwing *c*
wary ['wɛəri] *adj* behoedzaam
was [wɔz] *v* (p be)
wash [wɔʃ] *v* *wassen; **~ and wear** zelfstrijkend; **~ up** afwassen
washable ['wɔʃəbəl] *adj* wasbaar; wasecht
washbasin ['wɔʃ,beisən] *n* wasbak *c*, wasbekken *nt*
washing ['wɔʃiŋ] *n* was *c*; wasgoed *nt*; **~ machine** wasmachine *c*; **~ powder** waspoeder *nt*
washroom ['wɔʃruːm] *nAm* toilet *nt*
wasp [wɔsp] *n* wesp *c*
waste [weist] *v* verspillen; *n* verspilling *c*; *adj* braak
wasteful ['weistfəl] *adj* verkwistend
wastepaper basket [weist'peipə,bɑːskit] *n* prullenmand *c*
watch [wɔtʃ] *v* *kijken naar, *gadeslaan; letten op; *n* horloge *nt*; **~ for** *uitkijken naar; **~ out** *uitkijken
watchmaker ['wɔtʃ,meikə] *n* horlogemaker *m*
watchstrap ['wɔtʃstræp] *n* horlogebandje *nt*
water ['wɔːtə] *n* water *nt*; **iced ~** ijswater *nt*; **running ~** stromend water; **~ pump** waterpomp *c*; **~ ski** waterski *c*; **~ softener** wasverzachter *c*
watercolo(u)r ['wɔːtə,kʌlə] *n* waterverf *c*; aquarel *c*
watercress ['wɔːtəkres] *n* waterkers *c*
waterfall ['wɔːtəfɔːl] *n* waterval *c*
watermelon ['wɔːtə,melən] *n* watermeloen *c*
waterproof ['wɔːtəpruːf] *adj* waterdicht
waterway ['wɔːtəwei] *n* vaarwater *nt*
watt [wɔt] *n* watt *c*
wave [weiv] *n* golf *c*; *v* zwaaien
wavelength ['weivleŋθ] *n* golflengte *c*
wavy ['weivi] *adj* golvend
wax [wæks] *n* was *c*
waxworks ['wækswəːks] *pl* wassenbeeldenmuseum *nt*
way [wei] *n* manier *c*, wijze *c*; weg *c*; kant *c*, richting *c*; afstand *c*; **any ~** hoe dan ook; **by the ~** tussen twee haakjes; **out of the ~** afgelegen; **the other ~ round** andersom; **~ back** terugweg *c*; **~ in** ingang *c*; **~ out** uitgang *c*
wayside ['weisaid] *n* wegkant *c*
we [wiː] *pron* we
weak [wiːk] *adj* zwak; slap
weakness ['wiːknəs] *n*

zwakheid *c*
wealth [welθ] *n* rijkdom *c*
wealthy ['welθi] *adj* rijk
weapon ['wepən] *n* wapen *nt*; **weapons of mass destruction** massavernietigingswapens *pl*
***wear** [wɛə] *v* *aanhebben, *dragen; ~ **out** *verslijten
weary ['wiəri] *adj* moe, vermoeid
weather ['weðə] *n* weer *nt*; ~ **forecast** weerbericht *nt*
***weave** [wi:v] *v* *weven
weaver ['wi:və] *n* wever *m*
website ['web,sait] *n* webstek *m*
wedding ['wediŋ] *n* huwelijk *nt*, bruiloft *c*; ~ **ring** trouwring *c*
wedge [wedʒ] *n* wig *c*
Wednesday ['wenzdi] woensdag *c*
weed [wi:d] *n* onkruid *nt*
week [wi:k] *n* week *c*
weekday ['wi:kdei] *n* weekdag *c*
weekly ['wi:kli] *adj* wekelijks
***weep** [wi:p] *v* huilen
weigh [wei] *v* *wegen
weighing machine ['weiiŋmə,ʃi:n] *n* weegschaal *c*
weight [weit] *n* gewicht *nt*
welcome ['welkəm] *adj* welkom; *n* welkom *nt*; *v* verwelkomen
weld [weld] *v* lassen
welfare ['welfɛə] *n* welzijn *nt*; *nAm* bijstand *c*
well[1] [wel] *adv* goed; *adj* gezond; **as** ~ ook, eveneens; **as** ~ **as** evenals; **well!** welnu!
well[2] [wel] *n* bron *c*, put *c*
well-founded [,wel'faundid] *adj* gegrond
well-known ['welnoun] *adj* bekend
well-to-do [,weltə'du:] *adj* bemiddeld
went [went] *v* (p go)
were [wə:] *v* (p be)
west [west] *n* west *c*, westen *nt*
westerly ['westəli] *adj* westelijk
western ['westən] *adj* westers
wet [wet] *adj* nat; vochtig
whale [weil] *n* walvis *c*
wharf [wɔ:f] *n* (pl ~s, wharves) kade *c*
what [wɔt] *pron* wat; ~ **for** waarom
whatever [wɔ'tevə] *pron* wat dan ook
wheat [wi:t] *n* tarwe *c*
wheel [wi:l] *n* wiel *nt*
wheelbarrow ['wi:l,bærou] *n* kruiwagen *c*
wheelchair ['wi:ltʃɛə] *n* rolstoel *c*
when [wen] *adv* wanneer; *conj* als, toen, wanneer
whenever [we'nevə] *conj* wanneer ook
where [wɛə] *adv* waar; *conj* waar
wherever [wɛə'revə] *conj* waar ook
whether ['weðə] *conj* of; **whether ... or** of ... of

which [witʃ] *pron* welk; dat
whichever [wi'tʃevə] *adj* welk ook
while [wail] *conj* terwijl; *n* poosje *nt*
whilst [wailst] *conj* terwijl
whim [wim] *n* gril *c*, bevlieging *c*
whimper [wimp] *v* janken
whine [wain] *v* janken
whip [wip] *n* zweep *c*; *v* kloppen
whiskers ['wiskəz] *pl* bakkebaarden *pl*
whisper ['wispə] *v* fluisteren; *n* gefluister *nt*
whistle ['wisəl] *v* *fluiten; *n* fluitje *nt*
white [wait] *adj* wit; blank
whiting ['waitiŋ] *n* (pl ~) wijting *c*
who [huː] *pron* wie; die
whoever [huː'evə] *pron* wie ook
whole [houl] *adj* geheel, heel; *n* geheel *nt*
wholesale ['houlseil] *n* groothandel *c*; ~ **dealer** grossier *m*
wholesome ['houlsəm] *adj* gezond
wholly ['houlli] *adv* helemaal
whom [huːm] *pron* wie
whore [hɔː] *n* hoer *c*
whose [huːz] *pron* wiens; van wie
why [wai] *adv* waarom
wicked ['wikid] *adj* slecht
wide [waid] *adj* wijd, breed
widen ['waidən] *v* verwijden
widow ['widou] *n* weduwe *f*
widower ['widouə] *n* weduwnaar *m*
width [widθ] *n* breedte *c*
wife [waif] *n* (pl wives) echtgenote *c*, vrouw *f*
wig [wig] *n* pruik *c*
wild [waild] *adj* wild; woest
will [wil] *n* wil *c*; testament *nt*
***will** [wil] *v* *willen; *zullen
willing ['wiliŋ] *adj* bereid
willingly ['wiliŋli] *adv* graag
willpower ['wilpauə] *n* wilskracht *c*
***win** [win] *v* *winnen
wind [wind] *n* wind *c*
***wind** [waind] *v* kronkelen; *opwinden, *winden
winding ['waindiŋ] *adj* kronkelig
windmill ['windmil] *n* molen *c*, windmolen *c*
window ['windou] *n* raam *nt*
windowsill ['windousil] *n* vensterbank *c*
windscreen ['windskriːn] *n* voorruit *c*; ~ **wiper** ruitenwisser *c*
windshield ['windʃiːld] *nAm* voorruit *c*; ~ **wiper** *Am* ruitenwisser *c*
windy ['windi] *adj* winderig
wine [wain] *n* wijn *c*; ~ **cellar** wijnkelder *c*; ~ **list** wijnkaart *c*
wing [wiŋ] *n* vleugel *c*
winkle ['wiŋkəl] *n* alikruik *c*
winner ['winə] *n* winnaar *m*, winnares *f*
winning ['winiŋ] *adj* winnend; **winnings** *pl* winst *c*
winter ['wintə] *n* winter *c*; ~ **sports** wintersport *c*

wipe [waip] *v* vegen, afvegen
wire [waiə] *n* draad *c*; ijzerdraad *nt*
wireless ['waiələs] *adj* draadloos
wisdom ['wizdəm] *n* wijsheid *c*
wise [waiz] *adj* wijs
wish [wiʃ] *v* verlangen, wensen; *n* verlangen *nt*, wens *c*
wit ['wit] *n* gevatheid *c*; verstand *nt*
witch [witʃ] *n* heks *f*
with [wið] *prep* met; bij; van
***withdraw** [wið'drɔː] *v* *terugtrekken
within [wi'ðin] *prep* binnen; *adv* van binnen
without [wi'ðaut] *prep* zonder
witness ['witnəs] *n* getuige *c*
wits [wits] *pl* verstand *nt*
witty ['witi] *adj* geestig
WMD ['dʌbəljuː'em'diː] *n* massavernietigingswapens *pl*
wolf [wulf] *n* (pl wolves) wolf *c*
woman ['wumən] *n* (pl women) vrouw *f*
womb [wuːm] *n* baarmoeder *c*
won [wʌn] *v* (p, pp win)
wonder ['wʌndə] *n* wonder *nt*; verwondering *c*; *v* zich *afvragen
wonderful ['wʌndəfəl] *adj* prachtig, verrukkelijk; heerlijk
wood [wud] *n* hout *nt*; bos *nt*; **~ carving** houtsnijwerk *nt*
wooded ['wudid] *adj* bebost
wooden ['wudən] *adj* houten; **~ shoe** klomp *c*
woodland ['wudlənd] *n* bebost gebied
wool [wul] *n* wol *c*; **darning ~** stopgaren *nt*
wool(l)en ['wulən] *adj* wollen
word [wəːd] *n* woord *nt*
wore [wɔː] *v* (p wear)
work [wəːk] *n* werk *nt*; arbeid *c*; *v* werken; functioneren; **working day** werkdag *c*; **~ of art** kunstwerk *nt*; **~ permit** werkvergunning *c*
workaholic [ˌwəːkə'hɔlik] *n* werkverslaafde *nt*
worker ['wəːkə] *n* arbeider *m*, arbeidster *f*
working ['wəːkiŋ] *n* werking *c*
working day ['wəːkiŋ] *n* werkdag *c*
workman ['wəːkmən] *n* (pl -men) arbeider *m*
works [wəːks] *pl* fabriek *c*
workshop ['wəːkʃɔp] *n* werkplaats *c*
world [wəːld] *n* wereld *c*; **~ war** wereldoorlog *c*
world-famous [ˌwəːld'feiməs] *adj* wereldberoemd
world-wide ['wəːldwaid] *adj* wereldomvattend
worm [wəːm] *n* worm *c*
worn [wɔːn] *adj* (pp wear) versleten
worn-out [ˌwɔːn'aut] *adj* versleten
worried ['wʌrid] *adj* ongerust
worry ['wʌri] *v* zich ongerust maken; *n* zorg *c*, bezorgdheid *c*
worse [wəːs] *adj* slechter; *adv* erger

worship ['wəːʃip] *v* *aanbidden; *n* eredienst *c*
worst [wəːst] *adj* slechtst; *adv* ergst
worth [wəːθ] *n* waarde *c*; ***be ~** waard *zijn; ***be worth-while** de moeite waard *zijn
worthless ['wəːθləs] *adj* waardeloos
worthy of ['wəːði əv] waard
would [wud] *v* (p will) gewoon *zijn
wound[1] [wuːnd] *n* wond *c*; *v* kwetsen, verwonden
wound[2] [waund] *v* (p, pp wind)
wrap [ræp] *v* inpakken
wreck [rek] *n* wrak *nt*; *v* vernielen
wrench [rentʃ] *n* sleutel *c*; ruk *c*; *v* verdraaien
wrinkle ['riŋkəl] *n* rimpel *c*
wrist [rist] *n* pols *c*
wristwatch ['ristwɔtʃ] *n* polshorloge *nt*
***write** [rait] *v* *schrijven; **in writing** schriftelijk; **~ down** *opschrijven
writer ['raitə] *n* schrijver *m*, schrijfster *f*
writing pad ['raitiŋpæd] *n* blocnote *c*, schrijfblok *nt*
writing paper ['raitiŋ,peipə] *n* schrijfpapier *nt*
written ['ritən] *adj* (pp write) schriftelijk
wrong [rɔŋ] *adj* verkeerd, fout; *n* onrecht *nt*; *v* onrecht *aandoen; ***be ~** ongelijk *hebben
wrote [rout] *v* (p write)

X

Xmas ['krisməs] Kerstmis
X-ray ['eksrei] *n* röntgenfoto *c*; *v* doorlichten

Y

yacht [jɔt] *n* jacht *nt*; **~ club** zeilclub *c*
yachting ['jɔtiŋ] *n* zeilsport *c*
yard [jɑːd] *n* erf *nt*
yarn [jɑːn] *n* garen *nt*
yawn [jɔːn] *v* gapen, geeuwen
year [jiə] *n* jaar *nt*
yearly ['jiəli] *adj* jaarlijks
yeast [jiːst] *n* gist *c*
yell [jel] *v* gillen; *n* gil *c*
yellow ['jelou] *adj* geel
yelp ['jelp] *v* janken
yes [jes] ja
yesterday ['jestədi] *adv* gisteren
yet [jet] *adv* nog; *conj* toch, echter, maar
yield [jiːld] *v* *opbrengen; *toegeven
yoke [jouk] *n* juk *nt*

yolk [jouk] *n* dooier *c*
you [ju:] *pron* je, jij; jou; u; jullie
young [jʌŋ] *adj* jong
your [jɔ:] *adj* uw; jouw; jullie
yours [jɔ:z] *pron* van jou; van jullie
yourself [jɔ:'self] *pron* je; zelf
yourselves [jɔ:'selvz] *pron* je; zelf
youth [ju:θ] *n* jeugd *c*; ~ **hostel** jeugdherberg *c*
yuppie ['jʌpi] *n* yuppie *m*

Z

Zaire [za:'iə] Zaïre
zeal [zi:l] *n* ijver *c*
zealous ['zeləs] *adj* ijverig
zebra ['zi:brə] *n* zebra *c*
zap [zæp] *v* zappen
zebra crossing ['zi:brə krɔsiŋ] *n* zebrapad *nt*
zenith ['zeniθ] *n* zenit *nt*; toppunt *nt*
zero ['ziərou] *n* (pl ~s) nul *c*
zest [zest] *n* animo *c*
zinc [ziŋk] *n* zink *nt*
zip [zip] *n* ritssluiting *c*; ~ **code** *Am* postcode *c*
zipper ['zipə] *n* ritssluiting *c*
zodiac ['zoudiæk] *n* dierenriem *c*
zombie ['zɔmbi] *n* zombie, levend lijk
zone [zoun] *n* zone *c*; gebied *nt*
zoo [zu:] *n* (pl ~s) dierentuin *c*
zoology [zou'ɔlədʒi] *n* zoölogie *c*

Some Basic Phrases	Enkele nuttige zinnen
Please.	Alstublieft.
Thank you very much.	Hartelijk dank.
Don't mention it.	Niets te danken.
Good morning.	Goedemorgen.
Good afternoon.	Goedemiddag.
Good evening.	Goedenavond.
Good night.	Goedenacht.
Good-bye.	Tot ziens.
See you later.	Tot straks.
Where is/Where are…?	Waar is/Waar zijn…?
What do you call this?	Hoe noemt u dit?
What does that mean?	Wat betekent dat?
Do you speak English?	Spreekt u Engels?
Do you speak German?	Spreekt u Duits?
Do you speak French?	Spreekt u Frans?
Do you speak Spanish?	Spreekt u Spaans?
Do you speak Italian?	Spreekt u Italiaans?
Could you speak more slowly, please?	Kunt u wat langzamer spreken, alstublieft?
I don't understand.	Ik begrijp het niet.
Can I have…?	Mag ik…hebben?
Can you show me…?	Kunt u mij…tonen?
Can you tell me…?	Kunt u mij zeggen…?
Can you help me, please?	Kunt u me helpen?
I'd like…	Ik wil graag…
We'd like…	Wij willen graag…
Please give me…	Geeft u me…, alstublieft.
Please bring me…	Brengt u me…, alstublieft.
I'm hungry.	Ik heb honger.
I'm thirsty.	Ik heb dorst.
I'm lost.	Ik ben verdwaald.
Hurry up!	Vlug!
There is/There are…	Er is/Er zijn…
There isn't/There aren't…	Er is geen/Er zijn geen…

Arrival	Aankomst
Your passport, please.	Uw paspoort, alstublieft.
Have you anything to declare?	Hebt u iets aan te geven?
No, nothing at all.	Nee, helemaal niets.
Can you help me with my luggage, please?	Kunt u me met mijn bagage helpen, alstublieft?
Where's the bus to the centre of town, please?	Waar is de bus naar het centrum?
This way, please.	Hierlangs, alstublieft.
Where can I get a taxi?	Waar kan ik een taxi krijgen?
What's the fare to…?	Wat kost het naar…?
Take me to this address, please.	Breng me naar dit adres, alstublieft.
I'm in a hurry.	Ik heb haast.

Hotel	Hotel
My name is…	Mijn naam is…
Have you a reservation?	Hebt u gereserveerd?
I'd like a room with a bath.	Ik wil graag een kamer met bad.
What's the price per night?	Hoeveel kost het per nacht?
May I see the room?	Mag ik de kamer zien?
What's my room number, please?	Wat is mijn kamernummer?
There's no hot water.	Er is geen warm water.
May I see the manager, please?	Mag ik de directeur spreken, alstublieft?
Did anyone telephone me?	Heeft er iemand voor mij opgebeld?
Is there any mail for me?	Is er post voor mij?
May I have my bill (check), please?	Mag ik de rekening, alstublieft?

Eating out	Uit eten
Do you have a fixed-price menu?	Hebt u een menu à prix fixe?
May I see the menu?	Mag ik de menukaart zien?

May we have an ashtray, please?	Kunt u ons een asbak brengen, alstublieft?
Where's the toilet, please?	Waar is het toilet?
I'd like an hors d'œuvre (starter).	Ik wil graag een voorgerecht.
Have you any soup?	Hebt u soep?
I'd like some fish.	Ik wil graag vis.
What kind of fish do you have?	Wat voor vis hebt u?
I'd like a steak.	Ik wil graag een biefstuk.
What vegetables have you got?	Wat voor groenten hebt u?
Nothing more, thanks.	Niets meer, dank u.
What would you like to drink?	Wat wilt u drinken?
I'll have a lager, please.	Een pils, alstublieft.
I'd like a bottle of wine.	Ik wil graag een fles wijn.
May I have the bill (check), please?	Mag ik de rekening, alstublieft?
Is service included?	Is de bediening inbegrepen?
Thank you, that was a very good meal.	Dank u, het was een uitstekende maaltijd.

Travelling	**Reizen**
Where's the railway station, please?	Waar is het station?
Where's the ticket office, please?	Waar is het loket?
I'd like a ticket to…	Ik wil graag een kaartje naar…
First or second class?	Eerste of tweede klas?
First class, please.	Eerste klas, alstublieft.
Single or return (one way or roundtrip)?	Enkele reis of retour?
Do I have to change trains?	Moet ik overstappen?
What platform does the train for… leave from?	Van welk perron vertrekt de trein naar…?
Where's the nearest underground (subway) station?	Waar is het dichtstbijzijnde metrostation?

Where's the bus station, please?	Waar is het busstation?
When's the first bus to…?	Hoe laat vertrekt de eerste bus naar…?
Please let me off at the next stop.	Wilt u me bij de volgende halte laten uitstappen?

Meeting people / Ontmoetingen

How do you do.	Dag mevrouw/juffrouw/mijnheer.
How are you?	Hoe maakt u het?
Very well, thank you. And you?	Uitstekend, dank u. En u?
May I introduce…?	Mag ik u… voorstellen?
My name is…	Mijn naam is…
I'm very pleased to meet you.	Prettig kennis met u te maken.
How long have you been here?	Hoelang bent u al hier?
It was nice meeting you.	Het was mij een genoegen.
Do you mind if I smoke?	Hindert het u als ik rook?
Do you have a light, please?	Hebt u een vuurtje, alstublieft?
May I get you a drink?	Mag ik u iets te drinken aanbieden?
May I invite you for dinner tonight?	Mag ik u vanavond ten eten uitnodigen?
Where shall we meet?	Waar spreken we af?

Emergencies / Spoedgevallen

Call a doctor quickly.	Roep vlug een dokter.
Call an ambulance.	Roep een ambulance.
Please call the police.	Roep de politie, alstublieft.

Dutch Abbreviations/Nederlandse afkortingen

A°	*anno*	(built) in the year
afd.	*afdeling*	department
alg.	*algemeen*	general
A.N.W.B.	*Algemene Nederlandse Wielrijdersbond*	Dutch Touring Association
a.s.	*aanstaande*	next
a.u.b.	*alstublieft*	please
Bfr.	*Belgische frank*	Belgian franc
b.g.	*begane grond*	ground floor
b.g.g.	*bij geen gehoor*	if no answer
blz.	*bladzijde*	page
B.R.T.	*Belgische Radio en Televisie*	Belgian Broadcasting Company
B.T.W.	*Belasting Toegevoegde Waarde*	VAT, value added tax
b.v.	*bijvoorbeeld*	e.g.
B.V.	*besloten vennootschap*	limited liability company
C.S.	*Centraal Station*	main railway station
ct.	*cent*	1/100 of the guilder
dhr.	*de heer*	Mr.
drs.	*doctorandus*	Master of Arts
d.w.z.	*dat wil zeggen*	i.e.
EU	*Europese Unie*	EU, European Union
E.H.B.O.	*Eerste Hulp bij Ongelukken*	first aid
enz.	*enzovoort*	etc.
excl.	*exclusief*	exclusive, not included
fl/f	*gulden*	guilder
geb.	*geboren*	born
H.K.H.	*Hare Koninklijke Hoogheid*	Her Royal Highness
H.M.	*Hare Majesteit*	His/Her Majesty
hs	*huis*	ground floor
incl.	*inclusief*	inclusive, included
ing.	*ingenieur (HBO)*	engineer (higher vocational training)

i.p(l).v.	*in plaats van*	in the place of
ir.	*ingenieur (universiteit)*	engineer (university)
jl.	*jongstleden*	last
K.A.C.B.	*Koninklijke Automobielclub van België*	Royal Automobile Association of Belgium
km/u	*kilometer per uur*	kilometres per hour
K.N.A.C.	*Koninklijke Nederlandse Automobielclub*	Royal Dutch Automobile Association
K.N.M.I.	*Koninklijk Nederlands Meteorologisch Instituut*	Royal Dutch Meteorological Institute
m.a.w.	*met andere woorden*	in other words
Mej.	*mejuffrouw*	Miss
Mevr.	*mevrouw*	Mrs.
Mij.	*maatschappij*	company
Mr.	*meester in de rechten; mijnheer*	barrister, lawyer; Mr.
Mw	*mevrouw/mejuffrouw*	Ms.
N.A.V.O.	*Noordatlantische Verdragsorganisatie*	NATO
N.B.T.	*Nederlands Bureau voor Toerisme*	Dutch National Tourist Office
n. Chr.	*na Christus*	A.D.
nl.	*namelijk*	namely
n.m.	*namiddag*	afternoon
N.M.B.S.	*Nationale Maatschappij der Belgische Spoorwegen*	Belgian National Railways
N.P.	*niet parkeren*	no parking
N.S.	*Nederlandse Spoorwegen*	Dutch National Railways
N.V.	*naamloze vennootschap*	Ltd. or Inc.
p.a.	*per adres*	in care of
pk	*paardekracht*	horsepower
r.-k./R.-K.	*rooms-katholiek*	Roman Catholic
t./m.	*tot en met*	up to and including
t.o.v.	*ten opzichte van*	with regard to
v. a.	*volgens anderen, vanaf*	from

V.A.B.	*Vlaamse Automobilistenbond*	Flemish Automobile Association
v. Chr.	*voor Christus*	B.C.
v.m.	*voormiddag*	morning
V.N.	*Verenigde Naties*	UN
V.S.	*Verenigde Staten*	USA
V.T.B.	*Vlaamse Toeristenbond*	Flemish Tourist Association
V.V.V.	*Vereniging voor Vreemdelingenverkeer*	tourist-information office
zgn.	*zogenaamd*	so-called
Z.K.H.	*Zijne Koninklijke Hoogheid*	His Royal Highness
z.o.z.	*zie ommezijde*	pto, please turn over

Mini Dutch Grammar/ Nederlandse mini-grammatica

Nouns

Dutch nouns are either common gender (originally separate masculine and feminine*) or neuter.

In the case of living beings, where there may be different forms in use for males and females, *m* and *f* indicate masculine and feminine forms of nouns:

Dutch ... Nederlander *m*, Nederlandse *f*

Plural

The most common sign of the plural in Dutch is an **-en** ending:

krant	newspaper	**woord**	word	**dag**	day
kranten	newspapers	**woorden**	words	**dagen**	days

a) In nouns with a double vowel, one vowel is dropped when **-en** is added:

uur	hour	**boot**	boat	**jaar**	year
uren	hours	**boten**	boats	**jaren**	years

b) most nouns ending in **-s** or **-f** change this letter into **-z** and **-v** respectively, when **-en** is added:

prijs	the price	**brief**	letter
prijzen	prices	**brieven**	letters

Another common plural ending in Dutch is **-s.** Nouns ending in an unstressed **-el, -em, -en, -aar** as well as **-je** (diminutives) take an **-s** in the plural:

tafel/tafels	table(s)	**winnaar/winnaars**	winner(s)
deken/dekens	blanket(s)	**dubbeltje/dubbeltjes**	ten-cent piece(s)

* a phenomenon that is still apparent when the noun in question is referred to by its pronoun in the same sentence or in the next: **De fiets – Hij is blauw. De koe – Zij graast.**

Some exceptions:

stad/steden	town(s)	**auto/auto's**	car(s)
ship/schepen	ship(s)	**paraplu/paraplu's**	umbrella(s)
kind/kinderen	child(ren)	**foto/foto's**	photo(s)
ei/eieren	egg(s)	**musicus/musici**	musician(s)

Articles

1) **Definite article (the)**

The definite article in Dutch is either **de** or **het. De** is used with roughly two thirds of all common-gender singular nouns as well as with all plural nouns, while **het** is mainly used with neuter singular nouns and all diminutives:

de straat the street **het huis** the house **het katje** the kitten

2) **Indefinite article (a; an)**

The indefinite article is **een** for both genders, always unstressed and pronounced like *an* in the English word "another". As in English there is no plural. When it bears accent marks (**één**) it means "one" and is pronounced rather like a in "late", but a pure vowel, not a diphthong.

een man	a man	**een vrouw**	a woman	**een kind**	a child
mannen	men	**vrouwen**	women	**kinderen**	children

Adjectives

When the adjective stands immediately before the noun, it usually takes the ending **–e:**

de jonge vrouw	the young woman
een prettige reis	a pleasant trip
aardige mensen	nice people

However, no ending is added to the adjective in the following cases:

1) When the adjective follows the noun:

De stad is groot.	The city is big.
De zon is heet.	The sun is hot.

2) When the noun is neuter singular and preceded by **een** (a/an), or when the words **elk/ieder** (each), **veel** (much), **zulk** (such) and **geen** (no) precede the adjective:

een wit huis	a white house
elk goed boek	each good book
veel vers fruit	much fresh fruit
zulk mooi weer	such good weather
geen warm water	no hot water

Demonstrative adjectives (this/that)

this	**deze**	(with nouns of common gender)
	dit	(with nouns of neuter gender)
that	**die (daar)**	(with nouns of common gender)
	dat	(with nouns of neuter gender)
these	**deze**	(with all plural nouns)
those	**die (daar)**	(with all plural nouns)

Deze stad is groot.	This city is big.
Dat huis is wit.	That house is white.

Possessive adjectives

my	**mijn**
your	**jouw** (familiar)
your	**uw** (polite)
his	**zijn**
her	**haar**
its	**zijn**
our	**ons** (with singular neuter nouns)
	onze (with singular nouns of common gender and all plurals)
you	**jullie** (familiar)
their	**hun**

Personal pronouns

Subject		Object	
I	**ik**	me	**mij** or **me**
you	**jij** or **je** (fam.)	you	**jou** or **je** (fam.)
you	**u** (polite)	you	**u** (polite)
he	**hij**	him	**hem**
she	**zij** or **ze**	her	**haar**
it	**het**	it	**het**
we	**wij** or **we**	us	**ons**
you	**jullie** (familiar)	you	**jullie** (familiar)
they	**zij** or **ze**	them	**hen**

Verbs

First a few handy irregular verbs. If you learn only these, or even only the "I" and polite "you" forms of them, you'll have made a useful start.

1) The indispensible verbs **hebben** (to have) and **zijn** (to be) in the present:

I have	**ik heb**	I am	**ik ben**
you have	**jij hebt**	you are	**jij bent**
you have	**u hebt**	you are	**u bent**
he/she/it has	**hij/zij/het heeft**	he/she/it is	**hij/zij/het is**
we have	**wij hebben**	we are	**wij zijn**
you have	**jullie hebben**	you are	**jullie zijn**
they have	**zij hebben**	they are	**zij zijn**

2) Some more useful irregular verbs (in the present):

Infinitive		willen (to want)	kunnen (can)	gaan (to go)	doen (to do)	weten (to know)
I	**ik**	**wil**	**kan**	**ga**	**doe**	**weet**
you	**jij**	**wilt**	**kunt**	**gaat**	**doet**	**weet**
you	**u**	**wilt**	**kunt**	**gaat**	**doet**	**weet**
he	**hij**	**wil**	**kan**	**gaat**	**doet**	**weet**
she	**zij**	**wil**	**kan**	**gaat**	**doet**	**weet**
It	**het**	**wil**	**kan**	**gaat**	**doet**	**weet**
we	**wij**	**willen**	**kunnen**	**gaan**	**doen**	**weten**
you	**jullie**	**willen**	**kunnen**	**gaan**	**doen**	**weten**
they	**zij**	**willen**	**kunnen**	**gaan**	**doen**	**weten**

3) Infinitive and verb stem:

In Dutch verbs, the infinitive generally ends in **-en: noemen** (to name).

As the verb stem is usually the base for forming tenses, you need to know how to obtain it. The general rule is: the infinitive less **-en**:

infinitive: **noemen** stem: **noem**

4) Present and past tenses:

First find the stem of the verb (see under 3 above).

Then add the appropriate endings, where applicable, according to the models given below for present and past tenses.

Note: in forming the past tense, the **-de/-den** endings shown in our example are added after most verb stems. However, if the stem ends in **p**, **t**, **k**, **f**, **s**, or **ch**, add **te/-ten** instead.

Present tense		Past tense	
ik noem	I name	**ik noemde**	I named
jij noemt	you name	**jij noemde**	you named
u noemt	you name	**u noemde**	you named
hij/zij/het noemt	he/she/it names	**hij/zij/het noemde**	he/she/it named
wij noemen	we name	**wij noemden**	we named
jullie noemen	you name	**jullie noemden**	you named
zij noemen	they name	**zij noemden**	they named

5) Past perfect (e.g.: "I have built"):

This tense is generally formed, as in English, by the verb "to have" (**hebben**) + the past participle.

To form the past participle, start with the verb stem, and add **ge-** to the front of it and **-d** or **-t** to the end:

infinitive:	**bouwen** (to build)
verb stem:	**bouw**
past participle:	**gebouwd**

The past participle must be placed *after* the object of the sentence:

Ik heb een huis gebouwd. I have built a house.

Note: Verbs prefixed by **be-, er-, her-, ont-** and **ver-** do not take **ge-** in the past participle.

Instead of **hebben**, the verb **zijn** (to be) is used with verbs expressing motion (if the destination is specified or implied) or a change of state:

Wij zijn naar Parijs gevlogen. We have flown to Paris.
Hij is rijk geworden. He has become rich.

Negatives

To put a verb into the negative, place **niet** (not) after the verb, or after the direct object if there is one:

Ik rook.	I smoke.	**Ik heb de kaartjes.**	I have the tickets.
Ik rook niet.	I don't smoke.	**Ik heb de kaartjes niet.**	I don't have the tickets.

Questions

In Dutch, questions are formed by placing the subject after the verb:

Hij reist.	He travels.	**Ik betaal.**	I pay.
Reist hij?	Does he travel?	**Betaal ik?**	Do I pay?

Questions are also introduced by the following **interrogative pronouns:**

Wie (who)	**Wie zegt dat?**	Who says so?
	Van wie is dat huis?	Whose house is that?
Wat (what)	**Wat doet hij?**	What does he do?
Waar (where)	**Waar is het hotel?**	Where is the hotel!
Hoe (how)	**Hoe gaat het met u?**	How are you?

Irregular Verbs

The following list contains the most common strong and irregular verbs. If a compound verb or a verb with a prefix (*be-*, *con-*, *dis-*, *im-*, *in-*, *mis-*, *om-*, *on-*, *ont-*, *ver-*, etc.) is not listed, its forms may be found by looking up the basic verb, e.g. *verbinden* is conjugated as *binden*.

Infinitive	*Past*	*Past participle*	
bakken	bakte	gebakken	*bake*
barsten	barstte	gebarsten	*burst, crack*
bederven	bedierf	bedorven	*spoil*
bedriegen	bedroog	bedrogen	*deceive*
beginnen	begon	begonnen	*begin*
bergen	borg	geborgen	*put*
bevelen	beval	bevolen	*order*
bewegen	bewoog	bewogen	*move*
bezwijken	bezweek	bezweken	*succumb*
bidden	bad	gebeden	*pray*
bieden	bood	geboden	*offer*
bijten	beet	gebeten	*bite*
binden	bond	gebonden	*tie*
blazen	blies	geblazen	*blow*
blijken	bleek	gebleken	*prove to be*
blijven	bleef	gebleven	*remain*
blinken	blonk	geblonken	*shine*
braden	braadde	gebraden	*fry*
breken	brak	gebroken	*break*
brengen	bracht	gebracht	*bring*
buigen	boog	gebogen	*bow*
delven	delfde/dolf	gedolven	*dig up*
denken	dacht	gedacht	*think*
dingen	dong	gedongen	*compete (for)*
doen	deed	gedaan	*do*
dragen	droeg	gedragen	*wear*
drijven	dreef	gedreven	*float*
dringen	drong	gedrongen	*push*
drinken	dronk	gedronken	*drink*
druipen	droop	gedropen	*drip*
duiken	dook	gedoken	*dive*

dwingen	dwong	gedwongen	*force*
eten	at	gegeten	*eat*
fluiten	floot	gefloten	*whistle*
gaan	ging	gegaan	*go*
gelden	gold	gegolden	*be valid*
genezen	genas	genezen	*heal*
genieten	genoot	genoten	*enjoy*
geven	gaf	gegeven	*give*
gieten	goot	gegoten	*pour*
glijden	gleed	gegleden	*slide*
glimmen	glom	geglommen	*shine*
graven	groef	gegraven	*dig*
grijpen	greep	gegrepen	*catch*
hangen	hing	gehangen	*hang*
hebben	had	gehad	*have*
heffen	hief	geheven	*raise*
helpen	hielp	geholpen	*help*
heten	heette	geheten	*be called*
hijsen	hees	gehesen	*hoist*
houden	hield	gehouden	*keep*
jagen	jaagde/joeg	gejaagd	*chase*
kiezen	koos	gekozen	*choose*
kijken	keek	gekeken	*look*
klimmen	klom	geklommen	*climb*
klinken	klonk	geklonken	*sound*
knijpen	kneep	geknepen	*pinch*
komen	kwam	gekomen	*come*
kopen	kocht	gekocht	*buy*
krijgen	kreeg	gekregen	*get*
krimpen	kromp	gekrompen	*shrink*
kruipen	kroop	gekropen	*creep*
kunnen	kon	gekund	*can*
lachen	lachte	gelachen	*laugh*
laden	laadde	geladen	*load*
laten	liet	gelaten	*let*
lezen	las	gelezen	*read*
liegen	loog	gelogen	*tell lies*
liggen	lag	gelegen	*lie*
lijden	leed	geleden	*suffer*
lijken	leek	geleken	*seem*

lopen	liep	gelopen	*walk*
malen	maalde	gemalen	*grind*
meten	mat	gemeten	*measure*
moeten	moest	gemoeten	*must*
mogen	mocht	gemogen/ gemoogd	*may*
nemen	nam	genomen	*take*
prijzen	prees	geprezen	*praise*
raden	raadde/ried	geraden	*guess*
rijden	reed	gereden	*ride*
rijgen	reeg	geregen	*thread*
rijzen	rees	gerezen	*rise*
roepen	riep	geroepen	*call*
ruiken	rook	geroken	*smell*
scheiden	scheidde	gescheiden	*separate*
schelden	schold	gescholden	*call names*
schenken	schonk	geschonken	*pour*
scheppen	schiep	geschapen	*create*
scheren	schoor	geschoren	*shave*
schieten	schoot	geschoten	*shoot*
schijnen	scheen	geschenen	*shine, seem to be*
schrijden	schreed	geschreden	*stride*
schrijven	schreef	geschreven	*write*
schrikken	schrok	geschrokken	*be frightened*
chuiven	schoof	geschoven	*shove*
slaan	sloeg	geslagen	*hit*
slapen	sliep	geslapen	*sleep*
slijpen	sleep	geslepen	*sharpen*
slijten	sleet	gesleten	*wear down*
sluipen	sloop	geslopen	*sneak*
sluiten	sloot	gesloten	*close*
smelten	smolt	gesmolten	*melt*
snijden	sneed	gesneden	*cut*
spinnen	spon	gesponnen	*spin*
splijten	spleet	gespleten	*split*
spreken	sprak	gesproken	*speak*
springen	sprong	gesprongen	*jump*
spuiten	spoot	gespoten	*squirt*
staan	stond	gestaan	*stand*
steken	stak	gestoken	*sting*

stelen	stal	gestolen	*steal*
sterven	stierf	gestorven	*die*
stijgen	steeg	gestegen	*rise*
stijven	steef	gesteven	*starch*
stinken	stonk	gestonken	*stink*
stoten	stootte/stiet	gestoten	*push*
strijden	streed	gestreden	*fight*
strijken	streek	gestreken	*iron*
treden	trad	getreden	*tread*
treffen	trof	getroffen	*hit*
trekken	trok	getrokken	*pull*
vallen	viel	gevallen	*fall*
vangen	ving	gevangen	*catch*
varen	voer	gevaren	*sail*
vechten	vocht	gevochten	*fight*
verbergen	verborg	verborgen	*hide*
verdwijnen	verdween	verdwenen	*disappear*
vergeten	vergat	vergeten	*forget*
verliezen	verloor	verloren	*lose*
vermijden	vermeed	vermeden	*avoid*
verslinden	verslond	verslonden	*devour*
vinden	vond	gevonden	*find*
vliegen	vloog	gevlogen	*fly*
voortspruiten	sproot voort	voortgesproten	*result*
vouwen	vouwde	gevouwen	*fold*
vragen	vroeg	gevraagd	*ask*
vriezen	vroor	gevroren	*freeze*
waaien	waaide/woei	gewaaid	*blow*
wassen	waste	gewassen	*wash*
wegen	woog	gewogen	*weigh*
werpen	wierp	geworpen	*throw*
werven	wierf	geworven	*recruit*
weten	wist	geweten	*know*
weven	weefde	geweven	*weave*
wijken	week	geweken	*yield*
wijten	weet	geweten	*impute*
wijzen	wees	gewezen	*show*
willen	wilde/wou	gewild	*want*
winden	wond	gewonden	*wind*
winnen	won	gewonnen	*win*

worden	werd	geworden	*become*
wreken	wreekte	gewroken	*revenge*
wrijven	wreef	gewreven	*rub*
zeggen	zei	gezegd	*say*
zenden	zond	gezonden	*send*
zien	zag	gezien	*see*
zijn	was	geweest	*be*
zingen	zong	gezongen	*sing*
zinken	zonk	gezonken	*sink*
zinnen	zon	gezonnen	*brood*
zitten	zat	gezeten	*sit*
zoeken	zocht	gezocht	*seek*
zuigen	zoog	gezogen	*suck*
zullen	zou	–	*shall, will*
zwellen	zwol	gezwollen	*swell*
zwemmen	zwom	gezwommen	*swim*
1) zweren	zwoer	gezworen	*swear*
2) zweren	zweerde/zwoor	gezworen	*ulcerate*
zwerven	zwierf	gezworven	*wander*
zwijgen	zweeg	gezwegen	*be silent*

Numerals/Telwoorden

Cardinal numbers		Ordinal numbers	
0	nul	1e	eerste
1	een	2e	tweede
2	twee	3e	derde
3	drie	4e	vierde
4	vier	5e	vijfde
5	vijf	6e	zesde
6	zes	7e	zevende
7	zeven	8e	achtste
8	acht	9e	negende
9	negen	10e	tiende
10	tien	11e	elfde
11	elf	12e	twaalfde
12	twaalf	13e	dertiende
13	dertien	14e	veertiende
14	veertien	15e	vijftiende
15	vijftien	16e	zestiende
16	zestien	17e	zeventiende
17	zeventien	18e	achttiende
18	achttien	19e	negentiende
19	negentien	20e	twintigste
20	twintig	21e	eenentwintigste
21	eenentwintig	22e	tweeëntwintigste
22	tweeëntwintig	23e	drieëntwintigste
23	drieëntwintig	24e	vierentwintigste
24	vierentwintig	25e	vijfentwintigste
30	dertig	26e	zesentwintigste
40	veertig	30e	dertigste
50	vijftig	40e	veertigste
60	zestig	50e	vijftigste
70	zeventig	60e	zestigste
80	tachtig	70e	zeventigste
90	negentig	80e	tachtigste
100	honderd	90e	negentigste
101	honderdeen	100e	honderdste
230	tweehonderddertig	101e	honderdeerste
1.000	duizend	230e	tweehonderddertigste
1.001	duizendeen	1000e	duizendste
1.100	elfhonderd	1001e	duizendeerste
2.000	tweeduizend	1100e	elfhonderdste
1.000.000	een miljoen	2000e	tweeduizendste

Time/Tijd

Although official time in Holland and Belgium is based on the 24-hour clock, the 12-hour system is used in conversation.

To avoid confusion, you can make use of the terms *'s morgens* (morning), and *'s middags* (afternoon) or *'s avonds* (evening).

Ik kom om vier uur 's morgens.	I'll come at 4 a.m.
Ik kom om vier uur 's middags.	I'll come at 4 p.m.
Ik kom om acht uur 's avonds.	I'll come at 8 p.m.

Days of the week

zondag	Sunday	*donderdag*	Thursday
maandag	Monday	*vrijdag*	Friday
dinsdag	Tuesday	*zaterdag*	Saturday
woensdag	Wednesday